국민체육진흥공단
체육지도자 자격검정

2025년

2급

메인에듀
스포츠지도사 연구소 편저

생활스포츠지도사
필기 한권으로
끝내기

최근 3개년 기출문제 수록
더 많은 자료는 메인에듀
홈페이지에서 무료 제공

- 독학으로 합격이 가능한 필수교재
- 합격에 필요한 핵심이론 완벽정리
- 출제예상문제 + 최신기출문제 수록
- 3단계(핵심이론 + 예상문제 + 기출문제)
  학습으로 시험 완벽대비

필기 선택과목

2급 전문 | 2급 생활 | 2급 장애인 | 유소년 | 노인 동시대비

제1과목 스포츠심리학
제2과목 운동생리학
제3과목 스포츠사회학
제4과목 운동역학
제5과목 스포츠교육학
제6과목 스포츠윤리
제7과목 한국체육사

동영상 강의 mainedu.co.kr

MAINEDU

머리말

　2급 스포츠지도사는 사람들의 건강과 스포츠의 안정적이면서 발전적인 부문으로 나아가기 위해 도입된 자격 시험입니다. 특히 많은 과목으로 인해 학습자들이 어려워 할 수 있지만 시험에 응시하는 학습자 본인들이 많은 사람들에게 도움을 준다는 동기 부여를 가지고 공부하면 보람을 느낄 수 있는 자격 시험입니다.

　스포츠지도사 시험은 사람의 건강과 직결되는 많은 부분이 시험 과목으로 채택되어 있습니다. 심리학, 사회학, 윤리학, 역학 등의 내용과 어우러져 단순한 운동으로 끝나는 것이 아닌 과학적이면서도 획기적인 스포츠 리더로서의 면모를 갖추기 위함을 그 목적으로 하고 있습니다.

　본서에서는 학습자들을 위해 많은 양을 제시하기보다는 꼭 필요한 내용과 문제로 실전에 대비할 수 있도록 준비하였습니다. 다년간 자주 출제되는 부분에 대한 이론을 이해하고 최근 기출문제로 학습자들이 실전에 대한 감각을 익힐 수 있도록 구성하였습니다. 특히 출제 기준에 따른 내용으로 철저하게 구성하여 이론 정리 및 실전 감각을 높이도록 하였으며, 군더더기 없는 핵심요약으로 수험생 여러분들의 시험 장소에서도 마무리 정리가 될 수 있도록 구성하였습니다.

　부단한 노력과 짜임새 있는 학습 준비로 소기의 목적을 이룰 수 있기를 바라겠습니다.

메인에듀
스포츠교육연구소

2급 생활스포츠지도사 시험 안내 및 전략

◆ 자격 정의 및 관련 근거

1. 자격 정의

● "체육지도자"란 학교 · 직장 · 지역사회 또는 체육단체 등에서 체육을 지도할 수 있도록 국민체육진흥법에 따라 해당 자격을 취득한 사람을 말한다.

2. 관련 근거

● 국민체육진흥법 제11조(체육지도자의 양성) 내지 제12조(체육지도자의 자격취소) 등
● 국민체육진흥법 시행령 제8조(체육지도자의 양성과 자질향상) 내지 11조의 3(연수계획)
● 국민체육진흥법 시행규칙 제4조(자격검정의 공고 등) 내지 제23조(체육지도자의 자격취소) 등

◆ 자격요건 및 제출서류

응시자격 공통사항

* 각 요건 중 어느 하나에 해당되는 자격 구비 및 서류 제출
* 만 18세 이상 응시 가능

※ **동계종목(스키)의 경우 실기시험 및 구술시험 합격자만 필기시험에 응시할 수 있습니다.**

응시자격	취득절차
① 만 18세 이상인 사람	필기, 실기-구술, 연수(90)
② 2급 생활스포츠지도사 자격을 가지고 보유한 자격 종목이 아닌 다른 종목의 자격을 취득하려는 사람(**폭력예방교육 : 스포츠윤리센터의 성 폭력 등 폭력 예방교육(3시간)**)	* 실기-구술 * 폭력예방교육
③ 해당 자격종목의 유소년 또는 노인 스포츠지도사 자격을 가지고 동일한 종목의 자격을 취득하려는 사람	* 구술 * 연수(40)
④ 2급 장애인스포츠지도사 자격을 가지고 보유한 자격 종목이 아닌 다른 종목(국민체육진흥법시행령 별표1제3호의 비고에서 다른 종목으로 보는 경우를 포함)의 자격을 취득하려는 사람	* 실기-구술 * 연수(40)
⑤ 유소년 또는 노인스포츠지도사 자격을 가지고 보유한 자격 종목이 아닌 다른 종목의 자격을 취득하려는 사람	* 실기-구술 * 연수(40)

◆ 필기시험과목(7과목 중 5과목 선택)

스포츠심리학	운동생리학	스포츠사회학	운동역학
스포츠교육학	스포츠윤리	한국체육사	

◆ 자격종목 - 생활스포츠지도사(65개 종목)

동계	스키
하계	검도, 게이트볼, 골프, 국학기공, 궁도, 농구, 당구, 댄스스포츠, 등산, 라켓볼, 럭비, 레슬링, 레크리에이션, 리듬체조, 배구, 배드민턴, 보디빌딩, 복싱, 볼링, 빙상, 사격, 세팍타크로, 소프트볼, 수상스키, 수영, 스쿼시, 스킨스쿠버, 승마, 씨름, 아이스하키, 야구, 양궁, 에어로빅, 오리엔티어링, 요트, 우슈, 윈드서핑, 유도, 육상, 인라인스케이트, 자전거, 정구, 조정, 족구, 주짓수, 줄넘기, 철인3종경기, 축구, 치어리딩, 카누, 탁구, 태권도, 택견, 테니스, 파크골프, 패러글라이딩, 펜싱, 풋살, 플로어볼, 하키, 합기도, 핸드볼, 행글라이딩, 힙합

※ 계절영향이 없는 동계종목(빙상, 아이스하키 등)은 하계종목에 포함
※ 국민체육진흥법시행령 별표1 제3호의 비고 : 장애인스포츠지도사가 생활스포츠지도사, 유소년스포츠지도사 또는 노인스포츠지도사 자격을 취득하려는 경우 보유한 자격 종목명과 취득하려는 자격 종목명이 같은 경우 다른 종목으로 본다.

◆ 자격검정기관 및 연수기관 지정 현황

필기검정기관	국민체육진흥공단
실기 및 구술검정기관	대한체육회(태권도를 제외한 전 종목), 국기원(태권도 단일 종목)

연수기관 (27)	수도권(10)	경기대, 경희대, 동국대, 용인대, 인천대, 중앙대, 한양대, 한양대(에리카), 숭실대, 을지대
	경상(6)	경남대, 경상대, 계명대, 부경대, 안동대, 경북대
	충청(4)	건국대, 충남대, 충북대, 호서대
	전라(4)	군산대, 전남대, 전북대, 목포대
	강원(2)	강릉원주대, 강원대
	제주(1)	제주대

◆ 유의사항

1. 일반사항

- 동일 자격등급에 한하여 연간 1인 1종목만 취득 가능
- 필기 및 실기·구술시험 장소는 추후 체육지도자 홈페이지에 공지 예정
- 하계 필기시험 또는 동계 실기·구술시험에 합격한 사람에 대해 합격한 해의 다음 해에 실시되는 해당 자격검정 1회 면제
- 필기시험에 합격한 해의 12월 31일부터 3년 이내에 연수과정을 이수하여야 하며, 필기시험을 면제받거나 실기·구술시험을 먼저 실시하는 동계종목의 경우, 실기·구술시험에 합격한 해의 12월 31일부터 3년 이내에 연수과정을 이수하여야 함.

※ 병역 복무를 위해 군에 입대한 경우 의무복무 기간은 불포함
※ 코로나19로 인해 연수과정이 시행되지 않은 2020년 1월 1일부터 12월31일까지의 기간은 불포함

2. 자격검정 합격 및 연수 이수기준

- 필기시험 : 과목마다 만점의 40% 이상 득점하고 전 과목 총점 60% 이상 득점
- 실기·구술시험 : 실기시험과 구술시험 각각 만점의 70% 이상 득점
- 연수 : 연수과정의 100분의 90 이상을 참여하고, 연수태도·체육 지도·현장실습에 대한 평가점수 각각 만점의 100분의 60 이상

3. 기타사항

□ 기준일
- 연령 및 경력,자격, 학위 등 각종 응시자격은 각 자격별 시험일 기준임
  * 실기는 실기시험기간 첫날 기준, 연수는 연수시행기간 첫날 기준임
  * 법령에 별도 기준일이 있을 경우 해당 법령에 의함
□ 기타
- 체육지도자 자격응시와 관련하여 모든 지원 및 등록 절차는 체육지도자 홈페이지 (www.insports.or.kr)를 통하여 확인 가능하므로 수시로 홈페이지 확인 요망
- 체육지도자 자격 원서접수는 온라인 홈페이지를 통해서만 접수가능

4. 체육지도자 결격 사유(국민체육진흥법 제11조의5, 제12조)

- 제11조의5(체육지도자의 결격사유) 다음 각 호의 어느 하나에 해당하는 사람은 체육지도자가 될 수 없다.

  1. 피성년후견인
  2. 금고 이상의 형을 선고받고 그 집행이 종료되거나 집행이 면제된 날부터 2년이 지나지 아니한 사람
  3. 금고 이상의 형의 집행유예를 선고받고 그 유예기간 중에 있는 사람
  4. 다음 각 목의 어느 하나에 해당하는 죄를 저지른 사람으로서 금고 이상의 형 또는 치료감호를 선고받고 그 집행이 종료되거나 집행이 유예·면제된 날부터 20년이 지나지 아니하거나 벌금형이 확정된 날부터 10년이 지나지 아니한 사람
     가. 「성폭력범죄의 처벌 등에 관한 특례법」 제2조에 따른 성폭력범죄
     나. 「아동·청소년의 성보호에 관한 법률」 제2조제2호에 따른 아동·청소년대상 성범죄
  5. 선수를 대상으로 「형법」 제2편제25장 상해와 폭행의 죄를 저지른 체육지도자(제12조제1항에 따라 자격이 취소된 사람을 포함한다)로서 금고 이상의 형을 선고받고 그 집행이 종료되거나 집행이 유예·면제된 날부터 10년이 지나지 아니한 사람
  6. 제12조제1항제1호부터 제4호까지에 따라 자격이 취소(이 조 제1호에 해당하여 자격이 취소된 경우는 제외한다)되거나 같은 조 제3항에 따라 자격검정이 중지 또는 무효로 된 후 3년이 경과되지 아니한 사람

* 제12조(체육지도자의 자격취소 등)

① 문화체육관광부장관은 체육지도자가 다음 각 호의 어느 하나에 해당하면 그 자격을 취소하거나 5년의 범위에서 자격을 정지할 수 있다.
   다만, 제1호부터 제4호까지의 어느 하나에 해당하면 그 자격을 취소하여야 한다. 〈개정 2020. 2. 4.〉

  1. 거짓이나 그 밖의 부정한 방법으로 체육지도자의 자격을 취득한 경우
  2. 자격정지 기간 중에 업무를 수행한 경우
  3. 체육지도자 자격증을 타인에게 대여한 경우
  4. 제11조의5 각 호의 어느 하나에 해당하는 경우
  5. 선수의 신체에 폭행을 가하거나 상해를 입히는 행위를 한 경우
  6. 선수에게 성희롱 또는 성폭력에 해당하는 행위를 한 경우
  7. 그 밖에 직무수행 중 부정이나 비위 사실이 있는 경우

② 삭제 〈2020. 2. 4.〉

③ 자격검정을 받는 사람이 그 검정과정에서 부정행위를 한 때에는 현장에서 그 검정을 중지시키거나 무효로 한다.

④ 제1항에 따라 체육지도자 자격이 취소된 사람은 문화체육관광부령으로 정하는 바에 따라 체육지도자 자격증을 문화체육관광부장관에게 반납하여야 한다.

⑤ 제1항에 따른 행정처분의 세부적인 기준 및 절차는 그 사유와 위반 정도를 고려하여 문화체육관광부령으로 정한다.

◆ 스포츠지도사 자격별 필기시험 과목 안내

구 분	시 험 과 목
2급 전문스포츠지도사	선택(5과목): 스포츠심리학, 운동생리학, 스포츠사회학, 운동역학, 스포츠교육학, 스포츠윤리, 한국체육사
2급 생활스포츠지도사	선택(5과목): 스포츠심리학, 운동생리학, 스포츠사회학, 운동역학, 스포츠교육학, 스포츠윤리, 한국체육사
2급 장애인스포츠지도사	필수(1과목): 특수체육론 선택(4과목): 스포츠심리학, 운동생리학, 스포츠사회학, 운동역학, 　　　　　　　스포츠교육학, 스포츠윤리, 한국체육사
유소년스포츠지도사	필수(1과목): 유아체육론 선택(4과목): 스포츠심리학, 운동생리학, 스포츠사회학, 운동역학, 　　　　　　　스포츠교육학, 스포츠윤리, 한국체육사
노인스포츠지도사	필수(1과목): 노인체육론 선택(4과목): 스포츠심리학, 운동생리학, 스포츠사회학, 운동역학, 　　　　　　　스포츠교육학, 스포츠윤리, 한국체육사

◆ 시험 합격전략

　이 시험은 관련되는 유소년스포츠지도사, 노인스포츠지도사와 시험일정이 모두 동일하다는 특징이 있으므로 중복으로 자격을 취득하기가 어렵습니다. 하지만 필기의 경우 한 번 합격하고 나면 나머지 과목들도 혜택이 부여되므로 크게 어렵게 생각할 필요는 없습니다. 또한 필기시험은 과목마다 만점의 40% 이상을 득점하고 전 과목 평균 60% 이상을 득점하면 합격이며, 특히 2급 스포츠지도사의 필기전략은 7과목 중 5과목을 선택해야 하는데, 본인에게 유리한 부분으로 선택을 하는 것이 좋습니다. 특히 출제기준을 기반으로 암기성의 과목과 이해성의 과목으로 나뉘어지는데, 학습자 본인에게 맞게 설계하여 선택하면 많은 도움이 될 것입니다. 지나치게 깊게 학습하는 것보다는 출제자의 의도를 파악해가며 이해하고 문제를 푸는 것이 합격의 지름길이 된다는 것을 기억하고 공부하기 바랍니다.

◆ 과목별 출제기준

1. 스포츠심리학

주요항목	세부항목
1. 스포츠심리학의 개관	1. 스포츠심리학의 정의 및 의미
	2. 스포츠심리학의 역사
	3. 스포츠심리학의 영역과 역할
2. 인간운동행동의 이해	1. 운동제어
	2. 운동학습
	3. 운동발달
3. 스포츠수행의 심리적 요인	1. 성격
	2. 정서와 시합불안
	3. 동기
	4. 목표설정
	5. 자신감
	6. 심상
	7. 주의집중
	8. 루틴
4. 스포츠수행의 사회 심리적 요인	1. 집단 응집력
	2. 리더십
	3. 사회적 촉진
	4. 사회성 발달
5. 운동심리학	1. 운동의 심리적 효과
	2. 운동심리 이론
	3. 운동실천 중재전략
6. 스포츠심리상담	1. 스포츠심리상담의 개념
	2. 스포츠심리상담의 적용

2. 운동생리학

주요항목	세부항목
1. 운동생리학의 개관	1. 주요 용어
	2. 운동생리학의 개념
2. 에너지 대사와 운동	1. 에너지의 개념과 대사작용
	2. 인체의 에너지 대사
	3. 트레이닝에 의한 대사적 적응
3. 신경조절과 운동	1. 신경계의 구조와 기능, 특성
	2. 신경계의 특성
	3. 신경계의 운동기능 조절
4. 골격근과 운동	1. 골격근의 구조와 기능
	2. 골격근과 운동
5. 내분비계와 운동	1. 내분비계
	2. 운동과 호르몬 조절
6. 호흡·순환계와 운동	1. 호흡계의 구조와 기능
	2. 운동에 대한 호흡계의 반응과 적응
	3. 순환계의 구조와 기능
	4. 운동에 대한 순환계의 반응과 적응
7. 환경과 운동	1. 체온 조절과 운동
	2. 인체 운동에 대한 환경 영향

3. 스포츠사회학

주요항목	세부항목
1. 스포츠사회학의 이해	1. 스포츠사회학의 의미
	2. 스포츠의 사회적 기능
2. 스포츠와 정치	1. 스포츠와 정치의 결합
	2. 스포츠와 국내정치
	3. 스포츠와 국제정치
3. 스포츠와 경제	1. 상업주의와 스포츠
	2. 스포츠 메가이벤트의 경제
4. 스포츠와 교육	1. 스포츠의 교육적 기능
	2. 한국의 학원스포츠
5. 스포츠와 미디어	1. 스포츠와 미디어의 이해
	2. 스포츠와 미디어의 상호관계
6. 스포츠와 사회계급/계층	1. 사회계층의 이해
	2. 사회계층과 스포츠 참가
	3. 스포츠와 계층이동
7. 스포츠와 사회화	1. 스포츠사회화의 의미와 과정
	2. 스포츠로의 사회화와 스포츠를 통한 사회화
	3. 스포츠 탈사회화와 재사회화
8. 스포츠와 일탈	1. 스포츠일탈의 이해
	2. 스포츠일탈의 유형
9. 미래사회의 스포츠	1. 스포츠 변화에 영향을 미치는 요인
	2. 스포츠 세계화

4. 운동역학

주요항목	세부항목
1. 운동역학 개요	1. 운동역학의 정의
	2. 운동역학의 목적과 내용
2. 운동역학의 이해	1. 해부학적 기초
	2. 운동의 종류
3. 인체역학	1. 인체의 물리적 특성
	2. 인체평형과 안정성
	3. 인체의 구조적 특성
4. 운동학의 스포츠 적용	1. 선운동의 운동학적 분석
	2. 각운동의 운동학적 분석
5. 운동역학의 스포츠 적용	1. 선운동의 운동역학적 분석
	2. 각운동의 운동역학적 분석
6. 일과 에너지	1. 일과 일률
	2. 에너지
7. 다양한 운동기술의 분석	1. 동작 분석
	2. 힘 분석
	3. 근전도 분석

5. 스포츠교육학

주요항목	세부항목
1. 스포츠교육의 배경과 개념	1. 스포츠교육의 역사
	2. 스포츠교육의 개념
	3. 스포츠교육의 현재
2. 스포츠교육의 정책과 제도	1. 학교체육
	2. 생활체육
	3. 전문체육
3. 스포츠교육의 참여자 이해론	1. 스포츠교육 지도자
	2. 스포츠교육 학습자
	3. 스포츠교육 행정가
4. 스포츠교육의 프로그램론	1. 학교체육 프로그램 개발 및 실천
	2. 생활체육 프로그램 개발 및 실천
	3. 전문체육 프로그램 개발 및 실천
5. 스포츠교육의 지도방법론	1. 스포츠지도를 위한 교육모형
	2. 스포츠지도를 위한 교수기법
	3. 세부 지도목적에 따른 교수기법
6. 스포츠교육의 평가론	1. 평가의 이론적 측면
	2. 평가의 실천적 측면
7. 스포츠교육자의 전문적 성장	1. 스포츠교육 전문인의 전문역량
	2. 장기적 전문인 성장 및 발달

6. 스포츠윤리

주요항목	세부항목
1. 스포츠와 윤리	1. 스포츠의 윤리적 기초
	2. 스포츠윤리의 이해
	3. 윤리이론
2. 경쟁과 페어플레이	1. 스포츠경기의 목적
	2. 스포츠맨십
	3. 페어플레이
3. 스포츠와 불평등	1. 성차별
	2. 인종차별
	3. 장애차별
4. 스포츠에서 환경과 동물윤리	1. 스포츠와 환경윤리
	2. 스포츠와 동물윤리
5. 스포츠와 폭력	1. 스포츠 폭력
	2. 선수 폭력
	3. 관중 폭력
6. 경기력 향상과 공정성	1. 도핑
	2. 유전자 조작
	3. 용기구와 생체 공학 기술 활용
7. 스포츠와 인권	1. 학생선수의 인권
	2. 스포츠지도자 윤리
	2. 스포츠와 인성교육
8. 스포츠조직과 윤리	1. 스포츠와 정책윤리
	2. 심판의 윤리
	3. 스포츠조직의 윤리경영

7. 한국체육사

주요항목	세부항목
1. 체육사의 의미	1. 체육사 연구 분야
2. 선사 · 삼국시대	1. 선사 및 부족국가시대의 체육
	2. 삼국 및 통일신라시대의 체육
3. 고려 · 조선시대	1. 고려시대의 체육
	2. 조선시대의 체육
4. 한국 근 · 현대	1. 개화기의 체육
	2. 일제강점기의 체육
	3. 광복 이후의 체육

차례

차례

차례

제1과목

스포츠심리학

스포츠심리학의 개관

01. 스포츠심리학의 정의 및 의미

1. 스포츠심리학의 정의

① 스포츠와 운동상황에서 인간행동을 과학적으로 탐구하고 그것을 현장에 적용
② 스포츠(sports)와 심리학(psychology)이 결합한 상태

2. 스포츠심리학의 의미(광의 및 협의)

광의의 스포츠심리학	· 운동학습, 운동발달, 운동제어와 스포츠심리 영역을 모두 포함하는 관점 · 1980년대 이후 체육학의 전문화와 세분화 추세에 따라 광의의 스포츠 관점은 퇴색 · 운동발달, 운동제어, 운동학습이 광의의 스포츠심리학의 하위학문 영역
협의의 스포츠심리학	· 운동수행과 사회적 요인과의 관계를 연구하는 분야 · 스포츠나 운동수행이 개인과 팀의 심리적 기능에 어떠한 영향을 주는지 규명 · 심리적 요인이 운동수행에 어떤 영향을 미치는가를 규명하는 분야 · 스포츠 상황에서 인간행동을 분석, 이해, 통제, 예측하기 위해 심리학의 다양한 방법 및 원인을 제공

02. 스포츠심리학의 역사

1. 스포츠심리학의 발전 과정

(1) 스포츠심리학의 발전

광의의 스포츠심리학 (1980년대 이전)

⇩

협의의 스포츠심리학 (1980년 이후)

⇩

스포츠운동심리학 (현재)

(2) 스포츠심리학 발전 과정

① 초기역사(1890~1930년대)

구 분	특 징
Triplett(1897)	관중의 존재 유무에 따른 운동수행(실내 자전거 타기) 효과가 최초의 연구
Carl Diem(1925)	독일의 라이프치히에서 스포츠심리학 실험실을 설립
A. C. Puni(1925)	· 소련 스포츠심리학의 아버지 · 소련 레닌그라드에서 체육문화연구소(Institute of Physical Culture) 설립
Coleman Roberts Griffith(1923)	· 미국 스포츠심리학의 아버지 · 미국 일리노이대학교에서 운동연구소를 설립하고 심리학과 운동경기라는 과목을 처음으로 강의 · 스포츠심리학 연구에 획기적인 전환점
C. H. McCloy (1930년)	· 미국체육학회잡지에 '체육을 통한 성격형성'이라는 논문 발표 · 스포츠심리학의 발전에 기여

② 1960년대 이후

1960년대	· 제1차 국제스포츠심리학 총회(1965) : Ferruccio Antonelli(이탈리아)가 주도 · 북미 스포츠 및 신체활동 심리학회(NASPSPA;1968) : 미국 및 캐나다의 학자들이 주축
1970년대	스포츠 심리학의 활성화
1980년대~ 현재	· 스포츠심리학이 도약하는 시기 · 1985년에는 AAASP, 현재는 AASP가 결성

2. 우리나라의 스포츠심리학

1953년	한국체육학회 창설
1945~1954년	체육심리학의 강의가 처음으로 경북대에서 개설
1955년	한국체육학회지 창간호 발간
1960년대	스포츠심리학이 학문으로 그 시도가 이루어짐
1988년	서울올림픽 이후 '분과' 개념 도입
1989년	한국체육학회의 분과학회로 한국스포츠심리학회 설립
1990년	한국스포츠심리학회지 발간
2002년	한국연구재단 등재 학술지 정해짐

03. 스포츠심리학의 영역과 역할

1. 운동제어(motor control)

영역	정보처리이론, 운동제어이론, 운동의 법칙, 반사와 운동, 협응구조
역할	· 인간의 동작이나 운동을 어떻게 만들고 조절할 수 있는가에 대안과 원인 · 적용되는 원리를 규명하는 데 관심을 두는 연구 분야

2. 운동학습(motor learning)

영역	운동행동모형, 운동학습과정, 운동기억, 송환, 전이, 연습의 법칙
역할	운동기능의 습득에 관한 원리를 규명하는 연구 분야

3. 운동발달(motor development)

영역	유전과 경험, 발달의 원리, 운동기능의 발달, 학습 및 수행, 적정연령, 노령화
역할	· 인간의 생애에 걸쳐 운동기능이 어떻게 분화되고 다시 종합화하여 발달, 변화하는가를 분석 · 종 운동기능의 최적 학습기, 최적 수행기, 쇠퇴기 등을 결정하는 자료를 제공

4. 운동심리학

영역	운동참가 동기, 운동참가 지속, 운동의 심리적 효과, 정신건강
역할	운동참여를 위해 개인이 지속적으로 실패하는 상황과 관련된 이유들을 분석

01. 운동제어

1. 운동제어(motor control)의 개념

① 운동기술의 바탕이 되는, 인간 움직임의 생성과 조절에 대한 원리와 기전
② 인간 움직임의 특성과 그 움직임이 어떻게 조절되는지를 연구하는 학문 분야

2. 운동제어의 주요 제한 요소

개인	· 지각능력 : 정보를 수집하는 과정 · 인지능력 : 수집한 정보를 바탕으로 판단하고 계획 · 동작능력 : 판단하고 계획한 것을 움직임으로 만듦
환경	· 조절환경 : 움직임에 영향을 줄 수 있는 환경 · 비조절환경 : 움직임에 영향을 주지 않는 환경
과제	· 안정성 : 신체이동이 없는 것 · 조정성 : 공 또는 라켓 등 운동도구를 이용 · 이동성 : 걷기, 달리기, 뛰기 등 신체의 위치 이동

3. 정보처리단계

자극확인 단계(감각, 지각단계)	⇨	· 환경으로부터 정보 자극을 받아들임 · 받아들인 자극에서 정보를 분석 · 반응선택에 기초가 되는 정보를 제공
반응선택 단계	⇨	· 감각 · 지각 단계에서 자극의 확인이 끝난 후 어떤 반응을 할 것인가를 결정하는 단계 · 의사결정과 실질적으로 직접적인 관련
반응계획 단계	⇨	선택된 정보를 가지고 알맞은 동작이 수행되도록 준비

02. 기억체계 및 운동제어체계

1. 기억체계

(1) 운동학습과 기억(memory)

감각기억	· 병렬적 처리 · 환경으로부터 얻어진 정보 · 정보의 수용량에 제한이 없지만 정보가 단기기억으로 바뀌지 않으면 곧 사라짐
단기기억	· 선택적 기억 · 정보를 조직하는 일시적 단계
장기기억	· 계속 오랫동안 유지되는 기억 · 일화적 기억 : 특정장소 및 기간과 연관이 있는 기억 · 의미론적 기억 : 지식을 위한 기억

(2) 파지(retention)

① 파지의 개념 : 학습이 이루어진 경우 시간이 지나도 오랫동안 운동기술의 수행력이 유지되는 능력
② 파지에 영향을 미치는 요인들
　　㉠ 운동 과제의 특성
　　㉡ 학습자의 특성
　　㉢ 환경의 특성
　　㉣ 연습과 파지

(3) 전이(transfer)

① 개념 : 과거 학습이나 경험이 새로운 기술의 학습과 수행에 긍정적 또는 부정적인 영향을 미치는 것
② 정적전이
　　㉠ 운동기술의 요소와 처리과정이 유사
　　㉡ 과거의 학습이 새로운 학습에 도움이 되는 것
③ 부적전이 : 과거의 학습이 새로운 학습에 방해가 될 때

2. 운동제어체계

(1) 폐쇄회로

① 느린 정보처리로 빠른 운동 설명 못함
② 연속적인 피드백이 이루어짐
③ 체계가 실행해야 할 목표가 설정
④ 참조준거와 실제동작 간의 오류에 대한 피드백이 이루어져 오류의 탐지와 수정이 이루어짐

(2) 개방회로

① 지시가 미리 설정되어 있어 그것이 환경에 미치는 영향에 관계없이 실행되는 체계
② 즉 저장되어 있는 동작에 대한 프로그램에 의해서 인간의 모든 운동행동이 생성된다는 이론
③ 피드백이 크게 관여하지 않음

3. 반응시간과 의사결정

(1) 반응시간의 정의

예상하지 못했던 제시된 자극으로부터 반응이 종료되는 시점까지의 시간 간격

(2) 반응시간의 종류

단순반응시간	하나의 자극신호에 대하여 하나의 반응만을 요구할 때
선택반응시간	·두 개 이상의 자극 ·하나의 반응이 아니라 각각 다른 반응을 요구할 때
변별반응시간	·두 개 이상의 자극 ·특정자극에만 반응을 요구

(3) 반응시간의 요소

① 각성수준
② 자극의 예측
③ 반응의 복잡성

④ 연습

⑤ 주의의 평가

⑥ 자극-반응선택 수

⑦ 주의의 초점

03. 운동학습

1. 운동학습(motor learning)의 개념

① 운동학습은 연습과 경험에 의해서 나타남

② 운동학습 과정은 직접적으로 관찰할 수 없음

③ 운동학습은 비교적 영구적인 변화를 유도하는 내적 과정임

④ 운동학습은 성장, 성숙에 의한 변화는 포함되지 않음

2. 운동학습 이론의 정보처리단계

(1) 운동학습 이론의 순서

감각지각

⇩

반응선택

⇩

반응실행

(2) 운동학습 이론의 특징

① 감각지각(sensory-motor)

ㄱ 자극확인단계

ㄴ 환경의 정보자극을 찾아내는 기능

ㄷ 인간의 감각시스템으로 많은 정보가 유입

ㄹ 병렬적으로 동시처리

② 반응선택

    ㉠ 자극 반응 부합성과 선택 대안 수는 반응시간에 영향

    ㉡ 부합성이 약하고, 대안수가 많을수록 처리속도 늦음

③ 반응실행

    운동체계를 조직하는 단계

3. 운동학습의 단계

(1) Fitts와 Posner의 운동학습 단계

① 인지단계(cognitive)

    ㉠ 초보자들에게 기술을 습득시키기 위한 초기 단계

    ㉡ 주로 인지적인 활동이 이루어짐

        ⓐ 기술과 관련된 기본 과제

        ⓑ 수행하는 데 있어서의 원리나 규칙 등에 대해서 인지

    ㉢ 학습하여야 할 운동기술의 특성을 이해

    ㉣ 과제수행을 위해 전략을 개발하는 단계

    ㉤ 학습자에게 의식적으로 집중하도록 요구

    ㉥ 학습자는 일관성 없는 태도를 보임

    ㉦ 학습자는 오류 수정 능력이 없음

② 연합단계(associative)

    ㉠ 과제를 수행하기 위해 전략을 선택

    ㉡ 잘못된 수행에 적절한 해결책을 찾는 단계

    ㉢ 인지활동 위주에서 신체활동 위주로 되는 단계

    ㉣ 스스로 오류를 발견하여 수정이 가능

    ㉤ 동작의 일관성이 나타나고 동작이 더욱 정확

③ 자동화단계(autonomous)

    ㉠ 동작이 거의 자동적으로 이루어짐

    ㉡ 움직임 자체에 대한 의식적인 주의가 요구되지 않는 단계

    ㉢ 다른 활동에 의해 간섭을 적게 받고 수행하는 단계

    ㉣ 정확한 동작 수행을 위한 운동프로그램이 완성된 단계

    ㉤ 기술 수행과 동시에 다른 활동에도 주의 집중 가능

ⓑ 반복적인 연습의 중요성을 강조(자동화된 기술을 유지)

(2) 번스타인(N. Bernstein)의 운동학습 단계

① 번스타인(N. Bernstein)의 운동학습 순서

자유도의 고정(reduce) 단계

⇩

자유도의 풀림(release) 단계

⇩

반작용의 활용(exploit) 단계

② 단계별 특징

자유도의 고정 단계	새로운 기술의 학습 시 신체의 자유도를 고정
자유도의 풀림 단계	· 고정된 자유도를 풀어줌 · 사용 가능한 자유도의 수를 늘려줌
반작용의 활용 단계	효율적인 동작을 형성하기 위해 풀려있는 자유도보다 더 많은 자유도 활용

4. 효율적인 운동학습

(1) 피드백(feedback)

① 피드백 개념

㉠ 출력정보 또는 출력과정의 정보가 입력단계로 되돌아가는 과정

㉡ 정보처리 단계에서 각 과정마다 발생하는 오류 수정 시 필요

② 내·외부에 근거한 정보제공 출처에 따른 유형

감각(내재적) 피드백	자신의 감각계로부터 나오는 시각, 청각, 촉각, 동작감각 등과 같은 내적 정보
보강적(외재적) 피드백	· 정보의 근원지가 개인이 아닌 외부에 있는 것 · 지도자나 타인의 충고에 의한 피드백 * Newell의 범주화 : 처방정보-운동학적 정보, 정보피드백, 전환 정보-새로운 동작 습득 정보

③ 피드백의 기능

정보기능	학습자의 불필요한 행동을 줄여주고 무엇을 수정해야 하는지에 대한 정보를 제시해주는 역할
안내기능	목표점을 안내하여 올바른 동작 실현
강화기능	·긍정강화(칭찬)와 부정강화(지적)를 통한 기능 ·현재의 수행을 유지하며 성공적인 자신의 운동수행에 대해 자신감을 갖도록 해주는 역할을 수행
동기유발	·동기를 유발하여 운동기술을 계속 연습할 수 있도록 제공 ·행동의 원동력 및 정서적 흥분 등

* 자기통제 피드백 : 학습자의 요구와 상태에 따라 교사 또는 코치와 학습자 간의 상호적인 의사전달 과정을 통하여 제공되는 피드백. 학습자와 교사 또는 코치 간의 상호 의사전달과정을 통해 인지전 략을 수립하는 것

(2) 운동학습의 유형

① 전습법과 분습법

전습법	·과제를 전체적으로 한 번으로 학습 ·운동기술의 과제가 복잡성이 낮음 ·조직화 정도가 높음 ·농구의 드리블 등
분습법	·과제를 하위 단위로 몇 개의 단위로 나눔 ·운동기술의 과제가 복잡성이 높음 ·조직화 정도가 낮음 ·체조의 마루운동 등

② 집중연습과 분산연습

집중연습	·연습 초기에 사용 ·연습 사이의 휴식 시간이 짧음 ·피로감이 적을 때 사용 ·연습시간이 휴식시간보다 상대적으로 긴 연습방법
분산연습	·연습 후기에 사용 ·연습 사이의 휴식 시간이 긴 편 ·피로감이 클 때 사용

③ 구획연습과 무선연습(맥락연습)

구획연습	· 연습 수행에 효과적 · 과제를 순차적으로 제시 · 각각 할당된 시간동안 연습
무선연습	· 파지와 전이에 효과적 · 과제 순서를 무작위로 연습

04. 운동발달

1. 운동발달(motor development)의 개념

① 태아기에서 사망까지의 지속적인 과정
② 발달은 연령에 의해서만 결정되지 않음
③ 발달의 속도와 범위는 개인별로 과제의 특성에 의해 영향을 받음
④ 발달은 인간의 모든 특성인 운동기능, 신체, 지능, 사고, 언어, 정서, 도덕성 등 긍정적 혹은 부정적인 변화를 포함하는 개념

2. 운동발달 영향 요인

개인적 요인	· 유전이나 영양 등 · 심리적 요인 · 성장과 성숙 · 체력
사회문화적 요인	· 성 역할 · 부모와의 관계 · 또래문화 · 대중매체 · 인종과 문화적 배경

3. 발달의 원리와 단계별 특징

(1) 반사움직임단계

① 출생부터 생후 1년까지 나타나는 단계

② 불수의적인 움직임이나 전형적인 리듬을 갖는 형태

(2) 기초단계

① 생후 1년부터 2년까지의 단계

② 생존을 위한 수의적인 움직임

③ 머리, 목, 뻗기, 잡기 등의 물체 조작 운동 등

(3) 기본움직임단계

① 2~6세까지의 단계

② 균형유지나 신체 인식 등 균형감 발달 같은 지각 · 운동 능력이 발달

③ 던지기, 차기 등 조작운동 기능

④ 기본움직임 패턴의 형성에 환경적 조건이 많은 영향을 줌

(4) 스포츠기술단계

① 초등학교 시기

② 하나의 동작으로 각각의 움직임을 형성

(5) 성장과 세련단계

① 청소년 시기

② 이 시기에 운동능력이 뚜렷이 발달

(6) 최고수행단계

① 20~30세까지의 단계

② 정보처리나 근력과 심폐기능 능력이 최고조

(7) 퇴보단계

① 30세 이후부터 시작

② 신체의 반응속도가 떨어짐

제3장

스포츠수행의 심리적 요인

01. 성격

1. 성격의 개념

어떤 사람과 다른 사람과 구별되는 여러 특성들의 종합으로 독특성, 일관성, 경향성 등의 특성을 가지고 있음

2. 성격의 구조

심리적 핵	· 성격의 가장 기본적인 단계 · 인간 본래의 내면적이고 순수한 측면 · 가치나 흥미 등 개인의 실제 이미지
전형적 반응	주변의 상황이나 자극과의 상호교환을 통한 환경의 적응
역할 행동	사회적인 역할에 따른 개인의 일정한 행동을 의미

3. 성격이론

(1) 프로이드(Freud)

원초아(id)	· 무의식 · 본능적 욕구, 만족 추구 · 성이나 공격성과 같은 본능적인 충동으로 구성 · 도덕적 가치는 없으며 쾌락원리(pleasure principle)에 의해서 지배
자아(ego)	· 의식 · 원초아와 초자아 중재 · 원초아와는 달리 통제 · 현실적이며 논리적
초자아(super ego)	· 의식 및 무의식 · 도덕적 표준이나 사회적 이상 · 지시, 비평, 금지

(2) Maslow의 욕구위계이론

① 하위욕구가 충족되었을 때 비로소 상위욕구에 대한 열망이 생김
② 인간은 근본적으로 선하며 존경받을만하고, 환경조건이 갖추어지면 자신의 잠재능력을 발휘할 수 있다고 주장
③ 욕구위계설

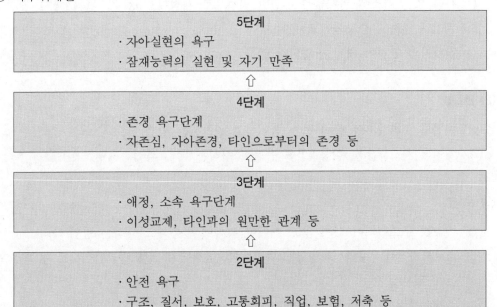

(3) 사회학습이론

① 사회적으로 학습한 바에 따라 행동하는 것으로, 학습한 행동이 성격 좌우
② 가정에서 부모의 행동은 아동에게 모방됨

(4) 특성이론

개인의 행동이 외부환경의 영향보다 개인 내에 존재해 있는 일관적인 특성에 의해 결정

4. 성격의 측정

(1) 질문지법

① 자기보고식 검사(self-report inventory)

② 가장 많이 쓰이고 있는 객관적인 평가 방법

③ 사람 또는 장소에 관계없이 동일한 방법으로 채점이 가능

④ 관리가 편하고 수량화에도 용이

⑤ 검사자의 편견이 거의 반영되지 않음

(2) 면접법

① 면접자가 관찰자와 함께 하는 참여하고 관찰하는 방법

② 개인적 사고, 감정, 갈등, 공포 등을 조사하는 데 효과적

(3) 투사법

① 비교적 구조화되어 있지 않고 애매한 자극에 반응하도록 하는 방법

② 로르샤하검사 : 무의식적인 사고와 감정을 밝혀내기 위해 잉크반점으로 무엇이 보이는지 검사

③ 주제통각검사(Thematic Apperception Test; TAT)

  ㉠ 애매모호한 그림이 있는 20장의 카드에서 만들어진 내용을 분석

  ㉡ 다양한 심리적 역동관계를 분석하고 진단하며 해석

④ 문장완성형검사 : 언어를 이용하여 개인의 욕구를 진단

02. 정서와 시합불안

1. 재미(Enjoyment)와 몰입(Flow)

(1) 재미

운동을 체험하면서 느끼는 개인의 긍정적 느낌

(2) 몰입

과제에 능동적으로 참여함으로써 과제를 수행하는 데 자신의 실력을 최대한 발휘할 때의
현상

2. 불안의 측정

(1) 불안의 정의

걱정, 염려, 두려움, 공포 등과 같은 부정적인 정서상태

(2) 불안의 특징

상태불안	상황에 따라 달라지는 불안
신체불안	몸의 증상으로 나타나는 불안 상황에 따라 변하는 지각된 생리적 반응
특성불안	환경의 위협 정도와 무관하게 불안을 지각하는 잠재적 성향 선천적으로 타고난 잠재적인 특성 또는 성향
경쟁불안	스포츠 경쟁상황에서 느끼는 불안 스포츠 상황에서 나타나는 불안
인지불안	운동수행에 관한 부정적 생각, 걱정 등의 의식적 지각 신체증상과 관계없이 머릿속으로 걱정하는 불안
촉진불안	불안을 긍정적으로 받아들여 수행에 도움
방해불안	불안을 부정적으로 받아들여 수행에 방해

3. 스트레스(stress)와 탈진(exhaustion)

(1) 스트레스

① 스트레스 정의 : 자신이 원하는 목표를 달성하지 못했을 때나 적응하기 힘든 상황에
있을 때 느끼는 심리적, 신체적 상태

② 스트레스 요인

상황적 요인	시합의 중요성, 불확실성
개인적 요인	자아존중감, 특성불안

(2) 탈진

　　기운이 다 빠져 힘이 없는 상태로 신체가 완전히 지쳐버린 상태

4. 경쟁불안과 경기력 관계이론

(1) 추동이론

　　① 각성과 운동수행의 관계를 직선적으로 봄
　　② 각성수준이 높아질수록 운동수행도 비례하여 증가한다는 이론

(2) 적정수준이론(역U 가설이론)

　　① 역U이론은 수행과 경쟁불안수준(각성수준) 간의 관계가 이차함수곡선으로 형성
　　② 각성수준의 향상과 더불어 수행도 상승
　　③ 각성이 적정한 수준의 정도(중간 정도)를 넘으면 다시 점차적으로 감소

(3) 최적수행지역이론

　　① 역U 가설이론의 대안
　　② 개인마다 적정 각성수준이 다름
　　③ 상태불안 수준에는 개인차가 큼
　　④ 최고의 수행을 발행하는 개인만의 고유한 불안수준이 있음

(4) 카타스트로피(격변)이론

　　① 인간의 인지불안이 높아지면 생리적 각성이 증가함에 따라 운동수행도 점차 증가하지만 적정수준을 넘어서면 수행의 급격한 추락
　　② 인지불안수준이 낮을 때 생리적 각성이 증가하면 운동수행이 역U자 형태

(5) 전환이론

　　① 자신의 각성수준을 어떻게 받아들이냐에 따라 각성과 정서가 달라짐
　　② 각성이 높은 상태를 기분좋은 흥분상태로 받아들일 수 있지만 불쾌한 감정인 불안상태로 해석이 가능
　　③ 각성이 낮은 상태를 이완 또는 지루함으로 해석

④ 불안의 개인차를 이해하는 데 많은 공헌을 함

5. 불안, 스트레스 관리기법

(1) 점진적 이완기법

① 정해진 순서에 따라 긴장과 이완을 체계적으로 하는 훈련법
② 자율신경계의 기능을 조절하여 스트레스를 이완시킴

(2) 무감화훈련(desensitization training)

인간에게는 긴장이나 이완이 동시에 존재할 수 없기 때문에 불안을 감소시키는 훈련을
불안 상황과 이완 정도에 따라 하나하나 배합하여 실시해야 함

(3) 자율(자생)훈련

점진적 이완기법과 유사하나 신체적인 감각을 유도하여 어떻게 느끼는가에 더 중점

(4) 바이오 피드백

① 자율신경계의 반응을 감지장치를 이용하여 조절
② 자율신경계의 반응을 일으키는 조건을 알아내어 의식적으로 통제

03. 동기

1. 동기(motivation)

(1) 동기의 개념

① 어떤 행위의 원인이 되는 행동을 발생하게 하는 내적인 요인
② 인간의 행동을 지속 또는 중단하게 하는 내적, 심리적 요인 존재

(2) 동기의 종류

① 내적동기

㉠ 개인이 기쁨과 만족감을 추구하고자 어떠한 외부 보상 없이 스스로 활동에 참여

　　　㉡ 종류 : 지식획득 내적동기, 성취 내적동기, 감각체험 내적동기, 경기 자체에 대한
　　　　　즐거움, 보람 등

　② 외적동기

　　　㉠ 동기가 목적의 수단으로 이용되거나 외적 보상에 의하여 통제되는 동기

　　　㉡ 종류 : 외적 규제, 내적 규제, 확인 규제, 경기 결과에 따른 상, 벌, 칭찬 등

　③ 무동기

　　　㉠ 동기의 상실로 무력감과 유사

　　　㉡ 보상에 대한 관심이 전혀 없음

2. 동기유발의 기능과 종류

활성적 기능	·행동의 유발 및 지속 ·유발시킨 행동을 추진하는 힘
지향적 기능	행동 목표의 방향 설정
조절적 기능	선택된 목표행동에 도달하기 위한 조직적 역할 수행
강화적 기능	행동의 결과에 따른 보상으로 동기유발 수준이 정해짐

3. 동기이론

(1) 내적동기이론(인지평가이론)

　① 개인의 유능성과 자결성을 통해 동기를 설명

　② 유능성과 자결성이 높아지면 내적동기가 증가

통제적 측면	·내적 : 자결성 증가, 내적동기 증가 ·외적 : 자결성 감소, 내적동기 감소
정보적 측면	·긍정적 : 유능성 증가, 내적동기 증가 ·부정적 : 유능성 감소, 내적동기 감소

(2) 성취목표성향이론

과제목표성향	·본인이 비교의 준거가 됨 ·기술의 향상과 노력 투입의 증가는 성공의 느낌
자기목표성향	·비교의 준거가 타인이 됨 ·타인보다 잘해야 능력감이나 성공을 느낌

4. 귀인과 귀인훈련

(1) 귀인이론

이미 발생한 행동의 원인을 설명하고 왜 그러한 행동결과가 나오는지 행동원인을 설명하며 또한 미래의 효율적인 수행에 대해 예언하려는 이론

(2) 귀인과 운동수행과의 관계

인과성	·사람은 성공했을 때는 보통 내재적 귀인을 찾아 자부심과 만족감을 느낌 ·사람은 실패했을 때 보통 외재적 귀인을 찾는 경향이 있음 ·내재적으로 실패의 원인을 찾으면 죄책감과 창피함이 강해짐
안정성	·안정성 : 과거의 결과와 현재의 결과가 일치할수록 안정된 요인에 더욱 귀인 ·불안정성 : 과거의 결과와 현재의 결과의 불일치가 클수록 더욱 귀인
통제성	·스스로 성패의 원인을 통제할 수 있는가 여부의 정의 ·통제 가능한 귀인 : 평소 노력, 일시 노력, 타인 도움 등 ·통제 불가능한 귀인 : 능력, 과제난이도, 운 등

(3) 4가지 귀인요소

능력	·인과성 : 내적 ·안정성 : 안정 ·통제성 : 통제 불가능
운	·인과성 : 외적 ·안정성 : 불안정 ·통제성 : 통제 불가능
노력	·인과성 : 내적 ·안정성 : 불안정 ·통제성 : 통제 가능
과제 난이도	·인과성 : 외적 ·안정성 : 안정 ·통제성 : 통제 불가능

(4) 귀인의 훈련

성공의 원인을 자신의 능력에서 찾고 실패의 원인을 본인 노력의 부족이나 전력적인 실수 때문이라고 믿도록 귀인을 전환하는 것

04. 목표설정

1. 목표설정의 개념

① 정해진 시간 내에 특정과제의 효율성 향상 기준을 성취하는 것
② 목표설정은 행동을 통해서 성취하고자 하는 최종적 결과를 세우는 것

2. 목표설정의 원리

① 구체적 목표
② 측정 가능 목표
③ 힘들지만 실현 가능한 목표 설정
④ 장기목표와 함께 단기목표 설정
⑤ 수행목표를 설정
⑥ 참가자의 성격 고려
⑦ 목표달성 여부 평가
⑧ 자신이 스스로 목표설정과 이행의 중심
⑨ 목표달성을 위하여 전략 개발
⑩ 목표달성을 위한 지원책 마련
⑪ 시간을 정해준 목표
⑫ 목표달성을 위해 목표와 진행상태 기록

3. 목표설정의 실제

(1) 주관적 · 객관적 유형

주관적 유형	기준이 자기 자신에 있어서 개인에 따라 다름
객관적 유형	주어진 시간 내에 수행기준에 도달하는 것

(2) 수행(과정)목표, 결과목표

수행목표	수행의 과정과 목표는 자신이 과거에 한 수행에 기반을 두는 것
결과목표	목표는 시합의 결과에 기준을 두는 것

(3) 목표설정의 단계

준비단계(사전단계)

⇩

교육단계(목표설정 훈련)

⇩

평가단계(목표달성여부 평가)

05. 자신감(confidence)

1. 자신감의 개념

주어진 과제에 대해서 성공적으로 목표를 성취할 수 있다는 마음의 상태로 성공에 대한 자신의 확신

2. 자신감 이론

(1) 자기효능감 이론

수행자의 주관적인 자기 지각으로 정해진 시간 내에 과제를 성공할 수 있게 다양한 지식과 기술을 상황에 맞게 조직하고 움직이는 능력

(2) 스포츠 자신감

　운동을 성공적으로 수행할 수 있는 자신의 능력에 대해 가지는 믿음이나 확신

3. 자신감을 향상시키는 방법

① 지도자의 지도력
② 긍정적인 대화
③ 심상
④ 목표의 설정
⑤ 효과적인 의사소통과 보상
⑥ 불안 감소시키기

06. 심상(image)

1. 심상의 개념과 유형

(1) 심상의 개념

① 심상은 모든 감각을 활용하여 과거의 성공 경험을 회상하거나 미래의 성공적 운동수행을 마음속으로 상상함으로써 자신감을 향상시키고 집중력을 높이는 것
② 실제로 선수가 수행할 기술이나 동작을 하지 않고 이미지를 상상하고 그려보는 기법

(2) 심상의 유형

내적 심상	자신의 신체가 직접 운동을 하는 것처럼 느끼는 것
외적 심상	외부관찰자의 입장에서 심상자가 자신의 수행모습을 보는 것과 같은 시각

2. 심상의 이론

심리신경근이론	· 심상을 하는 동안 뇌와 근육은 실제 동작을 하는 것과 유사한 전기자극 발생 · 유사한 근육의 반응으로 인해 운동기억강화
상징학습이론	어떤 동작을 뇌에 부호화시켜 그 동작 패턴을 이해할 수 있거나 자동화시킴
심리생리적 정보이론	기능적으로 조직되어 뇌의 장기기억에 저장되어 있음

3. 심상의 시기 및 훈련

(1) 심상의 시기

연습 전후	· 심상이 많은 집중을 유도하여 효과적 · 심상내용은 목표수행에 관련된 것이나 일상적인 것
경기 전후	· 경기 바로 직전에 하는 것이 효과적 · 경기 후 성공적으로 수행한 장면이 매우 선명해짐

* 휴식시간 또는 자유시간, 부상으로 회복 등 실시

(2) 심상의 훈련

① 조용한 장소에서 실시
② 편안한 상태에서 수행
③ 심상훈련에 대한 동기와 확신
④ 성공적 수행 장면 심상
⑤ 효과적인 훈련을 위해 비디오나 녹음테이프 사용
⑥ 큰 흐름의 이미지로 훈련
⑦ 실제 경기상황과 동일한 속도로 심상
⑧ 심상훈련 일지 기록

07. 주의집중(attention)

1. 주의집중의 개념

(1) 주의

　① 관심을 기울일 대상의 선정
　② 어떤 한 곳이나 일에 관심을 기울이는 것을 말함

(2) 집중

스포츠에서는 경기수행과 관련이 있는 정보나 단서들에 대한 주의를 유지하는 것

(3) 주의집중의 유지

운동수행과 관련이 있는 정보나 단서들에 대한 정신집중을 유지할 수 있는 능력

2. 주의집중의 유형

(1) 주의집중의 폭

넓은 주의집중	·정해진 시간 내에 주의하여야 하는 정보의 양이 많고 넓은 경우 ·시합의 상황을 판단 ·상황에 맞는 계획 수립
좁은 주의집중	·정해진 시간 내에 주의하여야 하는 정보의 양이 적고 좁은 경우 ·시합의 상황을 판단 ·최적의 심리상태 유지

(2) 주의집중의 방향

내적 방향	·정신집중의 대상은 내부에 존재 ·선수가 자신의 사고 및 감정에 주의하여 초점을 내부 방향으로 함
외적 방향	·정신집중의 대상은 외부에 존재 ·초점을 외부 방향으로 하여 주변에 전개되는 것에 주의

(3) 주의집중의 유형

① 니데퍼(R. Nideffer)는 주의의 유형을 넓은-내적, 좁은-내적, 넓은-외적, 좁은-외적의 4가지로 구분해 설명

② 유형별 특징

넓은 외적	· 상황적 판단 · 주변상황과 관련된 모든 단서에 대한 지각
넓은 내적	분석 및 계획수립
좁은 외적	1~2개의 외부단서에 전적으로 집중
좁은 내적	· 정서상태 통제 · 심리적 연습

3. 주의집중 향상기법

① 집중의 방해요인들과 같이 연습

② 주의 초점의 전환을 훈련

③ 단서가 되는 단어의 사용

④ 심상 훈련

⑤ 지금 현재하는 수행에 집중

⑥ 재집중하는 훈련

⑦ 참선 훈련

⑧ 격자판 훈련

⑨ 시각통제연습

⑩ 일상화시킬 것

08. 루틴(routine)

1. 루틴의 개념

① 선수들이 최상의 운동수행을 발휘하는 데 선수의 사고 과정과 감정상태를 체계화하는 것
② 운동수행을 하는 데 필요한 이상적인 상태를 갖추기 위해 자신만의 고유한 동작이나 절차를 가지는 것

2. 루틴의 효과

① 주의를 분산할 수 있는 부적절한 내적, 외적 방해를 차단
② 다음 수행에서 중요한 과정에 집중하게 함
③ 다음 상황에 대한 익숙한 느낌을 제공

3. 루틴의 종류

(1) 인지적 루틴

① 긍정적인 생각과 이미지 트레이닝을 하여 자신감을 불러일으키는 과정
② 부정적인 생각을 긍정적으로 바꾸는 개념이 아니라 처음부터 긍정적인 생각을 갖고 있음

(2) 행동적 루틴

자신의 생각을 행동적으로 체계화시키는 동작

제4장

스포츠수행의 사회 심리적 요인

01. 집단응집력(group cohesiveness)

1. 집단응집력의 정의

① 팀 구성원들이 그 팀에 남아 있을 수 있게 하는 힘
② 스포츠 집단의 응집력은 경기력에 직접적으로 영향을 미칠 수 있는 중요한 요인

2. 응집력의 특징

(1) 응집력 모형(Gill)

① 환경적 요인
  ㉠ 규범적 힘으로 여러 가지 주변의 상황이 선수들을 하나의 구성원으로 연결
  ㉡ 환경적 요인 요소
    ⓐ 타 집단과의 차별성
    ⓑ 목표 설정
    ⓒ 계약상의 의무
    ⓓ 규범적 압력 등
    ⓔ 선수간의 물리적인 근접성
② 개인적 요인
  ㉠ 선수들의 개인적인 특징이나 성향
  ㉡ 서로 존중을 기본으로 한 서로에 대한 매력은 응집력을 증대시킴
  ㉢ 개인적 요인 요소
    ⓐ 사회적 배경
    ⓑ 개인차
    ⓒ 성별 등
③ 리더십 요인

      ⊙ 리더십에 따라 선수들의 응집력에 직·간접적으로 영향을 줌

      ○ 리더십 요인 요소

          ⓐ 리더십 스타일

          ⓑ 리더의 행동 등

  ④ 팀적 요인

      ⊙ 팀의 승리에 대한 열망이 응집력을 높임

      ○ 팀적 요인 요소

          ⓐ 팀의 생산성

          ⓑ 팀의 과제

          ⓒ 팀 능력

          ⓓ 팀 안전성 등

(2) 스포츠에 따른 응집력

① 응집력이 낮은 스포츠 : 양궁, 골프, 볼링 등

② 응집력이 높은 스포츠 : 축구, 배구, 농구 등 구성원간 상호 작용하는 스포츠

3. 팀 구축 프로그램을 위한 개념 모형

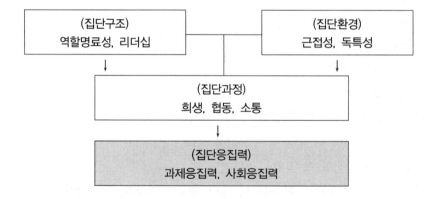

4. 집단에서의 사회적 태만

(1) 사회적 태만의 의의

혼자일 때보다 집단에 속해 있을 때, 더 게을러지는 현상을 말함

(2) 사회적 태만의 이론

할당 전략	단독 상황에서 잘하는 것이 개인에게 더 중요하기 때문에 여러 명이 모이면 에너지를 절약
최소화 전략	· 가능한 최소의 노력을 들여 목표를 달성하고자 함 · 집단상황에서는 개인의 책임이 그만큼 줄어들기 때문에 발생
무임승차 전략	집단상황에서 개인이 다른 사람의 노력에 편승해 혜택을 받고자 자신의 노력을 줄임
반무임승차 전략	다른 사람의 무임승차를 원하지 않기 때문에 본인도 노력을 줄이는 전략

(3) 사회적 태만 극복 방법

① 개인의 노력 확인
② 자신의 노력이 집단성과에 공헌을 한다고 강조하기
③ 소집단에서 일하는 상황
④ 집단 구성원과 사회적 태만에 대해 대화하기
⑤ 개인의 수행 수준을 확인하는 시스템
⑥ 팀을 작은 집단으로 나누어 임무 부여

5. 집단응집력 이론

(1) 링겔만(M. Ringelmann) 효과

링겔만(M. Ringelmann)의 줄다리기 실험에 의하면, 줄을 당기는 힘은 혼자일 때 가장 크고, 줄을 당기는 인원이 증가할수록 개인이 쓰는 힘의 양은 줄어드는 것으로 나타남. 집단 속에서 개인의 노력이 줄어드는 현상을 사회적 태만이라고 함

(2) 슈타이너의 모형

① 집단의 실제 생산성은 잠재적 생산성에서 과정손실을 제외하는 것이라고 주장
② 잠재적 생산성 : 구성원들이 본인이 갖고 있는 능력을 최대로 발휘했을 때 달성할 수 있는 최고의 결과

③ 과정손실

조정손실	구성원 사이에 타이밍이 맞지 않거나 상황에 맞지 않은 전략으로 인해서 팀의 잠재적 생산성에 부정적인 영향을 주어 발생하는 손실
동기손실	팀 구성원이 자신이 할 수 있는 최대 노력을 하지 않을 경우 생기는 손실

02. 리더십(leadership)

1. 리더십의 정의

① 지도자가 팀의 목표를 달성하기 위해 구성원이 자발적으로 집단활동에 참여하도록 하며, 개인이나 집단에 영향력을 행사하는 것
② 개인이 조직과 개인의 목적을 모두 만족시키기 위하여 구성원의 동기화를 촉진시키고 영향력을 행사하는 과정

2. 리더십 이론

(1) 특성이론

리더는 타고난 인성이나 성격을 지니고 있어 어떠한 상황에서도 성공적인 리더가 된다는 것

(2) 행동이론

① 리더십은 타고나는 것이 아니라 학습으로 가능
② 리더의 어떤 보편적인 행동특성을 학습하면 누구나 성공적인 리더가 될 수 있음

(3) 상황적 접근 이론

리더의 행동은 항상 정해져 있는 것이 아니라 리더의 특성이나 행동과 더불어 구성원의 능력이나 태도 그리고 리더십이 발휘되는 조직 내외의 상황들이 결정해 주는 것이라고 주장

3. 강화

(1) 강화의 개념

어떤 행동이 일어난 후 자극을 줌으로써 그 확률이 일어날 확률을 높이는 것

(2) 강화의 종류

적극적(긍정적 강화)	어떤 반응의 빈도를 높이기 위해서 칭찬이나 상 등의 보상을 제공하는 것
소극적(부정적 강화)	어떤 반응의 빈도를 줄이기 위해서 불유쾌하거나 부정적인 자극을 사라지게 함으로써 긍정적인 반응의 확률 증가

(3) 효과적인 강화를 위한 방법

① 일관성을 유지
② 효과적인 강화물을 선택
③ 성취결과뿐만 아니라 수행과정에 대해서도 반응
④ 결과에 대한 지식 제공

4. 처벌

(1) 처벌의 개념

① 원하지 않는 행동에 대하여 불편한 결과를 주어 그 행동이 야기될 확률을 낮추는 방법
② 특정행위에 대해 유쾌한 자극을 빼앗아 가거나 불쾌한 자극을 가하는 방법

(2) 처벌의 효과

① 실패에 대한 스트레스를 야기
② 처벌의 효과는 예측 가능성이 낮음

5. 코칭스타일과 코칭행동 평가

(1) 코칭스타일

권위적	· 승리가 중심 · 모든 것을 코치가 결정(명령) · 코치가 목적을 정해줌 · 커뮤니케이션이 약간 있거나 없음
협동적	· 선수가 중심 · 직접 참여하는 스타일 · 주어진 목적 및 함께 결정한 목적 · 커뮤니케이션 많이 발달
방임적	· 철학이 없음 · 선수가 결정 · 목적이 없음 · 커뮤니케이션 없음

(2) 효율적인 리더에게 요구되는 생각

① 항상 새로운 정보와 지식을 공부

② 스포츠를 수단이 아닌 문화로 파악

③ 선수의 현재뿐 아니라 미래에 대해서도 배려

④ 선수 개인의 개성을 존중

03. 사회적 촉진(social facilitation)

1. 사회적 촉진의 개념과 이론

(1) 사회적 촉진의 개념

타인의 존재가 과제 수행에 긍정적 또는 부정적 영향을 주는 것을 말함

(2) 사회적 촉진의 이론

① 단순존재가설

ⓐ 타인의 존재는 각성을 유발

　　ⓑ 각성은 우세반응을 일으킴

　　ⓒ 우세반응이 틀릴 경우 수행은 감소

　　ⓓ 우세반응이 옳을 경우 수행은 향상

　　ⓔ 초심자의 수행은 감소되지만 숙련자의 수행은 향상

　　ⓕ 단순과제나 쉬운 과제일 경우 수행은 향상

　　ⓖ 복잡하거나 정확성이 필요한 어려운 과제는 수행이 감소

② 평가우려가설

　　ⓐ 타인의 존재만으로 각성되는 것이 아니라, 타인이 수행을 평가할 수 있는 전문성
　　　이 필요

　　ⓑ 또한 타인의 평가가 수행자에게 긍정적이거나 부정적인 영향을 준 학습경험이
　　　필요

③ 자아이론 : 수행자는 타인으로부터 인정을 받기 위한 욕구가 증대되어 동기가 촉진

④ 주의 분산·갈등이론

　　ⓐ 타인의 존재는 주의를 분산시킴으로써 주어진 과제에의 집중을 떨어뜨려 수행의
　　　저하를 가져옴

　　ⓑ 개인의 추동 수준을 증가시켜 더 많은 노력을 기울여 수행을 촉진

2. 모델링 방법의 효과

(1) 모델링 방법

관찰학습	수행자가 다른 선수를 관찰하여 모방하고 학습
직접 모델링	지도자, 전문 선수 등의 모델이 직접 시범을 보임
상징적 모델링	시청각 자료를 통해서 시범을 보임

(2) 모델링 효과

① 전문가 모델링보다 학습자끼리의 모델링이 더 효과적

② 학습 초기에는 전문적인 모델보다는 실수가 있는 모델과의 피드백이 더 효과적

04. 사회성 발달(social development)

1. 공격성의 개념과 이론

(1) 공격성의 개념

공격성은 피해나 부상을 피하려고 하는 사람에게 피해나 상해를 입히기 위한 목적

(2) 공격성의 분류

① 목표와 분노가 있었는지에 따라 적대적 공격성과 수단적 공격성으로 분류

② 적대적 공격성·수단적 공격성의 특징

적대적 공격성	·해칠 의도 있음 ·승리와 관계없이 해칠 목적 ·분노가 동반됨
수단적 공격성	·해칠 의도 있음 ·승리가 목적임 ·분노가 수반되지 않음

(3) 공격성의 이론

본능이론	공격을 하는 이유는 성, 목마름, 배고픔과 같이 인간의 타고난 욕구
좌절-공격가설	공격의 원인은 좌절이며, 좌절의 결과는 공격이라는 가설
사회학습이론	공격행위는 학습에 영향을 받는다는 이론

2. 스포츠에서 공격성의 원인

개인적인 요인 및 물리적인 요인	성격, 열, 소음, 혼잡 등
사회적 요인	술, 방송매체, 난폭 등
심리적 요인들	모델링, 처벌이나 보복의 두려움 등

3. 스포츠 참가와 인성발달

① 스포츠를 통한 선의의 경쟁으로 예방적인 인성교육이 가능

② 스포츠 참가를 통해서 도덕적, 사회적 가치를 체험할 수 있으며 학습할 수 있는 기회

제5장

운동심리학

01. 운동의 심리적 효과

1. 성격

같은 상황에서 서로 다른 반응을 나타내는 자신과 타인을 구별하는 독특한 특성

2. 운동의 심리 · 생리적 효과

심리적 효과	우울증 감소 효과 불안 및 스트레스 감소 효과 자아개념 향상 수면의 질 향상 부정적 정서 감소 인지능력향상(장년층 이상 효과) 운동 참여자가 비참여자에 비해 자긍심이 높음 연령과 성별에 관계없이 긍정적 효과가 나타남
생리적 효과	최대 산소 섭취량 증가 엔돌핀의 발생 신경 근육성 긴장의 완화

① 운동의 심리적 효과로는 장기간 운동이 단기간의 운동보다 우울증의 개선에 있어 효과가 큼
② 운동 시 스트레스 측정에 활용되는 것
  ㉠ 심박수
  ㉡ 피부반응
  ㉢ 호르몬 변화

3. 심리적 효과의 이론

(1) 열발생 가설

① 운동은 열을 발생시킴
② 체온의 상승으로 근육이 이완되고 이 정보가 다시 뇌로 전달되어 불안감 감소

(2) 모노아민 가설

① 노르에피네프린, 세로토닌, 도파민 등 신경전달물질의 분비로 인하여 감정과 정서가 개선됨
② 운동을 하면 이와 같은 신경전달물질 분비량이 많아지며, 이로 인해 신경의 의사소통이 증가

(3) 뇌변화 가설

운동을 하면 대뇌피질의 혈관밀도가 높아지고 뇌 구조도 변하여 운동에 따른 인지적 혜택이 제공

(4) 생리적 강인함 가설

① 운동을 규칙적으로 하는 것은 스트레스를 규칙적으로 가하는 것과 비슷
② 스트레스에 자주 노출되면 대체 능력이 높아지고 정서적으로 불안감이 감소

(5) 사회심리적 가설

운동을 하면 기분이 좋아질 것이라는 기대를 갖고 있기 때문에 운동 후 심리적으로 좋은 효과를 얻는다는 가설

02. 운동심리이론

1. 합리행동 이론과 계획행동 이론

(1) 합리행동 이론

① 개인의 운동참여 의도를 행동을 유도하는 결정적인 원인으로 보는 이론
② 합리적 행동이론(Theory of Reasoned - Action)의 주요 변인

행동에 대한 태도	·행동에 대한 신념 ·행동에 대한 평가
주관적 규범	·순응동기 ·타인의 의견
의도	행동

(2) 계획행동 이론

① 합리행동 이론에 '지각된 행동 통제력'이 추가된 이론
② 지각된 행동 통제력
  ㉠ 태도
  ㉡ 의도
  ㉢ 주관적 규범
  ㉣ 행동통제인식

2. 변화단계 이론

무관심(계획 전단계)
· 현재 운동을 하고 있지 않음
· 앞으로 6개월 내에도 운동을 할 의도가 없는 단계

⇩

관심(계획단계)
· 현재 운동을 하고 있지 않음
· 앞으로 6개월 내에도 운동을 할 의도를 가지고 있는 단계

⇩

준비단계
· 규칙적으로 운동을 하고 있지 않음
· 1개월 내에 운동을 할 의도를 가지고 있음

⇩

실천단계
현재 운동을 하고 있으나 규칙적이지 않음

⇩

유지단계
· 현재 운동을 하고 있음
· 운동을 시작한지 6개월이 지난 단계

3. 통합이론

(1) 통합이론

많은 선행이론들을 광범위하게 수용하여 운동의 지속에 영향을 미치는 요인을 합쳐서 제시하는 이론

(2) 통합이론의 운동참여 요인

① 운동통제 소재 : 운동을 통제하는 대상이 자신안지, 다른 사람인지의 문제
② 운동태도 : 운동을 긍정적 또는 부정적으로 보는가의 문제
③ 자기개념 : 자신을 긍정적 또는 부정적으로 보는가의 문제

4. 사회생태학적 이론

① 개인차원의 역할뿐만 아니라 물리적 환경, 정부, 지역사회 등 다른 차원도 고려해야 함
② 개인차원의 요소는 행동에 영향을 주는 여러 요인 중 하나임

03. 운동실천 중재전략

1. 운동실천 영향 요인

① 운동실천에 영향을 주는 요인: 개인요인, 환경요인, 집단요인
② 각 요인의 특징

개인요인	연령, 성, 교육 수준, 건강상태
환경요인	·사회적 환경 - 의사의 영향력 - 집단응집력 - 동료의 사회적 지지 등 ·물리적 환경 - 기후와 계절 - 루틴의 변동 - 시설에 대한 실제적 접근성 등
집단요인	집단과정, 집단구조, 집단환경

2. 지도자, 집단, 문화의 영향

(1) 지도자의 영향

① 운동지도자는 회원의 운동지속 실천을 결정하는 가장 중요한 요인
② 적절한 처벌과 보상 등으로 자극을 조절

(2) 집단의 영향

개인차원이나 가족차원에 비해 공동의 목표를 정하고 성취하고자 하는 목적이 뚜렷한 집단을 형성하고 있을수록 동기부여나 운동의 지속력이 높음

(3) 문화의 영향

많은 사회적 지지를 받을수록 운동이 지속되는 기간이 길어짐

3. 행동수정 및 인지전략

(1) 행동수정전략

① 운동을 지속적으로 실천하는 데 효과적임
② 방법 : 보상 제공, 피드백 제공, 출석상황 게시, 의사결정단서 등

(2) 인지전략

① 구체적이고 측정 가능하며, 현실적이고 약간 어려운 목표 설정
② 운동일지를 작성해서 체력향상 확인
③ 내적, 외적 주의집중
④ 의사결정균형표를 작성하여 혜택과 손실을 비교

스포츠 심리상담

01. 스포츠 심리상담의 개념

1. 스포츠 심리상담의 개념

선수의 특성과 환경의 특성을 파악하고 경기력 향상과 인간적 성장을 위해 개입하는 것으로 중재자로서의 역할을 하는 과정

2. 스포츠 심리상담의 목적

① 상담은 상담자와 내담자의 상호 협력 관계에 기초함
② 스포츠 심리상담은 인간적 성장과 경기력 향상을 목표로 함
③ 상담자는 상담 시작 전 상담의 전 과정을 내담자에게 안내함

02. 스포츠 심리상담의 적용

1. 스포츠 심리상담

(1) 스포츠상담사의 윤리

① 전문능력과 기술을 갖추고 비밀을 지켜줄 것
② 상담과 관련한 기본사항을 알려줄 것
③ 상담, 감독을 받는 학생이나 고객과 이성관계로 만나지 않음
④ 미성년자 고객의 가족과는 개인적, 금전적 또는 다른 관계로 만나지 않음
⑤ 특별한 경우를 제외하고는 고객과 상담실 밖에서의 사적인 관계를 유지하지 않음

(2) 선수들이 지각하는 최고의 스포츠심리상담사

    ① 친밀감(유대감) 형성

    ② 지속적인 심리훈련

    ③ 경기 시즌 전, 중, 후의 지원

2. 스포츠 심리상담의 기법

(1) 신뢰형성(Rapport)

    내담자와 상담자 사이의 공감적 관계

(2) 경청

    ① 상담자가 내담자의 언어적 메시지는 물론 비언어적 메시지를 듣는 과정

    ② 경청의 방해 요소

        ㉠ 평가적 경청

        ㉡ 여과된 경청

        ㉢ 동정적 경청

        ㉣ 사실 중심의 경청

        ㉤ 끼어들기

        ㉥ 부적절한 경청

(3) 공감적 이해

    생각할 시간을 가지고 반응 시간을 짧게 함

제1장

스포츠심리학의 개관

1. 다음 중 광의의 스포츠심리학 내용이 아닌 것은?

① 1980년대 이후에 체육화의 전문화와 세분화추세에 따라 광의의 스포츠 관점은 퇴색
② 운동수행과 사회적 요인과의 관계를 연구하는 분야
③ 운동학습, 운동발달, 운동제어와 스포츠 심리 영역을 모두 포함하는 관점
④ 운동발달, 운동제어, 운동학습이 광의의 스포츠심리학의 하위학문 영역

해설 ②는 협의의 스포츠심리학에 관한 내용이다.	
광의의 스포츠심리학	· 운동학습, 운동발달, 운동제어와 스포츠 심리 영역을 모두 포함하는 관점 · 1980년대 이후에 체육화의 전문화와 세분화추세에 따라 광의의 스포츠 관점은 퇴색 · 운동발달, 운동제어, 운동학습이 광의의 스포츠심리학의 하위학문 영역

정답 ②

2. 다음 중 협의의 스포츠심리학 내용으로 바르지 않은 것은?

① 심리적 요인이 운동수행에 어떤 영향을 미치는가를 규명하는 분야
② 스포츠 상황에서 인간행동을 분석, 이해, 통제, 예측하기 위해 심리학의 다양한 방법 및 원인을 제공
③ 스포츠나 운동수행이 개인과 팀의 심리적 기능에 어떠한 영향을 주는지 규명
④ 운동발달, 운동제어, 운동학습이 광의의 스포츠심리학의 하위학문 영역

해설 ④는 광의의 스포츠심리학 내용이다.	
협의의 스포츠심리학	· 운동수행과 사회적 요인과의 관계를 연구하는 분야 · 스포츠나 운동수행이 개인과 팀의 심리적 기능에 어떠한 영향을 주는지 규명 · 심리적 요인이 운동수행에 어떤 영향을 미치는가를 규명하는 분야 · 스포츠 상황에서 인간행동을 분석, 이해, 통제, 예측하기 위해 심리학의 다양한 방법 및 원인을 제공

정답 ④

3. 스포츠와 운동 상황에서 인간행동을 과학적으로 탐구하고 그것을 현장에 적용한 것은?

① 스포츠사회학   ② 스포츠교육학

③ 스포츠심리학   ④ 스포츠경제학

> **해설** 스포츠심리학은 스포츠와 운동 상황에서 인간행동을 과학적으로 탐구하고 그것을 현장에 적용한 것이며, 스포츠(sports)와 심리학(psychology)의 결합 상태를 말한다.
>
> **정답** ③

4. 스포츠심리학의 발전과정으로 옳은 것은?

① 협의의 스포츠심리학 → 광의의 스포츠심리학 → 스포츠 운동심리학

② 스포츠 운동심리학 → 협의의 스포츠심리학 → 광의의 스포츠심리학

③ 스포츠 운동심리학 → 광의의 스포츠심리학 → 협의의 스포츠심리학

④ 광의의 스포츠심리학 → 협의의 스포츠심리학 → 스포츠 운동심리학

> **해설** 스포츠 심리학의 발전과정
>
>   광의의 스포츠 심리학 → 협의의 스포츠 심리학 → 스포츠운동심리학
>
> **정답** ④

5. 스포츠심리학의 발전과정 중 미국 스포츠심리학의 아버지로 불리는 사람은?

① Coleman Roberts Griffith   ② Triplett

③ C. H. McCloy   ④ A. C. Puni

> **해설** Coleman Roberts Griffith은 미국 스포츠심리학의 아버지로 불리우며, 미국 일리노이 대학교에서 운동연구소를 설립하고 심리학과 운동경기라는 과목을 처음으로 강의하였다.
>
> | Coleman Roberts Griffith(1923) | ·미국 스포츠심리학의 아버지
·미국 일리노이 대학교에서 운동연구소를 설립하고 심리학과 운동경기라는 과목을 처음으로 강의
·스포츠심리학 연구에 획기적인 전환점 |
> | --- | --- |
>
> **정답** ①

6. 스포츠 심리학의 발전과정 중 미국체육학회잡지에 '체육을 통한 성격형성'이라는 논문을 발표한 사람은?

① Coleman Roberts Griffith   ② Triplett

③ C. H. McCloy   ④ Carl Diem

> **해설** C. H. McCloy은 미국체육학회잡지에 '체육을 통한 성격형성'이라는 논문을 발표했으며, 스포츠심리학의 발전에 기여하였다.
>
> | C. H. McCloy(1930년) | · 미국체육학회잡지에 '체육을 통한 성격형성'이라는 논문 발표 · 스포츠심리학의 발전에 기여 |
> |---|---|
>
> **정답** ③

7. 소련 스포츠심리학의 아버지로 불리우는 사람은?

① Coleman Roberts Griffith   ② A. C. Puni

③ Carl Diem   ④ C. H. McCloy

> **해설** A. C. Puni는 소련 스포츠심리학의 아버지로써 소련 레닌그라드에서 체육문화연구소(Institute of Physical Culture) 설립하였다.
>
> | A. C. Puni(1925) | · 소련 스포츠심리학의 아버지 · 소련 레닌그라드에서 체육문화연구소(Institute of Physical - Culture) 설립 |
> |---|---|
>
> **정답** ②

8. 다음 중 스포츠심리학의 초기시대 역사의 내용으로 바르지 않은 것은?

① 제1차 국제스포츠심리학 총회
② 관중의 존재 유무에 따른 운동수행(실내 자전거 타기) 효과가 최초의 연구
③ 스포츠심리학 연구에 획기적인 전환점
④ 스포츠심리학의 발전에 기여

> **해설** ①은 1965년에 이탈리아가 주도한 총회이다.
> **정답** ①

9. 스포츠심리학이 활성화된 시기는?

① 1950년대   ② 1960년대

③ 1970년대   ④ 1980년대

> **해설** 1970년대는 스포츠심리학이 활성화된 시기이다.
> **정답** ③

10. 다음 중 제1차 국제스포츠심리학 총회 시기는?

① 1960년대   ② 1970년대

③ 1980년대   ④ 1990년대

> **해설** 1960년대에 Ferruccio Antonelli(이탈리아) 주도 하에 제1차 국제스포츠심리학 총회가 개최되었다.
> **정답** ①

11. 국내 스포츠심리학의 내용과 연도가 잘못된 것은?

① 1953년 - 한국체육학회 창설
② 1955년 - 한국체육학회지 창간호 발간
③ 1988년 - 서울올림픽 이후에 '분과' 개념 도입
④ 2002년 - 한국스포츠심리학회지 발간

> **해설** 국내 스포츠심리학
>
> | | |
> |---|---|
> | 1953년 | 한국체육학회 창설 |
> | 1945~1954년 | 체육심리학의 강의가 처음으로 경북대에서 개설 |
> | 1955년 | 한국체육학회지 창간호 발간 |
> | 1960년대 | 스포츠심리학이 학문으로 그 시도가 이루어짐 |
> | 1988년 | 서울올림픽 이후 '분과' 개념 도입 |
> | 1989년 | 한국체육학회의 분과학회로 한국스포츠심리학회 설립 |
> | 1990년 | 한국스포츠심리학회지 발간 |
> | 2002년 | 한국연구재단 등재 학술지 정해짐 |
>
> **정답** ④

12. 다음 보기는 스포츠심리학의 영역 중 어디에 해당하는가?

영역	정보처리이론, 운동제어이론, 운동의 법칙, 반사와 운동, 협응구조

① 운동발달　　　　　　　　　② 운동제어

③ 운동심리학　　　　　　　　④ 운동학습

해설 운동제어

영역	정보처리이론, 운동제어이론, 운동의 법칙, 반사와 운동, 협응구조
역할	·인간의 동작이나 운동을 어떻게 만들고 조절할 수 있는가에 대한과 원인 ·적용되는 원리를 규명하는 데 관심을 두는 연구 분야

정답 ②

13. 다음 보기는 스포츠심리학의 영역 중 어디에 해당하는가?

영역	운동참가동기, 운동참가지속, 운동의 심리적 효과, 정신건강

① 운동제어　　　　　　　　　② 운동학습

③ 운동심리학　　　　　　　　④ 운동발달

해설 운동심리학

영역	운동참가동기, 운동참가지속, 운동의 심리적 효과, 정신건강
역할	운동참여를 위해 개인이 지속적으로 실패하는 상황과 관련된 이유들을 분석

정답 ③

14. 다음 보기는 스포츠심리학의 영역 중 어디에 해당하는가?

영역	운동행동모형, 운동학습과정, 운동기억, 송환, 전이, 연습의 법칙

① 운동발달　　　　　　　　　② 운동제어

③ 운동학습　　　　　　　　　④ 운동심리학

해설 운동학습

영역	운동행동모형, 운동학습과정, 운동기억, 송환, 전이, 연습의 법칙
역할	운동기능의 습득에 관한 원리를 규명하는 연구 분야

정답 ③

15. 다음 보기는 스포츠심리학의 영역 중 어디에 해당하는가?

영역	유전과 경험, 발달의 원리, 운동기능의 발달, 학습 및 수행, 적정연령, 노령화

① 운동심리학   ② 운동학습
③ 운동발달   ④ 운동제어

해설 운동발달

영역	유전과 경험, 발달의 원리, 운동기능의 발달, 학습 및 수행, 적정연령, 노령화
역할	·인간의 생애에 걸쳐 운동기능이 어떻게 분화되고 다시 종합화하여 발달, 변화하는가를 분석 ·종 운동기능의 최적 학습기, 최적 수행기, 쇠퇴기 등을 결정하는 자료를 제공

정답 ③

16. 스포츠심리학의 영역 중 적용되는 원리를 규명하는 데 관심을 두는 연구 분야는?

① 운동학습   ② 운동심리학
③ 운동발달   ④ 운동제어

해설 운동제어는 인간의 동작이나 운동을 어떻게 만들고 조절할 수 있는가에 대한과 원인을 밝히며, 적용되는 원리를 규명하는 데 관심을 두는 연구 분야이다.
정답 ④

17. 스포츠심리학의 영역 중 인간의 생애에 걸쳐 운동기능이 어떻게 분화되고 다시 종합화하여 발달, 변화하는가를 분석하는 것은?

① 운동제어   ② 운동발달
③ 운동학습   ④ 운동심리학

해설 운동발달은 인간의 생애에 걸쳐 운동기능이 어떻게 분화되고 다시 종합화하여 발달, 변화하는가를 분석하며, 종 운동기능의 최적 학습기, 최적 수행기, 쇠퇴기 등을 결정하는 자료를 제공한다.
정답 ②

1. 다음 중 운동제어의 주요 제한 요소에 속하지 않는 것은?

① 과제   ② 개인

③ 경제   ④ 환경

해설 운동제어의 주요 제한 요소	
개 인	·지각능력 : 정보를 수집하는 과정 ·인지능력 : 수집한 정보를 바탕으로 판단하고 계획 ·동작능력 : 판단하고 계획한 것을 움직임으로 만듦
환 경	·조절환경 : 움직임에 영향을 줄 수 있는 환경 ·비조절환경 : 움직임에 영향을 주지 않는 환경
과 제	·안정성 : 신체이동이 없는 것 ·조정성 : 공 또는 라켓 등 운동도구를 이용 ·이동성 : 걷기, 달리기, 뛰기 등 신체의 위치 이동

정답 ③

2. 운동제어의 주요 제한 요소 중 "개인"에 속하지 않는 것은?

① 조절환경   ② 인지능력

③ 지각능력   ④ 동작능력

해설 운동제어의 주요 제한 요소	
개 인	·지각능력 : 정보를 수집하는 과정 ·인지능력 : 수집한 정보를 바탕으로 판단하고 계획 ·동작능력 : 판단하고 계획한 것을 움직임으로 만듦

정답 ①

3. 운동제어의 주요 제한 요소 중 "환경"에 속하는 것은?

① 조정성　　　　　　　　② 비조절환경
③ 안정성　　　　　　　　④ 지각능력

해설 운동제어의 주요 제한 요소	
환경	·조절환경 : 움직임에 영향을 줄 수 있는 환경 ·비조절환경 : 움직임에 영향을 주지 않는 환경
정답 ②	

4. 운동제어의 주요 제한 요소 중 "과제"에 속하지 않는 것은?

① 조정성　　　　　　　　② 이동성
③ 경제성　　　　　　　　④ 안정성

해설 운동제어의 주요 제한 요소	
과제	·안정성 : 신체이동이 없는 것 ·조정성 : 공 또는 라켓 등 운동도구를 이용 ·이동성 : 걷기, 달리기, 뛰기 등 신체의 위치 이동
정답 ③	

5. 정보처리단계 중 보기의 내용과 관련이 깊은 것은?

> 의사결정과 실질적으로 직접적인 관련을 지닌다.

① 반응결과 단계　　　　　② 반응선택 단계
③ 반응계획 단계　　　　　④ 반응제어 단계

해설 반응선택 단계
·감각 및 지각 단계에서 자극의 확인이 끝난 후 어떤 반응을 할 것인가를 결정하는 단계 ·의사결정과 실질적으로 직접적인 관련
정답 ②

6. 정보처리단계 중 보기의 내용과 관련이 깊은 것은?

> 받아들인 자극에서 정보를 분석한다.

① 자극확인 단계   ② 반응계획 단계

③ 반응선택 단계   ④ 반응결과 단계

> **해설** 자극확인 단계
> · 환경으로부터 정보 자극을 받아들임
> · 받아들인 자극에서 정보를 분석
> · 반응선택에 기초가 되는 정보를 제공
> **정답** ①

7. 정보처리단계의 순서로 옳은 것은?

① 반응계획 단계 → 자극확인 단계 → 반응선택 단계

② 반응선택 단계 → 자극확인 단계 → 반응계획 단계

③ 자극확인 단계 → 반응계획 단계 → 반응선택 단계

④ 자극확인 단계 → 반응선택 단계 → 반응계획 단계

> **해설** 정보처리단계의 순서
> 자극확인 단계 → 반응선택 단계 → 반응계획 단계
> **정답** ④

8. 정보처리단계 중 감각 및 지각 단계에서 자극의 확인이 끝난 후 어떤 반응을 할 것인가를 결정하는 단계는?

① 반응계획 단계   ② 반응선택 단계

③ 반응제어 단계   ④ 반응실행 단계

> **해설** 반응선택 단계에서는 감각 및 지각 단계에서 자극의 확인이 끝난 후 어떤 반응을 할 것인가를 결정한다.
> **정답** ②

9. 다음 중 운동학습과 관련된 기억 요소가 아닌 것은?

① 감각기억   ② 단기기억
③ 오감기억   ④ 장기기억

> **해설** 운동학습 기억
> · 감각기억   · 단기기억   · 장기기억
> **정답** ③

10. 내용에 대한 병렬적 처리를 하는 기억은?

① 단기기억   ② 장기기억
③ 감각기억   ④ 오감기억

> **해설** 감각기억은 입력된 정보에 대해 병렬적 처리를 하게 된다.
> **정답** ③

11. 의미론적 기억을 하는 기억단계는?

① 단기기억   ② 장기기억
③ 감각기억   ④ 입력기억

> **해설** 장기기억은 의미론적 기억(지식을 위한 기억)을 하는 요소이다.
> **정답** ②

12. 다음 중 감각기억에 대한 내용으로 가장 거리가 먼 것은?

① 환경으로부터 얻어진 정보
② 병렬적 처리
③ 정보를 조직하는 일시적 단계
④ 정보의 수용량에 제한이 없지만 정보가 단기기억으로 바뀌지 않으면 곧 사라짐

> **해설** ③은 단기기억에 대한 내용이다.
>
> | 감각기억 | · 병렬적 처리 |
> |---|---|
> | | · 환경으로부터 얻어진 정보 |
> | | · 정보의 수용량에 제한이 없지만 정보가 단기기억으로 바뀌지 않으면 곧 사라짐 |
>
> **정답** ③

13. 장기기억과 관련이 없는 것은?

① 선택적 기억   ② 일화적 기억
③ 의미론적 기억   ④ 오랫동안 유지되는 기억

해설 ①은 단기기억에 관한 내용이다.

장기기억	· 계속 오랫동안 유지되는 기억 · 일화적 기억 : 특정장소나 기간과 연관이 있는 기억 · 의미론적 기억 : 지식을 위한 기억

정답 ①

14. 파지에 영향을 미치는 요인이 아닌 것은?

① 교수자의 특성   ② 학습자의 특성
③ 환경의 특성   ④ 운동과제의 특성

해설 파지에 영향을 미치는 요인
· 운동 과제의 특성
· 학습자의 특성
· 환경의 특성
· 연습과 파지
정답 ①

15. 오랫동안 운동기술의 수행력이 유지되는 능력은?

① 전이   ② 기억
③ 파지   ④ 제어

해설 파지는 학습이 이루어진 경우 시간이 지나도 오랫동안 운동기술의 수행력이 유지되는 능력
을 의미한다.
정답 ③

16. 새로운 기술의 학습과 수행에 긍정적 또는 부정적인 영향을 미치는 것은?

① 파지   ② 전이

③ 통제   ④ 결과

> **해설** 전이는 과거 학습이나 경험이 새로운 기술의 학습과 수행에 긍정적 또는 부정적인 영향을
> 미치는 것을 의미한다.
>
> **정답** ②

17. 다음 운동제어 체계 중 폐쇄회로에 관한 내용으로 바르지 않은 것은?

① 체계가 실행해야 할 목표가 설정

② 참조준거와 실제 동작간의 오류에 대한 피드백이 이루어져 오류의 탐지와 수정이
저절로 이루어짐

③ 비연속적인 피드백이 이루어짐

④ 느린 정보처리로 빠른 운동 설명 못함

> **해설** 폐쇄회로
> · 느린 정보처리로 빠른 운동 설명 못함
> · 연속적인 피드백이 이루어짐
> · 체계가 실행해야 할 목표가 설정
> · 참조준거와 실제 동작간의 오류에 대한 피드백이 이루어져 오류의 탐지와 수정이 저절로 이루어짐
>
> **정답** ③

18. 저장되어 있는 동작에 대한 프로그램에 의해서 인간의 모든 운동행동이 생성된다는
이론은?

① 순환회로   ② 제어회로

③ 폐쇄회로   ④ 개방회로

> **해설** 개방회로는 지시가 미리 설정되어 있어 그것이 환경에 미치는 영향에 관계없이 실행되는
> 체계이며, 저장되어 있는 동작에 대한 프로그램에 의해서 인간의 모든 운동행동이 생성된
> 다는 이론이다.
>
> **정답** ④

19. 다음 중 반응시간의 종류에 속하지 않는 것은?

① 변별반응시간 ② 단순반응시간
③ 제어반응시간 ④ 변별반응시간

> **해설** 반응시간의 종류
> · 단순반응시간   · 선택반응시간   · 변별반응시간
> **정답** ③

20. 보기의 내용이 말하고 있는 반응시간은?

> 하나의 반응이 아니라 각각 다른 반응을 요구할 때

① 변별반응시간 ② 선택반응시간
③ 단순반응시간 ④ 복잡반응시간

> **해설** 선택반응시간
>
> | 선택반응시간 | · 두 개 이상의 자극
· 하나의 반응이 아니라 각각 다른 반응을 요구할 때 |
> |---|---|
>
> **정답** ②

21. 보기의 내용이 말하고 있는 반응시간은?

> 특정자극에만 반응을 요구

① 제어반응시간 ② 선택반응시간
③ 단순반응시간 ④ 변별반응시간

> **해설** 변별반응시간
>
> | 변별반응시간 | · 두 개 이상의 자극
· 특정자극에만 반응을 요구 |
> |---|---|
>
> **정답** ④

22. 반응시간의 요소로 바르지 않은 것은?

① 각성수준   ② 연습

③ 활용   ④ 반응의 복잡성

> **해설** 반응 시간의 요소
> · 각성수준   · 자극의 예측
> · 반응의 복잡성   · 연습
> · 주의의 평가   · 자극-반응선택 수
> · 주의의 초점
> **정답** ③

23. 운동학습의 개념에 관한 내용으로 옳지 않은 것은?

① 운동학습은 성장, 성숙에 의한 변화는 포함되지 않는다.
② 운동학습은 비교적 영구적인 변화를 유도하는 내적과정이다.
③ 운동학습 과정은 직접적으로 관찰할 수 있다.
④ 운동학습은 연습과 경험에 의해서 나타난다.

> **해설** 운동학습
> · 운동학습은 연습과 경험에 의해서 나타남
> · 운동학습 과정은 직접적으로 관찰할 수 없음
> · 운동학습은 비교적 영구적인 변화를 유도하는 내적과정임
> · 운동학습은 성장, 성숙에 의한 변화는 포함되지 않음
> **정답** ③

24. 운동학습 이론의 순서로 옳은 것은?

① 반응선택 → 감각지각 → 반응실행
② 감각지각 → 반응선택 → 반응실행
③ 감각지각 → 반응실행 → 반응선택
④ 반응선택 → 반응실행 → 감각지각

> **해설** 운동학습 이론 순서
> 감각지각 → 반응선택 → 반응실행
> **정답** ②

25. Fitts와 Posner의 운동학습 단계 중 인지단계의 내용으로 바르지 않은 것은?

① 학습자는 오류 수정 능력이 없음
② 학습자는 일관성 없는 태도를 보임
③ 학습하여야 운동기술의 특성을 이해
④ 전문가들에게 기술을 습득시키기 위한 초기 단계

> **해설** 인지단계
> · 초보자들에게 기술을 습득시키기 위한 초기단계
> · 주로 인지적인 활동이 이루어짐
> · 학습하여야 운동기술의 특성을 이해
> · 과제수행을 위해 전략을 개발하는 단계
> · 학습자에게 의식적으로 집중하도록 요구
> · 학습자는 일관성 없는 태도를 보임
> · 학습자는 오류 수정 능력이 없음
>
> **정답** ④

26. Fitts와 Posner의 운동학습 단계 중 연합단계의 내용으로 옳지 않은 것은?

① 동작의 일관성이 나타나고 동작이 더욱 정확
② 스스로 오류를 발견하여 수정이 불가능
③ 인지활동 위주에서 신체활동 위주로 되는 단계
④ 잘못된 수행에 적절한 해결책을 찾는 단계

> **해설** 연합단계
> · 과제를 수행하기 위해 전략을 선택
> · 잘못된 수행에 적절한 해결책을 찾는 단계
> · 인지활동 위주에서 신체활동 위주로 되는 단계
> · 스스로 오류를 발견하여 수정이 가능
> · 동작의 일관성이 나타나고 동작이 더욱 정확
>
> **정답** ②

27. Fitts와 Posner의 운동학습 단계 중 자동화단계의 내용으로 옳지 않은 것은?

① 정확한 동작 수행을 위한 운동 프로그램이 완성된 단계
② 기술 수행과 동시에 다른 활동에도 주의 집중 가능
③ 동작이 거의 수동적으로 이루어짐
④ 다른 활동에 의해 간섭을 적게 받고 수행하는 단계

> **해설** 자동화단계
> ·동작이 거의 자동적으로 이루어짐
> ·움직임 자체에 대한 의식적인 주의가 요구되지 않는 단계
> ·다른 활동에 의해 간섭을 적게 받고 수행하는 단계
> ·정확한 동작 수행을 위한 운동 프로그램이 완성된 단계
> ·기술 수행과 동시에 다른 활동에도 주의 집중 가능
> ·반복적인 연습의 중요성을 강조(자동화된 기술을 유지)
> **정답** ③

28. 번스타인의 운동학습 순서로 옳은 것은?

① 자유도의 고정 단계 → 반작용의 활용 단계 → 자유도의 풀림 단계
② 자유도의 활용 단계 → 자유도의 풀림 단계 → 반작용의 고정 단계
③ 자유도의 풀림 단계 → 자유도의 고정 단계 → 반작용의 활용 단계
④ 자유도의 고정 단계 → 자유도의 풀림 단계 → 반작용의 활용 단계

> **해설** 번스타인(N. Bernstein)의 운동학습 순서
> 자유도의 고정 단계 → 자유도의 풀림 단계 → 반작용의 활용 단계
> **정답** ④

29. 다음 보기는 번스타인의 운동학습 순서 중 무엇에 해당하는가?

> 사용 가능한 자유도의 수를 늘려줌

① 자유도의 고정 단계   ② 자유도의 풀림 단계
③ 반작용의 활용 단계   ④ 반작용의 풀림 단계

해설 자유도의 풀림단계

자유도의 풀림 단계	· 고정된 자유도를 풀어줌 · 사용 가능한 자유도의 수를 늘려줌

정답 ②

30. 정보의 근원지가 개인이 아닌 외부에 있는 것은?

① 보강적 피드백   ② 감각적 피드백
③ 제어적 피드백   ④ 초기적 피드백

해설 보강적 피드백

보강적(외재적) 피드백	· 정보의 근원지가 개인이 아닌 외부에 있는 것 · 지도자나 타인의 충고에 의한 피드백 * Newell의 범주화 : 처방정보-운동학적 정보, 정보피드백, 전환정보-새로운 동작 습득 정보

정답 ①

31. 다음 중 효율적인 운동학습에서의 피드백 기능으로 바르지 않은 것은?

① 강화기능   ② 정보기능
③ 제어기능   ④ 동기유발

해설 피드백 기능
· 정보기능
· 안내기능
· 강화기능
· 동기유발
정답 ③

32. 피드백의 기능 중 현재의 수행을 유지하며 성공적인 자신의 운동수행에 대해 자신감을 갖도록 해주는 역할을 수행하는 것은?

① 정보기능   ② 동기유발

③ 안내기능   ④ 강화기능

해설 강화기능	
강화기능	·긍정강화(칭찬)와 부정강화(지적)를 통한 기능 ·현재의 수행을 유지하며 성공적인 자신의 운동수행에 대해 자신감을 갖도록 해주는 역할을 수행
정답 ④	

33. 보기의 내용과 관련 있는 피드백의 기능은?

행동의 원동력 및 정서적 흥분

① 강화기능   ② 정보기능

③ 동기유발   ④ 안내기능

해설 동기유발	
동기유발	·동기를 유발하여 운동기술을 계속 연습할 수 있도록 제공 ·행동의 원동력 및 정서적 흥분 등
정답 ③	

34. 학습자와 교사 또는 코치간의 상호 의사전달과정을 통해 인지전략을 수립하는 것은 어떠한 피드백인가?

① 타인통제 피드백   ② 자기통제 피드백

③ 자동통제 피드백   ④ 수동통제 피드백

해설 자기통제 피드백은 학습자의 요구와 상태에 따라 교사 또는 코치와 학습자간의 상호적인 의사전달과정을 통하여 제공되는 피드백을 말하는 것으로 이는 학습자와 교사 또는 코치간의 상호 의사전달과정을 통해 인지전략을 수립하는 것이다.
정답 ②

35. 전습법에 관한 내용으로 바르지 않은 것은?

① 운동기술의 과제가 복잡성이 낮음

② 조직화 정도가 높음

③ 연습 초기에 사용

④ 과제를 전체적으로 한 번으로 학습

해설 전습법	
전습법	· 과제를 전체적으로 한 번으로 학습 · 운동기술의 과제가 복잡성이 낮음 · 조직화 정도가 높음 · 농구의 드리블 등
정답 ③	

36. 분습법에 관한 내용으로 옳지 않은 것은?

① 농구의 드리블이 이에 해당한다.

② 조직화 정도가 낮음

③ 운동기술의 과제가 복잡성이 높음

④ 과제를 하위 단위로 몇 개의 단위로 나눔

해설 분습법	
분습법	· 과제를 하위 단위로 몇 개의 단위로 나눔 · 운동기술의 과제가 복잡성이 높음 · 조직화 정도가 낮음 · 체조의 마루운동 등
정답 ①	

37. 집중연습에 관한 사항으로 바르지 않은 항목은?

① 연습 초기에 사용

② 피로감이 많을 때 사용

③ 연습시간이 휴식시간보다 상대적으로 긴 연습방법

④ 연습 사이의 휴식 시간이 짧음

해설 집중연습	
집중연습	· 연습 초기에 사용 · 연습 사이의 휴식 시간이 짧음 · 피로감이 적을 때 사용 · 연습시간이 휴식시간보다 상대적으로 긴 연습방법

정답 ②

38. 구획연습에 관한 내용으로 옳지 않은 것은?

① 연습 수행에 효과적
② 과제를 순차적으로 제시
③ 운동기술의 과제가 복잡성이 높음
④ 각각 할당된 시간동안 연습

해설 구획연습	
구획연습	· 연습 수행에 효과적 · 과제를 순차적으로 제시 · 각각 할당된 시간동안 연습

정답 ③

39. 운동발달에 대한 설명으로 적절하지 않은 것은?

① 태아기에서 사망까지의 지속적인 과정
② 발달은 연령에 의해서만 결정된다.
③ 발달의 속도와 범위는 개인별로 과제의 특성에 의해 영향을 받는다.
④ 발달은 인간의 모든 특성인 운동기능, 신체, 지능, 사고, 언어, 정서, 도덕성 등 긍정적 혹은 부정적인 변화를 포함하는 개념이다.

해설 운동발달
· 태아기에서 사망까지의 지속적인 과정
· 발달은 연령에 의해서만 결정되지 않음
· 발달의 속도와 범위는 개인별로 과제의 특성에 의해 영향을 받음
· 발달은 인간의 모든 특성인 운동기능, 신체, 지능, 사고, 언어, 정서, 도덕성 등 긍정적 혹은 부정적인 변화를 포함하는 개념
정답 ②

40. 운동발달 영향 요인 중 개인적 요인에 속하지 않는 것은?

① 부모와의 관계　　　　② 성장과 성숙
③ 심리적 요인　　　　　④ 유전이나 영양

해설 운동발달 영향 요인	
개인적 요인	·유전이나 영양 ·심리적 요인 ·성장과 성숙 ·체력

정답 ①

41. 운동발달 영향 요인 중 사회문화적 요인이 아닌 것은?

① 또래문화　　　　　　② 인종과 문화적 배경
③ 대중매체　　　　　　④ 체력

해설 운동발달 영향 요인	
사회문화적 요인	·성 역할 ·부모와의 관계 ·또래문화 ·대중매체 ·인종과 문화적 배경

정답 ④

42. 다음 운동발달에 관한 내용 중 기초단계에 관한 것으로 옳지 않은 것은?

① 생후 1년부터 2년까지의 단계
② 하나의 동작으로 각각의 움직임을 형성
③ 생존을 위한 수의적인 움직임
④ 머리, 목, 뻗기, 잡기 등의 물체 조작 운동 등

해설 기초단계
·생후 1년부터 2년까지의 단계
·생존을 위한 수의적인 움직임
·머리, 목, 뻗기, 잡기 등의 물체 조작 운동 등
정답 ②

43. 다음 운동발달에 관한 내용 중 기본움직임 단계에 관한 것으로 옳지 않은 것은?

① 2~6세까지의 단계

② 던지기, 차기 등 조작운동 기능

③ 균형유지나 신체 인식 등 균형감 발달 같은 지각 · 운동 능력이 감소

④ 기본움직임 패턴의 형성에 환경적 조건이 많은 영향을 줌

> **해설** 기본움직임단계
> · 2~6세까지의 단계
> · 균형유지나 신체 인식 등 균형감 발달 같은 지각 · 운동 능력이 발달
> · 던지기, 차기 등 조작운동 기능
> · 기본움직임 패턴의 형성에 환경적 조건이 많은 영향을 줌
> **정답** ③

44. 다음 운동발달에 관한 내용 중 스포츠기술단계에 해당하는 것을 모두 고르면?

> ㉠ 초등학교 시기
> ㉡ 불수의적인 움직임이나 전형적인 리듬을 갖는 형태
> ㉢ 생존을 위한 수의적인 움직임
> ㉣ 정보처리나 근력과 심폐기능 능력이 최고조
> ㉤ 기본움직임 패턴의 형성에 환경적 조건이 많은 영향을 줌
> ㉥ 하나의 동작으로 각각의 움직임을 형성

① ㉠, ㉥   ② ㉡, ㉣

③ ㉡, ㉤   ④ ㉣, ㉤

> **해설** 스포츠기술단계
> · 초등학교 시기
> · 하나의 동작으로 각각의 움직임을 형성
> **정답** ①

45. 다음 운동발달에 관한 내용 중 퇴보단계에 대한 것으로 옳은 것은?

① 생후 1년부터 2년까지의 단계이다.

② 이 시기에 운동능력이 뚜렷이 발달한다.

③ 신체의 반응속도가 떨어진다.

④ 불수의적인 움직임이나 전형적인 리듬을 갖는 형태이다.

> **해설** 퇴보단계
> · 30세 이후부터 시작
> · 신체의 반응속도가 떨어짐
>
> **정답** ③

제3장

스포츠 수행의 심리적 요인

1. 다음 중 성격의 구조에 속하지 않는 것은?

① 역할 행동 　　　　　　② 심리적 핵

③ 자아 　　　　　　　　④ 전형적 반응

> **해설** 성격의 구조
> · 심리적 핵
> · 전형적 반응
> · 역할 행동
> **정답** ③

2. 성격의 구조 중 심리적 핵에 대한 내용이 아닌 것은?

① 인간 본래의 내면적이고 순수한 측면
② 주변의 상황이나 자극과의 상호교환을 통한 환경의 적응
③ 가치나 흥미 등 개인의 실제 이미지
④ 성격의 가장 기본적인 단계

> **해설** 심리적 핵
>
> | 심리적 핵 | · 성격의 가장 기본적인 단계
· 인간 본래의 내면적이고 순수한 측면
· 가치나 흥미 등 개인의 실제 이미지 |
> | --- | --- |
>
> **정답** ②

3. 프로이드의 성격이론 중 원초아에 대한 내용으로 바르지 않은 것은?

① 사회적 이상
② 본능적 욕구
③ 성이나 공격성과 같은 본능적인 충동으로 구성
④ 도덕적 가치는 없고 쾌락원리에 의해 지배

4. 프로이드의 성격이론 중 자아에 대한 내용으로 옳지 않은 것은?

① 현실적이며 논리적　　　　② 본능적인 충동으로 구성

③ 원초아와는 달리 통제　　　④ 원초아와 초자아 중재

5. 다음 프로이드의 성격이론 중 초자아에 관련한 사항으로 바르지 않은 것은?

① 의식 및 무의식　　　　　② 지시, 비평, 금지

③ 도덕적 표준이나 사회적 이상　④ 본능적 욕구

6. 매슬로우의 욕구이론 단계로 옳은 것은?

① 안전의 욕구 → 생리적 욕구 → 존경의 욕구 → 애정 및 소속의 욕구 → 자아실현의 욕구
② 안전의 욕구 → 생리적 욕구 → 애정 및 소속의 욕구 → 존경의 욕구 → 자아실현의 욕구
③ 생리적 욕구 → 애정 및 소속의 욕구 → 안전의 욕구 → 존경의 욕구 → 자아실현의 욕구
④ 생리적 욕구 → 안전의 욕구 → 애정 및 소속의 욕구 → 존경의 욕구 → 자아실현의 욕구

> **해설** 매슬로우의 욕구이론
> 생리적 욕구 → 안전의 욕구 → 애정 및 소속의 욕구 → 존경의 욕구 → 자아실현의 욕구
> **정답** ④

7. 보기의 내용을 포함하는 매슬로우의 욕구단계는?

> 구조, 질서, 보호, 고통회피

① 안전의 욕구　　　　　　　② 존경의 욕구
③ 생리적 욕구　　　　　　　④ 자아실현의 욕구

> **해설** 안전의 욕구
>
> 2단계
> · 안전의 욕구
> · 구조, 질서, 보호, 고통회피, 직업, 보험, 저축 등
>
> **정답** ①

8. 보기의 내용을 포함하는 매슬로우의 욕구단계는?

> 배고픔, 목마름, 배설

① 자아실현의 욕구　　　　　② 생리적 욕구
③ 안전의 욕구　　　　　　　④ 애정 및 소속의 욕구

> **해설** 생리적 욕구
>
> 1단계
> · 생리적 욕구
> · 배고픔이나 목마름 또는 수면, 성, 배설 등
>
> **정답** ②

9. 보기의 내용을 포함하는 매슬로우의 욕구단계는?

> 이성교제, 타인과의 원만한 관계

① 생리적 욕구   ② 안전의 욕구
③ 애정 및 소속의 욕구   ④ 존경의 욕구

해설 애정 및 소속의 욕구

3단계
· 애정, 소속 욕구단계
· 이성교제, 타인과의 원만한 관계 등

정답 ③

10. 보기의 내용을 포함하는 매슬로우의 욕구단계는?

> 자존심, 자아존경, 타인으로부터의 존경

① 자아실현의 욕구   ② 존경의 욕구
③ 안전의 욕구   ④ 생리적 욕구

해설 존경의 욕구

4단계
· 존경 욕구단계
· 자존심, 자아존경, 타인으로부터의 존경

정답 ②

11. 보기의 내용을 포함하는 매슬로우의 욕구단계는?

> 잠재능력의 실현 및 자기만족

① 존경의 욕구   ② 자아실현의 욕구
③ 안전의 욕구   ④ 생리적 욕구

해설 자아실현의 욕구

5단계
· 자아실현의 욕구
· 잠재능력의 실현 및 자기 만족

정답 ②

12. 사회적으로 학습한 바에 따라 행동하는 것으로 학습한 행동이 성격을 좌우한다는 이론은?

① 사회학습이론　　　　　　　　② 욕구단계이론
③ 특성이론　　　　　　　　　　④ 상황이론

> **해설** 사회학습이론은 사회적으로 학습한 바에 따라 행동하는 것으로, 학습한 행동이 성격을 좌우하며 가정에서 부모의 행동은 아동에게 모방된다.
>
> **정답** ①

13. 질문지법에 대한 내용으로 적절하지 않은 것은?

① 자기보고식 검사 방식
② 관리가 편하고 수량화에도 용이
③ 사람 또는 장소에 관계없이 동일한 방법으로 채점이 가능
④ 가장 많이 쓰이고 있는 주관적인 평가 방법

> **해설** 질문지법은 가장 많이 쓰이고 있는 객관적인 평가 방법이다.
>
> ※ 질문지법
> · 자기보고식 검사(self-report inventory)
> · 가장 많이 쓰이고 있는 객관적인 평가 방법
> · 사람 또는 장소에 관계없이 동일한 방법으로 채점이 가능
> · 관리가 편하고 수량화에도 용이
> · 검사자의 편견이 거의 반영되지 않음
>
> **정답** ④

14. 개인적 사고, 감정, 갈등, 공포 등을 조사하는 데 효과적인 조사방법은?

① 질문지법　　　　　　　　　　② 면접법
③ 관찰법　　　　　　　　　　　④ 전화조사법

> **해설** 면접법은 개인적 사고, 감정, 갈등, 공포 등을 조사하는 데 효과적이며, 면접자가 관찰자와 함께 하는 참여하고 관찰하는 방법을 말한다.
>
> **정답** ②

15. 걱정, 염려, 두려움, 공포 등과 같은 부정적인 정서 상태를 무엇이라고 하는가?

① 몰입   ② 재미

③ 불안   ④ 초조

> **해설** 불안은 우리 모두가 때때로 다양한 정도로 경험하는 걱정, 염려, 두려움, 공포 등과 같은 부정적인 정서 상태를 의미한다.
>
> **정답** ③

16. 불안의 특징으로 바르지 않은 것은?

① 경쟁불안   ② 타인불안

③ 방해불안   ④ 상태불안

> **해설** 불안의 특징
> · 상태불안   · 신체불안
> · 특성불안   · 경쟁불안
> · 인지불안   · 촉진불안
> · 방해불안
>
> **정답** ②

17. 보기에서 말하고 있는 불안의 특징은?

> 신체증상과 관계없이 머릿속으로 걱정하는 불안

① 방해불안   ② 상태불안

③ 촉진불안   ④ 인지불안

> **해설** 인지불안은 신체증상과 관계없이 머릿속으로 걱정하는 불안이며, 운동수행에 관한 부정적 생각, 걱정 등 의식적 지각이다.
>
> **정답** ④

18. 보기에서 말하고 있는 불안의 특징은?

> 스포츠 상황에서 나타나는 불안

① 인지불안　　　　　　　　　② 경쟁불안
③ 특성불안　　　　　　　　　④ 상태불안

해설 경쟁불안은 스포츠 상황에서 나타나는 불안이며, 주로 스포츠 경쟁상황 하에서 느끼는 불안을 말한다.
정답 ②

19. 보기에서 말하고 있는 불안의 특징은?

> 환경의 위협 정도와 무관하게 불안을 지각하는 잠재적 성향

① 인지불안　　　　　　　　　② 특성불안
③ 방해불안　　　　　　　　　④ 신체불안

해설 특성불안은 환경의 위협 정도와 무관하게 불안을 지각하는 잠재적 성향인데, 선천적으로 타고난 잠재적인 특성 또는 성향을 의미한다.
정답 ②

20. 보기에서 말하고 있는 불안의 특징은?

> 상황에 따라 변하는 지각된 생리적 반응

① 촉진불안　　　　　　　　　② 경쟁불안
③ 신체불안　　　　　　　　　④ 특성불안

해설 신체불안은 몸의 증상으로 나타나는 불안으로 상황에 따라 변하는 지각된 생리적 반응이다.
정답 ③

21. 각성수준이 높아질수록 수행도 비례하여 증가한다는 이론은?

① 추동이론 ② 전환이론

③ 최적수행지역이론 ④ 적정수준이론

> **해설** 추동이론은 각성수준이 높아질수록 수행도 비례하여 증가한다는 이론으로 각성과 수행의 관계를 직선적으로 본다.
>
> **정답** ①

22. 수행과 경쟁불안수준 간의 관계가 이차함수곡선으로 형성된다고 보는 이론은?

① 최적수행지역이론 ② 적정수준이론

③ 전환이론 ④ 카타스트로피 이론

> **해설** 적정수준이론(역U 가설이론)은 각성수준의 향상과 더불어 수행도 상승하지만, 각성이 적정한 수준의 정도(중간 정도)를 넘으면 다시 점차적으로 감소된다고 본다.
>
> **정답** ②

23. 다음 중 최적수행지역이론의 내용으로 바르지 않은 것은?

① 상태불안 수준에는 개인차가 큼
② 개인마다 적정 각성수준이 다름
③ 최고의 수행을 발행하는 개인만의 고유한 불안수준이 존재
④ 추동이론의 대안

> **해설** 최적수행지역이론
>
> · 역U 가설이론의 대안
> · 개인마다 적정 각성수준이 다름
> · 상태불안 수준에는 개인차가 큼
> · 최고의 수행을 발행하는 개인만의 고유한 불안수준이 있음
>
> **정답** ④

24. 전환이론에 관한 설명으로 바르지 않은 것은?

① 각성이 낮은 상태를 이완 또는 지루함으로 해석

② 자신의 각성수준을 어떻게 받아들이냐에 따라 각성과 정서가 달라짐

③ 불안의 개인차를 이해하는 데 있어 많은 공헌을 하지 못한다.

④ 각성이 높은 상태를 기분 좋은 흥분상태로 받아들일 수 있지만 불쾌한 감정인 불안 상태로 해석이 가능

> **해설** 전환이론
> · 자신의 각성수준을 어떻게 받아들이냐에 따라 각성과 정서가 달라짐
> · 각성이 높은 상태를 기분 좋은 흥분상태로 받아들일 수 있지만 불쾌한 감정인 불안 상태로 해석이 가능
> · 각성이 낮은 상태를 이완 또는 지루함으로 해석
> · 불안의 개인차를 이해하는 데 많은 공헌을 함
> **정답** ③

25. 다음 중 내적동기가 아닌 것은?

① 감각체험 내적동기   ② 지식획득 내적동기

③ 경기 자체에 대한 즐거움   ④ 확인 규제

> **해설** 내적동기는 개인이 기쁨과 만족감을 추구하고자 어떠한 외부 보상 없이 스스로 활동에 참여하는 것으로 이에는 지식획득 내적동기, 성취 내적동기, 감각체험 내적동기, 경기 자체에 대한 즐거움, 보람 등이 있다.
> **정답** ④

26. 다음 중 외적동기가 아닌 것은?

① 칭찬   ② 외적 규제

③ 내적 규제   ④ 성취 내적동기

> **해설** 외적동기는 동기가 목적의 수단으로 이용되거나 외적 보상에 의하여 통제되는 동기로 이에는 외적 규제, 내적 규제, 확인 규제, 경기 결과에 따른 상, 벌, 칭찬 등이 있다.
> **정답** ④

27. 다음 중 동기유발의 기능이 아닌 것은?

① 조절적 기능 ② 문화적 기능
③ 활성적 기능 ④ 지향적 기능

해설 동기유발의 기능	
· 활성적 기능	행동의 유발 및 지속 유발시킨 행동을 추진하는 힘
· 지향적 기능	행동목표의 방향 설정
· 조절적 기능	선택된 목표행동에 도달하기 위한 조직적 역할 수행
· 강화적 기능	행동의 결과에 따른 보상으로 동기유발 수준이 정해짐

정답 ②

28. 4가지 귀인요소에 속하지 않는 것은?

① 환경 ② 운
③ 노력 ④ 능력

해설 4가지 귀인요소	
능력	· 인과성 : 내적 · 안정성 : 안정 · 통제성 : 통제 불가능
운	· 인과성 : 내적 · 안정성 : 안정 · 통제성 : 통제 불가능
노력	· 인과성 : 외적 · 안정성 : 불안정 · 통제성 : 통제 가능
과제 난이도	· 인과성 : 외적 · 안정성 : 불안정 · 통제성 : 통제 불가능

정답 ①

39. 다음 중 목표설정의 원리로 보기 가장 어려운 것은?

① 참가자의 성격 고려 ② 수행목표를 설정
③ 추상적 목표 ④ 목표달성 여부 평가

40. 보기에서 목표설정의 원리로 옳은 것을 모두 고른 것은?

> ㉠ 측정 불가능 목표
> ㉡ 시간을 정해준 목표
> ㉢ 목표달성 여부 미평가
> ㉣ 목표달성을 위해 목표와 진행상태 미기록
> ㉤ 자신이 스스로 목표설정과 이행의 중심
> ㉥ 힘들지만 실현 가능한 목표 설정

① ㉠, ㉡, ㉤   ② ㉡, ㉤, ㉥
③ ㉢, ㉣, ㉤   ④ ㉣, ㉤, ㉥

해설 ㉠ 측정 가능 목표, ㉢ 목표달성 여부 평가, ㉣ 목표달성을 위해 목표와 진행상태 기록이다.
정답 ②

41. 자신감을 향상시키는 방법으로 바르지 않은 것은?

① 부정적 대화   ② 목표의 설정
③ 효과적인 의사소통과 보상   ④ 지도자의 지도력

해설 자신감 향상 방법
· 지도자의 지도력   · 긍정적인 대화
· 심상   · 목표의 설정
· 효과적인 의사소통과 보상   · 불안 감소시키기
정답 ①

42. 실제로 선수가 수행할 기술이나 동작을 하지 않고 이미지를 상상하고 그려보는 기법을 무엇이라고 하는가?

① 훈련   ② 기대
③ 효과   ④ 심상

> **해설** 심상은 모든 감각을 활용하여 과거의 성공 경험을 회상하거나 미래의 성공적 운동수행을 마음속으로 상상함으로써 자신감을 향상시키고 집중력을 높이는 것을 의미한다.
> **정답** ④

43. 심상을 하는 동안 뇌와 근육은 실제동작을 하는 것과 유사한 전기자극을 발생시킨다는 이론은?

① 상징학습 이론   ② 심리신경근 이론
③ 심리생리적 정보 이론   ④ 칵테일 파티 이론

> **해설** 심리신경근 이론은 심상을 하는 동안 뇌와 근육은 실제동작을 하는 것과 유사한 전기자극을 발생시키며, 유사한 근육의 반응으로 인해 운동기억을 강화시킨다.
> **정답** ②

44. 다음 중 심상의 훈련으로 바르지 않은 것은?

① 작은 흐름의 이미지로 훈련   ② 심상훈련 일지 기록
③ 편안한 상태에서 수행   ④ 성공적 수행 장면 심상

> **해설** 심상의 훈련
> · 조용한 장소에서 실시
> · 편안한 상태에서 수행
> · 심상훈련에 대한 동기와 확신
> · 성공적 수행 장면 심상
> · 효과적인 훈련을 위해 비디오나 녹음테이프 사용
> · 큰 흐름의 이미지로 훈련
> · 실제 경기 상황과 동일한 속도로 심상
> · 심상훈련 일지 기록
> **정답** ①

45. 관심을 기울일 대상을 선정하는 것은?

① 유지   ② 집중

③ 심상   ④ 주의

> **해설** 주의는 관심을 기울일 대상의 선정하는 것이며, 어떤 한 곳이나 일에 관심을 기울이는 것을 말한다.
>
> **정답** ④

46. 다음 중 좁은 주의집중에 관한 내용으로 바르지 않은 것은?

① 시합의 상황을 판단

② 상황에 맞는 계획 수립

③ 최적의 심리상태 유지

④ 정해진 시간 내에 주의하여야 하는 정보의 양이 적고 좁은 경우

> **해설** 좁은 주의집중
>
> | 좁은 주의집중 | · 정해진 시간 내에 주의하여야 하는 정보의 양이 적고 좁은 경우
· 시합의 상황을 판단
· 최적의 심리상태 유지 |
> |---|---|
>
> **정답** ②

47. 다음 중 주의집중 향상기법으로 바르지 않은 것은?

① 집중의 방해요인들과 따로 연습

② 지금 현재 하는 수행에 집중

③ 단서가 되는 단어의 사용

④ 주의 초점의 전환을 훈련

> **해설** 주의집중 향상기법
>
> | | |
> |---|---|
> | · 집중의 방해요인들과 같이 연습 | · 주의 초점의 전환을 훈련 |
> | · 단서가 되는 단어의 사용 | · 심상 훈련 |
> | · 지금 현재 하는 수행에 집중 | · 재집중하는 훈련 |
> | · 참선 훈련 | · 격자판 훈련 |
> | · 시각통제연습 | · 일상화시킬 것 |
>
> **정답** ①

48. 선수들이 최상의 운동수행을 발휘하는데 선수의 사고 과정과 감정 상태를 체계화하는 것을 무엇이라고 하는가?

① 유지 　　　　　　　　　② 심상
③ 루틴 　　　　　　　　　④ 주의

> **해설** 루틴은 선수들이 최상의 운동수행을 발휘하는데 선수의 사고 과정과 감정 상태를 체계화하는 것을 말하며, 운동수행을 하는데 필요한 이상적인 상태를 갖추기 위해 자신만의 고유한 동작이나 절차를 가지는 것이다.
>
> **정답** ③

49. 긍정적인 생각과 이미지 트레이닝을 하여 자신감을 불러일으키는 과정을 무엇이라고 하는가?

① 시대적 루틴 　　　　　　② 제어적 루틴
③ 행동적 루틴 　　　　　　④ 인지적 루틴

> **해설** 인지적 루틴은 긍정적인 생각과 이미지 트레이닝을 하여 자신감을 불러일으키는 과정이며, 부정적인 생각을 긍정적으로 바꾸는 개념이 아니라 처음부터 긍정적인 생각을 갖고 있다.
>
> **정답** ④

제4장

스포츠 수행의 사회 심리적 요인

1. 팀 구성원들이 그 팀에 남아 있을 수 있게 하는 힘은?

① 개별응집력
② 집단응집력
③ 상황응집력
④ 특수응집력

> **해설** 집단응집력은 팀 구성원들이 그 팀에 남아 있을 수 있게 하는 힘을 말하며, 스포츠 집단의 응집력은 경기력에 직접적으로 영향을 미칠 수 있는 중요한 요인이다.
> **정답** ②

2. 응집력 모형에서 환경적 요인 요소로 바르지 않은 것은?

① 목표 설정
② 계약상의 의무
③ 성별
④ 규범적 압력

> **해설** 환경적 요인 요소
> · 타 집단과의 차별성 　　　· 목표 설정
> · 계약상의 의무 　　　　　· 규범적 압력
> · 선수간의 물리적인 근접성
> **정답** ③

3. 응집력 모형에서 개인적 요인 요소로 바르지 않은 것은?

① 성별
② 개인차
③ 사회적 배경
④ 선수간의 물리적인 근접성

> **해설** 개인적 요인 요소
> · 사회적 배경
> · 개인차
> · 성별
> **정답** ④

4. 응집력 모형에서 리더십 요인 요소에 해당하는 것은?

① 성별   ② 팀의 과제
③ 리더십 행동   ④ 규범적 압력

> **해설** 리더십 요인 요소
> · 리더십 스타일   · 리더의 행동
> **정답** ③

5. 응집력 모형에서 팀적 요인 요소로 옳지 않은 것은?

① 개인차   ② 팀 능력
③ 팀 안전성   ④ 팀의 생산성

> **해설** 팀적 요인 요소
> · 팀의 생산성   · 팀의 과제
> · 팀 능력   · 팀 안전성
> **정답** ①

6. 스포츠에 따른 응집력에 관한 내용 중 응집력이 낮은 스포츠가 아닌 것은?

① 볼링   ② 양궁
③ 농구   ④ 골프

> **해설** 응집력이 낮은 스포츠
> · 양궁   · 골프   · 볼링
> **정답** ③

7. 스포츠에 따른 응집력에 관한 내용 중 응집력이 높은 스포츠가 아닌 것은?

① 농구   ② 양궁
③ 축구   ④ 배구

> **해설** 응집력이 높은 스포츠
> · 배구   · 축구   · 농구
> **정답** ②

8. 사회적 태만에 관련한 내용 중 집단 상황에서는 개인의 책임이 그만큼 줄어들기 때문에 발생하는 이론은?

① 반무임승차 전략
② 무임승차 전략
③ 할당 전략
④ 최소화 전략

> **해설** 최소화 전략은 집단 상황에서는 개인의 책임이 그만큼 줄어들기 때문에 발생하며, 가능한 최소의 노력을 들여 목표를 달성하고자 한다.
>
> **참고** 🔓
>
> **사회적 태만 이론**
>
> | 할당 전략 | ·단독 상황에서 잘하는 것이 개인에게 더 중요하기 때문 때문에 여러 명이 모이면 에너지를 절약 |
> |---|---|
> | 최소화 전략 | ·가능한 최소의 노력을 들여 목표를 달성하고자 함
·집단 상황에서는 개인의 책임이 그만큼 줄어들기 때문에 발생 |
> | 무임승차 전략 | ·집단 상황에서 개인이 다른 사람의 노력에 편승해서 혜택을 받고자 자신의 노력을 줄임 |
> | 반무임승차 전략 | ·다른 사람의 무임승차를 원하지 않기 때문에 본인도 노력을 줄이는 전략 |
>
> **정답** ④

9. 사회적 태만의 극복 방법으로 적절하지 않은 것은?

① 개인의 노력 확인
② 개인의 수행수준을 확인하는 시스템
③ 대집단에서 일하는 상황
④ 자신의 노력이 집단성과에 공헌을 한다고 강조하기

> **해설** 사회적 태만 극복 방법
> ·개인의 노력 확인
> ·자신의 노력이 집단성과에 공헌을 한다고 강조하기
> ·소집단에서 일하는 상황
> ·집단구성원과 사회적 태만에 대해 대화하기
> ·개인의 수행수준을 확인하는 시스템
> ·팀을 작은 집단으로 나누어 임무 부여
>
> **정답** ③

10. 보기에서 말하는 리더십 이론은?

> 리더십은 타고나는 것이 아니라 학습으로 가능하다.

① 상황이론   ② 행동이론
③ 특성이론   ④ 강화이론

> **해설** 행동이론은 리더십은 타고나는 것이 아니라 학습으로 가능하며, 리더의 어떤 보편적인 행동
> 특성을 학습하며 누구나 성공적인 리더가 될 수 있다.
> **정답** ②

11. 효과적인 강화를 위한 방법으로 바르지 않은 것은?

① 일관성을 유지
② 효과적인 강화물을 선택
③ 시작에 대한 지식 제공
④ 성취결과뿐만 아니라 수행과정에 대해서도 반응

> **해설** 효과적인 강화를 위한 방법
> · 일관성을 유지
> · 효과적인 강화물을 선택
> · 성취결과뿐만 아니라 수행과정에 대해서도 반응
> · 결과에 대한 지식 제공
> **정답** ③

12. 다음 중 처벌에 관한 내용으로 바르지 않은 것은?

① 처벌은 특정행위에 대해 유쾌한 자극을 빼앗아 가거나 불쾌한 자극을 가하는 방법
이다.
② 처벌은 원하지 않는 행동에 대하여 불편한 결과를 주어 그 행동이 야기될 확률을
낮추는 방법이다.
③ 처벌의 효과는 예측가능성이 높다.
④ 처벌은 실패에 대한 스트레스를 야기시킨다.

> **해설** 처벌의 효과는 예측가능성이 낮다.
> **정답** ③

13. 코칭 스타일 중 권위적인 부분의 내용으로 바르지 않은 것은?

① 철학이 없다.　　　　　　② 코치가 목적을 정해준다.
③ 승리가 중심이다.　　　　　④ 커뮤니케이션이 약간 있거나 없다.

해설 권위적 코칭 스타일

권위적	· 승리가 중심 · 모든 것을 코치가 결정(명령) · 코치가 목적을 정해줌 · 커뮤니케이션이 약간 있거나 없음

정답 ①

14. 코칭 스타일 중 협동적인 부분의 내용으로 바르지 않은 것은?

① 코치가 중심이다.
② 직접 참여하는 스타일이다.
③ 커뮤니케이션이 많이 발달되어 있다.
④ 주어진 목적 및 함께 결정한 목적이다.

해설 협동적 코칭 스타일

협동적	· 선수가 중심 · 직접 참여하는 스타일 · 주어진 목적 및 함께 결정한 목적 · 커뮤니케이션 많이 발달

정답 ①

15. 코칭 스타일 중 방임적인 부분의 내용으로 바르지 않은 것은?

① 선수가 결정한다.　　　　　② 목적이 없다.
③ 철학이 있다.　　　　　　　④ 커뮤니케이션이 없다.

해설 방임적 코칭 스타일

방임적	· 철학이 없음 · 선수가 결정 · 목적이 없음 · 커뮤니케이션 없음

정답 ③

16. 다음 중 효율적인 리더에게 요구되는 생각이 아닌 것은?

① 선수 개인의 개성을 존중

② 스포츠를 수단이 아니라 문화로 파악

③ 선수의 현재에 대해서 배려

④ 항상 새로운 정보와 지식을 공부

> **해설** 효율적인 리더에게 요구되는 생각
> · 항상 새로운 정보와 지식을 공부 　　　　· 스포츠를 수단이 아니라 문화로 파악
> · 선수의 현재뿐만 아니라 미래에 대해서도 배려 　· 선수 개인의 개성을 존중
> **정답** ③

17. 사회적 촉진 이론에서 단순존재가설의 내용으로 잘못된 것은?

① 우세반응이 틀린 것이면 수행은 향상된다.

② 타인의 존재는 각성을 유발시킨다.

③ 각성은 우세반응을 일으킨다.

④ 초심자의 수행은 감소되나 숙련자의 수행은 향상된다.

> **해설** 단순존재가설
> · 타인의 존재는 각성을 유발
> · 각성은 우세반응을 일으킴
> · 우세반응이 틀린 것이면 수행은 감소
> · 우세반응이 바른 것이면 수행은 향상
> · 초심자의 수행은 감소되나 숙련자의 수행은 향상
> · 단순과제나 쉬운 과제일 경우에는 수행이 향상
> · 복잡하거나 정확성이 필요한 어려운 과제는 수행이 감소
> **정답** ①

18. 스포츠에서 말하는 공격성의 원인 중 사회적 요인이 아닌 것은?

① 방송매체　　　　　　　② 난폭

③ 술　　　　　　　　　　④ 모델링

> **해설** 사회적 요인
> · 난폭　　　　　　· 술　　　　　　　· 방송매체
> **정답** ④

19. 스포츠에서 말하는 공격성의 원인 중 심리적 요인으로 바르지 않은 것은?

① 모델링   ② 난폭

③ 보복의 두려움   ④ 처벌

> **해설** 심리적 요인
> · 처벌   · 보복의 두려움   · 모델링
> **정답** ②

20. 스포츠에서 말하는 공격성의 원인 중 개인적 · 물리적 요인으로 적절하지 않은 것은?

① 성격   ② 혼잡

③ 처벌   ④ 소음

> **해설** 개인적 · 물리적 요인
> · 혼잡   · 성격
> · 소음   · 열
> **정답** ③

1. 다음 중 운동의 심리적 효과로 바르지 않은 것은?

① 수면의 질 향상　　　　　　② 부정적 정서 증가

③ 인지능력 향상　　　　　　　④ 우울증 감소 효과

해설	운동의 심리적 효과
심리적 효과	· 우울증 감소 효과 · 불안 및 스트레스 감소 효과 · 자아개념 향상 · 수면의 질 향상 · 부정적 정서 감소 · 인지능력향상(장년층 이상 효과) · 운동참여자가 비참여자에 비해 자긍심이 높음 · 연령과 성별에 관계없이 긍정적 효과가 나타남

정답 ②

2. 다음 중 운동의 생리적 효과로 바르지 않은 것은?

① 엔돌핀의 발생　　　　　　　② 자아개념 향상

③ 최대 산소 섭취량 증가　　　　④ 신경 근육성 긴장의 완화

해설	운동의 생리적 효과
생리적 효과	· 최대 산소 섭취량 증가 · 엔돌핀의 발생 · 신경 근육성 긴장의 완화

정답 ②

3. 운동 시 스트레스 측정에 활용되는 것이 아닌 것은?

① 심박 수　　　　　　　　　　　② 피부반응
③ 경제적인 환경　　　　　　　　　④ 호르몬 변화

해설 운동 시 스트레스 측정에 활용되는 것
　·심박 수　　　　　　　　　·피부반응　　　　　　　　·호르몬 변화
정답 ③

4. 보기의 내용이 설명하고 있는 가설은?

체온의 상승으로 근육이 이완되고 이 정보가 다시 뇌로 전달되어 불안감 감소

① 뇌 변화가설　　　　　　　　　② 열 발생가설
③ 모노아민 가설　　　　　　　　④ 생리적 강인함 가설

해설 열 발생가설에서 운동은 열을 발생시키며, 체온의 상승으로 인해 근육이 이완되고 이 정보가 다시 뇌로 전달되어 불안감이 감소된다.
정답 ②

5. 보기의 내용이 설명하고 있는 가설은?

운동을 하면 이 같은 신경전달물질이 많아지며, 이로 인해 신경의 의사소통이 증가

① 모노아민 가설　　　　　　　　② 사회심리적 가설
③ 열 발생가설　　　　　　　　　④ 뇌 변화가설

해설 모노아민 가설에서 운동을 하면 이와 같은 신경전달물질이 많아지며, 이로 인해 신경의 의사소통이 증가되며, 노르에피네프린, 세로토닌, 도파민 등 신경전달물질의 분비로 인하여 감정과 정서가 개선된다.
정답 ①

6. 보기의 내용이 설명하고 있는 가설은?

> 스트레스에 자주 노출되면 대체 능력이 높아지고 정서적으로 불안감이 감소

① 사회심리적 가설　　　　　　② 열 발생가설
③ 생리적 강인함 가설　　　　　④ 모노아민 가설

> **해설** 생리적 강인함 가설에서 스트레스에 자주 노출되면 대체 능력이 높아지고 정서적으로 불안
> 감이 감소되며, 운동을 규칙적으로 하는 것은 스트레스를 규칙적으로 가하는 것과 비슷하다.
> **정답** ③

7. 다음 중 지각된 행동 통제력에 관한 내용으로 바르지 않은 것은?

① 행동통제인식　　　　　　　② 객관적 규범
③ 의도　　　　　　　　　　　④ 태도

> **해설** 지각된 행동 통제력
> · 태도　　　　　　　　　　· 의도
> · 주관적 규범　　　　　　　· 행동통제인식
> **정답** ②

8. 다음 중 통합이론의 운동참여 요인으로 잘못된 것은?

① 운동태도　　　　　　　　　② 자기개념
③ 사후특징　　　　　　　　　④ 운동통제 소재

> **해설** 통합이론의 운동참여 요인
> · 사전특징　　　　　　　　· 운동태도
> · 자기개념　　　　　　　　· 운동통제 소재
> **정답** ③

9. 운동실천에 영향을 주는 요인 중 개인요인에 해당하지 않는 것은?

① 성　　　　　　　　　　　　② 연령
③ 교육수준　　　　　　　　　④ 문화상태

10. 운동실천에 영향을 주는 요인 중 집단요인에 속하지 않는 것은?

① 집단환경   ② 집단성격

③ 집단과정   ④ 집단구조

11. 운동실천에 영향을 주는 요인에서 환경요인 중 물리적 환경에 속하지 않는 것은?

① 루틴의 변동   ② 시설에 대한 실제적 접근성

③ 동료의 사회적지지   ④ 기후와 계절

12. 운동실천에 영향을 주는 요인에서 환경요인 중 사회적 환경으로 바르지 않은 것은?

① 집단응집력   ② 의사의 영향력

③ 루틴의 변동   ④ 동료의 사회적지지

13. 다음 행동수정전략의 방법으로 바르지 않은 것은?

① 피드백의 제공　　　　　② 출석상황 게시

③ 보상 미제공　　　　　　④ 의사결정단서

> **해설** 행동수정전략
> ·출석상황 게시　　　　·피드백의 제공
> ·보상제공　　　　　　·의사결정단서
> **정답** ③

14. 다음 중 인지전략에 관한 내용으로 옳지 않은 것은?

① 운동일지를 작성해서 체력향상 확인

② 현실적이고 아주 어려운 목표 설정

③ 의사결정 균형표를 작성하여 혜택과 손실을 비교

④ 내적, 외적 주의집중

> **해설** 인지전략
> ·구체적이고 측정 가능하며, 현실적이고 약간 어려운 목표 설정
> ·운동일지를 작성해서 체력향상 확인
> ·내적, 외적 주의집중
> ·의사결정균형표를 작성하여 혜택과 손실을 비교
> **정답** ②

제6장

스포츠 심리상담

1. 스포츠상담사의 윤리 내용으로 바르지 않은 것은?

① 상담과 관련한 기본사항을 알려주어야 한다.
② 전문능력과 기술을 갖추고 비밀을 지켜주어야 한다.
③ 상담, 감독을 받는 학생이나 고객과 이성관계로 만나지 않아야 한다.
④ 특별한 경우라 하더라도 고객과 상담실 밖에서의 사적인 관계를 유지하지 않아야 한다.

> **해설** 스포츠상담사의 윤리
> · 전문능력과 기술을 갖추고 비밀을 지켜줄 것
> · 상담과 관련한 기본사항을 알려줄 것
> · 상담, 감독을 받는 학생이나 고객과 이성관계로 만나지 않음
> · 미성년자 고객의 가족과는 개인적, 금전적 또는 다른 관계로 만나지 않음
> · 특별한 경우를 제외하고는 고객과 상담실 밖에서의 사적인 관계를 유지하지 않음
> **정답** ④

2. 경청의 방해 요소로 바르지 않은 것은?

① 동정적 경청　　　　　　② 평가적 경청
③ 허구 중심의 경청　　　　④ 끼어들기

> **해설** 경청의 방해 요소
> · 평가적 경청
> · 여과된 경청
> · 동정적 경청
> · 사실 중심의 경청
> · 끼어들기
> **정답** ③

제2과목

운동생리학

제1장

운동생리학의 개관

01. 주요 용어

(1) 운동

체력유지나 건강 또는 생명유지를 위한 체계적 · 규칙적인 신체활동

(2) 신체활동

신체의 모든 포괄적인 움직임으로 에너지를 소비하고 되는 대근육을 움직이는 신체적 움직임

(3) 체력

① 의미

사람의 일상생활을 하는 데 필요한 기초가 되는 체력

주어진 상태에서 근육운동이 요구되는 작업을 만족스럽게 수행하는 능력

② 체력의 종류

㉠ 방위체력 : 환경에서 오는 여러 가지 스트레스를 견뎌내는 능력

물리화학적 스트레스	기온, 기습, 기압 등에 견디는 능력
생물학적 스트레스	기생충, 바이러스, 세균 등에 견디는 능력
생리적 스트레스	갈증, 공복, 피로 등에 견디는 능력
심리적 스트레스	긴장, 슬픔, 불만, 고민 등에 견디는 능력

ⓛ 행동체력 : 운동을 하고 지속·조절할 수 있는 능력

건강 체력	·사람이 활동하는데 필요한 능력 ·근력, 근지구력, 유연성, 심폐지구력 등
운동 체력	·운동을 할 때 필요한 기술을 발휘하는 능력 ·스피드 : 신속하게 움직일 수 있는 능력 ·순발력 : 단시간에 많은 힘을 낼 수 있는 능력 ·평형성 : 정적 또는 동적 상태에서 몸의 균형 유지 ·협응성 : 신체의 각 부위가 조화를 이루면서 원활하게 움직일 수 있는 능력 ·민첩성 : 신체의 방향을 신속하게 바꿀 수 있는 능력 ·반응시간 : 빛, 소리, 접촉 등과 같은 자극에 반응하는 데 요구되는 시간

02. 운동생리학의 개념

1. 운동생리학

(1) 정의

인체생리학의 한 분야로 일시적, 지속적인 운동으로 인체 기관 내에 생겨나는 변화와 그 원인을 연구하는 학문

(2) 미국 운동생리학의 역사

① 미국 운동생리학의 역사는 1920년대 호흡생리학의 권위자인 핸더슨(L. Henderson)이 설립한 하버드피로연구소(Harvard Fatigue Lab.)에서 시작
② 이곳에서 최대산소섭취량과 산소부채, 탄수화물과 지방 대사, 환경생리학, 임상생리학, 노화, 혈액 및 체력 등 여러 분야의 연구가 수행

(3) 운동생리학의 기본 영역에서 파생된 학문

① 운동처방
② 운동영양학
③ 트레이닝 방법론

2. 운동생리학 관련 연구

① 운동 시 신체의 기능이 어떻게 변화하는지를 연구
② 운동능력을 향상시키기 위한 훈련 과정에 적용하는 학문
③ 장기간 운동에 대한 신체적 효과 및 적응에 대해 연구

3. 항상성(homeostasis)

환경의 변화에 상응하는 보상적 생리반응에 의해 내부 환경을 작은 범위 내에서 일정하게
유지하려는 것(안정 시 상태로 유지하려는 과정)

4. 반응

운동에 의한 일시적인 신체의 변화를 말함

5. 항정상태

운동을 할 때 인체의 내부 환경이 어느 시점이 되면 변하지 않고 일정하게 유지되는 현상

01. 에너지의 개념과 대사작용

1. 에너지의 개념

(1) 에너지의 정의

① 인체가 운동을 수행할 수 있도록 하는 능력
② 인체는 탄수화물, 단백질, 지방을 통해서 에너지를 얻음

(2) 에너지의 종류

① 에너지는 총 6가지의 에너지, 즉 화학적 에너지, 기계적 에너지, 열 에너지, 전기적 에너지, 빛 에너지, 핵 에너지가 있음
② 6가지 에너지 중에서 인체의 움직임에 사용되는 것은 화학적 에너지와 기계적 에너지
③ 화학적 에너지는 대사작용을 통해서 기계적 에너지로 전환됨

2. 물질대사작용

(1) 물질대사 개념

인체 내에서 일어나는 화학반응의 총체

(2) 물질대사 반응의 경로

동화작용	· 에너지를 흡수하는 것 · 물질을 합성하여 에너지를 저장 · 단순분자로부터 복잡한 분자를 합성해내는 것
이화작용	· 물질을 분해하여 에너지를 소비 · 에너지를 방출하는 것 · 물질을 분해시키는 작용

02. 인체의 에너지 대사

1. ATP

① 인체는 신체활동 등 생명유지를 위해 탄수화물, 지방, 단백질 등의 영양소 대사작용을 통해 에너지원인 ATP를 생성

② ATP는 1개의 아데노신과 3개의 무기인산이 2개의 연결고리로 결합되어 있음

③ 3가지 대사경로를 통해 ATP 생성체계
ATP-PCr 시스템과 해당과정(젖산 시스템)은 산소 없이도 일어날 수 있기 때문에 무산소 대사로 구분되며, 산화 시스템은 산소를 필요로 하기 때문에 유산소 대사로 구분

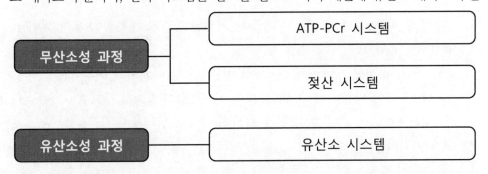

2. 무산소성 에너지 시스템

(1) ATP-PCr(인원질) 시스템

① 가장 빠른 에너지원이지만 에너지양이 제한적

② 소량의 ATP를 생산함으로써 에너지 고갈을 예방

③ 근력운동 같은 단기간 운동의 주 에너지 시스템

④ 단거리달리기, 멀리뛰기, 높이뛰기 등 짧은 고강도 운동에 필요

> PC(크레아틴인산)+ADP(아데노신2인산) → ATP(아데노신3인산)+C(크레아틴)

(2) 해당 과정

① 당을 분해하는 시스템으로 포도당이나 당원을 분해하여 젖산이나 피루브산이 형성

② 위의 과정에서 산소가 사용되지 않으므로 무산소성 해당과정

③ ATP-PC체계에 의해 생성된 ATP가 고갈된 후 두 번째로 빠르게 ATP를 생성

3. 유산소성 과정

(1) 유산소성 과정 특징

① 해당 작용을 통해 생성된 초성포도산이 미토콘드리아로 들어가 분해되는 과정
② 무산소성 과정이 세포 원형질 속에서 반응하는 것과 달리 미토콘드리아 내에서 반응이 이루어짐
③ 복잡한 과정으로 인하여 속도가 느린 편이지만 에너지 제공의 양적 측면에서는 유리
④ 일부 아미노산은 크랩스 회로로 직접 진입 가능

(2) 유산소성 과정 단계

① 유산소성 해당 과정, 크랩스 사이클, 전자전달 등으로 순차적 반응이 일어남
② 유산소성 해당 과정
    ㉠ 산소가 충분한 상태에서 글리코겐이나 포도당의 분해가 이루어짐
    ㉡ 산소공급이 원활할 때 초성포도당이 젖산으로 전환되지 않고 Acetyl-CoA로 분해
    ㉢ Acetyl-CoA로 분해 후 크랩스 사이클 단계로 넘어감
③ 크랩스 사이클
    ㉠ 구연산 회로, 시트르산 회로, TCA 회로로 불림
    ㉡ 미토콘드리아 내에서 Acetyl-CoA로 전환된 탄수화물, 단백질, 지방을 이산화탄소와 수소로 분해
    ㉢ 대사 과정 기질로부터 수소이온 제거를 통해 에너지 발생
    ㉣ 크랩스 사이클은 주로 시트르산 탈수소효소에 의해 조절
④ 전자전달체계 : 크랩스 사이클에서 형성된 많은 양의 전자수용과 미토콘드리아 내막에서 수소이온을 물로 산화시키고 에너지를 발생

03. 트레이닝에 의한 대사적 적응

1. 유산소 트레이닝이 엘리트 선수의 인체 적응 효과에 미치는 영향

① 심폐지구력을 최대화시키면 경기력 향상에 도움이 됨

② 최대 산소섭취량이 더 이상 증가하지 않더라도 지구성 트레이닝을 계속하면 지구력이 증가됨

③ 고도로 단련된 남녀 지구력 선수의 비교에서 여자선수는 남자선수보다 최대 산소섭취량이 10% 가량 낮음

2. 장기간 유산소 트레이닝에 따른 심혈관계의 변화

항목	내용	비고
심장 비대	좌심실 크기(용적) 증가	지구성 운동
	좌심실 벽 두께 증가	비지구성 운동
심박수 감소	동방결절의 내재성 박동률 감소	
	부교감신경의 자극 증가	
	교감신경의 자극 감소	
1회 박출량 증가	심근 수축력 증가	
혈액	헤모글로빈 수의 증가	

3. 장기간 유산소 트레이닝이 비만인의 혈액성분에 미치는 영향

① 혈중 중성지방 감소

② 혈중 저밀도 지단백(Low Density Lipoprotein: LDL) 콜레스테롤 감소

③ 혈중 고밀도 지단백(High Density Lipoprotein: HDL) 콜레스테롤 증가

4. 호흡교환율(Respiratory Exchange Ratio:RER)

① 운동의 강도가 올라가면 RER은 증가함

② RER은 호흡 중 이산화탄소 생성량과 산소소비량의 비율에 의해 결정됨

③ 지방산인 팔미틱산(palmitic acid)을 100% 사용할 때 RER은 0.7 정도

$$RER = VCO_2(이산화탄소생성량) / VO_2(산소소비량)$$

제3장

신경조절과 운동

01. 신경계의 구조와 기능, 특성

1. 뉴런(신경세포)의 구조

(1) 뉴런은 신경계의 구조적 · 기능적 단위

(2) 뉴런의 기본 영역

세포체	· 핵을 포함하고 있음 · 신경세포의 영향과 대사의 중심을 담당
수상돌기	· 전기적 자극을 체세포로 전달 · 세포체로부터 가늘게 뻗어 나온 세포질
축삭	· 미엘린 수초로 덮여 있음 · 체세포에서 축삭종말 방향으로 전기적 신호를 전달

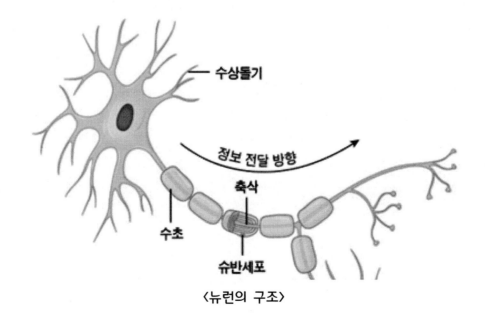

〈뉴런의 구조〉

(3) 전기적 신호 전달 순서

신경자극

⇩

수상돌기

⇩

세포체

⇩

축삭

⇩

축삭종말

(4) 뉴런의 종류

① 감각뉴런 · 연합뉴런 · 운동뉴런

감각뉴런	· 감각신경을 이루고 있는 뉴런 · 감각기에서 받은 자극을 연합뉴런에 전달
연합뉴런	· 뇌와 척수 등의 연합신경을 구성 · 감각뉴런과 운동뉴런을 연결 · 감각뉴런에서 받은 명령을 판단하여 운동뉴런에 명령을 내림
운동뉴런	· 운동신경을 이루고 있는 뉴런 · 연합뉴런의 명령을 운동기관으로 전달

② 자극이 전달되는 경로

자극

⇩

감각기관

⇩

감각뉴런

⇩

연합뉴런

⇩

운동뉴런

⇩

운동기관

⇩

반응

2. 뉴런의 전기적 활동

(1) 특징

① 세포막의 자극이 역치를 넘어서지 않으면 활동전위(action potential)가 생성되지 않음
② 막을 사이에 두고 살아있는 세포들이 양이온과 음이온으로 분리되어 세포막 전위를 형성

(2) 안정 시 막전압

① 이온의 전압차이에 의해서 분극현상이 발생
② 신경세포를 포함한 모든 세포는 안정 시 세포막 외부는 양이온, 내부는 음이온의 성질을 띠고 있음
③ 뉴런의 안정 시 막전압은 보통 약 -70mV 정도

(3) 탈분극

① 막 사이의 전위 차이가 -70mV보다 적어질 경우 발생
② Na+이 세포 밖에서 안으로 유입되면서 양전하가 세포 내에 증가하는 현상임
③ 세포 내부가 양성이 되어 +30mV까지 오름

(4) 재분극

① 탈분극 후 바로 안정 시 막전압으로 되돌아가기 위해 일어남
② 세포막의 칼륨 통로가 열려, 세포 내의 K+이 세포 외부로 나감
③ 다시 세포 내부가 음극으로 돌아가 안정 시 막전압 회복

(5) 과분극

K+ 통로의 열린 상태가 유지되어 추가적으로 K+이 세포 밖으로 나가는 현상임

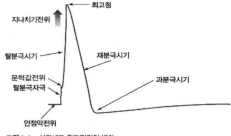

그림 3-6 신경세포 활동전위의 변화.

02. 신경계의 특성

1. 신경계의 특성 : 흥분성, 전달성, 통합성

2. 흥분성

흥분성 연접 후 막전압	· 신경의 연접부위로 방출한 신경전달물질은 목표 세포막의 수용체와 결합 · 세포체와 수상돌기에 점증적이며 연속적인 탈분극을 일으킴
억제성 연접 후 전압	억제성 신경전달물질은 신경세포를 음전하로 만들어 과분극시킴

03. 신경계의 운동기능 조절

1. 신경계의 구조

① 신경계는 내분비계와 함께 인체의 생리적인 조절을 담당
② 신경계는 신체활동을 포함하여 인간의 감정, 사고, 행동의 조절을 담당
③ 신경계는 구조에 따라 중추신경계와 말초신경계로 구분

2. 중추신경계

(1) 특징

① 중추신경계는 뇌와 척수로 이루어져 있음
② 수의적 움직임을 조절
③ 자극에 대한 적절한 명령을 내림

(2) 중추신경계 조직

① 대뇌
  ㉠ 복잡한 정신 활동의 중추
  ㉡ 학습된 경험을 저장

ⓒ 지각정보의 수용

　　ⓔ 언어, 기억, 사고, 감정 등의 정신 기능

　　ⓜ 의식, 수의운동, 감각의 인지 등을 담당

② 간뇌(시상, 시상하부)

　　㉠ 대뇌반구와 뇌간 사이에 위치

　　ⓛ 뇌의 역할을 조절하는 중요한 역할

　　ⓒ 갈증, 체온조절, 혈압, 수분 균형 및 내분비계의 활동 등을 조절

　　ⓔ 항상성을 유지

③ 척수

　　㉠ 뇌와 몸의 각 부분 사이의 정보 전달

　　ⓛ 반사운동의 중추로 작용

④ 뇌간

　　㉠ 중뇌, 뇌교, 연수로 구분

중뇌	시각과 청각에 의한 반사 조절
뇌교	호흡을 조절
연수	호흡, 심박, 구토, 혈압 등의 중추

　　ⓛ 척수와 대뇌의 신경정보 연결

　　ⓒ 호흡, 순환중추, 수면사이클의 형성, 각성 등에 관여

　　ⓔ 골격근 기능의 조절

　　ⓜ 근 긴장 유지

　　ⓗ 심혈관계와 호흡계의 기능 조절

⑤ 소뇌

　　㉠ 뇌간 뒤에 위치

　　ⓛ 몸의 균형을 유지

　　ⓒ 대뇌와 함께 근육운동 조절

　　ⓔ 눈으로부터 들어오는 정보를 받아들여 통제

3. 말초신경계

(1) 특징

① 중추신경계를 제외한 신경세포

② 중추신경계통과 내부 및 외부신경 사이를 연결

③ 감각정보를 말초에서 중추신경계로 연결

④ 운동정보를 중추신경계에서 말초로 전달

⑤ 체성신경계와 자율신경계로 구분

⑥ 감각뉴런과 운동뉴런으로 이루어져 있음

(2) 조직

① 감각계

　㉠ 수용기부터 중추신경계까지 신경자극 수송

　㉡ 감각계의 구조

근방추	· 근섬유가 길어지는 것을 감지 · 근수축 유발
건방추 (골지건지관)	· 수용기가 활성되면 주동근의 수축을 억제함 · 저항성 운동에 중요한 역할을 함 · 근육 수축을 통해 발생되는 장력 변화 감지함 · 장력을 억제하여 잠재적 위험성을 감소시키는 보호 및 안전장치 역할을 함
관절수용기	관절의 각도, 압력, 가속도로 인하여 변화된 정보를 중추신경계에 전달

② 자율신경계

　㉠ 자신의 의지와 관계없이 자율적으로 움직이는 불수의적 운동 조절(심근, 평활근, 내분비선 자극)

　㉡ 교감신경과 부교감신경으로 구분

교감신경	· 우리 몸이 위기 상황에 닥칠 때 대처할 수 있도록 긴장상태로 있음 · 운동이나 스트레스를 받을 때 심박수 증가나 땀 분비 등
부교감신경	긴장상태에 있었던 몸을 평상시의 상태로 회복(심박수 증가 억제)

③ 체성신경계

　㉠ 자신의 의지에 따라 몸을 움직이는 수의적 운동 조절

　㉡ 운동신경이라고 하며 척수신경으로부터 근육과 연결

ⓒ 추체로계 : 의식적인 운동을 담당

ⓔ 추체외로계 : 반사와 수의운동의 조절, 협응에 관여

01. 골격근의 구조와 기능

1. 골격근의 특징

① 골격근은 약 75%는 수분, 20%는 단백질, 나머지 5%는 지방·탄수화물·무기질 같은 물질로 구성
② 인체는 400~600개의 수의적인 골격근을 갖고 있으며 체중의 40~50% 차지
③ 골격근은 근세포(근섬유, muscle fiber)로 이루어져 있음

2. 골격근의 구조

① 구조상 횡문근이며 수의적인 움직임을 만들어냄
② 근섬유로 구성되어 있으며 근섬유는 근막에 의해 둘러싸여 있음
③ 하나의 근섬유는 100만 개의 미세섬유로 구성되어 있으며 미세섬유는 미오신, 액틴, 트로포닌, 트로포미오신 등으로 구성

3. 골격근의 기능

① 운동과 호흡을 위한 근수축
② 자세를 유지하기 위한 근수축
③ 체온유지를 위한 열생산(근수축에 수반하여 열생산)
④ 수의운동

4. 골격근의 결합조직

근외막	전체 근육을 제일 바깥에서 싸고 있는 막
근다발막	근다발을 싸고 있는 막
근내막	각각의 근섬유를 둘러싸고 있는 결합조직

5. 신경세포와 근육의 흥분-수축 결합 단계

① 활동전위가 축삭 종말에 도달하면 아세틸콜린이 방출

② 근형질세망에서 분비된 $Ca2+$이 트로포닌에 부착되어 트로포마이오신을 들어올림

③ 마이오신 머리가 액틴세사를 잡아당김

02. 골격근과 운동

1. 근육의 구조

(1) 인체 근육조직은 여러 가지 조직으로 결합되어 있음

(2) 근육의 구조

근다발

⇧

근섬유

⇧

근원섬유

⇧

필라멘트

2. 근원섬유

① 마이오신 단백질인 굵은 사상체와 액틴 단백질인 얇은 사상체 두 가지 단백질 필라멘
트로 구성

② 액틴 단백질 필라멘트에는 근수축에 중요한 역할을 하는 트로포닌과 트로포미오신이 있음

3. 근섬유

(1) 특징

① 하나의 아주 가늘고 긴 섬유상태
② 근원섬유와 근형질로 구성
③ 원기둥 모양으로 여러 개의 핵을 갖고 있는 다핵성 세포
④ 근육수축에 필요한 에너지 생산 및 공급하는 역할을 하는 미토콘드리아 존재

(2) 구조와 기능

근형질세망(sarcoplasmic reticulum)	칼슘 저장
가로세관(transverse-tubule)	신경자극 전달
근형질(sarcoplasm)	글리코겐과 미오글로빈 저장
근초(sarcolemma)	뼈에 부착된 건과 융합

(3) 근섬유의 유형

① 지근섬유(ST)(Type Ⅰ)
　㉠ 적색근육(Red muscle)
　㉡ 강한 피로 내성
　㉢ 낮은 해당능력
　㉣ 수축이 느린 섬유
　㉤ 걷기와 같은 저강도 운동에 적합
　㉥ 장거리 선수의 근육 형태
② 속근섬유(FT)
　㉠ 백색근육(White muscle)
　㉡ 지근섬유에 비해 쉽게 피로해짐
　㉢ 단거리 선수의 근육형태
　㉣ 빠른 수축 속도
　㉤ 높은 해당능력

ⓑ 속근섬유의 종류

속근섬유(Type IIa)	달리기와 같은 더 높은 강도의 운동
속근섬유(Type IIx/IIb)	전력질주와 같은 최고 강도의 운동

(4) 근섬유의 특성

	지근섬유 (ST)	속근섬유a (FTa)	속근섬유b (FTb)
	적근섬유	백근섬유	
미오글로빈 함량	높음(붉은색)	낮음(백색)	
미토콘드리아 수	많음	적음	
유산소 능력	높음	중간	낮음
무산소 능력	낮음	높음	매우 높음
수축 속도	느림	빠름	
근피로 저항력	높음	보통	낮음
스포츠 적용	지구성 운동에 적합	스피드와 순발력을 요하는 운동에 적합	

* 운동강도의 증가에 따라 동원되는 근섬유 유형의 순서 : ST → FTb → FTa

4. 근수축

(1) 근수축 종류

등척성 수축과 등장성(동적) 수축으로 분류됨

(2) 등척성 수축

① 길이 변화 없이 근장력 증가
② 고정된 물체를 끌어당길 때 자세를 유지시키는 근육
③ 시간소비가 적고 근통증을 유발시키지 않음

(3) 등장성(동적) 수축

단축성 수축	힘이 발생하는 동안 근육이 짧아짐
신장성 수축	힘이 발생하는 동안 근육이 길어짐

* 등속성 수축 : 재활치료에 효과적, 속도가 일정한 상태에서 관절각이 움직임

01. 내분비계

1. 호르몬

① 체내의 특정한 세포에서 만들어져서 분비되는 화학물질로 세포의 움직임을 조절하는 역할
② 호르몬은 구성 성분에 따라 지질의 일종인 스테로이드계 호르몬과 단백질로 구성된 호르몬, 아미노산으로부터 유도된 아민계 호르몬으로 구분

2. 호르몬의 특징

① 내분비샘에서 만들어짐
② 혈액을 통해 온몸으로 운반
③ 매우 적은 양으로 생리 기능을 조절
④ 결핍과 과다증이 있음
⑤ 표적세포나 표적기관에만 작용
⑥ 신경계보다 신호전달 속도가 느리지만 작용 범위가 넓고 오래 지속
⑦ 항상성이 없어서 체내에 항체가 형성되지 않음

3. 내분비선과 호르몬

(1) 뇌하수체 전엽

성장호르몬(GH)	· 뼈와 근육의 성장을 촉진 · 단백질, 지방, 탄수화물 대사와 모든 조직 성장에 영향 · 간에서 포도당 합성을 증가 · 지방산 동원을 증가 · 인슐린 활성 억제(혈장 포도당 이용 감소)

갑상선자극호르몬(TSH)	티록신(T4)과 트리요오드타이로닌(T3) 생산과 양 조절
부신피질자극호르몬(CRH)	·부신피질자극호르몬(ACTH) 분비 촉진 ·부신피질에 작용하여 선세포 증식 ·호르몬 합성 및 분비 촉진
프로락틴	모유생산 증가
난포자극호르몬(FSH)	·난소의 난포 성장 유도 ·난소로부터 에스트로겐 분비
황체호르몬	·에스트로겐과 프로게스테론 분비 ·테스토스테론 분비 촉진 ·난자 배출

(2) 뇌하수체 중엽

멜라닌세포자극호르몬이 있어서 피부의 빛깔을 검게 하는 역할

(3) 뇌하수체 후엽

항이뇨호르몬(ADH)	·신장에 물을 재흡수하여 체내 수분량 조절 ·혈관 수축
옥시토닌	·자궁 근육의 수축 ·분만 후 모유 분비 촉진

(4) 갑상선호르몬(신체의 신진대사 조절)

칼시토닌	·혈액 속의 칼슘 농도 조절 ·칼슘의 농도가 높을 때 그 양을 저하시키는 작용
티록신(T3)	체내 물질대사를 촉진

(5) 부갑상선

부갑상선호르몬이 혈장 칼슘 증가의 역할을 함

(6) 부신호르몬

① 부신피질

코티졸 (당질코르티코이드)	· 운동 시 혈당 유지를 위하여 유리지방산의 혈액유입을 촉진 · 간에서 글리코겐 합성 · 세포에 의한 포도당 사용이 감소 · 포도당 신생합성의 자극 · 다양한 스트레스에 대항하기 위해 필요한 에너지를 공급
알도스테론	· 운동 시 수분 손실에 자극 · Na+을 재흡수하여 수분 손실을 억제 · 표적기관은 신장

② 부신수질

    ㉠ 에피네프린(80%), 노르에피네프린(20%)의 호르몬

    ㉡ 부신수질의 두 가지 호르몬인 에피네프린(epinephrine)과 노르에피네프린(norepinephrine)은 카테콜아민(Catecholamine)이라고 함

    ㉢ 간과 근육의 글리코겐을 글루코스로 분해 촉진

    ㉣ 1회 박출량 증가 및 혈압 증가

    ㉤ 혈관 수축 및 확장

    ㉥ 교감신경계의 신경자극에 의해 분비되는 호르몬

    ㉦ 빠르게 작용하는 호르몬으로 신진대사 증가

(7) 췌장호르몬

인슐린 (베타세포)	· 혈당량을 일정하게 유지 · 랑게르한스섬의 베타(β)세포에서 분비 · 당을 세포 내에 유입, 글리코겐으로 저장하여 혈당 수준 낮춤
글루카곤 (알파세포)	· 간에 저장된 글리코겐을 글루코스(포도당)로 분해시켜 혈당 수준 높임 · 랑게르한스섬의 알파(α)세포에서 분비

(8) 성선호르몬

정소(테스토스테론)	· 2차성징 발달 · 정자 형성 · 단백질 합성을 증가시킴
난소(에스트로겐)	· 2차성징 발달 · 난자 형성 · 지방 축적을 촉진시킴

02. 운동과 호르몬 조절

1. 운동이 호르몬에 주는 영향

(1) 운동 중 필요한 에너지원을 얻는 과정

① 운동에 필요한 에너지를 획득하기 위해서 글로코스를 분해
② 코티졸, 글루카곤, 에피네프린, 노르에피네프린, 성장호르몬의 분비 증가
③ 인슐린의 분비가 감소되어 혈당량이 증가

(2) 혈장 글루코스(glucose) 조절

① 간 글리코겐으로부터 글루코스 동원
② 인체의 글루코스를 절약하기 위해 지방세포에서 유리지방산을 사용
③ 당신생합성 과정을 통해서 간에서 글루코스 합성
④ 운동으로 인하여 급속히 글루코스가 소모되었을 경우
    ㉠ 간 글리코겐으로부터 글루코스 동원
    ㉡ 혈중 글루코스를 절약하기 위한 지방 조직으로부터 유리지방산 동원
    ㉢ 아미노산, 젖산, 글리세롤로부터 간에서 글루코스 합성

2. 운동 중 수분과 전해질 균형

(1) 수분과 나트륨의 조절

① 수분량과 나트륨의 조절은 항이뇨호르몬(ADH)과 알도스테론에 의해 조절
② 탈수가 시작되면 항이뇨호르몬(ADH)으로 인해 신장에 물을 재흡수하여 체내 수분량 조절
③ 알도스테론은 Na+을 재흡수하여 수분 손실을 억제

(2) 혈장량이 감소될 때

체액(혈압) 감소 → 간에서 안지오텐시노겐 분비 → 신장에서 분비된 레닌이 안지오텐시노겐을 안지오텐신-I로 전환 → 안지오텐신 전환 효소가 안지오텐신-I을 안지오텐신-II로 전환 → 안지오텐신-II가 부신피질로부터 알도스테론의 생성 및 분비 → 분비된 알도스테론이 신장의 세뇨관에서 수분 및 전해질의 재흡수 촉진 → 체액(혈압) 증가

3. 운동에 대한 호르몬의 반응

지구성 트레이닝을 하면 최대산소섭취량에 따라 에피네프린과 노르에피네프린의 분비 감소와 글루카곤의 반응의 감소를 유발하여 다른 호르몬이 더 많은 지방을 연소하게 함

제6장

호흡·순환계와 운동

01. 호흡계의 구조와 기능

1. 호흡계의 기본적 기능

① 순환계와 연합하여 산소를 섭취
② 에너지를 생산하는 과정에서 생긴 이산화탄소 배출
③ 호흡 계통의 이동경로는 기관(trachea) → 기관지(bronchi) → 허파꽈리(폐포; alveoli)

2. 호흡계

(1) 폐환기

① 폐에 산소가 들어가고 몸 밖으로 이산화탄소가 배출
② 운동을 강하게 하면 1회 호흡량, 분당호흡수, 분당환기량 등의 폐환기가 증가함
③ 운동을 할 때 분당환기량은 증가하며, 최대분당환기량이나 폐활량이 크다고 해서 최대산소섭취량이 반드시 큰 것은 아님
④ 폐활량은 최대흡기 후 최대호기의 폐용적

(2) 분당환기량

① 1분 동안 흡기와 호기되는 공기의 양을 뜻함
② 분당환기량 공식

분당환기량 = 1회 호흡량 × 호흡수

③ 환기량의 증가는 호흡의 빈도와 심도가 증가함에 따라 이루어짐

3. 호흡과정

외호흡(폐호흡)	· 폐포공기와 혈액 사이의 가스교환 · 혈액에 의한 산소 및 이산화탄소의 운반 · 인체의 에너지 대사를 뒷받침하는 역할
내호흡	· 혈액과 조직세포 사이의 가스교환 · 조직세포의 산소이용과 이산화탄소 생성과정

4. 폐용적과 폐용량

(1) 폐용적과 폐용량

① 폐용적은 폐활량 측정을 이용하여 측정 가능
② 폐활량은 최대흡기 후 폐 속의 모든 공기 중 최대호기로 내보낼 수 있는 폐용적의 정의
③ 잔기용적은 최대호기 후 폐 속에 남아있는 기체의 용적
④ 총폐용량은 최대흡기 후에 폐 내에 존재하는 기체의 양

(2) 폐용적과 폐용량의 구분

폐용적	· 1회 호흡량(Tidal Volume) : 자연스러운 호흡주기 동안 1회 흡기와 호기량 · 흡기예비용적(IRV) : 흡기 종료 후 흡기가 될 수 있는 공기(가스)량 · 호기예비용적(ERV) : 호기 종료 후 호기가 될 수 있는 공기(가스)량 · 잔기량(RV) : 최대호기 후 폐 내 용적(공기량)
폐용량	· 총폐용량(TLC) : 최대흡기 후 폐 내 총 가스량 · 폐활량(VC) : 최대흡기 후 최대호기량 · 흡기량(IC) : 정상호흡(휴식 시) 최대흡입량 · 기능적 잔기량(Functional Residual Capacity) : 안정 시 호기 후 폐의 잔기량

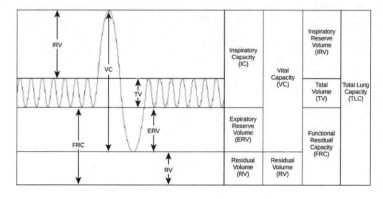

02. 운동에 대한 호흡계의 반응과 적응

1. 환기량

운동 전	· 운동을 시작하기 전 환기량이 증가하는 현상이 나타남 · 운동을 예상하며 대뇌피질로부터 자극이 뇌간의 연수에 있는 호흡중추를 흥분시켜 환기량이 어느 정도 증가
운동 중	· 운동 초기 : 급격한 환기량의 증가 · 최대하운동 시 환기량은 유지 · 최대운동 시에는 계속적 증가
운동 후	· 운동 피질의 영향으로 급격한 환기량의 감소 · 그 후 환기량의 느린 감소가 이루어짐

* 환기량 : 폐에 공기가 드나드는 과정
* 최대하운동 : 최대운동 이하의 강도의 운동

2. 호흡계와 운동

(1) 분당환기량

① 안정 시 : 일정
② 최대하운동 시 : 일정
③ 최대운동 시 : 증가

(2) 호흡수

① 안정 시 : 감소
② 최대하운동 시 : 감소
③ 최대운동 시 : 증가

(3) 폐활량

① 안정 시 : 일정
② 최대하운동 시 : 일정
③ 최대운동 시 : 일정

(4) 동정맥산소차

① 안정 시 : 증가

② 최대하운동 시 : 증가

③ 최대운동 시 : 증가

④ 동정맥산소차 : 신선한 동맥과 말초조직을 한 번 순환하고 난 정맥의 산소차를 의미하며, 이는 근육세포의 산소소비량에 비례

03. 순환계의 구조와 기능

1. 순환계의 구성

심장	펌프작용을 통한 혈액순환
혈액	유동성 조직으로 혈관을 통해 온몸을 돌면서 물질운반, 체온조절 등을 함
혈관계	혈액을 전신으로 분배하고 다시 심장으로 되돌아오는 역할

2. 심장

(1) 구조

① 우심방, 우심실, 좌심방, 좌심실 2개의 심방과 2개의 심실로 이루어짐

② 심장벽은 심외막, 심근, 심내막으로 구성

(2) 심장의 판막

반월판	· 대동맥 : 좌심실에서 대동맥으로 피가 유출되는 부위에 있는 판막 · 폐동맥 : 심장의 우심실과 폐동맥 사이에 있는 판막으로 세 개의 얇은 판막으로 구성
이첨판(승모판)	좌심방과 좌심실 사이
삼첨판	우심방과 우심실 사이

(3) 심장의 기능

① 우심장

ㄱ 전신을 순환하고 돌아온 정맥혈을 받아들임(우심방)

ㄴ 동맥혈로 전환하기 위해 폐로 밀어냄(우심실)

② 좌심장

ㄱ 폐에서 산소가 많은 동맥혈을 받아들임(좌심방)

ㄴ 전신에 공급하기 위해 대동맥으로 밀어냄(좌심실)

③ 폐순환과 체순환

폐순환(폐로 이동)	・우심방→우심실→폐동맥→폐→폐정맥→좌심방→좌심실 ・정맥혈을 동맥혈로 전환시켜 다른 기관으로 운반할 채비
체순환(온몸으로 이동)	・좌심실→대동맥→동맥→세동맥→모세혈관→세정맥→정맥→대정맥→우심방 ・산소공급과 이산화탄소 등의 노폐물을 제거

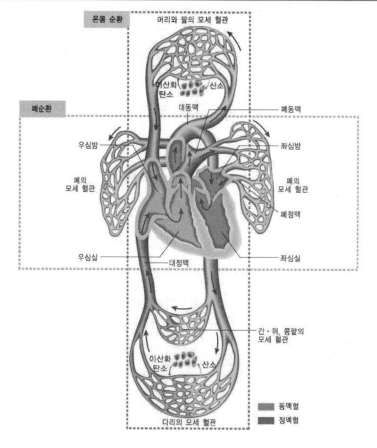

3. 혈관

(1) 혈관의 역할

혈액을 심장과 인체 각 장기 및 조직 사이로 순환시키는 통로

(2) 혈관의 기능

동맥	· 혈관벽이 두껍고 탄력이 큼 · 심장에서 나가는 혈액이 흐름 · 몸속 깊은 곳에 분포 · 혈액을 좌심실로부터 온몸의 조직에 분포되어 있는 모세혈관까지 전달하는 각종 혈관
정맥	· 피부 가까이에 분포 · 심장으로 들어가는 혈액이 흐름 · 혈류속도가 동맥보다 느린 편 · 동맥보다 혈관벽이 얇고 탄력이 약함 · 혈액의 저장고 역할을 하여 약 60% 이상의 혈액을 보유 · 혈관에 판막이 존재(혈압이 매우 낮음)하여 혈이 한쪽 방향으로만 흐르도록 작용 · 심박출량의 요구가 많아지면 정맥혈관의 용적을 줄여 심장으로 보내는 혈액량을 증가시킴
모세혈관	· 조직과 영양소 교환 · 동맥과 정맥을 연결하며 온몸에 퍼져 있음 · 혈관벽이 한 층의 세포는 얇고, 혈액이 흐르는 속도는 느림(조직세포와의 물질 교환에 유리)

* 혈관의 직경은 대동맥 〉소동맥 〉세동맥 〉모세혈관의 순서임

(3) 각 혈관의 비교

총단면적	모세혈관 〉정맥 〉동맥
혈압세기	동맥 〉모세혈관 〉정맥
혈류속도	동맥 〉정맥 〉모세혈관
혈관두께	동맥 〉정맥 〉모세혈관

4. 혈액

(1) 혈액의 구조

혈액은 혈장과 세포로 구성되어 있음

(2) 혈액세포

적혈구	· 99% 이상을 차지 · 헤모글로빈은 산소 및 이산화탄소를 운반 · 적혈구수 부족, 혈액 중 헤모글로빈양 부족 등으로 빈혈 발생
백혈구	· 면역기능 · 인체의 방어기전에 중요한 역할
혈소판	혈액응고

(3) 혈장

① 90%의 수분과 각종 단백질, 호르몬으로 구성
② 영양섭취나 운동에 따라 그 농도가 달라짐

04. 운동에 대한 순환계의 반응과 적응

1. 1회 박출량

(1) 심장이 1회 수축하면서 짜내는 혈액량으로 한 번 박동 시에 펌프되는 혈액의 양

(2) 1회 박출량의 조절

① 수축력 : 심실수축력을 의미
② 평균대동맥혈압
　　㉠ 심실로부터 혈액의 박출을 저해하는 압력
　　㉡ 심장주기 동안의 평균혈압
③ 심실이완기말 혈액량

2. 심박수

(1) 심장이 1분 동안 뛰는 심장 박동수

(2) 심박수는 운동 시에 평소보다 증가함

(3) 심박수 조절

심박수 감소	· 부교감신경계 : 미주신경과 관련 · 동방결절을 억제하여 심박수 감소
심박수 증가	· 교감신경계 : 심장촉진신경과 관련 · 동방결절을 자극하여 심박수 증가

3. 심박출량(cardiac output)

① 1회 박출량과 심박수의 곱으로 산출

② 1분당 심장에서 박출되는 총혈액량

③ 정맥회귀(venous return)량은 심박출량에 영향을 줌

4. 운동과 순환계

(1) 운동 시 순환계의 반응

① 영향을 주는 요인

㉠ 감정적인 영향

㉡ 덥고 습함, 고지 등 환경조건

㉢ 운동의 유형

㉣ 운동의 강도 및 지속시간

(2) 안정 시에서 운동으로의 전환과 운동으로의 회복

① 운동 초기에는 1회 박출량, 심박수, 심박출량의 급속한 증가

② 운동 후 회복에는 1회 박출량, 심박수, 심박출량이 모두 안정 시 상태로 감소

③ 회복에 영향을 주는 요인 : 운동시간과 강도, 트레이닝 상태

④ 최대하·최대운동 중 순환계의 반응

심박수	·안정 시 : 감소 ·최대하운동 : 감소 ·최대운동 : 변화 없거나 감소
심박출량	·안정 시 : 증가 ·최대하운동 : 변화 없음 ·최대운동 : 증가
1회 박출량	·안정 시 : 증가 ·최대하운동 : 증가 ·최대운동 : 증가

⑤ 다양한 운동 반응

　㉠ 심박출량은 운동 강도에 비례하여 증가

　㉡ 운동 시 1회 박출량은 중간 정도의 운동까지 증가

　㉢ 이보다 높은 고강도 운동 시에 심박출량은 심박수의 증가에 의존

　㉣ 단련자의 경우 1회 박출량 및 최대심박출량은 비단련자보다 높음

　㉤ 최대 산소섭취량은 최대 1회 박출량이 높을수록 높음

　㉥ 정맥혈 환류가 충분하면 1회 박출량이 증가하고 그렇지 않으면 감소

01. 체온조절과 운동

1. 신체의 열생성과 열손실

(1) 열생성

운동과 같은 신체의 수의적 활동 및 불수의적 활동을 통해 생성

(2) 열손실

① 피부혈관의 확장 및 발한을 통해서 체열을 확산해서 손실시킴

② 열손실 종류

복사	·외부환경과 체온의 온도 차에 따라 흡수 또는 발산 ·체열이 공기를 통해서 발산 ·물리적 접촉이 없는 열이동
전도	접촉을 통한 열의 이동
대류	인체와 공기접촉을 통한 열의 이동
증발	·액체가 기화될 때 열을 함유하고 이동하는 현상 ·땀의 분비와 호기를 통한 열손실

2. 체온조절기전

(1) 운동신경계

근육의 긴장, 떨림, 수의적 동작과 같은 근운동 조절

(2) 자율신경계

교감신경계를 통한 혈관운동과 발한반응 조절

(3) 시상하부(체온조절중추 : 통합기 또는 조절기)

① 우리 몸의 자동온도조절장치와 같은 역할

② 외부의 정보를 통합하여 혈관의 수축과 이완

③ 떨림과 발한 등으로 체온 조절

체온증가 억제 반응	피부혈관 확장, 발한
체온감소 억제 반응	피부혈관 수축, 떨림

④ 체온이 36.4℃~37℃의 일정 온도를 유지하게 지시

02. 인체 운동에 대한 환경 영향

1. 고온환경과 운동

(1) 고온에서 운동

① 체온과 심박수의 증가

② 고체온증에 의해서 운동수행능력 제한

③ 운동 중 증발에 의하여 근혈류량 감소

④ 글리코겐 이용률이 증가

⑤ 피로유발 및 젖산의 생성량이 증가

(2) 고온에서 열순응 반응

① 열순응을 통한 혈장량 증가

② 발한율 증가

③ 발한 시점의 조기화

④ 땀을 통한 전해질 감소

⑤ 피부 혈장량 감소

⑥ 교감신경계 자극 증가

⑦ 피부혈류량 증가

⑧ 열이나 스트레스로 인한 세포 손상 방지를 위해 열충격 단백질 증가

(3) 고온에서의 운동방법

    ① 탈수현상 방지

        ㉠ 운동 전(약 3시간 전) : 400~800ml 수분 섭취

        ㉡ 운동 중 : 15~20분 간격으로 150~300ml 수분 섭취

        ㉢ 운동 후 : 충분한 수분 섭취

    ② 아주 차가운 얼음물 삼가

    ③ 수분과 염분의 보급(0.3~0.5%의 식염수)

    ④ 당류와 전해질 음료 적당히 섭취

2. 저온환경과 운동

(1) 저온에서 운동

    ① 심박수 감소로 인한 심박출량 감소

    ② 심부온도의 감소로 저체온증 유발

    ③ 혈관수축으로 인하여 혈류 감소

    ④ 신체의 열생산을 증가

(2) 저온에서 순응

    ① 열생성을 증가시킴

    ② 손, 발과 같은 말초혈관확장으로 손과 발 체온 유지

(3) 저온에서의 운동방법

    ① 운동 전에 체온의 방출을 최대로 막음

    ② 웜업을 충분히 해서 체온을 상승시킴

    ③ 외부 공기와 접촉하는 신체부위를 방한

3. 고지환경(저기압)의 운동

(1) 고지환경에서 운동

    ① 산소분압에 의해 최대산소섭취량 감소와 호흡수 증가로 저산소증 유발 · 최대산소섭
        취량 감소 : 심박출량과 동정맥 산소차의 감소

② 헤모글로빈의 산소포화도와 산소수송이 원활하지 않음

③ 심박수와 심박출량의 증가현상이 뚜렷이 나타나고 유산소 능력 저하

④ 운동 중 젖산 생성이 증가

⑤ 장시간 운동수행력에 안좋은 영향을 줌

⑥ 최초로 고지에 오르면 호흡수의 증가로 환기량이 증가가 나타남

(2) 고지환경에서 순응

헤모글로빈이 있는 적혈구 수가 증가하여 산소이용능력이 증대

1. 주요 용어에 대한 설명으로 바르지 않은 것은?

① 운동은 체력유지나 건강 또는 생명유지를 위한 체계적 활동
② 체력은 사람의 일상생활을 하는데 필요한 기초가 되는 체력
③ 방위체력은 환경에서 오는 여러 가지 스트레스를 견뎌내는 능력
④ 신체활동은 에너지를 소비하고 되는 대근육을 움직이는 정신적 움직임

> 해설 신체활동은 신체의 모든 포괄적인 움직임으로 에너지를 소비하고 되는 대근육을 움직이는
> 신체적 움직임을 말한다.
> 정답 ④

2. 다음 행동 체력 중 건강체력은?

① 근력   ② 스피드
③ 순발력   ④ 평형성

> 해설 건강체력은 사람이 활동하는 데 필요한 능력으로 근력, 근지구력, 유연성, 심폐지구력 등이 있다.
> · 건강체력과 운동체력
>
> | 건강체력 | · 사람이 활동하는 데 필요한 능력
· 근력, 근지구력, 유연성, 심폐지구력 등 |
> | --- | --- |
> | 운동체력 | · 운동을 할 때 필요한 기술을 발휘하는 능력
· 스피드 : 신속하게 움직일 수 있는 능력
· 순발력 : 단시간에 많은 힘을 낼 수 있는 능력
· 평형성 : 정적 또는 동적 상태에서 몸의 균형 유지
· 협응성 : 신체의 각 부위가 조화를 이루면서 원활하게 움직일 수 있는 능력
· 민첩성 : 신체의 방향을 신속하게 바꿀 수 있는 능력
· 반응시간 : 빛, 소리, 접촉 등과 같은 자극에 반응하는 데 요구되는 시간 |
>
> 정답 ①

3. 항상성에 대한 설명으로 옳은 것은?

① 반응에 의한 일시적인 신체의 변화

② 인체를 추위에 적응하려는 과정

③ 인체를 안정 시 상태로 유지하려는 기능

④ 운동을 할 때 인체의 내부 환경이 어느 시점이 되면 변하지 않고 일정하게 유지되는 현상

> **해설** 항상성이란 환경의 변화에 상응하는 보상적 생리반응에 의해 내부 환경을 작은 범위 내에서 일정하게 유지하려는 것(안정 시 상태로 유지하려는 과정)이다.
>
> **정답** ③

4. 신체의 방향을 신속하게 바꿀 수 있는 능력은?

① 스피드   ② 민첩성

③ 순발력   ④ 반응시간

> **해설** 민첩성이란 신체의 방향을 신속하게 바꿀 수 있는 능력으로 운동체력 중 하나이다.
>
> **정답** ②

5. 생리적 스트레스에 대한 설명으로 바른 것은?

① 갈증, 공복, 피로 등에 견디는 능력

② 기온, 기습, 기압 등에 견디는 능력

③ 기생충, 바이러스, 세균 등에 견디는 능력

④ 긴장, 슬픔, 불만, 고민 등에 견디는 능력

> **해설** 생리적 스트레스란 갈증, 공복, 피로 등에 견디는 능력을 뜻한다.
>
> ·방위체력 : 환경에서 오는 여러 가지 스트레스를 견뎌내는 능력
>
> | 물리화학적 스트레스 | 기온, 기습, 기압 등에 견디는 능력 |
> |---|---|
> | 생물학적 스트레스 | 기생충, 바이러스, 세균 등에 견디는 능력 |
> | 생리적 스트레스 | 갈증, 공복, 피로 등에 견디는 능력 |
> | 심리적 스트레스 | 긴장, 슬픔, 불만, 고민 등에 견디는 능력 |
>
> **정답** ①

1. 다음 물질대사의 설명으로 바르지 않은 것은?

　① 동화작용은 에너지를 방출하는 것을 말한다.

　② 이화작용은 물질을 분해시키는 작용을 말한다.

　③ 이화작용은 물질을 분해하여 에너지를 소비하는 것을 말한다.

　④ 동화작용은 물질을 합성하여 에너지를 저장하는 것을 말한다.

해설 에너지를 방출하는 것은 물질대사에서 이화작용에 속한다.	
· 물질대사 반응의 경로	
동화작용	· 에너지를 흡수하는 것 · 물질을 합성하여 에너지를 저장 · 단순분자로부터 복잡한 분자를 합성해내는 것
이화작용	· 물질을 분해하여 에너지를 소비 · 에너지를 방출하는 것 · 물질을 분해시키는 작용

정답 ①

2. ATP-PCr(인원질) 시스템에 대한 설명으로 옳지 않은 것은?

　① 가장 빠른 에너지원이다.

　② 소량의 ATP를 생산한다.

　③ 에너지양이 제한적이다.

　④ 1시간 이상 걸리는 마라톤에 적합하다.

해설 ATP-PCr(인원질) 시스템

· 가장 빠른 에너지원이나, 에너지양이 제한적임

· 소량의 ATP를 생산함으로써 에너지 고갈을 예방

· 근력운동 같은 단기간 운동의 주에너지 시스템

· 단거리달리기, 멀리뛰기, 높이뛰기 등 짧은 고강도 운동에 필요

PC(크레아틴인산)+ADP(아데노신2인산) → ATP(아데노신3인산)+C(크레아틴)

정답 ④

3. 해당과정에 대한 설명으로 옳은 것은?

① 유산소성 시스템이다.

② 당을 분해하는 시스템이다.

③ 산소가 충분한 상태에서 일어난다.

④ 복잡한 과정으로 속도가 느린 편이다.

> **해설** 해당과정
> · 당을 분해하는 시스템으로 포도당이나 당원을 분해하여 젖산이나 피루브산을 형성
> · 위의 과정에서 산소가 사용되지 않으므로 무산소성 해당과정
> · ATP-PC체계에 의해 생성된 ATP가 고갈된 후 두 번째로 빠르게 ATP를 생성
> **정답** ②

4. 유산소성 과정 중 종류가 다른 것은?

① 크랩스 사이클　　　　　② 구연산 회로

③ TCA 회로　　　　　　　④ 유산소성 해당과정

> **해설** 크랩스 사이클
> · 구연산 회로, 시트르산 회로, TCA 회로로 불림
> · 미토콘드리아 내에서 Acetyl-CoA로 전환된 탄수화물, 단백질, 지방을 이산화탄소와 수소로 분해
> · 대사과정 기질로부터 수소이온 제거를 통해 에너지 발생
> · 크랩스 사이클은 주로 시트르산 탈수소효소에 의해 조절
> **정답** ④

5. 호흡교환율에 대한 설명으로 옳지 않은 것은?

① RER은 Respiratory Exchange Ratio를 뜻한다.

② 운동의 강도가 올라가면 RER은 감소한다.

③ 호흡 중 이산화탄소 생성량과 산소소비량의 비율에 의해 결정된다.

④ 지방산인 팔미틱산(palmitic acid)을 100% 사용할 때 RER은 0.7 정도이다.

> **해설** 호흡교환율(Respiratory Exchange Ratio : RER)
> · 운동의 강도가 올라가면 RER은 증가함
> · RER은 호흡 중 이산화탄소 생성량과 산소소비량의 비율에 의해 결정됨
> · 지방산인 팔미틱산(palmitic acid)을 100% 사용할 때 RER은 0.7 정도
>
> $$RER = VCO_2(\text{이산화탄소 생성량}) / VO_2(\text{산소소비량})$$
>
> **정답** ②

제3장

신경조절과 운동

1. 뉴런 신경계의 구조적 기능적 단위로 핵을 포함하고 있는 곳은?

① 축삭　　　　　　　　　　　② 세포체

③ 수상돌기　　　　　　　　　④ 미토콘드리아

해설 뉴런의 기본 영역	
세포체	· 핵을 포함하고 있음 · 신경세포의 영향과 대사의 중심을 담당
수상돌기	· 전기적 자극을 체세포로 전달 · 세포체로부터 가늘게 뻗어 나온 세포질
축삭	· 미엘린 수초로 덮여 있음 · 체세포에서 축삭종말 방향으로 전기적 신호를 전달

정답 ②

2. 뉴런의 전기적 신호 전달 순서로 옳은 것은

① 신경자극 → 수상돌기 → 세포체 → 축삭 → 축삭종말

② 축삭종말 → 신경자극 → 수상돌기 → 세포체 → 축삭

③ 신경자극 → 세포체 → 수상돌기 → 축삭 → 축삭종말

④ 신경자극 → 세포체 → 수상돌기 → 축삭종말 → 축삭

해설 뉴런의 전기적 신호 전달 순서는 신경자극 → 수상돌기 → 세포체 → 축삭 → 축삭종말이다.
정답 ①

3. 연합뉴런에 대한 설명으로 옳은 것은?

① 운동신경을 이루고 있는 뉴런

② 감각 신경을 이루고 있는 뉴런

③ 연합뉴런의 명령을 운동기관으로 전달

④ 감각뉴런과 운동뉴런을 연결

해설 감각뉴런 · 연합뉴런 · 운동뉴런

감각뉴런	· 감각신경을 이루고 있는 뉴런 · 감각기에서 받은 자극을 연합뉴런에 전달
연합뉴런	· 뇌와 척수 등의 연합신경을 구성 · 감각뉴런과 운동뉴런을 연결 · 감각뉴런에서 받은 명령을 판단하여 운동뉴런에 명령을 내림
운동뉴런	· 운동신경을 이루고 있는 뉴런 · 연합뉴런의 명령을 운동기관으로 전달

정답 ④

---

4. 탈분극에 대한 설명으로 옳은 것은?

① 막 사이의 전위 차이가 -70mV보다 적어질 경우 발생한다.

② 세포막의 칼륨 통로가 열려, 세포 내의 K+이 세포 외부로 나가는 것을 말한다.

③ 이온의 전압차이에 의해서 분극현상이 발생한다.

④ K+ 통로의 열린 상태가 유지되어 추가적으로 K+이 세포 밖으로 나가는 현상이다.

해설 탈분극

· 막 사이의 전위 차이가 -70mV보다 적어질 경우 발생한다.

· Na+이 세포 밖에서 안으로 유입되면서 양전하가 세포내에 증가하는 현상이다.

· 세포 내부가 양성이 되어 +30mV까지 오른다.

정답 ①

---

5. 다음 중 중추신경계에서 간뇌에 대한 설명으로 옳은 것은?

① 항상성을 유지한다.

② 학습된 경험을 저장한다.

③ 지각정보를 수용한다.

④ 반사운동의 중추로 작용한다.

간뇌(시상, 시상하부)
· 대뇌반구와 뇌간 사이에 위치
· 뇌의 역할을 조절하는 중요한 역할
· 갈증, 체온조절, 혈압, 수분 균형 및 내분비계의 활동 등을 조절
· 항상성을 유지
①

6. 중추신경계에 대한 설명으로 옳지 않은 것은?

① 대뇌, 간뇌, 척수, 뇌간, 소뇌가 있다.

② 자극에 대한 적절한 명령을 내린다.

③ 불수의적 움직임을 조절한다.

④ 시상하부는 체온조절을 한다.

중추신경계는 뇌와 척수로 이루어져 있으며 수의적 움직임을 조절하고 자극에 대한 적절한 명령을 내린다.
③

7. 말초신경계의 운동조직으로 옳지 않은 것은?

① 척수　　　　　　　　　② 교감신경

③ 부교감신경　　　　　　④ 체성신경계

척수는 중추신경계에 속하며 뇌와 몸의 각 부분 사이의 정보를 전달하고 반사운동의 중추로 작용한다.
①

8. 건방추에 대한 설명으로 옳은 것은?

① 근섬유가 길어지는 것을 감지한다.

② 근수축을 유발한다.

③ 관절의 각도, 압력, 가속도로 인하여 변화된 정보를 중추신경계에 전달한다.

④ 근육수축을 통해 발생되는 장력 변화를 감지한다.

해설 감각계의 구조

근방추	· 근섬유가 길어지는 것을 감지 · 근수축 유발
건방추(골지건지관)	· 수용기가 활성되면 주동근의 수축을 억제함 · 저항성 운동에 중요한 역할을 함 · 근육수축을 통해 발생되는 장력 변화 감지함 · 장력을 억제하여 잠재적 위험성을 감소시키는 보호 및 안전장치 역할을 함
관절수용기	관절의 각도, 압력, 가속도로 인하여 변화된 정보를 중추신경계에 전달

정답 ④

제4장

골격근과 운동

제2과목
운동생리학

1. 골격근에 대한 설명으로 옳지 않은 것은?

① 구조상 횡문근이다.

② 불수의적인 움직임을 만들어낸다.

③ 운동과 호흡을 위한 근수축을 한다.

④ 체온유지를 위해 근수축을 한다.

> **해설** 골격근은 구조상 횡문근이며 수의적인 움직임을 만들어낸다. 근섬유로 구성되어 있으며, 근
> 섬유는 근막에 의해 둘러싸여 있다. 하나의 근섬유는 100만개의 미세섬유로 구성되어 있으
> 며, 미세섬유는 미오신, 액틴, 트로포닌, 트로포미오신 등으로 구성되어 있다.
>
> · **골격근의 기능**
> - 운동과 호흡을 위한 근수축
> - 자세를 유지하기 위한 근수축
> - 체온유지를 위한 열생산(근수축에 수반하여 열생산)
> - 수의운동
>
> **정답** ②

2. 지근섬유(ST)(Type I)에 대한 설명으로 옳은 것은?

① White muscle이라고 한다.

② 높은 해당능력을 갖고 있다.

③ 피로도가 높은 편이다.

④ 장거리 선수의 근육 형태이다.

> **해설** 지근섬유(ST)(Type I)
> · Red muscle이라고 함   · 강한 피로 내성
> · 낮은 해당능력   · 수축이 느린 섬유
> · 걷기와 같은 저강도 운동에 적합   · 장거리 선수의 근육 형태
> **정답** ④

3. 근수축에 대한 설명으로 옳은 것은?

　① 등척성 수축은 시간소비가 적고 근통증을 유발시키지 않는다.
　② 단축성 수축은 힘이 발생하는 동안 근육이 길어진다.
　③ 신장성 수축은 힘이 발생하는 동안 근육이 짧아진다.
　④ 등속성 수축은 속도가 불규칙적인 상태에서 근육이 움직인다.

> **해설** 등척성 수축
> ·길이 변화 없이 근장력이 증가한다.
> ·고정된 물체를 끌어당길 때 자세를 유지시키는 근육이다.
> ·시간소비가 적고 근통증을 유발시키지 않는다.
>
> **정답** ①

4. 단거리 선수의 근육형태로 옳은 것은?

　① Red muscle이 잘 발달되어 있다.　② 유산소 대사 능력이 좋다.
　③ 속근섬유가 잘 발달되어 있다.　　④ 수축이 느린 골격근 섬유이다.

> **해설** 속근섬유(FT)
> ·White muscle이라고 함　　　　　·지근섬유에 비해 쉽게 피로해짐
> ·단거리 선수의 근육형태　　　　　·빠른 수축 속도
> ·높은 해당능력
>
> **정답** ③

5. 속근섬유(Type IIa)의 특징으로 옳은 것은?

　① 미오글로빈 함량이 높다.　　　② 무산소능력이 높다.
　③ 유산소능력이 낮다.　　　　　④ 피로 저항이 낮다.

> **해설** 근섬유의 특성
>
> | | 지근섬유 | 속근섬유a (FTa) | 속근섬유b (FTb) |
> |---|---|---|---|
> | | 적근섬유 | 백근섬유 | |
> | 미오글로빈 함량 | 높음(붉은색) | 낮음(백색) | |
> | 미토콘드리아 수 | 많음 | 적음 | |
> | 유산소 능력 | 높음 | 중간 | 낮음 |
> | 무산소 능력 | 낮음 | 높음 | 매우 높음 |
> | 수축 속도 | 느림 | 빠름 | |
> | 근피로 저항력 | 높음 | 보통 | 낮음 |
> | 스포츠 적용 | 지구성 운동에 적합 | 스피드와 순발력을 요하는 운동에 적합 | |
>
> **정답** ②

제5장

내분비계와 운동

1. 호르몬의 특징으로 옳지 않은 것은?

① 결핍과 과다증이 있다.
② 많은 양이 필요하다.
③ 혈액을 통해 온몸으로 운반된다.
④ 내분비샘에서 만들어진다.

> **해설** 호르몬의 특징
> · 내분비샘에서 만들어짐
> · 혈액을 통해 온몸으로 운반
> · 매우 적은 양으로 생리기능을 조절
> · 결핍과 과다증이 있음
> · 표적세포나 표적기관에만 작용
> · 신경계보다 신호전달 속도가 느리지만 작용범위가 넓고 오래 지속
> · 항상성이 없어서 체내에 항체가 형성되지 않음
>
> **정답** ②

2. 다음 중 뇌하수체 호르몬이 아닌 것은?

① 프로락틴   ② 황체호르몬
③ 칼시토닌   ④ 난포자극호르몬(FSH)

> **해설** 갑상선호르몬(신체의 신진대사 조절)
>
> | 칼시토닌 | · 혈액 속의 칼슘 농도 조절
· 칼슘의 농도가 높을 때 그 양을 저하시키는 작용 |
> |---|---|
> | 티록신(T3) | 체내 물질대사를 촉진 |
>
> **정답** ③

3. 다음 중 갑상선자극호르몬의 기능으로 옳은 것은?

① 모유생산을 증가한다.

② 뼈와 근육의 성장을 촉진한다.

③ 지방산 동원을 증가한다.

④ 티록신과 트리요오드타이로닌 생산과 양을 조절한다.

해설 뇌하수체 전엽

성장호르몬(GH)	· 뼈와 근육의 성장을 촉진 · 단백질, 지방, 탄수화물 대사와 모든 조직 성장에 영향 · 간에서 포도당 합성을 증가 · 지방산 동원을 증가 · 인슐린 활성 억제(혈장 포도당 이용 감소)
갑상선자극호르몬(TSH)	티록신과 트리요오드타이로닌 생산과 양 조절
부신피질자극호르몬(CRH)	· 부신피질자극호르몬(ACTH) 분비 촉진 · 부신피질에 작용하여 선세포 증식 · 호르몬 합성 및 분비 촉진
프로락틴	모유생산 증가
난포자극호르몬(FSH)	· 난소의 난포 성장 유도 · 난소로부터 에스트로겐 분비
황체호르몬	· 에스트로겐과 프로게스테론 분비 · 테스토스테론 분비 촉진 · 난자 배출

정답 ④

4. 코티졸의 역할로 옳지 않은 것은?

① 포도당 신생합성의 자극

② Na+을 재흡수하여 수분 손실을 억제

③ 다양한 스트레스에 대항하기 위해 필요한 에너지를 공급

④ 간에서 글리코겐 합성

부신피질

코티졸 (당질코르티코이드)	· 운동 시 혈당 유지를 위하여 유리지방산의 혈액유입을 촉진 · 간에서 글리코겐 합성 · 세포에 의한 포도당 사용이 감소 · 포도당 신생합성의 자극 · 다양한 스트레스에 대항하기 위해 필요한 에너지를 공급
알도스테론	· 운동 시 수분손실에 자극 · Na+을 재흡수하여 수분 손실을 억제 · 표적기관은 신장

정답 ②

5. 다음 빈칸에 알맞은 말은?

(㉠)호르몬으로 글루카곤은 간에 저장된 (㉡)을 글루코스(포도당)로 분해시켜 혈당 수준을 높이며, 랑게르한스섬의 알파세포에서 분비된다.

	㉠	㉡
①	췌장	글리코겐
②	성선	비타민
③	갑상선	글리코겐
④	뇌하수체 전엽	비타민

해설 췌장호르몬

인슐린(B세포)	· 혈당량을 일정하게 유지 · 랑게르한스섬의 베타세포에서 분비 · 당을 세포 내에 유입하여 글리코겐으로 저장하여 혈당을 낮춤
글루카곤(a세포)	· 간에 저장된 글리코겐을 글루코스(포도당)로 분해시켜 혈당을 높임 · 랑게르한스섬의 알파세포에서 분비

정답 ①

6. 운동 중 수분과 나트륨을 조절하는 호르몬은?

① 황체호르몬, 항이뇨호르몬(ADH)

② 항이뇨호르몬(ADH), 코티졸

③ 항이뇨호르몬(ADH), 알도스테론

④ 옥시토닌, 항이뇨호르몬(ADH)

> **해설** 항이뇨호르몬(ADH)은 뇌하수체 중엽에서 분비되며 혈관을 수축하고 신장에 물을 재흡수하
> 여 체내 수분량을 조절한다. 알도스테론은 부신피질호르몬으로 운동 시 수분 손실에 자극
> 을 받아 생성되며 Na+을 재흡수하여 수분 손실을 억제한다.
>
> **정답** ③

제6장

호흡·순환계와 운동

1. 다음 호흡과정에서 내호흡에 해당하는 것은?

① 폐포공기와 혈액 사이의 가스교환이다.

② 혈액에 의한 산소 및 이산화탄소의 운반이다.

③ 인체의 에너지 대사를 뒷받침하는 역할이다.

④ 혈액과 조직세포 사이의 가스교환이다.

해설 호흡과정	
외호흡 (폐호흡)	·폐포공기와 혈액 사이의 가스교환 ·혈액에 의한 산소 및 이산화탄소의 운반 ·인체의 에너지 대사를 뒷받침하는 역할
내호흡	·혈액과 조직세포 사이의 가스교환 ·조직세포의 산소이용과 이산화탄소 생성과정

정답 ④

2. 폐용량과 폐용적에 대한 것으로 옳지 않은 것은?

① 폐활량(VC)은 최대흡기 후의 최대호기량이다.

② 흡기량(IC)은 정상호흡(휴식 시) 최대호기량이다.

③ 흡기예비용적(IRV)은 흡기 종료 후 흡기가 될 수 있는 공기(가스)량이다.

④ 1회 호흡량은 자연스러운 호흡주기 동안 1회 흡기와 호기량이다.

해설 폐용적과 폐용량의 구분	
폐용적	·1회 호흡량(Tidal Volume) : 자연스러운 호흡주기 동안 1회 흡기와 호기량 ·흡기예비용적(IRV) : 흡기 종료 후 흡기가 될 수 있는 공기(가스)량 ·호기예비용적(ERV) : 호기 종료 후 호기가 될 수 있는 공기(가스)량 ·잔기량(RV) : 최대호기 후 폐 내 용적(공기량)
폐용량	·총폐용량(TLC) : 최대흡기 후 폐 내 총 가스량 ·폐활량(VC) : 최대흡기 후 최대호기량 ·흡기량(IC) : 정상호흡(휴식 시) 최대흡입량 ·기능적 잔기량(Functional Residual Capacity) : 안정 시 호기 후 폐의 잔기량

정답 ②

3. 최대하운동을 할 때 호흡계의 반응으로 옳지 않은 것은?

① 동정맥산소차는 증가한다.

② 분당환기량은 증가한다.

③ 호흡은 증가한다.

④ 폐활량은 일정하다.

> **해설** 최대하운동을 할 때 호흡은 감소한다.
> **정답** ③

4. 심장에 대한 설명으로 옳지 않은 것은?

① 심장은 2개의 심방과 2개의 심실로 이루어져 있다.

② 우심방과 우심실 사이에 이첨판이 있다.

③ 우심장은 전신을 순환하고 돌아온 정맥혈을 받아들인다.

④ 심장벽은 심외막, 심근, 심내막으로 구성되어 있다.

> **해설** 심장의 판막
>
> | 반월판 | ·대동맥 : 좌심실에서 대동맥으로 피가 유출되는 부위에 있는 판막
·폐동맥 : 심장의 우심실과 폐동맥 사이에 있는 판막으로 세개의 얇은 판막으로 구성 |
> |---|---|
> | 이첨판(승모판) | 좌심방과 좌심실 사이 |
> | 삼첨판 | 우심방과 우심실 사이 |
>
> **정답** ②

5. 동맥에 대한 설명으로 옳은 것은?

① 조직과 영양소를 교환하는 역할을 한다.

② 피부 가까이에 분포되어 있다.

③ 혈액의 저장고 역할을 하여 약 60% 이상의 혈액을 보유한다.

④ 혈액을 좌심실로부터 온몸의 조직에 분포되어 있는 모세혈관까지 전달하는 각종 혈관이다.

동맥	· 혈관벽이 두껍고 탄력이 큼 · 심장에서 나가는 혈액이 흐름 · 몸속 깊은 곳에 분포 · 혈액을 좌심실로부터 온몸의 조직에 분포되어 있는 모세혈관까지 전달하는 각종 혈관
정맥	· 피부 가까이에 분포 · 심장으로 들어가는 혈액이 흐름 · 혈류속도가 동맥보다 느린 편 · 동맥보다 혈관벽이 얇고 탄력이 약함 · 혈액의 저장고 역할을 하여 약 60% 이상의 혈액을 보유 · 혈관에 판막이 존재(혈압이 매우 낮음)하여 혈이 한쪽 방향으로만 흐르도록 작용 · 심박출량의 요구가 많아지면 정맥혈관의 용적을 줄여 심장으로 보내는 혈액량을 증가시킴
모세 혈관	· 조직과 영양소 교환 · 동맥과 정맥을 연결하며 온몸에 퍼져 있음 · 혈관벽이 한 층의 세포는 얇고, 혈액이 흐르는 속도 느림(조직세포와의 물질교환에 유리)

정답 ④

6. 심박수에 대한 설명으로 옳지 않은 것은?

① 심장이 1시간 동안 뛰는 심장박동수
② 동방결절을 자극하여 심박수를 증가한다.
③ 동방결절을 억제하여 심박수를 감소한다.
④ 심박수는 운동 시 평소보다 증가한다.

해설
정답 ①

제7장

환경과 운동

1. 열손실 종류 중 접촉을 통한 열의 이동은?

① 전도   ② 대류

③ 증발   ④ 복사

해설 열손실 종류	
복사	· 외부환경과 체온의 온도 차에 따라 흡수 또는 발산 · 체열이 공기를 통해서 발산 · 물리적 접촉이 없는 열이동
전도	접촉을 통한 열의 이동
대류	인체와 공기접촉을 통한 열의 이동
증발	· 액체가 기화될 때 열을 함유하고 이동하는 현상 · 땀의 분비와 호기를 통한 열손실

정답 ①

2. 시상하부에 대한 설명으로 옳지 않은 것은?

① 외부의 정보를 통합하여 혈관의 수축과 이완

② 떨림과 발한 등으로 체온 조절

③ 체온을 36.4℃~40℃의 일정 온도를 유지하게 지시

④ 우리 몸의 자동온도조절장치와 같은 역할

해설 시상하부는 우리 몸의 자동온도조절장치와 같은 역할로 체온을 36.4℃~37℃의 일정 온도를 유지하게 지시한다.

정답 ③

3. 고온에서 운동을 할 때 탈수현상 방지로 옳지 않은 것은?

① 고온이기 때문에 아주 차가운 얼음물을 마셔야 한다.

② 수분과 염분의 보급(0.3~0.5%의 식염수)을 해야 한다.

③ 운동 중 : 15~20분 간격으로 150~300ml의 수분을 섭취해야 한다.

④ 당류와 전해질 음료를 적당히 섭취해야 한다.

해설 고온에서의 탈수현상 방지
· 운동 전(약 3시간 전) : 400~800ml 수분 섭취
· 운동 중 : 15~20분 간격으로 150~300ml 수분 섭취
· 운동 후 : 충분한 수분 섭취
· 아주 차가운 얼음물 삼가
· 수분과 염분의 보급(0.3~0.5%의 식염수)
· 당류와 전해질 음료 적당히 섭취
정답 ①

제3과목

스포츠사회학

01. 스포츠사회학의 의미

1. 스포츠사회학의 정의

(1) 스포츠의 의미

스포츠는 경쟁을 통해 이루어지는 신체활동으로 공인된 경기규칙 아래에서 이루어짐

(2) 사회학의 의미

사회에서 발생 또는 이루어지는 모든 관계를 설명하기 위한 학문

(3) 스포츠사회학의 정의

① 스포츠과학의 분과 학문
② 스포츠의 맥락에서 인간의 사회 행동 법칙을 규명
③ 스포츠와 사회관계에 관심을 둠
④ 스포츠를 단순히 인간의 활동이 아니라 사회적 구성물로 해석

2. 스포츠사회학의 적용

(1) 스포츠의 특성적 분류

경기스포츠, 극복스포츠, 율동스포츠, 투쟁스포츠

(2) 스포츠사회학의 연구영역

① 집단에 대한 연구 : 스포츠연맹, 체육부 등
② 사회적 행위에 대한 연구 : 사회행동, 사회적 사실 등
③ 문화 및 제도에 대한 연구 : 규범, 습관 등

④ 사회변동의 영향에 대한 연구 : 세계화, 대중화 등

(3) 연구범위 및 접근방법

거시적 영역	· 사회제도간의 관계 연구로 포괄적 범위 · 스포츠와 교육, 스포츠와 교육 등
미시적 영역	· 스포츠 현상으로 인해서 파급되는 범위 · 사회화, 공격성, 비행 등
전문적 영역	스포츠의 근본적인 현상 및 형체, 학문적 일치성

02. 스포츠의 사회적 기능

1. 스포츠의 사회적 기능

사회정서적 기능	· 사회구성원의 긴장과 공격성을 해소 · 체제 유지 기능
사회화 기능	· 적응 기능 · 목표성취의 기능
사회통합 및 통제 기능	스포츠를 통해서 사회통합 및 통제가 가능

2. 스포츠사회학의 이론

(1) 구조기능주의 이론

① 기본가정

㉠ 사회가 본질적으로 상호 관련되어 서로 의존

㉡ 상호 관련 및 의존적인 사회제도는 전체 사회의 안정에 기여

㉢ 사회를 하나의 유기체로 비유

② 문제점

㉠ 스포츠상에서 일어날 수 있는 갈등을 무시

㉡ 스포츠가 주는 긍정적 기능을 과장

㉢ 상호작용을 무시하는 부분이 있음

② 전체에 기여하는 체계의 하위부분의 역할 확인이 불가능

③ 구조기능주의에서 스포츠의 사회적 역할

체제유지 및 긴장해소	·스포츠는 체제를 유지하기 위해 필요한 다양한 기능을 담당 ·사회의 기본적 가치와 규범 등을 대중에게 제공
통합	·사회구성원들을 결집시켜 공통적인 감정을 가지게 함으로써 조직의 일체감 및 사회의 통합을 형성
목표성취	·사회제도의 목표를 달성하는 데 필요한 수단을 합법화하고 재확인
적응	·스포츠를 참가하여 발생하는 신체활동을 통하여 체력 및 정신력을 배양 ·사회환경에 대한 도전과 극복할 수 있도록 준비시킴

(2) 갈등 이론

① 기본가정

㉠ 개인과 개인, 집단과 집단 사이에서는 갈등이 항상 존재

㉡ 갈등을 통해서 사회변동이 발생하고 이러한 갈등이 사회적 본질로 인식

② 문제점 : 신체적 소외, 강제와 사회통제, 상업주의, 국수주의와 군국주의, 성차별 및 인종차별이 발생

3. 거트만(A. Guttmann)의 근대 스포츠 특성

수량화	스포츠는 거리, 시간, 점수 등 측정 가능한 숫자로 표현
합리화	스포츠는 규칙과 전략으로 구성
전문화	포지션의 분화와 리그의 세분화를 촉진
관료화	규칙을 제정하고 경기를 조직적으로 운영
세속화	물질적 세계를 내포하고 있어 경제적 보장, 명예 등의 관심을 촉구
평등화	·출생이나 사회적 배경에 의해 규제되어서는 안 됨 ·모든 경쟁자는 동등한 조건에서 경쟁되어야 함
기록화	스포츠는 기록의 수립과 갱신을 강조

01. 스포츠와 정치의 결합

1. 스포츠의 정치적 속성 및 기능

(1) 스포츠의 정치적 속성

① 정부기관의 개입으로 인해서 스포츠와 정치의 결합이 발생
② 스포츠와 정치적 상황은 상호작용으로 인한 효과를 통해서 긴밀해짐
③ 스포츠의 제도적 특성으로 인해서 스포츠와 정치적 관계가 형성
④ 스포츠 참여자 및 스포츠에서 실행되는 여러 가지 의식은 특정 사회기관을 대표하며, 기금을 후원한 조직의 충성심을 나타냄

(2) 스포츠의 정치적 기능

① 스포츠를 통해서 국민의 통합 기능 및 사회체제가 안정되기도 함
② 국가의 위상 및 대외이미지가 스포츠를 통해서 제고

2. 정치와 스포츠의 결합방법

(1) 상징

① 운동선수가 국가를 대표하는 것을 말함
② 개인의 승리를 소속 집단 · 국가 · 지역 · 민족 등의 영광으로 해석
③ 유니폼에 국기 장착, 국기 게양 및 국가 연주 등으로 상징성을 높임

(2) 동일화

① 동일화는 자신과 타인이 일치된 상태를 말함
② 대중이 스포츠 수행자에게 자신의 감정을 이입하거나 또는 일체가 되도록 하여 상황에 몰입하여 동일화되는 것을 말함

③ 스포츠 수행자가 이겼을 때 국가 발전 및 명예를 높이는 행동으로 인식

(3) 조작

① 정치권력이 인위적 개입을 통해 상징 등의 효과를 극대화하는 것을 말함
② 짧은 시간 내에 정치권력이 큰 효과를 얻고자 할 때 상징이나 동일화보다 더 많이 사용하는 스포츠와 정치적 결합

02. 스포츠와 국내정치

1. 스포츠 정책이 필요한 이유

① 국민의 건강과 체력을 유지할 수 있음
② 국가 정체성과 소속감을 증진하고 정부에 대한 지지를 높을 수 있음
③ 국가 역량 및 명성을 높일 수 있음
④ 사회의 전반적인 경제발전을 증진시킬 수 있음
⑤ 국가정책이나 정차가의 부정 및 부패를 은폐하는 수단으로 쓰일 때도 있음
⑥ 정부나 정치가에 대한 국민적인 후원 및 지지를 증진할 수 있음

2. 스포츠에 대한 정치의 개입 원인

(1) 정치가 지역사회의 스포츠에 미치는 영향

① 지역사회의 정치적 성향 및 인구구성 등은 스포츠 참여 기회의 제공뿐만 아니라 확대
② 지역사회의 스포츠 관련 단체의 정치적 관심이 높으면 지역 스포츠가 활성화
③ 지역사회 정치지도자의 스포츠에 대한 관심은 그 지역의 스포츠 활성화에 직접적 영향을 줌
④ 스포츠는 지역사회의 정치나 문화적 프로그램의 중요한 구성요소

(2) 지역사회의 스포츠가 정치에 미치는 영향

① 지역사회의 스포츠 시설을 확충하여 지역사회의 발전에 기여
② 지역사회 스포츠는 지역주민들의 자발적 참여 및 자치능력의 향상을 가져올 뿐만 아

니라 화합 및 단결을 도모하고 주민들의 사회 정치적 지위를 상승

(3) 국가 수준에서 스포츠의 정치적 역할

① 스포츠는 종교적 · 인종적 · 민족 등 및 불화요소를 해소하여 사회적 분열을 예방하고 더 나아가 사회통합 및 국민적 일체감을 이룸
② 대중에 대한 사회통제적 기능을 갖추고 있음
③ 스포츠는 다른 나라와의 외교관계를 통해서 국가적 위상을 획득할 수 있음

03. 스포츠와 국제정치

1. 국제정치에서 스포츠의 역할

(1) 국제정치에서 스포츠의 역할

㉠ 동맹국가와 좀 더 친밀한 관계를 유지
㉡ 적대적 국가와 친밀한 관계를 형성할 수 있는 기회를 줌
㉢ 국가 경쟁력을 공개적으로 보여줄 수 있음
㉣ 국가를 국제적으로 선전할 수 있음

(2) 국제정치에서 스포츠의 이용

㉠ 외교적 도구
㉡ 외교적 항의
㉢ 갈등 및 전쟁 촉매
㉣ 이데올로기 및 체제 선전의 수단
㉤ 국위선양
㉥ 국제적 이해 및 평화

2. 올림픽과 국제정치

(1) 올림픽의 정치적 요인

① 민족주의 심화 : 국가간의 경쟁을 초래(국가 연주, 국기 게양 등)
② 상업주의 팽창 : 이익을 추구하기 위한 상업주의 목표 팽창
  * 스폰서십(sponsorship) 사용 : 올림픽에 스폰서십을 시행함으로써 IOC는 기업으로부터 금전 및 물자를 제공받고, 기업은 자사제품 광고 및 홍보에 올림픽 공식로고와 휘장을 사용할 수 있는 권한을 얻음
③ 정치권력 강화 : 정치적 국력 과시 및 외교적 목적으로 사용

(2) 역대 올림픽 경기에서 정치가 영향을 미친 사례

① 베를린올림픽(1936) : 히틀러 정부는 나치의 민족우월주의를 선전
② 뮌헨올림픽(1972) : 팔레스타인 테러리스트들은 이스라엘 선수들을 살해
③ 모스크바올림픽(1980) : 미국은 구소련의 아프가니스탄 침공에 항의하여 불참
④ LA올림픽(1984) : 미국이 모스크바 올림픽을 불참한 것에 대한 보복으로 소련의 주도로 14개 공산권 국가들이 불참

3. 스포츠와 남북관계

(1) 남북관계에 스포츠의 필요성

① 남북대화와 민족적 동질성을 회복하기 위해서 교류 진행
② 남북 간의 사회적 긴장과 갈등 해소의 효과
③ 친선을 증진시켜 주며 상호신뢰를 구축할 수 있음

(2) 남북 간의 스포츠 교류

① 남북 단일팀 참가
  ㉠ 1991년 4월 : 일본 지바현에서 열린 세계탁구선수권대회
  ㉡ 1991년 5월 : 포르투갈 리스본에서 열린 FIFA 세계청소년축구선수권대회
② 개막식 때 남북이 공동 입장한 대회
  ㉠ 2000년 하계올림픽
  ㉡ 2002년 아시안게임

ⓒ 2003년 동계아시안게임
ⓔ 2003년 하계유니버시아드
ⓜ 2004년 하계올림픽
ⓗ 2005년 동아시아경기대회
ⓢ 2006년 동계올림픽
ⓞ 2006년 아시안게임
ⓩ 2007년 동계아시안게임

제3장
스포츠와 경제

01. 상업주의와 스포츠

1. 상업주의와 스포츠의 변화

(1) 현대 스포츠 발전에 영향을 미치는 사회적 요소

산업화	· 노동의 기계화로 인한 여가시간 증대 및 삶의 질 향상으로 인한 스포츠 및 레크리에이션 관심 증가 · 과학 기술의 발전
도시화	· 농촌지역의 도시화와 더불어 여가에 대한 필요성 강조 · 인구의 도시화와 더불어 인구의 증가는 프로스포츠에 대한 계기를 마련
교통과 통신의 발달	교통과 통신의 발달은 이동의 편리성을 높임으로써 스포츠 참가 및 관람을 형성

(2) 상업주의와 스포츠

① 규칙 변화

ㄱ 광고를 위한 경기시간 조정 : 경기 중 휴식시간의 확보로 광고시간 확보 등

ㄴ 빠른 경기 진행 : 총 경기시간 제한 규칙

ㄷ 득점체계 변화 : 배구 백어택 득점 등

ㄹ 극적인 요소의 극대화 : 위험하고 과감한 플레이 및 과장된 행동

② 본질 변화

ㄱ 아마추어리즘의 퇴조

ⓐ 프로스포츠의 발달로 금전적·물질적 이익 추구

ⓑ 국가주의와 상업주의 대두

ⓒ 결과를 중시하며, 외적인 보상을 원함

ㄴ 스포츠의 직업화

ⓐ 스포츠를 직업으로 하는 프로선수들이 증가

ⓑ 금전적 이익을 추구하며, 스포츠 활동이 경제적·생산적 활동이 됨

ⓒ 스포츠를 통하여 사회적 지위 향상 가능

2. 프로스포츠와 상업주의

(1) 프로스포츠의 순기능

① 스트레스 해소

② 스포츠 관람을 통한 생활의 활력

③ 스포츠 참여의 촉진

④ 공동체의식 함양

⑤ 사회적 긴장 해소

⑥ 경제발전 및 고용증대

(2) 프로스포츠의 역기능

① 우수선수들의 스카우트 경쟁 심화

② 스포츠의 물질만능주의 확대

③ 인기종목과 비인기종목의 불균형 초래

④ 스포츠 도박의 성행으로 사회문제 대두

⑤ 아마추어리즘의 퇴보

02. 스포츠 메가이벤트의 경제

1. 스포츠 메가이벤트의 긍정적 기능

경제적 측면	·개최 지역의 관광객 증가로 소득 증대 ·스포츠 관련 산업의 발달로 인한 고용 창출 ·관광객 유치 증진에 기여
사회적 측면	·전통의 부활로 지역사회 자긍심 구축 ·문화적 전망 확장 ·공동 경험으로 지역주민의 화합과 단결

	· 지역 주민 단체의 비준
	· 지역사회 참여 증가
	· 새롭고 도전적인 사고
정치적 측면	· 개최국가 및 개최도시 위상의 개선
	· 투자의 촉진
	· 국제적 명성 올라감
	· 행정기구의 개발
물리 · 환경적 측면	· 환경의식의 증대
	· 교통과 통신시설의 개선 및 발달
	· 기반기설 개선
	· 도시의 재개발과 변화

2. 스포츠 메가이벤트의 부정적 기능

경제적 측면	· 무리한 시설 투자
	· 개최도시의 재정적 부담
	· 가격 폭등
사회적 측면	· 역사회소외
	· 범죄
	· 사회적 혼란
	· 과다한 세금이 지역주민에게 부과
	· 지역주민의 복지에 대한 예산 축소
정치적 측면	· 이벤트 실패의 위험성
	· 정치세력의 권위 및 이데올로기의 정당화
	· 선전화
	· 지역사회 주체성 상실 및 통제력 상실
물리 · 환경적 측면	· 교통 혼잡 및 소음 공해
	· 오염
	· 환경의 손상

제4장

스포츠와 교육

01. 스포츠의 교육적 기능

1. 스포츠의 교육적 순기능

순
기
능

⇨
전인양성
- 정서 순환
- 사회화 촉진
- 학업활동의 격려

⇨
사회선도
- 여권신장
- 장애인의 적응력 배양
- 평생체육의 조장

⇨
사회통합
- 학교 내 통합
- 학교와 지역사회의 통합

2. 스포츠의 교육적 역기능

역
기
능

⇨
부정행위의 조장
- 스포츠의 상업화
- 일탈
- 제도적 무기력을 경험(위선과 착취)

⇨
교육목표의 결핍
- 승리제일주의
- 성차별
- 참가기회 제한

⇨
편협된 인간 육성
- 독재적 코치
- 비인간적인 측면

02. 한국의 학원스포츠

1. 학원스포츠의 문제점 및 순기능

(1) 문제점

① 상업화
② 학생 선수의 학습권 제한
③ 학생 선수의 폭력 문제
④ 학생 선수의 인권침해
⑤ 지도자의 폭력과 체벌
⑥ 성폭력과 성폭행
⑦ 학생 선수의 일탈과 부정행위 발생
⑧ 현대사회의 경제논리에 의한 부적합한 가치를 학생에게 주입

(2) 순기능

① 학교 내 통합 및 지역사회와 통합
② 사회화 촉진 기능
③ 정서의 순화 기능

(3) 학원스포츠의 개선 방안

① 공부하는 학생 선수 육성
② 학교 스포츠클럽의 육성
③ 운동부 지도자 처우 개선
④ 학습권 보장을 위한 최저학습권 도입

01. 스포츠와 미디어의 이해

1. 스포츠 미디어의 유형

인쇄미디어	신문, 잡지, 책 등
전자미디어	라디오, 컴퓨터, 텔레비전 등
디지털미디어	스마트폰, 인터넷 등

2. 스포츠 저널리즘의 이해

(1) 스포츠가 미디어에 미치는 영향

① 미디어콘텐츠 제공

② 미디어 기술의 발전

③ 스포츠보도 위상 제고

④ 미디어의 스포츠 의존도 확대

(2) 미디어가 스포츠에 미치는 영향

① 스포츠 상품화

② 스포츠에 대한 관심과 인기 증대

③ 스포츠 규칙 변경

④ 경기 일정 변경

02. 스포츠와 미디어의 상호관계

1. 스포츠와 미디어의 상호작용 및 공생관계

(1) 스포츠는 미디어에, 미디어는 스포츠에 서로 의존하는 공생관계

① 스포츠는 신문판매 증진, 광고, 수익, 텔레비전과 라디오 방송시간을 이용한 수익 계약의 증대에 이용
② 미디어는 스포츠와 관련된 소비상품을 경기 장소에서 관람객들에게 판매하도록 도움
③ 스포츠와 미디어는 서로 성공적인 관계를 유지하기 위해 서로 의존하고 보완하는 관계를 유지

2. 맥루한의 매체이론

① 정의성, 감각 참여성, 감각 몰입성에 의해 정의
② Hot 매체스포츠

정의성	높음
감각 참여성	낮음
감각 몰입성	낮음
특징	· 경기 진행 속도가 느림 · 정적 스포츠나 개인 스포츠 등에서 공격과 수비가 명확히 구분

③ Cool 매체스포츠

정의성	낮음
감각 참여성	높음
감각 몰입성	높음
특징	· 경기 진행 속도가 빠름 · 경기진행 형태는 복선 · 동적 스포츠나 팀 스포츠가 해당 　예) 럭비, 축구, 농구, 핸드볼 등

01. 사회계층의 이해

1. 사회계층의 개념 및 정의

(1) 사회계층

① 스포츠라는 특정 사회제도 내에서 개인의 사회적 · 문화적 · 생물학적 특성에 따라 권력, 부, 사회적 평가, 심리적 만족 등이 특정 집단이나 개인 및 종목에 차별적으로 배분되어 상호서열의 위계적 체계를 의미

② 스포츠라는 사회체계 내에서 계층이 형성되는 것을 의미

③ 스포츠는 상이한 계층간의 사회적 상호작용을 가능하게 함

④ 사회계층은 선호하는 스포츠 종목에 영향을 미침

(2) 사회계급

① 경제적 위치를 공유하는 범주

② 수입 · 교육수준 · 직업 등에 기초하여 구분

2. 스포츠계층의 특성

(1) 사회성

① 사회적으로 획득한 생물학적, 사회적 문화현상에 의해 계층이 형성

② 팀에서의 위치나 영향력에 따라서 선수간에도 계층이 형성

(2) 고래성

① 스포츠의 역사성으로 스포츠계층은 스포츠의 발전과정에 따라 변화되어 옴

② 운동선수의 지위는 그 사회의 상황에 따라 변화

③ 상류지배계층은 다른 계층과 경기교류를 하지 않음

④ 상류지배계층이 특정 스포츠를 즐기다가 그 스포츠가 하류계층에게 대중화되면, 상류
　　지배계층은 그 스포츠를 더 이상 즐기지 않음

(3) 보편성

① 스포츠계층은 어디서나 존재
② 보편적 사회문화현상으로 스포츠계층은 쉽게 발견될 수 있는 사회문화현상

(4) 다양성

① 모든 사회는 다양한 스포츠계층이 존재
② 자신의 노력과 능력에 따라 사회적 이동이 가능

(5) 영향성

① 스포츠계층은 생활양식의 변화 및 생활기회의 변화로 나타남
② 계층에 따른 스포츠 참여의 성향이 다름

3. 사회계층의 형성과정

지위의 분화
· 사회적 지위에 의한 특정한 역할 구분(선수, 감독, 구단주 등) · 업무 및 역할과 책임에 대한 권한이 명확 · 인재를 선발하고 훈련 · 상벌이나 보수 등 외적보상을 통한 업무 수행의 효율성 증진

⇩

지위의 서열화
· 지식, 외모, 체력 등에 따른 개인적 특성 · 적재적소에 인재 배치 · 역할의 사회적 기능

⇩

평가
권위, 호감, 흥미(평가를 위한 요소)

⇩

보수부여
· 평가 결과에 따라 획득 · 보수의 종류 : 권력, 부, 사회적 평가

02. 사회계층과 스포츠 참가

1. 상류층

① 직접 참가 비율이 높음
② 개인 스포츠에 참여하는 비율이 높음
③ 직접 관람
④ 참여가 높은 스포츠로는 골프, 승마, 테니스 등
⑤ 스포츠의 참가가 재력을 자랑하는 수단
⑥ 스포츠활동에 필요한 용품이나 장비에 많은 비용 소모

2. 하류층

① 간접 참가 비율이 높음
② 단체 스포츠에 참여하는 비율이 높음
③ 간접 관람
④ 참여가 높은 스포츠로는 야구, 복싱, 축구, 씨름 등
⑤ 일상생활의 스트레스 등 감정 배출 수단

03. 스포츠와 계층이동

1. 스포츠 계층이동의 유형

수직적 이동	· 계층적 지위가 상승 또는 하향하는 이동 · 상승이동 : 후보선수에서 주전선수로 이동 · 하향이동 : 주전선수가 후보선수로 이동
수평적 이동	· 계층적 지위 변화가 없음 · A팀에서 B팀으로 동등한 수준으로 트레이드
기간	· 세대간 이동 : 사회적 지위가 동일한 가족 내에서 한 세대에서 다른 세대로 이어짐 · 세대 내 이동 : 사회적 지위가 개인의 생애 변화를 통하여 발생
주체	· 개인이동 : 개인의 능력과 노력에 따라 스포츠를 통한 개인의 사회적 이동 · 집단이동 : 유사한 조건의 집단이 어떠한 계기를 통해서 집단 자체가 지위가 이동하는 경우

2. 사회이동기제로서의 스포츠

(1) 사회적 상승이동에 미치는 영향요인

① 사회적 환경에서 가능한 역할의 증대로 상승이동 발생

② 자신의 자아실현을 위한 노력 증대와 정도에 따른 상승이동 발생

(2) 스포츠가 사회적 이동

① 조직적 스포츠 참가는 직간접적으로 전문스포츠에 참가할 수 있는 신체적 재주와 능력을 신장

② 조직적 스포츠 참가는 후원을 촉진하며, 직업적 후원을 받을 수 있는 기회 제공

③ 최소의 교육을 받은 상태라도 신체적 능력을 통해서 사회적 관심을 받을 수 있음

제3과목
스포츠사회학

제7장 스포츠와 사회화

01. 스포츠사회화의 의미와 과정

1. 스포츠사회화의 정의

① 스포츠 참가를 통해 스포츠 집단이 공유하는 가치관·신념·태도 등을 체득하는 과정
② 스포츠 참여로 인한 집단의 구성원으로서 특정사회가 가지고 있는 문화를 알아가는 과정

2. 스포츠사회화 과정

① 개인적 특성, 사회화 주관자, 사회적 상황을 통해서 스포츠로의 사회화가 시작됨
② 스포츠의 참가를 통해서 스포츠로의 개인 사회화가 이루어짐
③ 스포츠 참가를 중단할 경우 탈사회화가 이루어져 탈락 및 은퇴 경험
④ 스포츠 참가를 중단 후 개인이 스포츠에 복귀 시 재사회화가 이루어짐

개인적 특성, 사회화 주관자, 사회적 상황 효율성 증진
⇩
1. 스포츠로의 개인 사회화(스포츠의 사회화)
⇩
2. 스포츠 참가(스포츠를 통한 사회화)
⇩
3. 스포츠 참가의 결과(스포츠를 통한 사회화)
⇩
4. 중단(탈사회화)
⇩
5. 복귀(재사회화)

02. 스포츠로의 사회화와 스포츠를 통한 사회화

1. 스포츠로의 사회화

(1) 스포츠로의 사회화 의미

스포츠 참가 자체를 의미하는 스포츠 사회화 과정 모형으로 사회화 주관자나 기관에 의해서 발생

(2) 스포츠 개입의 과정

스포츠 사회화의 경험
⇩
1. 개입요소 내적 만적, 외적 만족, 스포츠 정체성, 사회적 결속 등
⇩
2. 개입의 정도 시간, 노력, 투자 자발성
⇩
3. 개입의 형태 행동, 의지, 정의

(3) 스포츠 사회화의 주관자

① 스포츠 사회화의 주관자를 준거집단 또는 중요타자라고 함
② 가족
  ㉠ 스포츠와 여가활동의 역할 사회화가 최초로 이루어지는 집단
  ㉡ 부모와 형제자매의 영향을 많이 받음
③ 또래집단 : 청소년기에 가장 영향력이 큰 사회화 주관자
④ 그 외에 스포츠 사회화의 주관자로 학교, 지역사회, 대중매체 등이 있음

2. 스포츠를 통한 사회화

(1) 스포츠를 통한 사회화 개념

스포츠 장면에서 학습된 기능, 특성, 가치, 태도, 지식 및 성향 등이 다른 사회현상으로 전이 또는 일반화되는 과정

(2) 참가유형

일상적 참가	· 정규적으로 스포츠 활동에 참가 · 스포츠 참여와 일상의 조화
주기적 참가	· 주기적으로, 일정간격을 유지하면서 참가
일탈적 참가	· 1차적 일탈 : 스포츠에만 몰입하여 자신의 직업을 소홀히 하거나 포기 · 2차적 일탈 : 스포츠의 도박화로 내기를 통한 스포츠 참가 · 참가 중단 : 스포츠에 대한 즐겁지 않은 경험으로 참가하지 않은 것

(3) 참가수준

조직적	· 구성원과의 결합이 안정적이고 지속적으로 수행결과에 초점
주기적 참가	· 구성원과의 결합이 불안정적이고 지속적이지 못한 것으로 스포츠 활동 자체에만 만족

(4) 참가형태

활동적 참가	· 1차적 참가 : 신체적 활동을 수단으로 스포츠에 참가 · 2차적 참가 : 생산자와 소비자로 스포츠 생산과 소비과정에 참가
인지적 참가	· 스포츠에 관련된 정보를 수용
정의적 참가	· 자신이 특별히 지정하는 선수나 경기에 대해서 감정적으로 표현하는 형태

(5) 아마추어리즘과 프로페셔널리즘

아마추어리즘	· 경기 활동 자체가 목적 · 경기 활동 외에는 다른 관심 없이 경기에만 참가하는 형태
프로페셔널리즘	· 경기 활동 자체가 목적이 아니라 다른 외적 보상 등의 목적을 가지고 참가

03. 스포츠의 탈사회화와 재사회화

1. 스포츠로부터의 탈사회화

(1) 탈사회화의 원인

① 심리적인 스트레스

② 스포츠 활동에 대한 기대감 상실

③ 옳지 않은 인간관계

④ 환경에의 부적응

(2) 탈사회화의 유형

① 자발적 은퇴

ㄱ 스포츠 이외의 사회생활에 참가하기 위한 은퇴(진학, 취업 등)

ㄴ 폭력, 팀원간의 갈등, 운동의 열정 상실 등

② 강제적 은퇴 : 부상이나 팀 해체 등 자신의 의지와 상관없는 비자발적 탈락

2. 스포츠로의 재사회화

(1) 재사회화

스포츠 활동을 중단하였던 사람이 다시 스포츠 활동을 시작하는 것을 의미

(2) 재사회화의 과정

① 동일종목이 아니라 다른 유사종목으로의 재사회화

② 참가자에서 간접 참가자로 재사회화

제8장

스포츠와 일탈

01. 스포츠 일탈의 이해

1. 스포츠 일탈의 개념 및 원인

(1) 스포츠 일탈의 개념

① 스포츠에서 용인되는 보편타당한 범위를 벗어나 사회적 규범을 무시하는 행동
② 스포츠의 규범을 위반하는 행동

(2) 스포츠 일탈의 이론

① 아노미(Anomie) 이론
　㉠ 사회에서 중요하게 여기는 목표를 달성한 수단을 가지지 못할 때 발생
　㉡ 목표와 수단 간의 괴리 속에 자신의 욕망을 누르지 못한 비합법적인 수단을 사용
② 낙인이론 : 일탈은 다른 사람들이 규범을 정하고 그 규범을 위반한 사람에게 '일탈'이
　라고 낙인을 찍었을 때 발생
③ 사회통제이론(사회유대이론)
　㉠ 일탈을 할 수 있는 상황에서 일탈을 하지 않은 것에 대한 관심
　㉡ 일탈은 같은 상황에 있는 경우라도 내적 통제와 외적 통제로 인해서 억제 가능

2. 스포츠 일탈의 기능

순기능	・사회개혁 ・창의성 부여 ・사회적 안전판 역할 ・규범의 재확인 ・규범에의 동조
역기능	・사회적 긴장과 불안 조성 ・스포츠 참가자의 사회화에 부정적인 내면화

02. 스포츠 일탈의 유형

1. 폭력행위

(1) 스포츠 폭력의 종류

적대적 공격	·타인의 부상이 목적
도구적 공격	·외적 보상(승리, 금전적 보상)이 목적

(2) 스포츠 폭력 발생원인

① 스포츠의 상업화
② 운동선수의 역할 사회화
③ 스포츠팀의 구조적 특성

2. 약물복용

① 자신의 기량보다 뛰어난 경기력 향상과 승리를 위해 복용
② 약물복용은 개인적인 문제보다 사회적인 문제

3. 부정 및 범죄 행위

① 경기의 승리를 위해서 규칙 위반을 고의적으로 하는 것
② 부정행위의 유형
　　㉠ 제도적 부정행위
　　　　ⓐ 규칙에 위배되는 행동이 아닌 용인 가능한 행위
　　　　ⓑ 심판에게 반칙판정을 유도하는 헐리웃 액션, 야유 등
　　㉡ 일탈적 부정행위
　　　　ⓐ 규칙에 위반되는 행위
　　　　ⓑ 승부조작, 경기에 전혀 상관없는 불법적 도구 사용 등
③ 조직적 일탈
　　㉠ 관련 부서나 조직의 도움으로 일어나는 조직의 위반
　　㉡ 선수의 학력 위조, 선수의 연령 위조 등

4. 관중 폭력

(1) 집합행동

스포츠와 관련된 특정 상황에 처한 다수의 관중이나 선수 또는 일반 대중이 공통의 자극에 충동적으로 반응할 때 발생

(2) 집단행동이론

① 수렴이론
  ㉠ 익명성으로 인해 사회규범에 억제된 반사회적 성향의 폭력행위가 분출
  ㉡ 영국 축구의 훌리건 등
② 부가가치이론
  ㉠ 집단행동에 발생하는 장소와 시간 등에 대한 이론
  ㉡ 집단행동의 결정 : 구조적 요인 ⇨ 구조적 긴장 ⇨ 일반화된 신념의 성숙과 파급
      ⇨ 촉진 요인 ⇨ 집단행동을 위한 참여자의 동원 ⇨ 사회통제기제

(3) 관중 폭력의 특징

① 관중의 크기 : 관중이 많을수록 뚜렷한 개성이 없음
② 관중 밀도 : 관중 밀도가 높을수록 뚜렷한 개성이 없음
③ 관중 소음 : 관중의 소음이 클수록 공격의 표출성이 높음
④ 좌석과 입석 : 앉아있는 관중보다 서있는 관중이 공격의 가능성이 높음
⑤ 관중 구성 : 집단에 따라서 폭력성이 다름
⑥ 경기 중요도 : 경기의 중요도가 매우 높을수록 흥분할 가능성이 높음

미래사회의 스포츠

01. 스포츠 변화에 영향을 미치는 요인

1. 테크놀로지의 발전

① 스포츠 장비의 성능 향상으로 스포츠는 보다 안전해짐
② 잠재력을 표출하기 위한 프로그램 개발
③ 스포츠 과학화로 인하여 사용 가능한 경험이 확장

2. 통신 및 전자매체의 발달

① 텔레비전, 인터넷 등의 장치
② 미디어에 의한 스포츠 정보 제공
③ 미래 스포츠에 대해 상상할 수 있는 다양한 정보 제공
④ 미디어 제작자들의 미래 스포츠 모습에 대한 영향력 증가

3. 조직화 및 합리화

① 스포츠의 조직화 및 합리화 현상은 스포츠의 즐거움보다 목표를 성취하는 결과를 중요시 함
② 스스로가 설정한 조건을 따르기 때문에 스포츠의 자발성, 기쁨, 표현 등이 배제

4. 상업화 및 소비성향의 변화

① 스포츠 참여 자체가 경기 결과를 중요시 하는 이익을 목적으로 사고 파는 상품화의 경향
② 스포츠 참여에 필요한 회원권 구매, 장비 구입 등으로 소비활동이 촉진

02. 스포츠 세계화

1. 스포츠 세계화의 동인

① 대중매체의 발달로 인하여 범세계적 · 경제 · 문화적 관행 등의 움직이는 방향을 알 수 있음
② 스포츠 방송이나 정보 등이 지속적으로 제공됨
③ 범세계적 동질화를 추구하는 것이 아님
④ 스포츠의 범세계적 차별성과 다양성을 증대
⑤ 우리나라 선수의 해외 진출, 외국선수의 국내 유입 등

2. 스포츠 세계화의 원인

대중매체나 교통의 발달은 다양한 사람들의 생활양식에 대한 정보 및 교류를 가능하게 하였고, 세계적으로 미디어에 대한 지속적인 노출은 이질성을 감소시켜 세계화를 가능하게 함

3. 미래사회의 스포츠 변화 예측

① 용품, 장비, 시설 등 스포츠 환경이 더욱 개선
② 전자매체의 발달로 관람 스포츠의 형태가 변화
③ 새로운 형태의 스포츠가 지속적으로 발생
④ 소비성향의 변화에 따라 노인의 스포츠 참여율이 점차 증가

제1장

스포츠 사회학의 이해

1. 스포츠 사회학의 정의로 보기 어려운 것은?

① 스포츠의 맥락을 기반으로 인간의 사회행동 법칙을 규명한다.
② 스포츠와 사회관계에 관심을 두고 있다.
③ 스포츠를 단순히 인간의 활동으로 규정하고 있다.
④ 스포츠 과학의 분과 학문이다.

> **해설** 스포츠 사회학은 스포츠를 단순히 인간의 활동이 아니라 사회적 구성물로 해석하고 있다.
> **정답** ③

2. 경쟁을 통해 이루어지는 신체활동으로 공인된 경기 규칙 아래에서 이루어지는 것을 무엇이라고 하는가?

① 결투　　　　　　　　　② 심리전
③ 전쟁　　　　　　　　　④ 스포츠

> **해설** 스포츠는 경쟁을 통해 이루어지는 신체활동으로 공인된 경기 규칙 아래에서 이루어지는 것을 의미한다.
> **정답** ④

3. 스포츠를 특성적으로 분류했을 시에 나머지 셋과 성격이 다른 하나는?

① 극복스포츠　　　　　　② 투쟁스포츠
③ 일반스포츠　　　　　　④ 경기스포츠

> **해설** 스포츠의 특성적 분류
> · 경기스포츠　　　　　　· 극복스포츠
> · 율동스포츠　　　　　　· 투쟁스포츠
> **정답** ③

4. 다음 스포츠 사회학의 연구영역 중 집단에 대한 연구 요소로 묶인 것을 모두 고르면?

> ㉠ 체육부   ㉡ 스포츠 연맹   ㉢ 습관
> ㉣ 대중화   ㉤ 사회행동   ㉥ 규범

① ㉠, ㉡   ② ㉡, ㉢
③ ㉣, ㉤   ④ ㉤, ㉥

> **해설** 스포츠 사회학의 연구영역
> · 집단에 대한 연구 : 스포츠연맹, 체육부 등
> · 사회적 행위에 대한 연구 : 사회행동, 사회적 사실 등
> · 문화 및 제도에 대한 연구 : 규범, 습관 등
> · 사회변동의 영향에 대한 연구 : 세계화, 대중화 등
> **정답** ①

5. 스포츠 사회학 연구영역 중 사회적 행위에 따른 연구에 해당하는 것은?

① 습관   ② 세계화
③ 사회적 사실   ④ 스포츠 연맹

> **해설** ① 문화 및 제도에 대한 연구, ② 사회변동의 영향에 대한 연구, ④ 집단에 대한 연구에
> 해당한다.
> **정답** ③

6. 다음 보기의 내용과 관련이 깊은 것은?

> · 사회화, 공격성, 비행 등

① 일반적 영역   ② 전문적 영역
③ 거시적 영역   ④ 미시적 영역

> **해설** 연구범위 및 접근방법은 다음과 같다.
>
> | | |
> |---|---|
> | **거시적 영역** | · 사회제도간의 관계 연구로 포괄적 범위
· 스포츠와 교육 등 |
> | **미시적 영역** | · 스포츠 현상으로 인해서 파급되는 범위
· 사회화, 공격성, 비행 등 |
> | **전문적 영역** | 스포츠의 근본적인 현상 및 형체, 학문적 일치성 |
>
> **정답** ④

7. 스포츠 사회학 연구범위에서 사회제도간의 관계 연구로 포괄적 범위를 다루는 것은?

① 전문적 영역　　　　　　　　② 거시적 영역

③ 미시적 영역　　　　　　　　④ 일반적 영역

> **해설** 거시적 영역은 사회제도간의 관계 연구로 포괄적 범위를 다루고 있다.
> **정답** ②

8. 다음 스포츠 사회학 연구범위에서 스포츠 현상으로 인해서 파급되는 범위를 다루는 것은?

① 거시적 영역　　　　　　　　② 일반적 영역

③ 전문적 영역　　　　　　　　④ 미시적 영역

> **해설** 미시적 영역은 스포츠 현상으로 인해서 파급되는 범위를 다루고 있다.
> **정답** ④

9. 다음 중 스포츠의 사회적 기능이 아닌 것은?

① 사회화 기능　　　　　　　　② 사회 정서적 기능

③ 문화 통일적 기능　　　　　　④ 사회통합 및 통제 기능

> **해설** 스포츠의 사회적 기능
> · 사회화 기능
> · 사회 정서적 기능
> · 사회통합 및 통제 기능
> **정답** ③

10. 스포츠의 사회적 기능 중 사회구성원의 긴장과 공격성을 해소하는 것은?

① 사회정서적 기능　　　　　　② 사회화 기능

③ 사회통합 및 통제 기능　　　　④ 사회미디어적 기능

> **해설** 사회정서적 기능은 사회구성원의 긴장과 공격성을 해소하며, 체제를 유지하는 기능을 지닌다.
> **정답** ①

11. 다음 보기의 내용이 말하고 있는 가정은 무엇에 대한 것인가?

> · 사회가 본질적으로 상호 관련되어 서로 의존한다.

① 갈등 이론　　　　　　　② 구조기능주의

③ 상생 이론　　　　　　　④ 비체제주의

해설 구조기능주의의 기본 가정
· 사회를 하나의 유기체로 비유
· 사회가 본질적으로 상호 관련되어 서로 의존
· 상호관련 및 의존적인 사회제도는 전체사회의 안정에 기여
정답 ②

12. 다음 구조기능주의의 문제점으로 바르지 않은 것은?

① 스포츠가 주는 긍정적 기능을 과장한다.

② 스포츠 상에서 일어날 수 있는 갈등을 무시

③ 상호작용을 무시하는 부분이 있다.

④ 전체에 기여하는 체계의 하위부분 역할 확인이 가능하다.

해설 구조기능주의의 문제점
· 상호작용을 무시하는 부분이 있음
· 스포츠가 주는 긍정적 기능을 과장
· 스포츠 상에서 일어날 수 있는 갈등을 무시
· 전체에 기여하는 체계의 하위부분 역할 확인이 불가능
정답 ④

13. 다음 중 구조기능주의에서 스포츠의 사회적 역할로서 가장 거리가 먼 것은?

① 체제유지　　　　　　　② 목표성취

③ 긴장증가　　　　　　　④ 적응

해설 구조기능주의에서 스포츠의 사회적 역할
· 체제유지 및 긴장해소
· 통합
· 목표성취
· 적응
정답 ③

14. 구조기능주의 스포츠의 사회적 역할에서 스포츠에 참가하여 발생하는 신체활동을 통하여 체력 및 정신력을 배양하는 것과 관련성이 깊은 것은?

① 적응
② 통합
③ 목표성취
④ 체제유지 및 긴장해소

> **해설** 적응은 스포츠를 참가하여 발생하는 신체활동을 통하여 체력 및 정신력을 배양하며, 사회환경에 대한 도전과 극복할 수 있도록 준비시킨다.
> **정답** ①

15. 구조기능주의 스포츠의 사회적 역할에서 사회 기본적 가치와 규범 등을 대중에게 제공하는 것과 연관성이 있는 것은?

① 통합
② 적응
③ 체제유지 및 긴장해소
④ 목표성취

> **해설** 체제유지 및 긴장해소는 사회 기본적 가치와 규범 등을 대중에게 제공하며, 스포츠는 체제를 유지하기 위해 필요한 다양한 기능을 담당한다.
> **정답** ③

16. 다음 중 갈등이론의 문제점으로 보기 가장 어려운 것은?

① 국수주의
② 신체적 소외
③ 상업주의
④ 자율 및 사회비통제

> **해설** 갈등이론의 문제점
> · 신체적 소외
> · 강제와 사회통제
> · 상업주의
> · 국수주의와 군국주의
> · 성차별 및 인종차별의 발생
> **정답** ④

17. 다음의 내용의 읽고 ( ) 안에 공통으로 들어갈 말로 적절한 것을 고르면?

> (   )을/를 통해서 사회변동이 발생하고 이러한 (   )이/가 사회적 본질로 인식된다.

① 가치관   ② 갈등
③ 차별   ④ 소외

> **해설** 개인과 개인, 집단과 집단 사이에서는 갈등이 항상 존재하며, 이러한 갈등을 통해서 사회변동이 발생하고 이러한 갈등이 사회적 본질로 인식된다.
>
> **정답** ②

18. 거트만(A. Guttmann)의 근대 스포츠 특성으로 옳지 않은 것은?

① 수량화   ② 기록화
③ 일반화   ④ 합리화

> **해설** 거트만(A. Guttmann)의 근대 스포츠 특성
>
> | 수량화 | 스포츠는 거리, 시간, 점수 등 측정 가능한 숫자로 표현 |
> |---|---|
> | 합리화 | 스포츠는 규칙과 전략으로 구성 |
> | 전문화 | 포지션의 분화와 리그의 세분화를 촉진 |
> | 관료화 | 규칙을 제정하고 경기를 조직적으로 운영 |
> | 세속화 | 물질적 세계를 내포하고 있어 경제적 보장, 명예 등의 관심을 촉구 |
> | 평등화 | ·출생이나 사회적 배경에 의해 규제되어서는 안 됨
·모든 경쟁자는 동등한 조건에서 경쟁되어야 함 |
> | 기록화 | 스포츠는 기록의 수립과 갱신을 강조 |
>
> **정답** ③

19. 출생이나 사회적 배경에 의해 규제되어서는 안 된다는 것은 거트만의 근대 스포츠 특성 중 무엇에 관련된 것인가?

① 세속화   ② 관료화
③ 합리화   ④ 평등화

> **해설** 거트만의 평등화는 출생이나 사회적 배경에 의해 규제되어서는 안 되며, 모든 경쟁자는 동등한 조건에서 경쟁되어야 한다고 주장하고 있다.
>
> **정답** ④

20. 다음은 거트만의 근대 스포츠 특성을 설명한 것이다. ( ) 안에 들어갈 말을 순서대로 바르게 나열한 것을 고르면?

(㉠)	스포츠는 거리, 시간, 점수 등 측정 가능한 숫자로 표현
	스포츠는 규칙과 전략으로 구성
(㉡)	포지션의 분화와 리그의 세분화를 촉진
	규칙을 제정하고 경기를 조직적으로 운영
(㉢)	물질적 세계를 내포하고 있어 경제적 보장, 명예 등의 관심을 촉구

① ㉠ 수량화, ㉡ 관료화, ㉢ 합리화
② ㉠ 수량화, ㉡ 전문화, ㉢ 세속화
③ ㉠ 합리화, ㉡ 세속화, ㉢ 전문화
④ ㉠ 합리화, ㉡ 평등화, ㉢ 기록화

해설 거트만(A. Guttmann)의 근대스포츠 특성

수량화	스포츠는 거리, 시간, 점수 등 측정 가능한 숫자로 표현
합리화	스포츠는 규칙과 전략으로 구성
전문화	포지션의 분화와 리그의 세분화를 촉진
관료화	규칙을 제정하고 경기를 조직적으로 운영
세속화	물질적 세계를 내포하고 있어 경제적 보장, 명예 등의 관심을 촉구

정답 ②

제2장

스포츠와 정치

1. 스포츠의 정치적 속성에 관한 내용으로 옳지 않은 것은?

   ① 스포츠 참여자 및 스포츠에서 실행되는 여러 가지 의식은 특정 사회기관을 대표하며, 기금을 후원한 조직의 충성심을 나타낸다.
   ② 스포츠의 제도적 특성으로 인해서 스포츠와 정치적 관계가 형성된다.
   ③ 스포츠를 통해서 국민의 통합 기능 및 사회체제가 안정되기도 한다.
   ④ 스포츠와 정치적 상황은 상호작용으로 인한 효과를 통해서 긴밀해진다.

   > **해설** ①, ②, ④는 스포츠의 정치적 속성에 관한 내용이며, ③은 스포츠의 정치적 기능에 대한 내용이다.
   > **정답** ③

2. 보기의 내용은 정치와 스포츠의 결합방법 중 무엇에 관한 것인가?

   > 개인의 승리를 소속 집단 · 국가 · 지역 · 민족 등의 영광으로 해석한다.

   ① 조작　　　　　　　　　② 상식화
   ③ 상징　　　　　　　　　④ 동일화

   > **해설** 정치와 스포츠가 결합했을 시 상징은 운동선수가 국가를 대표하는 것을 의미하며, 유니폼에 국기 장착, 국기 게양 및 국가 연주 등으로 상징성을 높이는 것을 말한다.
   > **정답** ③

3. 다음 지문은 정치와 스포츠의 결합방법 중 무엇에 대해 말하고 있는 것인가?

   > 대중이 스포츠 수행자에게 자신의 감정을 이입하거나 또는 일체가 되도록 하여 상황에 몰입하여 통하는 것이다.

   ① 동일화　　　　　　　　② 조작
   ③ 비약　　　　　　　　　④ 상징

동일화는 자신과 타인이 일치된 상태를 말하는 것으로 대중이 스포츠 수행자에게 자신의 감정을 이입하거나 또는 일체가 되도록 하여 상황에 몰입하여 통하게 하며, 스포츠 수행자가 이겼을 때 국가 발전 및 명예를 높이는 행동으로 인식한다.

정답 ①

4. 스포츠의 정치적 속성의 설명으로 바르지 않은 것은?

① 스포츠의 제도적 특성으로 인해서 스포츠와 정치적 관계가 형성된다.
② 스포츠 참여자 및 스포츠에서 실행되는 여러 가지 의식은 특정 사회기관을 대표한다.
③ 스포츠와 정치적 상황은 상호작용으로 인한 효과를 통해서 긴밀해진다.
④ 정부기관의 미개입으로 인해 스포츠와 정치의 결합이 발생하지 않는다.

해설 정부기관의 개입으로 인해서 스포츠와 정치의 결합이 발생된다.
정답 ④

5. 다음 정치와 스포츠의 결합방법에 내용을 읽고 ( ) 안에 들어갈 말로 적절한 것을 고르면?

( )은/는 짧은 시간 내에 정치권력이 큰 효과를 얻고자 할 때 상징이나 동일화보다 더 많이 사용하는 스포츠와 정치적 결합이다.

① 동일화　　　　　　　② 통일
③ 조작　　　　　　　　④ 상징

해설 조작은 정치권력이 인위적 개입을 통해 상징 등의 효과를 극대화시키는 것을 의미하며 짧은 시간 내에 정치권력이 큰 효과를 얻고자 할 때 상징이나 동일화보다 더 많이 사용하는 스포츠와 정치의 결합이다.
정답 ③

6. 스포츠 정책이 필요한 이유로 보기 어려운 것은?

① 국가 역량 및 명성을 낮출 수 있음
② 국민의 건강과 체력을 유지할 수 있음
③ 사회의 전반적인 경제발전을 증진시킬 수 있음
④ 정부나 정치가에 대한 국민적인 후원 및 지지를 증진할 수 있음

> **해설** 국가 역량 및 명성을 높일 수 있다.
> **정답** ①

7. 정치가 지역사회의 스포츠에 미치는 영향으로 가장 옳지 않은 것은?

① 스포츠는 지역사회의 정치나 문화적 프로그램의 중요한 구성요소
② 지역사회의 스포츠시설을 확충하여 지역사회의 발전에 기여
③ 지역사회의 스포츠 관련 단체의 정치적 관심이 높으면 지역 스포츠가 활성화
④ 지역사회 정치지도자의 스포츠에 대한 관심은 그 지역의 스포츠 활성화에 직접적 영향을 줌

> **해설** ②는 지역사회의 스포츠가 정치에 미치는 영향을 나타내고 있다.
> **정답** ②

8. 다음 중 국가 수준에서 스포츠의 정치적 역할로 바르지 않은 것은?

① 대중에 대한 사회 통제적 기능을 갖추고 있음
② 스포츠는 다른 나라와의 외교관계를 통해서 국가적 위상을 획득할 수 있음
③ 지역사회 스포츠는 지역주민들의 자발적 참여 및 자치능력의 향상을 가져올 뿐만 아니라 화합 및 단결을 도모하고 주민들의 사회 정치적 지위를 상승
④ 스포츠는 종교적 · 인종적 · 민족 등 및 불화요소를 해소하여 사회적 분열을 예방하고 더 나아가 사회통합 및 국민적 일체감을 이룸

> **해설** ③은 지역사회의 스포츠가 정치에 미치는 영향을 설명한 것이다.
> **정답** ③

9. 다음 보기 중 지역사회의 스포츠가 정치에 미치는 영향으로 옳은 것을 모두 고르면?

> ㉠ 대중에 대한 사회 통제적 기능을 갖추고 있음
> ㉡ 스포츠는 다른 나라와의 외교관계를 통해서 국가적 위상을 획득할 수 있음
> ㉢ 지역사회의 스포츠관련 단체의 정치적 관심이 높으면 지역스포츠가 활성화
> ㉣ 스포츠는 지역사회의 정치나 문화적 프로그램의 중요한 구성요소
> ㉤ 지역사회의 스포츠시설을 확충하여 지역사회의 발전에 기여
> ㉥ 지역사회 스포츠는 지역주민들의 자발적 참여 및 자치능력의 향상을 가져옴

① ㉠, ㉢ ② ㉡, ㉢
③ ㉣, ㉥ ④ ㉤, ㉥

해설 ㉠, ㉡은 국가 수준에서 스포츠의 정치적 역할, ㉢, ㉣은 정치가 지역사회의 스포츠에 미치는 영향에 해당하는 내용이다.
정답 ④

10. 국제정치에서 스포츠의 역할로 잘못된 것은?

① 국가 경쟁력을 공개적으로 보여줄 수 있다.
② 동맹국가와 좀 더 친밀한 관계를 유지한다.
③ 국가를 국내적으로 선전할 수 있다.
④ 적대적 국가와 친밀한 관계를 형성할 수 있는 기회를 준다.

해설
정답 ③ 국가를 국제적으로 선전할 수 있다.

11. 다음 중 국제정치에서 스포츠의 이용으로 바르지 않은 것은?

① 갈등 및 전쟁촉매 ② 비외교적 도구
③ 국위선양 ④ 국제적 이해 및 평화

해설 국제정치에서 스포츠의 이용
· 외교적 도구 · 외교적 항의
· 갈등 및 전쟁촉매 · 이데올로기 및 체제 선전의 수단
· 국위선양 · 국제적 이해 및 평화
정답 ②

12. 역대 올림픽 경기에서 정치가 영향을 미친 사례로 바르지 않은 것은?

① 모스크바올림픽 : 미국은 구소련의 아프가니스탄 침공에 항의하여 불참
② 뮌헨올림픽 : 팔레스타인 테러리스트들은 이스라엘 선수들을 살해
③ 서울올림픽 : 남북한의 한국전쟁 발발의 계기
④ 베를린올림픽 : 히틀러 정부는 나치의 민족우월주의를 선전

> **해설** 역대 올림픽 경기에서 정치가 영향을 미친 사례
> ① 베를린올림픽(1936) : 히틀러 정부는 나치의 민족우월주의를 선전
> ② 뮌헨올림픽(1972) : 팔레스타인 테러리스트들은 이스라엘 선수들을 살해
> ③ 모스크바올림픽(1980) : 미국은 구소련의 아프가니스탄 침공에 항의하여 불참
> ④ LA올림픽(1984) : 미국이 모스크바올림픽을 불참한 것에 대한 보복으로 소련의 주도로 14개
>   공산권국가들이 불참
> **정답** ③

13. 다음 내용을 읽고 괄호 안에 들어갈 말로 옳은 것은?

> 올림픽에서는 (   )을/를 시행함으로써 IOC는 기업으로부터 금전 및 물자를 제공받고, 기업
> 은 자사제품 광고 및 홍보에 올림픽 공식로고와 휘장을 사용할 수 있는 권한을 얻는다.

① 스폰서십   ② 리베이트
③ 리펀드   ④ 프리미엄

> **해설** 스폰서십
>
> 올림픽에서는 스폰서십을 시행함으로써 IOC는 기업으로부터 금전 및 물자를 제공받고, 기
> 업은 자사제품 광고 및 홍보에 올림픽 공식로고와 휘장을 사용할 수 있는 권한을 얻는다.
> **정답** ①

14. 다음 중 올림픽의 정치적 요인이 아닌 것은?

① 상업주의 팽창   ② 민족주의 심화
③ 군국주의 강화   ④ 정치권력 강화

> **해설** 올림픽의 정치적 요인
> · 민족주의 심화   · 상업주의 팽창   · 정치권력 강화
> **정답** ③

15. 다음 중 개막식 때 남북이 공동 입장한 대회로 잘못된 것은?

① 1988년 서울올림픽　　　　　② 2000년 하계올림픽
③ 2003년 동계아시안게임　　　④ 2006년 아시안게임

> **해설** 개막식 때 남북이 공동 입장한 대회
> ㉠ 2000년 하계올림픽　　　　㉡ 2002년 아시안게임
> ㉢ 2003년 동계아시안게임　　㉣ 2003년 하계유니버시아드
> ㉤ 2004년 하계올림픽　　　　㉥ 2005년 동아시아경기대회
> ㉦ 2006년 동계올림픽　　　　㉧ 2006년 아시안게임
> ㉨ 2007년 동계아시안게임
> **정답** ①

제3장

스포츠와 경제

1. 현대 스포츠 발전에 영향을 미치는 사회적 요소가 아닌 것은?

① 도시화   ② 산업화

③ 공업화   ④ 교통 및 통신의 발달

> **해설** 현대 스포츠 발전에 영향을 미치는 사회적 요소
> · 도시화
> · 산업화
> · 교통과 통신의 발달
> **정답** ③

2. 아래 보기의 내용은 현대 스포츠 발전에 영향을 미치는 사회적 요소 중 무엇에 관한 것인가?

> 노동의 기계화로 인한 여가시간 증대 및 생활의 삶의 증대로 인한 스포츠 및 레크리에이션 관심의 증가

① 산업화   ② 도시화

③ 공업화   ④ 통신발달

> **해설** 산업화로 인한 노동의 기계화로 여가시간 증대 및 삶의 질 향상으로 인한 스포츠 및 레크리에이션 관심이 증가하였으며 더불어 과학기술의 발전도 가져왔다.
> **정답** ①

3. 아래 보기의 내용은 현대 스포츠 발전에 영향을 미치는 사회적 요소 중 무엇에 관한 것인가?

> 인구의 도시화에 더불어 인구의 증가는 프로스포츠에 대한 계기를 마련

① 귀농화   ② 공업화
③ 통신발달   ④ 도시화

> **해설** 도시화로 인해 농촌지역의 도시화와 더불어 여가에 대한 필요성 강조되었으며, 인구의 도시화와 더불어 인구의 증가는 프로스포츠에 대한 계기를 마련하였다.
> **정답** ④

4. 상업주의와 스포츠에서 규칙의 변화를 가져온 것과 연관성이 가장 먼 것은?

① 득점체계의 변화   ② 느린 경기 진행
③ 극적요소의 극대화   ④ 광고를 위한 경기시간 조정

> **해설** 상업주의와 스포츠에서의 규칙 변화
> · 득점체계의 변화
> · 빠른 경기 진행
> · 극적요소의 극대화
> · 광고를 위한 경기시간의 조정
> **정답** ②

5. 다음 상업주의 및 스포츠에 관한 설명으로 가장 거리가 먼 것은?

① 스포츠를 통하여 사회적 지위 향상이 가능
② 스포츠를 직업으로 하는 프로선수들이 증가
③ 과정을 중시하며, 내적인 보상을 원함
④ 프로스포츠의 발달로 금전적·물질적 이익 추구

> **해설** 상업주의와 스포츠가 맞물리면서 결과를 중시하며, 외적인 보상을 원하는 방향으로 그 본질이 변화되었다.
> **정답** ③

6. 프로스포츠의 순기능으로 바르지 않은 것은?

① 스트레스 해소　　　　　② 경제발전 및 고용증대
③ 사회적 긴장의 증대　　　④ 스포츠 참여의 촉진

해설 사회적 긴장해소이다.
정답 ③

7. 프로스포츠의 역기능으로 바르지 않은 것은?

① 아마추어리즘의 퇴보
② 스포츠 도박의 성행으로 사회문제 대두
③ 스포츠의 물질만능주의 축소
④ 우수선수들의 스카우트 경쟁 심화

해설 스포츠의 물질만능주의 확대이다.
정답 ③

8. 다음 보기 중 프로스포츠의 순기능만으로 옳게 묶인 것은?

ㄱ 스포츠 참여의 촉진
ㄴ 경제발전 및 고용증대
ㄷ 아마추어리즘의 퇴보
ㄹ 스포츠의 물질만능주의 확대
ㅁ 우수선수들의 스카우트 경쟁 심화
ㅂ 스포츠 도박의 성행으로 사회 문제 대두

① ㄱ, ㄴ　　　　　　　② ㄴ, ㄷ
③ ㄹ, ㅂ　　　　　　　④ ㄹ, ㅁ, ㅂ

해설 ㄷ, ㄹ, ㅁ, ㅂ은 프로스포츠의 역기능에 해당하는 내용이다.
정답 ①

9. 보기 중 프로스포츠의 역기능만으로 옳게 묶인 것은?

> ㉠ 공동체의식 함양
> ㉡ 사회적 긴장해소
> ㉢ 스포츠의 물질만능주의 확대
> ㉣ 스포츠 참여의 촉진
> ㉤ 아마추어리즘의 퇴보
> ㉥ 스포츠 관람을 통한 생활의 활력

① ㉠, ㉣　　　　　　　　② ㉡, ㉣
③ ㉢, ㉤　　　　　　　　④ ㉤, ㉥

해설 ㉠, ㉡, ㉣, ㉥은 프로스포츠의 순기능에 해당하는 내용이다.
정답 ③

10. 스포츠 메가 이벤트의 긍정적 기능 중 경제적 측면이 아닌 것은?

① 문화적 전망 확장
② 관광객 유치 증진에 기여
③ 개최지역의 관광객 증가로 소득 증대
④ 스포츠 관련 산업의 발달로 인한 고용창출

해설 ①은 사회적 측면에 해당하는 내용이다.
정답 ①

11. 스포츠 메가 이벤트의 긍정적 기능 중 사회적 측면의 내용으로 옳지 않은 것은?

① 지역사회 참여 증가
② 행정기구의 개발
③ 공동 경험으로 지역주민의 화합과 단결
④ 전통의 부활로 지역사회 자긍심 구축

해설 ②는 정치적 측면에 관한 사항이다.
정답 ②

12. 스포츠 메가 이벤트의 긍정적 기능 중 정치적 측면의 내용으로 바르지 않은 사항은?

① 투자의 촉진
② 국제적 명성이 상승함
③ 개최국가 및 개최도시의 위상의 개선
④ 지역주민 단체의 비준

해설 ④는 사회적 측면에 해당하는 내용이다.
정답 ④

13. 스포츠 메가 이벤트의 긍정적 기능 중 물리·환경적 측면이 아닌 것은?

① 기반기설 개선
② 도시의 재개발과 변화
③ 개최국가 및 개최도시의 위상의 개선
④ 교통과 통신시설의 개선 및 발달

해설 ③은 정치적 측면에 해당하는 내용이다.
정답 ③

14. 다음 스포츠 메가 이벤트의 부정적 기능 중 경제적 측면에 속하지 않는 것은?

① 가격의 폭등   ② 사회적 혼란
③ 무리한 시설 투자   ④ 개최도시의 재정적 부담

해설 ②는 사회적 측면에서의 부정적 기능이다.
정답 ②

15. 스포츠 메가 이벤트의 부정적 기능 중 사회적 측면의 내용으로 잘못된 것은?

① 과다한 세금이 지역주민에게 부과 ② 범죄
③ 역사회소외   ④ 지역주민의 복지에 대한 예산 증가

해설 지역주민의 복지에 대한 예산 축소이다.
정답 ④

16. 스포츠 메가 이벤트의 부정적 기능 중 정치적 입장의 내용이 아닌 것은?

① 이벤트 실패의 위험성

② 정치세력의 권위 및 이데올로기의 정당화

③ 선전화

④ 개최도시의 재정적 부담

> **해설** ④는 경제적 측면에 관한 내용이다.
> **정답** ④

17. 스포츠 메가 이벤트의 부정적 기능 중 물리·환경적 측면으로 바르지 않은 항목은?

① 환경의 손상　　　　　② 선전화

③ 교통 혼잡　　　　　　④ 오염

> **해설** ②는 정치적 측면에 관한 내용이다.
> **정답** ②

제4장

스포츠와 교육

1. 스포츠의 기능 중 성격이 다른 하나는?

① 사회선도   ② 전인양성
③ 교육목표의 결핍   ④ 사회통합

> **해설** ①, ②, ④는 스포츠의 교육적 순기능에 해당하며, ③은 스포츠의 교육적 역기능에 해당한다.
> **정답** ③

2. 다음 중 스포츠의 교육적 역기능에 해당하지 않는 것은?

① 편협된 인간 육성   ② 사회선도
③ 부정행위의 조장   ④ 교육목표의 결핍

> **해설** 스포츠의 교육적 역기능
> · 부정행위의 조장   · 편협된 인간 육성   · 교육목표의 결핍
> **정답** ②

3. 다음 보기 중 스포츠의 교육적 순기능을 모두 고르면?

> ㉠ 부정행위 엄금   ㉡ 정부지원 강화   ㉢ 혹독한 훈련
> ㉣ 사회통합   ㉤ 사회선도   ㉥ 전인양성

① ㉠, ㉢, ㉤   ② ㉡, ㉢. ㉥
③ ㉢, ㉤, ㉥   ④ ㉣, ㉤, ㉥

> **해설** 스포츠의 교육적 순기능
> · 전인양성   · 사회선도   · 사회통합
> **정답** ④

4. 다음 스포츠의 교육적 순기능 중 전인양성에 해당하는 내용이 아닌 것은?

① 학업활동의 격려　　　　　② 평생체육의 조장
③ 사회화 촉진　　　　　　　④ 정서 순환

해설 ②는 스포츠의 교육적 순기능 중 사회선도에 속하는 내용이다.

참고 🔓

　스포츠의 교육적 순기능 중 전인양성
　· 정서 순환
　· 사회화 촉진
　· 학업활동의 격려

정답 ②

5. 다음 스포츠의 교육적 순기능 중 사회선도에 해당하는 내용이 아닌 것은?

① 평생체육의 조장　　　　　② 학교 내 통합
③ 장애인의 적응력 배양　　　④ 여권신장

해설 ②는 사회통합에 속하는 내용이다.

참고 🔓

　스포츠의 교육적 순기능 중 사회선도
　· 여권신장
　· 평생체육의 조장
　· 장애인의 적응력 배양

정답 ②

6. 다음 스포츠의 교육적 순기능 중 사회통합에 해당하는 것은?

① 평생체육의 조장　　　　　② 학업활동의 격려
③ 학교와 지역사회의 통합　　④ 여권신장

해설 ①, ④는 스포츠의 교육적 순기능 중 사회선도에 속하며, ②는 전인양성에 해당한다.
정답 ③

7. 다음 스포츠의 교육적 역기능 중 부정행위의 조장에 속하지 않는 것은?

① 일탈 ② 스포츠의 상업화
③ 제도적 무기력을 경험 ④ 독재적 코치

> **해설** ④는 편협된 인간 육성에 해당하는 내용이다.
>
> **참고**
>
> **스포츠의 교육적 역기능 중 부정행위의 조장**
> · 일탈 · 스포츠의 상업화 · 제도적 무기력을 경험
>
> **정답** ④

8. 다음 스포츠의 교육적 역기능 중 교육목표의 결핍에 속하지 않는 것은?

① 일탈 ② 성차별
③ 참가기회 제한 ④ 승리제일주의

> **해설** ①은 부정행위의 조장에 해당하는 내용이다.
>
> **참고**
>
> **스포츠의 교육적 역기능 중 교육목표의 결핍**
> · 성차별 · 참가기회 제한 · 승리제일주의
>
> **정답** ①

9. 다음 스포츠의 교육적 역기능 중 편협된 인간 육성에 해당하는 것은?

① 승리제일주의 ② 참가기회 제한
③ 비인간적인 측면 ④ 스포츠의 상업화

> **해설** ①, ②는 교육목표의 결핍에 속하며 ④는 부정행위의 조장에 속하는 내용이다.
> **정답** ③

10. 한국의 학원스포츠의 문제점으로 옳지 않은 것은?

① 공업화
② 지도자의 폭력과 체벌
③ 학생 선수의 인권침해
④ 학생 선수의 일탈과 부정행위 발생

> **해설** 한국의 학원스포츠 문제점
> · 상업화
> · 학생 선수의 폭력 문제
> · 지도자의 폭력과 체벌
> · 학생 선수의 일탈과 부정행위 발생
> · 현대사회의 경제논리에 의한 부적합한 가치를 학생에게 주입
> · 학생 선수의 학습권 제한
> · 학생 선수의 인권침해
> · 성폭력과 성폭행
>
> **정답** ①

11. 한국의 학원스포츠 순기능이 아닌 것은?

① 사회화 촉진 기능
② 정서의 순화 기능
③ 지역사회와의 통합
④ 학교 내 비통합

> **해설** 한국의 학원스포츠 순기능
> · 사회화 촉진 기능
> · 정서의 순화 기능
> · 학교 내 통합 및 지역사회와 통합
>
> **정답** ④

12. 다음 중 학원스포츠의 개선방안으로 옳지 않은 것은?

① 학습권 보장을 위한 최저학습권 도입
② 학교 스포츠클럽의 육성
③ 운동부 지도자 처우 비개선
④ 공부하는 학생 선수 육성

> **해설** 학원스포츠의 개선방안
> · 공부하는 학생 선수 육성
> · 운동부 지도자 처우개선
> · 학교 스포츠클럽의 육성
> · 학습권 보장을 위한 최저학습권 도입
>
> **정답** ③

1. 스포츠 미디어의 유형 중 인쇄미디어에 속하지 않는 것은?

① 잡지   ② 신문

③ 인터넷   ④ 책

해설 스포츠 미디어의 유형

인쇄미디어	신문, 잡지, 책 등
전자미디어	라디오, 컴퓨터, 텔레비전 등
디지털미디어	스마트폰, 인터넷 등

정답 ③

2. 다음 스포츠 미디어의 유형 중 전자미디어에 해당하지 않는 것은?

① 텔레비전   ② 라디오

③ 스마트폰   ④ 컴퓨터

해설 스포츠 미디어의 유형

인쇄미디어	신문, 잡지, 책 등
전자미디어	라디오, 컴퓨터, 텔레비전 등
디지털미디어	스마트폰, 인터넷 등

정답 ③

3. 다음 스포츠 미디어의 유형 중 디지털미디어에 속하는 것은?

① 인터넷   ② 잡지

③ 신문   ④ 컴퓨터

4. 다음 중 나머지 셋과 다른 하나는?

① 미디어 콘텐츠 제공　　　　② 미디어 기술의 발전
③ 스포츠 상품화　　　　　　④ 스포츠보도 위상 제고

> **해설** ①, ②, ④는 스포츠가 미디어에 미치는 영향에 대한 내용이며, ③은 미디어가 스포츠에 미치는 영향에 대한 내용이다.
> **정답** ③

5. 스포츠가 미디어에 미치는 영향으로 옳지 않은 것은?

① 미디어 기술의 발전　　　　② 미디어의 스포츠 의존도 축소
③ 스포츠 보도 위상 제고　　　④ 미디어 콘텐츠 제공

> **해설** 스포츠가 미디어에 미치는 영향
> · 미디어 콘텐츠 제공　　　　　· 미디어 기술의 발전
> · 스포츠 보도 위상 제고　　　　· 미디어의 스포츠 의존도 확대
> **정답** ②

6. 다음 중 미디어가 스포츠에 미치는 영향으로 바르지 않은 사항은?

① 스포츠 규칙 변경　　　　② 스포츠에 대한 관심과 인기 감소
③ 스포츠 상품화　　　　　④ 경기 일정 변경

> **해설** 미디어가 스포츠에 미치는 영향
> · 스포츠 상품화　　　　　　· 스포츠에 대한 관심과 인기 증대
> · 스포츠 규칙 변경　　　　　· 경기 일정 변경
> **정답** ②

7. 맥루한의 매체이론에 있어 활용되는 정의에 속하지 않는 것은?

① 객관성 　　　　　　　　　　② 감각몰입성

③ 감각참여성 　　　　　　　　　④ 정의성

> **해설** 맥루한의 매체이론
> ·정의성 　　　　　　·감각참여성 　　　　　　·감각몰입성
> **정답** ①

8. Hot 매체 스포츠에 대한 내용으로 바르지 않은 것은?

① 정의성 : 높다

② 감각몰입성 : 관람자의 낮은 몰입성

③ 감각참여성 : 높은 감각의 참여

④ 경기 진행 속도가 느리다

> **해설** Hot 매체스포츠
>
> | 정의성 | 높음 |
> |---|---|
> | 감각참여성 | 낮음 |
> | 감각몰입성 | 낮음 |
> | 특징 | ·경기 진행 속도가 느림
·정적 스포츠나 개인 스포츠 등에서 공격과 수비가 명확히 구분 |
>
> **정답** ③

9. 다음 중 Cool 매체스포츠에 대한 설명으로 적절하지 않은 것은?

① 감각참여성 : 높다

② 경기 진행 속도가 빠르다

③ 정의성 : 높다

④ 감각몰입성 : 높다

해설 Cool 매체스포츠

정의성	낮음
감각참여성	높음
감각몰입성	높음
특징	· 경기 진행 속도가 빠름 · 경기진행 형태는 복선 · 동적 스포츠나 팀 스포츠가 해당 　예) 럭비, 축구, 농구, 핸드볼 등

정답 ③

제6장

스포츠와 사회계급/계층

1. 스포츠라는 특정 사회제도 내에서 개인의 사회적·문화적·생물학적 특성에 따라 권력, 부, 사회적 평가, 심리적 만족 등이 특정 집단이나 개인 및 종목에 차별적으로 배분되어 상호서열의 위계적 체계를 의미하는 것은?

① 사회계층　　　　　　　　　② 사회수준
③ 사회규범　　　　　　　　　④ 사회부조리

> **해설** 사회계층은 스포츠라는 특정 사회제도 내에서 개인의 사회적·문화적·생물학적 특성에 따라 권력, 부, 사회적 평가, 심리적 만족 등이 특정 집단이나 개인 및 종목에 차별적으로 배분되어 상호서열의 위계적 체계를 의미하며, 상이한 계층간의 사회적 상호작용을 가능하게 한다.
> **정답** ①

2. 사회계층에 대한 설명으로 옳지 않은 것은?

① 사회체계 내에서 계층이 형성되는 것을 말한다.
② 동일한 계층간의 사회적 상호작용을 가능하게 함
③ 선호하는 스포츠 종목에 영향을 미친다.
④ 특정 집단이나 개인 및 종목에 차별적으로 배분되어 상호서열의 위계적 체계이다.

> **해설** 사회계층은 상이한 계층간의 사회적 상호작용을 가능하게 한다.
> **정답** ②

3. 다음 중 수입·교육수준·직업 등에 기초하여 구분하는 것은?

① 사회규범　　　　　　　　　② 사회수준
③ 사회계급　　　　　　　　　④ 사회부조리

> **해설** 사회계급은 수입·교육수준·직업 등에 기초하여 구분하며, 경제적 위치를 공유하는 범주이다.
> **정답** ③

4. 다음 중 스포츠계층의 특성으로 옳지 않은 항목은?

① 사회성   ② 영향성

③ 다양성   ④ 주관성

해설 스포츠계층의 특성
- 사회성   · 고래성   · 보편성
- 다양성   · 영향성

정답 ④

5. 보기의 내용이 의미하는 스포츠계층의 특성은?

> · 팀에서의 위치나 영향력에 따라서 선수간에도 계층이 형성된다.

① 영향성   ② 사회성

③ 보편성   ④ 다양성

해설 사회성은 팀에서의 위치나 영향력에 따라서 선수간에도 계층이 형성되며, 사회적으로 획득한 생물학적, 사회적 문화현상에 의해 계층이 형성된다.

정답 ②

6. 보기의 내용이 의미하는 스포츠계층의 특성은?

> · 상류지배계층이 특정 스포츠를 즐기다가 그 스포츠가 하류계층에게 대중화되면, 상류지배계층은 그 스포츠를 더 이상 즐기지 않는다.

① 사회성   ② 영향성

③ 고래성   ④ 보편성

해설 고래성은 상류지배계층이 특정 스포츠를 즐기다가 그 스포츠가 하류계층에게 대중화되면, 상류지배계층은 그 스포츠를 더 이상 즐기지 않으며 스포츠의 역사성으로 스포츠계층은 스포츠의 발전과정에 따라 변화되어 왔다.

정답 ③

7. 보기의 내용이 의미하는 스포츠계층의 특성은?

> · 스포츠로 인해 자신의 노력과 능력에 따라 사회적 이동이 가능하다.

① 영향성   ② 보편성

③ 다양성   ④ 사회성

> **해설** 다양성으로 인해 자신의 노력과 능력에 따라 사회적 이동이 가능하며, 모든 사회는 다양한 스포츠계층이 존재한다.
> **정답** ③

8. 보기의 내용이 의미하는 스포츠계층의 특성은?

> · 스포츠계층은 생활양식의 변화 및 생활기회의 변화로 나타난다.

① 보편성   ② 다양성

③ 사회성   ④ 영향성

> **해설** 영향성은 계층에 따른 스포츠 참여의 성향이 다르며, 스포츠계층은 생활양식의 변화 및 생활기회의 변화로 나타난다.
> **정답** ④

9. 스포츠계층의 특성 중 고래성에 대한 설명으로 바르지 않은 것은?

① 운동선수의 지위는 그 사회의 상황에 따라 변화한다.
② 상류지배계층은 다른 계층과 경기교류를 한다.
③ 스포츠의 역사성으로 스포츠계층은 스포츠의 발전과정에 따라 변화되어 왔다.
④ 상류지배계층이 특정 스포츠를 즐기다가 그 스포츠가 하류계층에게 대중화되면, 상류지배계층은 그 스포츠를 더 이상 즐기지 않는다.

> **해설** 상류지배계층은 다른 계층과 경기교류를 하지 않는다.
> **정답** ②

10. 보기의 내용을 읽고 괄호 안에 들어갈 말을 순서대로 바르게 나열한 것은?

> (㉠)은 팀에서의 위치나 영향력에 따라서 선수간에도 계층이 형성되며, (㉡)의 경우 운동선수의 지위는 그 사회의 상황에 따라 변화한다.

① ㉠ 사회성, ㉡ 고래성   ② ㉠ 영향성, ㉡ 보편성
③ ㉠ 다양성, ㉡ 사회성   ④ ㉠ 고래성, ㉡ 영향성

해설 사회성은 팀에서의 위치나 영향력에 따라서 선수 간에도 계층이 형성되며, 고래성의 경우 운동선수의 지위는 그 사회의 상황에 따라 변화한다.
정답 ①

11. 보기의 내용을 읽고 괄호 안에 들어갈 말을 순서대로 바르게 나열한 것은?

> (㉠)에서 스포츠계층은 어디서나 존재하며, (㉡)의 경우 계층에 따른 스포츠 참여의 성향이 다르다.

① ㉠ 영향성, ㉡ 다양성   ② ㉠ 보편성, ㉡ 영향성
③ ㉠ 다양성, ㉡ 사회성   ④ ㉠ 사회성, ㉡ 보편성

해설 보편성에서 스포츠계층은 어디서나 존재하며, 영향성의 경우 계층에 따른 스포츠 참여의 성향이 다르다.
정답 ②

12. 다음 중 사회계층의 형성과정으로 옳은 것은?

① 지위분화 → 보수부여 → 평가 → 지위서열화
② 지위분화 → 보수부여 → 지위서열화 → 평가
③ 지위분화 → 지위서열화 → 보수부여 → 평가
④ 지위분화 → 지위서열화 → 평가 → 보수부여

해설 사회계층의 형성과정
　　　지위분화 → 지위서열화 → 평가 → 보수부여
정답 ④

13. 사회계층의 형성과정 중 지위의 분화에 관한 내용으로 옳지 않은 것은?

   ① 업무 및 역할과 책임에 대한 권한이 불명확

   ② 인재를 선발하고 훈련

   ③ 사회적 지위에 의한 특정한 역할 구분

   ④ 상벌이나 보수 등 외적보상을 통한 업무 수행의 효율성 증진

> **해설** 사회계층의 형성과정 중 지위의 분화
> ·사회적 지위에 의한 특정한 역할 구분(선수, 감독, 구단주 등)
> ·업무 및 역할과 책임에 대한 권한이 명확
> ·인재를 선발하고 훈련
> ·상벌이나 보수 등 외적보상을 통한 업무 수행의 효율성 증진
> **정답** ①

14. 사회계층의 형성과정 중 지위의 서열화에 관한 내용으로 바르지 않은 것은?

   ① 역할의 사회적 기능   ② 적재적소에 인재 배치

   ③ 평가 결과에 따라 획득   ④ 지식, 외모, 체력 등에 따른 개인적 특성

> **해설** 사회계층의 형성과정 중 지위의 서열화
> ·지식, 외모, 체력 등에 따른 개인적 특성   ·적재적소에 인재 배치
> ·역할의 사회적 기능
> **정답** ③

15. 다음 사회계층과 스포츠 참가 중 상류층에 관한 내용으로 바르지 않은 것은?

   ① 개인 스포츠에 참여하는 비율이 높음

   ② 스포츠의 참가가 재력을 자랑하는 수단

   ③ 스포츠 활동에 필요한 용품이나 장비에 많은 비용 소모

   ④ 직접 참가 비율이 낮음

> **해설** 상류층
> ·직접 참가 비율이 높음
> ·개인 스포츠에 참여하는 비율이 높음
> ·직접 관람
> ·참여가 높은 스포츠로는 골프, 승마, 테니스 등
> ·스포츠의 참가가 재력을 자랑하는 수단
> ·스포츠 활동에 필요한 용품이나 장비에 많은 비용 소모
> **정답** ④

16. 다음 사회계층과 스포츠 참가 중 하류층에 관한 내용으로 바르지 않은 것은?

① 일상생활의 스트레스 등 감정 배출 수단
② 직접 관람
③ 단체 스포츠에 참여하는 비율이 높음
④ 간접 참가 비율이 높음

해설 하류층
· 간접 참가 비율이 높음
· 단체 스포츠에 참여하는 비율이 높음
· 간접 관람
· 참여가 높은 스포츠로는 야구, 복싱, 축구, 씨름 등
· 일상생활의 스트레스 등 감정 배출 수단
정답 ②

제7장

스포츠와 사회학

1. 스포츠참여로 인한 집단의 구성원으로서 특정사회가 가지고 있는 문화를 알아가는 과정을 무엇이라고 하는가?

① 스포츠 사회화   ② 스포츠 경제화

③ 스포츠 정치화   ④ 스포츠 문화화

> **해설** 스포츠 사회화는 스포츠 참여로 인한 집단의 구성원으로서 특정사회가 가지고 있는 문화를 알아가는 과정이며, 스포츠 참가를 통해 스포츠 집단이 공유하는 가치관·신념·태도 등을 체득하는 과정이다.
>
> **정답** ①

2. 스포츠 사회화 과정으로 옳은 것은?

① 스포츠로의 개인 사회화 → 중단 → 복귀 → 스포츠 참가 → 스포츠 참가의 결과

② 스포츠로의 개인 사회화 → 스포츠 참가 → 스포츠 참가의 결과 → 중단 → 복귀

③ 스포츠로의 개인 사회화 → 스포츠 참가 → 중단 → 복귀 → 스포츠 참가의 결과

④ 스포츠로의 개인 사회화 → 중단 → 스포츠 참가 → 복귀 → 스포츠 참가의 결과

> **해설** 스포츠 사회화 과정
> 스포츠로의 개인 사회화 → 스포츠 참가 → 스포츠 참가의 결과 → 중단 → 복귀
>
> **정답** ②

3. 스포츠 개입과정에서 보기 중 개입요소에 해당하는 것을 모두 고른 것은?

> ㉠ 노력   ㉡ 의지   ㉢ 정의
> ㉣ 사회적 결속   ㉤ 시간   ㉥ 내적 만족

① ㉠, ㉤   ② ㉡, ㉣

③ ㉢, ㉥   ④ ㉣, ㉥

4. 스포츠 개입과정에서 보기 중 개입정도의 요소에 속하지 않는 것은?

① 시간   ② 외적 만족
③ 노력   ④ 투자 자발성

5. 스포츠 개입과정에서 보기 중 개입형태의 요소에 해당하지 않는 것은?

① 노력   ② 정의
③ 의지   ④ 행동

6. 청소년기에 가장 영향력이 큰 사회화 주관자는?

① 친척   ② 가족
③ 또래집단   ④ 감독

7. 스포츠를 통한 사회화 개념 중 참가형태로 바르지 않은 것은?

① 활동적 참가　　　　　　　　② 정의적 참가
③ 경제적 참가　　　　　　　　④ 인지적 참가

해설 스포츠를 통한 사회화 개념의 참가형태
　·인지적 참가　　　　　　·활동적 참가　　　　　　·정의적 참가
정답 ③

8. 보기가 말하고 있는 스포츠를 통한 사회화 개념의 참가형태는?

> 자신이 특별히 지정하는 선수나 경기에 대해서 감정적으로 표현하는 형태

① 구분적 참가　　　　　　　　② 정의적 참가
③ 활동적 참가　　　　　　　　④ 인지적 참가

해설 정의적 참가는 자신이 특별히 지정하는 선수나 경기에 대해서 감정적으로 표현하는 형태이다.
정답 ②

9. 다음 내용을 읽고 괄호 안에 들어갈 말이 순서대로 바르게 짝지어진 것은?

> (㉠)은/는 신체적 활동을 수단으로 스포츠에 참가하는 것을 말하며, (㉡)은/는 생산자
> 와 소비자로 스포츠 생산과 소비과정에 참가하는 것을 말한다.

① ㉠ 2차적 참가, ㉡ 3차적 참가
② ㉠ 1차적 참가, ㉡ 1차적 일탈
③ ㉠ 1차적 참가, ㉡ 2차적 참가
④ ㉠ 2차적 일탈, ㉡ 3차적 일탈

해설 1차적 참가는 신체적 활동을 수단으로 스포츠에 참가하는 것을 말하며, 2차적 참가는 생산
　　자와 소비자로 스포츠 생산과 소비과정에 참가하는 것을 말한다.
정답 ③

10. 스포츠를 통한 사회화 개념 중 참가유형으로 바르지 않은 것은?

① 주기적 참가   ② 일탈적 참가

③ 문제적 참가   ④ 일상적 참가

> **해설** 스포츠를 통한 사회화의 참가유형
> · 주기적 참가
> · 일상적 참가
> · 일탈적 참가
> **정답** ③

11. 다음 내용에서 ( ) 안에 들어갈 말이 순서대로 바르게 짝지어진 것은?

> (㉠)은 스포츠에만 몰입하여 자신의 직업을 소홀히 하거나 포기하는 것을 말하며,
> (㉡)은 스포츠의 도박화로 내기를 통한 스포츠 참가를 말한다.

① ㉠ 1차적 몰입, ㉡ 2차적 몰입

② ㉠ 1차적 일탈, ㉡ 2차적 일탈

③ ㉠ 1차적 몰입, ㉡ 2차적 일탈

④ ㉠ 1차적 일탈, ㉡ 2차적 몰입

> **해설** 1차적 일탈은 스포츠에만 몰입하여 자신의 직업을 소홀히 하거나 포기하는 것을 말하며, 2차적 일탈은 스포츠의 도박화로 내기를 통한 스포츠 참가를 말한다.
> **정답** ②

12. 다음 ( ) 안에 들어갈 말로 적절한 것은?

> ( )은/는 경기활동 외에는 다른 관심 없이 경기에만 참가하는 형태이다.

① 토테미즘   ② 매너리즘

③ 프로페셔널리즘   ④ 아마추어리즘

> **해설** 아마추어리즘은 경기활동 자체가 목적이며, 경기활동 외에는 다른 관심 없이 경기에만 참가하는 형태이다.
> **정답** ④

13. 스포츠 탈사회화의 원인으로 바르지 않은 것은?

　① 옳지 않은 인간관계
　② 심리적인 스트레스
　③ 환경에의 적응
　④ 스포츠 활동에 대한 기대감 상실

> 해설 스포츠 탈사회화의 원인
> · 심리적인 스트레스
> · 스포츠 활동에 대한 기대감 상실
> · 옳지 않은 인간관계
> · 환경에의 부적응
> 정답 ③

14. 다음 중 강제적 은퇴에 해당하는 것은?

　① 운동의 열정 상실　　　② 팀원간 갈등
　③ 폭력　　　　　　　　　④ 부상

> 해설 ①, ②, ③은 자발적 은퇴에 해당한다.
> ※ 강제적 은퇴
> · 부상이나, 팀 해체 등 자신의 의지와 상관없는 비자발적 탈락
> 정답 ④

15. 다음 중 자발적 은퇴에 속하지 않는 것은?

　① 취업　　　　　　　　　② 진학
　③ 폭력　　　　　　　　　④ 팀 해체

> 해설 ④는 강제적 은퇴에 해당한다.
> ※ 자발적 은퇴
> · 스포츠 이외의 사회생활에 참가하기 위한 은퇴(진학, 취업 등)
> · 폭력, 팀원 간의 갈등, 운동의 열정 상실 등
> 정답 ④

16. 스포츠 활동을 중단하였던 사람이 다시 스포츠 활동을 시작하는 것을 의미하는 것은?

① 반사회화   ② 탈사회화

③ 재사회화   ④ 초사회화

> **해설** 재사회화는 스포츠 활동을 중단하였던 사람이 다시 스포츠 활동을 시작하는 것을 의미한다.
> **정답** ③

제8장

스포츠와 일탈

1. 스포츠의 규범을 위반하는 행동은?

　① 스포츠 재사회화　　　　　② 스포츠 일탈
　③ 스포츠 비통제화　　　　　④ 스포츠 탈사회화

> **해설** 스포츠 일탈은 스포츠에서 용인되는 보편타당한 범위를 벗어나 사회적 규범을 무시하는 행동을 말한다.
> **정답** ②

2. 사회에서 중요하게 여기는 목표를 달성한 수단을 가지지 못할 때 발생하는 것은?

　① 낙인 이론　　　　　　　② 아노미 이론
　③ 일탈 이론　　　　　　　④ 사회통제 이론

> **해설** 아노미 이론은 목표와 수단 간의 괴리 속에 자신의 욕망을 누르지 못한 비합법적인 수단을 사용하는 것을 말한다.
> **정답** ②

3. 일탈을 할 수 있는 상황에서 일탈을 하지 않은 것에 대한 관심을 무엇이라고 하는가?

　① 욕구 이론　　　　　　　② 낙인 이론
　③ 아노미 이론　　　　　　④ 사회통제이론

> **해설** 사회통제이론은 일탈을 할 수 있는 상황에서 일탈을 하지 않은 것에 대한 관심이며, 일탈은 같은 상황에 있는 경우라도 내적 통제와 외적 통제로 인해서 억제 가능하다.
> **정답** ④

4. 다음 중 스포츠 일탈의 순기능이 아닌 것은?

① 창의성 미부여   ② 규범의 재확인

③ 규범에의 동조   ④ 사회적 안전판 역할

> **해설** 스포츠 일탈의 순기능
> - 사회개혁   · 창의성 부여   · 사회적 안전판 역할
> - 규범의 재확인   · 규범에의 동조
>
> **정답** ①

5. 스포츠 폭력의 발생원인이 아닌 것은?

① 스포츠의 상업화   ② 약물복용

③ 운동선수의 역할 사회화   ④ 스포츠 팀의 구조적 특성

> **해설** 스포츠 폭력의 발생원인
> - 스포츠의 상업화
> - 운동선수의 역할 사회화
> - 스포츠 팀의 구조적 특성
>
> **정답** ②

6. 스포츠 부정행위 중 제도적 부정행위에 속하는 것은?

① 규칙에 위반되는 행위

② 승부조작, 경기에 전혀 상관없는 불법적 도구 사용

③ 심판에게 반칙판정을 유도하는 헐리웃 액션

④ 선수의 연령 위조

> **해설** 제도적 부정행위
> - 규칙에 위배되는 행동이 아니라 용인 가능한 행위
> - 심판에게 반칙판정을 유도하는 헐리웃 액션, 야유 등
>
> **정답** ③

7. 스포츠 부정행위 중 일탈적 부정행위에 해당하는 것은?

① 선수의 학력 위조

② 규칙에 위반되는 행위

③ 선수의 연령 위조

④ 심판에게 반칙판정을 유도하는 헐리웃 액션

> **해설** 일탈적 부정행위
> · 규칙에 위반되는 행위
> · 승부조작, 경기에 전혀 상관없는 불법적 도구 사용 등
> **정답** ②

8. 스포츠 부정행위 중 조직적 일탈에 속하는 것은?

① 심판에게 반칙판정을 유도하는 헐리웃 액션

② 승부조작

③ 규칙에 위반되는 행위

④ 관련 부서나 조직의 도움으로 일어나는 조직의 위반

> **해설** 조직적 일탈
> · 관련 부서나 조직의 도움으로 일어나는 조직의 위반
> · 선수의 학력 위조, 선수의 연령 위조 등
> **정답** ④

9. 익명성으로 인해 사회규범에 억제된 반사회적 성향의 폭력행위가 분출하는 것은?

① 부가가치이론   ② 개인행동

③ 수렴이론   ④ 흡입이론

> **해설** 수렴이론은 익명성으로 인해 사회규범에 억제된 반사회적 성향의 폭력행위가 분출하며 이
> 에는 영국 축구의 훌리건 등이 있다.
> **정답** ③

10. 집단행동의 결정으로 그 순서가 바른 것은?

① 구조적 요인 → 집단행동을 위한 참여자의 동원 → 구조적 긴장 → 일반화된 신념의 성숙과 파급 → 촉진 요인 → 사회통제기제
② 구조적 요인 → 구조적 긴장 → 촉진 요인 → 일반화된 신념의 성숙과 파급 → 집단행동을 위한 참여자의 동원 → 사회통제기제
③ 구조적 요인 → 구조적 긴장 → 일반화된 신념의 성숙과 파급 → 촉진 요인 → 집단행동을 위한 참여자의 동원 → 사회통제기제
④ 구조적 요인 → 일반화된 신념의 성숙과 파급 → 촉진 요인 → 구조적 긴장 → 집단행동을 위한 참여자의 동원 → 사회통제기제

해설 집단행동의 결정 순서
구조적 요인 → 구조적 긴장 → 일반화된 신념의 성숙과 파급 → 촉진 요인 → 집단행동을 위한 참여자의 동원 → 사회통제기제
정답 ③

11. 관중 폭력의 특징으로 옳지 않은 것은?

① 관중 밀도　　　　　② 관중 소음
③ 관중 구성　　　　　④ 관중 취미

해설 관중 폭력의 특징
· 관중의 크기
· 관중 밀도
· 관중 소음
· 좌석과 입석
· 관중 구성
· 경기 중요도
정답 ④

제9장

미래사회의 스포츠

1. 다음 중 스포츠 변화에 영향을 미치는 요인이 아닌 것은?

① 통신 및 전자 매체의 발달
② 조직화 및 합리화
③ 개인화의 발전
④ 테크놀로지의 발전

> **해설** 스포츠 변화에 영향을 미치는 요인
> · 테크놀로지의 발전
> · 통신 및 전자 매체의 발달
> · 조직화 및 합리화
> · 상업화 및 소비성향의 변화
> **정답** ③

2. 스포츠 변화에 영향을 미치는 요인 중 통신 및 전자매체의 발달에 대한 내용이 아닌 것은?

① 잠재력을 표출하기 위한 프로그램 개발
② 미래 스포츠에 대해 상상할 수 있는 다양한 정보 제공
③ 텔레비전, 인터넷 등의 장치
④ 미디어에 의한 스포츠 정보 제공

> **해설** 통신 및 전자 매체의 발달
> · 텔레비전, 인터넷 등의 장치
> · 미디어에 의한 스포츠 정보 제공
> · 미래 스포츠에 대해 상상할 수 있는 다양한 정보 제공
> · 미디어 제작자들의 미래 스포츠 모습에 대한 영향력 증가
> **정답** ①

3. 스포츠 변화에 영향을 미치는 요인 중 테크놀로지의 발전과 관련이 없는 것은?

① 잠재력을 표출하기 위한 프로그램 개발
② 미디어에 의한 스포츠 정보 제공
③ 스포츠 과학화로 인하여 사용 가능한 경험이 확장
④ 스포츠 장비의 성능 향상으로 스포츠를 보다 안전하게 하고자 함

> **해설** 테크놀로지의 발전
> ·스포츠 장비의 성능 향상으로 스포츠를 보다 안전하게 하고자 함
> ·잠재력을 표출하기 위한 프로그램 개발
> ·스포츠 과학화로 인하여 사용 가능한 경험이 확장
> **정답** ②

4. 스포츠 변화에 영향을 미치는 요인 중 조직화 및 합리화에 대한 내용은?

① 미디어에 의한 스포츠 정보 제공
② 미디어 제작자들의 미래 스포츠 모습에 대한 영향력 증가
③ 스포츠의 조직화 및 합리화 현상은 스포츠의 즐거움보다 목표를 성취하는 결과를 중요시 함
④ 잠재력을 표출하기 위한 프로그램 개발

> **해설** 조직화 및 합리화
> ·스포츠의 조직화 및 합리화 현상은 스포츠의 즐거움보다 목표를 성취하는 결과를 중요시 함
> ·스스로가 설정한 조건을 따르기 때문에 스포츠의 자발성, 기쁨, 표현 등이 배제
> **정답** ③

5. 스포츠 변화에 영향을 미치는 요인 중 상업화 및 소비성향의 변화에 해당하는 내용은?

① 스포츠 참여 자체가 경기결과를 중요시 하는 이익을 목적으로 사고 파는 상품화의 경향
② 스포츠 과학화로 인하여 사용 가능한 경험이 확장
③ 스스로가 설정한 조건을 따르기 때문에 스포츠의 자발성, 기쁨, 표현 등이 배제
④ 미디어 제작자들의 미래 스포츠 모습에 대한 영향력 증가

6. 다음 중 스포츠 세계화의 동인에 대한 내용으로 옳지 않은 것은?

① 스포츠 방송이나 정보 등이 지속적으로 제공됨
② 스포츠의 범세계적 차별성과 다양성이 감소
③ 대중매체의 발달로 인하여 범세계적 · 경제 · 문화적 관행 등의 움직이는 방향을 알 수 있음
④ 범세계적 동질화를 추구하는 것이 아님

해설 스포츠의 범세계적 차별성과 다양성의 증대이다.
정답 ②

7. 다음 스포츠 세계화에 대한 내용 중 미래사회의 스포츠 변화 예측에 대한 것으로 바르지 않은 것은?

① 전자매체의 발달로 관람 스포츠의 형태가 변화하지 않을 것이다.
② 소비성향의 변화에 따라 노인의 스포츠 참여율이 점차 증가할 것이다.
③ 용품, 장비, 시설 등 스포츠 환경이 더욱 개선될 것이다.
④ 새로운 형태의 스포츠가 지속적으로 생겨날 것이다.

해설 전자매체의 발달로 관람 스포츠의 형태가 변화할 것이다.
정답 ①

제4과목

운동역학

01. 운동역학의 정의

1. 운동역학

① 인체나 스포츠 용구 등에 작용하는 여러 가지 힘들의 효과를 분석하고 예측하는 학문
② 여러 운동 동작이나 기술의 원리와 메커니즘을 찾아내고 그것을 응용하려는 학문
③ 인체를 물체로 간주하고 자연 과학적인 원리나 개념을 이용, 인간의 운동을 설명하고 이해

참고

운동역학의 연구영역
① 정역학 : 인체에 작용하는 힘들 사이의 평형 상태를 분석. 휴식상태나 일정한 속도의 움직임
② 동역학
· 인체가 움직이는 동작을 설명하고 그 원인 관심, 운동 상태의 변화
· 운동학-운동의 원인이 되는 힘 고려하지 않고 움직임 변인을 정량적 기술
· 운동역학-운동을 유발하거나 변화시키는 원인인 힘을 다루는 분야로 인체에서 작용하는 외적인 힘을 중시(근력, 지면반력, 토크, 관성모멘트, 운동량)

02. 운동역학의 목적과 내용

1. 운동역학의 목적

① 운동기술의 향상
② 안전성의 향상
③ 운동용기구의 개발

2. 운동역학의 내용

① 운동동작의 분석
② 인체 측정
③ 힘의 측정

3. 운동역학의 필요성

① 스포츠과학자는 운동역학적 이론을 현장에 적용하여 경기력 향상에 크게 기여
② 스포츠지도자는 운동역학적 지식을 토대로 운동학습의 효과를 극대화시킬 수 있음
③ 스포츠과학자는 운동역학적 지식을 현장에 적용시키기 위해 스포츠지도자와 협력적
   인 관계를 지속적으로 유지해야 함

※ 학문영역

학문	개념
운동역학	생물체의 연구에 역학적 원리를 적용시킨 학문
역학	질점 및 역학적 시스템에 작용하는 힘을 분석하는 물리학의 한 분야
정역학	운동의 일정 상태에 있는 시스템을 다루는 역학의 한 분야
동역학	가속 상태에 있는 시스템을 다루는 역학의 한 분야
운동학	공간과 시간을 기초로 운동을 기술하는 운동역학의 한 분야
운동역학	움직임의 원인이 되는 힘을 연구하는 운동역학의 한 분야
인체측정학	신체 분절의 치수, 무게와 관련된 요인
운동기능학	인간 움직임을 연구하는 학문
스포츠의학	스포츠나 운동의 임상 및 과학적 측면에서 연구하는 학문

제2장

운동역학의 이해

제4과목
운동역학

01. 해부학적 기초

1. 해부학적 기초

① 인체의 운동은 근골격계를 통해 이루어지므로 인체가 움직이는 원리를 올바르게 이해
하기 위해서는 뼈, 관절, 근육 등 인체의 각 구조와 물리적 특성을 알아야 함

② 또한 인체의 움직임을 정확하게 표현하기 위해서는 모든 사람이 공통적으로 이해할
수 있는 용어를 사용하는 것이 바람직함

③ 이에 인체구조와 관련된 해부학적 용어를 이용하면 인체 분절의 운동을 쉽게 기술할
수 있음

④ 특히 운동역학을 공부하는 경우 이와 관련된 지식은 인체운동을 보다 쉽게 이해하기
위한 필수적인 요소

참고

① 해부학적 자세 : 몸을 곧게 세운 상태로 관찰자를 향해 선후 손바닥이 전방을 향하도록
펴고 양팔을 동체의 측면으로 늘어뜨린 자세를 말한다.
② 해부학적 면
· 기본면(cardinal plane) : 인체를 질량에 의해 반으로 나눈 세 개의 가상 수직면
· 시상면(sagital plane) : 인체와 신체분절의 운동이 전, 후로 발생하는 면
· 전두면(frontal plane) : 인체와 신체분절의 운동이 측면으로 발생하는 면
· 횡단면(transverse plane) : 인체가 곧바로 서있을 때 인체와 신체분절의 운동이 수평적
으로 일어나는 면

2. 인체의 근골격계

① 인체는 골격계에 의해 지지되고 유지되며, 골격계는 뼈(bone), 관절(joint, articulation),
연골(cartilage) 등으로 구성

② 이것들은 주로 인대(ligament)에 의해서 관절로 연결되어 인체의 체형을 형성하며, 관절과 관절사이를 분절이라 함

③ 이러한 분절들은 골격근(skeletal muscles)의 작용에 의해서 각종 운동을 할 수 있도록 되어 있음

　㉠ 뼈

　　ⓐ 인간은 약 300개 정도의 뼈를 갖고 태어나지만 성장하는 동안 뼈 사이의 연골이 이어져 합쳐지면서 성인이 되었을 때 대략 크고 작은 206개로 줄어듦

　　ⓑ 뼈는 근육이나 인대가 부착되어 있으며 내장, 노, 척수, 안구 등의 장기를 보호하는 역할을 함

　　ⓒ 또한 인체는 골격과 근육의 형태적 특성으로 인해 일정한 자유도를 가지는 연결체로서 운동을 일으키는 기계적인 기능을 함

　㉡ 뼈의 구조(structure)와 성분(composition)

　　ⓐ 뼈는 미네랄(탄산칼슘, 인산칼슘), 콜라겐, 물 등으로 이루어져 있음

　　ⓑ 일반적으로 탄산칼슘과 인산칼슘은 뼈 무게의 약 60%~70%를 구성

　　ⓒ 이 미네랄로 인해 뼈의 강도를 결정할 수 있고, 뼈에 유연성을 제공하는 콜라겐은 장력의 강도와 관련되어 있음

　　ⓓ 물은 전체 뼈 무게의 25%~30%를 차지하며 뼈의 강도에 큰 역할을 함

　　ⓔ 뼈에 들어있는 미네랄의 상대적인 비율은 각 개인의 나이와 뼈의 종류에 따라 다름

　　ⓕ 뼈는 유공성(porosity)에 의해 두 종류로 나누어지는데 유공성이 낮은 경우, 즉 미네랄이 아닌 조직이 뼈 부피의 5%~30%로 들어 있으면 피상골(cortical bone)이라 하고 유공성이 상대적으로 높은 경우, 즉 미네랄이 아닌 조직이 뼈 부피의 30%~90%를 차지할 경우 해면골(trabecular bone)이라 함

　　ⓖ 뼈의 유공성은 뼈의 기계적인 성질에 직접적인 영향을 미침

　　ⓗ 미네랄이 많이 함유된 피상골은 강한 부하에 잘 견디며 해면골에 비해 상대적으로 덜 변형됨

　　ⓘ 피상골과 해면골은 모두 이방성의 성질을 갖고 있는데 이는 방향이 다른 외력에 따라 다를 강도를 나타냄

　　ⓙ 뼈는 압축력을 잘 견디며, 해면골에 비해 상대적으로 덜 변형됨

　　ⓚ 피상골과 해면골은 모두 이방성의 성질을 갖고 있는데 이는 방향이 다른 외력에 따라 다른 강도를 나타냄

① 뼈는 압축력에 잘 견디는 반면 전단력에는 약함

3. 뼈의 내부구조

① 대퇴골과 같은 긴 뼈는 양쪽 끝부분의 뼈끝(epiphysis)과 뼈몸통(diaphysis)으로 이루어져 있음
② 뼈몸통은 치밀뼈(compact bone)로 만들어진 빈 튜브 형태로, 기계적 힘이 가장 크게 작용하는 뼈몸통의 중간에서 가장 두꺼움
③ 뼈끝 부위의 단면은 해면(spongy)구조를 보이며 뼈섬유는 기계적 힘이 가장 크게 걸리는 선을 따라 배열되어 있음
④ 뼈몸통 속의 빈 부분은 골수(bone marrow)로 채워져 있고 혈수세포가 생성
⑤ 뼈의 겉표면은 골막(periosteum)으로 덮여있고 여기에 혈관이 들어있어 뼈 재생의 기능을 담당함

4. 뼈의 종류와 움직임

① 척추는 23개의 척추사이 관절(intervertebral articulation)로 나누어진 경추(cervical), 흉추(thoracic), 요추(lumbar), 천추(sacrum), 미추(coccyx)로 구성되며, 이러한 관절들로 인해 척추는 큰 운동성을 가지고 있음
② 허리를 앞으로 굽히는 동작은 경추와 요추가 굴곡함과 동시에 엉덩이 관절이 함께 굴곡하는 합성운동의 결과임
③ 척추관절에 의한 또 다른 운동은 목과 허리를 뒤로 젖히는 과신전운동(hyper-extension), 머리와 목을 좌우 옆으로 굽히는 측방굴곡(lateral flexion) 운동 등이 있음
④ 어깨는 팔이 몸통에 부착되는 곳이며, 어깨뼈에는 견갑골(scapular)과 쇄골(clavical)이 있음
⑤ 어깨의 운동은 흉골과 쇄골 사이의 흉쇄관절(sternoclavicular joint), 견갑골과 쇄골 사이의 견봉쇄골관절(acromioclavicular joint), 견갑골과 상완골 사이의 견관절(gelnohumeral joint)과 연관되어 있음
⑥ 어깨에서는 굴곡, 신전, 내전, 외전, 회전, 내회전, 외회전 등이 일어남
⑦ 상완은 상환골로 이루어져 있음
⑧ 저완은 척골(ulnar)과 요골(radius)로 이루어져 있으며, 원위 상완골과 근위 척골이 만나는 주관절(elbow)은 경첩관절로 굴곡과 신전을 하며, 요골은 회내운동이 가능

⑨ 손은 손목관절을 이루는 수근골(carpal), 손바닥을 이루는 중수골(metacapal), 손가락을 이루는 지골(phalanges)로 이루어지며 손목에서는 굴곡, 신전, 외전, 내전이 일어남

⑩ 엉덩이는 골반(pelvis)과 대퇴골(femur) 사이의 절구관절(ball and socket joint)로 이루어지며, 엉덩이 관절에서는 굴곡, 신전, 내전, 외전이 일어남

⑪ 무릎은 대퇴골과 하퇴의 결곡(tibia)과 비골(fibular)을 연결하는 경첩관절로 주로 굴곡과 신전이 일어남

⑫ 발은 크게 족근골(tarsal), 중족골(metatarsal), 지골(phalanges)로 구성되고, 몸무게를 지탱하고 걷고 뛸 때의 복잡한 움직임을 담당하는 역할을 하며, 발은 저측굴곡, 배측굴곡, 외전, 내전, 외반, 내반의 동작을 함

02. 운동의 종류

1. 선운동(병진운동)

① 물체의 모든 부분이 동일한 시간에 동일한 거리, 동일한 방향으로 움직이는 것
② 직선 선운동 : 달리기, 스케이트(신체의 중심이 직선으로 움직임)
③ 곡선 선운동 : 멀리뛰기, 허들, 수영의 다이빙(곡선으로 움직임)

2. 각운동

① 일정한 축을 중심으로 물체의 모든 부분이 일정한 시간 동안 같은 각, 같은 방향으로 이동
② 회전운동, 스핀, 스윙, 원운동(내축 회전 : 던지기 팔 동작, 축구 킥, 외축회전 : 철봉)

3. 복합운동

병진운동 + 회전운동(걷기 : 다리는 회전, 몸은 병진운동)

제3장 인체역학

01. 인체의 물리적 특성

1. 질량과 무게

① 질량이 장소에 의해 변하지 않는 절대적 값이라면 무게는 장소에 의해 달라지는 상대적 값을 말함
② 동일한 물체라도 질량은 일정하지만 무게는 중력의 차이에 따라 달라질 수 있음

2. 인체의 무게 중심

① 토크(torque) : 회전력
② 무게 중심 : 중력에 따른 토크가 0인 것
③ 인체의 질량이 집중된 곳으로 해부학적 자세에서는 무게 중심이 일정
④ 정적인 자세의 무게 중심은 일정하나, 동적인 상태에서는 무게 중심이 변함

02. 인체평형과 안정성

1. 평형

① 속도가 변하지 않는 상태, 즉 가속되지 않은 상태를 의미
② 정적 평형과 동적 평형

정적 평형	정지해 있는 상태에서 평형을 이루는 것, 정적 평형 상태를 유지하기 위해서는 외부에서 작용하는 힘과 토크의 합이 0
동적 평형	일정한 속도로 운동하는 상태에서의 평형(선평형, 회전 평형)

2. 안정성

① 정적 평형 상태 또는 회전 평형 상태를 유지하고자 하는 상태
② 선안정과 회전안정

선안정	지면이나 마루 등의 접촉면에서 미끄러지지 않고 본래의 상태를 유지하는 것을 말하며, 안정성은 물체의 관성 및 마찰력이 클수록 증가
회전안정	어떤 물체의 무게 중심 이외의 지점에 외부에서 힘이 가해질 경우 쓰러지지 않으려는 정도를 말함

참고

·안정성이 크려면 기저면이 넓고 무게 중심이 기저면 중심부 위에 낮게 위치해야 함

03. 인체의 구조적 특성

1. 인체의 기본구조

① 두부, 사지 - 골격 : 운동을 주관하는 근육부착 → 혈관과 신경으로 구성
② 두부, 구간

외부	골격, 근육
내부	두개강, 체강(일종의 방과 같은 구실) - 뇌수 또는 내장기관을 담음

③ 두개강 - 뇌수 / 척수관 - 척수 → 신경계의 중요기관 보호 : 강한 구조
④ 체강 - 횡경막을 기준으로 위쪽 : 흉강 / 아래쪽 : 복강(2실 구조)
 ㉠ 흉강 : 기관, 기관지, 식도, 흉부내장 : 심장, 출입혈관, 폐장
 ㉡ 복강 : 소화기, 비뇨기, 생식기 일부
⑤ 골반강 - 골반장기 : 방광, 생식기관

인체의 주요 기능

· 골격 : 뼈가 일정하게 배열하여 인체의 기본적 구조를 이룸
· 근육 : 운동을 가능하게 함
· 뇌 : 간뇌, 중뇌, 연수, 소뇌, 척수로 구성
· 기관 : 후두에서 이어지는 관
· 인두 : 비강에서 이어지는 통로
· 후두 : 공기의 통로, 인두와 기관지 사이
· 식도 : 음식물 이동통로

2. 인체의 외부구조(감각기관)

· 감각기관 : 촉각, 시각, 미각, 청각, 후각 등의 5감(눈, 코, 입, 귀, 피부)
· 일반감각기관 : 온도, 동통, 압력, 접촉 등의 감각기관을 수용하며 전신피부에 분포

① 피부

    ㉠ 정의 : 손톱, 발톱, 머리카락, 피하지방 등을 포함하는 거대한 조직

    ㉡ 기능

신체의 보호	외부로부터 자극과 병원체의 침입을 막고 화학약품, 빛으로부터 신체 보호
체온조절	피부의 수축과 이완으로 조절
분비작용	땀과 피하지방을 적절하게 분비하여 윤기있고 탄력있는 피부 유지
지각작용	피부에 퍼져 있는 말초지각신경에서 냉각, 온각, 통각, 촉각 등을 자각
기타	호흡작용, 표정작용, 배설작용, 생성작용

    ㉢ 표피 : 피부의 가장 바깥

    ㉣ 진피 : 땀샘, 혈관, 분비샘 - 표피 아래 결합조직, 탄력성이 있어 질기고 강함

    ㉤ 피하지방

        ⓐ 지방세포로 이루어짐

        ⓑ 혈관과 분지가 많음

        ⓒ 체온손실을 막고 외부충격에서 내장보호

② 눈(시각)

    ㉠ 정의 : 빛의 자극에 의해 일어나는 감각기관

ⓛ 구성

각막	혈관을 포함하지 않는 투명조직(검은자위), 외부자극의 감수성이 큼, 공막 (흰자위)에 연결
수정체	볼록한 렌즈모양, 모양체에 붙어 있음, 홍채 뒤에 붙은 혈관이 없는 탄성조직
초자체	수정체와 망막 사이, 젤라틴 상태, 안구의 모양 유지, 광선의 통로역할
결막	안구표면을 덮는 투명한 막
맥락막	안구벽의 중간층, 혈관이 많음-주변에 영양 공급
홍채	조리개 역할, 수정체의 가장 자리를 덮고 있음
망막	빛의 수용기인 시세포(간상세포, 원추세포) 존재

③ 코(후각)

　ㄱ 정의 : 뇌신경에 관여하는 특수 감각, 일종의 화학물질이 기체로 공기 중에 섞여 후각세포에 자극, 후각 세포는 점액에 용해되는 물질에 자극

　ㄴ 특징 : 2,000~4,000 종류의 냄새를 구분

④ 입(미각)

　ㄱ 정의 : 화학물질이 용해된 상태로, 분자나 이온이 미각 수용기를 자극하면 자극이 대뇌에 전달될 때 느끼는 감각

　ㄴ 구성

미뢰	혀의 돌기처럼 생긴 유두 옆에 위치하며 미세포를 포함
특징	혀의 부위에 따라 맛의 감도가 다름

⑤ 귀(청각)

　ㄱ 정의 : 음파에 의하여 소리 감지 & 평형감각기관

　ㄴ 청각의 감각기 : 코르티기관, 청신경

　ㄷ 평형감각기관 : 전정기관, 반고리관

　ㄹ 구성

외이	귓바퀴, 외이도(외부에서 고막까지) - 공기의 진동의 고막까지 전달
중이	고막 - 이소골(추골, 침골, 등골)
내이	뼈에 묻힌 기관 - 내부로 향한 미로형태, 청취와 평형의 기관 포함

⑥ 간 : 해독작용, 소화를 돕는 작용

⑦ 위 : 소화작용

⑧ 소장 : 소화작용(흡수)

⑨ 심장 : 혈액의 펌프작용

⑩ 신장 : 노폐물 여과작용과 흡수
⑪ 방광 : 뇨를 모으는 곳

제4장
운동학의 스포츠 적용

01. 선운동의 운동학적 분석

1. 거리

물체가 한 위치에서 다른 위치로 이동했을 때 그 물체가 지나간 궤적의 거리

2. 변위

그 물체의 이동시점과 종점 사이의 거리

3. 속력과 속도

① 속력 = $\dfrac{이동거리}{경과시간}$

② 속도 = $\dfrac{이동변위}{경과시간}$

4. 평균속도

순간속도를 무시한 채 특정 거리 혹은 변위를 이동하는 데 소요되는 시간으로 나눈 속도

5. 초속도

시간을 측정하기 시작한 그 순간의 속도

6. 종속도

일정 거리나 변위 혹은 시간의 종료점에서의 속도

7. 순간속도

순간적인 특정 시간이나 지점에서 측정된 속도

8. 선가속도

단위시간당 속도의 변화율. 속력이 증가하는 물체는 정적가속도, 반대는 부적가속도

02. 각운동의 운동학적 분석

1. 선속도와 각속도와의 관계

① 회전체의 각속도가 일정하면 그 물체의 선속도는 회전반경의 길이에 비례
② 회전체의 선속도가 일정하면 그 물체의 각속도는 회전반경의 길이에 반비례
③ 선속도(V) = 각속도(W) × 회전반경(r)
　　㉠ 선속도는 각속도가 일정할 때 회전반경에 비례
　　㉡ 예를 들어, 테니스 서브에서 팔 곧게 펴기, 배구의 스파이크, 골프스윙 등에서 팔을 곧게 펴 회전반경을 크게 하면 최대의 선속도를 얻을 수 있음
④ 각속도(w) = 선속도 / 회전반경
　　㉠ 선속도가 일정할 때 각속도는 회전반경에 반비례
　　㉡ 예를 들어, 체조나 피겨의 스핀에서 많은 회전수를 원할 경우 회전 반경을 작게(터크 자세)하면 각속도를 증가시킬 수 있음
⑤ 선속도 크면 유리 : 골프, 테니스 서브, 배구 스파이크(회전반경이 길어짐)
⑥ 각속도 크면 유리 : 체조 공중동작(신체분절 최대한 중심에 가깝게 위치-회전반경이 짧음)

2. 회전반경의 길이와 운동량

① 운동량=질량×속도, 질량이 일정할 경우 속도 증가로 운동량 증가
② 각속도가 일정하고 회전반경 길이가 크면 선속도 증가→더 큰 운동량

참고

투사체 운동의 운동학적 분석

· 공중에 투사된 수평거리 결정 요인
① 공을 던지는 순간의 투사속도 : 투사속도가 빠르면 빠를수록 투사거리 증가(투사물에 가장 큰 영향)
② 투사각도 : 외력이 없으면(투사점과 착지점이 같을 때) 45도가 이상적 각도(비행경로의 형태 결정 요인), 실제에서는 낮게 적용
③ 투사높이 : 투사점이 높으면 높은 만큼 멀리 나감
④ 투사속도, 투사각도, 투사높이의 상대적 중요성 : 큰 키는 투사높이 증가, 실제 투사높이는 지면보다 높아 포환의 경우 35~42도, 멀리뛰기는 도약속도가 중요하여 20~25도 유지, 세 가지 요인은 본질적으로 서로 관련되지만 투사속도가 투사거리에 가장 큰 영향을 미침

운동역학의 스포츠 적용

01. 선운동의 운동역학적 분석

1. 뉴턴의 운동법칙

(1) 제1법칙 : 관성의 법칙

① 원래의 운동 상태를 유지하려는 속성
② 100m 결승 통과 후 질주의 원인
③ 속도×질량
  ㉠ 질량이 크면 관성이 커져 안정성을 강화
  ㉡ 쿼터백/씨름/레슬링에 유리
  ㉢ 빠른 방향전환이 요구되는 배드민턴의 경우 불리
④ 정지 상태 관성력은 물체의 질량에 비례
⑤ 운동 중 관성력은 그 물체의 운동량에 비례

(2) 제2법칙 : 가속도의 법칙

① 움직이는 물체와 같은 방향의 힘이 작용하면 그만큼 가속도가 생김
② 야구의 투구동작 : 공의 방향과 일치하는 방향으로 힘을 가속
③ 큰 볼링공이 충격력이 큼
④ 운동 유리 : 멀리뛰기, 높이뛰기, 야구, 배구 스파이크
⑤ 운동 불리 : 축구에서의 재빠른 정지, 스파이크 후의 네트터치

(3) 제3법칙 : 작용과 반작용의 법칙

크기가 같고 방향이 반대인 힘의 작용, 농구의 리바운드, 스타팅블록, 뜀뛰기의 발 구르기

① 스파이크를 신고 달리는 경우 운동법칙 적용
  · 관성 : 추진력에 의해 계속 앞으로 나아가려 함
  · 가속도 : 지면을 강하게 밀어서 가속도 증가
  · 작용 - 반작용 : 스파이크 못의 지면 후방 압력에 대해 그 반작용으로 추진력 생성
② 축구 킥에서의 뉴턴 운동법칙 적용
  · 관성 : 킥 후에도 발은 계속 진행방향으로
  · 가속도 : 다리의 스윙속도 증가
  · 작용/반작용 : 공에 충격 순간 작용반작용
  · 지구가 선수를 밀어 올리는 반작용력의 크기는 선수가 지면을 밀어내는 힘의 크기에 따라 결정
  · 지구의 반작용력은 체중뿐만 아니라 운동의 형태에 따라서 결정
  · 신체의 누르는 힘과 지구가 신체를 밀어 올리는 힘은 지표면 사이에 작용하는 마찰력의 크기를 결정
③ 지면반작용의 예
※ 스키 : 웨이팅 - 스키에 체중을 가하는 동작, 언웨이팅 - 스키에 체중이 실리지 않게 하는 동작
  · 다리 신전 - 지면반력 증가-마찰력 증가, 다리 굴곡-압력 감소-마찰력 감소
※ 높이뛰기 : 이론적으로 지면반력에 의한 충격량을 크게 하여 힘을 증가시키거나 작용시간을 늘려야 하나 실제 이륙을 위한 발 구름 시 다리를 가능한 곧게 폄으로써 지면반력에 의한 충격량을 크게 할 수 있다. 그 이유는 무릎을 곧게 빨리 펴면 힘의 작용시간이 상대적으로 감소하여 충격량이 감소하지만, 분절 각각의 가속도를 크게 함으로써 신체의 상승 가속도를 크게 해 증가되는 충격량이 상대적으로 더 큼

2. 힘

(1) 힘의 종류

내력	근육 내부에서 작용하는 힘
외력	중력, 공기저항, 지면반력, 부력, 압력
추진력	운동을 유발케 하는 힘
저항력	운동을 방해하는 힘

(2) 힘에 따른 물체의 운동 형태

① 힘의 3요소

   ⊙ 힘의 크기

   ⓛ 힘의 방향

   ⓒ 힘의 작용점

② 향심력

구심력	물체나 인체의 중심을 지나는 힘
이심력	편심력 - 무게 중심을 지나지 않는 힘

③ 힘의 특징

   ⊙ 운동은 물체에 가해지는 힘이 저항력보다 커야 함

   ⓛ 물체나 인체의 운동은 힘이 작용선과 무게 중심의 위치 관계에 의해서도 달라짐

   ⓒ 물체의 속도 변화는 작용한 힘의 크기와 작용 시간에 비례

   ⓔ 여러 힘이 동시에 같은 방향에서 작용하면 가속도 증가

(3) 힘의 효과와 토크

① 이심력

   ⊙ 축구공을 차는 지점에 따라 회전하는 방향이 달라짐

   ⓛ 중앙을 벗어난 지점을 킥하면 공이 회전 병진운동과 회전운동 병행

② 짝힘 : 크기가 같고 방향이 반대인 힘(두 명이 맞은편에서 책상을 90% 회전시키는 경우)

③ 토크($T = F \times D$) : 편심력 - 물체의 중심을 통과하지 않는 힘

④ 모멘트팔 : 물체의 중심으로부터 힘의 작용선까지의 수직 또는 최단거리

⑤ 관성모멘트

   ⊙ 같은 질량을 가지고 있는 물체라 할지라도 그 질량이 축에 가까이 위치할수록 물체의 각운동이 쉬워짐

   ⓛ 예를 들어, 야구배트는 짧게 잡고 휘두르는 것이 쉬움(관성모멘트가 작아질수록 각속도가 커짐)

(4) 힘 벡터 : 방향을 가진 크기

① 화살표로 표시 : 화살표의 머리는 작용방향, 길이는 힘의 크기, 시작점은 작용점

② 합력 벡터 : 힘의 평생사변형

3. 운동량 : F = m × a

(1) 체중과 질량

① 체중은 저울에 나타난 눈금으로 뼈, 근육, 지방 그리고 조직 등을 포함한 신체 질량의 크기
② 특정 물체가 물질을 가지고 공간을 차지하고 있다면 이것이 바로 질량
③ 질량은 다른 물체를 당길 수 있음
④ 지구와의 인력
⑤ 질량은 항상 일정, 동일인의 체중은 지구의 어느 지점에 있느냐에 따라 변화

(2) 질량과 관성의 관계

① 관성은 동작이나 변화에 대한 저항을 의미
② 미식축구의 쿼터백과 라인맨의 관성적 관계
③ 배드민턴과 스쿼시에서의 관성의 예 : 마르고 가벼운 선수가 유리(정지, 출발, 방향 전환)

(3) 선운동량 : P = m · v (운동량, 질량, 속도)

① 선수의 질량이 움직이면 일정한 양의 운동량을 가짐, 운동량의 크기는 물체의 질량과 속도
② 질량을 증가시켜 운동량을 크게 하는 경우 : 라켓이나 배트의 무게를 증가시키는 경우
③ 속도를 증가시켜 운동량을 크게 하는 경우 : 배구의 스파이크시 선속도를 증가시켜 운동량 증대
④ 질량이 작은 선수에 비해 거대하고 육중한 선수는 동일한 속도에서 보다 큰 운동량을 가짐
⑤ 질량이 작은 선수가 빠른 속도를 낼 수 있으면 육중한 선수보다 많은 운동량을 가질 수 있음
⑥ 동일한 운동량의 경우 질량이 적은 선수는 속도를 증가시켜야 함
⑦ 선수가 질량을 증가시키는 최선의 방법은 근육의 질량을 증가시키는 것
⑧ 근육발달 : 파워 증가로 빠르게 움직일 수 있음

⑨ 모든 운동에서 최대의 운동량이 요구되는 것은 아님

(4) 선운동량보존의법칙

① 체제에 작용하는 외력이 없다면 체계의 전체 선운동량은 항상 일정하게 보존⇒관성
  의 법칙
② 충격량 = 시간 × 힘(크기는 같고 반대방향 - 볼링공과 핀의 관계)
③ 충격량과 운동량의 관계에 따라 두 물체의 운동량에 있어서의 변화 역시 같고 반대방
  향 - 볼이 손실한 운동량은 핀이 얻은 운동량과 같고 반대, 볼과 핀의 총운동량은 충
  격에 의해 변하지 않음(운동량보존의법칙)
④ 충돌 속도의 변화는 질량비와 반비례의 관계
⑤ 충돌전의 운동량과 충돌 후의 운동량은 같음

(5) 충격량

① 힘과 힘이 작용하는 시간의 곱
② 충격량 = 힘(충격력) × 작용시간
  = (질량 × 가속도) × 작용시간
  = 충돌 후 운동량 - 충돌 전 운동량 = 운동량의 변화
③ 충격량 증가
  ㉠ 작용된 힘이 커지거나 작용시간이 길수록 충격량 증가
  ㉡ 야구 배팅의 경우 배트의 운동량이 커야 하고 맞는 순간의 작용시간을 길게 해야
    충격량을 증가시킬 수 있음
④ 육상 스타트
  ㉠ 일롱게이트 스타트는 블록 반력에 의한 충격량이 수평속도에 영향-번치스타트보
    다 더 큰 속도 가능
  ㉡ 스타트 블록에 가하는 힘을 크게 하고 작용시간을 길게 함으로써 번치보다 스타
    트는 늦지만 이후 수평속도의 증가로 더 빠른 기록을 나타냄
⑤ 창던지기
  ㉠ 몸 뒤로 당겼다가 가속을 가해 긴 시간동안 힘을 작용
  ㉡ 우수한 선수는 근력과 유연성을 바탕으로 많은 힘을 보다 긴 시간 동안 창에 작용
⑥ 높이뛰기
  ㉠ 빠른 투사속도 필요. 포물선 운동, 1/4 스쿼트와 유사한 자세로 발 구름

ⓒ 발 구름 하기 전 신체를 뒤로 기울이는 후방경사 자세는 선수들이 공중으로 보다 높게 도약할 수 있음

⑦ 태권도 격파에서의 충격력 증가

　　㉠ 뼈에 상해를 주지 않는 이유 – 손은 하나의 뼈로 이루어져 있지 않고 탄성 물질에 의해 연결되어 있음

　　㉡ 벽돌 윗부분은 압축력, 아랫부분은 장력을 받아 아랫부분부터 균열 발생

(6) 충돌과 탄성

① 충돌의 종류

완전탄성 충돌	충돌 전후의 상대 속도가 같은 경우, 충돌에 의한 에너지 손실이나 에너지 형태의 전환이 없는 경우, 탄성계수는 1
불완전탄성 충돌	물체가 일시적으로 변형된 후에 다시 충돌 전의 형태로 복원되는 경우, 농구의 리바운드, 야구의 배팅, 축구의 킥(탄성계수는 0보다 크고 1보다 작음) * 구기운동 시의 충돌 형태 : 공이 접근하여 충돌, 정지해 있는 공에 충돌체가 접근하여 충돌, 공과 충돌체가 동시에 접근하여 충돌
완전비탄성 충돌	충돌체가 충돌한 후에 서로 분리되지 않는 경우(화살이 과녁에 명중, 탄성계수 0)

② 탄성

　　㉠ 한번 변형되었다가 원래의 상태로 되돌아가려는 물체의 성질

　　㉡ 탄성계수 = 충돌 후의 상대 속도 / 충돌 전의 상대 속도

　　㉢ 탄성계수에 영향을 미치는 요인 : 충돌체의 재질, 충격의 강도, 충격속도, 온도, 표면 재질

참2

① 도구에 의한 공의 타격(배트나 라켓 등에 의하여 타격된 공의 충돌 후 속도에 영향을 미치는 변인)
　· 도구의 질량이 무거울수록 충돌 후 공의 속도가 크다.
　· 공의 질량이 가벼울수록 충돌 후 공의 속도가 크다. (실제는 불변)
　· 도구의 충돌 전 속도가 클수록 충돌 후 공의 속도가 크다.
　· 공의 충돌 전 속도가 클수록 충돌 후 공의 속도가 크다.
　· 충돌각도가 작을수록, 즉 정면에 가까울수록 충돌 후 공의 속도가 크다.
　· 탄성계수가 클수록 충돌 후 공의 속도가 크다.

② 리바운드
- 리바운드와 탄성(탄성의 크기에 따라 리바운드 능력 차이)
- 리바운드와 온도(온도 높으면 공기 팽창 공의 리바운드 능력 증가)
- 리바운드에서의 각도(공이 접촉하는 각도에 영향 받음)
- 리바운드와 속도(고속으로 닿게 되면 리바운드 능력 증가)
- 리바운드와 마찰력(마찰력이 크면 리바운드 감소)
③ 리바운드에서의 각도와 속도 그리고 마찰력
- 공이 접촉하는 물체의 표면상태, 접촉 각도 및 속도, 그리고 공의 회전 여부, 마찰의 정도에 의해 결정
- 탁구 탑스핀과 백스핀 효과, 골프공에 대한 백스핀 효과(반대방향 진행), 당구에서의 충돌, 농구 스냅 슛(백스핀-속도 감소)
④ 공의 리바운드에 영향을 미치는 요인
- 탄성계수, 공의 압력, 주위의 온도, 공의 속도와 회전, 부딪히는 물체와의 마찰력, 충격 각도

(7) 마찰 : 물체가 다른 물체와 접촉한 상태에서 움직이거나 움직이려고 할 때 발생하는 힘

① 표면마찰력 = 마찰계수 × 수직항력
② 표면마찰의 형태

정지마찰	정지해 있는 두 물체의 접촉면 사이에 존재하며 운동의 시작을 방해
미끄럼마찰	상대적으로 미끄러질 때 서로에 대해 발생시킨 마찰
구름마찰	바퀴와 같이 면 위를 구를 때의 마찰

③ 표면마찰에 영향을 주는 요인
㉠ 수직항력 : 접촉면 위에 정지해 있는 물체의 무게
㉡ 마찰계수
ⓐ 접촉면과 접촉물질 : 물질이 같은 경우 분자 응집력이 커 마찰이 큼
ⓑ 접촉상태 : 핸드볼 선수의 송진가루, 야구배트 접착물질로 큰 마찰
ⓒ 물체간 상대적 운동 상태 : 운동을 시작하면 미끄럼마찰 감소, 속도가 증가하면 미끄럼마찰 계수 유의한 변화 없음
ⓓ 물체간 운동 유형 : 미끄럼마찰은 구름마찰보다 상대적으로 매우 큼
④ 정지마찰과 미끄럼마찰 : 임계치의 정지마찰-최대정지마찰
⑤ 정지마찰과 미끄럼마찰의 크기에 영향을 주는 요인
㉠ 두 면이 함께 누르는 힘

ⓛ 두 면 사이의 실제적인 접촉 면적

ⓒ 접촉하는 물질들의 질과 형태

ⓔ 두 표면 간의 상대적 운동

⑥ 구름마찰 : 구름마찰에 의해 생성된 저항력은 미끄럼마찰에 의한 저항력보다 상당히 작음

⑦ 구름마찰에 영향을 주는 요인

㉠ 접촉면과 접촉체의 물질

㉡ 수직항력

㉢ 구르는 물체의 직경

⑧ 골프는 공의 비행과 구름 모두가 강조되는 스포츠-딤플은 비행거리는 개선하지만 그린위에서 마찰을 증가시킴

※ 유체항력의 형태

① 표면항력(유체의 경계층에서의 반작용력)의 크기

· 유체의 점도 또는 점착성, 유체와 접촉하는 표면의 면적, 접촉 표면의 매끄러움, 물체와 유체와의 상대속도, 유체의 점도가 높고 물체의 표면적이 넓고 선수와 유체가 각각 상대적으로 빠르게 지나갈수록 표면항력은 더욱 커짐

· 표면항력 줄이기 : 면도, 기름 바르기, 인조섬유 수영복 착용

② 형태항력(모양항력, 단면항력, 압력항력)

· 앞면과 뒷면간의 유체압력의 차이에 의해 생기는 저항력, '항적' 발생

· 형태항력 증가요인 : 물체의 빠른 이동, 유체의 높은 밀도, 물체의 앞면 압력 증가 및 뒷면 감소 자세

· 형태항력 줄이기 : 물체의 단면적 최소화, 돌출된 것 제거, 표면을 매끄럽게, 유선형(낮은 압력 지역 소멸)

③ 파동항력(조파저항)

· 물과 공기가 만나는 접촉면에 형성되는 난류에 의하여 생성된 저항(물체 이동속도의 3제곱에 비례)

※ 베르누이의 정리와 마그누스 효과

① 베르누이의 정리

· 밀도가 일정할 때 유속이 커지면 이에 따라 유압 감소, 반대로 유속이 감소하면 유압

증가 $\dfrac{P+1}{2 \times pv^2}$ = 일정 (p : 유체밀도)

- 비행기의 날개 윗부분은 유속이 빨라 유압이 낮고, 아랫부분 유압이 높아짐

- 따라서 공기는 위로 흐르게 되고 비행기 날개는 위쪽 방향으로 상승

(2) 마그누스 효과

· 유체 속 회전물체의 회전축이 유체의 흐름에 대하여 수직일 때 유속 및 물체의 회전축에 대해 수직방향의 힘이 생기는 현상
· 물체 표면의 속도 방향과 유속방향이 일치하는 쪽에서는 유체의 속도가 커져서 베르누이의 정리에 의해 압력이 감소하며, 반대쪽에서는 유속이 작아져서 압력이 증가하기 때문

02. 각운동의 운동역학적 분석

1. 뉴튼의 각운동 법칙

(1) 각관성의법칙

① 외적 토크가 작용하지 않는 한 회전체는 동일 축을 중심으로 일정한 각 운동량을 가지고 회전상태를 계속 유지(각운동량보존의법칙)
② 각운동량 = 관성모멘트 × 각속도 = 질량 × 회전반경2 × 각속도
③ 피겨스케이팅 회전 : 몸에 붙이기 – 관성모멘트 작게 – 각속도 크게 – 빠른 회전
④ 100m 달리기에서 보수를 빨리 하는 경우 : 슬관절을 깊게 굴곡 – 하지의 질량을 회전축에 근접 – 하지의 회전반경 짧아짐
⑤ 다이빙 회전

이륙 시	관성모멘트 크고 각속도 작음
공중동작 시	관성모멘트 작고 각속도 큼
입수 시	관성모멘트는 크고 각속도는 작음

(2) 제2법칙

① 각 가속도 법칙 : 강체에 비평형의 토크(힘모멘트)가 가해지면, 가해진 토크에 비례하여 관성모멘트에 반비례하는 각가속도가 토크의 방향과 동일한 방향으로 발생
② 각가속도 증가를 위해서는 토크를 크게 하고 관성모멘트를 작게
③ 스프링보드 점프 후 인체를 기울이면 토크가 생겨 인체 회전
④ 각운동량은 각충격량(순수한 토크×시간)에 의하여 결정
⑤ 토크를 증가시키기 위해서는 선충격량을 크게 하든지, y축을 중심으로 각도를 크게

함으로써 토크 증가

⑥ 충격량과 이륙 시의 경사각도가 토크의 크기에 영향을 줌

(3) 제3법칙 : 각반작용의법칙

① 야구 타격 시 상체와 배트가 반시계방향으로 회전할 때 하체 크기는 같고 방향이 반대인 반작용 토크

② 멀리뛰기 공중동작에서는 착지를 위하여 다리를 시계방향으로 스윙하게 되면 이로 인하여 반대방향의 토크가 생겨 상체를 반시계방향으로 회전

(4) 공중에서의 각운동량 생성과 사용

① 배구 스파이크 : 상체를 반시계방향으로 젖힐 때, 다리는 시계방향으로 회전

② 앞으로 넘어지려 할 때 팔을 뒤쪽으로 돌림

③ 멀리뛰기 동작에서 발 구름 후 발생한 원하지 않는 신체의 전방회전에 반작용하기 위하여 공중에서 같은 방향으로 양팔과 양다리를 회전해서 각운동량을 발생시켜 안정된 착지를 함

(5) 공중회전과 트위스트 간의 각운동량 전이

다이빙 선수 : 공중에서 횡축을 중심으로 일단 공중회전 - 그 다음 공중회전에서 생성된 각운동량의 일부를 빌려서 트위스트에 적용

2. 토크와 관성모멘트

(1) 토크 : 편심력이 가해진 물체가 축을 중심으로 회전하려는 경향

① 편심력 : 작용선이 물체의 중심을 통과하지 않는 힘

② $T = F \cdot D$(토크, 편심력, 힘의 작용선으로부터 회전축까지의 거리(모멘트팔))

③ 힘이 더 크고 중심으로부터 거리가 멀수록 토크와 회전이 크게 일어남

④ 내적 토크와 외적 토크, 추진 토크와 저항 토크

⑤ 자전거 뒷바퀴의 토크 : 저단 기어 - 힘 이득보고 속도와 거리 손해, 고단기어 - 힘 손해보고 거리와 속도에서 이득

⑥ 힘의 능률

　㉠ 무거운 물체를 들 때에는 무릎을 구부리고 물체 중심을 몸 가까이에 위치시킴으

로써 적은 힘으로 물체 들기 용이

　㉡ 큰 힘을 외부 물체에 전달해야 하는 경우는 모멘트팔의 길이를 가능한 한 길게 하여 큰 토크가 발생하도록 하는 것이 유리하다(야구의 배팅, 테니스의 서브, 배구의 스파이크).

(2) 관성모멘트

회전저항, 회전지속 : 초기는 저항, 회전하기 시작하면 계속 회전하려는 경향

$$I = m \cdot r^2 \ (\text{관성모멘트, 질량, 회전반경})$$

(3) 회전하는 물체의 관성의 크기를 결정하는 주요 요인

① 물체의 질량(무거운 야구 배트가 움직이기도 멈추기도 어려움)

② 질량분포(터크 자세는 레이아웃 자세보다 질량분포를 회전축에 둠)

③ 축으로부터의 거리를 반으로 줄이면, 관성모멘트는 1/4로 줄어들고, 각속도는 4배가 증가하게 됨

참고

　·야구 타격에서 각운동량을 증가시킬 수 있는 방법
　- 회전하는 물체의 질량을 증가시킨다(무거운 배트).
　- 가능한 한 많은 질량을 회전축으로부터 멀리 이동시킨다(긴 배트).
　- 회전하는 물체의 각속도를 증가시킨다(빠른 스윙).

3. 선운동과 각운동의 통합(선운동과 각운동은 근본적으로 뉴턴의 운동법칙을 따름)

구분	선운동	각운동
관성	관성질량	관성모멘트
속도	선속도	각속도
가속도	선가속도	각가속도
힘	힘 = 질량 × 가속도	토크 = 관성모멘트 × 각가속도
운동량	운동량 = 질량 × 속도	각운동량 = 관성모멘트 × 각속도
운동량보존의법칙	외부에서 힘이 작용하지 않으면 운동량은 일정	외부에서 토크가 작용하지 않으면 각운동량은 일정하다.
충격량	충격량 = 힘 × 작용 시간	각충격량 = 토크 × 작용시간

4. 각운동량

(1) 각운동량을 구성하는 요소

관성모멘트×각속도

(2) 각운동량을 구성하는 요인

① 질량

② 회전하는 물체의 질량 분포

③ 회전 또는 스윙의 비율(각속도)

(3) 야구배트의 각속도는 야구배트 질량보다 야구공의 비행거리에 상대적으로 더 큰 영향을 미침

$$H = I \cdot W \ (H : 각운동량, \ I : 관성모멘트, \ w : 각속도)$$

· 각운동량 보존 : 도약 시 만들어지는 각운동량이 비행 중 보존

(4) 각운동량의 크기 결정

① 회전율

② 질량

③ 질량분포

(5) 스케이팅에서 회전율 조절

엑셀 점프 시 다리와 양팔을 넓게 벌려 관성모멘트를 증가시킴(회전율은 최소) - 공중에서 팔과 다리를 안쪽으로 당기면 각속도 증가(회전율 증가) - 양팔을 벌리며 착지(회전율 감소)

(6) 투창에서의 각운동량의 전이

선운동(투창의 질량 × 도움닫기속도) - 신체회전운동(투창 각운동량 증가) - 투사 (투창 - 선운동량 증가)

5. 관성, 구심력, 원심력(회전이 일어나면 항상 상호작용이 존재한다.)

(1) 야구배트

스윙 시 직선으로 가려는 배트는 안쪽으로 당기는 구심력과 선수를 바깥쪽으로 당기는 원심력 생김

(2) 해머던지기 시 구심력 요소

① 직선으로 날아가려는 해머의 관성과의 지속적 투쟁
② 무릎을 굽히기
③ 상체를 뒤로 젖히기

제6장

일과 에너지

제4과목
운동역학

01. 일과 일률

1. 일

역학에서 말하는 일은 물체에 작용된 힘과 힘의 방향으로 이동된 이동거리(변위)의 곱(일 = 힘 × 이동거리)으로 단위는 Nm이나 Joule

> **참고**
>
> **일(work) 및 일률(power)의 계산공식**
> · 일률= $\dfrac{일}{시간}$
> · 일=(작용한 힘)×(힘 방향의 변위)
> · 일률=(작용한 힘)×(힘 방향의 속도)

2. 일률

① 역학에서 일률은 단위시간 당 수행한 일로 '파워'라고도 일컬어짐('순발력'이라고도 함)
② P = F × v가 되어, 파워는 '힘과 속도의 함수'가 되고, 단위는 와트(w)

02. 에너지

1. 운동에너지

① 운동에너지는 그 물체가 정지할 때까지 다른 물체에 일을 할 수 있는 능력으로 질량과 속도 제곱의 함수

274   제4과목 운동역학

② 운동에너지 K.E.=$\frac{1}{2}m \cdot v^2$로 단위는 Joule(m : 물체의 질량, v : 운동속도)

2. 위치에너지

① 위치에너지는 물체가 지구의 중력에 의해 높이에 따라서 정해지게 되는 에너지로써 질량 × 중력가속도 × 높이의 함수

② 위치에너지 P.E. = mgh로 단위는 Joule(m : 질량, g : 중력가속도 9.8m/sec2, h : 높이)

③ 위치에너지는 중력에 의한 위치에너지와 용수철과 같은 탄성(위치)에너지도 있음

④ 질량의 변화가 없다면 위치에너지는 물체의 위치에 의해 결정(중력은 일정)

3. 역학적 에너지의 보존

① 운동에너지와 위치에너지를 합한 것을(전체) 역학적 에너지라고 함

② 즉 역학적 에너지 = 운동에너지 + 위치에너지 = 일정

참고

트램플린 연기 중 역학적 에너지의 변화
① 공중으로 투사된 후 역학적 에너지는 보존
② 역학적 에너지는 위치에너지와 운동에너지를 갖음
③ 위치에너지가 증가할수록 운동에너지는 감소
④ 운동에너지가 증가할수록 위치에너지는 감소
⑤ 트램플린의 탄성에너지가 완전히 보존되지 않으므로 역학적 에너지가 점차 감소

제7장

다양한 운동기술의 분석

01. 근전도 분석

① 관심 있는 부위(근육)에 전극 부착
② 근전도란 근수축에 의해 발생된 전기신호를 감지해 기록한 것
③ 특정 운동을 실시할 때 특정 근육들에 대한 활동 상태 등을 확인할 수 있는 도구이기 때문에 체육 연구 현장에서 많이 활용됨
④ MVC, 정류, 적분근전도 등 산출
⑤ 근육의 활성정도, 근피로, 주동근과 길항근 등을 규명하는 데 이용

02. 지면반력분석

① 대부분의 인간활동은 지면과의 끊임없는 상호작용
② 지면반력기는 뉴턴의 제3법칙인 작용, 반작용 법칙을 토대로 3차원(전후, 좌우, 수직 성분) 상에서 발생되는 힘과 압력 중심 및 충격량 등을 측정할 수 있는 장비

03. 압력분포측정기

① 압력분포측정기는 많은 힘 센서를 이용해 가해지는 압력의 형태나 크기 등을 정밀하게 조사할 수 있는 장비(EMED, Peddar 등)
② 본 기기의 활용 : 질병 진단, 선수용 신발 개발, 감각기 대체

제1장

운동역학 개요

1. 운동역학의 목적으로 바르지 않은 것은?

① 안전성의 향상　　　　　　　② 운동기술의 향상
③ 경제성의 향상　　　　　　　④ 운동용기구의 개발

> **해설** 운동역학의 목적
> ·운동기술의 향상　　　　·안전성의 향상　　　　·운동용기구의 개발
> **정답** ③

2. 다음 중 운동역학의 내용으로 옳지 않은 것은?

① 인체 측정　　　　　　　　　② 심리학적 분석
③ 힘의 측정　　　　　　　　　④ 운동동작의 분석

> **해설** 운동역학의 내용
> ·운동동작의 분석　　　　·인체 측정　　　　·힘의 측정
> **정답** ②

3. 운동의 일정 상태에 있는 시스템을 다루는 역학의 한 분야는?

① 운동학　　　　　　　　　　② 정역학
③ 동역학　　　　　　　　　　④ 운동역학

해설 정역학은 운동의 일정 상태에 있는 시스템을 다루는 역학의 한 분야이다.

※ 학문영역

학문	개념
운동역학	생물체의 연구에 역학적 원리를 적용시킨 학문
역학	질점 및 역학적 시스템에 작용하는 힘을 분석하는 물리학의 한 분야
정역학	운동의 일정 상태에 있는 시스템을 다루는 역학의 한 분야
동역학	가속 상태에 있는 시스템을 다루는 역학의 한 분야
운동학	공간과 시간을 기초로 운동을 기술하는 운동역학의 한 분야
운동역학	움직임의 원인이 되는 힘을 연구하는 운동역학의 한 분야
인체측정학	신체 분절의 치수와 무게와 관련된 요인
운동기능학	인간 움직임을 연구하는 학문
스포츠의학	스포츠나 운동의 임상 및 과학적 측면에서 연구하는 학문

정답 ②

4. 신체 분절의 치수와 무게와 관련된 요인을 다루는 학문영역은?

① 동역학 　　　　　　　　② 운동기능학
③ 스포츠의학 　　　　　　④ 인체측정학

해설 인체측정학은 신체 분절의 치수와 무게와 관련된 요인을 다루는 학문이다.
정답 ④

5. 가속 상태에 있는 시스템을 다루는 역학의 한 분야는?

① 스포츠의학 　　　　　　② 운동학
③ 동역학 　　　　　　　　④ 정역학

해설 동역학은 가속 상태에 있는 시스템을 다루는 역학의 학문영역이다.
정답 ③

1. 해부학적인 면에서 보았을 때 인체를 질량에 의해 반으로 나눈 세 개의 가상 수직면을 무엇이라고 하는가?

　① 기본면　　　　　　　　　② 전두면
　③ 시상면　　　　　　　　　④ 횡단면

> **해설** 기본면은 인체를 질량에 의해 반으로 나눈 세 개의 가상 수직면을 의미한다.
>
> **참고**
>
> -
> ① 해부학적 자세 : 몸을 곧게 세운 상태로 관찰자를 향해 선후 손바닥이 전방을 향하도록 펴고 양팔을 동체의 측면으로 늘어뜨린 자세를 말한다.
> ② 해부학적 면
> ·기본면(cardinal plane) : 인체를 질량에 의해 반으로 나눈 세 개의 가상 수직면
> ·시상면(sagital plane) : 인체와 신체분절의 운동이 전, 후로 발생하는 면
> ·전두면(frontal plane) : 인체와 신체분절의 운동이 측면으로 발생하는 면
> ·횡단면(transverse plane) : 인체가 곧바로 서 있을 때 인체와 신체분절의 운동이 수평적으로 일어나는 면
> -
>
> **정답** ①

2. 해부학적인 면에서 보았을 때 인체와 신체분절의 운동이 전, 후로 발생하는 면은?

　① 전두면　　　　　　　　　② 기본면
　③ 횡단면　　　　　　　　　④ 시상면

> **해설** 시상면은 인체와 신체분절의 운동이 전, 후로 발생하는 면을 의미한다.
> **정답** ④

3. 해부학적인 면에서 보았을 때 인체와 신체분절의 운동이 측면으로 발생하는 면을 의미하는 것은?

① 횡단면
② 시상면
③ 전두면
④ 기본면

해설 전두면은 인체와 신체분절의 운동이 측면으로 발생하는 면을 말한다.
정답 ③

4. 내용을 읽고 ( ) 안에 들어갈 말을 순서대로 바르게 나열한 것을 고르면?

(㉠)은 인체가 곧바로 서 있을 때 인체와 신체분절의 운동이 수평적으로 일어나는 면이고, (㉡)은 인체와 신체분절의 운동이 전, 후로 발생하는 면을 말한다.

① ㉠ 횡단면, ㉡ 전두면
② ㉠ 기본면, ㉡ 횡단면
③ ㉠ 횡단면, ㉡ 시상면
④ ㉠ 전두면, ㉡ 시상면

해설 횡단면은 인체가 곧바로 서 있을 때 인체와 신체분절의 운동이 수평적으로 일어나는 면이고, 시상면은 인체와 신체분절의 운동이 전, 후로 발생하는 면을 말한다.
정답 ③

5. 골격계의 구성요소가 아닌 것은?

① 뼈
② 감정
③ 관절
④ 연골

해설 골격계는 뼈(bone), 관절(joint, articulation), 연골(cartilage) 등으로 구성된다.
정답 ②

6. 물은 전체 뼈 무게의 몇 %를 차지하는가?

① 10% ~ 15%
② 15% ~ 20%
③ 20% ~ 25%
④ 25% ~ 30%

> **해설** 물은 전체 뼈 무게의 25%~30%를 차지한다.
> **정답** ④

7. 뼈는 미네랄이 아닌 조직이 뼈 부피의 몇 %가 존재하면 피상골이라고 하는가?

① 5% ~ 30% ② 10% ~ 45%

③ 20% ~ 57% ④ 35% ~ 73%

> **해설** 뼈는 미네랄이 아닌 조직이 뼈 부피의 5% ~ 30% 들어있으면 피상골(cortical bone)이라고
> 한다.
> **정답** ①

8. 뼈는 미네랄이 아닌 조직이 뼈 부피의 몇 %가 존재하면 해면골이라고 하는가?

① 90% ~ 170% ② 70% ~ 150

③ 50% ~ 120% ④ 30% ~ 90%

> **해설** 뼈는 미네랄이 아닌 조직이 뼈 부피의 30%~90%를 차지할 경우 해면골(trabecular bone)이
> 라고 한다.
> **정답** ④

9. 뼈의 구조 및 성분에 관한 내용으로 바르지 않은 것은?

① 뼈는 미네랄, 콜라겐, 물 등으로 이루어져 있다.
② 뼈에 유연성을 제공하는 콜라겐은 장력의 강도와 관련되어 있다.
③ 뼈의 유공성은 뼈의 기계적인 성질에 별다른 영향을 미치지 않는다.
④ 뼈는 압축력에 잘 견디는 반면 전단력에는 약하다.

> **해설** 뼈의 유공성은 뼈의 기계적인 성질에 직접적인 영향을 미친다.
> **정답** ③

10. 보기 중 직선 선운동으로 옳은 것을 모두 고르면?

> ㉠ 멀리뛰기   ㉡ 허들   ㉢ 달리기
> ㉣ 스케이트   ㉤ 수영의 다이빙

① ㉠, ㉣   ② ㉡, ㉤

③ ㉢, ㉣   ④ ㉢, ㉤

> **해설** 선운동은 물체의 모든 부분이 동일한 시간에 동일한 거리, 동일한 방향으로 움직이는 것을
> 의미한다. 또한 직선 선운동 및 곡선 선운동으로 나뉘어진다.
> · 직선 선운동 – 달리기, 스케이트(신체의 중심이 직선으로 움직임)
> · 곡선 선운동 – 멀리뛰기, 허들, 수영의 다이빙(곡선으로 움직임)
> **정답** ③

제3장

인체역학

1. 인체의 무게 중심에 관한 내용으로 옳지 않은 것은?

   ① 토크(torque)란 회전력을 말한다.
   ② 정적인 자세의 무게 중심은 일정하나, 동적인 상태에서는 무게 중심이 변한다.
   ③ 무게 중심이란 중력에 따른 토크가 10인 것을 말한다.
   ④ 인체의 질량이 집중된 곳으로 해부학적 자세에서는 무게 중심이 일정하다.

   > **해설** 무게 중심이란 중력에 따른 토크가 0인 것을 의미한다.
   > **정답** ③

2. 가속되지 않은 상태를 무엇이라고 하는가?

   ① 가속   ② 평형
   ③ 정지   ④ 수직

   > **해설** 평형은 속도가 변하지 않는 상태, 즉 가속되지 않은 상태를 의미한다.
   > **정답** ②

3. 지면이나 마루 등의 접촉면에서 미끄러지지 않고 본래의 상태를 유지하는 것을 무엇이라고 하는가?

   ① 선안정   ② 후안정
   ③ 중안정   ④ 회전안정

   > **해설** 선안정은 지면이나 마루 등의 접촉면에서 미끄러지지 않고 본래의 상태를 유지하는 것을 말하며, 안정성은 물체의 관성 및 마찰력이 클수록 증가한다.
   > **정답** ①

4. 인체 주요 기능의 연결로 옳지 않은 항목은?

① 근육 – 운동을 가능하게 함

② 뇌 – 간뇌, 중뇌, 연수, 소뇌, 척수로 구성

③ 식도 – 공기의 통로

④ 골격 – 뼈가 일정하게 배열하여 인체의 기본적 구조를 이룸

> 해설 인체의 주요 기능
> · 골격 – 뼈가 일정하게 배열하여 인체의 기본적 구조를 이룸
> · 근육 – 운동을 가능하게 함
> · 뇌 – 간뇌, 중뇌, 연수, 소뇌, 척수로 구성
> · 기관 – 후두에서 이어지는 관
> · 인두 – 비강에서 이어지는 통로
> · 후두 – 공기의 통로, 인두와 기관지 사이
> · 식도 – 음식물 이동통로
> 정답 ③

5. 피부의 기능으로 바르지 않은 것은?

① 분비작용   ② 표정작용

③ 흡입작용   ④ 신체보호

> 해설 피부의 기능
> · 신체보호   · 체온조절
> · 분비작용   · 지각작용
> · 호흡작용   · 표정작용
> · 배설작용   · 생성작용
> 정답 ③

제4장

운동학의 스포츠 적용

1. 단위시간당 속도의 변화율을 무엇이라고 하는가?

① 순간속도　　　　　　　　② 종속도

③ 초속도　　　　　　　　　④ 선가속도

> **해설** 선가속도는 단위시간당 속도의 변화율이라고 하며, 속력이 증가하는 물체는 정적가속도, 반
> 대는 부적가속도라고 한다.
> **정답** ④

2. 속력의 공식으로 옳은 것은?

① 속력 : $\dfrac{\text{이동변위}}{\text{경과시간}}$　　　　　② 속력 : $\dfrac{\text{경과시간}}{\text{이동거리}}$

③ 속력 : $\dfrac{\text{이동거리}}{\text{경과시간}}$　　　　　④ 속력 : $\dfrac{\text{경과시간}}{\text{이동변위}}$

> **해설** 속력 $= \dfrac{\text{이동거리}}{\text{경과시간}}$
> **정답** ③

3. 속도의 공식을 바르게 나타낸 것은?

① 속도 : $\dfrac{\text{경과시간}}{\text{이동변위}}$　　　　　② 속도 : $\dfrac{\text{이동변위}}{\text{경과시간}}$

③ 속도 : $\dfrac{\text{이동거리}}{\text{경과시간}}$　　　　　④ 속도 : $\dfrac{\text{경과시간}}{\text{이동거리}}$

> **해설** 속도 $= \dfrac{\text{이동변위}}{\text{경과시간}}$
> **정답** ②

4. 보기의 내용을 읽고, 괄호 안에 들어갈 말을 순서대로 바르게 나열한 것은?

> 회전체의 각속도가 일정하면 그 물체의 선속도는 회전반경의 길이에 (㉠)하며, 회전체의 선속도가 일정하면 그 물체의 각속도는 회전반경의 길이에 (㉡)한다.

① ㉠ 비례, ㉡ 비례   ② ㉠ 비례, ㉡ 반비례
③ ㉠ 반비례, ㉡ 비례   ④ ㉠ 반비례, ㉡ 반비례

> 해설 회전체의 각속도가 일정하면 그 물체의 선속도는 회전반경의 길이에 비례하며, 회전체의 선속도가 일정하면 그 물체의 각속도는 회전반경의 길이에 반비례한다.
> 정답 ②

5. 다음 내용 중 옳지 않은 것을 고르면?

① 종속도 - 순간적인 특정 시간이나 지점에서 측정된 속도
② 변위 - 물체의 이동시점과 종점 사이의 거리
③ 거리 - 물체가 한 위치에서 다른 위치로 이동했을 때 그 물체가 지나간 궤적의 거리
④ 초속도 - 시간을 측정하기 시작한 그 순간의 속도

> 해설 종속도는 일정 거리나 변위 혹은 시간의 종료 점에서의 속도를 말한다.
> 정답 ①

제5장

운동역학의 스포츠 적용

1. 다음 중 힘의 3요소가 아닌 것은?

① 힘의 크기   ② 힘의 활용

③ 힘의 방향   ④ 힘의 작용점

> **해설** 힘의 3요소
> · 힘의 크기
> · 힘의 방향
> · 힘의 작용점
> **정답** ②

2. 다음 중 힘에 대한 내용으로 바르지 않은 것은?

① 물체나 인체의 운동은 힘이 작용선과 무게 중심의 위치 관계에 의해서도 달라진다.

② 물체의 속도 변화는 작용한 힘의 크기와 작용 시간에 비례한다.

③ 여러 힘이 동시에 같은 방향으로 작용하면 가속도가 증가한다.

④ 운동은 물체에 가해지는 힘이 저항력보다 작아야 한다.

> **해설** 힘의 특징
> · 운동은 물체에 가해지는 힘이 저항력보다 커야 한다.
> · 물체나 인체의 운동은 힘이 작용선과 무게 중심의 위치 관계에 의해서도 달라진다.
> · 물체의 속도 변화는 작용한 힘의 크기와 작용 시간에 비례한다.
> · 여러 힘이 동시에 같은 방향으로 작용하면 가속도가 증가한다.
> **정답** ④

3. 보기의 내용을 설명하고 있는 것은?

> 야구배트는 짧게 잡고 휘두르는 것이 쉽다.

① 모멘트팔   ② 관성모멘트
③ 토크   ④ 짝힘

해설 관성모멘트는 동일한 질량을 가지고 있는 물체라 할지라도 그 질량이 축에 가까이 위치할수록 물체의 각운동이 쉬워짐을 의미한다.
정답 ②

4. 다음은 체중 및 질량에 관한 내용이다. 옳지 않은 것을 고르면?

① 특정 물체가 물질을 가지고 공간을 차지하고 있다면 이는 관성이다.
② 체중은 저울에 나타난 눈금으로 뼈, 근육, 지방 그리고 조직 등을 포함한 신체 질량의 크기이다.
③ 질량은 다른 물체를 당길 수 있다.
④ 질량은 항상 일정, 동일인의 체중은 지구의 어느 지점에 있느냐에 따라 변화한다.

해설 특정 물체가 물질을 가지고 공간을 차지하고 있다면 이는 질량이다.
정답 ①

5. 질량에 관한 설명 중 가장 옳지 않은 것은?

① 선수가 질량을 증가시키는 최선의 방법은 근육의 질량을 증가시키는 것이다.
② 질량이 작은 선수가 빠른 속도를 낼 수 있으면 육중한 선수보다 많은 운동량을 가질 수 있다.
③ 질량이 작은 선수에 비해 거대하고 육중한 선수는 동일한 속도에서 보다 적은 운동량을 가진다.
④ 동일한 운동량의 경우 질량이 적은 선수는 속도를 증가시켜야 한다.

해설 질량이 작은 선수에 비해 거대하고 육중한 선수는 동일한 속도에서 보다 큰 운동량을 가진다.
정답 ③

6. 탄성계수에 영향을 미치는 요인이 아닌 것은?

① 충격속도   ② 표면재질

③ 충격의 강도   ④ 충돌시점

> **해설** 탄성계수에 영향을 미치는 요인
> · 충돌체의 재질   · 충격의 강도
> · 충격속도   · 온 도
> · 표면재질
> **정답** ④

7. 탄성계수를 바르게 나타낸 것은?

① 탄성계수 $= \dfrac{충돌\ 전의\ 상대속도}{충돌\ 후의\ 상대속도}$

② 탄성계수 $= \dfrac{충돌\ 후의\ 상대속도}{충돌\ 전의\ 상대속도}$

③ 탄성계수 $= \dfrac{충돌\ 후의\ 절대속도}{충돌\ 전의\ 절대속도}$

④ 탄성계수 $= \dfrac{충돌\ 전의\ 절대속도}{충돌\ 후의\ 절대속도}$

> **해설** 탄성계수 $= \dfrac{충돌\ 후의\ 상대속도}{충돌\ 전의\ 상대속도}$
> **정답** ②

8. 공의 리바운드에 영향을 미치는 요인이 아닌 것은?

① 주위의 온도   ② 공의 압력

③ 탄성계수   ④ 충격시간

> **해설** 공의 리바운드에 영향을 미치는 요인
> · 탄성계수   · 공의 압력
> · 주위의 온도   · 공의 속도와 회전
> · 부딪히는 물체와의 마찰력   · 충격각도
> **정답** ④

9. 표면마찰력으로 옳은 것은?

① 마찰계수 - 수직 항력　　　② 마찰계수 × 수직 항력

③ 마찰계수 + 수직 항력　　　④ 마찰계수 / 수직 항력

> **해설** 표면마찰력 = 마찰계수 × 수직 항력이다.
> **정답** ②

10. 구름마찰에 영향을 주는 요인으로 보기 가장 어려운 것은?

① 수직항력　　　　　　　② 구르는 물체의 직경

③ 정지마찰의 장력　　　　④ 접촉면과 접촉체의 물질

> **해설** 구름마찰에 영향을 주는 요인
> · 수직항력　　　　　　· 구르는 물체의 직경　　　　· 접촉면과 접촉체의 물질
> **정답** ③

11. 형태항력 증가요인으로 옳지 않은 것은?

① 유체의 높은 밀도　　　② 물체의 앞면 압력 증가

③ 물체의 느린 이동　　　④ 물체의 뒷면 감소 자세

> **해설** 형태항력 증가요인
> · 물체의 빠른 이동
> · 유체의 높은 밀도
> · 물체의 앞면 압력 증가 및 뒷면 감소 자세
> **정답** ③

12. 각운동량의 크기 결정 요소가 아닌 것은?

① 질량　　　　　　　　② 회전율

③ 관성횟수　　　　　　④ 질량분포

> **해설** 각운동량의 크기 결정
> · 질량　　　　　　· 회전율　　　　　　· 질량분포
> **정답** ③

제6장

일과 에너지

1. 일률을 표현한 것으로 옳은 것은?

① 일률 $= \dfrac{일}{시간}$

② 일률 $= \dfrac{시간}{일}$

③ 일률 $= \dfrac{힘}{시간}$

④ 일률 $= \dfrac{시간}{힘}$

> **해설** 일률 $= \dfrac{일}{시간}$
>
> **정답** ①

2. 운동에너지를 나타낸 것으로 바른 것은? (단, m : 물체의 질량, v : 운동속도를 나타 낸다)

① $\dfrac{1}{3}m \cdot v^3$

② $\dfrac{1}{2}m \cdot v^3$

③ $\dfrac{1}{3}m \cdot v^2$

④ $\dfrac{1}{2}m \cdot v^2$

> **해설** 운동에너지 $= \dfrac{1}{2}m \cdot v^2$
>
> **정답** ④

3. 위치 에너지에 대한 내용으로 바르지 않은 것은?

① 위치에너지는 물체가 지구의 중력에 의해 높이에 따라서 정해지게 되는 에너지이다.

② 질량의 변화가 있다면 위치에너지는 물체의 위치에 의해 결정된다.

③ 위치에너지는 P.E. = mgh로 나타낸다. (m : 질량, g : 중력가속도 9.8m/sec2, h : 높이)

④ 위치에너지는 중력에 의한 위치에너지와 용수철과 같은 탄성에너지도 있다.

> 해설 질량의 변화가 없다면 위치에너지는 물체의 위치에 의해 결정(중력은 일정)된다.
> 정답 ②

4. 트램플린 연기 중 역학적 에너지의 변화로 잘못된 것은?

① 역학적 에너지는 위치에너지와 운동에너지를 갖는다.

② 위치에너지가 증가할수록 운동에너지는 감소한다.

③ 운동에너지가 증가할수록 위치에너지도 이에 비례하여 증가한다.

④ 공중으로 투사된 후 역학적 에너지는 보존된다.

> 해설 운동에너지가 증가할수록 위치에너지는 감소한다.
> 정답 ③

1. 근전도 분석에 대한 내용으로 옳지 않은 것은?

   ① 관심 있는 부위에 전극을 부착한다.
   ② 근전도는 근수축에 의해 발생된 화학적인 신호를 감지해 기록한 것이다.
   ③ 특정 운동을 실시할 때 특정 근육들에 대한 활동 상태 등을 확인할 수 있는 도구이다.
   ④ 근육의 활성정도, 근피로, 주동근과 길항근 등을 규명하는 데 활용된다.

   > **해설** 근전도는 근수축에 의해 발생된 전기신호를 감지해 기록한 것을 말한다.
   > **정답** ②

2. 힘 센서를 이용해 가해지는 압력의 형태나 크기 등을 정밀하게 조사할 수 있는 장비는?

   ① 자동제세동기　　　　　　② 근전도
   ③ 압력분포측정기　　　　　④ 관성모멘트

   > **해설** 압력분포측정기는 많은 힘 센서를 이용해 가해지는 압력의 형태나 크기 등을 정밀하게 조사할 수 있는 장비를 의미한다.
   > **정답** ③

제5과목

스포츠교육학

스포츠교육의 배경과 개념

01. 스포츠교육의 배경과 개념

1. 스포츠 가르치기에 대한 역사적 관심

(1) 스포츠 가르치기의 변천

① 1980년대 중반~1990년대 중반 : 질적 연구방법론이 주목을 받으며 스포츠교육에 대한 질적 연구가 성장

② 1990년대 중반~현재까지 : 스포츠 가르치기에 대한 연구가 다양한 형태로 이루어지고 있음

(2) 스포츠 가르치기에 대한 최근의 노력

① 최근에는 패러다임의 변화로 인해서 체육교육에 대한 전체적인 시각이 실천적 과제를 강조하는 형상으로 변화

② 데이터베이스 구축과 현실문제 해결에 초점을 맞추어 실제의 문제와 이론 사이의 문제를 해결하고자 함

③ 체육수업 방법이 학생 중심적으로 변화되고 있으며, 과거에 비해서 훨씬 많이 다양화 되고 있음

④ 스포츠교육학 이론에 대한 연구풍토의 개선 및 한국스포츠 이론의 토착에 대한 노력 으로 학문의 자립성을 이루고자 함

02. 스포츠교육의 개념

1. 협의의 스포츠교육

① 역할 : 스포츠를 교육적 수단으로만 한정
② 분야 : 스포츠가 학교 교육 내에서 교육적으로 실천되는 현상을 다룸

2. 광의의 스포츠교육

① 역할 : 스포츠는 교육적인 활동뿐만 아니라 삶의 의미를 추구하는 것을 포함
② 분야 : 다양한 스포츠 활동의 참여 과정 내에서 일어나는 교육적 현상을 과학적으로 분석하거나 기술하는 과학

03. 스포츠교육의 현재

1. 학교에서의 스포츠교육

① 다양한 활동기회를 제공함으로써 학생들에게 의미 있는 학습경험을 하게 함
② 체육수업을 통해서 학습한 것들을 스포츠 활동으로 자연스럽게 이어질 수 있도록 학습의 장을 마련
③ 융통적이고 탄력적인 시간을 운영하여 학생들에게 의미 있는 학습을 제공
④ 학생들에게 적절한 강화와 보상을 통한 책임감 있는 역할 수행을 할 수 있도록 함

2. 생활에서의 스포츠교육

① 국민생활체육회는 다양한 프로그램을 통하여 개방형 체육시스템을 구축
② 일상체육은 인간욕구의 충족, 평생교육, 건강유지 및 증진, 지역사회 개발, 사회문제 해결, 여가선용의 기능을 함

3. 경기에서의 스포츠교육

① 지도자는 스포츠의 과학적 이론을 적용하여 각 종목별 기능을 지도

② 지도자는 각 선수의 수준에 적합한 훈련 계획 수립 및 참가 계획을 수립할 수 있도록 지도

③ 지도자는 다양한 매체를 활용하여 좀 더 효율적인 스포츠에 대해 지도하여 이해를 높일 수 있도록 함

제2장

스포츠교육의 정책과 제도

01. 학교체육

1. 국가체육교과과정 및 학교체육진흥법

(1) 국가체육교육과정

구 분	내 용
제1차 교육과정	· 교과 자체를 중시 · 위생생활의 습관화와 건전한 사회적 생활을 갖도록 함 · 신체활동을 통해서 민주적 사회활동에서의 최선을 발휘할 수 있는 능력 함양
제2차 교육과정	· 생활중심 교육과정을 중시 · 스포츠를 통해서 사회성 함양과 신체의 발달 · 1차 교육과정과 큰 차이 없음
제3차 교육과정	· 학문중심 교육과정을 중시 · 체육교육을 통한 강건한 국민으로서의 성장
제4차 교육과정	· 인간중심 교육과정을 중시 · 운동을 실천화하여 기능을 향상 · 공정하게 운동하는 태도의 함양
제5차 교육과정	· 통합교육과정을 개발 · 운영의 자율성을 중시 · 정서의 함양과 바람직한 사회적 태도 · 정의적 · 인지적 · 심동적 행동으로 분류
제6차 교육과정	· 교육과정 결정의 분권화 · 교육과정 구조의 다양화 · 교육과정 운영의 효율화
제7차 교육과정	· 운동기능 중심 교육과정 · 움직임에 관한 욕구를 충족시켜 줌 · 운동 수행 기능을 촉진하여 체력을 증진 · 건강과 운동에 관한 여러 가지 종류를 이해
제7차 교육과정 개정	· 신체활동 가치 중심 · 신체활동 가치의 내면화 실천(전인교육)

(2) 학교체육진흥법

목적	학생의 체육활동 강화 및 학교 운동부 육성 등 학교체육 활성화에 필요한 사항을 정함으로써 학생들이 건강하고 균형 잡힌 신체와 정신을 가질 수 있도록 하는 데 기여
내용	· 체육교육과정 운영 충실 및 체육수업의 질 제고 · 학생 건강체력평가 및 비만 판정을 받은 학생에 대한 대책 · 건강체력교실 운영 · 학교스포츠클럽 운영 · 학생 선수의 학습권 보장 및 인권보호 · 유아 및 장애학생의 체육활동 활성화

02. 생활체육 및 전문체육

1. 국민체육진흥법 및 국민체육진흥정책

(1) 국민체육진흥법

목적	· 국민체육을 진흥하여 국민의 체력을 증진 · 건전한 정신을 함양 · 명랑한 국민생활을 영위 · 체육을 통하여 국위선양에 이바지
내용	· 전문체육 : 선수들이 행하는 운동경기 활동 · 생활체육 : 건강과 체력 증진을 위하여 행하는 자발적이고 일상적인 체육 활동 · 체육지도자 : 아래 어느 하나의 자격증을 취득한 사람 · 스포츠지도사, 건강운동관리사, 장애인스포츠지도사. 유소년스포츠지도사, 노인스포츠지도사

(2) 국민체육진흥정책

① 국민생활체육진흥종합계획(스마일 100)

ㄱ 스포츠를 마음껏 일상적으로 100세까지 향유한다는 의미의 생활체육진흥 종합계획

ㄴ '언제나' 향유할 수 있는 참여 기회를 제공

ㄷ '어디서나' 이용 가능한 시설을 제공

ㄹ 세대와 문화를 넘어 '함께' 참여하는 생활체육

② 스포츠비전 2018

비전	100세 시대, "스포츠로 대한민국을 바꿉니다"
목표	· 스포츠로 사회를 바꾸다 · 스포츠로 국격을 바꾸다 · 스포츠로 미래를 바꾸다
추진전략	· 손에 닿는 스포츠, 뿌리가 튼튼한 스포츠, 경제를 살리는 스포츠

2. 국민체육진흥 5개년 계획

① 전문체육, 생활체육, 학교체육의 체계화를 이룩

② 체육환경을 조성해서 누구나 제약 없이 쉽게 체육활동에 참여할 수 있게 함

스포츠교육의 참여자 이해론

01. 스포츠교육지도자

1. 체육교육 전문가(교사, 강사)

교사	·개념 : 학교체육에 관련된 모든 활동을 걸쳐 학생들이 신체활동을 통한 신체적, 정신적, 사회적 조화를 학생에게 제공하여 성장할 수 있도록 도와줌 ·역할 - 인성 지도 및 조력자의 역할 - 어느 한 곳에 집중되지 않고 정신과 신체의 조화로운 발달 강조
강사	·개념 : 학교 스포츠클럽 및 방과 후 체육활동 지도 및 정규수업을 보조하는 체육지도자 ·역할 : 정규수업 보조 및 학교 스포츠클럽, 방과 후 체육활동을 지도하는 체육전문 강사

2. 스포츠지도 전문인(코치, 강사)

생활스포츠 지도사	·개념 : 다양한 스포츠시설이나 단체에서 자발적으로 참여하는 일반인 지도를 하는 체육전문가 ·역할 - 생활스포츠 프로그램 개발 - 생활체육 활동 목표의 설정 - 효율적인 지도방법 개발 - 인간관계 유지에 조력 - 생활체육 관련 재정관리 및 기구 개발
전문스포츠 지도사	·개념 : 실업팀이나 학교 운동부 등 스포츠 관련 단체에 소속된 코치나 감독 등의 지도자 ·역할 - 훈련 방법과 전략 창조 등 창조적 역할 - 선수를 배려하는 배려자 역할 - 선수의 신상변화 등을 관찰하는 모니터 역할 - 훈련을 지시하는 지시적 역할 - 훈련을 실행하는 실행자 역할 - 훈련 프로그램을 독려하는 역할

02. 스포츠교육 학습자

유아	· 신체구조에서 근육, 인지, 대뇌 및 감각기관 등 발달 속도 빠름 · 놀이 중심의 활동으로 다양한 경험을 줌
청소년	· 급격한 신체의 성장 및 성적 성숙 · 바람직한 가치경험을 제공
일반성인	· 사회의 구성원으로 가장 활발한 사회활동 · 신체적 노화가 시작 · 성인병을 예방하거나 스트레스 및 불안을 해소
노년기	· 체력 저하 및 신체적, 정신적 기능 저항 · 개인의 건강상태에 적합한 운동
장애우	· 신체나 정신의 기능이 상실 · 사회를 적응하거나 대인관계 형성

03. 스포츠교육 행정가

1. 의미

스포츠와 관련된 업무를 하며 교육 · 행정 · 사무 등의 업무를 담당하는 사람

2. 스포츠교육 행정가의 종류

구 분	역 할
학교체육 행정가	· 조력자·안내자·행정가의 역할 · 교육정책 및 예산을 계획
전문체육 행정가	· 관리자·전문가·행정가의 역할 · 엘리트스포츠에 대해서 바람직한 방향 연구
생활체육 행정가	· 조력자·조직가·운영자·지원자의 역할 · 국가의 체육정책을 수립 및 진행

제4장

스포츠교육의 프로그램론

제5과목
스포츠교육학

01. 학교체육 프로그램 개발 및 실천

1. 체육수업지도 프로그램

(1) 체육수업지도 프로그램의 이해

① 교과활동으로 학교체육 수업은 정규교육과정에 포함되어 있음

② 전인적 성장 위주로 이루어지며 학습내용은 심동적 · 정의적 · 인지적 영역으로 구분

③ 교과활동과 비교과활동

교과활동	· 체육교과의 체육수업을 의미 · 영역 : 경쟁 활동, 여가 활동, 건강 활동
비교과활동	· 학교 내에서 이루어지는 것으로 체육수업과 관련이 없음 · 종류 : 방과 후 체육활동, 학교 운동부 등

(2) 체육수업지도 프로그램 수립

① 체계적이고 구체적으로 지도계획을 수립 후에 실시

② 학교의 내적이나 외적인 환경 요소를 고려하여 프로그램을 수립

2. 스포츠클럽지도 프로그램

(1) 스포츠클럽지도 프로그램의 이해

① 자율적으로 운영되는 프로그램으로 일반학생들로 구성

② 체육동아리에서 활용되는 프로그램으로 방과 후 시간, 점심시간 및 토요일 등을 활용

(2) 활용 목적

① 장기적인 체육활동의 기회를 제공

② 학생들의 자율체육활동을 활성화

③ 건강체력증진과 활기찬 학교 분위기를 조성

④ 학생들의 체육활동 참여 기회를 확대

⑤ 경기에 참여할 수 있는 체험의 기회를 제공

(3) 프로그램 구성 시 고려사항

① 다양한 스포츠클럽 프로그램의 활동 시간 설정

② 학생 중심의 흥미를 고려하여 학생 주도의 자발적 참여 유도

③ 스포츠에 대한 인성을 함양

④ 스포츠와 관련된 문화 체험을 제공

02. 생활체육 프로그램 개발 및 실천

1. 개념

광의적 개념	스포츠 활동의 전체적인 운영계획을 의미하는 것으로 생활체육의 효율적인 운영을 의미
협의적 개념	생활체육 참여자들의 스포츠 활동만을 의미

2. 생활체육 프로그램 유형

① 생활체육프로그램은 어떤 점을 기준으로 수립되었느냐에 따라 유형이 달라짐

② 기준의 종류 : 장소, 개최기간, 참여자의 조직화, 참여, 주관자, 목적, 대상자, 운동의 형태 등으로 구분

③ 프로그램 설계 시 기본 요소 : 예산, 내용, 목적 및 목표, 지도자, 참여자, 홍보, 내용, 장소 및 설계 등이 있음

3. 생활체육 프로그램 실천

(1) 청소년 스포츠지도 프로그램

① 개념 및 특징

개 념	운동기능의 습득 및 삶의 즐거움을 청소년을 대상으로 경험하게 함
특 징	운동은 특기적성 교육 중 하나로 일반적인 공부가 학생에게는 더 중요

② 설계 시 고려사항

　㉠ 지속할 수 있는 프로그램을 고려

　㉡ 학생들의 발달운동 중심으로 프로그램이 개발

　㉢ 청소년 개인의 흥미와 요구를 고려하여 충족시킬 수 있어야 함

　㉣ 청소년들의 생활 패턴을 고려하여 프로그램이 설계되어야 함

　㉤ 긍정적인 코칭을 목표로 함

　㉥ 개인이 가진 능력을 최대한 발휘할 수 있도록 설계되어야 함

(2) 성인 스포츠지도 프로그램

① 개념 : 삶에 활력과 사회의 전체적인 안정을 위해서 성인을 대상으로 하는 프로그램

② 설계 시 고려사항

　㉠ 지속할 수 있는 프로그램을 고려

　㉡ 스포츠 참여시설에 대한 편의성 및 근접성 등 주변요인을 제고해야 함

　㉢ 다양한 프로그램을 설계

　㉣ 프로그램의 전문성을 제고하여 설계

　㉤ 성인 대상자의 신체적 · 사회적 · 심리적 특징 및 요구를 고려하여 설계

(3) 노인 및 장애인 스포츠지도 프로그램

① 노인 스포츠지도 프로그램 설계 시 고려사항

　㉠ 스포츠 참여시설에 대한 편의성 및 근접성 등 주변요인을 제고해야 함

　㉡ 관련 프로그램의 연계성을 고려

　㉢ 노인의 신체적 · 사회적 · 심리적 특징 및 요구를 고려하여 설계

　㉣ 설계할 때 전문 노인스포츠지도사, 행정담당자와 학습자인 노인이 서로 협력해야 함

② 장애인 스포츠지도 프로그램 설계 시 고려사항

　㉠ 지속할 수 있는 프로그램을 고려

ⓛ 장애인의 경제적인 여건을 고려해야 함

ⓒ 장애인의 특성과 장애유형별 특징을 파악 후 고려해야 함

ⓔ 근접성과 제반여건 등을 고려해야 함

03. 전문체육 프로그램 개발 및 실천

1. 청소년 스포츠코칭 프로그램

(1) 청소년 스포츠코칭 프로그램 개념

① 학교운동부 지도를 의미하는 것으로 엘리트 스포츠를 목표로 함

② 청소년 선수들의 심·인·정의 조화로운 발달을 추구

③ 청소년들의 전인적 성장이 이루어지도록 해야 함

(2) 청소년 스포츠코칭 프로그램 개발 시 고려사항

① 선수의 인성중심 지도로 프로그램 설계

② 일상생활로의 전이가 가능하도록 프로그램 설계

③ 선수 중심의 관점으로 프로그램 설계

2. 성인 스포츠코칭 프로그램

(1) 개념

이미 습득한 기술을 더욱 발전시키기 위한 것으로 대학선수 및 엘리트 스포츠에서 코칭을 말함

(2) 성인 스포츠코칭 프로그램 개발 시 고려사항

① 자아성찰을 지속적으로 가능하게 하는 프로그램 설계

② 학습자가 의사결정에서 자기주도적으로 이끌 수 있도록 설계

③ 명확한 목표를 설정하여 구체적이고 체계적으로 설계

스포츠교육의 지도방법론

01. 스포츠지도를 위한 교육모형

1. 직접교수모형

(1) 역할

① 교사 중심의 수업으로, 교사가 리더의 역할을 함

② 가장 효과적으로 수업시간을 이용하는 데 주력

③ 긍정적 피드백과 교정적 피드백을 사용하여 학습참여의 기회를 높임

(2) 학습영역

① 심동적·인지적·정의적 영역

심동적 영역	신체의 기능과 능력의 발달에 관한 영역
인지적 영역	정신능력인 사고나 지식 등에 관한 영역
정의적 영역	동기나 감정 또는 가치 등을 포함한 영역

② 학습영역의 우선 순위

> 심동적 〉 인지적 〉 정의적

(3) 직접교수모형의 특징

① 교사가 수업리더 역할을 함

② 학습자는 교사의 지시에 따르며 적극적으로 대답

③ 교사는 학습자로 하여금 연습과제와 기능연습에 높은 비율로 참여하도록 안내

④ 교사는 학습자가 연습하는 것을 관찰

⑤ 교사는 학습자에게 교정적 피드백을 제공

⑥ 교사는 전문적 지식을 가지고 있어야 함

(4) 교수 · 학습의 주도성

① 교사가 학습 내용 및 과제 순서 등 내용을 계획

② 수업운영을 위하여 교사가 수업관리계획이나 수업 규칙 등을 계획

③ 교사가 과제를 제시하고 학생의 학습 과제 참여 형태를 결정

④ 교사의 주도로 상호작용이 시작

2. 개별화지도모형

(1) 특징

① 학습자가 자기주도적으로 움직임

② 수업진도는 학습자의 능력에 따라 학습자가 결정

(2) 학습영역의 우선 순위

심동적 〉 인지적 〉 정의적

(3) 교수 · 학습의 주도성

① 교사가 학습 내용 및 과제 순서 등 내용을 계획

② 교사가 과제 제시를 계획하고 결정

③ 학습 과제는 학습자 개별적 연습을 위해 수립되며, 학습자는 거의 개별적으로 연습

④ 수업의 관리보다는 동기유발을 제공하며, 교사의 지시가 거의 없음

⑤ 학습자는 학습 과제에 참여할 때 자신의 학습진도를 주도적으로 결정

⑥ 학습자가 주도적으로 학습지를 만들며, 과제 전개는 자신의 학습 속도에 맞추어 스스로 결정

3. 협동학습모형

(1) 특징

① 학습과정에 모든 학생을 동시에 참여시킴

② 기회의 평등, 개인 책무성, 팀 보상의 개념에 기초

③ 사회성을 강조하며 서로를 위해 함께 배우는 '협동을 통한 학습'을 강조

④ 팀과 학습의 상호작용을 평가

(2) 학습영역의 우선 순위

① 인지적 학습 : 정의적/인지적 영역〉심동적 영역
② 심동적 학습 : 정의적/심동적 영역〉인지적 영역

(3) 교수 · 학습의 주도성

수업운영은 교사 중심적으로 이루어지나 팀이 학습과제를 시작하면, 협동 집단 내에 있는 학생에게 수업운영이 이루어짐

4. 스포츠교육모형

(1) 특징

① 유능하고, 박식하고, 열정적인 전인적 스포츠인으로 성장시키는 것이 목적
② 학생은 능동적으로 의사결정에 참여
③ 스포츠교육모형은 직접교수, 동료교수, 협동학습의 수업모델과 관계가 있음
④ 경쟁 자체가 목적이 아니라 교육적 도구로 학습을 촉진하는 수단

(2) 학습영역의 우선 순위

① 학습영역이 역할 임무에 따라 다양하게 나타남
② 심동적 영역, 인지적 영역, 정의적 영역에서 균형성 있게 학습목표를 정해야 함

(3) 스포츠교육모형의 6가지 특성

시즌, 팀 소속, 공식경기, 결승전 행사, 축제화, 기록 보존

5. 동료교수모형

(1) 특징

① 2인 1개조로 구성되어 있으며 개인교사와 학습자로 구성
② 개인교사와 학습자의 역할이 주기적으로 바뀌므로 서로 가르치는 입장
③ 직접교수모형의 변형으로 사회성 학습을 강조

④ 개인교사와 학습자로 구성되어 상호학습하는 형태로 학습참여 기회가 반으로 줄어듦

⑤ 여러 명에게 효과적으로 피드백을 제공할 수 있음

(2) 동료교수모형의 학습영역 우선 순위

① 학습자일 경우 : 심동적 영역〉인지적 영역〉정의적 영역

② 개인교사일 경우 : 인지적 영역〉정의적 영역〉심동적 영역

6. 탐구수업모형

(1) 특징

① 학습자는 문제해결자로서 스스로 학습활동에 관련된 문제를 해결

② 질문 중심의 수업으로 지도자는 과제수행 방법을 설명과 시범이 아닌 질문을 통해 학습자들이 스스로 찾도록 함

③ 움직임 교육이라고 하며 쉬운 과제에서 어려운 과제로 인지적 발달 단계가 구성되어 있음

④ 각 단계에 따라서 지도전략이 달라져야 함

(2) 학습영역의 우선 순위

인지적 〉 심동적 〉 정의적

7. 전술게임모형

(1) 특징

① 이해중심 게임지도 방식으로 학생의 게임 구조에 대한 흥미를 활용하여 기술이나 전술적 기술을 학습하게 함

② 게임을 참여할 때 전술이 중점이 되며, 이 게임의 원리를 습득함과 동시에 게임기능 및 전술을 이해하게 됨

(2) 학습영역 우선 순위

인지적 〉 심동적 〉 정의적

(3) 전술게임모형에서 게임 유형

표적형	볼링, 골프, 당구
영역형	하키, 럭비, 농구, 축구, 넷볼
필드형	야구, 킥볼, 소프트볼
네트형	배구, 테니스, 탁구, 배드민턴

8. 개인적 · 사회적 책임감모형

(1) 특징

① 통합 : 심 · 인 · 정을 하나로 합침
② 전이 : 학교에서 이루어지는 행동을 사회에서 같은 효과나 영향을 줌
③ 권한위임 : 학습자가 자신의 삶에 대한 주체성을 인식
④ 교사와 학습자 관계 : 서로 상호작용을 통해서 같은 위치의 파트너

(2) 학습영역 우선 순위

학습영역의 우선 순위가 따로 존재하지 않으며, 교사가 언급한 학습목표에 의해서 이루어짐

(3) Hellison(2003)의 개인적 · 사회적책임감모형

0단계	⇨	· 특징 : 무책임감 · 사례 : 타인을 방해함 참여의지 없음 스스로의 통제 의지 없음 책임감을 전혀 수용할 의지 없음

⇩

1단계	⇨	· 특징 : 타인의 권리와 감정 존중 · 사례 : 타인을 방해하지 않고 참여 언어나 행동에 자기 통제 보임 갈등을 해결하기 위한 평화로운 시도

⇩

| 2단계 | ⇨ | · 특징 : 참여와 노력
· 사례 : 의무감이 없는 자발적 참여
　　　　자기 동기부여 있음 |

⇩

| 3단계 | ⇨ | · 특징 : 자기 방향 설정
· 사례 : 자기 목표 설정 가능
　　　　어느 정도 수준에 도달하면 교사나 감독 없이 과제 완수
　　　　자기 평가 가능
　　　　외부의 부정적인 영향에 대응 가능 |

⇩

| 4단계 | ⇨ | · 특징 : 돌봄과 배려
· 사례 : 먼저 타인을 이해함
　　　　먼저 모범을 보이며 타인의 요구와 감정 인정 |

⇩

| 5단계 | ⇨ | · 특징 : 전이
· 사례 : 같은 환경에 있는 사람에게 피드백 제공
　　　　개인적 체력 프로그램을 가정에서 실시 |

9. 하나로수업모형

(1) 특징

① 스포츠의 인문적 체육교육을 토대로 참 좋은 사람으로 만드는 것이 목적
② 게임(기법적 차원)과 문화(심법적 차원)로 구성
③ 접합식 평가와 통합식 평가가 있음

(2) 활동

기법적 활동(직접 체험)	· 전술, 게임, 기능 · 스포츠를 능숙하게 하는 것
심법적 활동(간접 체험)	· 정산, 안목, 전통 · 스포츠에 대해서 잘 이해하는 것

02. 스포츠지도를 위한 교수기법

1. 지도를 위한 준비

(1) 의미

학습목표의 성취는 학습과제를 통하여 이루어지므로 스포츠지도를 위한 교육과정의 계획을 수립하는 것이 중요

(2) 학습과제 선정

① 학습내용의 범위와 연결성을 생각하여 관련이 있는 활동을 선정
② 학습자의 운동 수준 및 발육에 적합한 활동으로 선정
③ 학습목표에 도달할 수 있게 직접적으로 관련이 있는 활동으로 선정

(3) 학습과제 단계화

① 확대 → 세련 → 적용의 단계로 진행
② 학습과제의 단계별 진행

시작형	기초 단계에서 학습이 가능한 과제
확장형	난이도와 복잡성이 덧붙여진 형태의 과제
세련형	폼이나 느낌과 같이 운동기능의 질적인 측면에 초점이 맞추어짐
적용형	실제상황에서 배운 기능을 활용

2. 지도계획안의 설계

(1) 스포츠 수업지도 계획

① 수업지도 계획은 단원목표를 토대로 구성되어야 함
② 스포츠 수업지도 계획은 교수학습과정에 대한 방향
③ 계획을 구성할 때 목표나 목적을 이루기 위해서 구체적인 학습경험과 내용으로 해야 함

(2) 수업을 계획할 때 고려해야 할 사항

① 이용 가능한 수업시간

② 수업공간 및 기구

③ 수업을 참여하는 학생 수

④ 도입, 전개, 정리의 시간 배분

⑤ 내용의 범위와 계열성을 확인

(3) 수업계획에 포함되어야 할 사항

학습자 분석	선수의 학습 능력, 건강 상태, 운동 기능 장애 등
학습 환경 분석	수업공간, 일정, 교구 및 교재 등
학습과제 분석	수업목표, 영역별 목표 확인 등

3. 지도내용의 전달

(1) 과제 발표 방법

의사소통의 다양한 방법으로 정확하게 과제를 제시

(2) 교수의 방법

① 의사소통을 원활하게 하여 교수

② 모호한 언어보다는 정확한 단어를 사용하고 각 수준별로 적절한 단어를 선택하여 교수

③ 학습을 하는 중간에 학습자의 이해 여부를 점검

④ 교수를 할 때 정확한 발음과 억양을 조절하여 중요한 부분을 포인트를 제공하여 집중도를 높여줌

4. 지도내용의 연습 및 교정

(1) 과제 연습 중 지도자 역할

① 수준별로 수업을 진행하고 발달단계가 학습자에게 적당한지 확인

② 참여자 스스로 난이도를 조절하게 하며 과제 연습을 주시

(2) 기능속성에 따른 내용발달

폐쇄기능	· 기능을 실행할 때 변화가 적음 · 종류 : 볼링, 양궁 등
개방기능	· 기능을 실행할 때 변화가 많음 · 종류 : 축구, 야구, 농구 등

(3) 피드백의 유형

① 과제의 수행을 마친 후 그 결과에 대해서 알맞은 정보를 제공

② 피드백의 구분

가치적 피드백	· 긍정적이나 부정적인 판단어로 표현 · 교사의 가치체계를 토대로 판단과 표출
중립적 피드백	· 구체적이지 않은 긍정적인 표현 · 행동진술의 사실적 판단이나 수정지시가 없음
교정적 피드백	· 잘못과 관련된 행동을 했을 때 그 행동을 바꾸게 함 · 단순히 실수만 지적하는 것이 아니라 실수한 원인 및 수정에 대한 피드백
분명하지 않은 피드백	· 여러 가지 해석이 가능한 피드백으로 잘못 해석될 가능성 많음

5. IT의 효과적 활용

(1) IT의 정의

① 언제, 어디에서나 쉽게 정보를 수집 · 처리 · 전달 및 관리가 가능하게 할 수 있는 기술을 말함

② 유연하고 폭넓은 학습활동을 제공할 수 있어 교육의 폭을 넓힐 수 있음

(2) IT 정보의 활용

① 유연성으로 인하여 동기를 유발시켜서 능동적인 학습 유도를 일으킬 수 있음

② 컴퓨터나 노트북 등을 이용하여 학생들에 대한 자료를 수집 및 관리할 수 있음

6. 효과적 관리운영

(1) 관리운영 방법

스포츠지도 시간에 발생빈도가 수시로 나타나고 수업의 흐름을 방해하는 학생행동의 모든 종류를 인지하여 숙지시켜 예방

(2) 관리운영 규칙

① 학교규칙과 서로 통일성이 있어야 함
② 명확하고 간결하게 제시해야 함
③ 학생이 수준에 맞추어 적절한 언어와 기호로 명확히 전달해야 함
④ 규칙에 반하는 행동을 하였을 경우 일관성 있는 행동을 제시해야 함

7. 안전 및 예방

(1) 안전한 학습 환경 조성과 학습 분위기를 위한 교수 기법

① 수업시작과 끝맺음을 위한 신호를 활용
② 규칙과 절차를 인지시키고 지속적으로 강조
③ 기대 행동과 수행 기준을 반복적으로 명시
④ 적합한 행동과 부적합한 행동에 일관성을 보여야 함

(2) 예방적 수업 운영

① 안전규칙을 사전에 공지
② 수업관리를 일관성 있게 진행하고 수업시간을 엄수
③ 주의나 집중에 필요한 신호를 교수하여 활용
④ 계속적으로 규칙을 상기시키며 점검

03. 세부 지도목적에 따른 교수기법

1. 건강을 위한 지도기법

의미	행복한 삶을 지속시키기 위한 기초로 몸과 마음의 평안을 줌
교수기법	체력운동과정 점검, 격려와 칭찬 등
내용	보건과 안전, 건강 관리 등

2. 여가를 위한 지도기법

의미	여가시간에 자기 계발을 위해 활용할 수 있는 법을 지도
교수기법	안전점검 철저히 하기, 교내외 체육시설 등을 적극 활용

3. 경쟁을 위한 지도기법

의미	책임감, 협동심, 배려심 등을 개인 혹은 집단간의 경쟁에서 배움
교수기법	놀이나 게임을 중심으로 창의적 사고력 발달시킴
내용	영역형 경쟁, 네트형 경쟁, 필드형 경쟁, 피하기 경쟁

4. 인성을 위한 지도기법

의미	인성을 강조하며 교육을 통해 지향해야 하는 가장 포괄적인 개념
인성의 범주	도덕적 정서, 도덕적 행위, 도덕적 지식

5. 표현을 위한 지도기법

의미	체육을 통해서 자신의 생각이나 감적을 표현시킬 수 있는 능력
교수기법	폭넓은 신체적 표현을 습득시킴

01. 평가의 이론적 측면

1. 평가의 목적과 활용

(1) 평가의 개념

측정한 데이터를 분석하여 가치를 판단하고 교수학습의 의사결정에 방향 및 도움을 주기 위한 활동

(2) 평가와 활용의 목적

① 교수와 학습의 효과성을 판단
② 학습자의 학습 상태 및 운동수행 동기와 참여도를 촉진
③ 교육프로그램과 교육과정이 학습자에게 적절한지 확인
④ 교육의 목적에 맞게 프로그램 수립 및 학습진행 상태를 확인
⑤ 학습자들에게 학습상태와 학습지도에 관한 정보를 제공
⑥ 학습목표와 관련된 학습진행 상태를 평가하여 교수활동을 조정
⑦ 교수의 효과를 판단하고 학습자들에게 운동수행의 향상 동기를 유발

2. 평가의 양호도

(1) 타당도

① 정확하게 측정하고자 하는 것을 측정하는 것
② 평가의 타당도를 측정하는 방법

내용타당도	측정하려고 하는 내용을 얼마나 잘 대표하고 있는지 측정
준거타당도	·하나의 측정지표를 사용하여 측정한 결과가 다른 기준을 사용하여 측정한 결과의 관련성과 비교를 하는 것

	· 종류 - 예측타당도 : 준거척도에 의해서 앞으로의 행동을 예측 - 발생(공인)타당도 : 기존의 검사와 새로 만든 검사 간의 상관관계에 의해서 결정
구인타당도	측정하고자 하는 특성의 구성 요인을 얼마나 충실하게 하였는지 나타냄

(2) 신뢰도

① 특징 : 타당도가 높기 위해서는 신뢰도가 높아야 하지만, 높은 신뢰도가 높은 타당도를 나타내는 것은 아님

② 신뢰도 방법

검사-재검사	· 동일한 검사를 시간적 차이를 두고 다시 실시하여 결과가 비슷한지 확인 · 결과가 비슷하면 검사-재검사 신뢰도는 높은 편임
동형검사	· 서로 비교가 가능한 두 가지 방법으로 검사의 문항을 만들어, 두 검사 결과가 비슷한지 확인 · 유사할수록 동형검사 신뢰도는 높은 편임
내적일관성	· 내적으로 검사문항들간의 동일성과 일치성을 평가하는 신뢰도

02. 평가의 실천적 측면

1. 평가의 종류

① 진단평가 : 수업을 진행하기 전에 이루어지는 평가로 출발점 행동을 파악
② 상대평가 : 학습자들을 상대적으로 서로 비교하여 평가하는 것
③ 형성평가 : 수업진행사항을 파악하기 위해서 수업 중에 평가
④ 절대평가 : 정해진 기준에 따라 학습자의 목표 성취도를 평가
⑤ 총괄평가 : 수업의 모든 과정을 종결한 후 학습목표 달성도를 평가

2. 평가의 기법과 사례

① 체크리스트를 통해서 일어난 사건들을 체크

② 일지 또는 일기를 통하여 학습자의 생각, 행동, 느낌 등을 취득

③ 학습자 면접과 설문지를 통해서 학습자들의 생각, 관심에 대해서 자료를 취득

④ 이 외에도 평정척도, 루브릭, 관찰 등의 평가기법이 있음

스포츠교육학의 전문적 성장

01. 스포츠교육 전문인의 전문역량

1. 스포츠 전문인의 전문역량

(1) 스포츠교육학의 실천 영역

학교체육, 생활체육, 전문체육

(2) 스포츠체육지도자

인지적 자질	학습자의 학습동기와 요구를 파악 학습자의 학습 정도 및 발달을 파악
인성적 자질	·스포츠 윤리 의식 ·배려 및 상호존중 ·리더십과 책임감 ·스포츠 가치 지향성 등
기능적 자질	체육교사·강사 및 학부모의 참여와 협력을 이끌어냄

(3) 생활체육지도자

인지적 자질	지도에 관련된 법제적·지도 내용·지도 방법·지도대상 지식 등
인성적 자질	·스포츠 윤리 의식 ·배려 및 상호존중 ·리더십과 책임감 ·스포츠 가치 지향성 등
기능적 자질	·프로그램 개발 능력 ·지도 능력 ·조직·안전·회원 등의 관리 능력

(4) 전문체육지도자

인지적 자질	· 지도법 및 전술에 대한 지식 · 운동선수나 팀이 운동 경기를 해 나가는 능력에 영향을 미칠 수 있는 요소 들을 파악
인성적 자질	· 스포츠 윤리 의식 · 배려 및 상호존중 · 리더십과 책임감 · 스포츠 가치 지향성 등
기능적 자질	· 안전 및 상해를 예방 · 신체적 컨디셔닝 · 성장 및 발달 · 지도법 및 의사소통 · 운동기능 및 전술 · 조직과 운영 및 평가

2. 교수기능 연습방법

(1) 스테이션 티칭

① 과제교수라고도 함
② 기구가 부족한 수업상황에서 사용
③ 지도자의 관점에서 볼 때 학생들 관찰이 다소 어려운 단점이 있음

(2) 동료교수

동료들끼리 구성된 집단을 통해서 먼저 교수기술을 보여준 후 피드백을 받음

(3) 마이크로티칭

① 실제학생이나 소집단을 대상으로 모의상황을 연출
② 제한된 시간 내에서 모의상황을 통해서 교수기술을 습득하는 방법

02. 장기적 전문인 성장 및 발달

형식적 성장	· 성적, 학위 또는 자격증을 취득하는 교육 · 제도적 · 관료적인 조직된 교육과정
비형식적 성장	· 공식적인 교육기관 외에 이루어지는 조직적인 학습 · 자발적으로 단기간에 이루어지는 교육 · 과거경험, 선수간의 대화, 멘토링 등을 통한 주도적인 학습
무형식적 성장	공식적인 교육기관이 아닌 일상적인 경험을 통해서 학습되는 배움의 형식

제1장

스포츠 교육의 배경과 개념

제5과목
스포츠교육학

1. 다음 중 스포츠 가르치기에 대한 최근의 노력으로 보기 가장 어려운 것은?

① 데이터베이스 구축과 현실문제 해결에 초점을 맞추어 실제의 문제와 이론 사이의 문제를 해결하고자 한다.
② 체육수업방법이 교사 중심적으로 변화되고 있으며, 과거에 비해서 훨씬 많이 다양화되고 있다.
③ 스포츠교육학 이론에 대한 연구풍토의 개선 및 한국 스포츠 이론의 토착에 대한 노력으로 학문의 자립성을 이루고자 한다.
④ 패러다임의 변화로 인해서 체육교육에 대한 전체적인 시각이 실천적 과제를 강조하는 형상으로 변하였다.

> **해설** 체육수업방법이 학생 중심적으로 변화되고 있으며, 과거에 비해서 훨씬 많이 다양화되고 있다.
>
> **정답** ②

2. 스포츠교육에 대한 질적 연구가 성장하게 된 시기는?

① 1970년대 중반 ~ 1980년대 중반
② 1980년대 중반 ~ 1990년대 중반
③ 1990년대 중반 ~ 2000년대 중반
④ 2000년대 중반 ~ 2010년대 중반

> **해설** 질적 연구방법론이 주목을 받으며 스포츠교육에 대한 질적 연구가 성장하게 된 시기는 1980년대 중반~1990년대 중반이다.
>
> **정답** ②

3. 스포츠 가르치기에 대한 연구가 다양한 형태로 나타나게 된 시기는?

① 1960년대 초반 ~ 1960년대 후반
② 1970년대 중반 ~ 1980년대 후반
③ 1980년대 초반 ~ 1980년대 중반
④ 1990년대 중반 ~ 현재

> 해설 스포츠 가르치기에 대한 연구가 다양한 형태로 나타나게 된 시기는 1990년대 중반~현재까
> 지이다.
> 정답 ④

4. 협의의 스포츠교육의 역할은?

① 인간이 취할 수 있는 모든 영역으로 심화하는 것
② 삶의 의미를 추구하는 것
③ 스포츠를 교육적 수단으로만 제한함
④ 스포츠를 놀이의 수단으로 활용함

> 해설 협의의 스포츠교육은 스포츠를 교육적 수단으로만 한정한다.
> 정답 ③

5. 광의의 스포츠교육의 역할은?

① 스포츠는 체육적인 측면에서만 활용함
② 스포츠는 교육적인 활동뿐만이 아니라 삶의 의미를 추구하는 것을 포함한다.
③ 스포츠를 놀이의 수단으로 활용함
④ 스포츠를 교육적 수단으로만 제한함

> 해설 광의의 스포츠교육에서 스포츠는 교육적인 활동뿐만이 아닌 삶의 의미를 추구하는 것을 포
> 함한다.
> 정답 ②

6. 학교에서의 스포츠교육에 대한 설명으로 바르지 않은 것은?

① 학생들에게 적절한 강화와 보상을 통한 책임감 있는 역할 수행을 할 수 있도록 한다.

② 융통적이고 탄력적인 시간을 운영하여 학생들에게 의미 있는 학습을 제공한다.

③ 단일의 활동기회를 제공함으로써 학생들에게 의미 있는 학습경험을 하게 한다.

④ 체육수업을 통해 학습한 것을 스포츠 활동으로 자연스럽게 이어질 수 있도록 학습의 장을 마련한다.

> 해설 학교에서 이루어지는 스포츠교육은 다양한 활동기회를 제공함으로써 학생들에게 의미있는 학습경험을 하게 한다.
>
> 정답 ③

7. 스포츠교육에 관한 내용 중 생활에서의 스포츠교육에 관한 것으로 옳은 것은?

① 일상체육은 인간욕구의 충족, 평생교육, 건강유지 및 증진, 지역사회 개발, 사회문제 해결, 여가선용의 기능을 한다.

② 다양한 활동기회를 제공함으로써 학생들에게 의미있는 학습경험을 하게 한다.

③ 지도자는 스포츠의 과학적 이론을 적용하여 각 종목별 기능을 지도한다.

④ 융통적이고 탄력적인 시간을 운영하여 학생들에게 의미있는 학습을 제공한다.

> 해설 생활에서 이루어지는 스포츠교육에서 일상체육은 인간욕구의 충족, 평생교육, 건강유지 및 증진, 지역사회 개발, 사회문제 해결, 여가선용의 기능을 하며, 더불어서 국민생활체육회는 다양한 프로그램을 통하여 개방형 체육시스템을 구축한다.
>
> 정답 ①

8. 스포츠교육에 관한 내용 중 경기에서의 스포츠 교육에 관한 것으로 옳지 않은 것은?

① 일상체육은 인간욕구의 충족, 평생교육, 건강유지 및 증진, 지역사회 개발, 사회문제 해결, 여가선용의 기능을 한다.

② 지도자는 다양한 매체를 활용하여 좀 더 효율적인 스포츠에 대해 지도하여 이해를 높일 수 있도록 한다.

③ 지도자는 각 선수의 수준에 적합한 훈련 계획 수립 및 참가 계획을 수립할 수 있도록 지도한다.

④ 지도자는 스포츠의 과학적 이론을 적용하여 각 종목별 기능을 지도한다.

> 해설 ①은 생활에서의 스포츠교육에 관한 내용이다.
>
> 정답 ①

제2장

스포츠 교육의 정책과 제도

제5과목
스포츠교육학

---

1. 국가체육 교육과정 중 제1차 교육과정의 내용이 아닌 것은?

① 인간 중심 교육과정을 중시　　② 건전한 사회적 생활

③ 위생생활의 습관화　　　　　　④ 교과 자체를 중시

해설 ①은 제4차 교육과정에 해당하는 내용이다.

구 분	내 용
제1차 교육과정	교과 자체를 중시 · 위생생활의 습관화와 건전한 사회적 생활을 갖도록 함 · 신체활동을 통해서 민주적 사회활동에서의 최선을 발휘할 수 있는 능력 함양

정답 ①

---

2. 국가체육 교육과정 중 제3차 교육과정의 내용에 해당하는 것은?

① 교과 자체를 중시　　　　　　　② 운동을 실천화하여 기능을 향상

③ 학문 중심 교육과정을 중시　　　④ 생활 중심 교육과정을 중시

해설 제3차 교육과정
· 학문중심 교육과정을 중시
· 체육교육을 통한 강건한 국민으로서의 성장
정답 ③

---

3. 다음 국가체육 교육과정 중 제4차 교육과정의 내용이 아닌 것은?

① 공정하게 운동하는 태도의 함양

② 운동을 실천화하여 기능을 향상

③ 인간 중심 교육과정을 중시

④ 생활 중심 교육과정을 중시

해설 ④는 제2차 교육과정에 대한 내용이다.	
구 분	**내 용**
제4차 교육과정	· 인간 중심 교육과정을 중시 · 운동을 실천화하여 기능을 향상 · 공정하게 운동하는 태도의 함양
정답 ④	

4. 제5차 체육교육과정의 내용으로 가장 옳지 않은 사항은?

① 바람직한 사회적 태도　　　② 운영의 타율성을 중시
③ 통합교육과정을 개발　　　④ 정서의 함양

해설 제5차 체육교육과정	
구 분	**내 용**
제5차 교육과정	· 통합교육과정을 개발 · 운영의 자율성을 중시 · 정서의 함양과 바람직한 사회적 태도 · 정의적 · 인지적 · 심동적 행동으로 분류
정답 ②	

5. 국가체육 교육과정 중 제6차 교육과정의 내용에 해당하지 않는 것은?

① 교육과정 구조의 다양화　　　② 교육과정 운영의 효율화
③ 학문 중심 교육과정을 중시　　　④ 교육과정 결정의 분권화

해설 제6차 교육과정	
구 분	**내 용**
제6차 교육과정	· 교육과정 결정의 분권화 · 교육과정 구조의 다양화 · 교육과정 운영의 효율화
정답 ③	

6. 다음 국가체육 교육과정 중 제7차 교육과정의 내용으로 가장 옳지 않은 것은?

① 건강과 운동에 관한 여러 가지 종류를 이해
② 운동 수행 기능을 촉진하여 체력을 증진
③ 운동기능 중심 교육과정
④ 신체활동 가치 중심

해설 제7차 교육과정	
구 분	내 용
제7차 교육과정	·운동기능 중심 교육과정 ·움직임에 관한 욕구를 충족시켜 줌 ·운동 수행 기능을 촉진하여 체력을 증진 ·건강과 운동에 관한 여러 가지 종류를 이해

정답 ④

7. 다음 보기의 내용이 말하고 있는 국가체육 교육과정은?

·학문 중심 교육과정을 중시
·체육교육을 통한 강건한 국민으로서의 성장

① 제1차 교육과정　　　　　② 제2차 교육과정
③ 제3차 교육과정　　　　　④ 제4차 교육과정

해설 제3차 교육과정
·학문 중심 교육과정을 중시
·체육교육을 통한 강건한 국민으로서의 성장
정답 ③

8. 교과 자체를 중시하는 국가체육 교육과정은?

① 제1차 교육과정　　　　　② 제3차 교육과정
③ 제5차 교육과정　　　　　④ 제7차 교육과정

해설 제1차 교육과정에서는 교과자체를 중요시 하며, 위생생활의 습관화와 건전한 사회적 생활을 갖도록 함과 동시에 신체활동을 통해 민주적 사회활동에서의 최선을 발휘할 수 있는 능력을 함양한다.
정답 ①

9. 보기의 내용과 괄호 안에 들어갈 말을 순서대로 바르게 짝지은 것은?

> (㉠) - 생활 중심 교육과정을 중시
> (㉡) - 학문 중심 교육과정을 중시
> (㉢) - 인간 중심 교육과정을 중시

① ㉠ 제1차 교육과정, ㉡ 제2차 교육과정, ㉢ 제5차 교육과정
② ㉠ 제2차 교육과정, ㉡ 제3차 교육과정, ㉢ 제4차 교육과정
③ ㉠ 제2차 교육과정, ㉡ 제4차 교육과정, ㉢ 제6차 교육과정
④ ㉠ 제4차 교육과정, ㉡ 제6차 교육과정, ㉢ 제7차 교육과정

해설 국가체육교육과정
제2차 교육과정 - 생활 중심 교육과정을 중시
제3차 교육과정 - 학문 중심 교육과정을 중시
제4차 교육과정 - 인간 중심 교육과정을 중시
정답 ②

10. 다음 중 학교체육진흥법의 내용으로 바르지 않은 것은?

① 학교 스포츠클럽 운영   ② 건강 체력교실 운영
③ 학생 선수의 학습권 보장   ④ 유아 및 장애학생의 체육활동 비활성화

해설 학교체육진흥법의 내용
· 체육교육과정 운영 충실 및 체육수업의 질 제고
· 학생건강 체력평가 및 비만 판정을 받은 학생에 대한 대책
· 건강 체력교실 운영
· 학교 스포츠클럽 운영
· 학생 선수의 학습권 보장 및 인권보호
· 유아 및 장애학생의 체육활동 활성화
정답 ④

11. 다음 중 국민체육진흥법의 목적으로 바르지 않은 것은?

① 군인체육을 진흥하여 군인의 체력을 증진
② 체육을 통하여 국위 선양에 이바지
③ 명랑한 국민생활을 영위
④ 건전한 정신을 함양

12. 다음 중 국민생활체육진흥종합계획의 내용으로 적절하지 않은 것은?

① '언제나' 향유할 수 있는 참여기회를 제공

② 세대와 문화를 넘어 '함께' 참여하는 생활체육

③ 제한된 이용이 가능한 시설을 제공

④ 스포츠를 마음껏 일상적으로 100세까지 향유한다는 의미의 생활체육진흥종합계획

13. 스포츠비전 2018의 목표가 아닌 것은?

① 스포츠로 국격을 바꾸다   ② 스포츠로 스타일을 바꾸다

③ 스포츠로 사회를 바꾸다   ④ 스포츠로 미래를 바꾸다

14. 다음 중 스포츠비전 2018의 추진전략이 아닌 것은?

① 경제를 살리는 스포츠　　　② 뿌리가 튼튼한 스포츠

③ 경제적 흥행에 성공한 스포츠　　④ 손에 닿는 스포츠

> **해설** 스포츠비전 2018의 추진전략
> ·손에 닿는 스포츠　　　·뿌리가 튼튼한 스포츠　　　·경제를 살리는 스포츠
> **정답** ③

15. 스포츠비전 2018의 비전으로 옳은 것은?

① 60세 시대, "스포츠로 대한민국을 바꿉니다"

② 80세 시대, "스포츠로 대한민국을 바꿉니다"

③ 100세 시대, "스포츠로 대한민국을 바꿉니다"

④ 120세 시대, "스포츠로 대한민국을 바꿉니다"

> **해설** 스포츠비전 2018의 비전은 100세 시대, "스포츠로 대한민국을 바꿉니다"이다.
> **정답** ③

제3장

스포츠교육의 참여자 이해론

1. 체육교육 전문가 중 인성지도 및 조력자의 역할을 하는 사람은?

① 강사 　　　　　　　　　② 교사
③ 교수 　　　　　　　　　④ 조교

> **해설** 교사는 인성지도 및 조력자의 역할을 하며, 어느 한 곳에 집중되지 않고 정신과 신체의 조화로운 발달을 강조한다.
> **정답** ②

2. 학교 스포츠클럽 및 방과 후 체육활동 지도 및 정규 수업을 보조하는 체육지도자는?

① 교수 　　　　　　　　　② 조교
③ 강사 　　　　　　　　　④ 교사

> **해설** 강사는 학교 스포츠클럽 및 방과 후 체육활동 지도 및 정규 수업을 보조하는 체육지도자를 말한다.
> **정답** ③

3. 다음의 역할을 수행하는 사람은?

> 학교체육에 관련된 모든 활동을 걸쳐 학생들이 신체활동을 통한 신체적, 정신적, 사회적 조화를 학생에게 제공하여 성장할 수 있도록 도와준다.

① 조교 　　　　　　　　　② 교사
③ 강사 　　　　　　　　　④ 교수

> **해설** 체육교육 전문가 중 강사는 학교체육에 관련된 모든 활동을 걸쳐 학생들이 신체활동을 통한 신체적, 정신적, 사회적 조화를 학생에게 제공하여 성장할 수 있도록 도와준다.
> **정답** ③

4. 생활스포츠지도사의 역할로 바르지 않은 것은?

① 인간관계 유지에 조력　　② 생활스포츠 프로그램 개발
③ 생활체육 활동 목표의 설정　④ 비효율적인 지도방법 개발

> **해설** 생활스포츠지도사의 역할
> ·생활스포츠 프로그램 개발　　·생활체육 활동 목표의 설정
> ·효율적인 지도방법 개발　　　·인간관계유지에 조력
> ·생활체육 관련 재정관리 및 기구 개발
> **정답** ④

5. 다양한 스포츠시설이나 단체에서 자발적으로 참여하는 일반인 지도를 하는 체육 전문가는?

① 특수스포츠지도사　　② 생활스포츠지도사
③ 전문스포츠지도사　　④ 변화스포츠지도사

> **해설** 생활스포츠지도사는 다양한 스포츠시설이나 단체에서 자발적으로 참여하는 일반인 지도를 하는 체육 전문가이며 생활스포츠 프로그램을 개발하고 효율적인 지도방법 개발하는 역할을 수행한다.
> **정답** ②

6. 다음 중 전문스포츠지도사의 역할로 가장 거리가 먼 것은?

① 생활체육 관련 재정관리 및 기구 개발
② 훈련을 실행하는 실행자 역할
③ 선수를 배려하는 배려자 역할
④ 훈련프로그램을 독려하는 역할

> **해설** ①은 생활스포츠지도사의 역할에 관한 내용이다.
>
> 참고
>
> ```
> 전문스포츠지도사의 역할
>  · 훈련 방법과 전략 창조 등 창조적 역할    · 선수를 배려하는 배려자 역할
>  · 선수의 신상변화 등을 관찰하는 모니터 역할  · 훈련을 지시하는 지시적 역할
>  · 훈련을 실행하는 실행자 역할         · 훈련프로그램을 독려하는 역할
> ```
>
> **정답** ①

7. 실업팀이나 학교 운동부 등 스포츠 관련 단체에 소속된 코치나 감독 등의 지도자는?

① 변화스포츠지도사　　　　　② 특수스포츠지도사
③ 전문스포츠지도사　　　　　④ 생활스포츠지도사

> **해설** 전문스포츠지도사는 실업팀이나 학교 운동부 등 스포츠 관련 단체에 소속된 코치나 감독 등의 지도자로 활동하며, 훈련 방법과 전략 창조 및 선수의 신상변화 등 관찰하는 모니터 역할을 수행한다.
>
> **정답** ③

8. 스포츠교육 학습자 중 유아에 대한 내용으로 옳은 것은?

① 개인의 건강상태에 적합한 운동
② 대뇌 및 감각기관 등 발달 속도가 빠름
③ 신체나 정신의 기능이 상실
④ 신체적 노화가 시작

> **해설** 스포츠교육 학습자
>
> | 유아 | ·신체구조에서 근육, 인지, 대뇌 및 감각기관 등 발달 속도 빠름
·놀이 중심의 활동으로 다양한 경험을 줌 |
> | --- | --- |
>
> **정답** ②

9. 스포츠교육 학습자 중 청소년에 대한 내용으로 옳은 것은?

① 사회를 적응하거나 대인관계 형성
② 성인병을 예방하거나 스트레스 및 불안을 해소
③ 바람직한 가치경험을 제공
④ 놀이 중심의 활동으로 다양한 경험을 제공

> **해설** 스포츠교육 학습자
>
> | 청소년 | ·급격한 신체의 성장 및 성적 성숙
·바람직한 가치경험을 제공 |
> | --- | --- |
>
> **정답** ③

10. 스포츠교육 학습자 중 일반 성인에 관한 것으로 바르지 않은 것은?

① 급격한 신체의 성장 및 성적 성숙

② 신체적 노화가 시작

③ 사회의 구성원으로 가장 활발한 사회활동

④ 스트레스 및 불안을 해소

해설 스포츠교육 학습자	
일반 성인	· 사회의 구성원으로 가장 활발한 사회활동 · 신체적 노화가 시작 · 성인병을 예방하거나 스트레스 및 불안을 해소

정답 ①

11. 스포츠교육 학습자 중 노년기에 대한 내용으로 옳은 것은?

① 사회의 구성원으로 가장 활발한 사회활동

② 체력 저하

③ 바람직한 가치경험을 제공

④ 스트레스 및 불안을 해소

해설 스포츠교육 학습자	
노년기	· 체력 저하 및 신체적, 정신적 기능 저항 · 개인의 건강상태에 적합한 운동

정답 ②

12. 스포츠교육 학습자 중 장애우에 관한 내용으로 옳은 사항은?

① 급격한 신체의 성장 및 성적 성숙

② 사회의 구성원으로 가장 활발한 사회활동

③ 신체나 정신의 기능이 상실

④ 신체적 노화가 시작

해설 스포츠교육 학습자	
장애우	· 신체나 정신의 기능이 상실 · 사회를 적응하거나 대인관계 형성

정답 ③

13. 스포츠와 관련된 업무를 하며 교육·행정·사무 등의 업무를 담당하는 사람은?

① 전문스포츠지도사　　　　② 생활스포츠지도사
③ 스포츠교육행정가　　　　④ 스포츠행정전문가

> **해설** 스포츠교육행정가는 스포츠와 관련된 업무를 하며 교육·행정·사무 등의 업무를 담당하
> 는 사람을 의미한다.
> **정답** ③

14. 스포츠교육행정가의 종류 중 교육정책 및 예산을 계획하는 사람은?

① 학교체육행정가　　　　　② 생활체육행정가
③ 전문체육행정가　　　　　④ 특수체육행정가

> **해설** 학교체육행정가는 교육정책 및 예산을 계획하며, 조력자·안내자·행정가의 역할을 수행
> 한다.
> **정답** ①

15. 스포츠교육행정가의 종류 중 국가의 체육정책을 수립 및 진행하는 사람은?

① 전문체육행정가　　　　　② 생활체육행정가
③ 특수체육행정가　　　　　④ 학교체육행정가

> **해설** 생활체육행정가는 국가의 체육정책을 수립 및 진행하며, 조력자·조직가·운영자·지원자
> 의 역할을 수행한다.
> **정답** ②

제4장

스포츠교육의 프로그램론

1. 체육수업지도 프로그램의 학습영역으로 바르지 않은 것은?

① 인지적 영역   ② 심동적 영역

③ 개인적 영역   ④ 정의적 영역

> **해설** 체육수업지도 프로그램의 학습영역
> ·심동적 영역   ·정의적 영역   ·인지적 영역
> **정답** ③

2. 체육수업지도 프로그램에 대한 내용으로 가장 바르지 않은 것은?

① 전인적 성장 위주로 이루어진다.

② 교과활동과 비교과활동으로 나뉘어진다.

③ 교과활동으로 학교체육수업은 정규교육과정에 포함되어 있지 않다.

④ 학습내용은 심동적, 정의적, 인지적 영역으로 구분된다.

> **해설** 체육수업지도 프로그램은 교과활동으로 학교체육수업은 정규교육과정에 포함되어 있다.
> **정답** ③

3. 다음 보기가 말하고 있는 것은?

> ·여가 활동   ·경쟁 활동   ·건강 활동

① 보조활동   ② 비교과활동

③ 비보조활동   ④ 교과활동

> **해설** 교과활동은 체육교과의 체육수업을 의미하며, 이러한 영역으로는 경쟁 활동, 여가 활동, 건강 활동 등이 있다.
> **정답** ④

4. 다음 보기가 말하고 있는 것은?

> ·방과 후 체육활동　　　　　·학교 운동부

① 비교과활동　　　　　　② 교과활동
③ 비보조활동　　　　　　④ 보조활동

> **해설** 비교과활동은 학교 내에서 이루어지는 것으로 체육수업과 관련이 없으며, 이에 대한 종류에
> 는 방과 후 체육활동, 학교 운동부 등이 있다.
> **정답** ①

5. 다음 설명 중 가장 바르지 않은 항목은?

① 스포츠클럽지도 프로그램은 자율적으로 운영되는 프로그램으로 일반 학생들로 구성
되어져 있다.
② 스포츠클럽지도 프로그램은 체육동아리에서 활용되는 프로그램으로 방과 후 시간,
점심시간 및 토요일 등을 활용한다.
③ 체육수업지도 프로그램은 체계적이고 구체적으로 지도계획을 수립 전에 실시한다.
④ 체육수업지도 프로그램은 학교의 내적 또는 외적 환경 요소를 고려해 프로그램을
수립해야 한다.

> **해설** 체육수업지도 프로그램은 체계적이고 구체적으로 지도계획을 수립 후에 실시한다.
> **정답** ③

6. 스포츠클럽지도 프로그램의 활용 목적으로 옳지 않은 것은?

① 학생들의 체육활동 참여 기회를 확대한다.
② 학생들의 자율체육활동을 활성화한다.
③ 단기적인 체육활동의 기회를 제공한다.
④ 건강 체력 증진과 활기찬 학교 분위기를 조성한다.

> **해설** 스포츠클럽지도 프로그램의 활용 목적
> ·장기적인 체육활동의 기회를 제공한다.
> ·학생들의 자율체육활동을 활성화한다.
> ·건강 체력 증진과 활기찬 학교 분위기를 조성한다.
> ·학생들의 체육활동 참여 기회를 확대한다.
> ·경기에 참여할 수 있는 체험의 기회를 제공한다.
> **정답** ③

7. 스포츠클럽지도 프로그램 구성 시 고려사항으로 옳지 않은 것은?

① 스포츠에 대한 인성을 함양
② 학생 중심의 흥미를 고려하여 교사 주도의 자발적 참여 유도
③ 스포츠와 관련된 문화 체험을 제공
④ 다양한 스포츠클럽 프로그램의 활동 시간 설정

> **해설** 스포츠클럽지도 프로그램 구성 시 고려사항
> ·다양한 스포츠클럽 프로그램의 활동 시간 설정
> ·학생 중심의 흥미를 고려하여 학생 주도의 자발적 참여 유도
> ·스포츠에 대한 인성을 함양
> ·스포츠와 관련된 문화 체험을 제공
> **정답** ②

8. 다음 중 생활체육프로그램 설계 시의 기본요소에 속하지 않는 것은?

① 예산   ② 내용
③ 참여자   ④ 국회의원 수

> **해설** 생활체육프로그램 설계 시 기본요소
> · 예산   · 내용   · 홍보
> · 내용   · 지도자   · 참여자
> · 장소 및 설계   · 목적 및 목표
> **정답** ④

9. 생활체육프로그램 기준의 종류에 속하지 않은 것은?

① 장소   ② 참여
③ 정부기관   ④ 대상자

> **해설** 생활체육프로그램 기준의 종류
> · 장소   · 참여   · 목적
> · 주관자   · 대상자   · 개최기간
> · 운동의 형태   · 참여자의 조직화
> **정답** ③

10. 다음 내용을 읽고 문맥 상 (   ) 안에 들어갈 말로 가장 적절한 것은?

> 이것은 운동기능의 습득 및 삶의 즐거움을 (   )을/를 대상으로 경험하게 한다.

① 유아   ② 주부
③ 청소년   ④ 노인들

> **해설** 청소년 스포츠지도 프로그램은 운동기능의 습득 및 삶의 즐거움을 청소년을 대상으로 경험하게 하며, 이러한 운동은 특기적성 교육 중 하나로 일반적인 공부가 학생에게는 더 중요하다.
>
> **정답** ③

11. 청소년 스포츠지도 프로그램 설계 시의 고려사항으로 가장 거리가 먼 것은?

① 개인이 가진 능력을 최소한으로 발휘할 수 있도록 설계되어야 한다.
② 학생들의 발달운동 중심으로 프로그램이 개발되어야 한다.
③ 지속할 수 있는 프로그램을 고려한다.
④ 긍정적인 코칭을 목표로 한다.

> **해설** 청소년 스포츠지도 프로그램
> · 지속할 수 있는 프로그램을 고려한다.
> · 학생들의 발달운동 중심으로 프로그램이 개발되어야 한다.
> · 청소년 개인의 흥미와 요구를 고려하여 충족시킬 수 있어야 한다.
> · 청소년들의 생활패턴을 고려하여 프로그램이 설계되어야 한다.
> · 긍정적인 코칭을 목표로 한다.
> · 개인이 가진 능력을 최대한 발휘할 수 있도록 설계되어야 한다.
>
> **정답** ①

12. 삶에 활력과 사회의 전체적인 안정을 위해서 성인을 대상으로 하는 프로그램은?

① 청소년 스포츠지도 프로그램   ② 장애인 스포츠지도 프로그램
③ 성인 스포츠지도 프로그램   ④ 노인 스포츠지도 프로그램

> **해설** 성인 스포츠지도 프로그램은 개개인 삶에 활력과 사회의 전체적인 안정을 위해서 성인을 대상으로 하는 프로그램을 의미한다.
>
> **정답** ③

13. 성인 스포츠지도 프로그램 설계 시 고려사항으로 옳지 않은 것은?

① 스포츠 참여시설에 대한 편의성 및 근접성 등 주변요인을 제고해야 한다.
② 프로그램의 전문성을 제고하여 설계한다.
③ 단일의 프로그램을 설계한다.
④ 지속할 수 있는 프로그램을 고려한다.

> **해설** 성인 스포츠지도 프로그램 설계 시 고려사항
> ·지속할 수 있는 프로그램을 고려한다.
> ·스포츠 참여시설에 대한 편의성 및 근접성 등 주변요인을 제고해야 한다.
> ·다양한 프로그램을 설계한다.
> ·프로그램의 전문성을 제고하여 설계한다.
> ·성인 대상자의 신체적, 사회적, 심리적 특징 및 요구를 고려하여 설계한다.
> **정답** ③

14. 다음 중 노인 스포츠지도 프로그램 설계 시 고려사항으로 적절하지 않은 것은?

① 노인의 신체적, 사회적, 심리적 특징 및 요구를 고려하여 설계한다.
② 관련 프로그램의 연계성을 고려해야 할 필요가 없다.
③ 스포츠 참여시설에 대한 편의성 및 근접성 등 주변요인을 제고해야 한다.
④ 설계할 때 전문 노인스포츠지도사, 행정담당자와 학습자인 노인이 서로 협력해야 한다.

> **해설** 노인 스포츠지도 프로그램 설계 시 고려사항
> ·스포츠 참여시설에 대한 편의성 및 근접성 등 주변요인을 제고해야 한다.
> ·관련 프로그램의 연계성을 고려해야 한다.
> ·노인의 신체적, 사회적, 심리적 특징 및 요구를 고려하여 설계한다.
> ·설계할 때 전문 노인스포츠지도사, 행정담당자와 학습자인 노인이 서로 협력해야 한다.
> **정답** ②

15. 장애인 스포츠지도 프로그램 설계 시 고려사항으로 가장 바르지 않은 사항은?

① 근접성과 제반여건 등을 고려해야 한다.
② 장애인의 경제적인 여건을 고려해야 한다.
③ 일시적일 수 있는 프로그램을 고려한다.
④ 장애인의 특성과 장애유형별 특징을 파악 후 고려해야 한다.

16. 청소년 스포츠코칭 프로그램의 개발 시 고려사항으로 옳지 않은 것은?

① 선수 중심의 관점으로 프로그램 설계

② 선수의 인성 중심 지도로 프로그램 설계

③ 일상생활로의 전이가 가능하도록 프로그램 설계

④ 근접성과 제반여건 등을 고려

17. 학교운동부 지도를 의미하는 것으로 엘리트 스포츠를 목표로 하는 것은?

① 노인 스포츠지도 프로그램

② 성인 스포츠지도 프로그램

③ 청소년 스포츠코칭 프로그램

④ 장애인 스포츠지도 프로그램

18. 다음 중 청소년 스포츠코칭 프로그램의 내용으로 바르지 않은 것은?

① 학교운동부 지도를 의미한다.

② 비엘리트 스포츠를 목표로 한다.

③ 청소년 선수들의 심·인·정의 조화로운 발달을 추구한다.

④ 청소년들의 전인적 성장이 이루어지도록 해야 한다.

> **해설** 청소년 스포츠코칭 프로그램은 엘리트 스포츠를 목표로 한다.
> **정답** ②

19. 대학선수 및 엘리트 스포츠에서 코칭을 무엇이라고 하는가?

① 노인 스포츠코칭 프로그램

② 청소년 스포츠코칭 프로그램

③ 성인 스포츠코칭 프로그램

④ 장애인 스포츠코칭 프로그램

> **해설** 성인 스포츠코칭 프로그램은 이미 습득한 기술을 더욱 발전시키기 위한 것으로 대학선수
> 및 엘리트 스포츠에서 코칭을 의미한다.
> **정답** ③

20. 다음 중 성인 스포츠코칭 프로그램 개발 시의 고려사항으로 바르지 않은 것은?

① 명확한 목표를 설정하여 구체적이고 체계적으로 설계

② 자아 성찰을 지속적으로 가능하게 하는 프로그램 설계

③ 선수 중심의 관점으로 프로그램 설계

④ 학습자가 의사결정에서 자기주도적으로 이끌 수 있도록 설계

> **해설** ③은 청소년 스포츠코칭 프로그램 개발 시의 고려사항이다.
> ※ 성인 스포츠코칭 프로그램 개발 시의 고려사항
> · 명확한 목표를 설정하여 구체적이고 체계적으로 설계
> · 자아 성찰을 지속적으로 가능하게 하는 프로그램 설계
> · 학습자가 의사결정에서 자기주도적으로 이끌 수 있도록 설계
> **정답** ③

1. 다음 중 직접교수모형의 역할로 바르지 않은 내용은?

① 학생 중심의 수업이다.
② 교사가 리더의 역할을 한다.
③ 가장 효과적으로 수업시간을 이용하는 데 주력한다.
④ 긍정적 피드백과 교정적 피드백을 사용하여 학습참여의 기회를 높인다.

> **해설** 직접교수모형은 교사 중심의 수업으로 교사가 리더의 역할을 한다.
> **정답** ①

2. 직접교수모형에 관한 내용 중 학습영역의 우선 순위로 옳은 것은?

① 인지적 〉 심동적 〉 정의적
② 인지적 〉 정의적 〉 심동적
③ 심동적 〉 정의적 〉 인지적
④ 심동적 〉 인지적 〉 정의적

> **해설** 직접교수모형에서 학습영역의 우선 순위
> 심동적 〉 인지적 〉 정의적
> **정답** ④

3. 직접교수모형의 특성으로 옳지 않은 것은?

① 교사는 학습자가 연습하는 것을 관찰한다.
② 교사는 학습자에게 교정적 피드백을 제공한다.
③ 교사는 일반적 지식을 가지고 있어야 한다.
④ 교사가 수업리더 역할을 한다.

4. 보기 중 직접교수모형의 특징으로 옳은 것을 모두 고르면?

> ㉠ 학습자는 교사에게 교정적 피드백을 제공한다.
> ㉡ 교사는 전문적 지식을 가지고 있어야 한다.
> ㉢ 학습자는 교사의 지시에 따르며 적극적으로 대답한다.
> ㉣ 학생이 수업리더 역할을 한다.
> ㉤ 교사는 학습자로 하여금 연습과제와 기능연습에 높은 비율로 참여하도록 안내한다.
> ㉥ 학습자는 교사가 연습하는 것을 관찰한다.

① ㉠, ㉡, ㉢   ② ㉡, ㉢, ㉤
③ ㉢, ㉣, ㉤   ④ ㉣, ㉤, ㉥

5. 직접교수모형에 관한 내용 중 교수 및 학습의 주도성으로 잘못된 것은?

① 교사가 과제를 제시하고 학생의 학습 과제 참여 형태를 결정한다.
② 수업운영을 위하여 교사가 수업관리 계획이나 수업 규칙 등을 계획한다.
③ 학습자의 주도로 상호작용이 시작된다.
④ 교사가 학습 내용 및 과제 순서 등 내용을 계획한다.

· 교사가 학습 내용 및 과제 순서 등 내용을 계획한다.
· 수업운영을 위하여 교사가 수업관리계획이나 수업 규칙 등을 계획한다.
· 교사가 과제를 제시하고 학생의 학습 과제 참여 형태를 결정한다.
· 교사의 주도로 상호작용이 시작된다.
정답 ③

6. 개별화지도모형에 관한 내용 중 학습영역의 우선 순위로 옳은 것은?

① 정의적 〉 인지적 〉 심동적　　② 인지적 〉 정의적 〉 심동적
③ 심동적 〉 인지적 〉 정의적　　④ 인지적 〉 심동적 〉 정의적

해설 개별화지도모형에 관한 내용 중 학습영역의 우선 순위
심동적 〉 인지적 〉 정의적
정답 ③

7. 개별화지도모형에 관한 내용 중 교수 및 학습의 주도성으로 잘못된 것은?

① 학습자가 과제 제시를 계획하고 결정한다.
② 학습자는 학습 과제에 참여할 때 자신의 학습 진도를 주도적으로 결정한다.
③ 교사가 학습 내용 및 과제 순서 등 내용을 계획한다.
④ 수업의 관리보다는 동기유발을 제공하며, 교사의 지시가 거의 없다.

해설 개별화 지도 모형의 교수 및 학습의 주도성
· 교사가 학습 내용 및 과제 순서 등 내용을 계획한다.
· 교사가 과제 제시를 계획하고 결정한다.
· 학습 과제는 학습자 개별적 연습을 위해 수립되며, 학습자는 거의 개별적으로 연습한다.
· 수업의 관리보다는 동기유발을 제공하며, 교사의 지시가 거의 없다.
· 학습자는 학습 과제에 참여할 때 자신의 학습 진도를 주도적으로 결정한다.
· 학습자가 주도적으로 학습지를 만들며, 과제 전개는 자신의 학습 속도에 맞추어 스스로 결정한다.
정답 ①

8. 협동학습모형의 특징으로 올바르지 않은 것은?

① 학습과정에 모든 학생을 동시에 참여시킨다.
② 기회의 평등, 개인 책무성, 팀 보상의 개념에 기초하였다.
③ 경제성을 강조하며 서로를 위해 함께 배우는 '협동을 통한 학습'을 강조한다.
④ 팀과 학습의 상호작용을 평가한다.

> **해설** 협동학습모형의 특징
> ·학습과정에 모든 학생을 동시에 참여시킨다.
> ·기회의 평등, 개인 책무성, 팀 보상의 개념에 기초하였다.
> ·사회성을 강조하며 서로를 위해 함께 배우는 '협동을 통한 학습'을 강조한다.
> ·팀과 학습의 상호작용을 평가한다.
> **정답** ③

9. 스포츠교육모형의 특징에 대한 설명으로 잘못된 사항은?

① 유능하고, 박식하고, 열정적인 전인적 스포츠인으로 성장시키는 것이 목적이다.
② 학생은 수동적으로 의사결정에 참여한다.
③ 경쟁 자체가 목적이 아니라 교육적 도구로 학습을 촉진하는 수단이다.
④ 스포츠교육모형은 직접교수, 동료교수, 협동학습의 수업모델과 관계가 있다.

> **해설** 스포츠교육모형의 특징
> ·유능하고, 박식하고, 열정적인 전인적 스포츠인으로 성장시키는 것이 목적이다.
> ·학생은 능동적으로 의사결정에 참여한다.
> ·스포츠교육모형은 직접교수, 동료교수, 협동학습의 수업모델과 관계가 있다.
> ·경쟁 자체가 목적이 아니라 교육적 도구로 학습을 촉진하는 수단이다.
> **정답** ②

10. 스포츠교육모형의 6가지 특징이 아닌 것은?

① 기록 보존   ② 시즌
③ 축제화   ④ 비공식경기

> **해설** 스포츠 교육 모형의 6가지 특징
> ·시즌   ·팀 소속   ·공식경기
> ·결승전 행사   ·축제화   ·기록 보존
> **정답** ④

11. 다음 중 동료교수모형의 특징으로 바르지 않은 것은?

① 여러 명에게 효과적으로 피드백을 제공할 수 있다.
② 간접교수모형의 변형으로 정치성 학습을 강조한다.
③ 2인 1개조로 구성되어 있으며 개인교사와 학습자로 구성된다.
④ 개인교사와 학습자로 구성되어 상호 학습하는 형태로 학습참여 기회가 반으로 줄어든다.

> **해설** 동료교수모형의 특징
> · 2인 1개조로 구성되어 있으며 개인교사와 학습자로 구성된다.
> · 개인교사와 학습자의 역할이 주기적으로 바뀌므로 서로 가르치는 입장이다.
> · 직접교수모형의 변형으로 사회성 학습을 강조한다.
> · 개인교사와 학습자로 구성되어 상호 학습하는 형태로 학습참여 기회가 반으로 줄어든다.
> · 여러 명에게 효과적으로 피드백을 제공할 수 있다.
> **정답** ②

12. 학습자일 경우 동료교수모형의 학습영역 우선 순위는?

① 인지적 영역 〉 정의적 영역 〉 심동적 영역
② 심동적 영역 〉 정의적 영역 〉 인지적 영역
③ 심동적 영역 〉 인지적 영역 〉 정의적 영역
④ 인지적 영역 〉 심동적 영역 〉 정의적 영역

> **해설** 학습자일 경우 동료교수모형의 학습영역 우선순위
> 심동적 영역 〉 인지적 영역 〉 정의적 영역
> **정답** ③

13. 개인교사일 경우 동료교수모형의 학습영역 우선 순위는?

① 인지적 영역 〉 정의적 영역 〉 심동적 영역
② 정의적 영역 〉 인지적 영역 〉 심동적 영역
③ 심동적 영역 〉 정의적 영역 〉 인지적 영역
④ 심동적 영역 〉 정의적 영역 〉 인지적 영역

14. 탐구수업모형의 특징으로 바르지 않은 것은?

① 질문 중심의 수업으로 지도자는 과제수행 방법을 설명과 시범을 통해 학습자들이 스스로 찾도록 한다.

② 움직임 교육이라고 하며 쉬운 과제에서 어려운 과제로 인지적 발달 단계가 구성되어 있다.

③ 학습자는 문제해결자로서 스스로 학습활동에 관련된 문제를 해결한다.

④ 각 단계에 따라서 지도전략이 달라져야 한다.

해설 탐구수업모형의 특징
· 학습자는 문제해결자로서 스스로 학습활동에 관련된 문제를 해결한다.
· 질문 중심의 수업으로 지도자는 과제수행 방법을 설명과 시범이 아닌 질문을 통해 학습자들이 스스로 찾도록 한다.
· 움직임 교육이라고 하며 쉬운 과제에서 어려운 과제로 인지적 발달 단계가 구성되어 있다.
· 각 단계에 따라서 지도전략이 달라져야 한다.
정답 ①

15. 탐구수업모형에서 학습영역의 우선 순위로 옳은 것은?

① 심동적〉인지적〉정의적　　　② 인지적〉심동적〉정의적

③ 정의적〉인지적〉심동적　　　④ 정의적〉심동적〉인지적

해설 탐구수업모형에서 학습영역의 우선 순위
인지적〉심동적〉정의적
정답 ②

16. 이해중심 게임지도 방식으로 학생의 게임구조에 대한 흥미를 활용하여 기술이나 전술적 기술을 학습하게 하는 모형은?

① 전술게임모형　　　　　　　② 동료교수모형
③ 직접교수모형　　　　　　　④ 탐구수업모형

해설 전술게임모형은 이해중심 게임지도 방식으로 학생의 게임구조에 대한 흥미를 활용하여 기술이나 전술적 기술을 학습하게 하며 게임을 참여할 때 전술이 중점이 되며, 이 게임의 원리를 습득함과 동시에 게임기능 및 전술을 이해하게 된다.
정답 ①

17. 전술게임모형에서의 학습영역 우선순위는?

① 객관적〉심동적〉인지적　　② 주관적〉정의적〉심동적
③ 인지적〉심동적〉정의적　　④ 심동적〉인지적〉정의적

해설 전술게임모형에서의 학습영역 우선 순위
인지적〉심동적〉정의적
정답 ③

18. 전술게임모형에서 표적형 유형에 속하지 않는 것은?

① 럭비　　　　　　　　　　　② 볼링
③ 당구　　　　　　　　　　　④ 골프

해설 전술게임모형에서의 게임 유형

표적형	볼링, 골프, 당구
영역형	하키, 럭비, 농구, 축구, 넷볼
필드형	야구, 킥볼, 소프트볼
네트형	배구, 테니스, 탁구, 배드민턴

정답 ①

19. 다음 전술게임모형 중 영역형 유형에 속하지 않는 것은?

① 축구　　　　　　　　　　　② 하키
③ 배구　　　　　　　　　　　④ 농구

20. 전술게임모형에서 필드형 유형에 해당하지 않는 것은?

① 킥볼   ② 골프
③ 야구   ④ 소프트볼

해설 전술게임모형에서의 게임 유형

표적형	볼링, 골프, 당구
영역형	하키, 럭비, 농구, 축구, 넷볼
필드형	야구, 킥볼, 소프트볼
네트형	배구, 테니스, 탁구, 배드민턴

정답 ②

21. 다음 전술게임모형 중 네트형 유형에 속하지 않는 것은?

① 탁구   ② 킥볼
③ 배구   ④ 테니스

해설 전술게임모형에서의 게임 유형

표적형	볼링, 골프, 당구
영역형	하키, 럭비, 농구, 축구, 넷볼
필드형	야구, 킥볼, 소프트볼
네트형	배구, 테니스, 탁구, 배드민턴

정답 ②

22. 개인적, 사회적 책임감 모형의 특징으로 바르지 않은 사항은?

① 학교에서 이루어지는 행동을 사회에서 같은 효과나 영향을 준다.

② 서로 상호작용을 통해서 같은 위치의 파트너가 된다.

③ 심, 인, 정을 하나로 합친다.

④ 교사의 삶에 대한 주체성을 인식시킨다.

해설 학습자의 삶에 대한 주체성을 인식시킨다.

참고 🔓

① 통합 : 심·인·정을 하나로 합친다.
② 전이 : 학교에서 이루어지는 행동을 사회에서 같은 효과나 영향을 준다.
③ 권한위임 : 학습자의 삶에 대한 주체성을 인식시킨다.
④ 교사와 학습자 관계 : 서로 상호작용을 통해서 같은 위치의 파트너가 된다.

정답 ④

23. 보기의 내용은 Hellison의 개인적, 사회적 책임감 모형 중 몇 단계에 해당하는가?

· 타인을 방해함
· 참여 의지 없음
· 스스로의 통제 의지 없음

① 0단계   ② 1단계

③ 2단계   ④ 3단계

해설 Hellison의 개인적, 사회적 책임감 모형 0단계

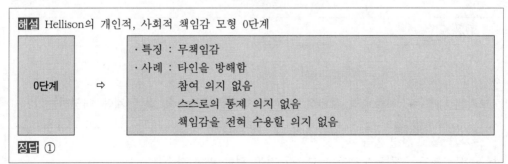

| 0단계 | ⇨ | · 특징 : 무책임감
· 사례 : 타인을 방해함
            참여 의지 없음
            스스로의 통제 의지 없음
            책임감을 전혀 수용할 의지 없음 |

정답 ①

24. 보기의 내용은 Hellison의 개인적, 사회적 책임감 모형 중 몇 단계에 해당하는가?

> · 언어나 행동에 자기 통제 보임
> · 갈등을 해결하기 위한 평화로운 시도

① 0단계   ② 1단계
③ 4단계   ④ 5단계

> **해설** Hellison의 개인적, 사회적 책임감 모형 1단계
>
> | 1단계 ⇨ | · 특징 : 타인의 권리와 감정 존중 |
> |---|---|
> | | · 사례 : 타인을 방해하지 않고 참여 |
> | | 언어나 행동에 자기 통제 보임 |
> | | 갈등을 해결하기 위한 평화로운 시도 |
>
> **정답** ②

25. 보기의 내용은 Hellison의 개인적, 사회적 책임감 모형 중 몇 단계에 해당하는가?

> · 의무감이 없는 자발적 참여
> · 자기 동기부여 있음

① 0단계   ② 2단계
③ 4단계   ④ 5단계

> **해설** Hellison의 개인적, 사회적 책임감 모형 2단계
>
> | 2단계 ⇨ | · 특징 : 참여와 노력 |
> |---|---|
> | | · 사례 : 의무감이 없는 자발적 참여 |
> | | 자기 동기부여 있음 |
>
> **정답** ②

26. 보기의 내용은 Hellison의 개인적, 사회적 책임감 모형 중 몇 단계에 해당하는가?

> · 자기 목표 설정 가능
> · 어느 정도 수준에 도달하면 교사나 감독 없이 과제 완수

① 1단계   ② 2단계
③ 3단계   ④ 4단계

3단계 ⇨	· 특징 : 자기 방향 설정 · 사례 : 자기 목표 설정 가능 　　　　어느 정도 수준에 도달하면 교사나 감독 없이 과제 완수 　　　　자기 평가 가능 　　　　외부의 부정적인 영향에 대응 가능

정답 ③

27. 보기의 내용은 Hellison의 개인적, 사회적 책임감 모형 중 몇 단계에 해당하는가?

> · 먼저 타인을 이해함
> · 먼저 모범을 보이며 타인의 요구와 감정 인정

① 0단계 　　　　　　　　② 2단계
③ 4단계 　　　　　　　　④ 5단계

4단계 ⇨	· 특징 : 돌봄과 배려 · 사례 : 먼저 타인을 이해함 　　　　먼저 모범을 보이며 타인의 요구와 감정 인정

정답 ③

28. 보기의 내용은 Hellison의 개인적, 사회적 책임감 모형 중 몇 단계에 해당하는가?

> · 같은 환경에 있는 사람에게 피드백 제공
> · 개인적 체력 프로그램을 가정에서 실시

① 0단계 　　　　　　　　② 1단계
③ 3단계 　　　　　　　　④ 5단계

5단계 ⇨	· 특징 : 전이 · 사례 : 같은 환경에 있는 사람에게 피드백 제공 　　　　개인적 체력 프로그램을 가정에서 실시

정답 ④

29. Hellison의 개인적, 사회적 책임감 모형에서 타인의 권리와 감정을 존중함을 특징으로 하는 단계는?

① 0단계 　　　　　　　　　　② 1단계
③ 3단계 　　　　　　　　　　④ 5단계

> **해설** 개인적, 사회적 책임감 모형 1단계의 특징은 타인의 권리와 감정을 존중하는 데 있다.
> **정답** ②

30. 다음 Hellison의 개인적, 사회적 책임감 모형에서 무책임감을 특징으로 하는 단계는?

① 5단계 　　　　　　　　　　② 4단계
③ 2단계 　　　　　　　　　　④ 0단계

> **해설** 개인적, 사회적 책임감 모형 0단계에서는 무책임감을 특징으로 하고 있다.
> **정답** ④

31. Hellison의 개인적, 사회적 책임감 모형에서 참여 및 노력을 특징으로 하는 단계는?

① 1단계 　　　　　　　　　　② 2단계
③ 4단계 　　　　　　　　　　④ 5단계

> **해설** 개인적, 사회적 책임감 모형 2단계에서는 참여 및 노력을 특징으로 하고 있다.
> **정답** ②

32. Hellison의 개인적, 사회적 책임감 모형에서 자기방향설정을 특징으로 하고 있는 단계는?

① 0단계 　　　　　　　　　　② 1단계
③ 3단계 　　　　　　　　　　④ 5단계

> **해설** 개인적, 사회적 책임감 모형 3단계에서는 자기방향설정을 특징으로 하고 있다.
> **정답** ③

33. Hellison의 개인적, 사회적 책임감 모형에서 돌봄 및 배려는 몇 단계에 속하는가?

① 5단계   ② 4단계

③ 3단계   ④ 2단계

> **해설** 개인적, 사회적 책임감 모형 4단계에서는 돌봄 및 배려를 그 특징으로 하고 있다.
> **정답** ②

34. Hellison의 개인적, 사회적 책임감 모형에서 전이를 특징으로 하고 있는 단계는?

① 2단계   ② 3단계

③ 4단계   ④ 5단계

> **해설** 개인적, 사회적 책임감 모형 5단계에서는 전이를 특징으로 하고 있다.
> **정답** ④

35. 스포츠의 인문적 체육교육을 토대로 참 좋은 사람으로 만드는 것이 목적인 모형은?

① 전술게임모형   ② 동료교수모형

③ 탐구수업모형   ④ 하나로수업모형

> **해설** 하나로수업모형은 스포츠의 인문적 체육교육을 토대로 참 좋은 사람으로 만드는 것이 목적이며, 게임과 문화로 구성된다.
> **정답** ④

36. 하나로수업모형에서 기법적 활동에 속하지 않는 것은?

① 게임   ② 기능

③ 전통   ④ 전술

> **해설** 하나로수업모형의 활동
>
> | 기법적 활동(직접 체험) | · 전술, 게임, 기능
· 스포츠를 능숙하게 하는 것 |
> | --- | --- |
> | 심법적 활동(간접 체험) | · 정산, 안목, 전통
· 스포츠에 대해서 잘 이해하는 것 |
>
> **정답** ③

37. 다음 중 하나로수업모형에서 심법적 활동에 해당하지 않는 것은?

① 전술　　　　　　　　　② 정산

③ 안목　　　　　　　　　④ 전통

해설 하나로 수업 모형의 활동	
기법적 활동(직접 체험)	· 전술, 게임, 기능 · 스포츠를 능숙하게 하는 것
심법적 활동(간접 체험)	· 정산, 안목, 전통 · 스포츠에 대해서 잘 이해하는 것

정답 ①

38. 스포츠지도 준비 시 학습과제의 단계화 순서로 옳은 것은?

① 세련 → 확대 → 적용　　② 확대 → 적용 → 세련

③ 확대 → 세련 → 적용　　④ 세련 → 적용 → 확대

해설 스포츠지도 준비 시 학습과제의 단계화 순서
확대 → 세련 → 적용
정답 ③

39. 학습과제의 단계별 진행에서 시작형에 대한 내용은?

① 기초단계에서 학습이 가능한 과제

② 난이도와 복잡성이 덧붙여진 형태의 과제

③ 실제 상황에서 배운 기능을 활용

④ 폼이나 느낌과 같이 운동기능의 질적인 측면에 초점이 맞추어짐

해설 학습과제의 단계별 진행	
시작형	기초단계에서 학습이 가능한 과제
확장형	난이도와 복잡성이 덧붙여진 형태의 과제
세련형	폼이나 느낌과 같이 운동기능의 질적인 측면에 초점이 맞추어짐
적용형	실제 상황에서 배운 기능을 활용

정답 ①

40. 학습과제의 단계별 진행에서 적용형에 대한 것으로 옳은 것은?

① 난이도와 복잡성이 덧붙여진 형태의 과제
② 실제 상황에서 배운 기능을 활용
③ 폼이나 느낌과 같이 운동기능의 질적인 측면에 초점이 맞추어짐
④ 기초단계에서 학습이 가능한 과제

해설 학습과제의 단계별 진행

시작형	기초단계에서 학습이 가능한 과제
확장형	난이도와 복잡성이 덧붙여진 형태의 과제
세련형	폼이나 느낌과 같이 운동기능의 질적인 측면에 초점이 맞추어짐
적용형	실제 상황에서 배운 기능을 활용

정답 ②

41. 학습과제의 단계별 진행에서 난이도와 복잡성이 덧붙여진 형태의 과제는?

① 세련형　　　　　　　　② 적용형
③ 확장형　　　　　　　　④ 시작형

해설 학습과제의 단계별 진행

시작형	기초단계에서 학습이 가능한 과제
확장형	난이도와 복잡성이 덧붙여진 형태의 과제
세련형	폼이나 느낌과 같이 운동기능의 질적인 측면에 초점이 맞추어짐
적용형	실제 상황에서 배운 기능을 활용

정답 ③

42. 학습과제의 단계별 진행에서 폼이나 느낌과 같이 운동기능의 질적인 측면에 초점이 맞추어지는 것은?

① 세련형　　　　　　　　② 시작형
③ 확장형　　　　　　　　④ 적용형

해설 학습과제의 단계별 진행

시작형	기초단계에서 학습이 가능한 과제
확장형	난이도와 복잡성이 덧붙여진 형태의 과제
세련형	폼이나 느낌과 같이 운동기능의 질적인 측면에 초점이 맞추어짐
적용형	실제 상황에서 배운 기능을 활용

정답 ①

43. 지도계획안 설계에 관한 내용 중 수업을 계획할 시에 고려해야 하는 사항으로 바르지 않은 것은?

① 수업 공간 및 기구　　　　　② 수업을 참여하는 학생 수
③ 내용의 범위와 계열성 미확인　④ 이용 가능한 수업시간

> **해설** 수업을 계획할 때 고려해야 할 사항
> · 이용 가능한 수업시간
> · 수업 공간 및 기구
> · 수업을 참여하는 학생 수
> · 도입, 전개, 정리의 시간 배분
> · 내용의 범위와 계열성을 확인
> **정답** ③

44. 수업계획에 포함되어야 할 사항 중 학습자 분석에 해당하지 않는 것은?

① 건강 상태　　　　　② 수업목표
③ 선수의 학습능력　　④ 운동기능 장애

> **해설** 수업계획에 포함되어야 할 사항
>
> | 학습자 분석 | 선수의 학습능력, 건강 상태, 운동기능 장애 등 |
> |---|---|
> | 학습 환경 분석 | 수업 공간, 일정, 교구 및 교재 등 |
> | 학습과제 분석 | 수업 목표, 영역별 목표 확인 등 |
>
> **정답** ②

45. 수업계획에 포함되어야 할 사항 중 학습 환경 분석에 속하지 않는 것은?

① 일정　　　　　② 수업 공간
③ 수업 목표　　④ 교재

> **해설** 수업계획에 포함되어야 할 사항
>
> | 학습자 분석 | 선수의 학습능력, 건강 상태, 운동기능 장애 등 |
> |---|---|
> | 학습 환경 분석 | 수업 공간, 일정, 교구 및 교재 등 |
> | 학습과제 분석 | 수업 목표, 영역별 목표 확인 등 |
>
> **정답** ③

46. 수업계획에 포함되어야 할 사항 중 학습과제 분석에 해당하는 것은?

① 건강 상태   ② 수업 공간

③ 영역별 목표 확인   ④ 선수의 학습능력

해설 수업계획에 포함되어야 할 사항

학습자 분석	선수의 학습능력, 건강 상태, 운동기능 장애 등
학습 환경 분석	수업 공간, 일정, 교구 및 교재 등
학습과제 분석	수업 목표, 영역별 목표 확인 등

정답 ③

47. 지도내용의 전달에 관한 내용 중 교수방법으로 바르지 않은 것은?

① 교수를 할 때 정확한 발음과 억양을 조절하여 중요한 부분을 포인트를 제공하여 집중도를 높여준다.
② 모호한 언어보다는 정확한 단어를 사용하고 각 수준별로 적절한 단어를 선택하여 교수한다.
③ 의사소통을 원활하게 하여 교수한다.
④ 학습을 하는 중간에 교사의 이해여부를 점검한다.

해설 지도전달에 관한 교수방법
· 의사소통을 원활하게 하여 교수한다.
· 모호한 언어보다는 정확한 단어를 사용하고 각 수준별로 적절한 단어를 선택하여 교수한다.
· 학습을 하는 중간에 학습자의 이해여부를 점검한다.
· 교수를 할 때 정확한 발음과 억양을 조절하여 중요한 부분을 포인트를 제공하여 집중도를 높여준다.
정답 ④

48. 다음 중 폐쇄 기능에 속하는 것은?

① 야구   ② 양궁

③ 농구   ④ 축구

해설 폐쇄기능은 기능을 실행할 시에 변화가 적음을 의미한다.
정답 ②

49. 다음 중 개방기능에 해당하지 않는 것은?

① 축구　　　　　　　　　　② 농구
③ 볼링　　　　　　　　　　④ 야구

> **해설** 개방기능은 기능을 실행할 때 변화가 많음을 의미한다.
> **정답** ③

50. 보기의 내용과 관련이 깊은 피드백은?

> ·긍정적이나 부정적인 판단어로 표현

① 중립적 피드백　　　　　② 가치적 피드백
③ 교정적 피드백　　　　　④ 분명하지 않은 피드백

> **해설** 가치적 피드백은 긍정적이나 부정적인 판단어로 표현하며, 교사의 가치체계를 토대로 판단과 표출을 한다.
> **정답** ②

51. 보기의 내용과 관련이 깊은 피드백은?

> ·구체적이지 않은 긍정적인 표현

① 중립적 피드백　　　　　② 교정적 피드백
③ 가치적 피드백　　　　　④ 분명하지 않은 피드백

> **해설** 중립적 피드백은 구체적이지 않은 긍정적인 표현을 하며, 행동진술의 사실적 판단이나 수정지시가 없다.
> **정답** ①

52. 보기의 내용과 관련이 깊은 피드백은?

> ·잘못과 관련된 행동을 했을 때 그 행동을 바꾸게 한다.

① 분명하지 않은 피드백　　② 중립적 피드백
③ 교정적 피드백　　　　　④ 가치적 피드백

53. 스포츠지도에 있어 관리운영 규칙으로 바르지 않은 것은?

① 학교규칙과 서로 통일성이 없어야 한다.

② 규칙에 반하는 행동을 하였을 경우 일관성 있는 행동을 제시해야 한다.

③ 학생이 수준에 맞추어 적절한 언어와 기호로 명확히 전달해야 한다.

④ 명확하고 간결하게 제시해야 한다.

54. 다음 중 안전한 학습 환경 조성과 학습 분위기를 위한 교수 기법으로 잘못된 것은?

① 수업시작과 끝맺음을 위한 신호를 활용한다.

② 기대 행동과 수행 기준을 반복적으로 명시한다.

③ 규칙과 절차를 인지시키고 지속적으로 강조한다.

④ 적합한 행동과 부적합한 행동에 일관성을 보이지 말아야 한다.

55. 다음 중 예방적 수업 운영에 관한 설명으로 옳지 않은 것은?

① 수업관리를 일관성 있게 진행하고 수업시간을 엄수한다.

② 안전규칙을 사후에 공지한다.

③ 계속적으로 규칙을 상기시키며 점검한다.

④ 주의나 집중에 필요한 신호를 교수하여 활용한다.

> **해설** 예방적 수업 운영
> · 안전규칙을 사전에 공지한다.
> · 수업관리를 일관성 있게 진행하고 수업시간을 엄수한다.
> · 주의나 집중에 필요한 신호를 교수하여 활용한다.
> · 계속적으로 규칙을 상기시키며 점검한다.
>
> **정답** ②

56. 보기의 내용이 설명하는 지도기법은?

· 체력운동과정 점검	· 격려와 칭찬

① 여가를 위한 지도기법   ② 인성을 위한 지도기법

③ 건강을 위한 지도기법   ④ 표현을 위한 지도기법

> **해설** 건강을 위한 지도기법
>
> | 의미 | 행복한 삶을 지속시키기 위한 기초로 몸과 마음의 평안을 줌 |
> |---|---|
> | 교수기법 | 체력운동과정 점검, 격려와 칭찬 등 |
> | 내용 | 보건과 안전, 건광 관리 등 |
>
> **정답** ③

57. 보기의 내용이 설명하는 지도기법은?

· 안전 점검 철저히 하기	· 교내 외 체육시설 등을 적극 활용

① 여가를 위한 지도기법   ② 인성을 위한 지도기법

③ 표현을 위한 지도기법   ④ 경쟁을 위한 지도기법

> **해설** 여가를 위한 지도기법
>
> | 의미 | 여가시간에 자기 계발을 위해 활용할 수 있는 법을 지도 |
> |---|---|
> | 교수기법 | 안전 점검 철저히 하기, 교내외 체육시설 등을 적극 활용 |
>
> **정답** ①

58. 보기의 내용이 설명하는 것과 관련이 있는 지도기법은?

> · 놀이나 게임을 중심으로 창의적 사고력 발달시킴

① 표현을 위한 지도기법 ② 경쟁을 위한 지도기법
③ 여가를 위한 지도기법 ④ 인성을 위한 지도기법

해설 경쟁을 위한 지도기법

의미	책임감, 협동심, 배려심 등을 개인 혹은 집단 간의 경쟁에서 배움
교수기법	놀이나 게임을 중심으로 창의적 사고력 발달시킴
내용	영역형 경쟁, 네트형 경쟁, 필드형 경쟁, 피하기 경쟁

정답 ②

59. 보기의 내용이 설명하는 지도기법은?

> · 인성을 강조하며 교육을 통해 지향해야 하는 가장 포괄적인 개념

① 경쟁을 위한 지도기법 ② 표현을 위한 지도기법
③ 인성을 위한 지도기법 ④ 건강을 위한 지도기법

해설 인성을 위한 지도기법

의미	인성을 강조하며 교육을 통해 지향해야 하는 가장 포괄적인 개념
인성의 범주	도덕적 정서, 도덕적 행위, 도덕적 지식

정답 ③

60. 보기의 내용이 설명하는 것과 관련된 지도기법은?

> · 체육을 통해서 자신의 생각이나 감정을 표현시킬 수 있는 능력

① 표현을 위한 지도기법 ② 경쟁을 위한 지도기법
③ 건강을 위한 지도기법 ④ 여가를 위한 지도기법

해설 표현을 위한 지도기법

의미	체육을 통해서 자신의 생각이나 감정을 표현시킬 수 있는 능력
교수기법	폭넓은 신체적 표현을 습득시킴

정답 ①

제6장

스포츠교육의 평가론

1. 스포츠교육의 평가와 활용의 목적으로 바르지 않은 것은?

① 교육프로그램과 교육과정이 학습자에게 적절한지 확인한다.

② 교수와 학습의 경제성을 판단하기 위함이다.

③ 학습목표와 관련된 학습 진행 상태를 평가하여 교수활동을 조정한다.

④ 학습자들에게 학습상태와 학습지도에 관한 정보를 제공한다.

> **해설** ② 교수와 학습의 효과성을 판단하기 위함이다.
>
> ※ 평가와 활용의 목적
> · 교수와 학습의 효과성을 판단하기 위함이다.
> · 학습자의 학습 상태 및 운동수행 동기와 참여도를 촉진시킨다.
> · 교육프로그램과 교육과정이 학습자 에게 적절한지 확인한다.
> · 교육의 목적에 맞게 프로그램이 수립 및 학습진행 상태를 확인한다.
> · 학습자들에게 학습상태와 학습지도에 관한 정보를 제공한다.
> · 학습목표와 관련된 학습 진행 상태를 평가하여 교수활동을 조정한다.
> · 교수의 효과를 판단하고 학습자들에게 운동수행의 향상 동기를 유발한다.
>
> **정답** ②

2. 하나의 측정지표를 사용하여 측정한 결과가 다른 기준을 사용하여 측정한 결과의 관련성과 비교를 하는 것은?

① 구성타당도　　　　　　　② 내용타당도

③ 구인타당도　　　　　　　④ 준거타당도

> **해설** 준거타당도는 하나의 측정지표를 사용하여 측정한 결과가 다른 기준을 사용하여 측정한 결과의 관련성과 비교를 하는 것이며, 예측타당도 및 발생타당도로 나뉘어진다.
>
> **정답** ④

3. 동일한 검사를 시간적 차이를 두고 다시 실시하여 결과가 비슷한지 확인하는 것은?

   ① 검사-재검사법   ② 동형 검사

   ③ 내적 일관성   ④ 외적 일관성

> **해설** 검사-재검사법은 동일한 검사를 시간적 차이를 두고 다시 실시하여 결과가 비슷한지 확인하며, 결과가 비슷하면 검사-재검사 신뢰도는 높은 편이다.
>
> **정답** ①

4. 서로 비교가 가능한 두 가지 방법으로 검사의 문항을 만들어, 두 검사 결과가 비슷한지 확인하는 것은?

   ① 동형 검사   ② 검사-재검사법

   ③ 외적 일관성   ④ 내적 일관성

> **해설** 동형 검사는 서로 비교가 가능한 두 가지 방법으로 검사의 문항을 만들어 두 검사 결과가 비슷한지 확인하며, 유사할수록 동형 검사 신뢰도는 높은 편이다.
>
> **정답** ①

5. 다음 평가의 기법 및 사례에 대한 내용으로 바르지 않은 것은?

   ① 학습자 면접과 설문지를 통해서 학습자들의 생각, 관심에 대해서 자료를 취득한다.

   ② 일지 또는 일기를 통하여 학습자의 생각, 행동, 느낌 등을 취득한다.

   ③ 체크리스트를 통해서 발생하지 않은 사건들을 체크한다.

   ④ 이 외에도 평정척도, 루브릭, 관찰 등의 평가기법이 있다.

> **해설** 평가의 기법 및 사례
> - 체크리스트를 통해서 일어난 사건들을 체크한다.
> - 일지 또는 일기를 통하여 학습자의 생각, 행동, 느낌 등을 취득한다.
> - 학습자 면접과 설문지를 통해서 학습자들의 생각, 관심에 대해서 자료를 취득한다.
> - 이 외에도 평정척도, 루브릭, 관찰 등의 평가기법이 있다.
>
> **정답** ③

제7장 스포츠교육학의 전문적 성장

1. 지도에 관련된 법제적 · 지도 내용 · 지도 방법 · 지도대상 지식 등의 자질을 갖추어야 하는 사람은?

   ① 스포츠체육지도자
   ② 생활체육지도자
   ③ 전문체육지도자
   ④ 청소년체육지도자

   > **해설** 생활체육지도자는 지도에 관련된 법제적 · 지도 내용 · 지도 방법 · 지도대상 지식 등의 인지적 자질을 갖추어야 한다.
   > **정답** ②

2. 학습자의 학습 정도 및 발달을 파악하는 자질을 지녀야 하는 사람은?

   ① 스포츠체육지도자
   ② 노인체육지도자
   ③ 생활체육지도자
   ④ 전문체육지도자

   > **해설** 스포츠체육지도자는 학습자의 학습 정도 및 발달의 파악 및 학습자의 학습 동기와 요구를 파악하는 자질을 지녀야 한다.
   > **정답** ①

3. 지도법 및 전술에 대한 지식의 자질을 지녀야 하는 사람은?

   ① 청소년체육지도자
   ② 스포츠체육지도자
   ③ 전문체육지도자
   ④ 생활체육지도자

   > **해설** 전문체육지도자는 지도법 및 전술에 대한 지식, 운동선수나 팀이 운동 경기를 해나가는 능력에 영향을 미칠 수 있는 요소들을 파악하는 자질을 지녀야 한다.
   > **정답** ③

4. 제한된 시간 내에서 모의상황을 통해서 교수기술을 습득하는 방법을 무엇이라고 하는가?

① 형식적 티칭　　　　　　　② 수동적 티칭
③ 오토 티칭　　　　　　　　④ 마이크로 티칭

> **해설** 마이크로 티칭은 제한된 시간 내에서 모의상황을 통해 교수기술을 습득하는 방법인데 실제 학생이나 소집단을 대상으로 모의상황을 연출한다.
>
> **정답** ④

5. 장기적 전문인 성장 및 발달에 관한 내용 중 비형식적 성장으로 잘못된 것은?

① 자발적으로 단기간에 이루어지는 교육
② 공식적인 교육기관 외에 이루어지는 조직적인 학습
③ 성적, 학위 또는 자격증을 취득하는 교육
④ 과거경험, 선수간의 대화, 멘토링 등을 통한 주도적인 학습

> **해설** 장기적 전문인 성장 및 발달
>
> | 형식적 성장 | · 성적, 학위 또는 자격증을 취득하는 교육
· 제도적 · 관료적인 조직된 교육과정 |
> | --- | --- |
> | 비형식적 성장 | · 공식적인 교육기관 외에 이루어지는 조직적인 학습
· 자발적으로 단기간에 이루어지는 교육
· 과거경험, 선수간의 대화, 멘토링 등을 통한 주도적인 학습 |
> | 무형식적 성장 | 공식적인 교육기관이 아닌 일상적인 경험을 통해서 학습되는 배움의 형식 |
>
> **정답** ③

제6과목

스포츠윤리

제1장

스포츠와 윤리

01. 스포츠의 윤리적 기초

1. 도덕, 윤리, 선의 개념

도덕	· 개인의 심성 또는 덕행으로 모든 사람에게 공통적인 규범과 도리 · 도덕(道德)은 윤리(倫理)와 비슷한 의미로 사용되고 하는데, 도덕이 '자기완성을 위한 규범'이라면, 윤리는 '인간관계에서 합당하게 행동함'이라는 의미를 가지고 있다. 즉, 도덕(道德)이 <u>개인의 내면에 관한 학문</u>이라면, 윤리(倫理)는 <u>올바른 인간관계에 대한 학문</u>이라고 할 수 있다.
윤리	· 사회적 양심으로 같이 살아가는 인간관계의 이치 · 사람으로서 마땅히 행하거나 지켜야 할 도리' ☞ '마땅히'라고 하는 것은 행동이 일정한 조건에 어울릴 정도로 '알맞게'라는 뜻 이고, '도리'라는 것은 사람이 어떤 입장에서 마땅히 행하여야 할 '바른 길'
선	· 도덕적 실천의 기본이 되는 가치 · 선(善)이란 일반적으로 좋은 것(일)·뛰어난 것(일)·훌륭한 것(일)을 뜻한다. 따라서 선은 사물·인간·상황에 관한 것이다.

예시) 쓰러져 있는 할머니를 그냥 지나쳤다.

☞ 해석: 도움을 주지 않고 그냥 지나친 것은 중대한 법의 위반은 아니다. 그러나 행위자 스스로의 도덕적(개인의 양심, 자율성, 품성) 가치가 없다(도덕성이 없다)라는 평가를 받게 된다.

예시) 경기자가 쓰러진 상대선수를 배려하지 않았다.

☞ 해석: 규칙에 어긋나지는 않았다. 그러나 '스포츠맨십에 어긋난다고 야유를 받을 수 있다.

'날씨가 좋다' 와 '헌혈하는 것은 좋은 일이다'에서 "좋다"의 의미차이

▶ 날씨가 좋다 - 감정과 기분의 표현
　　　　　　→ 선(善, 착하다)의 의미 불포함.

▶ 헌혈하는 것은 좋은 일이다 - 행위의 결과나 평가
　　　　　　→ 선(善, 착하다)의 의미 포함.

즉, 윤리학은 선에 대한 탐구에서 시작하고 그것은 도덕적 실천(행위)의 기본이 되는 가치를 의미한다.

2. 사실판단, 가치판단, 도덕판단의 구분

사실판단	· 객관적 진술에 의한 사실 · 주어진 대상의 참/거짓을 객관적으로 구분하는 판단.
가치판단	· 개인의 가치관에 따라 판단의 결과가 달라질 수 있는 것. · 참/거짓을 말하기 어려움
도덕판단	· 인간의 인격이나 행위 및 사회제도에 대하여 평가하는 것. ☞ 개별적 도덕판단 : 개인이나 하나의 행위에 대해 내리는 것. ☞ 보편적 도덕판단 : 모든 사람 또는 어떤 종류의 행위나 성품 전체에 대해 내리는 것.

02. 스포츠윤리의 이해

1. 일반윤리와 스포츠윤리 : 스포츠윤리의 독자성

(1) 일반윤리와 스포츠윤리

① 일반윤리 : 실제 도덕의 규범으로 공통된 도덕적 원리 및 윤리 정신을 추구
② 스포츠윤리
　　㉠ 스포츠행위 중 가장 기본적이고 상식적인 것
　　㉡ 스포츠를 어떻게 해야 할 것인가에 대한 올바른 목적과 행위

ⓒ 스포츠현장에서 요구하는 규칙과 기본적 원리 준수

    ※ 스포츠윤리학: 스포츠에 관여하는 특정집단 및 스포츠활동에서 일어나는 도덕
      적 행위의 옳고 그름과 스포츠규범의 도덕적 가치를 밝히는 학문.

(2) 스포츠윤리의 독자성

① 경쟁의 도덕적 조건과 가치 있는 승리의 의미를 밝힘

② 비도덕적 행위의 유형과 공정성의 조건을 제시

③ 스포츠를 통한 도덕적 자질과 인격의 함양을 추구

④ 스포츠행위의 궁극적 목적과 교육적, 문화적 가치 탐색

⑤ 스포츠의 도덕적 가치 옹호, 정당성 확보

⑥ 스포츠맨십, 페어플레이 등과 같은 스포츠윤리규범의 확산과 공동체 삶의 변화

(3) 응용윤리학

- 사회와 스포츠현장의 밀접한 관계: 인간생활의 일부분

- 스포츠의 사회적 기능확대

- 예기치 못한 윤리적 문제 발생

- 스포츠윤리학은 일반윤리학을 스포츠라는 인간공동체의 장에 응용하고 스포츠의 특수
  한 윤리적 상황을 통해 일반 윤리학의 변화 및 개선에 기여.

알베르토 카뮈(Albert Camus 1913-1960)

이방인(1942년) - 노벨문학상 수상(1957년)

**"내가 윤리를 실제로 배울 수 있었던
                유일한 상황은 스포츠였다"**

---

(4) 실천윤리학

- 까뮈의 고백 : "내가 윤리를 실제로 배울 수 있었던 유일한 상황은 스포츠에서였다"
- 아리스토텔레스 : 윤리학을 학문으로 정립한 최초의 사상가
  윤리학을 실천을 위한 학문으로 규정
- 윤리학은 이론적으로 이해되는 머릿속의 정보가 아니라 실천 속에서만 진실임을 찾을 수 있는 '행위를 산출하는 지식'- 체득의 과정

(5) 윤리적 행위로서의 스포츠

- 스포츠 : 룰(규칙)을 바탕으로 이루어지는 경쟁적 신체활동
- 룰(규칙) : 공정성을 담보로 승패에 대한 승복을 가능하게 하는 본질적 조건
  따라서 규칙준수에 대한 약속이 전제되어야 하고 그 약속은 그 자체로 도덕적 행위하고 할 수 없지만 어겼을 경우 도덕적 비난을 받는다.

2. 스포츠윤리의 목적과 필요성

목적	· 스포츠상황에서 판단 기준을 만들어 옳고 그름을 제시 · 스포츠상황에서 발생하는 비윤리적인 문제에 대해 미리 학습 · 상황을 분석하고 그러한 상황이 발생했을 때 가장 바람직한 방식을 해결하게 훈련
필요성	· 스포츠가 산업화 · 세계화됨에 따라 비윤리적 현상을 예방 · 건전한 스포츠정신을 확립 및 보급하기 위한 필요성

3. 스포츠윤리와 스포츠인의 윤리

(1) 스포츠윤리

① 스포츠인이 가져아할 기본적 도덕성
② 스포츠상황에서 발생할 수 있는 윤리적인 문제들을 해결하기 위한 옳고 그름의 기준과 원리를 제시
③ 윤리적 원인에 대한 해결방안 : 인간성 회복과 감성의 스포츠 교육

(2) 스포츠인의 윤리

① 스포츠인이 갖추어야 할 도덕적 품성

② 스포츠 활동을 하면서 상호작용하는 사람들 사이에서 갖추어야 할 덕목

③ 진정한 스포츠인으로 거듭날 수 있도록 하는 도덕적 품성

03. 윤리이론

1. 윤리체계

결과론적 윤리체계	행동의 기준을 결과에 중점을 둠
의무론적 윤리체계	스포츠에 있어서 경기 결과의 좋고 나쁨이 아니라 그 행위가 도덕적 의무를 준수했는가를 판단의 기준으로 함
목적(덕)론적 윤리체계	· 행위 자체보다는 행위자에게 중점을 둠 · 어떤 사람이 되어야 하는가에 대한 관심
동양사상과 윤리체계	· 유가사상 · 불교사상 · 묵가사상

2. 가치충돌의 문제

① 두 가지 이상의 가치가 서로 충돌

② 사실판단과 가치판단이 서로 충돌

제2장 경쟁과 페어플레이

01. 스포츠 경기의 목적

1. agon과 arete의 차이

아곤(agon)	· 승리를 강조 · 결과 중시 · 자기 중심적 · 고대 그리스의 운동경기에서 경쟁의 의미
아레테(arete)	· 노력 추구 · 과정 중시 · 자신에게 주어진 모든 가능성을 최대한 활용 · 사람 및 사물 등이 지니고 있는 본질적인 탁월성 강조

2. 승리 추구와 탁월성 성취

(1) 승리 추구

① 행위의 내적 동기

② 승리 추구는 자연스러운 현상

③ 경쟁적 성공에 대해서 가장 믿을 수 있는 지표

(2) 탁월성 성취

① 승패보다는 최고를 지향하는 과정에서 발생하는 최선의 상태

② 승리 추구 과정에서 보여지는 개인의 재능 또는 선수의 최선의 상태

02. 스포츠 경쟁의 원리

1. 스포츠윤리 문제의 생성을 알기 위한 전제조건 : 놀이와 게임의 정의가 필요

2. 놀이와 스포츠의 차이

- 놀이 : 가장 소박하고, 단순하며, 미발달된 수준 에 놓여있는 인간의 기본활동이며, 게임의 기초가 된다.
- 스포츠 : 게임 가운데서 신체 운동을 매개로 하여 이루어지는 활동만을 따로 구분하여 일컫는 용어라 할 수 있다.
- ※ 구분 : 놀이(play), 게임(game), 스포츠, 체육, 보건, 레크리에이션, 운동

3. 카유아와(R. Caillois. 1913~1978)의 놀이의 분류

프랑스의 '로제 카유아'라는 학자는 「호모 루덴스」의 이론을 발전시켜 그의 저서인 「놀이와 인간」(원제 「Man, plays and games」)에서 '놀이의 4대 요소'를 말했습니다.

- 아곤(agon)
- 미미크리(mimicry)
- 일링크스(ilinx)
- 알레아(alea)

(1) 아곤(Agon), 경쟁

아곤은 놀이의 주체와 객체간의 경쟁을 의미합니다. 사람들은 경쟁에서 승리함으로써 성취감을 얻고, 우월감을 느끼게 합니다.

이 아곤을 현대의 게임에 대입 시켜보면 경쟁은 최근 가장 많이 플레이 하는 게임 중 하나인 '배틀 그라운드'나 '리그 오브 레전드'같은 게임들도 경쟁에 기반이 되어있고, 혼자 플레이 하는 게임에서도 자기 자신과의 경쟁, AI와의 경쟁 등이 포함되어있습니다.

예를 들어, 슈퍼 마리오 같은 게임에서도 플레이어들은 어떻게 이 게임을 더 빨리 클리어 하기 위해 경쟁하고, 더 많은 점수를 받기 위해 노력합니다.

또한 비교적 MMR시스템이 잘 짜여져있는 '리그 오브 레전드'같은 AOS게임에서도 플레이어의 등급을 결정하는 랭크 게임 시스템이 중점적으로 돌아가고 있고, '오버워치'의 경

쟁전 등 많은 게임에서 이런 경쟁을 유도하는 시스템을 만들어 놓았습니다.

게임을 계속 플레이하게 만드는 가장 큰 요소가 아곤입니다. 많은 게임에서 플레이어의 경쟁을 어떻게 잘 이끌어 나갔느냐에 따라서 그 게임의 성공이 나뉠 수도 있습니다.

(2) 미미크리(Mimicry), 역할

미미크리는 역할을 의미합니다. 사람들은 실제 세계에서 하지 못하는 일들을 놀이에서 느끼면서 큰 기쁨을 느낄 수 있습니다.

이 역할은 롤플레잉 게임에서 흔히 말하는 '직업'이라는 요소가 될 수 있지만 게임을 어떻게 플레이 할 것인지에 대한 '룰'이라고 볼 수 있습니다. 이런 룰은 게임의 가장 기초적인 요소이면서 플레이어에게 게임에서만 느낄 수 있는 새로운 감정과 경험을 체험할 수 있게 만들어 줍니다.

미미크리는 크게 게임의 '모든 요소들의 집합'이라고 말할 수 있습니다. 역할이라고 표현해 놓았지만 슈퍼 마리오 게임에서 마리오가 점프하여 굼바를 죽이는 것도 룰이면서 캐릭터의 역할이라고 볼 수 있기 때문입니다.

(3) 일링크스(Ilinx), 현기증

일링크스는 가장 큰 재미요소라고 볼 수 있습니다. 놀이를 할 때마치 롤러코스터를 탄 것 처럼 어지럽고 신나는 기분을 느끼는 순간이 있습니다.

아곤, 미미크리, 알레아 모두 일링크스를 이끌어내기 위한 과정이라고 볼 수 있습니다.

일링크스는 게임을 재밌게 느끼는 가장 큰 요소라고 볼 수 있습니다. 이는 수집 요소를 모두 모았을 때, 축구 게임에서 멋진 골을 넣었을 때, 전략 게임에서 플레이어가 생각한 전술이 적에게 통했을 때 등 많은 부분에서 일링크스를 느낄 수 있습니다.

플레이어는 이런 일링크스들을 느끼기 위해 게임을 플레이하는 동기부여가 되고, 게임의 어려운 부분을 극복하고, 상대방을 이기기 위해 노력합니다.

또한 일링크스를 일으키기 위해 알레아를 이용하는 게임들이 많습니다. 좋은 예시는 아니지만 많은 게임에서 강화 확률이나 랜덤 박스같은 시스템으로 플레이어에게 기쁨을 선사하는 일들이 있습니다.

(4) 알레아(Alea), 행운

알레아는 행운이라는 요소입니다. 놀이을 함에 있어서 행운이란 것은 사람들에게 큰 기쁨을 줄 수도 있고, 나쁜 일을 당할 수도 있습니다. 이로 인해서 사람들에게 놀이에 몰입을 할 수 있게 도와줍니다.

알레아의 요소는 작은 부분으로 볼 때 많은 온라인 게임들에서 사용하고 있는 랜덤 박스 같은 확률 시스템으로 볼 수도 있지만, 크게 볼 때는 플레이어들이 하는 조작 하나하나의 행운이나 어려운 길을 운으로 통과할 때의 기쁨이 이런 알레아의 요소라고 볼 수 있습니다.

'리그 오브 레전드' 등의 AOS게임에서 치명타 데미지가 들어갈 때, FPS게임에서 우연히 적을 맞췄을 때, RPG게임에서 데미지 확률 등 모든 게임에서 행운의 요소가 들어가 있습니다.

알레아는 플레이어가 게임을 플레이 할 때 더 많은 일링크스를 느낄 수 있게 도와줍니다. 이런 우연적인 요소는 플레이어가 스스로 성취감과 자부심 등을 느낄 수 있게 해주기 때문입니다.

4. 스포츠 공격의 윤리적 배경

〈스포츠에서 공격의 윤리성 판단 근거〉
(1) 타인의 자유를 침해하지 않아야 한다.
(2) 모든 공격은 직접적인 형태가 아닌 간접적인 형태로 나타난다.
(3) 소통의 구조를 가진다.
(4) 파괴적인 것이 아니라 생산적인 것이다.

5. 스포츠에서의 평균적 정의

- 모든 사람이 동등한 권리를 가지는 절대적 평균 : '같은 것은 같게'
- 모든 인간은 동등하게 스포츠에 참여할 기회를 가진다.

※ 절차적 정의와 평균적 정의
  - 절차적 정의 - 평균적 정의를 최대한 합당하도록 보완하는
  - 평균적 정의 - 통제불가능한 자연적 현상: 추첨, 공수전환

  ▶ 평균적, 절차적 정의에 의해 통제되지 않는 통제불가능성
    - 결과의 불확실성(스포츠의 묘미)

  - 분배적 정의
    - 사람들 사이의 불평등을 다르게 다룸으로써 개인에게 합당한 몫을 부여하는 것
    - 승자와 패자의 차등
    - 탁월성과 밀접한 관계 : 난이도에 따른 차등적 점수 부여

03. 스포츠맨십

1. 투쟁적 놀이의 스포츠

  투쟁적 놀이로서의 스포츠는 폭력의 순화이며, 규칙 아래 인간의 투쟁적 본능과 폭력적인 모순을 종속시킨 것으로 통제하여 표현함

2. 놀이의 도덕 : 규칙 준수와 게임 자체의 존중

  스포츠는 그 자체가 목적인 활동이지만, 전문화되어 경쟁스포츠로 발전하게 되면 심판이나 규칙을 통해서 규칙을 준수하고 게임 자체를 존중해야 함

3. 스포츠에서 도덕적 행동과 '좋은' 스포츠 경기

도덕적 행동	· 경기의 규칙을 준수 · 상대 선수를 존중하고 스포츠맨십을 발휘
'좋은' 스포츠 경기	· 좋은 스포츠는 최선을 다하는 것을 위미 · 규칙을 지키고 과정을 중시함 · 경쟁을 통한 승리 추구와 탁월성 성취를 지향

4. 스포츠맨십

① 스포츠에 있어 많은 부분을 포함할 수 있는 도덕규범
② 일반적인 도덕규범을 통해 경쟁의 부정적인 요소를 억제하는 태도
③ 경기에서 일반적인 윤리덕목을 지키고 강화하려는 정신
④ 이상적인 신사(gentleman)의 인간상이 스포츠에 적용되면서 만들어진 가치

04. 페어플레이

1. '페어'하게 '플레이' 한다는 의미

(1) 페어플레이

① 관념과 규칙에 따른 행위로 경기에 참여
② 영국의 귀족과 신사가 스포츠를 할 때 강조
③ 행위나 동작을 강조할 때 공정행위로 표현할 수 있음
④ 승리할 시 겸손을, 패배하였을 경우 품위를 보여주는 것

(2) 페어플레이의 유래

- 근대 스포츠의 탄생 - 규칙과 통일의 공정성 확보
- 영국의 젠틀맨십
- 도덕규범의 발견 - 교육제도에 편입 - 이상적인 도덕교육으로 승화

(3) 페어플레이의 종류

형식적 페어플레이	·규칙 내에서 이루어지는 경쟁 ·경기의 규칙을 준수하고 규정
비형식적 페어플레이	·참여자와 상대팀에 대한 존중

2. 의도적인 파울

고의적으로 규칙을 위반하여 원하는 결과를 초래하고자 한 행위

3. 승부조작의 윤리적 문제와 해결방안

(1) 승부조작의 경의

스포츠경기 시작 전에 금전적 이득을 위하여 미리 결과를 정해놓고 거기에 맞추어 과정을 왜곡시키는 것

(2) 승부조작의 윤리적 문제

① 스포츠의 산업화
② 경기수준 및 공정성이 하락
③ 스포츠를 도박의 수단으로 인식하여 근본적 가치 상실

(3) 해결방안

① 윤리교육 강화
② 불법 스포츠도박 근절
③ 관리감독 강화
④ 제도적으로 처벌 강화

스포츠맨십과 페어플레이의 차이

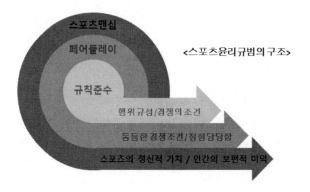

제3장

스포츠와 불평등

01. 성차별

1. 스포츠에서 성차별의 과거와 현재

(1) 스포츠에서 성차별의 과거

① 고대 스포츠

스파르타	건강한 아기 출산과 양육을 위해서 여성이 스포츠 참가
로마	스포츠는 남성에게만 허용되고 여자는 무용과 같은 활동에 참여

② 근대 스포츠

　　㉠ 근대 올림픽의 부활에 있어서 여성 경기인들의 참여는 제한적이었음

　　㉡ 근대 올림픽 창시자인 피에르 드 쿠베르탱은 여성이 스포츠에 참여하는 것을 반대

(2) 현대 스포츠

① 현대 올림픽에서는 싱크로나이즈드스위밍이나 리듬체조 등 여성들만 참가할 수 있는 경기종목이 있음

② 2012년 런던올림픽에서 여성이 참가하지 못하는 종목은 하나도 없었음

③ 여성의 섹슈얼리티를 통한 성상품화 요인 존재

(3) 생물학적 환원주의

남성은 여성에 비해 선천적으로 우월한 신체능력을 갖고 태어나기 때문에 신체능력에 크게 의존하는 스포츠에서 남녀차별은 불가피

2. 스포츠에서 성평등을 이루기 위한 방안

(1) 스포츠 성차별

① 여성의 스포츠 참여 기회와 권리를 제한하거나 불이익을 주는 제반 행위
② 성역할 고정관념은 스포츠의 제반 영역에서 여성의 참여를 제한하는 논리로 기능
③ 미국의 Title IX은 여성의 스포츠 참여를 활성화하는 계기

(2) 스포츠에서 성평등을 이루기 위한 방안

① 능력에 대한 공정한 평가
② 남성 선수와의 연봉 불균형 개선
③ 전통적인 여성상에서 탈피하려는 노력

3. 스포츠의 불평등 현상

인류의 역사를 돌이켜 보면 시대와 국가를 불문하고 어떤 사회에 있어서도 사회문화적 또는 생물학적 특성에 따라 사회 내 에서 차별적으로 기회의 폭이 줄어드는 서열을 이루고 사회적 불평등 현상이 존재해 왔다.

부와 권력, 성, 연령, 인종, 종교에 따라 불평등한 특권을 소유한 지배집단과 이들에 의해 억압받고 착취당하는 피지배집단이 형성되어 온 것이다.

이러한 불평등한 사회구조는 개인이나 사회에 ① 갈등과 차별 ② 집단행동 ③ 민주화 ④ 사회이동 ⑤ 사회변동 등 영향을 미쳐왔다

사회적 불평등이 존재하게 되는 이유를 설명하는 데에는 두 가지 접근법이 있다. 그 하나는 기능주의적 관점이고 다른 하나는 갈등 주의적 관점이다.

(1) 기능주의자들의 사회적 불평등이란?

어떠한 사회가 존속하기 위해서는 필요불가절한 현상이며 이것이 사회의 안녕과 질서 그리고 사회발전의 원동력이 된다고 주장한다.

(2) 갈등주의자들의 사회적 불평등이란?

사회갈등을 내포하고 있는 불평등한 사회구조는 제거되거나 최소화하기 위해 변화되어야 한다고 주장한다. 시민권, 여성해방, 동성연애 자유, 노인의 지위신장 등과 같은 사회

운동이 그 예라 할 수 있다.

※ 스포츠에서의 사회적 불평등현상은 스포츠의 구조와 운동선수, 지도자, 관중의 태도 등에 중요한 영향을 미쳤다. 실례로 학교체육이나 생활체육을 비롯하여 올림픽, 각종 세계선수권대회의 출전 기회가 모든 이들에게 평등하게 주어지는 것이 아니다. 일반 사회에서 형성된 사회계층, 성별, 연력, 인종, 장애 등에 따른 사회적 불평등이 스포츠에서도 일어나고 있다.

02. 인종차별

1. 스포츠에서 인종차별의 과거와 현재

(1) 스포츠에서 인종차별

① 과거 흑인과 소수인종은 경기 참가 및 경기 평가에 차별을 받았음
② 20세기 후반 이후, 인종차별이 차츰 줄어들고 있으나 아직도 사회 경제적 장벽을 통한 제한이 남아 있음

2. 다문화사회의 도래와 예상되는 갈등들

(1) 다문화사회의 정의

한 국가나 사회 속에 다양한 민족, 인종, 언어, 종교 등이 존재

(2) 다문화사회에 나타나는 갈등

① 언어소통
② 편견과 차별
③ 종교의 차이
④ 문화적 차이 등

3. 스포츠에서 인종차별을 극복하기 위한 방안

① 인종에 대한 편견 해소

② 차별철폐의 이념과 방법론

③ 인종을 초월한 실력으로 경쟁

④ 스포츠 본연의 가치를 추구

⑤ 실력으로서의 경쟁

03. 장애차별

1. 세계 인권 선언

"인간은 모두 태어나면서부터 자유이며 존엄과 권리에 있어 평등하다."

- 장애자 권리 선언 : "장애인은 인간으로서 존엄이 존중되며, 같은 연령의 다른 모든 시민과 동등한 기본적 권리를 가지고 있다."
- 한국 헌법 : 장애 유무를 막론하고 태어날 때부터 인간답게 생활하며 인간으로서 그 존엄성을 인정받고 생활 할 수 있는 천부적 권리를 모든 국민이 보장 받도록 규정.

이는 인간은 장애가 있든 없든 간에 태어날 때부터 인간답게 생활하며 인간으로서 그 존엄성을 인정받고 살 권리를 보장.

2. 장애인의 스포츠권

① 장애차별은 장애로 인해 스포츠 참여의 권리와 기회를 비장애인과 동등하게 누리지 못하는 불평등을 의미

② 장애인의 스포츠권은 장애인의 기본적인 권리의 충족 이후가 아니라 동시에 보장되어야 함

③ 장애를 이유로 스포츠참여를 원하는 장애인에 대한 제한, 배제, 분리, 거부는 기본권의 침해에 해당함

3. 장애인의 스포츠 활동 참여를 어렵게 만드는 요인

① 동료 참여자들의 편견 및 부정적 시선

② 장애인의 접근이 어려운 지역사회 스포츠시설

③ 장애인에 대한 이해 및 교수방법이 부족한 지도자

4. 장애인 스포츠 선수들의 인권향상을 위한 사회적 환경의 보완적 차원에서의 3 가지 방안.

① 인권은 사후처리보다는 예방교육이 무엇보다 중요하기 때문에 장애인 스포츠 문화에
맞추어 인권 교육의 목표를 설정하고 선수 인권교육프로그램을 개발하여 일회성으로
그치는 것이 아니라 지속적인 예방교육 및 홍보를 통해 인권의식을 고취시켜야 함.

② 장애인운동선수들의 인권과 경기력 향상. 승리를 위해서는 지도자들의 과학적 교육이
무엇보다 필요함.

③ 장애인 운동선수의 인권과 경기력 향상을 위해서는 장애인들을 위한 과학적 훈련방법
에 대한 연구와 운동선수의 인권관련 등의 연구가 지속적으로 이루어짐으로써 현장
과 연구의 협력관계가 필요함

5. 장애인 체육 지도자

장애인체육지도자는 장애인들의 신체활동을 계획 및 제공하기 위해서 장애유형과 정도,
손상부위의 잔존능력을 정확히 이해하고 장애인의 신체활동을 계획해야 함.

또한 장애인을 위한 확고한 신념을 가지고 체육현장에 나서야 하며, 장애인을 가르친다는
것이 즐거움보다는 어렵고 힘들다는 사실을 인지해야 함.

오늘날 장애인의 체육활동을 지도하는 지도자는 단순하게 교육하는 행위자로서의 역할 뿐
만 아니라 체육이라는 활동 매개를 통해 장애인들과 함께 소통함으로써 그들의 삶을 이해하
고 희노애락을 함께 하는 동반자로서의 역할이 요구됨.

제4장

스포츠에서 환경과 동물윤리

01. 스포츠와 환경윤리

1. 스포츠에서 파생되는 환경윤리적인 문제들

① 스포츠는 문화적 산물로 스포츠참여 확대를 위한 자연 및 환경이 파괴 및 오염됨
② 스포츠참여와 환경보존과의 대립이 불가피

2. 스포츠에 적용 가능한 환경윤리학의 이론들

(1) 스포츠에서 파생되는 환경윤리 문제

가) 스포츠로 인한 환경오염

① 스포츠 행위 자체로 인한 영향: 산악자전거, 오토바이와 자동차 경주, 클라이밍
② 스포츠 시설의 인프라 사업으로 인한 영향

- 도로, 교통수단으로 인한 환경의 변화
- 스키장, 골프장, 복합리조트 시설 등으로 인한 생물의 서식지 및 다양성 감소, 삼림훼손, 수질오염 등

③ 스포츠 시설 사용으로 인한 문제
경기장, 수영장, 아이스링크, 워터파크 등에서의 에너지 과소비, 관람 후 쓰레기, 수질 오염 등
④ 반면 스포츠참여자 역시 환경오염의 피해자(산업화, 도시화 등의 각종 대기오염 등)

나) 환경오염에 의한 스포츠 생활양식 변화

- 오염된 바다, 매연→ 오염되지 않은 깨끗한 자연에서 즐길 수 있는 스포츠(=자연스포츠)를 찾게 됨
  → 환경오염과 스포츠의 악순환

(2) 스포츠에 적용 가능한 환경윤리학 이론

가) 인간중심주의

① 인간중심주의의 이해

- 인간에게만 본질적 가치를 부여 (인간만이 도덕적 주체), 인간 이외의 존재에게는 도구적 가치만을 부여
- 인간에 의해 환경위기의 해결 실마리 마련 ex. 과학기술
- 토마스 아퀴나스, 칸트, 데카르트, 베이컨

② 인간중심주의와 스포츠

- 스포츠 수행을 위한 시설과 용구 필요: 자연환경의 침탈과 훼손 필연적
- 자연스포츠: 인간의 욕구충족을 우선시하는 인간중심주의적 관점이 내재되어 있음

나) 자연중심주의

① 자연중심주의 (=생명중심주의)의 이해

- 인간은 자연의 부속물이며 피조물, 인간을 생명체 중 하나로 이해, 자연과 인간은 동반자, 평등한 관계
- 인간과 생물의 생존권, 무생물의 존재권
- 슈바이처, 요나스, 마이어-아비히, 테일러 (비상해/불간섭/신뢰/보상적 정의의 규칙)

※ 생명체 해치지 말아야 / 개개의 생명체들과 생태계 전체가 자유롭게 발전하는 데 제한 가하지 말 것, 자연의 야생동물들을 기만함으로써 그들에게 위해를 끼쳐 그들의 우리에 대한 신뢰를 훼손해선 안 됨, 부득이 인간과 다른 생명체 간의 '정의의 균형'이 깨어졌을 때 그것을 회복시키도록 노력해야 함

② 자연중심주의와 스포츠

- 동물스포츠/자연스포츠 금지
- 일체의 인위적인 노력을 거절하기 때문에 친환경 기술도 불신
- 스포츠 폐지 권고 가능성

다) 인간중심주의 혹은 자연중심주의

- 인간중심주의와 자연중심주의 모두 편협성: 정복/복종
- 양자의 조화와 공존 추구, 변증법적 사고(정/반/합: 새로운, 좀더 높은 단계로 나가는 것)

(3) 지속 가능한 스포츠 발달의 윤리적 전제

가) 필요성의 계율
- 새로운 스포츠시설 건립할 때 전문가에 의한 진단과 판단 요구(필요치 않으면 건립 X)
- 대상: 인간과 자연 환경 모두(시설의 설치가 인간과 자연에 모두 이익인가)

나) 역사성의 계율
- 자연사(자연의 역사)에 대한 이해와 존중
- 자연에도 생활환경, 생활습관, 생활관계망이 있음

다) 다양성의 계율
- 자연의 다양성이 보존될 수 있도록 노력해야 함
- 환경오염과 무분별 남획, 각종 개발과 스포츠산업의 성장으로 다양성이 파괴되고 있음
- 자연과 인간의 공존을 위해 필수적

02. 스포츠와 동물윤리

1. 스포츠의 종차별

종차별주의	· 자신이 속한 종의 이익을 위해 다른 종의 이익을 배척하는 동종 이기주의 · 인간의 목적을 위해 동물실험을 함 · 동물을 인간의 유희 대상으로 여김 ① 토마스 아퀴나스 : 신은 궁극적인 선, 자연물의 권한은 인간에게 있다. ② 데카르트 : 이성을 가진 인간은 이성이 없는 자연을 지배할 수 있다. ③ 베이컨 : 모든 지식의 의의는 인간의 삶에 새로운 발명과 편의 제공에 있다. ④ 피타고라스 : 인간은 만물의 척도 ⑤ 아리스토텔레스 : 동물은 인간을 위해서 존재 ⑥ 칸트 : 자연은 인간에 의해서만 존재가치가 있음 ⑦ 패스모어 : 인간을 위해 다른 생명체를 보호
반종차별주의	· 동물도 고유한 가치를 존재로 여김 · 인간과의 공존 대상임을 인지 ① 피터싱어 : 이익 평등 고려의 원칙 ② 제레미 벤담 : 중요한 것은 그들이 고통을 느끼는가이다. ③ 레건 : '삶의 주체'인 동물의 도덕적 지위를 인정해야 함

2. 스포츠와 관련된 종 차별주의

① 경쟁의 도구 : 경마, 전쟁, 전차경주 등

② 유희의 도구 : 투우, 노예와 사자의 싸움, 소싸움, 닭싸움 등

③ 연구 도구 : 신약 개발의 실험

3. 동물 실험시 지켜야 할 3R원칙

① 대체의 원칙 (Replace)

　무생물 ← 식물 ← 하등동물 ← 고등동물 ← 사람 순으로 선정

② 순화의 원칙 (Refinement) : 고통을 최소화

③ 축소의 원칙 (Reduce) : 실험을 축소, 동물의 숫자 최소한

4. 스포츠와관련 종차별주의로 희생되고 있는 동물윤리의 문제

① 경쟁도구로 전락한 동물의 권리:승마,경마,동물간의 싸움

② 유희도구로 전락한 동물의 권리:낚시,사냥

③ 연구도구로 전락한 동물의 권리:동물실험

5. 스포츠를 위한 환경(부올레)

① 순수환경 : 원래의 야생지로서 공원이나 보전구역 등

② 개발환경 : 애외활동을 할 수 있도록 한곳

　예시) 골프,야구,테니스

③ 시설환경 : 실내체육관,경기장아이스링크같은 완전한 실내스포츠공간

6. 피터 싱어(P. Singer)의 이익 평등 고려의 법칙

① 쾌락과 고통을 느낄 수 있는 모든 존재를 도덕적 고려의 대상으로 함

② 이러한 입장에서 그는 모든 존재의 이익을 동등하게 고려하여 행동해야 한다는 '이익 동등 고려의 원리(principle of equal consideration of interests)'를 내세움

③ 쾌락을 극대화 하고 고통을 최소화하는 것은 감각을 가진 모든 생명체의 이익이 동등하게 고려되어야 함

④ 따라서 인간뿐 아니라 감각을 가진 동물도 도덕적 배려의 대상이 되어야 함

7. 경쟁 · 유희 · 연구의 도구로 전락된 동물의 권리

투견, 경마. 투우, 승마, 실험, 약물 투여 등으로 수많은 동물이 고통 받고 있음

8. 테일러(P.Taylor)가 제시한 인간의 4대 의무

불침해의 의무	생명체를 해치지 말기
신뢰의 의무	자연생태계와 신뢰를 훼손하지 말기
보상적 정의의 의무	인간이 의해 생태계의 균형이 깨졌을 경우 회복하기 위해서 노력하기
불간섭의 의무	생태계의 발전에 제한을 가하지 말기

01. 스포츠폭력

1. 스포츠 고유의 공격적 특성과 폭력성

(1) 스포츠 고유의 공격적 특성

① 스포츠폭력 : 스포츠 경기나 스포츠에 관련된 부분에서 스포츠인(선수, 지도자, 학부모, 관계 등을) 대상으로 고의나 과실로서 신체적, 정신적, 언어적, 금전적 피해를 입히는 것

② 스포츠 고유의 공격성
   ㉠ 공격성은 누구나 지니고 있음
   ㉡ 사람이나 목표물을 대해서 신체적 또는 심리적인 해를 주는 것

(2) 정당한 폭력

통제된 힘의 사용은 정당한 폭력으로 인지되어 용인되는 폭력으로 규정하고 있으며, 이는 스포츠라는 상황에서 특수하게 인정하는 것

(3) 스포츠 성폭력이란?

지위와 힘의 차이를 이용하여 상대방이 원치 않는 성적 행위를 하거나 성을 매개로 가해지는 정신적, 신체적, 언어적 폭력으로 강간, 성추행, 성희롱으로 구분한다.

① 신체적 폭력 : 신체적 트라우마 또는 부상을 야기할 수 있는 행위 등 선수의 존엄성 및 자존감을 약화시킬 수 있는 행위

② 방관자 입장의 폭력 : 폭력을 행사하는 가해자와 피해자를 제외한 집단 구성원들이 폭력 행동을 무시하거나 모른척하거나 폭력을 암묵적으로 묵인하고 지지하는 것.

③ 정신적 폭력
- 언어적 행위로 인한 정신적 폭력 (말, 욕설, 인격적 모욕 등)
- 관계적 행위로 인한 정신적 폭력 (대중 앞에서 모욕이나 겁을 주거나 따돌리는 것)
- 타인의 의사결정에 대한 행위로 가하는 정신적 폭력 (외출, 외박통제, 특정용모 강요 등)

2. 격투 스포츠의 윤리적 논쟁 : 이종격투기

찬성	·신체적인 탁월성을 서로 겨루는 스포츠 ·용인된 폭력으로 스포츠의 규칙을 따름
반대	·어떠한 상황이든 폭력은 정당화될 수 없음 ·폭력에 대한 무감각 및 중독 초래

3. 스포츠 폭력의 예방법

① 자기표현을 할 수 있도록 교육한다.
② 피해 하실을 주위에 알리면 시합 출전 및 진학의 어려움을 예상하여 폭행당한 사실을 숨겨서는 안됨을 항시 교육한다.
③ 본인이 가해자가 될 수도 있음을 생각하고 지도자와 동료 선수를 존중하는 마음을 갖도록 한다.
④ 경기력 향상 등의 이유로 선수 체벌을 해서는 안되고, 부모도 이를 허락해서는 안된다.
⑤ 후배 선수들을 때리거나 괴롭혀서는 안되고, 언어폭력도 해서는 안된다.
⑥ 본인의 일을 후배들에게 시키지 않는다.

4. 스포츠 폭력 대처방법

① 가해자와 피해자를 분리조치한다.
② 피해자의 신체적, 정신적 상태를 살피고 피해자의 마음을 진정시킨다.
③ 폭력 피해가 있을 시 학교장 및 수사기관, 대한체육회 스포츠 인권 등 관련 기관에 상담 및 신고를 한다.
④ 가해 지도자나 가해 선수의 부모를 만날 때 학교장 및 수사기관, 대한체육회 스포츠 인권센터 등 관련기관의 입회하에 만날 수 있도록 한다.

⑤ 다른 선수를 괴롭히거나 구타한 사실을 알았을 때는 지체없이 지도자에게 알리고 해당 선수와 보호자에게 사과하며 재발방지를 약속한다.

참고 🔓

> **디지털 성범죄란?**
> ① 통신매체를 이용한 음란 행위, 카메라 등을 이용하여 신체를 촬영한 행위.
> ② 촬영물, 복제물 등 반포, 판매, 임대, 상영, 소지, 구입, 저장, 시청하는 행위.
> ③ 상대방의 의사에 반하여 촬영물 등을 성적욕망 또는 수치심을 일으킬 수 있는 형태로 편집, 합성, 가공한 행위

02. 선수 폭력

1. 경기 중, 후 선수들간의 폭력

(1) 스포츠폭력의 유형

① 선수간의 폭력
② 지도자가 선수에게 행하는 폭력
③ 지도자나 선수가 심판에게 행하는 폭력

(2) 경기 중, 후 선수들간의 폭력

① 계획적으로 가해지는 폭력도 존재
② 우발적인 발생으로 감정폭발이 폭발할 때

2. 일상생활에서 선수의 폭력

① 사법적 처벌 대상이며 선수 자격 박탈 가능
② 중대한 사회적인 일탈행위

3. 선수 선발 등 과정에서 폭력 이력 확인 및 제한 강화

① (프로스포츠) 신인 프로선수 선발시 서약서 징구(거짓 작성시 제재),고교 생활기록부 등을 제출받아 점검 [프로스포츠단체]

② (국가대표) 학교폭력 징계시 국가대표 선발 제한 [대한체육회]

* 종목단체에서 국가대표 선발시 징계이력 확인 및 학폭위 심의이력 제출 요구

③ (실업팀) 신인선수 선발시 학폭 이력 확인·반영(직장운동경기부 표준운영규정) 권고 [문체부]

④ (대학) 대입 특기자전형시 고등학생 선수의 학교폭력 조치사항이 포함된 학생부 반영을 의무화하고 특기자 선발에 참고 [교육부]

- 대학별 체육특기자 전형에서 '학교폭력' 사항을 입학에 영향을 미칠 정도로 반영시 지원사업 평가 시 가점 [한국대학스포츠협의회]

〈 스포츠 인권보호 법 개정 주요 내용 〉

○ 국민체육진흥법 :

(1차개정) 스포츠윤리센터 설립, (성)폭력 등 체육지도자 제재·자격제한 강화 등 ('20.8.5 시행)

(2차개정) 스포츠윤리센터 권한·기능 강화, 훈련시설 영상정보처리기기(CCTV) 설치, 실업팀 표준계약서 도입 등('21.2.19 시행)

(3차개정) 실업팀 운영규정 제정·보고, 체육지도자 자격운영위원회 설치 및 비위 체육지도자 명단공표 등('21.6.9 시행)

○ 학교체육진흥법 : CCTV 설치, 학기별 인권교육 의무화, 피해자 심리치료 등(' 21.4.21 시행)

---

03. 관중 폭력

1. 관중 폭력

① 운동경기가 치열하거나 팀의 지지에 대한 몰입 정도가 높을수록 폭력성이 자극되어 발생

② 관중 폭력은 경기에서 스포츠 참여의 관여를 향한 사람들의 태도와 스포츠에 대한 지역사회 지지에 중요한 영향을 미침

③ 그래서 특별히 젊은이들이 비윤리적 행위를 거부하기 위한 적절한 윤리적 가치관을 고취시키는 것이 매우 중요

예시) 고성방가 및 소란을 피우는 행위, 상대 팀 혹은 선수를 비방하는 행위 경기장 안으로 물건을 집어 던지는 행위, 뛰어 들어가는 행위

2. 관중 폭력의 발생요인

① 선수 폭력에 동조하는 관중에 의해 발생하는 경향이 있음
② 경기결과(패배한 팀의 지지의 분노 및 좌절감)
③ 지역간의 경쟁의식 및 감정으로 의한 폭력
④ 경기 중 선수들의 적대적인 반칙 및 폭력은 관중이 폭력성을 동요
⑤ 관중 폭력은 집단속의 무책임성과 몰개성화에 의해 발생
⑥ 신체접촉이 많은 종목일수록 증가하는 경향이 있음
⑦ 경기 성격, 라이벌 의식, 배타적 응원문화 등이 원인으로 작용하고 있음

3. 관중 폭력의 근절 당위성

선수의 심리적 고통을 야기할 수 있는 언어폭력은 좌절, 분노, 원망, 적대감 등의 부정적 감정들을 유발시킨다. 관중이 응원하는 한 팀 혹은 한 선수와 대항하는 상대선수에게 인신공격과도 같은 야유를 서슴치 않는 행위는 관중이 지켜야 할 스포츠맨십에 어긋나는 행위로써 절대 근절되어야 한다.

4. 훌리거니즘(Hooliganism)

스포츠 경기에서 폭력을 행사하는 관중을 의미하는 것으로 응원을 빌미로 폭력적 행동을 조장. (군중 + 팬의 무질서)

> **홀리건(영어: hooligan)**
> 스포츠 등에서 폭력을 휘두르는 관중, 팬 등을 말한다.
> 축구 경기가 벌어지고 있는 축구장을 찾아가 난동을 부리는 사람으로, 19세기말에 영국의 뮤직홀에서 난동을 일으킨 홀리건 집안에서 유래하였다. 경기를 통해 자신이 응원하는 팀이 지거나 만족스러운 경기를 보여 줄 때, 자신의 스트레스를 다 풀지 못했을 때 벌이는 홀리건들의 난동은 간혹 유혈참사로 이어지고 전쟁으로 번지기도 한다.

01. 도핑

1. 도핑(doping)의 의미

운동경기에서 체력을 극도로 발휘시켜서 좋은 성적을 올리게 할 목적으로 선수에게 심장흥분제·근육증강제 따위의 약물을 먹이거나 주사 또는 특수한 이학적 처치를 하는 일.

1968년 그레노블 동계대회에서부터 도프체크가 실시되었다. 국제육상경기연맹은 1978년에 도핑에 대한 제재조치로 최저 18개월의 출전정지와 질이 나쁜 위반자에게는 선수권 박탈 등을 결정하였다.

2. 2021년 금지목록 국제표준

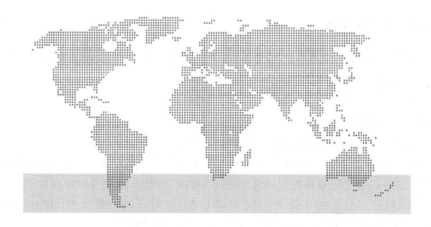

세계도핑방지규약
국제표준

※ 금지약물로 정하는 기준 (3가지)

① 선수의 경기력을 향상시키거나 경기력을 향상시키는 잠재력을 가지고 있는 경우

② 선수의 건강에 실제적 또는 잠재적인 위험이 되는 경우

③ 스포츠 정신에 위배되는 경우

(1) 세계도핑방지기구(WADA)

① 세계도핑방지기구(WADA)는 선수의 경기력을 향상시키는 효력을 가지고 있거나 선수의 건강에 위협이 될 수 있다고 판단되는 약물이나 방법을 선정·목록화해서 매년 9월에 발표

② 그 이듬해인 1월 1일부터 효력이 발생하게 됨

(2) 2021년 금지목록 국제표준

상시 금지 약물	· S0. 비승인약물 · S1. 동화작용제 · S2. 펩티드호르몬, 성장인자, 관련 약물 및 유사제 · S3. 베타-2 작용제 · S4. 호르몬 및 대사변조제 · S5. 이뇨제 및 기타 은폐제
상시 금지되는 방법	· M1. 혈액 및 혈액성분의 조작 · M2. 화학적, 물리적 조작 · M3. 유전자 도핑
경기기간 중 금지되는 약물 및 방법	· S6. 흥분제 · S7. 마약 · S8. 카나비노이드 · S9. 글루코코르티코이드
특정 종목에서 금지되는 약물	· P1. 알코올 · P2. 베타차단제

3. 도핑을 금지해야 하는 이유

공정성 위배	경기력 향상을 위해 금지약물을 은밀하게 복용하는 행위는 타인이 아닌 나 혼자만이 은밀하게 금지약물을 복용함으로써 형식적으로 지켜야 하는 공정성에 위배되는 행위
부정적 역할모형	선수들의 도핑행위를 청소년 선수들이 모방을 하여 배운다는 것으로 미루어 보아 이는 부정적 역할모형이라 할 수 있음
건강상 부작용	· 금지 약물 및 금지 방법은 모두 건강상의 부작용을 초래하거나 최악의 경우 사망에 이르게 함. · 도핑의 가장 핵심적인 요인으로 신체에 심각한 부작용 · 심각한 부작용 - 여성의 남성화 - 남성의 여성화 - 환각 - 협심증 등

4. 효과적인 도핑 금지 방안

① 윤리교육을 통한 의식 변화
- 선수생활을 시작하는 시점부터 지속적이고 체계적으로 윤리 교육이 이루어진다면, 선수들의 윤리적 태도와 가치관 함양에 큰 효과가 있음.
② 도핑검사의 강화
③ 적발 시 강력한 처벌

02. 유전자 조작

1. 스포츠에서 유전자 조작의 현황

(1) 유전자 도핑

유전치료를 위한 목적인 아닌 스포츠 선수의 운동수행능력을 향상시키기 위해서 세포나 유전인자의 사용 및 유전자 조작을 하는 것

※ 과학기술이 발달하면서 새로운 영역의 도핑이 가능하게 되었음. 유전자조작, 유전자 도핑이 그것인데 게놈(genomics), 체세포 변형, 생식세포 계열 변형, 유전배아 선택 등 유전자 치료의 목적으로 개발된 유전학과 유전공학 발전의 결과물이 본래의 목적과 다른 의도로 사용되고 있다.

(2) 유전자 조작의 현황

① 고대 : 황소의 뿔이나 분비물을 섭취
② 19세기 : 근피로감을 감소시키기 위해서 마라톤, 사이클 선수들이 암페타민 사용
③ 1998년 : 프랑스 사이클 대회에 참가한 선수들이 에리스로포이에틴(erythropoietin, EPO, 1990년에 금지약물로 지정됨)을 투여

2. 유전자 조작을 반대해야 하는 이유

① 인간의 존엄성 무시
② 인감의 상품화 및 생명체의 본질 훼손
③ 신체를 실험대상으로 여김
④ 종의 정체성 혼란
⑤ 부작용으로 선수의 생명이 위험
⑥ 스포츠의 가치 결여와 페어플레이 정신에 위배

3. 스포츠에서 유전자 조작 방지대책

① 지속적이고 체계적인 선수 및 지도자 윤리교육 강화
② 강력한 법적 규제
③ 공익광고 활용
④ 신뢰받을 수 있는 도핑테스트 개발 (과학적 검사도구 개발 및 연구)
⑤ 모든 스포츠 선수들의 도핑테스트 의무화

03. 용기구와 생체공학기술 활용

1. 스포츠와 공학기술의 결합으로 파생되는 윤리문제

① 스포츠의 정신과 가치훼손
② 공학기술의 결합으로 인한 첨단기술로 사람끼리의 경쟁이 아니라 기술의 경쟁이 됨

2. 전신 수영복 착용을 금지하는 이유

전신 수영복은 물에 대한 신체의 저항력을 최소화시켜 기구나 장비에 의존하여 스포츠 공정성 훼손

3. 의족 장애선수의 일반경기 참가

① 장애선수가 일반경기에 참가하는 것은 스포츠 평등권에 적합
② 비장애인에 대한 역차별 가능성이 생기며 공정성에 문제가 생길 수 있음

※ **스포츠 인권이란?**

　누구나 스포츠에 참여할 권리를 말하며, 스포츠 활동 내에서 인권침해를 받지 않을 권리를 말한다.

※ **인권이란?**

　사람을 뜻하는 "인"과 권리나 자격을 뜻하는 "권"으로 이루어진 합성어인데, 인간이 인간답게 살아가기 위해 누구나 마땅히 누려야 할 권리를 의미이며, 인간의 타고난 권리로 모든 개인이 인간 존재의 보편적 가치로서 동등하게 불가양의 권리이다.

01. 학생선수의 인권

1. 인권 사각지대인 학교 운동부

　① 학기 중에 있는 상시 합숙훈련
　② 엘리트 체육 위주의 결과지상주의 팽배
　③ 학교 운동부의 위계적 질서로 인한 폭력
　④ 관행에 의한 처벌

2. 학교체육의 역할

　① 사회적 존재로서의 공동체의식 고취
　② 사회적 이탈행위에 대한 정화적 역할
　③ 학교환경 적응과 갈등해소 기회의 제공

3. 학생선수의 생활권과 학습권 : 최저학력제도

(1) 최저학력제도의 도입 배경

① 학생선수의 졸업이나 은퇴 후 진로나 사회적응에 필요한 역량 미흡에 대한 우려가 증대
② 학생선수 학력저하 및 학습권 침해에 대해 사회적 우려 심화
③ 운동으로 진학을 포기할 경우 다른 직업선택의 기회를 갖기 위함.
④ 선수생활을 하더라도 은퇴 후 삶을 준비하기 위함.

(2) 최저학력제도

2011년도에 도입되어 단계적으로 추진되고 있는 이 제도는 학생선수의 학습권을 보장하기 위한 제도로 선수가 기준성적에 미달할 경우에는 선수로서의 활동에 제한을 둠
- 적용학년 : 초등학교 4학년 ~ 고등학교 3학년
- 적용교과 : 초중교(5과목) 국어, 영어, 수학, 사회, 과학
　　　　　　　고등학교(3과목) 국어, 영어, 사회

(3) 미국대학체육협회(National Collegiate Athletic Association : NCAA)

① 미국 학생선수들의 최저 학력제를 관리 감독하는 조직
② 학생의 평균학점이 C+ 이상일 경우에만 대회의 출전 자격을 줌

4. '공부하는 학생선수' 만들기 프로젝트

① 학기 중에는 상시훈련을 금지
② 대학진학 시 운동선수의 수능 최저 등급을 설정
③ 운동선수의 체육계열 대하 진학의 의무화
④ 전국대회에 참가하는 횟수를 제한
⑤ 주말 리그 제도 도입

5. 체육특기자의 진학과 입시제도의 문제

☞ 배경 : 1972년 학생 선수들이 운동에만 전념할 수 있도록 제도적으로 시행된 것으로 이후 병역특례제도가 도입되면서 군대에서도 운동을 지속적으로 할 수 있게 됨.

(1) 체육특기자 입시제도의 문제점

① 불법적인 스카우트에 대한 대학 현장의 인식부족
② 대학 입시 선발 구조의 문제점
③ 입시 비리의 관행화 및 법적 처벌의 한계성
④ 유명무실한 관리감독기구
⑤ 고등학교 운동부의 파행적 운영

(2) 체육특기자의 진학 및 입시문제의 해결방안

① 불법적인 스카우트 금지를 위한 제도적 기반 마련
② 입시제도 개선
③ 입시 비리에 대한 처벌 강화
④ 미국 NCAA처럼 체육특기자 대학입학을 위한 기구 및 이를 견제할 수 있는 관리감독 기관 운영.

02. 스포츠지도자 윤리

1. 지도자에 의한 폭력이 가능한 이유

① 폭력의 심각성에 대한 인식의 부족
② 선수와 팀에 대한 강력한 영향력
③ 체벌이 교육이라는 지도 방법에 대한 그릇된 인식
④ 성적 지상주의에 의한 경기력 강화에 대한 믿음

2. 선수 체벌문제

(1) 선수 체벌문제 발생 이유

① 폭력이 경기력과 성적향상에 영향을 준다는 편견

② 폭력을 당연시 하는 체벌의 세습

③ 성적을 중시하는 경향으로 학부모들의 폭력 묵인

(2) 선수 체벌 금지 이유

① 수동적 태도를 길러주기 때문

② 인권을 침해하는 행위이기 때문

③ 과도한 스트레스의 원인이 되기 때문

(3) 대한체육회의 스포츠인 권익센터에서 규정하고 있는 선수폭력 요소

① 감금

② 협박

③ 따돌림

(4) 2013년 발표한 '스포츠폭력 근절대책'에서 '폭력 예방활동 강화'를 위한 방안

① 선수지도 우수모델 확산

② 인성이 중시되는 학교 운동부 정착

(5) 학교 운동부 폭력 근절 및 스포츠 인권보호 체계 개선방안

① 진실 규명 및 제재 조치, 피해자 동의 시 화해, 치유 프로그램 지원

② 학생선수 폭력, 엄중한 제재조치 및 촘촘한 감시망 구축

③ 경기실적 및 지도자 평가방법 합리화, 학습 및 운동병행 여건조성

3. 성폭력 문제

(1) 스포츠성폭력 문제

① 스포츠에 연관 있는 모든 종류의 성폭력을 의미
② 스포츠의 특성상 폐쇄성으로 인하여 정확한 실태를 파악하기에 어려움
③ 스포츠계열의 위계적인 폭력문화에 의한 구조적 연관성이 있음

(2) 스포츠성폭력 방지책

① 스포츠성폭력 전문상담원 배치
② 체육단체들의 의무적 예방교육의 필요성
③ 체육지도자와 청소년들의 성별융합 학습교육 실시
④ 스포츠계 성의 폐쇄성 개선

(3) 스포츠윤리센터 공식 출범

① 체육인 인권보호 비리 근절을 위한 전담기구 출범 (2020년 8월 5일)
② 역할 : 문화체육부, 대학체육회, 대한장애인체육회의 신고 기능을 통합, 체육계로부터
독립적인 지위에서 스포츠계 인권침해 및 비리에 대해 조사하게 됨.
  - 피해자 보호를 위한 상담
  - 법률지원 및 전문기관 연계
  - 인권침해 등 예방교육

4. '교육자'로서의 책임과 권한

(1) 지도자의 역할

① 집단 목표 달성을 위한 비전 및 목표 제시
② 윤리와 도덕을 통한 바람직한 가치를 제시
③ 구성원간 갈등 해결
④ 구성원간 동기유발
⑤ 선수들과 활발한 상호 의사 소통

⑥ 체육지도자가 지녀야 할 덕목

    ㉠ 책임감

    ㉡ 스포츠맨십

    ㉢ 창의적 사고

(2) '교육자'로서의 책임과 권한

① 폭언 또는 폭력을 행사하지 않음

② 선수를 존중하며 민주적인 의사결정

③ 승리지상주의에 의한 비인간적인 훈련은 금지

03. 스포츠와 인성교육

정서의 발달	도덕적 정서의 함양으로 다른 사람에 대한 공감능력 발달
인지 발달	창의력, 주의집중력 발달
사회성 발달	사회친화적 행동 및 부정적 행동에 대한 예방
도덕성 발달	도덕적 성품이 발달되어 공손하고 정직함

01. 스포츠와 정책윤리

1. 정치와 스포츠의 관계

① 스포츠 조직은 관료적 속성으로 보수적 성향이 있음

② 정치와 스포츠는 서로 상호작용을 함

스포츠 경기에서 거행되는 의식은 후원 기관에 대한 충성심을 상징적으로 재확인시키는 기능을 지니고 있다는 점에서 스포츠 참여자는 전형적으로 특정 사회조직(학교, 직장, 지역사회, 국가 등)을 대표하며 그 조직에 대한 강한 충성심을 지니고 있다. 특히 올림픽 경기나 국제 경기에 있어서 승리는 많은 국가와 시민들에게 자국의 우월성을 가늠할 수 있는 척도가 된다. 따라서 국제 경기의 결과는 상당한 정치적 의미를 지니고 있으며 이는 궁극적으로 한 나라의 군사력이나 정치, 경제 체제 및 문화적 우월성을 표출하여 주는 수단이 된다.

스포츠와 정치의 밀접한 관계는 본질적으로 조직의 과정 자체에 존재한다. 스포츠가 점진적으로 조직화됨에 따라 많은 스포츠 팀, 릭, 선수, 결사체 및 행정 기구가 출현하게 되며 이들 집단은 각각의 특성에 따라서 불평등하게 배분된 권력을 획득한다. 따라서 선수와 구단주 간, 경쟁리그 간, 혹은 다양한 행정기구 간의 권력투쟁이 존재하게 된다고 할 수 있다. 또한 스포츠와 정치의 결합은 정부기관이 개입되었을 때 명백하게 발생한다. 일례로 일반 기업가의 스포츠기구 관여 시 조세감면 혜택이나 프로 스포츠 구단의 조세감면 혜택을 들 수 있다. 스포츠 경기와 정치적 상황이 상호작용 효과를 지니고 있다는 점에서 스포츠와 정치의 밀접한 관계가 성립한다.

2. 스포츠의 사회적 이슈와 윤리성 문제

① 엘리트 중심의 스포츠 정책

② 승부조작, 도핑 등 스포츠의 윤리적인 이슈

③ 인종별, 성별에 따른 스포츠 참여에 따른 불평등

④ 문화체육관광부가 지정한 스포츠 4대악

    ㉠ 조직 사유화

    ㉡ 승부조작 및 편파판정

    ㉢ 입시비리

    ㉣ (성)폭력

3. 스포츠윤리의 실천과제

① 스포츠 행위자에 대한 법적 과제

② 스포츠윤리 의식의 패러다임 전환

③ 스포츠윤리 강령 제정 및 조정시스템의 구축

02. 심판의 윤리

1. 심판의 도덕적 조건

공정성	심판의 전문성과 공정성 심판의 도덕적 조건
청렴성	탐욕이 없어야 하며 성품과 행실이 고결해야 함
형평성	혈연, 인종, 지연 등 편견과 차별을 가지고 심판을 하면 안 됨

2. 심판의 사회적 역할과 과제

① 순위를 결정
② 경기의 중단 및 속행을 결정
③ 스포츠 경기 상황에서 규칙이 준수되도록 외적 통제 강화
　* 감시를 위한 기술 : 스포츠 경기에서 오심이나 편파 판정을 최소화하여 공정성을
　　향상시켜 주는 공학기술

3. 심판의 오심을 바로잡기 위한 방안

① 심판의 판정능력 향상을 위한 반복훈련
② 심판의 질적 향상을 위한 교육기회 확대
③ 상임심판 제도의 확립과 적절한 보수를 통한 전문성 제고

03. 스포츠 조직의 윤리경영

1. 스포츠 경영자의 윤리적 의식 : 윤리적 리더십

① 스포츠 경영자가 가져야 할 덕목으로 윤리를 최우선 가치로 생각
② 사회적 책임을 실천하며 윤리적인 문화를 확산
③ 공정하고 투명한 경영정신

④ 스포츠현상에서 경영자의 리더십에 대한 윤리는 먼저 행위와 자질로 구분하며, 규범적 모범된 행동으로 구성원들과의 소통 및 보상이라 할 수 있음
⑤ 건전한 윤리적 리더십 개발에 대한 아리스토텔레스의 5대원칙
  - 타인존중, 봉사, 정의, 신뢰, 공동체 형성

2. 스포츠경영자의 윤리적 리더십

① 윤리적 리더십의 이해와 실행 방향의 설정
② 강압과는 차별화된 윤리적 영향력을 통해 공정하고 윤리적인 공동체를 구축
③ 윤리성과 함께 사회적 책임 및 윤리적 국제 위상 정립의 노력이 요구
④ 경영자의 윤리적 실천의지와 경영의 투명성 확보
⑤ 스포츠현상에서 투명성 확보를 위하여 국제기준이 허용하는 범위 안에서 비윤리적인 경기 규정 등을 정비하고 참여자의 윤리적 노력에 대한 포상제도 도입

3. 스포츠 조직의 불공정 행위와 윤리적 조직 행동

불공정 행위	·승리지상주의 ·승부조작 ·학연이나 지연, 혈연에 따른 편파 판정 ·맹목적인 이익만을 추구
윤리적 조직 행동	·윤리규범을 통해서 행동기준을 제시 ·윤리헌장, 윤리강령, 행동강령, 실천지침으로 구성

4. 윤리적 문화 조성에 필요한 효과적인 행동 수칙

① 수칙은 애매모호하지 않아야 함
② 수칙은 위반의 결과를 명확히 해야 함
③ 수칙은 그 수칙이 적용될 사람들에게 확실히 명시되어야 함

제1장

스포츠와 윤리

1. 개인의 심성 또는 덕행으로 모든 사람에게 공통적인 규범과 도리를 무엇이라고 하는가?

　① 선　　　　　　　　　　　② 윤리

　③ 도덕　　　　　　　　　　④ 양심

해설 도덕의 개념	
도덕	· 사람이 사람으로서 행해야 할 도리와 그것을 자각하여 실천하는 행위 · 개인의 심성 또는 덕행으로 모든 사람에게 공통적인 규범과 도리

정답 ③

2. 스포츠윤리에 관한 내용이 아닌 것은?

　① 실제 도덕의 규범으로 공통된 도덕적 원리 및 윤리 정신을 추구

　② 스포츠행위 중 가장 기본적이고 상식적인 것

　③ 스포츠현장에서 요구하는 규칙과 기본적 원리 준수

　④ 스포츠를 어떻게 해야 할 것인가에 대한 올바른 목적과 행위

해설 ①은 일반윤리에 관한 내용이다.

참고

　• 스포츠윤리
　① 스포츠행위 중 가장 기본적이고 상식적인 것
　② 스포츠를 어떻게 해야 할 것인가에 대한 올바른 목적과 행위
　③ 스포츠현장에서 요구하는 규칙과 기본적 원리 준수

정답 ①

3. 스포츠윤리의 목적으로 바르지 않은 항목은?

① 스포츠상황에서 판단 기준을 만들어 옳고 그름을 제시
② 스포츠상황에서 발생하는 비윤리적인 문제에 대해 미리 학습
③ 스포츠가 산업화·세계화됨에 따라 비윤리적 현상을 예방
④ 처해진 상황을 분석하고 그러한 상황이 발생했을 때 가장 바람직한 방식을 해결하게 훈련

> **해설** ③은 스포츠 윤리의 필요성에 관한 내용이다.
>
> ※ 스포츠 윤리의 목적
> · 스포츠상황에서 판단 기준을 만들어 옳고 그름을 제시
> · 스포츠상황에서 발생하는 비윤리적인 문제에 대해 미리 학습
> · 그 상황을 분석하고 그러한 상황이 발생했을 때 가장 바람직한 방식을 해결하게 훈련
>
> **정답** ③

4. 다음 중 성격이 다른 윤리체계는?

① 유가사상　　　　　　　　② 묵가사상
③ 불가사상　　　　　　　　④ 행위 자체보다는 행위자에게 중점을 두는 것

> **해설** ①, ②, ③은 동양사상과 윤리체계에 속하며, ④는 목적론적 윤리체계에 속하는 내용이다.
>
> **참고**
>
> • 윤리체계
>
> | 결과론적 윤리체계 | 행동의 기준을 결과에 중점을 둠 |
> |---|---|
> | 의무론적 윤리체계 | · 스포츠에 있어서 경기 결과의 좋고 나쁨이 아니라 그 행위가 도덕적 의무를 준수했는가를 판단의 기준으로 함 |
> | 목적(덕)론적 윤리체계 | · 행위 자체보다는 행위자에게 중점을 둠
· 어떤 사람이 되어야 하는가에 대한 관심 |
> | 동양사상과 윤리체계 | · 유가사상
· 불교사상
· 묵가사상 |
>
> **정답** ④

5. 사회적 양심으로 같이 살아가는 인간관계의 이치는?

① 선 　　　　　　　　　② 윤리

③ 사상 　　　　　　　　④ 도덕

> **해설** 윤리는 사회적 양심으로 같이 살아가는 인간관계의 이치를 의미한다.
> **정답** ②

1. 아곤(agon)에 대한 내용으로 바르지 않은 것은?

　① 자기 중심　　　　　　　② 승리 강조

　③ 과정 중시　　　　　　　④ 고대 그리스의 운동경기에서 경쟁의 의미

해설 아곤(agon)	
아곤(agon)	· 승리를 강조 · 결과 중시 · 자기 중심적 · 고대 그리스의 운동경기에서 경쟁의 의미

정답 ③

2. 아레테(arete)에 대한 내용으로 옳지 않은 것은?

　① 사람 및 사물 등이 지니고 있는 본질적인 탁월성 강조

　② 자신에게 주어진 모든 가능성을 최대한 활용

　③ 결과 중시

　④ 노력 추구

해설 아레테(arete)	
아레테(arete)	· 노력 추구 · 과정 중시 · 자신에게 주어진 모든 가능성을 최대한 활용 · 사람 및 사물 등이 지니고 있는 본질적인 탁월성 강조

정답 ③

3. 스포츠맨십에 대한 내용으로 바르지 않은 것은?

① 스포츠에 있어 많은 부분을 포함할 수 있는 도덕규범
② 경기에서 일반적인 윤리 덕목을 지키고 강화하려는 정신
③ 이상적인 신사(gentleman)의 인간상이 스포츠에 적용되면서 만들어진 가치
④ 전문적인 도덕규범을 통해 경쟁의 부정적인 요소를 억제하는 태도

> **해설** 일반적인 도덕규범을 통해 경쟁의 부정적인 요소를 억제하는 태도이다.
> **정답** ④

4. 페어플레이의 내용으로 옳지 않은 것은?

① 승리할 시 겸손을, 패배하였을 경우 품위를 보여주는 것
② 행위나 동작을 강조할 때 불공정행위로 표현할 수 있음
③ 영국의 귀족과 신사가 스포츠를 할 때 강조
④ 관념과 규칙에 따른 행위로 경기에 참여

> **해설** 페어플레이는 행위나 동작을 강조할 때 공정행위로 표현할 수 있다.
> **정답** ②

5. 다음 중 승부조작의 해결방안으로 바람직하지 않은 것은?

① 관리감독 강화   ② 윤리교육 강화
③ 제도적으로 처벌 약화   ④ 불법 스포츠도박 근절

> **해설** 승부조작의 해결방안
> · 윤리교육 강화
> · 불법 스포츠도박 근절
> · 관리감독 강화
> · 제도적으로 처벌 강화
> **정답** ③

제3장

스포츠와 불평등

1. 현대 스포츠에 대한 내용으로 바르지 않은 것은?

   ① 올림픽의 부활에 있어서 여성 경기인들의 참여는 제한적이었다.
   ② 여성의 섹슈얼리티를 통한 성상품화요인 존재
   ③ 2012년 런던올림픽에서 여성이 참가하지 못하는 종목은 전혀 없었다.
   ④ 현대 올림픽에서는 싱크로나이즈드스위밍이나 리듬체조 등 여성들만 참가할 수 있는 경기종목이 있다.

   해설 근대 올림픽의 경우 부활에 있어 여성 경기인들의 참여는 제한적이었다.
   정답 ①

2. 스포츠에서 성평등을 이루기 위한 관련 내용으로 가장 부적절한 것은?

   ① 미국의 Title IX은 여성의 스포츠 참여를 활성화하는 계기가 됨
   ② 성역할 고정관념은 스포츠의 제반 영역에서 여성의 참여를 제한하지 않는 논리로 기능함
   ③ 남성 선수와의 연봉 불균형 개선
   ④ 능력에 대한 공정한 평가

   해설 성역할 고정관념은 스포츠의 제반 영역에서 여성의 참여를 제한하는 논리로 기능하였다.
   정답 ②

3. 다문화사회에 나타나는 갈등이 아닌 것은?

   ① 문화적 차이
   ② 종교의 차이
   ③ 능력의 차이
   ④ 편견과 차별

   해설 다문화사회에 나타나는 갈등
   · 언어소통　　　　· 편견과 차별
   · 종교의 차이　　　· 문화적 차이
   정답 ③

4. 다음 중 스포츠에서 인종차별을 극복하기 위한 방안으로 바르지 않은 것은?

① 스포츠 본연의 가치를 추구
② 인종에 대한 편견 증폭
③ 실력으로서의 경쟁
④ 차별철폐의 이념과 방법론

> **해설** 스포츠에서 인종차별을 극복하기 위한 방안
> · 인종에 대한 편견 해소
> · 차별철폐의 이념과 방법론
> · 인종을 초월한 실력으로 경쟁
> · 스포츠 본연의 가치를 추구
> · 실력으로서의 경쟁
> **정답** ②

5. 다음 중 장애인의 스포츠 활동 참여를 어렵게 만드는 요인으로 적절하지 않은 것은?

① 동료 참여자들의 긍정적 시선
② 장애인의 접근이 어려운 지역사회 스포츠시설
③ 장애인에 대한 이해 및 교수방법이 부족한 지도자
④ 동료 참여자들의 편견

> **해설** 장애인의 스포츠 활동 참여를 어렵게 만드는 요인
> · 동료 참여자들의 편견 및 부정적 시선
> · 장애인의 접근이 어려운 지역사회 스포츠시설
> · 장애인에 대한 이해 및 교수방법이 부족한 지도자
> **정답** ①

제4장

스포츠에서 환경과 동물윤리

1. 인간중심주의 환경윤리의 내용으로 바르지 않은 것은?

   ① 자연이 인간에게 종속
   ② 자연은 인간의 목적을 위한 도구적 가치
   ③ 인간이 이성을 통해 환경문제를 해결할 수 있음
   ④ 자연이 인간을 지배

   > **해설** 인간중심주의 환경윤리
   > · 인간이 자연을 지배
   > · 자연이 인간에게 종속
   > · 자연은 인간의 목적을 위한 도구적 가치
   > · 인간의 이성을 통해 환경문제를 해결할 수 있음
   > **정답** ④

2. 다음 중 자연중심주의 환경윤리의 내용으로 옳지 않은 것은?

   ① 인간이 자연에 종속
   ② 자연은 인간의 목적을 위한 도구적 가치
   ③ 동물들이 필요한 스포츠는 제외
   ④ 인간도 자연의 부속물로 여김

   > **해설** 자연중심주의 환경윤리
   > · 인간이 자연에 종속
   > · 인간도 자연의 부속물로 여김
   > · 동물들이 필요한 스포츠는 제외
   > **정답** ②

3. 스포츠의 종차별주의에 대한 내용이 아닌 것은?

① 자신이 속한 종의 이익을 위해 다른 종의 이익을 배척하는 동종 이기주의
② 인간의 목적을 위해 동물실험을 함
③ 인간과의 공존 대상임을 인지
④ 동물을 인간의 유희 대상으로 여김

해설 스포츠의 종차별주의

종차별주의	· 자신이 속한 종의 이익을 위해 다른 종의 이익을 배척하는 동종 이기주의 · 인간의 목적을 위해 동물실험을 함 · 동물을 인간의 유희 대상으로 여김

정답 ③

4. 다음 피터 싱어(P. Singer)의 이익 평등 고려의 법칙으로 바르지 않은 것은?

① 인간뿐 아니라 감각을 가진 동물도 도덕적 배려의 대상이 되어야 한다.
② 쾌락과 고통을 느낄 수 있는 모든 존재를 도덕적 고려의 대상으로 한다.
③ 모든 존재의 이익을 동등하게 고려하여 행동해야 한다는 '이익 동등 고려의 원리'를 내세움
④ 쾌락을 극소화하고 고통을 최대화하는 것은 감각을 가진 모든 생명체의 이익에 동등하게 고려되어야 한다.

해설 쾌락을 극대화하고 고통을 최소화하는 것은 감각을 가진 모든 생명체의 이익에 동등하게 고려되어야 한다.
정답 ④

5. 다음 중 테일러(P.Taylor)가 제시한 인간의 4대 의무가 아닌 것은?

① 불신뢰의 의무　　　　　　② 보상적 정의의 의무
③ 불간섭의 의무　　　　　　④ 불침해의 의무

해설 테일러(P.Taylor)가 제시한 인간의 4대 의무

불침해의 의무	생명체를 해치지 말기
신뢰의 의무	자연생태계와 신뢰를 훼손하지 말기
보상적 정의의 의무	인간이 의해 생태계의 균형이 깨졌을 경우 회복하기 위해서 노력하기
불간섭의 의무	생태계의 발전에 제한을 가하지 말기

정답 ①

제5장

스포츠와 폭력

1. 다음 중 스포츠 고유의 공격적 특성에 관한 내용으로 바르지 않은 것은?

   ① 공격성은 누구나 지니고 있다.
   ② 공격성은 사람이나 목표물을 대해서 신체적 또는 심리적인 해를 주는 것이다.
   ③ 통제되지 않은 힘의 사용은 정당한 폭력으로 인지되어 용인되는 폭력으로 규정하고 있다.
   ④ 스포츠 폭력은 스포츠 경기나 스포츠에 관련된 부분에서 다른 선수에게 고의나 과실로서 상해를 입히거나 파괴적인 행동을 보이는 것을 말한다.

   > **해설** 통제된 힘의 사용은 정당한 폭력으로 인지되어 용인되는 폭력으로 규정하고 있으며 이는 스포츠라는 상황에서 특수하게 인정하는 것이다.
   > **정답** ③

2. 다음 선수 폭력에 관한 사항 중 옳지 않은 것은?

   ① 계획적으로 가해지는 폭력도 존재한다.
   ② 일상생활에서의 선수 폭력은 사법적 처벌 대상이 아니다.
   ③ 우발적인 발생으로 감정이 폭발할 때에도 폭력이 발생한다.
   ④ 일상생활에서 선수의 폭력은 중대한 사회적인 일탈행위이다.

   > **해설** 일상생활에서의 선수 폭력은 사법적 처벌 대상에 해당한다.
   > **정답** ②

3. 관중 폭력의 발생요인으로 바르지 않은 것은?

   ① 관중 폭력은 집단 속의 무책임성과 몰개성화에 의해 발생한다.
   ② 경기 성격, 라이벌 의식, 배타적 응원문화 등이 원인으로 작용하고 있다.
   ③ 신체 접촉이 많은 종목일수록 감소하는 경향이 있다.
   ④ 선수 폭력에 동조하는 관중에 의해 발생하는 경향이 있다.

4. 폭력을 행사하는 관중을 의미하는 것으로 응원을 빌미로 폭력적 행동을 조장하는 것을
   무엇이라고 하는가?

① 리얼리즘
② 훌리거니즘
③ 매니리즘
④ 포퓰리즘

해설 훌리거니즘(Hooliganism)은 스포츠 경기에서 폭력을 행사하는 관중을 의미하는 것으로 응
원을 빌미로 폭력적 행동을 조장하는 것을 말한다.
정답 ②

제6장

경기력 향상과 공정성

1. 다음 중 상시금지약물이 아닌 것은?

① S1. 동화작용제　　　　　　② S3. 베타-2 작용제

③ S6. 흥분제　　　　　　　　④ S4. 호르몬 및 대사변조제

해설 상시금지약물	
상시금지약물	· S0. 비승인약물 · S1. 동화작용제 · S2. 펩티드호르몬, 성장인자, 관련 약물 및 유사제 · S3. 베타-2 작용제 · S4. 호르몬 및 대사변조제 · S5. 이뇨제 및 기타 은폐제

정답 ③

2. 다음 중 경기기간 중 금지되는 약물이 아닌 것은?

① S2. 펩티드호르몬, 성장인자, 관련 약물 및 유사제

② S6. 흥분제

③ S8. 카나비노이드

④ S9. 글루코코르티코이드

해설 경기기간 중 금지되는 약물	
경기기간 중 금지되는 약물 및 방법	· S6. 흥분제 · S7. 마약 · S8. 카나비노이드 · S9. 글루코코르티코이드

정답 ①

3. 다음 중 특정종목에서 금지되는 약물은?

① M1. 혈액 및 혈액성분의 조작　② S1. 동화작용제

③ S5. 이뇨제 및 기타 은폐제　④ P1. 알코올

해설 특정종목에서 금지되는 약물	
특정종목에서 금지되는 약물	· P1. 알코올 · P2. 베타차단제
정답 ④	

4. 유전자 조작을 반대해야 하는 이유로 보기 가장 어려운 것은?

① 종의 정체성 혼란

② 페어플레이 정신에 부응

③ 인간의 존엄성을 무시

④ 인간의 상품화 및 생명체의 본질 훼손

해설 유전자 조작을 반대해야 하는 이유
· 인간의 존엄성을 무시　　　　· 인간의 상품화 및 생명체의 본질 훼손
· 신체를 실험 대상으로 여김　　· 종의 정체성 혼란
· 부작용으로 선수의 생명이 위험　· 스포츠의 가치 결여와 페어플레이 정신에 위배
정답 ②

5. 스포츠에서 유전자 조작 방지대책으로 바르지 않은 것은?

① 스포츠윤리 교육 약화

② 공익광고 활용

③ 강력한 법적 규제

④ 신뢰받을 수 있는 과학적 검사도구 개발 및 연구

해설 스포츠에서 유전자조작 방지대책
· 스포츠윤리 교육 강화　　　　· 강력한 법적 규제
· 공익광고 활용　　　　　　　· 신뢰받을 수 있는 과학적 검사도구 개발 및 연구
정답 ①

제7장

스포츠와 인권

제6과목
스포츠윤리

1. 다음은 학생 선수들의 인권에 관한 내용 중 인권 사각지대인 학교 운동부에 대한 것으로 바르지 않은 항목은?

 ① 관행에 의한 처벌
 ② 학교 운동부의 비위계적 질서로 인한 폭력
 ③ 엘리트 체육 위주의 결과지상주의 팽배
 ④ 학기 중에 있는 상시 합숙훈련

> **해설** 학교 운동부의 위계적 질서로 인한 폭력이다.
> **정답** ②

2. 미국대학체육협회는 학생의 평균학점 몇 이상일 경우에 대회 출전 자격을 부여하는가?

 ① A+ ② B+
 ③ C+ ④ D+

> **해설** 미국대학체육협회(National Collegiate Athletic Association : NCAA)에서는 미국 학생 선수들의 최저학력제를 관리 감독하는 조직으로 학생의 평균학점이 C+ 이상일 경우에만 대회의 출전 자격을 부여한다.
> **정답** ③

3. '공부하는 학생 선수' 만들기 프로젝트의 내용으로 바르지 않은 것은?

 ① 대학진학 시 운동선수의 수능 최고등급을 설정
 ② 전국대회에 참가하는 횟수를 제한
 ③ 학기 중에는 상시훈련을 금지
 ④ 운동선수의 체육계열 대학 진학의 의무화

> **해설** 대학진학 시 운동선수의 수능 최저등급을 설정한다.
> **정답** ①

4. 다음 중 선수체벌문제가 발생하는 이유가 아닌 것은?

① 성적을 중시하는 경향으로 학부모들의 폭력 묵인
② 폭력이 경기력과 성적향상에 영향을 준다는 편견
③ 폭력을 당연시 하는 체벌의 세습
④ 인권을 침해하는 행위이기 때문

> 해설 ④는 선수체벌을 금지하는 이유에 관한 내용이다.
> 정답 ④

5. 다음 중 선수체벌 금지 이유로 옳지 않은 사항은?

① 인권을 침해하는 행위이기 때문
② 과도한 스트레스의 원인이 되기 때문
③ 폭력을 당연시 하는 체벌의 세습
④ 수동적 태도를 길러주기 때문

> 해설 ③은 선수체벌문제가 발생하는 이유에 대한 설명이다.
> 정답 ③

6. 대한체육회의 스포츠인 권익센터에서 규정하고 있는 선수 폭력 요소가 아닌 것은?

① 따돌림   ② 감금
③ 협박   ④ 경제력

> 해설 대한체육회의 스포츠인 권익센터에서 규정하고 있는 선수 폭력 요소
> · 감금
> · 협박
> · 따돌림
> 정답 ④

7. 스포츠성폭력 방지책으로 바르지 않은 것은?

   ① 스포츠계 성의 폐쇄성 개선

   ② 스포츠성폭력 일반상담원 배치

   ③ 체육단체들의 의무적 예방교육의 필요성

   ④ 체육지도자와 청소년들의 성별융합 학습교육 실시

> **해설** 스포츠성폭력 전문상담원을 배치해야 한다.
> **정답** ②

8. 다음 중 체육지도자가 지녀야 할 덕목이 아닌 것은?

   ① 윤리와 도덕을 통한 바람직한 가치를 제시

   ② 선수들과 활발한 상호 의사 소통

   ③ 구성원간의 갈등 조장

   ④ 집단 목표 달성을 위한 비전 및 목표 제시

> **해설** 구성원간의 갈등을 해결해야 한다.
> **정답** ③

제8장

스포츠 조직과 윤리

1. 문화체육관광부가 지정한 스포츠 4대악이 아닌 것은?

① 조직 사유화　　　　　　　② 승부조작

③ 입시비리　　　　　　　　　④ 공정판정

> 해설 문화체육관광부가 지정한 스포츠 4대악
> · 조직 사유화　　　　　　　· 승부조작 및 편파판정
> · 입시비리　　　　　　　　　· (성)폭력
> 정답 ④

2. 심판의 도덕적 조건이 아닌 것은?

① 청렴성　　　　　　　　　　② 공정성

③ 친밀성　　　　　　　　　　④ 형평성

> 해설 심판의 도덕적 조건
>
> | 공정성 | · 심판의 전문성과 공정성
· 심판의 도덕적 조건 |
> |---|---|
> | 청렴성 | 탐욕이 없어야 하며 성품과 행실이 고결해야 함 |
> | 형평성 | 혈연, 인종, 지연 등 편견과 차별을 가지고 심판을 하면 안 됨 |
>
> 정답 ③

3. 다음 중 심판의 오심을 바로잡기 위한 방안이 아닌 것은?

① 심판의 질적 향상을 위한 교육기회 확대

② 상임심판 제도의 확립

③ 적절한 보수를 통한 일반성 제고

④ 심판의 판정능력 향상을 위한 반복훈련

> **해설** 심판의 오심을 바로잡기 위한 방안
> · 심판의 판정능력 향상을 위한 반복훈련
> · 심판의 질적 향상을 위한 교육기회 확대
> · 상임심판 제도의 확립과 적절한 보수를 통한 전문성 제고
> **정답** ③

4. 스포츠조직의 불공정 행위의 내용이 아닌 것은?

① 윤리규범을 통해서 행동기준을 제시

② 승부조작

③ 맹목적인 이익만을 추구

④ 학연이나 지연, 혈연에 따른 편파 판정

> **해설** 스포츠조직의 불공정 행위
>
> | 불공정 행위 | · 승리지상주의 |
> | --- | --- |
> | | · 승부조작 |
> | | · 학연이나 지연, 혈연에 따른 편파 판정 |
> | | · 맹목적인 이익만을 추구 |
>
> **정답** ①

제7과목

한국체육사

1. 한국 체육사의 개관

(1) 역사의 의미(사관, 史觀)(기출 2018, 2019)

① 사실(事實)로서의 역사 : 객관적인 기록이다.

　㉠ 과거에 있었던 사실로서의 역사를 말한다.

　㉡ "오직 역사적 사실로 하여금 이야기 하게 한다." - 랑케

② 사실(史實)로서의 역사 : 주관적인 기록이다.

　㉠ 조사되어 기록된 과거로서의 역사를 말한다.

　㉡ "과거와 현재와의 끊임없는 대화이다." - 카아

(2) 체육사란 무엇인가?(기출 2018, 2019)

① 정의 : 연구대상으로 인간, 공간, 시간이 고려되어야 한다.

　㉠ 인간 체육의 역사이며, 체육을 본질적으로 연구하는 학문이다.

　㉡ 과거의 체육적 사실을 정확하게 설명하고 해석하려는 학문이다.

　㉢ 체육과 스포츠를 역사적인 방법으로 연구하는 학문이다.

　㉣ 신체운동과 관련이 있는 문제들을 거시적으로 고찰하는 학문이다.

　㉤ 인간의 신체운동 발전을 통해 생물학적, 사회적, 문화적 의의를 밝히는 학문이다.

　㉥ 인간들이 고대로부터 수행해 온 신체활동의 역사를 연구하는 학문이다.

　㉦ 과거에 체육이 어떻게 행해졌으며, 그러한 사실들이 당시 사람들의 사상, 정치, 경제, 문화, 교육, 예술, 군사, 환경 등과 어떠한 관계가 있었는가를 밝혀 미래를 현명하게 통찰하는 학문이다.

② 과제 : 체육의 역사적 발자취를 돌이켜봄으로써 현대체육을 연구하여 미래의 체육 발전에 기여하여야 한다.

③ 연구 시기 : 광복 이후에 본격적인 연구가 이루어졌다.(기출 2015)

(3) 스포츠의 기원과 발전

① 기원 : 스포츠라는 말 대신에 신체활동이라고 하는 편이 스포츠의 기원을 유추하는 데에는 더 편리할 것이다. 인간은 동물이기 때문에 스포츠와 인간의 신체활동의 기원은 같다고 볼 수 있다.

② 발전 : 신체활동의 발전 단계는 생존기술 → 유희 → 스포츠로 발전되어 왔다.

(4) 체육사의 연구 영역(기출 2015)

① 통사적, 세계사적 연구영역 : 역사에 나타나는 보편적인 변화와 발달 과정에 초점을 두어 연구하는 것이다.

② 시대적, 지역적 연구영역 : 특정 시기나 지역에 나타나는 주목할 만한 현상에 초점을 두어 연구하는 것이다.

③ 개별적, 특수적 연구영역 : 특정한 사건이 가진 특수한 의미에 초점을 두어 연구하는 것이다.

(5) 체육사를 연구하는 이유

① 우리 행위의 모습을 과거에서 찾고자 체육사를 연구한다.

② 문학으로서 체육사를 연구한다.

③ 대리경험으로서 체육사를 연구한다.

④ 전문적인 훈련으로서 체육사를 연구한다.

(6) 체육사의 연구 내용(기출 2016)

① 스포츠의 기원 또는 발달 과정을 다룬다.

② 스포츠 종목의 발생 원인 및 조건을 다룬다.

③ 스포츠를 통해 시대별로 파생된 여러 문화 현상을 다룬다.

(7) 체육사의 연구 단계

① 과제의 선택 : 가치있는 연구 과제를 선정한다.
⇩
② 자료 수집 : 관련된 자료를 수집한다.
⇩
③ 자료 분류 : 연구 목적에 따라 분류한다.
⇩
④ 가설의 구성 : 자료를 통해 가설을 구성한다.
⇩
⑤ 결론의 도출 : 새로운 결론을 도출한다.

(8) 한국 체육사의 시대 구분

① 이유 : 체육사의 종합적 이해와 서술을 돕기 위해서 시대구분을 한다.(기출 2018)
② 구분
    ㉠ 생활체육시대(원시시대) : 생활과 생존을 위해 체육활동이 행해지던 시기이다.
      (기출 2017)
    ㉡ 무예체육시대(부족국가~조선시대) : 국방을 위한 무예수련이 중심을 이루던 시기
      이다.
    ㉢ 학교체육시대(갑오개혁 이후) : 근대식 학교를 통해 체육활동이 행해지던 시기로
      이전을 전통체육, 이후를 근대체육으로 구분할수 있다.(기출 2020)

2. 원시사회의 체육

(1) 우리 민족의 기원

① 우리 민족의 분포 : 중국 요령성·길림성과 그곳을 포함하는 만주지역과 한반도를 중
심으로 동북아시아에 넓게 분포하였다.
② 우리 민족의 형성 : 구석기 시대부터 우리나라에 사람이 살기 시작하여 신석기 ~ 청동
기 시대를 걸치면서 민족의 기틀이 형성되었다.
③ 우리 민족의 특징 : 인종상으로 황인종, 언어학상 알타이 어족과 가깝다고 추정하며,
우리 민족은 하나의 민족 단위를 형성하였고 농경생활을 바탕으로 독자적인 문화를
이룩하였다.

(2) 원시 시대의 문화와 체육

① 구석기시대 : 돌칼이나 돌도끼 같은 도구를 이용해서 짐승을 사냥하거나, 맹수 또는
적과 싸웠기 때문에 이 시기 신체활동은 생활수단이자 목숨을 보전하는 유일한 길이
었다.
② 신석기시대 : 수렵생활을 할 때에는 강건한 체력과 민첩한 움직임이 반드시 필요하였
지만, 농경생활로 전환되면서 격렬한 신체활동은 점차 줄어들었다.

3. 초기국가의 체육

(1) 종류

① 제천행사, 성인식, 유희활동 등의 신체 문화가 있었으며, 강한 육체를 가진 사람만이 지도자가 될 수 있다는 인식이 강하였다.

② 모든 백성들이 전투원의 역할을 하였으므로 무사로서 수련활동을 겸하였다.

(2) 제천행사(기출 2019, 2020)

① 부여 : 영고(음력 12월)

② 고구려 : 동맹(음력 10월)

③ 동예 : 무천(음력 10월)

④ 삼한 : 수릿날(음력 5월), 계절제(음력 10월)

⑤ 신라 : 가배(음력 8월)

(3) 성인식(기출 2020)

① 목적 : 정신적, 육체적 고통을 이겨야 하는 의식으로 그 시대의 규범에 적합한 사람을 육성하기 위함이다.

② 결과 : 이를 통해 사회 구성원으로서의 책임과 의무를 부과하였다.

(3) 유희(遊戱)활동

① 목적 : 유희(놀이)를 통해 공동체 생활의 질서를 경험하고, 사회에 적응하기 위해서이다.

② 종류

㉠ 사예(射藝) : 활 쏘는 기술로 이는 생존과 연계된 사냥활동이었다.(2017)

㉡ 각저(角觝) : 각력(角力), 각희라고 하며, 두 사람이 샅바를 넓적다리에 걸어 서로 잡고 힘과 기술을 써서 상대를 먼저 넘어뜨려 승부를 겨루는 우리나라 고유의 씨름 경기이다.(기출 2021)

㉢ 저포 : 척사(擲柶)라고 하며, 편을 갈라 4개의 윷을 던져 승부를 겨루는 윷놀이(도, 개, 걸, 윷, 모)를 말한다.(기출 2016, 2019, 2021)

㉣ 장기(將棋) : 두 사람이 청, 홍의 짝을 규칙에 따라 번갈아 두면서 겨루는 놀이이다.(기출 2019)

ⓜ 위기(圍棋) : 바둑을 두는 것을 말한다.(기출 2021)

ⓗ 수박(手搏) : 발로 품자를 밟으면서 몸을 유연하게 움직이면서 팔을 상하좌우로 흔들고 앉았다 일어섰다 하며 상대방을 공격하는 우리나라 고유의 전통 무예이다.(기출 2019)

ⓢ 기마(騎馬) : 말을 타고 달리는 놀이로 생존과 전투 및 체력 단련의 의미가 있다. (기출 2017)

ⓞ 마상재(馬上才) : 달리는 말을 타고 그 위에서 재주를 부리는 기예이다.(기출 2019, 2021)

ⓩ 추천(鞦韆) : 가로 뻗은 나뭇가지 따위에 두 가닥의 줄을 매고, 줄 맨 아래에 밑싣개를 걸쳐 놓고 올라서서 몸을 앞뒤로 움직여 나는 그네놀이이다.

ⓒ 방응(放鷹) : 사나운 매를 길러 꿩이나 새를 사냥하는 일종의 수렵활동이다.(기출 2019)

(4) 고조선

① 성립 : 청동기 문화를 토대로 성립하여 철기시대까지 존속한 우리나라 최초의 국가이다.

② 유물 : 비파형동검, 거친무늬거울, 철제 칼, 창, 마구(馬具) 등 다양한 청동기와 철기로 만든 도구들이 출토되었으며, 이를 토대로 이민족과의 전쟁을 수행하여 영토를 확대하였다.

(5) 부여

① 역사 : 만주 길림성 송화강 유역의 평야지대를 중심으로 성장하였다.

② 정치 : 왕 아래 가축의 이름을 따서 마가(馬加), 우가(牛加), 저가(猪加), 구가(狗加)라고 부르는 족장들이 있었으며, 지방 족장의 이름에 가축 이름이 쓰인 것을 보아 목축이 성행했음을 알 수 있다. 또한, 농경민이면서도 기마 풍습이 일반화되어 있었고, 훌륭한 말을 길렀으므로 상대적으로 우월한 전투력을 지닐 수 있었다.

③ 문화 : 음력 12월에 '영고'라는 제천행사를 실시하였으며, 이는 수렵사회의 전통이었다.

(6) 고구려

① 역사 : 주몽이 부여의 지배계급 내 분열과 대립 과정에서 박해를 피해 남하하여 졸본에서 건국하였다.

② 정치 : 5부족 연맹체(소노부, 절노부, 순노부, 관노부, 계루부)로 구성되었으며, 다섯 부족의 부족장 중에서 선출된 연맹장이 고구려의 왕이 되었다.

③ 사회 : 사회계급은 귀족, 평민, 노예로 구성되었다.

    ㉠ 귀족 : 왕족인 고씨(高氏)를 비롯하여 5부 출신으로 높은 관직을 세습하면서 국정 운영에 참여하였고, 전쟁이 나면 스스로 무장하고 앞장서서 적과 싸웠다.

    ㉡ 평민 : 일반백성으로 대부분 토지를 경작하면서 납세와 병역, 요역의 의무를 졌다.

    ㉢ 천민 : 대부분 노비로 구성되었다.

④ 문화 : 음력 10월에 '동맹'이라는 제천 행사를 행하였다.

    ㉠ 제천행사 : 농사의 풍요를 기원하고 추수를 감사하기 위한 행사이다.

    ㉡ 역할 : 부족간의 단결을 도모하여 동족 의식을 강화하고, 부족장의 권위를 강화하는 구실을 하였다.

⑤ 고분 : 돌무지무덤(장군총)과 굴식돌방무덤(각저총, 무용총, 쌍영총, 강서대묘) 등이 있다. 고분 벽화의 소재는 초기에 생활풍속도(묘주의 인물도, 묘주의 가정생활 모습, 외출할 때의 행렬도, 사냥하는 모습, 전투도)이며, 후기에는 추상적인 사신도 등이 그려졌다.

(7) 옥저

① 역사 : 함경도 변방 동해안에 위치하고 있으며, 일찍부터 고구려의 압력으로 성장하지 못하고 2세기 고구려 태조왕 때 병합되었다.

② 문화 : 민며느리제(매매혼), 가족공동목곽(골장제) 등이 행해졌다.

(8) 동예

① 역사 : 본래 나라 이름은 '예(濊)'였으나 민족 이름인 '예(濊)'와 구별하기 위해 현대의 역사가들이 '동(東)'자를 붙여서 '동예'라고 부르게 되었다.

② 문화 : 음력 10월에 '무천'이라는 제천행사를 하였으며, 족외혼과 책화의 풍속이 있었다.

(9) 삼한

① 역사 : 한반도 남부의 진(辰)과 고조선 유민이 결합하여 성립한 마한, 진한, 변한을 지칭하며, 제정분리의 사회였다.

② 문화 : 음력 5월에 '수릿날'과 음력 10월에 '계절제'라는 제천행사를 하였으며, 공동 노동조직으로 '두레'가 있었다.

4. 고대국가의 체육

(1) 삼국의 성립

① 배경 : 철기문화의 보급과 농업 생산력의 증대를 기반으로 고구려, 백제, 신라가 고대 국가로 성장하였다.

② 특징 : 지방 족장 세력은 자기가 다스리던 지역에 대한 영향력은 유지할 수 있었으나 점점 강화된 왕권에 복속되어 갔으며, 율령을 반포하여 통치체제를 정비하고, 중국 에서 전래된 불교가 백성들을 하나로 통합하는 정신적인 역할을 하였다.

(2) 고구려

① 성립 : 부여에서 내려온 유이민과 압록강 유역의 토착민이 결합하여 건국되었다.

② 발전 : 중국 문화와 북방의 유목문화에 접한 경험이 부여와 비슷하여 정복국가의 체제 를 확립하면서 발전하였다.

(3) 백제

① 성립 : 고구려에서 남하한 온조에 의해 한성에서 건국되었다.

② 발전 : 4세기 중반 근초고왕 때 마한을 정복하여 세력이 전라도 남해안에 이르렀으며, 북으로는 황해도 지역을 놓고 고구려와 대결하면서 발전하였다.

(4) 신라

① 성립 : 박혁거세에 의해 건국되었다.

② 발전 : 6세기 초 지증왕 때에는 국호를 '신라'로 바꾸고, 왕의 칭호는 마립간에서 '왕'으 로 고쳤다. 이 시기 대외적으로는 우산국(울릉도)을 복속시켰다.

(5) 통일신라

① 성립 : 나당연합군에 의해 백제와 고구려를 멸망시킨 신라는 당의 한반도 전체 지배 야욕을 꺾은 매소성 전투와 기벌포 전투에서 당을 축출하고 문무왕 때 삼국통일을 완성하였다(676).

② 발전 : 통일 이후 신라는 강화된 경제력과 군사력을 토대로 왕권을 강화하였다. 태종 무열왕 때부터 그의 직계자손이 왕위를 세습하고, 왕명과 기밀사무를 관장하는 집사부 시중의 기능을 강화하였으며, 그 결과 귀족세력의 이익을 대변하던 화백의 상대등 세력은 약화되었다.

(6) 발해

① 성립 : 요동에서 당나라의 지배에 반발하여 일어난 거란족의 반란이 실패로 돌아가자, 고구려의 유민 대조영이 말갈 추장인 걸사비우(乞四比羽)와 함께 고구려 옛 땅인 요동으로 탈출해서 동모산에서 A.D. 698년 발해를 건국하여 통일신라와 함께 남북국 시대를 이루었다.

② 발전 : 독자적 연호의 사용과 함께 장자상속제를 확립하고 관료제도를 정비하여 전제왕권을 강화하였다.

(7) 고대국가의 교육

① 고구려 : 대표적인 무예는 궁술과 기마술이다.(기출 2016)

　㉠ 수도 : 태학 설립(소수림왕) – 유학과 역사 교육을 하였다.

　㉡ 지방 : 경당 설립(장수왕) – 사립교육기관으로 文(경서 암송), 武(궁술)교육을 하였으며, 평민자제들이 입학하였다.

② 백제

　㉠ 교육 : 5경박사, 의박사, 역박사 - 유학과 기술 교육을 하였다.

　㉡ 사도부(司徒部) : 교육을 담당한 관청이다.

　㉢ 내법좌평 : 교육부 장관 역할을 담당하였다.(기출 2015)

③ 신라

　㉠ 교육 : 임신서기석, 진흥왕 순수비, 울진 봉평비 등은 한학의 증거물이다.

　㉡ 화랑도(2018)

　　㉮ 기원 : 원시사회 청소년 단체가 진흥왕 때 원화, 화랑도로 개편되었다.

　　㉯ 성격 : 유교＋불교＋도교(풍월도, 풍류도, 국선도)

　　㉰ 구성 : 풍월주 – 화랑 – 낭도(일정하지 않으나 많을 때는 1,000여 명)

　　㉱ 기능 • 낭도는 6두품 이하~평민층까지 참여하여 일체감을 가지고 활동함으로써 계층 간의 대립과 갈등을 조절하는 구실을 하였다.

　　　　• 학문 연마와 무술 교육(궁술, 기마 등)을 하였다.

- 심신일원론적 사상에 기반하여 전인교육을 지향하였다.(기출 2015)
- 편력을 통한 국토의 신성함과 존엄성을 교육하여 불국토사상을 심어주 었다.(2016)
- 건강을 중시하는 신체미 숭배사상이 반영되었다.(기출 2017)
- ㉮ 화랑정신 • 진평왕 때 원광법사의 세속 5계(신라 국민의 실천 윤리)
  - 사군이충, 사친이효, 교우이신, 임전무퇴, 살생유택(기출 2016, 2020, 2021)
- ㉢ 향도(香徒) : 김유신이 풍월주 시절 그의 화랑도를 '용화향도'라 하였는데, 향도(香 徒)는 '미륵을 좇는 무리'라는 뜻이다.
④ 통일신라
  - ㉠ '국학' 설립(신문왕) : 경덕왕 때 '태학감' 개칭 ⇨ 혜공왕 때 '국학' 개칭
  - ㉡ 독서삼품과(원성왕, 신라 하대) : 국학 안에 설치하여 경전 이해 수준으로 관리를 상품, 중품, 하품, 특품으로 구분하여 선발하려는 제도이다.
⑤ 발해 : '주자감'을 설립하여 귀족 자제들을 대상으로 교육하였다.

(8) 고대국가의 무예

① 궁술 : 고구려의 대표적인 무예로 활을 사용하여 목표물을 맞히는 기술을 연마하는 것이다.
② 기마 : 고구려의 대표적인 무예로 말을 타고 달리며 활을 쏘는 기술을 연마하는 것이다.
③ 편력 : 화랑도의 교육 방식으로 음악과 신체 활동을 포함한 야외활동을 말한다.(기출 2015, 2018)
④ 마상재 : 마기(馬技), 마예(馬藝)라고 하며 달리는 말 위에서 옆에 매달리기, 거꾸로 서서 달리기, 옆에 거꾸로 매달려서 달리기, 쌍마 타고 서서 총 쏘기 등을 하는 여러 가지 무예를 말한다.(기출 2021)
⑤ 수박 : 발로 품자를 밟으면서 몸을 유연하게 움직이며 팔을 상하좌우로 흔들고 앉았다 일어섰다 하면서 상대방을 공격하는 고유의 전통 무예이다.(기출 2018, 2021)

(9) 고대국가의 민속 스포츠와 오락

① 석전 : 변전, 편전, 편쌈이라고 하며, 동편과 서편으로 나누어 서로 상대편에게 돌을 던져 달아나는 편이 지는 놀이로 전투의 성격을 가지고 있다.(기출 2019, 2021)

② 투호 : 일정한 거리에 항아리를 두고 화살을 던져 넣는 오락이다.(기출 2018)

③ 쌍륙 : 다듬은 나무 말을 쥐고 논다고 하여 악삭(握槊)이라고도 하는데, 편을 갈라서 주사위를 던져 말이 먼저 궁에 들어가기를 다투는 놀이이다.

④ 각저 : 두 사람이 맞잡고 힘을 겨루는 오늘날 씨름과 유사한 놀이이다.(기출 2016, 2018)

⑤ 격구 : 격방이라고 하며, 말을 타거나 걸어다니며 막대기로 공을 쳐서 상대편의 문에 넣는 무예이다.(기출 2016, 2020)

⑥ 축국 : 가죽 주머니로 공을 만들어 땅에 떨어뜨리지 않고 발로 차던 놀이이다.(기출 2016, 2018)

⑦ 방응 : 매를 길들인 후 사냥을 하는 매사냥 놀이이다.(기출 2016, 2020, 2021)

⑧ 널뛰기 : 축판회, 도판회라고도 하며, 널을 뛰는 여자들의 놀이이다.(기출 2015)

⑨ 추천 : 단오날에 그네를 타는 놀이이다.(기출 2018, 2020)

⑩ 저포 : 윷놀이를 말하며, 주사위를 던져서 승부를 다투는 민속놀이이다.(기출 2018)

⑪ 위기 : 바둑을 두는 놀이이다.(기출 2021)

⑫ 농주 : 나무로 둥글게 만든 여러개의 공을 하나씩 공중으로 던졌다 받았다 하면서 공이 원을 그리며 돌게 하는 공놀이로 오늘날 저글링과 비슷하다.

⑬ 격검(擊劍) : 진검이 아닌 목검이나 죽도를 사용하여 상대와 교련 연습을 하는 것을 말한다.(기출 2018)

⑭ 사예(射藝) : 활과 화살을 사용하여 표적을 맞히는 전통무술 또는 민속경기를 말한다.(기출 2018)

(10) 화랑도

① 신체미 숭배사상 : 신체에 높은 가치를 부여하여 탁월성과 더불어 신체가 지닌 아름다움을 숭배하는 사상이다.

② 심신일체론 : 신체활동을 통한 수련을 덕(德)의 함양 수단으로 생각하였다.

③ 불국토 사상 : 이 땅은 부처님의 땅이라는 신라의 불교관으로 이는 왕즉불 사상과도 결부되어 호국사상으로 계승되었다.

5. 고려시대의 체육

(1) 고려의 건국

① 배경 : 통일신라 말기에 골품제도의 모순과 수취체제의 모순 속에서 빈번한 왕위 계승과 백성들에 대한 수탈로 전국 곳곳에서 민중봉기가 일어나 나라가 크게 혼란스러웠다. 이러한 시기에 6두품 출신들은 유교이념을 내세우며 개혁을 제창하였으며, 지방에서는 스스로 성주, 장군이라고 칭하면서 성장한 호족들이 선종과 풍수지리사상을 토대로 새로운 사회의 건설을 준비하고 있었다.

② 건국 : 후고구려 궁예의 부하로 활약하던 왕건이 궁예를 축출한 후 신하들의 추대 형식을 빌려 918년 철원에서 왕위에 올라 고구려 계승을 내세워 국호를 "고려"라 하고 자신의 세력 근거지였던 송악으로 도읍을 옮겼다(919).

③ 의의 : 고려의 건국은 후삼국 뿐만 아니라 발해의 고구려계 유민까지도 포함한 민족의 재통일이었으며, 단순한 왕조의 교체가 아니라 고대사회에서 중세사회로의 이행이었다.

(2) 고려의 통치제도

① 중앙제도 : 성종 때 최승로의 시무 28조를 토대로 고려의 독자적인 기구인 도병마사와 식목도감을 구성하고, 당나라 관제를 모방한 2성(중서문하성, 상서성) 6부 및 어사대, 송나라 관제를 모방한 중추원과 삼사를 근간으로 중앙의 통치제도를 마련하였다.

② 지방제도 : 행정적인 5도와 군사적인 양계를 근간으로 하여 2원적인 체제로 정비하였으며, 풍수지리설의 영향으로 3경(서경, 동경, 남경)제도를 정비하였다.

③ 군사제도 : 중앙군으로 정치적인 성격의 2군 6위와 지방군으로 5도의 주현군과 양계의 주진군으로 정비하였으며, 이민족의 침입 과정에서 광군(거란 대비), 별무반(여진 대비), 삼별초(몽골 대비), 연호군(왜구 대비), 일품군(노역부대) 등의 특수군도 조직하여 운영하였다.

(3) 고려의 교육제도

① 초기(관학 중심) : 중앙에 국자감, 지방에는 향학을 세워 궁사와 음악교육을 실시하였다.(기출 2015)

② 국자감 : 유학부(300명, 9년), 기술학부(약간명, 6년)로 편제되었다.

구분	경사 6학	입학 자격		교육 내용
유학부 (3학)	국자학	문무관 3품 이상의 관리 자제		유교경전, 문예
	태학	문무관 5품 이상의 관리 자제		
	사문학	문무관 7품 이상의 관리 자제		
기술 학부 (잡학)	율학	• 문무관 8품 이하의 관리자제 및 평민의 자제 • 7품 이상의 자제 중에서 원하는 자		법률
	서학	• 천문·지리(사천대), 의학(태의감), 외국어(통문관), 음양·도참(태사국)		서예(8書)
	산학	• 인종 때 형부 소속의 율학을 국자감으로 이관하여 경사 6학 정비		산술(수학)

③ 중기(사학 중심)

　㉠ 발달 배경 : 과거 위주의 교육, 국자감의 재정적 어려움, 지공거(知貢擧)출신 학자들이 사학을 설립하여 좌주와 문생의 관계로 평생 지속되면서 사학이 발달하였다.

　㉡ 대표 사학 : 문종 때 최충이 설립한 9재학당(문헌공도)이 융성하자 문벌귀족들이 개경에 11개 학당을 설립하여 사학 12도(徒)가 성립됨으로써 관학이 위축되었다.

④ 관학 진흥책

　㉠ 숙종 : 국자감을 강화하고자 서적포를 두어 도서 출판을 활발히 하였다.

　㉡ 예종

　　㉮ 7재(齋) 설치(1109) : 국자감을 국학으로 고치고, 최충의 9재학당을 모방하여 국학 안에 유학 6재(70명)와 무학재(8명)를 설치하였다. 유학재는 주역을 공부하는 여택재(麗澤齋), 상서를 공부하는 대빙재(待聘齋), 모시(毛詩)를 공부하는 경덕재(經德齋), 주례를 공부하는 구인재(求仁齋), 대례를 공부하는 복응재(服膺齋), 춘추를 공부하는 양정재(養正齋)와 무학(武學)을 공부하는 강예재(講藝齋)를 말한다. 그 중 무학재(강예재)는 무예의 이론과 실기를 교육하고 과거시험에 특전을 부과하자 입학생이 급증하는 등 물의를 빚게 되자 인종 11년(1133)에 폐지하였다.(기출 2016, 2020, 2021)

　　㉯ 양현고 설치 : 관학의 경제기반을 강화하기 위한 일종의 장학재단이다.

　　㉰ 청연각, 보문각 설치 : 유학의 발달을 촉진하기 위해 설치한 학문 연구소이다.

　　㉱ 각촉부시(刻燭賦詩) : 예종 7년(1122)에 실시한 것으로 초에 눈금을 그어 그 눈금까지 타는 시간을 정하여 시를 짓는 것으로 제한된 시간에 시(詩)와 부(賦)를 빠르게 잘 짓는 것을 공부하는 과정이다.

ⓒ 인종

　　　　㉮ 경사6학 정비 : 형부 소속의 율학을 국자감으로 옮겨 정비하였다.

　　　　㉯ 향학의 확대 : 지방 교육을 강화하였다.

　　ⓔ 충렬왕

　　　　㉮ 섬학전 설치 : 안향의 건의로 양현고의 부실을 보충하기 위한 교육재단으로
　　　　　　설치하였다.

　　　　㉯ 국학의 명칭 변경 : 성균관으로 개칭하고 대성전과 문묘(공자의 사당)를 건립
　　　　　　하였으며, 경사교수도감을 설치하여 역사교육과 유학교육을 장려하였다.

　　ⓜ 공민왕 : 성균관을 부흥시켜 순수한 유교 교육기관으로 개편하였다.

(4) 고려의 과거제도

① 실시 : 광종 때(958) 후주(後周)의 귀화인 쌍기(雙冀)의 건의로 공신과 호족 세력을
　억누르고 왕권을 강화하기 위하여 실시하였다.

② 종류

　　㉠ 문과

　　　　㉮ 제술과(진사과) : 한문학과 시무책으로 시험하였으며, 합격자를 진사(進士)라
　　　　　　고 불러 우대하였는데 명경과보다 중시되어 과거라 하면 보통 제술과를 지칭
　　　　　　하였다.

　　　　㉯ 명경과(생원과) : 유교 경전에 대한 이해 능력을 시험하였다.

　　㉡ 잡과 : 율학, 서학, 산학 및 의학, 천문학, 음양지리 등의 기술관을 등용하기 위한
　　　　시험으로 그리 중시되지는 않았다.

　　㉢ 승과 : 교종선과와 선종선과로 구분되며 급제한 승려에게는 승계를 주었다.

　　㉣ 무과 : 예종 4년(1109) 무학재를 설치한 후 인종 11년(1133)까지 24년간 실시되었
　　　　으나 문신들의 반발과 무학재 폐지로 없어졌다가 1390년 공양왕 2년 재설치 논
　　　　의가 있었으나 무마되었다.

③ 응시 자격 : 법제상으로는 양인 이상은 과거에 응시할 수 있었으나, 실제로 제술과나
　명경과에는 주로 귀족과 향리의 자제들이 응시하였고, 백정 농민은 주로 잡과에 응시
　하였다.

④ 실시 시기 : 예부에서 주관한 식년시(3년)가 원칙이었으며, 격년시(2년)도 있었다.

(5) 고려시대 민속 스포츠와 오락

① 귀족 스포츠

　㉠ 격구 : 신라 이래 계승되어 온 것으로 말을 타거나 걸어 다니면서 막대기로 공을 치던 무예 또는 군사훈련의 수단으로 행해졌으며 격방(擊棒)이라고도 한다. 주로 국왕, 귀족, 무인 등 상류층이 즐겼던 오락 및 여가활동으로 무신집권시기 그 사치성이 최고조에 이르러 대중화 되지 못하였다. 말을 타고 하는 기격구와 걸어 다니며 하는 보격구가 있었다.(기출 2015, 2017, 2018, 2020, 2021)

　㉡ 투호 : 화살을 던져 병 속에 많이 넣는 수효로 승부를 가리는 놀이이다.(기출 2017, 2018)

　㉢ 방응(放鷹) : 매를 이용한 사냥과 궁술과 같은 무예의 훈련으로 체력 및 용맹성 향상을 목적으로 하였다.(기출 2017, 2018, 2020)

　㉣ 수박 : 발로 품자를 밟으면서 몸을 유연하게 움직이며 팔을 상하좌우로 흔들고 앉았다 일어섰다 하며 상대방을 공격하는 무예로 경기에서 이긴 사람에게 관직을 주는 등 인재 선발의 기준이 되기도 하였고, 무신정변 당시 원인이 되기도 하였다.(기출 2019, 2020)

　㉤ 마상재 : 말 타는 기술로써 궁술(활쏘기)과 함께 체육적 성격의 무예활동이다.

② 민속 스포츠

　㉠ 축국(蹴鞠) : 공을 땅에 떨어뜨리지 않고 차던 놀이이다.(기출 2018, 2019)

　㉡ 추천(鞦韆) : 그네뛰기를 말하며, 단오절에 여성들이 그네에 올라타서 몸을 앞뒤로 움직여 나는 놀이이다.(기출 2019)

　㉢ 석전(石戰) : 세시풍속의 하나로 돌팔매질로 승부를 겨루는 돌싸움 놀이로 상무정신을 길렀으며, 관람스포츠의 형태를 띄었다.(기출 2016)

　㉣ 축판회 : 도판회라고도 하며, 긴 널의 중간을 괴고 양쪽 끝에서 번갈아 뛰는 여자들의 널뛰기 놀이이다.

　㉤ 풍연(風鳶) : 연을 공중에 띄우는 서민들의 연날리기 민속놀이로 지연(紙鳶)이라고도 한다.(기출 2017, 2019)

　㉥ 각저 : 두 사람이 샅바를 넓적다리에 걸어 서로 잡고 힘과 기술을 써서 상대를 먼저 넘어뜨리는 것으로 승부를 겨루는 씨름으로 각력(角力), 각희, 상박이라고도 한다. 우리나라의 씨름은 몽골(썰렘), 중국(쎄기유), 러시아(삼보), 일본(스모)와 비슷한 운동이다.(기출 2017)

ⓢ 저포(樗蒲) : 윷놀이를 말하며 주사위를 던져 승부를 겨루는 것으로 제천의식과 관련된 민속놀이이다.(기출 2019)

③ 6예(藝) : 인물을 선발할 때 표준으로 삼은 것으로 예(禮)·악(樂)·사(射)·어(御)·서(書)·수(數) 등 6종류의 기술이다. 예는 예용(禮容), 악은 음악, 사는 궁술(弓術), 어(御)는 마술(馬術), 서는 서도(書道), 수는 수학(數學)이다.(기출 2021)

6. 조선시대의 체육

(1) 조선의 건국

① 배경 : 공민왕 개혁정책 실패 이후 우왕 때 권문세족은 친원정책을 표방하자 명(明)은 우왕 14년(1388) 원(元)의 쌍성총관부가 있었던 철령 이북에 철령위(鐵嶺衛)를 두고 이 땅을 명의 직속령으로 삼겠다고 통보해오자 고려는 철령위 설치의 중계지점인 요동을 정벌하고자 하였다.

② 요동 정벌 : 명의 철령위 설치 통보에 대해 최영을 중심으로 요동정벌을 주장하는 세력과 4불가론을 내세워 요동정벌을 반대하는 이성계 중심의 세력으로 의견이 나누어 졌다.

③ 위화도(威化島) 회군(1388) : 최영 등의 주장에 의해 정벌군이 파견되었으나 이성계는 위화도에서 회군하여 개경으로 돌아와 최영을 귀양 보내어 죽인 후 실권을 장악하고 본격적인 개혁의 계기를 마련하였으며, 명과의 관계를 호전시켜 나갔다.

④ 신진사대부의 분화 : 신진사대부는 당시 사회 모순에 대한 개혁의 방향을 둘러싸고 급진개혁파와 온건개혁파로 분화되었으며, 정도전을 중심으로 한 급진개혁파는 이성계를 중심으로 하는 신흥무인세력과 결탁하여 1389년 우왕과 창왕을 잇따라 폐하고 공양왕을 세우는 폐가입진(廢假立眞)을 단행하였다.

⑤ 과전법 공표(1391) : 혁명파는 전제개혁에 반대한 조민수를 귀양 보내고, 당시 이들의 최대 쟁점이었던 전제개혁을 단행한 과전법을 공포하여 권문세족의 경제기반을 무너 뜨리고 자신들의 지지 기반을 확대한 후 온건 개혁파를 제거하고 도평의사사를 장악 하였다.

⑥ 조선 건국(1392. 7) : 공양왕의 왕위를 물려받은 이성계는 개경 수창궁에서 도평의사 사의 합의를 거쳐 왕으로 즉위한 후 고조선을 계승한다는 의미로 국호를 "조선(朝鮮)" 으로 고쳐 고려 시대 삼국의 유민(遺民)의식을 극복하였으며, 풍수지리설의 남경길지 설에 의거하여 새 궁궐을 지어 한양으로 천도하였다(1394. 11).

(2) 조선의 중앙제도

① 특징 : 행정의 기능적 분화와 통일성을 조화시킨 의정부와 6조체계를 중심으로 정비되었다.

② 관제 : 고려 말의 도평의사사가 의정부로 개편되면서 모든 권력이 왕권을 중심으로 세분되었는데 행정권은 의정부, 군사권은 삼군부, 간쟁권은 삼사, 재정권은 호조, 왕명 출납권은 승정원으로 각각 그 기능이 이관되었다.

(3) 조선의 지방제도

① 정비 : 8도에 관찰사를 파견하고 예하 부, 목, 군, 현에 수령을 파견하였으며, 면·리·통에는 수령을 보좌하는 향리를 두어 통제하였다.

② 유향소 : 향촌자치를 허용하면서도 중앙집권을 효율적으로 강화할 수 있었다.

(4) 조선의 교육제도

① 서당 : 전국 각지에 설치된 초등 사립 교육기관으로 학문의 기초를 익혔다.

② 4학(중앙) : 서울 동·서·남·중부에 설치한 중등 교육기관으로, 수학 후 소과에 응시하여 합격자는 생원과 진사가 되었다.

③ 향교(지방) : 지방에 설치된 중등 관학 교육기관으로 부·목(90~70명)·군(50명)·현(30명)에 각 1교씩 설립하였다.

④ 성균관 : 고려 후기 충렬왕 때 국학이 성균관으로 개칭되었으며, 입학 자격은 생원(100명), 진사(100명)를 원칙으로 하였다.

　㉠ 특권 : 원생은 권당(捲堂)·공재(空齋)·알성시(謁聖試)의 특전이 부여되었으며, 300일 이상 출석(원점)하면 문과 초시 응시 자격을 주었다.

　㉡ 건물 : 명륜당(강의실), 문묘(공자 등 성현을 봉사하는 사당), 齋(동재, 서재의 유생 기숙사), 존경각(도서관), 비천당(과거 시험 장소), 육일각(무기고) 등의 시설이 있었다.

　㉢ 교육 : 덕(德)의 함양을 위해 활쏘기를 하였으며, 육일각에서 대사례를 거행하였는데 이때 시용된 활은 예궁(禮弓) 또는 각궁(角弓)이었다.(기출 2017)

⑤ 서원 : 선현에 대한 제사와 자제 교육을 위해 설립한 사학이다.

　㉠ 백운동 서원 : 중종 때 풍기군수 주세붕이 안향(安珦)을 제사하고, 유생을 가르치기 위해 세운 최초의 서원이며, 명종 때 이황의 건의에 의해 소수서원(紹修書院)으로 사액(賜額)되었다.

ⓒ 폐단 : 붕당 정치의 토대가 되었으며, 국가 재정의 감소와 사림의 향촌 지배력이 강화되어 중앙집권에는 부정적인 결과를 가져왔다.

　　ⓒ 행사 : 봄·가을에 향음주례(鄕飮酒禮)를 지내고 향사례(鄕射禮)를 하는데 이는 향촌의 선비나 유생들이 학덕과 연륜이 높은 이를 주가 되는 손님으로 모시고 술을 마시며 잔치를 하는 의례로 어진 이를 존경하고 노인을 봉양하는 의미를 가진다.

(5) 조선의 과거제도

① 종류

　　㉠ 문과 : 소과(초시 각 700명, 복시 각 100명)와 대과(초시 240명, 복시 33명, 전시 갑과 3명, 을과 7명, 병과 23명)가 실시되었으며, 최종 33명을 선발하여 홍패를 수여하였다.

　　㉡ 무과 : 병조에서 주관하여 소과, 대과 구분없이 초시(190명), 복시(28명), 전시(기격구, 보격구 시행 후 갑과3명, 을과5명, 병과20명)를 거쳐 선발하였으며, 급제자를 '선달'이라 하고 홍패를 수여하였다.(기출 2015, 2018, 2020)

　　　㉮ 시험 : 무예(궁술, 기사, 격구)와 필기시험(병서)으로 구성되었다.

　　　㉯ 의의 : 무과의 실시는 양반관료제도가 확립되었음을 의미하는 것이다.

　　㉢ 잡과 : 역과(사역원, 19명), 율과(형조, 9명), 의과(전의감, 9명), 음양과(관상감, 9명)를 해당 관청에서 3년마다 초시, 복시의 절차를 거쳐 선발하였으며, 합격자는 백패를 수여하였다.

　　㉣ 기타 : 음서(2품 이상 관리의 자제를 무시험으로 등용), 취재(재주가 부족하거나 나이가 많아 과거 응시가 어려운 사람들이 하급 전문직에 등용하는 특별채용시험), 현량과(추천에 의한 등용) 등이 있었다.

② 특징

　　㉠ 탐관오리의 아들, 재가한 여자의 자손, 서얼의 문과 응시는 제한하였다.

　　㉡ 무과, 잡과, 취재는 서얼과 중간계층이 많았다.(기출 2015)

　　㉢ 문과에 합격하여도 관직에 등용되지 못하는 경우가 있었다.

　　㉣ 양인이 과거에 합격하여 신분을 상승할 수 있는 기회가 보장되었다.

(6) 조선 전기 중앙군

① 군역제도 : 양인개병제, 농병일치제 원칙이었다.

② 5위 : 5위도총부를 중심으로 농민의무병인 정군(1년에 두 달 근무), 갑사, 특수병으로 구성되었으며, 문반 관료가 지휘 책임을 맡았다.

    ㉠ 의흥위 : 서울 중부, 경기, 강원, 충청, 황해도 군대 통제

    ㉡ 용양위 : 서울 동부, 경상도 군대 통제

    ㉢ 호분위 : 서울 서부, 평안도 군대 통제

    ㉣ 충좌위 : 서울 남부, 전라도 군대 통제

    ㉤ 충무위 : 서울 북부, 함경도 군대 통제

③ 기타

    ㉠ 금군(禁軍) : 국왕의 친위부대이다.

    ㉡ 갑사 : 왕실, 중앙의 시위, 변방의 수비를 담당하는 정예군이다.

    ㉢ 특수군 : 종친, 외척, 공신, 고급관료의 자제로 구성된 군대이다.

(7) 조선 전기 지방군

① 영진군 : 정군을 근간으로 육군과 수군으로 구분되고, 복무연한에 따라 품계를 받기도 하였다. 세조 이후에는 진관체제로 편성되었으나 명종 때 을묘왜변 때와 같이 많은 외적의 침입에는 효과가 없었다. 따라서 을묘왜변 이후에는 유사시 필요한 방어처에 각 지역의 병력을 동원하여 중앙에서 파견하는 장수가 지휘하는 제승방략체제가 수립되었으나 이 역시 임진왜란 중 큰 효과를 거두지 못하여 왜란 중 속오군체제로 개편되었다.

② 수성군 : 노동부대로 고려의 일품군과 그 성격이 유사하였다.

(8) 잡색군

① 구성 : 일종의 예비군으로 전직관료, 서리, 잡학인, 신량역천인, 향리, 교생, 노비 등 각계각층의 장정들로 조직되었다(농민은 제외).

② 기능 : 평상시 본업에 종사하면서 일정기간 동안 군사 훈련을 받고 유사시에 향토방위를 맡았으며, 임진왜란 때 의병을 조직하는 데 유익하게 이용되었다.

(9) 조선 후기 중앙군

① 5군영 : 임기응변식으로 편성되었으며, 그 중 3군영(어영청, 총융청, 수어청)은 서인 정권의 군사적 기반이 되었다.

② 구성

ⓐ 훈련도감 : 선조 27년(1593) 수도 방어를 목적으로 포수(총병)·사수(궁병)·살수 (창검병)의 삼수병으로 구성되었으며, 재정은 삼수미세 1결당 2.2두를 부과하여 충당하였다.

ⓑ 어영청 : 인조 2년(1624) 이괄의 난을 진압하고 수도 방비를 위해 농민번상병으로 편성하였으며, 효종 때 북벌계획의 중심 기구로 운영되었다.

ⓒ 총융청 : 인조 2년(1624) 이괄의 난을 진압하고 경기도 수비를 위해 경기 속오군 으로 편성되었다.

ⓓ 수어청 : 인조 4년(1626) 남한산성 수비를 위해 경기 속오군으로 편성되었다.

ⓔ 금위영 : 숙종 8년(1682) 궁중 수비를 위해 농민번상병으로 편성되었다.

(10) 조선 후기 지방군

① 속오군 : 양천혼성군으로 편성되었다.
② 영향 : 군대의 필요한 경비를 스스로가 마련함으로써 농민의 부담이 증가하였으며, 노비가 군공을 세워 양인화함으로써 신분제 동요를 초래하였다.

(11) 조선시대의 체육

① 무예 교육
ⓐ 훈련원 : 군사 훈련, 병서의 습독, 군사의 시재를 관장하였다.(기출 2020, 2021)
ⓑ 군자감 : 군사상 필요한 물자를 관장하였다.
ⓒ 중추부 : 무반의 종1품 관청으로 특정 관장사항 없이 문무 당상관으로서 소임이 없는 자들을 소속시켜 대우하던 기관이다.
ⓓ 사수감 : 전함(戰艦)의 건조와 운반 등을 담당하였다.
ⓔ 군기감 : 병기(兵器), 기치(旗幟,깃발), 집기의 제조를 담당하였다.
ⓕ 향교 : '향사례'라고 하여 봄, 가을에 편을 갈라 활쏘기를 하였다.
ⓖ 성균관 : '대사례'라고 하여 성균관 무기고인 육일각(六一閣)에서 국가의 제례 때 활을 쏘아 과녁을 맞힌 사람은 상으로 제사에 참례시키고, 맞히지 못한 사람은 벌로 제사에 참례시키지 않았다.
ⓗ 편사(便射) : 편을 갈라 실시한 활쏘기 대회로 참가하는 궁수의 숫자는 5인 이상 으로 유희적인 성격을 띠었다.(기출 2015)
ⓘ 사정(射亭) : 활 쏘는 곳인 정자를 지칭하며 전국에 설치하여 습사(習射)를 장려하 였다. 관설사정(官設射亭)과 민간사정(民間射亭)이 있었으며, 민간사정(民間射 亭)으로 오운정(五雲亭), 등룡정(登龍亭) 등이 있었다.(기출 2020, 2021)

ⓩ 육예(六藝) : 유학에서 다루어지는 여섯 가지의 예(禮)이다.

　㉮ 예(禮) : 예용(禮容)

　㉯ 악(樂) : 음악(音樂)

　㉰ 사(射) : 궁술(弓術)(기출 2015)

　㉱ 어(御) : 마술(馬術)(기출 2021)

　㉲ 서(書) : 서도(書道)

　㉳ 수(數) : 수학(數學)

② 무예서 편찬(2016)

　㉠ 무예제보(1598) : 선조 때 임진왜란 후 전쟁에 시급한 무예서의 필요에 따라 명나라 척계광이 쓴 「기효신서」를 토대로 한교가 편찬한 우리나라에서 가장 오래된 무예서로 6기(六技 : 곤봉·등패·장창·당파·낭선·쌍수도)를 소개하였다.

　㉡ 무예신보(1759) : 영조 때 사도세자의 명령으로 죽장창(竹長槍)·기창(旗槍)·예도(銳刀)·왜검(倭劍)·교전(交戰)·월도(月刀)·협도(挾刀)·쌍검(雙劍)·제독검(提督劍)·본국검(本國劍)·권법(拳法)·편곤(鞭棍) 등 12가지 기예를 넣어 전쟁 대비를 위해 우리식대로 발전시킨 무예서이다.

　㉢ 무예도보통지(1790) : 문무겸전(文武兼全)을 제창한 정조가 직접 편찬 방향을 잡은 후 규장각 검서관(이덕무, 박제가, 백동수 등)에서 간행한 서적으로 ‘무예제보’와 ‘무예신보’의 내용을 합하고 조선, 중국, 일본의 서적 145종을 참고로 새로운 훈련종목을 더하여 총 24가지 무예를 소개한 책이다. 다른 군사 서적들이 전략, 전술 등 이론을 위주로 한 것에 비해 이 책은 전투 동작 하나 하나를 그림과 글로 해설한 실전 훈련서이다.(기출 2015, 2018, 2019, 2020)

　㉣ 병학통(1776) : 정조 때 편찬된 군사 훈련 교범서이다.

　㉤ 병학지남(1787) : 정조 때 명나라 장수 척계광이 지은 「기효신서」에서 군대의 조련 방법에 관한 부분을 요약하여 만든 병법서이다.

　㉥ 활인심방(이황) : 중국 명나라 태조 주원장의 아들 주권이 의가(醫家)와 선가(仙家)의 말을 모아서 쓴 「활인심」에다 퇴계 자신이 생각한 내용을 더하고 새로이 ‘방(方)’자를 붙인 책으로 이황의 건강과 장수의 비법이 담겨져 있다. 그는 도가의 양생사상을 바탕으로 인간이 걸리는 병의 뿌리는 마음에서 비롯되므로 마음을 잘 다스리는 것이 건강의 비결이라고 했다.(기출 2015, 2017, 2020, 2021)

(12) 조선시대 민속 스포츠와 오락

① 귀족 스포츠

    ㉠ 방응(放鷹) : 매를 이용한 사냥과 궁술과 같은 무예의 훈련으로 체력 및 용맹성 향상을 목적으로 하였다.(기출 2017, 2020)

    ㉡ 투호(投壺) : 화살을 병 속에 많이 던져 넣은 개수로 승부를 가리는 놀이이다.

    ㉢ 편사(便射) : 군사 훈련의 수단인 활쏘기로서 심신수련이 중요한 활동이며, 무과 시험의 실기 과목이었다. 이때 참가하는 궁수의 숫자는 5인 이상이었다.(기출 2015, 2017, 2019)

    ㉣ 봉희(棒戲) : 공을 막대로 쳐서 구멍에 넣던 놀이의 하나로 격구(擊毬)와 다른 점은 말을 타지 않고 평지에서 공을 치는 것이다.

② 민속 스포츠

    ㉠ 장치기 : 겨울철에 어린이들이 하던 공치기 놀이의 하나로 두 편이 각각 막대를 가지고 나무 공을 쳐서 한정한 금 밖으로 먼저 내보내기를 다투던 경기이다.

    ㉡ 석전 : 돌팔매질로 승부를 겨루는 돌싸움 놀이이다.(기출 2017, 2019)

    ㉢ 각저 : 두 사람이 샅바를 넓적다리에 걸어 서로 잡고 힘과 기술을 써서 상대를 먼저 넘어뜨려 승부를 겨루는 우리나라 고유의 씨름경기로 각력(角力), 각희(角戲), 상박(相搏)이라고도 한다.(기출 2021)

    ㉣ 추천 : 여성들이 그네에 올라타 몸을 앞뒤로 움직여 나는 놀이다.(기출 2017, 2019, 2020)

    ㉤ 축판희 : 도판희라고도 하며, 여자들의 널뛰기 놀이이다.(기출 2017)

    ㉥ 풍연 : 연을 공중에 띄우는 연날리기 놀이이다.

    ㉦ 척사(擲柶) : 편을 갈라 윷을 던져 승부를 겨루는 윷놀이로 사희(柶戲)라고도 한다.(기출 2019)

    ㉧ 줄다리기 : 정월대보름날 촌락공동체의 의례적인 행사로 여러 사람이 양쪽으로 나뉘어 줄을 마주 잡아당겨 승부를 겨루는 놀이로 삭전(索戰), 갈전(葛戰)이라고도 한다.(기출 2019, 2021)

    ㉨ 격양(擊壤) : 신짝 비슷하게 생긴 나뭇조각을 땅바닥에 놓은 후, 30~40보 앞에서 다른 한 개의 나뭇조각을 던져 맞히는 놀이이다.

    ㉩ 동채싸움 : 동채싸움은 두 편으로 나누어 동채에 탄 장수의 지휘 아래 수백 명의 장정이 동채로 상대편을 공격한 후 상대편 동채를 먼저 땅에 닿게 한 편이 이기는 놀이로 '차전놀이'라고도 한다.(기출 2021)

③ 특징 : 조선시대 체육은 그 목표나 방법에 있어서 갑오개혁 이전과 이후에 큰 차이가 있다. 갑오개혁 이전에는 주로 무예를 중심으로 한 전통체육이 행하여졌으나, 갑오개혁 이후에는 구미, 일본 등에서 소개된 체조, 유희, 교련 등 근대체육을 내용으로 행하였다. 즉, 무사 중심의 체육에서 서민 중심, 교육 중심의 체육으로 바뀐 것이다. (기출 2020)

7. 개화기의 체육

(1) 개화기 체육의 특징

① 근대적인 체육 문화가 창출되었다.
② 체육이 교육체계 속에 포함되기 시작하였다.
③ 체육의 개념 및 가치에 대한 근대적인 각성이 이루어졌다.

(2) 개화기 학교의 설립

① 원산학사(1883) : 정현석 등이 설립한 동래 무예학교(1879)의 영향을 받은 것으로 추측되는 우리나라 최초의 근대 사립학교로서 평민들을 대상으로 근대학문(50명)과 무술(200명)을 교육하였다.(기출 2016, 2017, 2020, 2021)
② 동문학(1883) : 관립 영어 강습기관이다.
③ 육영공원(1886) : 관립 최초 근대식 학교로서 양반 자제를 대상으로 영어·자연과학, 수학, 지리, 경제학 등을 가르쳤으나 재정난으로 개교 8년 만인 1894년에 폐교되었다.
④ 기타 사립학교(기출 2016)

구분	학교명	설립연대	설립자(교파)	소재지
기독교 계통 (교육과정에 체조 포함)	배재학당(기출 2017, 2019)	1885	아펜젤러(북감리교)	서울
	이화여학교(기출 2021)	1886	스크랜튼(북감리교)	서울
	경신학교	1886	언더우드(북장로회)	서울
	정신여학교	1890	엘리어즈(북장로회)	서울
	숭실학교	1897	베어드(북장로회)	평양
	배화여학교	1898	남감리회	개성
	호수돈여숙	1904	남감리회	개성
	신성, 보성여학교	1906	북장로회	선천
	신흥, 기전여학교	1907	남장로회	전주

민족주의 계통	보성학교	1905	이영익	서울
	양정의숙	1905	엄주익	서울
	휘문의숙	1905	민영휘	서울
	진명여학교	1906	엄귀비	서울
	숙명여학교	1906	엄귀비	서울
	중동학교	1906	신규식	서울
	서전서숙	1906	이상설	간도
	대성학교(기출 2018)	1907	안창호	평양
	오산학교(기출 2021)	1907	이승훈	정주

▫ **대성학교(1908~1912)**

① 설립자 : 안창호(평양)
② 교사 : 구(舊) 한국군 군인이 체육 교사로 부임
③ 교과 : 일반 체조와 군대식 조련(기출 2018)

(3) 교육입국조서(1895)

① 성격 : 고종이 조칙(詔勅)으로 발표한 교육에 관한 특별조서로 '교육에 의해서 나라를 세우려는(立國) 의지를 천명한 것'이라는 뜻이다.
② 주요 내용 : 국가의 부강은 오로지 국민의 지식이 개명하는 데서 비롯되고, 지식의 개명은 교육의 선미(善美)에 따라 이룩되는 것이니, 헛된 것을 물리치고 실용을 취하여 지양(智養), 덕양(德養), 체양(體養)을 교육의 세 가지 지표로 삼아 학교를 세우고 전인교육을 실시하여 인재를 양성한다.(기출 2016)
③ 결과 : 소학교와 고등교육과정에 체조가 정식 과목으로 채택되는 데 영향을 주었으며, 교육의 기회가 전국민으로 확대되는데 기여하였다.(기출 2017)

(4) 개화기 체육단체의 결성과 활동(기출 2015)

① 서울 유니온구락부(1888) : 선교사를 중심으로 한 체육활동 단체이며, 테니스 코트와 수영장 등 운동 설비가 있었다.
② 황성기독교청년회(YMCA, 1903)(기출 2015, 2017, 2019, 2021)
　㉠ 서울 유니온구락부 37명의 명의로 발기되었으며, 1905년 신흥사에서 체육진흥과 경기보급을 위하여 운동회를 개최하였다.

ⓛ 1906년 청년들의 건강을 증진시키기 위해 황성기독교청년회 운동부를 조직하여 많은 스포츠 종목의 지도자를 배출하였다.

ⓒ 야구, 농구, 배구 등 서구 스포츠를 소개하였으며, 조직망을 통해 전국에 보급하였다.

ⓔ 1916년 우리나라 최초의 체육관을 개관하여 스포츠 활동의 활기를 도모했다. (기출 2019)

③ 대한체육구락부(1906) : 우리나라 최초의 민간 체육단체로 발기 취지를 "나라의 강성하고 쇠퇴함은 그 나라 국민들의 원기에 달려 있다. 우리들은 체육활동을 통해 청년의 기개를 키워 내고 즐거운 인생을 누리도록 할 것이며, 국민의 시든 원기를 만회 진작토록 하겠다."라고 밝혔다.(기출 2015, 2018)

④ 대한국민체육회(1907) : 우리나라 근대체육의 선구자라고 할 수 있는 노백린 주도로 조직되어 지(智)와 덕(德)에 치우친 교육의 문제점과 병식 체조 중심의 학교 체육을 비판하고 올바른 체육 이념 정립과 체육 관련 정책 개혁을 목표로 활동하였다.(기출 2019)

⑤ 대동체육구락부(1908) : 권성연, 조상호 등이 체육의 가치를 국가의 부강과 존폐의 근간이 되는 것으로 인식하여 체육학의 연구와 강건한 체력 육성을 주창하고, 체육 계몽 운동을 통해 강력한 국가 건설을 지향하기 위한 목적으로 결성한 우리나라 최초의 근대적인 체육단체이다.(기출 2015, 2019, 2021)

⑥ 희동구락부(1908) : 탁지부 일본인 관리들이 조직한 테니스 동호회 단체로 마장동에 테니스 코트를 마련하였다.(기출 2016, 2021)

⑦ 대한흥학회 운동부(1909) : 일본 유학생 단체를 모태로 하여 도쿄에서 결성된 단체로 하계방학을 이용하여 귀국한 후 모국에 새로운 스포츠를 보급하고 체육계를 계몽하는데 힘썼다.

⑧ 체조연구회(1909) : 각급 학교의 체조 교사들이 중심이 되어 보성중학교에서 조직한 단체로 국민의 신체와 정신을 건강하게 하여 국민의 완전한 자격을 갖추게 하고 지리멸렬 상태에 있던 각종 체육단체의 통일과 그 당시 학생들의 체력향상 및 체력단련의 효과적인 방법을 연구하였다.(기출 2016)

⑨ 사궁회(1909) : 이상필 등이 동대문 밖 창신동에서 조직한 단체로 우리 민족 고유의 무예 스포츠인 활쏘기 보급을 위해 노력하였다.

(5) 개화기 각종 스포츠의 도입

① 배경 : 1894년 갑오개혁 이후 외국의 문물과 함께 외국인 선교사와 교사들이 스포츠 소개와 도입에 주도적인 역할을 하면서 근대 스포츠가 소개되었다.

② 운동회(기출 2017, 2019, 2020)

　　㉠ 시초 : 우리나라 최초의 운동회는 1896년 영어학교 학생들이 '화류회(花柳會)'라는 이름으로 동소문 밖에서 육상경기와 오락놀이를 함께한 것이 시초이다. 영국인 교사 허치슨(Hutchison, W. du. F.)과 핼리팩스(Hallfax, T. E.)의 지도 아래 매스 게임으로 시작해서 달리기, 공던지기, 대포알 던지기(투포환), 멀리뛰기, 높이뛰기, 줄다리기 등 총 12개 종목의 육상경기와 대동놀이가 섞여 있었다.

　　㉡ 경기 : 주로 학생대항이나 마을대항과 같은 단체전 중심이었다.

③ 특별 비원운동회(特別秘苑運動會) : 1908년 창덕궁 비원 안 광장에서 열린 특별 비원 운동회에는 고종 황제 부부가 참석해 참가 학생들을 격려하고 손수 상을 내리는 등 국민들의 체육진흥에 특별한 관심을 나타냈다.

④ 육상 : 육상경기는 우리나라 최초 운동회인 영어학교 '화류회'에서부터 경기 형태를 갖추어 발전하기 시작하였고 이후 각급 학교의 체조보급을 촉진시켰다. 운동지도는 허치슨과 헬리팩스 두 사람이 담당하였다.(기출 2019)

⑤ 체조 : 체조는 1895년 한성사범학교 관제가 공포되면서 일반인들에게 알려지기 시작 하였다. 이때 사용된 체조라는 용어는 체육 교과목을 상징하는 의미가 포함된 것으로 볼 수 있다.

⑥ 축구 : 축구는 1904년 관립 한성외국어학교에서 체육 과목의 하나로서 채택하면서 시작되었으며, 최초의 축구 경기는 1905년 서울 훈련원(오늘날 동대문운동장)에서 개최된 우리나라 최초의 축구팀인 대한체육구락부와 황성기독청년회간의 시합으로 기록되어 있다.

⑦ 야구 : 야구는 1905년 황성기독교청년회(서울YMCA)의 미국인 선교사 질레트(Gillette, P. L.)가 회원들에게 야구를 지도하면서 시작되었다. 기록에 남아 있는 우리나라 최초 의 야구경기는 1906년 2월 17일 황성기독교청년회 팀과 독일어학교 팀이 훈련원에서 치른 경기로 독일어학교 팀이 승리하여 우리 야구사의 첫머리를 장식하였다.(기출 2016, 2018, 2019, 2020, 2021)

⑧ 농구 : 농구는 1907년 황성기독교청년회(서울YMCA)의 초대총무였던 미국인 선교사 질레트(Gillette, P. L.)가 회원들에게 소개하면서 우리나라에 전해지게 되었다.(기출 2016, 2018, 2019, 2020, 2021)

⑨ 경식정구(테니스) : 1919년 조선철도국에서 소개하였다.

⑩ 연식정구(정구) : 처음 도입한 사람은 미국인 초대공사였던 푸트(Foote, L. H.)였으며, 김옥균이 이것을 배워 동료인 개화당 사람들에게 전파하였는데 그는 당시 정구를 척구(擲球)라고 불렀다.(기출 2019, 2020)

⑪ 빙상 : 서유럽식의 스케이팅이 빙족희(氷足戲)라는 이름으로 우리나라에 처음 선보인 것은 1890년대 후반 미국의 알렌(Allen) 공사 부부에 의해서였다. 개화 문물에 별나게 호기심을 가졌던 고종과 명성황후를 위해서 알렌 부부는 경복궁 향원정 연못에서 빙족희를 선보였다.

⑫ 사이클 : 1907년 경성의 자전거상회 주최로 자전거 경기대회가 훈련원에서 외국인들도 참석한 가운데 열렸다. 1913년 거행된 전조선자전거 경기대회에서는 특별히 초빙된 일본인 선수 4명과 우리나라 선수 사이에 쟁탈전이 벌어지다가 우리 선수가 이기자 국민들의 환호와 감격은 절정에 달하였다.

⑬ 사격 : 사격의 도입은 우리나라에 총포가 들어온 16세기 이후 현종 7년 3월 각 도와 각 영에서 새로 제조한 대총을 시험하도록 명한 후부터 시작되었다. 그 후 최초의 근대학교인 원산학사의 교육과정에 사격을 필수과목으로 설정하였다.

⑭ 골프 : 1900년 영국인이 원산 세관 구내에 골프코스를 개설하면서 우리나라에 골프가 시작되었는데 당시 세관 구내에는 6홀의 코스를 건설하였으며, 그 뒤 1919년 미국인 댄트가 효창공원에 9홀의 코스를 개설하였다.(기출 2017)

⑮ 수영 : 수영은 무관학교에서 비롯되었는데 1909년 7월 15일부터 2주 동안 한강에서 수영훈련을 했다고 전해지고 있다.

⑯ 탁구 : 도입 시기는 알 수 없으며, 1924년 일본인이 경영하는 경성 일일신문 주최로 제1회 핑퐁경기대회를 개최한 것이 우리나라 최초의 탁구대회이다.

⑰ 유도 : 1907년 무렵 일본인에 의해 우리나라에 전해졌으며, 1908년 비원에서 경시청 소속의 한·일 두 나라 순경들이 경기를 치른 것이 우리나라 최초의 공개경기로 알려지고 있다.

⑱ 활쏘기 : 1908년 무관학교가 체육부를 발족해 활쏘기 등의 활동을 시작한 것이 근대 스포츠로서 활쏘기의 시발점이다.

⑲ 복싱 : 단성사의 소유주였던 박승필이 조직한 유곽권투구락부에서 회원들에게 유도, 씨름, 복싱을 익히도록 한 것에서 비롯되었다.(기출 2020)

⑳ 배구 : 1916년 서울 YMCA운동부와 유년사업부를 돕기 위해 부임한 미국인 반하트(Barnhert)에 의해 12인제 배구가 우리나라에 소개되었다.(기출 2017)

㉑ 조정 : 1916년 6월 1일자 매일신보는 "1916년 6월 1일 창립기념식을 가진 중앙학교는 올해부터 일찍이 조선에서 볼 수 없었던 보트를 시작한다." 고 보도하였다.

㉒ 럭비 : 1924년 조선철도국에 의해 우리나라에 도입되었다.(기출 2017)

㉓ 스키 : 스키는 1921년 일본인 체육교사 나카무라(中村)에 의해 소개되었으며, 1946년 대한스키협회가 창립되었다.(기출 2017)

㉔ 역도 : 1926년 서상천이 소개하였다.(기출 2020, 2021)

(6) 개화기 체육 사상가의 활동

① 노백린 : 대한국민체육회를 창설하고, 지덕체의 조화로운 발달과 교육구국운동을 전개하였다.(기출 2021)

② 문일평(기출 2018)

 ㉠ 병식 체조 위주의 체육 비판

 ㉡ 체육학교 설립하여 체육교사 양성

 ㉢ 교과목에 체조, 승마 개설

 ㉣ 체육학 연구를 위한 청년의 해외 파견

③ 이기동 : 체조연구회 조직하고, '신체조교수서'를 출판하였다.

④ 이종만 : 체육활동은 국가에 효력이 있다면서 체육의 중요성을 강조하였다.

⑤ 이종태 : 관립외국어학교 교장을 역임한 한국 근대교육의 선구자이다.

⑥ 조원희 : 우리나라 근대 체조를 교육(학교)체조로 발전시켜 보급하였다.(기출 2020)

⑦ 서상천 : 1926년 휘문고등학교 체육교사로 부임해 역도부를 조직하고 지도하였으며, 조선체력증진법연구회를 설립하고 역도 보급에 앞장섰다. 또한, 대한체조협회 회장, 대한씨름협회 회장을 역임하며 한국 스포츠 발전에 공헌을 하기도 하였다.(기출 2021)

8. 일제 강점기의 체육

(1) 식민지 교육 실시

① 목적 : 한국인의 전통적인 자주 독립 정신을 없애고, 황국신민으로 만들려는 것이었다.

② 내용

 ㉠ 일본어 보급 : 한국어 교육을 제한하고, 일본어를 배우도록 강요하였다.

 ㉡ 민족주의 교육기관의 억압 : 한국의 신교육 실시와 민족의식 성장에 크게 기여한 사립학교나 서당 등을 억압하였다.

ⓒ 한국인의 열등감 조장 : 한국의 역사와 문화에 대한 교육을 제약하는 대신에 일본 역사와 일본 문화의 우월성을 강조하였다.

ⓓ 일본인의 하수인 양성 : 초급의 실업교육에 역점을 두고 대학과 전문학교는 설립하지 않았으며, 자신들의 식민지 통치에 유용한 실용적인 기술인력, 하급관리, 실무 사무원 등의 양성만을 꾀하였다.

(2) 조선교육령 공표

① 제1차(1911) : 보통학교(6년에서 4년), 고등보통학교(4년제), 성균관 폐지(경학원 대체), 실업·전문기술 교육 중시, 일본어(국어)와 수신(도덕) 중시, 병식체조를 스웨덴 체조로 전환(기출 2017)

② 제2차(1922) : 보통학교(4년에서 6년), 고등보통학교(5년제), 국어 필수과목 지정, 사범학교 설치, 대학 설립 규정 마련

③ 제3차(1938) : 보통학교 → 소학교, 고등보통학교 → 중학교, 여자고등보통학교 → 고등여학교 변경, 필수과목이던 국어와 국사의 선택과목화, 일본어와 일본사 강조, 학교에서의 조선어 사용 금지, 황국신민체조 도입(기출 2017)

④ 제4차(1943) : 국어·국사 과목 폐지, 일본어 교육 강화, 교육의 군사체제화

(3) 일제강점기의 교육과 체육(기출 2016)

① YMCA 체육활동 : 1910년대 일제의 무단통치기에 비교적 활발히 체육활동을 전개할 수 있었던 단체는 기독교청년회(YMCA)가 유일하였다.

ⓐ 1924년 제1회 조선학생기독교청년회연합회 축구대회

ⓑ 1925년 전조선 중등학교 농구선수권대회, 배구선수권대회

ⓒ 1927년 전조선 기계체조대회

ⓓ 1928년 전조선 아마추어 권투선수권대회, 전조선 탁구선수권대회, 전조선 씨름대회, 제1회 전조선 궁술대회

ⓔ 1929년 전조선 단체유도대회

② 학교체조교수요목 반포(1914) : 식민지하 학교체육의 방향이 결정되는 계기가 되었다.(기출 2018)

ⓐ 체조교육의 내용이 유희, 병식체조, 보통체조에서 체조, 교련, 유희로 구분되었다.

ⓑ 한말 운동회에서 행하던 전통적 유희와 함께 근대적 스포츠가 행해지고 일본의 유희가 도입되었다.

ⓒ 체조과 교수시간 외에 여러 가지 체육운동이 권장되었다.

ⓔ 학생들의 신체 및 정신발달에 맞게 지도하고 교실의 청결과 통풍, 그리고 채광을 완전케 하도록 하였다.

ⓜ 학교체육이 모든 학교에서 필수과목으로 정착되었다.

③ 경성운동장 개장(1925) : 광복 이후 서울운동장, 1985년 동대문 운동장으로 이름이 바뀌었다가 2007년 철거되었다.(기출 2021)

④ 덴마크 체조의 보급(1927) : 당시 체조는 오늘날의 맨손체조처럼 신체 이외의 다른 도구나 기구를 사용하지 않고 실시하도록 고안되었는데 덴마크 체조는 맨손체조와 기계체조의 장점을 결합시킨 것으로서 1927년 덴마크의 닐스 부크(Neils Bukh)가 체조강습회를 개최하였다.(기출 2021)

⑤ 황국신민화 정책 : 각종 운동 경기대회 개최 시에 궁성 요배, 일장기 게양, 기미가요 합창, 운동 경기 용어의 일본어 사용을 강요했으며, 황군(일본군)의 무운장구를 기원하였다.

⑥ 황국신민체조 (1937) : 식민지 통치체제의 일환으로 군국주의 함양과 무사도 정신을 고취하기 위해 실시하였다.

⑦ 군국주의 체육정책 : 일제는 군국주의적 체육정책을 세워 체육단체를 통제했는데, 조선체육회가 1938년 조선체육협회로 강제 통합된 사실도 그 일환이었다. 또한 'YMCA연합'도 1938년 일본 'YMCA동맹'에 병합되면서 그 명칭도 '조선기독교청년회연합회'에서 '일본기독교청년회조선연합회'로 변경되었다.

⑧ 국민학교 설치(1941) : 일제는 칙령 제148호로 '국민학교령'을 공포하여 기존의 소학교를 폐지하고 '국민학교(國民學校)'를 설치하였다. 초등학교에는 초등과와 고등과를 두고 수업연한을 초등과는 6년, 고등과는 2년으로 하여 수업연한이 4년이던 소학교보다 2년이 더 늘어났다. 국민학교의 교육용 도서는 문부성에서 저작권을 가진 것으로서 국가가 정해준 내용만 가르치도록 하였다.

⑨ 조선체육진흥회 발족(1942) : 태평양전쟁을 일으켜 불리한 정세에 놓이게 된 일제는 국책에 순응할 모든 태세를 갖추기 위하여 각 운동단체를 해체한다는 구실 아래 일본인의 체육단체인 조선체육협회마저 해체하고, '조선체육진흥회'라는 어용단체를 발족시켜 체육계에 큰 변화를 가져왔다.

⑩ 전시학도체육훈련 실시(1943) : 조선총독부가 전시학도체육훈련실시 요강을 만들어 전력 증강에 목표를 두고 일반 국민들의 체육활동까지 통제하였다.

(4) 체육 단체의 결성과 활동

① 청강구락부(1910) : 중동학교 재학생인 최성희, 신완식 등이 조직한 우리나라 최초의 학교 축구부 단체로 매주 수, 일요일에 축구경기를 실시하였다.

② 성계구락부(1910) : 농상공 관계 유지들이 친목을 도모하기 위해 만든 조직으로 정구, 활쏘기, 바둑, 장기 등의 기구를 갖춰 각자의 기호에 맞는 취미활동을 장려하였으나, 자세한 활동내용은 전해지지 않는다.

③ 조선체육회(1920) : '대한체육회'의 전신으로 일본의 '조선체육협회(1925년 제1회 전조선 신궁대회 개최)'에 대응하기 위해 경성정구회와 경성야구협회를 통합하여 조직하였다.(기출 2016, 2017, 2019, 2020, 2021)

　　㉠ 1920년 : 조선체육회가 창립되었다(회장 유억겸, 초대이사 이원용).(기출 2021)

　　㉡ 1921년 : 제1회 전조선야구대회를 개최하였는데 이는 오늘날 전국체육대회의 효시가 되었다.

　　㉢ 1925년 : 한강에서 전조선빙상대회를 개최하였다.

　　㉣ 1948년 : 대한체육회로 개칭되었다.

　　㉤ 1966년 : 우수선수의 지속적인 강화훈련을 위해 태릉선수촌을 건립하였다.

　　㉥ 2016년 : 국민생활체육회와 통합되었다.

④ 관서체육회(1924) : 평양 기독교청년회관에서 조만식을 회장으로 결성된 체육단체이다.

(5) 일제 강점기 민족주의 체육활동(기출 2016)

① 엄복동(1892~1951)

　　㉠ 자전거 판매상 일미상회 점원 출신으로서 1913년 경성일보사와 매일신보사 공동 주최 전조선자전차 경주대회에서 우승하였다.

　　㉡ 당시 "하늘에는 안창남, 땅에는 엄복동"이라는 유행어가 등장하였다.

② 손기정(1912~2002)

　　㉠ 평북 신의주 출신의 한국이 낳은 마라톤 왕으로 "달리며 자라는 소년"이라는 별명이 있다.

　　㉡ 1936년 8월 제11회 베를린 올림픽에서 세계 신기록(2시간 29분 19초 2)을 세우며 우승하였으며, 이 때 동아일보(이길용 기자)는 일장기 삭제 사건으로 무기 정간당했다.(기출 2015, 2018)

　　㉢ 2011년 초대 대한민국 스포츠 영웅으로 선정되었다.

③ 보건 체조 보급 : 1930년대 체육의 대중화를 위해 조선인 체육지도자들이 보급하였다.

9. 광복 이후의 체육

(1) 특징

① 체육 진흥운동을 통해 강건한 국민성을 함양하는 건민체육사상을 고취한다.

② 엘리트 스포츠 육성을 통한 스포츠 민족주의를 지향한다.

③ 국민 모두의 생활체육을 강조한 대중 스포츠 운동을 지향한다.

(2) 미 군정기

① 교육 이념 : 홍익인간의 건국 이념에 토대를 두고 인격이 완전하고 애국정신이 투철한 민주 국가의 공민을 양성한다.

② 사범대학 설립 : 교사 양성을 목적으로 하였다.

③ 문해(文解) 교육 실시 : 문맹 퇴치를 위해 기본적인 문자의 해독, 사회생활에 필요한 정보의 획득을 위한 교육을 실시하였다.

④ 체육단체 재건 : 일제 강점기 조선총독부 학무국이 미 군정기(美軍政期)에 문교부로 승격됨에 따라 문교부 교화국 내에 체육과가 설치되어 체육 진흥 업무를 전담하게 되었다. 1945년 9월 조선체육회 재건을 시작으로 조선육상경기연맹, 조선축구협회, 조선농구협회 등 종목별 경기단체들이 재건되거나 창립되었다.

⑤ 대한올림픽위원회(1946) : 대한민국의 국가올림픽위원회로 출범하였다가 2009년 대한 체육회에 흡수 통합되었다.(기출 2015)

(3) 제1공화국(1948~1960)

① 체육과 교육과정 제정(1945) : 광복 후 우리나라 교육의 최대 과제 중 하나는 일제가 남긴 전체주의 교육을 빨리 탈피하여 민주주의 교육으로 바꾸는 것이었다. 그렇게 하는 방법의 하나가 교육방법의 개선이었으며 이런 분위기 속에서 1945년 중등학교 체육교사 120여 명을 포함한 체육전문가 200여 명이 참여한 '조선체육지도연구회'를 결성하여 체육과 교육과정의 기초라고 할 수 있는 '체육과 교수요목'을 제정하였다.

② 대한체육회(1948) : YMCA회관에서 '조선체육회'를 '대한체육회'로 개칭하고 광복 이후 '조선올림픽대회' 또는 '전국종합경기대회'를 '전국체육대회'로 명칭을 변경하였다.

③ 교육법 제정(1949) : 교육이념(홍익인간) 명시, 교육의 기회 균등, 초등학교 무상교육과 의무교육 실시, 학생의 인격과 개성 존중, 교육의 중립성 확보, 교원의 신분 보장 등이 주요 내용이었다.

④ 대한학교체육회(1956) : 체육교사의 권익보호 및 자질의 향상과 학교 체육의 건전한 발전이라는 목적으로 출범하였다.

⑤ 국가 주도의 체조 보급 : 국가 주도의 체조 보급은 일제강점기 보건체조와 황국신민화 체조에서 그 역사가 시작되었다. 그 후 1954년 문교부가 주최하고 대한체조연맹에서 주관하여 '신국민보건체조'를 만들어 방송과 신문을 통해 홍보하였다. 오전 6시, 정오 하루 2회씩 고정적으로 편성된 방송음악에 맞추어 전국적으로 실시된 신국민보건체조의 동작은 편의성과 대중성에 중점을 두어 만들어졌으며, 일제강점기 후반에 전국적으로 보급되었던 라디오체조와 유사하였다.

⑥ 한국레크리에이션협회(1960) : 여가선용과 청소년 선도를 위해 1962년 한국민속집단무용창작발표회를 열었다. 또한 일제강점기부터 체육활동 보급에 힘써 온 YMCA는 1960년대 이후 건전한 오락으로서 체육과 레크리에이션 보급에 힘썼다(1987, 한국여가레크리에이션협회로 개칭).

⑦ 교련 수업 실시(1948) : 교련 수업은 일본이 학생들을 군국주의 침략의 방패로 삼기 위하여 실시하였고, 광복 후인 1948년 병역법에 의거하여 처음으로 실시하다가 1950년 6·25로 중단된 후 1951년 12월 다시 학생군사훈련이 실시되어 고등학교는 주 4시간 연 156시간씩, 초급대학은 주 4시간 연 140시간씩, 대학은 주 2시간 연 70시간씩 실시하였다.

(4) 제3, 4공화국(1963~1979)

① 국민체육진흥법 제정(1962) : 체육 정책 운영의 법적 근거 마련과 공정한 스포츠 정신으로 체육인의 인권을 보호하고, 국민의 행복과 자긍심을 높여 건강한 공동체 실현에 이바지하기 위한 목적으로 제정하였다.(기출 2015, 2016, 2017, 2018)

② 장충체육관 건립(1963) : 한국에서 처음으로 세워진 실내경기장으로 1963년 2월 1일 개관하였는데, 원래 육군체육관으로 사용하던 것을 서울시에서 인수하여 경기장으로 개보수한 것이다.(기출 2021)

③ 태릉선수촌 건립(1966) : 1964년 도쿄올림픽에 대규모 선수단을 파견하여 은메달 2개, 동메달 1개라는 초라한 성적을 내자 국가대표 선수들을 위한 종합 체육훈련 시설이 필요하다는 의견이 제기되어 1966년 문정왕후의 무덤인 태릉(서울특별시 노원구) 옆에 국가대표 선수들의 훈련을 위해 건립하였다.(기출 2017, 2018, 2019, 2021)

④ 국민교육헌장 제정(1968) : 국민 교육의 장기적이고 건전한 방향의 정립과 시민생활의 건전한 윤리 및 가치관 확립을 위해 교육장전(教育章典)을 제정하여 공포하였다.

⑤ 체육 중·고등학교 설립과 체육특기자 제도 : 1972년대부터 시작된 엘리트 스포츠에 대한 정부의 지원은 우수한 선수를 육성하기 위한 체육 중·고등학교의 설립과 우수 선수들이 상급학교에 진학할 수 있는 체육특기자 제도의 운영으로 나타났다. 이는 선수들의 경기력을 지속적으로 향상시키고 국제경기에서 보다 많은 메달을 획득해 국위를 선양하고자 하는 국가의 엘리트스포츠 정책과 연계된 것이었다.

⑥ 우수선수 병역면제 시행(1973)

⑦ 메달리스트 체육연금제도 도입(1974)

⑧ 전국소년체육대회(1975) : 엘리트 스포츠의 산실이라고 할 수 있는 학교체육의 부흥과 함께 매년 팽창되는 전국체육대회의 규모를 줄이기 위한 방법으로 전국체육대회와 별도로 전국 규모의 주니어 체육대회 창설 계획에 따라 1972년 전국스포츠소년단이 조직되면서 전국소년체육대회로 분리 독립되었다.

⑨ 제21회 몬트리올 올림픽 금메달 획득(1976) : 레슬링 양정모 선수가 사상 최초로 올림픽에서 금메달을 획득하였다.

　㉠ 제11회 베를린 올림픽(1936) 마라톤에서 손기정 선수가 금메달을 획득하였다.

　㉡ 제14회 런던 올림픽(1948) 역도에서 김성집 선수가 최초로 메달(동메달)을 획득하였다.(기출 2016, 2017)

⑩ 생활체육 확산 : 개인이나 단체가 일상생활에서 더 나은 삶을 위해 참여하는 자발적인 신체활동을 생활체육, 사회체육, 평생체육, 민간체육 등 여러가지 이름으로 부른다.

　㉠ 조기축구회 확산 : 조기축구회는 1970년대 초 새마을운동 일환으로 시작되었다. 당시의 조기 축구는 '국민의 총화단결과 국민체위 향상에 기여하는 활동'이라는 의미를 가졌다. '새마을운동은 축구로부터'라는 슬로건 하에 지역 유지들이 정부의 행정조직을 활용해서 결성했으며, 각급 학교의 운동장을 전용구장처럼 사용할 수 있는 특혜가 주어졌다.

　㉡ 사회체육지도자회 조직 : 사회체육지도자 강습회 수료자, 시·도 소재 대학의 체육과 학생 중 체육특기자, 사회체육(생활체육) 단체의 지도자, 직장체육 지도자 등이 사회체육지도자회의 지도위원으로 활동하였다.

　□ **1960~70년대 주요 스포츠 정책(기출 2016)**

　1. 보건체육 시수의 증가

　2. 입시 전형에서 체력장제도 도입(2018)

　　① 국민체력검사표준위원회에서 기준과 종목 선정

　　② 체력증진이 목적이었으나 입시 과열 현상 발생

3. 엘리트 스포츠 양성을 위한 태릉선수촌(1966) 건설(2018)
4. 엘리트 스포츠 발달 이후에 대중 스포츠 발달

(5) 제5공화국(1980~1988)

① 체육과학 연구원 설립(1980) : 엘리트 체육의 경기력 향상을 목적으로 설립하였다.

② 체육부 신설(1982) : 1986년 서울아시아경기대회, 1988년 서울올림픽대회를 준비하는 차원에서 이루어진 조치로 그 결과 국민체육의 진흥을 본격화하였다.(기출 2015)

③ 프로 스포츠 개막(1982) : 국민의 불만을 마비시키려는 3S(Sports, Screen, Sex)정책이라는 사회의 비난과 반대도 있었지만 일부에서는 열광했다. 당시 최고의 인기를 누렸던 고교야구를 발판으로 서울, 부산, 대구, 인천, 대전, 광주 등 지역 연고제로 시작된 프로야구는 개막 전부터 열기를 뿜었으며, 한국 최고의 프로 스포츠로 자리 잡았다. (기출 2015, 2017, 2020, 2021)
　㉠ 프로야구 개막(1982)
　㉡ 프로축구 개막(1983) : '슈퍼리그'로 출범하였다.
　㉢ 프로씨름 개막(1983)
　㉣ 프로농구 개막(1996)
　㉤ 프로배구 개막(2005)

④ 후보선수(꿈나무)의 발굴 및 육성(1982) : 86서울아시안게임과 88서울올림픽의 유치가 확정되자 각 종목에 따라 초·중·고등학교 선수들 중에서 경기력과 잠재력을 종합적으로 분석해서 앞으로 대표선수로 성장할 수 있는 가능성이 높은 선수를 발굴하여 중점적으로 지원한다는 전략을 세워서 추진하였다.

⑤ 국군체육부대 창설(1984) : 육군은 충의, 해군은 해룡, 공군은 성무라는 부대 명칭으로 각 종목의 선수 관리를 해 오다 1982년 이를 통합한 '육군체육지도대'를 만들었다가 1984년 국군체육부대를 창설하였다.(기출 2019, 2021)

⑥ 한국사회체육진흥회 발족(1985) : 이전의 새마을체육회를 확대 개편한 단체로 모든 국민이 건전한 체육활동에 참여하고, 여가를 선용하여 삶의 의욕을 고취하며 생활의 질적인 향상을 도모하여 건강복지사회를 이루는 데 목적을 두고 발족되었다.

⑦ 제10회 서울 아시아 경기 대회(1986) : 중국에 이어 2위를 차지하였다.

(6) 제6공화국(1988~1993)

① 제24회 서울 올림픽 대회(1988)

ㄱ 특징 : 화합, 문화, 복지, 희망, 번영의 5대 특징을 가지고 160여 국이 참가한 최대 규모의 올림픽으로 마스코트는 '호돌이'였으며, 대한민국은 종합 4위를 차지하였다.(기출 2015, 2017, 2020)

ㄴ 의의(2016)

㉮ 생활체육을 활성화 하는 계기를 마련하였다.

㉯ 엘리트 스포츠 발전에 획기적인 역할을 하였다.

㉰ 스포츠 외교를 통해 공산국가들이 대거 참가한 대회였다.

㉱ 국제적인 지위를 확고히 하는 계기가 되었고, 이를 계기로 북방외교를 적극적으로 추진하게 되었다.

ㄷ 한계 : 북한측은 공동개최를 주장하면서 이 대회에 참가하지 않았다.

② 국민체육진흥공단 설립(1989) : 국민체육진흥, 체육과학연구, 청소년건전육성과 관련된 사업을 지원하고 88서울올림픽대회를 기념하는 사업을 수행하기 위한 목적으로 설립하였다. 체육지도자 국가자격시험을 전담하고 있으며, 경정·경륜·스포츠토토 등의 기금조성사업을 하고 있다(2019). 국민체육진흥공단의 제1차 5개년계획(1989~93)에서 설정한 주요 목표 중 하나가 '국민생활체육진흥종합계획'(일명 '호돌이계획')이었는데, 이 계획의 기본 방향은 다음과 같다.(기출 2015, 2019, 2020)

ㄱ 모두가 저렴한 비용으로 체육활동에 참여 할 수 있는 여건 조성

ㄴ 국민의 신체 적성에 맞는 생활체육의 보급으로 체력과 정신력 향상 도모

ㄷ 적극적인 생활체육의 홍보를 통해 국민의 건전한 여가생활 기회의 확대

③ 국민생활체육회(1991) : 국민 건강과 체력증진, 국민의 건전한 여가선용과 선진 체육문화를 창달하고, 세계 한민족의 동질성과 조국애 함양을 통한 통일기반 조성에 목적을 두고 조직된 사단법인이다.

④ 체육청소년부 조직(1990) : 체육부 폐지론이 부각되자 이에 강력히 반발하여 기존의 조직보다 더 확대시킨 체육청소년부를 조직하였다.

(7) 김대중 정부(1998~2003)

① 체육행정조직 변천 : 미 군정청의 학무국 교화과 → 문교부의 교화국 교화과 → 문교부의 체육국 체육과 → 체육부(1982) → 체육청소년부(1990) → 문화체육부(1993) → 문화관광부 체육국(1998) → 문화체육관광부(2008)로 변천하였다.(기출 2015)

② 문화관광부(1998) : 문화체육부를 문화관광부로 개편하면서 체육담당부서를 축소한 결과 체육 관련 행정부서가 더욱 축소되어 체육인들의 입지가 점점 줄어들었다.

③ 한·일월드컵 개최(2002) : 브라질이 우승하였으며, 한국은 4위에 올랐다.

(8) 노무현 정부(2003~2008)

① 제3차 국민체육진흥 5개년 계획(2003)

ㄱ 생활체육 활성화와 국민 체력의 과학적 관리를 통한 국민건강 증진 및 삶의 질을 향상한다.

ㄴ 과학적 첨단 훈련 시스템 도입을 통해 세계 상위권 경기력을 유지하고 국위 선양을 도모한다.

ㄷ 스포츠 산업 육성을 통한 국가 발전 및 지역 균형 발전을 도모한다.

ㄹ 국제 체육 교류를 통한 국가 이미지를 제고한다.

ㅁ 체육정책 자문위원회 운영, 정책 네트워크 활성화, 지방의 상황에 맞는 체육정책을 위한 분권화, 그리고 그에 대한 재정적 여건과 제도적인 지원을 강화한다.

② 대한장애인체육회(2005) : 장애인의 건강 증진 및 건전한 여가생활을 위해 설립하였다.

③ 체육인재육성재단(2007) : 체육 분야의 인재육성 사업을 위해 설립되었다.

④ 스포츠산업진흥법(2007) : 스포츠 산업의 진흥에 필요한 사항을 규정함으로써 스포츠 산업의 기반 조성 및 경쟁력 강화를 도모하고, 스포츠를 통한 국민의 여가선용 기회의 확대와 국민경제의 건전한 발전에 이바지하기 위한 목적으로 제정하였다.(기출 2016)

(9) 이명박 정부(2008~2013)

① 체육정책 기조 : 문화비전 2008~2012 '15분 프로젝트(문을 열면 15분 거리에서 원하는 스포츠를 즐길 수 있도록 하겠다.)'이다.

② 전통무예진흥법(2008) : 문화적 가치가 있는 전통무예를 진흥하여 국민의 건강 증진과 문화생활 향상 및 문화국가 지향에 기여하기 위한 목적으로 제정하였다.(기출 2016)

③ 스포츠 강사제도 실시(2008) : 초등학교 체육수업을 정상화하기 위해서 도입한 것으로 교육과정에 의해 진행되는 정규 체육시간의 보조역할을 담당하였다.

④ 학생건강체력평가제(PAPS, Physical Activity Promotion System) 실시(2009) : 1972년부터 시행해오던 학생체력검사(체력장제도)를 개편한 것으로 2009년 초등학교, 2011년 고등학교까지 확대되었다,

⑤ 대한체육회와 대한올림픽위원회(KOC) 통합(2009) : 두 단체가 대한체육회(Korea Olympic Committee)로 통합되어 선수 육성, 경기단체를 지도하고 감독하는 기관이자 국제적으로는 대한민국을 대표하는 국가올림픽위원회(NOC)가 되었다.

⑥ 2018 평창 동계올림픽 유치 성공(2011) : 국가 브랜드 제고는 물론 경제적인 효과도 거두었다.

⑦ 학교체육진흥법(2012) : 학생 체육활동 강화, 학교 운동부 육성 등 학교체육 활성화에 필요한 사항을 정함으로써 학생들이 건강하고 균형 잡힌 신체와 정신을 가질 수 있도록 하려는 목적으로 제정하였다.(기출 2016)

(10) 박근혜 정부(2013~2017)

① 국정 목표 : 창의교육과 문화가 있는 삶을 국정목표로 설정하였다.

② 체육 관련 주요 정책 : 꿈과 끼를 키우는 학교 체육, 스포츠 활성화로 건강한 삶의 구현 등이다.

③ 대한체육회와 국민생활체육회 통합(2016) : 두 단체가 대한체육회로 통합되었다.

(11) 문재인 정부(2017~2022)

① 체육 정책(2018) : 2030 스포츠비전 '사람을 위한 스포츠, 건강한 삶의 행복'이라는 체육 정책을 발표하였다.

② 2030 스포츠비전 4대 추진 전략은 다음과 같다.

　㉠ 신나는 스포츠 : 국민들이 스포츠를 신나게 즐길 수 있도록 맞춤형 프로그램, 체육 시설, 체육지도자 지원을 확대한다.

　㉡ 함께하는 스포츠 : 모든 국민이 이웃과 함께, 지역사회와 함께, 사회적 약자와 함께, 남과 북이 함께 스포츠를 통해 어울림으로써 사회통합의 가치를 실현할 수 있도록 지원한다.

　㉢ 자랑스러운 스포츠 : 공정·협동·도전이라는 스포츠 가치의 사회적 확산을 통해 국민 모두가 자랑스러워하는 스포츠 문화를 만든다.

② 풀뿌리 스포츠 : 사람을 위한 스포츠, 건강한 삶의 행복이라는 목표를 달성하기 위해 현장과 괴리되지 않고, 국민의 실생활에 도움이 되는 정책을 수립하고 집행하기 위해 민주적인 거버넌스, 즉 국민과의 소통을 강화하고 국민과 함께 정책에 대해 숙의하는 시스템을 도입한다.

　□ **한국스포츠정책과학원**

① 국민체육 진흥을 위한 체육 정책의 개발 및 지원 스포츠과학의 체계적이고 종합적인 연구, 그리고 국가대표 선수들의 경기력 향상 지원, 체육지도자와 스포츠산업 전문인력 양성을 목적으로 설립되었는데 1980년에 개원한 스포츠과학연구소가 2018년 명칭을 변경한 기관이다.

② 명칭 변천 : 스포츠과학연구소(1980) → 체육과학연구원(1989) → 한국스포츠개발원(2014) → 한국스포츠정책과학원(2018)으로 개칭되어 현재에 이르고 있다.

---

10. 엘리트 체육대회

(1) 전국체육대회

① 전국체육대회 : 전국체전이자 국내 올림픽대회라고 할 수 있을 만큼 가장 큰 규모를 자랑하는 우리나라의 대표적인 체육행사이다. 대한체육회에 가맹한 각 종목의 경기단체별로 매년 전국 시 · 도를 순회하면서 열리고 있다.

② 전국동계체육대회 : 1923년 1월 대동강에서 개최된 빙상대회를 시작으로 2020년 2월 제101회 대회가 서울 · 경기 · 강원 · 경북에서 분산 개최되었다.

③ 아시아경기대회

　㉠ 제2회 마닐라 아시아경기대회(1954) : 한국은 최초로 참가하였다.(기출 2015)

　㉡ 제10회 서울 아시아경기대회(1986) : 한국은 종합 2위를 차지하였다.

　㉢ 제14회 부산 아시아경기대회(2002) : 2000년 시드니 올림픽 이후 2년 만에 남북한이 동시 입장을 하였으며 마스코트는 '두리아(갈매기)'였다. 이 경기에서 한국은 종합 2위를 차지하였다.

　㉣ 제17회 인천 아시아경기대회(2014) : 45개국의 선수들이 참가하여 우리나라는 금메달 79개로 중국에 이어 종합 2위를 차지하였다. 마스코트는 '비추온', '바라메', '추므로'로 이들은 점박이 물범 삼남매이다.(기출 2021)

④ 동계아시아경기대회

　㉠ 제1회 삿포로 동계아시아경기대회(1986) : 한국은 최초로 참가하여 역도(김성집), 복싱(한수안)에서 각각 동메달을 획득하였다.(기출 2015, 2017)

ⓛ 제4회 강원 동계아시아경기대회(1999) : 한국은 종합 2위를 차지하였다.

ⓒ 제5회 아오모리 동계아시아경기대회(2003) : 개회식에서 남·북한이 한반도기를 앞세우며 공동 입장을 하였다. 이 대회 스키점프 단체전에서 한국은 아시아 최강 일본을 제치고 금메달을 획득하였으며, 종합 2위를 차지하였다.

⑤ 하계올림픽대회

ⓐ 제9회 암스테르담 올림픽경기대회(1928) : 경기장 상단에 설치한 마라톤 중계탑에 커다란 돌접시를 얹어 기름을 붓고 불을 피워 대회기간 동안 계속 타게 하였는데 이는 오늘날 성화의 기원이 되었다.(기출 2021)

ⓛ 제11회 베를린 올림픽 경기대회(1936) : 손기정이 마라톤에서 우승을 차지하였고, 남승룡은 동메달을 획득하였다.(기출 2019, 2020, 2021)

ⓒ 제14회 런던 하계올림픽경기대회(1948) : 'KOREA'라는 이름으로 태극기를 들고 최초로 참가하였다.(기출 2019, 2021)

ⓔ 제15회 핀란드 헬싱키 올림픽(1952) : 한국은 6.25전쟁 중이라 불참을 고려하였으나, 20명의 선수만이 참가하였다.

ⓜ 제17회 로마 올림픽경기대회(1960) : 복싱 라이트헤비급에서 미국의 C.클레이가 18세의 어린 나이로 우승했는데, 그는 훗날의 세계프로복싱 헤비급 챔피언이 된 무하마드 알리이다.

ⓑ 제21회 캐나다 몬트리올 올림픽(1976) : 레슬링의 양정모는 올림픽 사상 최초로 금메달을 획득하였다.(기출 2017, 2018, 2019, 2021)

ⓢ 제24회 서울 올림픽(1988) : 최초로 하계 올림픽경기대회를 개최하였고 종합 4위 의 성적을 거두었다.(기출 2021)

ⓞ 제27회 호주 시드니 올림픽(2000) : 남한과 북한의 선수가 최초로 하계올림픽경기 대회에서 동시 입장과 함께 태권도가 정식 종목으로 채택되었다.(기출 2019, 2021)

ⓩ 제28회 아테네 올림픽(2004) : 근대 올림픽 100년 사상 처음으로 IOC 회원국 모두 가 참가하여 최대 규모로 치러졌다. 우리나라는 여자 핸드볼이 당시 세계 최강이 던 덴마크를 상대로 두 번의 연장전을 거듭하며 접전을 펼쳤지만 36:38로 패하여 아쉽게 은메달을 목에 걸어야 했는데 이는 2008년 '우리 생애 최고의 순간(우생순)' 이라는 영화로 제작되어 국민들에게 감동을 주었다.

⑥ 동계올림픽대회

ⓐ 제5회 스위스 생모리츠 동계올림픽(1948) : 한국은 최초로 동계올림픽에 참가하였 다.(기출 2015, 2021)

ⓛ 제19회 솔트레이크 동계올림픽(2002) : 쇼트트랙 남자 1,500m 결승전에 출전한 김동성 선수는 미국의 아폴로 안톤 오노의 '헐리우드 액션'으로 실격되었다.

ⓒ 제23회 평창 동계올림픽(2018) : 마스코트는 '수호랑'이었으며, 한국은 종합 7위를 차지하였다.(2020) 이어 열린 패럴림픽 마스코트는 '반다비'였다.

⑦ 세계선수권대회 : 세계 각국의 선수들이 각종 대회에 참가하여 각 종목의 챔피언을 결정하는 단일 종목 선수권대회이다.

ⓖ 제32회 사라예보 세계탁구선수권 대회(1973) : 정현숙, 이에리사, 박미라 선수가 참가하여 우승하였다.(기출 2021)

ⓛ 제4회 멕시코 세계청소년 축구대회(1983) : 4강에 진출하였다(박종환 감독).(기출 2021)

ⓒ 제41회 일본 지바 세계탁구선수권 대회(1991) : 사상 첫 남북 탁구 단일팀이 구성되어 한반도기를 앞세우고 참가한 '코리아'팀은 여자단체전에서 세계를 제패하였다.(기출 2021)

ⓓ 제6회 포르투갈 세계청소년 축구대회(1991) : 남북 단일팀(감독 박종환)은 4강까지 진출하였다.(기출 2021)

ⓜ 제13회 대구 세계육상선수권 대회(2011) : 마스코트는 삽살개를 모티브로 한 '살비'였으며, 우리나라는 동메달 한 개를 획득하였다.

⑧ 하계유니버시아드 대회

ⓖ 제22회 대구 하계유니버시아드대회(2003) : 역사상 가장 많은 나라가 참가하였고 부산아시아경기대회에 이어 남과 북이 동시입장을 하였으며 한국은 종합 3위를 차지하였다.

ⓛ 제28회 광주 하계유니버시아드대회(2015) : 한국은 1위를 차지하였다.

ⓒ 제31회 청두 하계유니버시아드대회(2021) : 한국은 5위를 차지하였다.

⑨ 동계유니버시아드 대회

ⓖ 제23회 토리노 동계유니버시아드대회(2007) : 동계유니버시아드대회 참가 사상 처음으로 우리나라가 종합 1위를 차지하였다.

ⓛ 제24회 하얼빈 동계유니버시아드대회(2009) : 한국은 종합 3위를 차지하였다.

ⓒ 제30회 스위스 루체른 동계유니버시아드대회(2021) : 한국은 종합 2위를 차지하였다.

(2) 대한민국 정부별 주요 생활체육 정책

① 김영삼 정부(문민정부)

　　㉠ 제1차 국민체육진흥 5개년계획(1993~1997)

　　㉡ 생활체육의 범국민적 확산

② 김대중 정부(국민의 정부)

　　㉠ 제2차 국민체육진흥 5개년계획(1998~2002)

　　㉡ 지역 공동체 중심의 체육활동 여건 조성

③ 노무현 정부(참여정부)

　　㉠ 제3차 국민체육진흥 5개년계획(2003~2007)

　　㉡ 생활체육 활성화를 통한 국민의 삶의 질 향상

④ 이명박 정부 : 문화비젼(15분 프로젝트)

⑤ 박근혜 정부 : 스포츠 비전(선에 닿는 스포츠, 스포츠로 사회를 바꾸다)

(3) 남북한의 체육 교류(기출 2015)

① 1991년 4월 세계 탁구 남북한 단일팀 구성 참가(기출 2018)

② 1991년 6월 세계 청소년 축구대회 남북한 단일팀 구성 참가

　　㉠ 선수단 단복은 남과 북을 구별하지 않는다.

　　㉡ 선수단 단가는 '아리랑'으로 한다.

　　㉢ 선수단 호칭은 한글 '코리아'와 영문 'KOREA'로 한다.(기출 2016, 2018)

　　㉣ 선수단 단기는 흰색 바탕에 하늘색 한반도기로 한다.

③ 2000년 제27회 호주 시드니 올림픽 개회식 남북한 공동 입장

④ 2002년 제14회 부산 아시안게임 남북한 개폐회식 공동 입장

⑤ 2003년 제5회 아오모리 동계 아시안게임 개회식 남북한 공동 입장

⑥ 2008년 제29회 베이징올림픽 남북한 개폐회식 공동 입장 무산

제7과목

한국체육사

1. 한국 체육사의 개관

1. 체육사에 대한 내용 중 바르지 않은 것을 고르면?

   ① 과거를 통해서 파악한 체육적인 사실을 통해서 현 체육 상태를 파악한다.
   ② 연구 대상으로는 정치, 경제, 환경이 고려된다.
   ③ 과거에 어떠한 역사적 체육 사실이 있었는지 확인하며 교훈을 얻는다.
   ④ 체육사상사, 스포츠문화사, 스포츠 종목사 등의 연구내용을 포함한다.

   > **해설** 체육사의 연구 대상으로는 인간, 시간, 공간이 고려된다.
   > **정답** ②

2. 다음 중 체육사를 연구하는 이유로 보기 가장 어려운 것은?

   ① 문학으로서의 역사 연구
   ② 대리경험으로의 역사 연구
   ③ 역사는 예언적 성격을 가질 수 없는 한계
   ④ 일반적인 훈련으로서의 연구

   > **해설** 체육사를 연구하는 이유
   > • 우리 행위의 모습을 과거에서 찾고자 하는 데서 시작
   > • 문학으로서의 역사 연구
   > • 대리경험으로의 역사 연구
   > • 전문적인 훈련으로서의 연구
   > • 역사는 예언적 성격을 가질 수 없는 한계
   > **정답** ④

3. 다음 중 체육사 연구단계로 옳은 것은?

① 역사적인 문제에 대한 선택 → 새로운 사실의 발견 → 해당 자료에 대한 상태와 사건을 설명하는 가설의 구성 → 대상 자료에 대한 분류와 비판 → 풀이 및 서술

② 역사적인 문제에 대한 선택 → 대상 자료에 대한 분류와 비판 → 새로운 사실의 발견 → 풀이 및 서술 → 해당 자료에 대한 상태와 사건을 설명하는 가설의 구성

③ 역사적인 문제에 대한 선택 → 대상 자료에 대한 분류와 비판 → 해당 자료에 대한 상태와 사건을 설명하는 가설의 구성 → 새로운 사실의 발견 → 풀이 및 서술

④ 대상 자료에 대한 분류와 비판 → 역사적인 문제에 대한 선택 → 해당 자료에 대한 상태와 사건을 설명하는 가설의 구성 → 새로운 사실의 발견 → 풀이 및 서술

해설 체육사 연구단계
체육사의 연구는 역사적인 문제에 대한 선택 → 대상 자료에 대한 분류와 비판 → 해당 자료에 대한 상태와 사건을 설명하는 가설의 구성 → 새로운 사실의 발견 → 풀이 및 서술의 단계이다.
정답 ③

4. 다음 중 체육사의 연구 내용이 아닌 것은?

① 스포츠 종목의 발생원을 다룬다.
② 스포츠 종목의 조건을 다룬다.
③ 스포츠의 발달 과정을 다룬다.
④ 스포츠의 경제력을 다룬다.

해설 체육사 연구 내용
• 스포츠를 통해 시대별로 파생된 여러 문화 현상을 다룸
• 스포츠의 기원 또는 발달 과정을 다룸
• 스포츠 종목의 발생원 및 조건을 다룸
정답 ④

2. 원시사회의 체육

1. 선사시대의 체육에 관한 내용으로 바르지 않은 것은?

① 달리기, 기어오르기, 던지기 등은 수렵생활에 필요한 활동이다.
② 구석기 시대에 샤머니즘이 등장하였다.
③ 생존을 위한 본능적인 활동이다.
④ 씨족 중심의 혈연사회이다.

> **해설** 샤머니즘 신앙은 신석기 시대에 등장한 원시신앙이다.
> **정답** ②

2. 선사시대의 체육에 관한 내용으로 바르지 않은 것은?

① 신체활동이 생활수단이자 목숨을 보전하는 유일한 길이었다.
② 신석기사회는 씨족 중심의 혈연사회이다.
③ 농경생활로 전환되면서 점차 격렬한 신체활동이 증가하였다.
④ 수렵생활을 할 때에는 강건한 체력과 민첩한 움직임이 필요하였다.

> **해설** 농경생활로 전환되면서 점차 격렬한 신체활동은 감소하였다.
> **정답** ③

3. 초기국가의 체육

1. 다음 부족국가에서의 제천행사 연결로 옳지 않은 것은?

① 고구려 - 한방　　　　② 신라 - 가배

③ 동예 - 무천　　　　　④ 부여 - 영고

해설 부족국가 시대의 제천행사	
제천행사	• 고구려 : 동맹 • 부여 : 영고 • 동예 : 무천 • 삼한 : 수릿날, 계절제 • 신라 : 가배

정답 ①

2. 다음 부족국가에서의 성인식에 관한 내용으로 바르지 않은 것은?

① 성년이 되기 위한 통과의례이다.

② 사회구성원으로 책임과 의무를 부과한다.

③ 정신적 경험을 중시한다.

④ 그 시대의 규범에 적합한 사람을 육성하는 것이 목적이다.

해설 부족국가 시대에서의 성인식	
성인식	• 육체적 경험을 중시 • 성년이 되기 위한 통과의례 • 사회구성원으로 책임과 의무를 부과 • 정신적 · 육체적 고통을 이겨야 하는 의식 • 그 시대의 규범에 적합한 사람 육성이 목적

정답 ③

4. 고대국가의 체육

1. 다음 삼국시대의 무예 확산에 관한 설명으로 적절하지 않은 것은?

① 신라는 화랑도를 통해서 궁술, 기마사냥, 편력 등을 가르쳤다.
② 고구려 경당에서는 활쏘기를 가르쳤다.
③ 삼국시대에는 나라의 방위의식이 확산되지 못하였다.
④ 국방력 강화를 위해 무예교육을 실시하였다.

> **해설** 삼국시대의 무예 확산
> • 삼국시대에는 나라의 방위의식이 확산
> • 국방력 강화를 위해 무예교육 실시
> • 고구려 경당에서는 유학 교육과 함께 활쏘기 교육 실시
> • 신라는 화랑도를 통해서 궁술, 기마사냥, 편력 교육 실시
> **정답** ③

2. 삼국시대의 무예 중 편력에 관한 내용이 아닌 것은?

① 화랑도의 교육방식이다.
② 음악과 신체활동을 포함한다.
③ 말을 타고 달리며 활을 쏘는 기술이다.
④ 야외활동이다.

> **해설** 편력
>
> | 편력 | • 야외활동
• 화랑도의 교육방식
• 음악과 신체활동을 포함 |
> | --- | --- |
>
> **정답** ③

3. 삼국시대의 무예 중 궁술에 관한 내용으로 바르지 않은 것은?

① 고구려의 대표적인 무예이다.
② 부족국가 시대부터 발달하였다.
③ 활을 사용하여 목표물을 맞히는 기술이다.
④ 음악과 신체활동을 포함하고 있다.

4. 삼국시대의 민속 스포츠와 오락 중 석전에 관한 사항으로 옳지 않은 항목은?

① 동편과 서편으로 편을 나눈다.

② 변전, 편전, 편쌈이라고도 한다.

③ 백제의 국가적 연중행사이다.

④ 서로 상대편에게 돌을 던지고 달아나는 편이 지는 놀이이다.

해설 석전

석전	• 고구려의 국가적 연중행사 • 변전, 편전, 편쌈이라고 함 • 놀이와 전투의 성격을 가지고 있음 • 동편과 서편으로 편을 나눔 • 서로 상대편에게 돌을 던지고 달아나는 편이 지는 놀이

정답 ③

5. 삼국시대의 민속 스포츠 및 오락에서 축판희 또는 도판희 등으로 불린 것은?

① 각저   ② 방응

③ 널뛰기   ④ 투호

해설 널뛰기는 축판희 또는 도판희 등으로 불렸으며 여성의 놀이였다.
정답 ③

6. 삼국시대의 민속 스포츠 및 오락에서 두 사람이 맞잡고 힘을 겨루는 것을 무엇이라고 하는가?

① 각저   ② 방응

③ 쌍륙   ④ 축국

7. 삼국시대의 민속 스포츠 및 오락에서 항아리를 일정한 거리에 두고 화살을 던지는 것을 무엇이라고 하는가?

① 석전   ② 쌍륙

③ 격구   ④ 투호

8. 삼국시대의 민속 스포츠 및 오락에서 막대기로 공을 쳐서 상대편의 문에 넣는 것을 무엇이라고 하는가?

① 격구   ② 투호

③ 각저   ④ 방응

9. 삼국시대의 민속 스포츠 및 오락에서 가죽 주머니로 공을 만들어 발로 차던 공차기를 무엇이라고 하는가?

① 석전   ② 방응

③ 축국   ④ 널뛰기

10. 삼국시대의 체육사상 중 탁월성과 더불어 신체가 지닌 아름다움을 숭배하는 것은?

① 심신일체론   ② 불국토 사상
③ 신체미 숭배 사상   ④ 토테미즘

> **해설** 신체미 숭배사상은 탁월성과 더불어 신체가 지닌 아름다움을 숭배하며 신체에 높은 가치를 부여하는 사상이다.
> **정답** ③

11. 화랑도에 관한 내용으로 바르지 않은 것은?

① 무예 수련을 통해서 인재 양성   ② 심신의 조화로운 인간상 지향
③ 일반인 자제들이 참여   ④ 국가 수호의 목적

> **해설** 화랑도
> • 주로 귀족자제들이 참여
> • 국가 수호의 목적을 가지고 있음
> • 심신의 조화로운 인간상 지향
> • 무예 수련을 통한 인재 양성
> • 편력이라는 야외 교육활동 수행
> • 불국토 사상에 대한 신성함과 존엄성 교육
> • 심신일원론적 사상에 기반한 전인교육 지향
> • 신라 화랑은 야외활동을 통해 호연지기 함양
> • 궁술, 마술, 기마, 검술 등의 교육 실시
> • 사냥과 전쟁에 관하여 교육을 받아 협동과 단결 정신고양과 심신 연마
> • 풍류도(風流徒), 국선도(國仙徒), 원화도(源花徒)라고도 명명
> **정답** ③

12. 원광의 세속오계가 아닌 것은?

① 임전무퇴   ② 붕우유신
③ 사친이효   ④ 사군이충

> **해설** 원광의 세속오계
>
> | | |
> |---|---|
> | **사군이충** | 충성으로써 임금을 섬긴다. |
> | **사친이효** | 어버이를 섬기기를 효도로써 한다. |
> | **교우이신** | 믿음으로써 벗을 사귄다. |
> | **임전무퇴** | 싸움에 임해서는 물러남이 없어야 한다. |
> | **살생유택** | 살생을 함부로 하지 않는다. |
>
> **정답** ②

5. 고려시대의 체육

1. 고려시대의 사회에 대한 내용으로 바르지 않은 것은?

① 인재 등용을 위한 과거제도가 실시되었다.
② 체계적 교육기관이 설립되었다.
③ 예종 때 문반 관리를 선발하는 과거제도를 시행하였다.
④ 유교와 불교를 동시에 수용하였다.

> **해설** 예종 때 무과시험이 일시적으로 시행되었다.
> **정답** ③

2. 고려시대 과거제도 중 가장 중시된 제술과에 해당하지 않는 것은?

① 부(賦)　　　　　　　　② 역(易)
③ 시(詩)　　　　　　　　④ 송(頌)

> **해설** 제술과(진사과)
>
> | 제술과(진사과) | • 과거 중 가장 중시
• 시(詩) · 부(賦) · 송(頌) · 책(策) 등의 한문학과 시무책 시험 |
> |---|---|
>
> **정답** ②

3. 고려시대 과거제도 중 명경과에 속하지 않는 것은?

① 시(詩)　　　　　　　　② 예기(禮記)
③ 책(策)　　　　　　　　④ 서(書)

> **해설** 명경과(생원과)
>
> | 명경과(생원과) | · 서(書) · 역(易) · 시(詩) · 춘추(春秋) · 예기(禮記) 등의 유교 경전 시험 |
> |---|---|
>
> **정답** ③

4. 고려시대의 대표적인 국립교육기관은?

① 향교
② 국자감
③ 성균관
④ 서원

> **해설** 국자감은 고려시대 국립교육기관으로 국가에서 필요한 인재를 양성하기 위한 최고의 교육
> 기관이다.
> **정답** ②

5. 고려시대 귀족사회의 체육놀이 중 하나인 격구에 대한 설명으로 바르지 않은 것은?

① 왕, 귀족, 무인 등과 같은 귀족계층의 활동이다.
② 무인집권기에 격구의 사치성이 최고조에 이르는 등 폐단이 많았다.
③ 말타기, 기창, 기검, 기사의 능력 향상을 위한 군사훈련의 수단이었다.
④ 귀족들의 사치로 인하여 대중 스포츠가 되는 계기가 만들어졌다.

> **해설** 격구는 귀족들의 사치로 인하여 대중 스포츠가 되지 못하였다.
> **정답** ④

6. 조선시대의 체육

1. 조선시대의 교육 중 관학에 해당하지 않는 것은?

① 성균관 ② 서당

③ 향교 ④ 4부학당

해설	관 학
관학	• 성균관 • 4부학당(4학) • 향교 • 기술교육기관(사역원, 전의감, 관상감, 도화원, 장악원, 소격서)

정답 ②

2. 조선시대의 무관시험 내용으로 바르지 않은 것은?

① 무관의 자손, 향리 등이 응시하였다.

② 무과에 합격해야 높이 등용하였다.

③ 초시에서 150명을 선발하였다.

④ 초시, 복시, 전시를 거치는 것은 문관시험과 동일하였다.

해설 조선시대 무관시험(무과)
• 초시, 복시, 전시를 거치는 것은 문관시험과 동일
• 초시에서 200명 선발
• 복시는 서울 병조에서 행하되 28명을 선발하여 합격자를 선달이라 명명
• 급제자에게는 홍패 수여
• 전시에서는 이들의 등급을 결정(갑,을,병)
• 무과에 합격해야 높이 등용
• 응시자의 신분적 제한은 문과에 비해 관용적
• 무관의 자손, 향리 등이 응시
• 궁술, 마술, 총술, 강서 등으로 시험

정답 ③

3. 조선 전기의 군사제도 중 중앙군의 내용으로 옳지 않은 것은?

① 세조 이후로는 전국 군현을 지역 단위인 방위체제로 편성하는 진관체제를 실시하였다.

② 중앙군은 정군을 중심으로 갑사나 특수병으로 구성되었다.

③ 궁궐과 서울을 수비하는 5위로 구성하였다.

④ 지휘 책임은 문반 관료가 맡았다.

> **해설** ①은 지방군에 대한 내용이다.
> **정답** ①

4. 조선 후기 중앙군이 아닌 것은?

① 어영청　　　　　　　　② 속오군

③ 수어청　　　　　　　　④ 훈련도감

> **해설** 조선 후기 중앙군
> • 훈련도감　　　　　　• 어영청
> • 수어청　　　　　　　• 총융청
> • 금위영
> **정답** ②

5. 왜군의 조총에 대항하기 위하여 기존의 활과 창으로 무장한 부대 외에 조총으로 무장한 포수, 살수, 사수의 삼수병으로 편제된 것은?

① 수어청　　　　　　　　② 금위영

③ 훈련도감　　　　　　　④ 어영청

> **해설** 훈련도감은 임진왜란을 겪으면서 당시 왜군의 조총에 대항하기 위해 편성한 것으로 기존의 활과 창으로 무장한 부대 외에 조총으로 무장한 포수, 살수, 사수의 삼수병으로 편제되었으며, 직업적인 상비군으로 편성되었다.
> **정답** ③

6. 육예의 연결로 바르지 않은 것은?

① 예(禮) - 예용(禮容) ② 어(御) - 서도(書道)
③ 사(射) - 궁술(弓術) ④ 악(樂) - 음악(音樂)

해설 육예(六藝)	
예(禮)	예용(禮容)
악(樂)	음악(音樂)
사(射)	궁술(弓術)
어(御)	마술(馬術)
서(書)	서도(書道)
수(數)	수학(數學)

정답 ②

7. 조선시대 체육에서 성균관의 대사례에 대한 내용으로 옳지 않은 것은?

① 대사례에서 사용된 궁은 예궁(禮弓) 또는 각궁(角弓)이다.
② 조선시대 왕의 활쏘기 의식이다.
③ 향교에서 대사례를 거행하였다.
④ 고등교육기관으로 활쏘기 시합의 한 형태인 대사례를 실시하였다.

해설 육일각(六一閣)에서 대사례를 거행하였다.
정답 ③

8. 『무예도보통지』에 대한 내용으로 바르지 않은 것은?

① 정조의 지시로 이덕무, 박제가, 백동수에 의해 간행되었다.
② 총 14가지의 무예가 실려 있는 무예서이다.
③ 『무예도보통지』에서 무예(武藝)란 무(武)에 관한 기예를 의미한다.
④ 한국, 중국, 일본의 서적 145종을 참고한 종합 무예서이다.

해설 『무예도보통지』에는 총 24가지의 무예가 실려 있다.
정답 ②

9. 조선시대의 민속 스포츠에 대한 내용으로 적절하지 않은 것은?

① 새로운 놀이들이 출현하였다.
② 일부는 연중행사로 정착하였다.
③ 정초 새해 길흉을 점치기 위한 놀이로 널뛰기를 시행하였다.
④ 고려시대 귀족들의 놀이가 대중화되었다.

> **해설** 정초 새해 길흉을 점치기 위한 놀이로 줄다리기를 시행하였다.
> **정답** ③

7. 개화기의 체육

1. 개화기의 사회 및 근대체육의 도입에 관한 사항으로 가장 옳지 않은 것은?

　　① 근대체육에서는 정식 교과목으로 체육을 채택하지 않았다.
　　② 각종 운동회가 열렸다.
　　③ 근대학교가 전국에 설립되었다.
　　④ 개화기는 1876년 강화도조약 이후부터 1910년 한말까지이다.

> **해설** 근대체육에서 체육을 정식 교과목으로 채택하였다.
> **정답** ①

2. 교육입국조서에 관한 내용으로 올바르지 않은 것은?

　　① 1895년 고종의 교육입국조서에서 덕양, 지양, 체양을 기본으로 삼았다.
　　② 전통적 유교 중심의 교육에서 근대적 전인교육으로 전환되었다.
　　③ 교육의 기회가 일부 국민으로 확대되는 데 기여하였다.
　　④ 소학교 및 고등과정에 체조가 정식과목으로 채택되는 데 영향을 끼쳤다.

> **해설** 교육입국조서는 교육의 기회가 전 국민적으로 확대되는 데 기여하였다.
> **정답** ③

3. 근대 체육의 태동기는?

　　① 1868~1872년　　　　　　　② 1876~1884년
　　③ 1885~1904년　　　　　　　④ 1905~1910년

> **해설** 근대체육의 태동기(1876~1884)에 무예학교와 함께 원산학사의 정규교육과정에 무예 체육이 포함되었다.
> **정답** ②

4. 근대 체육의 수용기는?

　　① 1868~1872년　　　　　　　② 1876~1884년
　　③ 1885~1904년　　　　　　　④ 1905~1910년

5. 근대 체육의 정립기는?

　　① 1868~1872년　　　　　　　　② 1876~1884년
　　③ 1885~1904년　　　　　　　　④ 1905~1910년

6. 원산학교에 관한 내용으로 옳지 않은 것은?

　　① 최초의 현대학교이다.
　　② 문예반과 무예반으로 구성되었다.
　　③ 교과과정에서 전통무예를 포함하였다.
　　④ 외세의 침입에 대응하기 위해 짧은 시간에 많은 무사를 양성하고자 하였다.

7. 다음 중 관립교육기관이 아닌 것은?

　　① 통변학교　　　　　　　　　　② 육영공원
　　③ 원산학사　　　　　　　　　　④ 동문학

8. 다음 중 민간 교육기관이 아닌 것은?

① 낙영의숙 　　　　　　　　② 원산학사

③ 대성학교 　　　　　　　　④ 통변학교

> **해설** 민간 교육 기관
> • 원산학사, 낙영의숙, 대성학교, 오산학교, 보성학교 등
> **정답** ④

9. 개화기의 스포츠에 관한 내용 중 운동회의 기능으로 바르지 않은 것은?

① 학교대항, 마을대항과 같은 단체전이 중심이었다.
② 사회주의 성격을 지녔다.
③ 사회체육의 발달을 촉진시켰다.
④ 국민계몽의 역할을 담당하였다.

> **해설** 운동회의 기능
> • 민족주의 성격　　　　　　　• 사회체육의 발달 촉진
> • 공동체 의식 발달(주민과 향촌 간)　• 국민계몽의 역할
> • 애국심 고취　　　　　　　　• 학교대항, 마을대항과 같은 단체전 중심
> **정답** ②

10. 개화기 체육사상가 중 대한국민체육회를 창설한 사람은?

① 이종태 　　　　　　　　　② 이기동

③ 노백린 　　　　　　　　　④ 이종만

> **해설** 노백린(1907년)은 대한국민체육회를 창설하여 구국교육운동을 전개하였다.
> **정답** ③

11. 개화기 체육사상가 중 체육활동이 거시적으로 국가에 대한 효력이 있다고 주장한 사람은?

① 이종만　　　　　　　　　② 이기동
③ 문일평　　　　　　　　　④ 노백린

> **해설** 이종만은 체육활동이 거시적으로 국가에 대한 효력이 있다고 주장하면서, 체육의 중요성을 강조하였다.
> **정답** ①

12. 개화기 체육의 역사적 의미로 바르지 않은 사항은?

① 체육이 교육체계 속에 포함되기 시작되었다.
② 연합운동회를 통해서 애국심이 고취되었다.
③ 현대적인 체육문화가 창출되었다.
④ 체육의 개념 및 가치에 대한 근대적 각성이 이루어졌다.

> **해설** 개화기 체육의 역사적 의미
> • 근대적인 체육문화가 창출
> • 체육이 교육체계 속에 포함되기 시작
> • 체육의 개념 및 가치에 대한 근대적 각성이 이루어지기 시작
> • 연합운동회를 통해서 애국심이 고취되기 시작
> **정답** ③

8. 일제 강점기의 체육

1. 일제 강점기의 체육에 대한 내용으로 바르지 않은 것은?

　① 민족의 시련기로 민족이 주권을 잃고 주권국가 활동이 단절되었다.
　② 일제에 의해 학교체육의 자율성이 보장되었다.
　③ 체육을 통해 독립 쟁취를 위한 민족운동을 전개하였다.
　④ 민족 교육과 스포츠 활동의 탄압이 나타났다.

> **해설** 일제에 의해 학교체육의 자율성이 침해되는 등 민족 교육과 스포츠 활동이 탄압되었다.
> **정답** ②

2. 일제 강점기 체육 활동으로 잘못된 것은?

　① 유도, 검도 같은 무도가 빠르게 전파되었다.
　② 체육, 스포츠 활동을 통해 민족의식을 고취시켰다.
　③ 근대스포츠 장려보다는 민속스포츠가 보급·확산되었다.
　④ 손기정, 엄복동 등의 국제적인 스포츠 선수들이 등장하였다.

> **해설** 민속스포츠 장려보다는 근대스포츠가 보급·확산되었다.
> **정답** ③

3. 일제 강점기에서의 근대스포츠 도입에 관한 사항으로 바르지 않은 것은?

　① 탁구, 배구, 스키, 역도, 골프, 레슬링, 권투 등이 도입되었다.
　② YMCA, 일본 유학생, 서양의 기독교 선교사 등을 통해서 근대스포츠가 소개되었다.
　③ 체육단체가 결성되었지만 조직적 체제를 갖추지 못하였다.
　④ 배구는 국내에 1916년에 소개되었으며, 서울 YMCA 운동부 유년부의 고문인 반하트(Bahnhart)에 의해 12인제 배구가 처음으로 소개되었다.

> **해설** 일제 강점기에 각종 체육단체가 결성되고 조직적 체제를 갖추게 되었다.
> **정답** ③

4. 일제 강점기에서의 근대스포츠 도입에서 YMCA에 대한 내용으로 적절하지 않은 것은?

① 황성기독교청년회라는 이름으로 창설되었다.
② 많은 스포츠 종목의 지도자를 배출하였다.
③ 야구, 농구, 배구 등과 같은 서구스포츠가 우리나라에 소개되었다.
④ 스포츠를 전국으로 확산시키는 데 기여하지는 못하였다.

> **해설** YMCA의 조직망을 통해 스포츠를 전국으로 확산시키는 데 기여하였다.
> **정답** ④

5. 다음 중 조선체육회에 관한 설명으로 옳지 않은 것은?

① 1910년 8월 13일 창립되었다.
② 체육 도서의 간행이 이루어졌다.
③ 체육에 관한 조사 연구 및 선전이 이루어졌다.
④ 대한체육회의 전신이다.

> **해설** 조선체육회는 유억겸을 회장으로 1920년 7월 13일에 창립되었다.
> **정답** ①

6. 다음 중 일제강점기 체육의 민족주의적 성격으로 바르지 않은 것은?

① 한국 체육의 민족주의 경향이 강화되었다.
② 조선체육회 등과 같은 체육단체들이 결성되었다.
③ 일본 단체의 주관대회에 한국인이 참가하였다.
④ 학교체육에서 순수체육보다는 군사훈련을 지향하였다.

> **해설** 일제강점기 체육의 민족주의적 성격
> • 일본 단체의 주관대회에 한국인의 참가
> • 조선체육회 등과 같은 체육단체 결성
> • 학교체육에서 군사훈련보다는 순수체육 지향
> • 민족 전통 경기의 부활과 보급
> • 한국 체육의 민족주의 경향 강화
> **정답** ④

9. 광복 이후의 체육

1. 1960~1970년대 정부가 추진한 주요 스포츠 정책으로 옳지 않은 것은?

① 엘리트 스포츠가 발달된 이후에 대중 스포츠도 발달하였다.
② 엘리트 스포츠 양성을 위한 태릉선수촌이 건립되었다.
③ 보건 체육의 시수가 감소되었다.
④ 입시전형에서의 체력장 제도가 도입되었다.

> **해설** 보건체육의 시수가 증가되었다.
> **정답** ③

2. 다음 대한민국 체육의 국제 대회 연결로 옳지 않은 것은?

① 1948년 - 처음으로 영국 런던 하계올림픽에 공식 참가하였다.
② 1954년 - 마닐라 하계 아시안게임에 최초로 참가하였다.
③ 1986년 - 모스크바 유니버시아드대회 참가하였다.
④ 2002년 - 한·일 월드컵이 공동 개최되었다.

> **해설** 대한민국의 국제 스포츠대회 역사
>
> | 1948년 | 처음으로 영국 런던 하계올림픽 공식 참가 |
> | --- | --- |
> | 1954년 | 마닐라 하계아시안게임 최초 참가 |
> | 1973년 | 모스크바 유니버시아드대회 참가로 공산국가와 교류 시작 |
> | 1986년 | 삿포로 동계아시안게임 최초 참가 |
> | 1994년 | 올림픽총회에서 2000년 시드니 올림픽부터 태권도가 정식 종목으로 채택 |
> | 1996년 | 국제축구연맹본부에서 2002년 월드컵을 일본과 공동 개최 결정 |
> | 2002년 | 한·일 월드컵 개최 |
>
> **정답** ③

10. 엘리트 체육대회

1. 1988년 서울올림픽 대회 전개로 바르지 않은 것은?

① 이 대회에서 한국은 종합 7위를 차지하였다.

② 화합, 문화, 복지, 희망, 번영이라는 5대 특징을 지녔다.

③ 일본과 치열한 유치 과정에서 적극적인 외교활동을 펼쳐 서독 바덴바덴에서 유치를 결정하였다.

④ 당시 역대 최대 규모의 선수단이 참가하여 최고의 성적을 거두었다.

> **해설** 이 대회에서 한국은 종합 4위를 차지하였다.
> **정답** ①

2. 서울 올림픽 대회의 역사적 의의로 바르지 않은 것은?

① 엘리트 스포츠 발전에 획기적인 역할을 하였다.

② 국제적 지위를 확고히 하는 계기가 되었고, 이를 계기로 북방외교를 적극적으로 추진하게 되었으며 국력을 내외에 과시하는 계기가 되었다.

③ 스포츠 외교를 통해 공산국가들이 대거 참가한 대회였다.

④ 전문체육을 활성화하는 계기를 마련하였다.

> **해설** 1988년 제24회 서울 올림픽을 계기로 생활체육을 활성화하는 계기를 마련하였다.
> **정답** ④

생활스포츠지도사

기출문제
2022 - 2024

2022년 기출문제

스포츠사회학 (11)

1. 〈보기〉에서 스포츠의 사회적 기능을 설명한 파슨즈(T. Parsons) AGIL 모형의 구성요소는?

> **〈보 기〉**
> • 스포츠는 사회구성원에게 현실에 적합한 사고, 감정, 행동양식 등을 학습할 수 있는 장을 마련해준다.
> • 스포츠는 개인의 체력 및 건강증진을 도모하여 효율적으로 사회 활동에 참여할 수 있게 한다.

① 적응
② 목표성취
③ 사회통합
④ 체제유지 및 관리

2. 에티즌(D. Eitzen)과 세이지(G. Sage)가 제시한 스포츠의 정치적 속성이 <u>아닌</u> 것은?

① 보수성
② 대표성
③ 권력투쟁
④ 상호배타성

3. 〈보기〉에서 설명하는 사회학습이론의 구성요소는?

> **〈보 기〉**
> 상과 벌은 행동의 학습과 수행에 긍정적·부정적 영향을 미친다. 스포츠 현장에서 스포츠에 내재된 가치, 태도, 규범에 그릇된 행위는 벌을 통해 중단되거나 회피된다.

① 강화
② 코칭
③ 관찰학습
④ 역할학습

4. 〈보기〉에 해당하는 스포츠사회화 과정이 바르게 연결된 것은?

> **〈보 기〉**
> • (㉠): 손목수술 후유증으로 인해 골프선수를 그만두게 되었다.
> • (㉡): 골프의 매력에 빠져 골프선수가 되어 사회성, 체력, 준법정신이 함양되었다.
> • (㉢): 아빠와 함께 골프연습장에 자주 가면서 골프를 배우게 되었다.
> • (㉣): 골프선수 은퇴 후 골프아카데미 원장으로 부임하면서 골프꿈나무를 양성하게 되었다.

	㉠	㉡	㉢	㉣
①	스포츠로의 재사회화	스포츠를 통한 사회화	스포츠로의 사회화	스포츠 탈사회화
②	스포츠로의 재사회화	스포츠로의 사회화	스포츠를 통한 사회화	스포츠 탈사회화
③	스포츠 탈사회화	스포츠를 통한 사회화	스포츠로의 사회화	스포츠로의 재사회화
④	스포츠 탈사회화	스포츠로의 사회화	스포츠를 통한 사회화	스포츠로의 재사회화

5. 학원엘리트스포츠를 지지하는 입장이 <u>아닌</u> 것은?

① 애교심을 강화시킬 수 있다.
② 학교의 자원 및 교육시설을 독점할 수 있다.
③ 지위 창출의 수단, 사회이동의 기제로 작용할 수 있다.
④ 사회에서 요구되는 책임감, 성취감, 적응력 등을 배양시킬 수 있다.

6. 〈보기〉의 내용과 관련이 깊은 사회학 이론은?

─── 〈보 기〉 ───
- 미시적 관점의 이론이다.
- 인간은 사회제도나 규칙에 대해 능동적으로 사고하고 의미를 부여하며 행동한다.
- 스포츠 팀의 주장은 리더십이 필요하기 때문에 점차 그 역할에 맞는 리더십을 발휘한다.

① 갈등이론　　　　② 교환이론
③ 상징적 상호작용론　④ 기능주의이론

7. 정치의 스포츠 이용 방법에 관한 설명 중 옳은 것은?

① 태권도를 보면 대한민국 국기(國技)라는 동일화가 일어난다.
② 정부의 3S(sports, screen, sex) 정책은 스포츠를 이용하는 상징의 대표적인 방법이다.
③ 스포츠 이벤트에서 국가 연주, 선수 복장, 국기에 대한 의례 등은 상징의식에 해당한다.
④ 올림픽에서 금메달 수상 장면을 보면서 내가 획득한 것처럼 눈물을 흘리는 것은 상징화에 해당한다.

8. 〈보기〉에서 설명하는 투민(M. Tumin)의 스포츠계층 형성 과정은?

─── 〈보 기〉 ───
- 스포츠 종목에서 요구되는 우수한 운동수행능력을 갖추어야 한다.
- 뛰어난 경기력뿐만 아니라 탁월한 개인적 특성을 갖추어야 한다.
- 스포츠 팀 구성원으로 자신의 능력이 팀 승리에 미치는 영향력이 커야 한다.

① 평가　　　　② 지위의 분화
③ 보수부여　　④ 지위의 서열화

9. 〈보기〉의 내용과 관련 있는 용어는?

─── 〈보 기〉 ───
- 로버트슨(R. Roberston)이 제시한 용어이다.
- LA 다저스팀이 박찬호 선수를 영입하여 좋은 경기력을 펼치면서 메이저리그 경기가 한국에서 인기가 높아졌다.
- 맨체스터 유나이티드팀이 박지성 선수를 영입하면서 프리미어리그 경기가 한국에서 인기가 높아졌다.

① 셋방화(Glocalization)
② 스포츠화(Sportization)
③ 미국화(Americanization)
④ 세계표준화(Global Standardization)

10. 국제사회에서 발생한 스포츠 사건에 관한 설명으로 옳은 것은?

① 남아프리카 공화국은 아파르트헤이트(apartheid)로 인해 국제대회 참여가 거부되었다.
② 구소련의 아프가니스탄 침공을 이유로 1984년 LA올림픽경기대회에 많은 자유진영 국가가 불참하였다.
③ 2018년 평창동계올림픽경기대회에서 메달 획득을 위해 여자 아이스하키 남북 단일팀이 결성되었다.
④ 1936년 베를린올림픽경기대회에서 검은 구월단 무장단체가 선수촌에 침입하여 이스라엘 선수를 살해하였다.

11. 〈보기〉의 설명은 머튼(R. Merton)의 아노미(anomie) 이론에 대한 것이다. ㉠~㉢에 해당하는 적응유형이 바르게 연결된 것은?

──── 〈보 기〉 ────
- 도피주의 - 스포츠에 내재된 비인간성, 승리지상주의, 상업주의, 학업 결손 등에 염증을 느껴 스포츠 참가 포기
- (㉠) - 승패에 집착하지 않고 참가에 의의를 두는 것, 결과보다는 경기 내용 중시
- (㉡) - 불법 스카우트, 금지 약물 복용, 경기장 폭력, 승부조작 등
- (㉢) - 전략적 시간 끌기 작전, 경기규칙이 허용하는 범위 내에서의 파울 행위 등

	㉠	㉡	㉢
①	혁신주의	동조주의	의례주의
②	의례주의	혁신주의	동조주의
③	의례주의	동조주의	혁신주의
④	혁신주의	의례주의	동조주의

12. 〈보기〉의 내용을 기든스(A. Giddens)의 사회계층 이동 준거와 유형으로 바르게 묶은 것은?

──── 〈보 기〉 ────
- K는 가난한 가정에서 태어나 끊임없는 훈련을 통해 축구 월드 스타가 되었다.
- 월드스타가 되고 난 후, 축구장학재단을 만들어 개발도상국에 축구학교를 설립하여 후진양성에 큰 역할을 하고 있다.

	이동 주체	이동 방향	시간적거리
①	개인	수직이동	세대내이동
②	개인	수평이동	세대간이동
③	집단	수직이동	세대간이동
④	집단	수평이동	세대내이동

13. 〈보기〉에서 설명하는 스포츠 미디어 이론은?

──── 〈보 기〉 ────
대중들은 능동적 수용자로서 특수한 심리적 욕구를 만족시키기 위해 매스미디어를 적극 이용한다. 이에 미디어 수용자는 인지적, 정의적, 도피적, 통합적 욕구를 충족시키기 위해 스포츠를 주제로 다루는 매스미디어를 이용한다.

① 사회범주이론 ② 개인차이론
③ 사회관계이론 ④ 문화규범이론

14. 〈보기〉에서 코클리(J. Coakley)가 제시한 상업주의와 관련된 스포츠 규칙 변화의 충족 조건으로 옳은 것만을 모두 고른 것은?

──── 〈보 기〉 ────
㉠ 경기의 속도감 향상
㉡ 관중의 흥미 극대화
㉢ 득점 방법의 단일화
㉣ 상업적인 광고 시간 할애

① ㉠, ㉡   ② ㉢, ㉣
③ ㉠, ㉡, ㉢   ④ ㉠, ㉡, ㉣

15. 〈보기〉에서 설명하는 프로스포츠의 제도는?

──── 〈보 기〉 ────
- 프로스포츠리그의 신인선수 선발 방식 중 하나이다.
- 신인선수 쟁탈에 따른 폐단을 막기 위해 도입되었다.
- 계약금 인상 경쟁을 막기 위한 방법으로 고안되었다.

① FA(free agent)
② 샐러리 캡(salary cap)
③ 드래프트(draft)
④ 최저연봉(minimum salary)

16. 〈보기〉에서 대중매체가 스포츠에 미치는 영향에 해당되는 것만을 모두 고른 것은?

〈보 기〉

㉠ 대중매체의 기술이 발전한다.
㉡ 스포츠 인구가 증가한다.
㉢ 새로운 스포츠 종목이 창출된다.
㉣ 미디어 콘텐츠를 제공한다.
㉤ 경기규칙과 경기일정이 변경된다.
㉥ 스포츠 용구가 변화한다.

① ㉠, ㉡, ㉢
② ㉠, ㉢, ㉣
③ ㉡, ㉢, ㉣, ㉤
④ ㉡, ㉢, ㉤, ㉥

17. 스포츠의 교육적 순기능 중 사회선도 기능이 아닌 것은?

① 여권신장
② 학교 내 통합
③ 평생체육과의 연계
④ 장애인의 삶의 질 향상

18. 다음 ㉠~㉣에서 코클리(J. Coakley)가 제시한 일탈적 과잉동조를 유발하는 스포츠 윤리규범의 유형과 특징으로 옳은 것만을 모두 고른 것은?

	유형	특징
㉠	구분짓기규범	다른 선수와 구별되기 위해 탁월성을 추구해야 한다.
㉡	인내규범	위험을 받아들이고 고통 속에서도 경기에 참여해야 한다.
㉢	몰입규범	경기에 헌신해야 하며 이를 그들의 삶에서 우선순위에 두어야 한다.
㉣	도전규범	스포츠에서 성공을 위해 장애를 극복하고 역경을 헤쳐 나가야 한다.

① ㉠, ㉡
② ㉡, ㉢
③ ㉠, ㉢, ㉣
④ ㉠, ㉡, ㉢, ㉣

19. 맥루한(M. McLuhan)의 매체이론에 관한 설명으로 옳지 않은 것은?

① 핫(hot) 미디어 스포츠는 관람자의 감각 참여성이 낮다.
② 쿨(cool) 미디어 스포츠는 관람자의 감각 몰입성이 높다.
③ 핫(hot) 미디어 스포츠는 경기 진행 속도가 빠르다.
④ 쿨(cool) 미디어 스포츠는 메시지의 정의성이 낮다.

20. 스포츠 세계화의 특징으로 옳지 않은 것은?

① 스포츠 시장의 경계가 국경을 초월해 전 세계로 확대되었다.
② 모든 나라의 전통스포츠(folk sports)가 세계적으로 확대되었다.
③ 세계인이 표준화된 스포츠 상품과 스포츠 문화를 소비하게 되었다.
④ 프로스포츠 시장의 이윤 극대화로 빈익빈 부익부 현상이 심화되었다.

스포츠교육학 (22)

1. 스포츠기본법(시행 2022.2.11.)의 용어 정의에 관한 설명으로 옳지 <u>않은</u> 것은?

   ① '학교스포츠'란 건강과 체력 증진을 위하여 행하는 자발적이고 일상적인 스포츠 활동을 말한다.
   ② '스포츠산업'이란 스포츠와 관련된 재화와 서비스를 통하여 부가가치를 창출하는 산업을 말한다.
   ③ '장애인스포츠'란 장애인이 참여하는 스포츠 활동(생활스포츠와 전문스포츠를 포함한다)을 말한다.
   ④ '전문스포츠'란 「국민체육진흥법」 제2조 제4호에 따른 선수가 행하는 스포츠 활동을 말한다.

2. 〈보기〉의 ㉠, ㉡에 해당하는 취약계층 생활스포츠 지원사업이 바르게 연결된 것은?

   ──────── 〈보 기〉 ────────
   ㉠ 스포츠복지 사회 구현의 일환으로 저소득층 유·청소년(만5세~18세)과 장애인(만12세~23세)에게 스포츠강좌 혜택을 받을 수 있는 일정 금액의 이용권을 제공하는 사업이다.
   ㉡ 소외계층 청소년을 대상으로 다양한 체육활동 참여기회를 제공함으로써 참여 형평성을 높이고 사회 적응력을 배양하는 것을 목적으로 시행되는 사업이다.
   ─────────────────────────

	㉠	㉡
①	여성체육활동	지원 국민체력100
②	국민체력100	스포츠강좌이용권 지원
③	스포츠강좌이용권 지원	행복나눔스포츠교실 운영
④	행복나눔스포츠교실 운영	여성체육활동 지원

3. 〈보기〉의 발달특성을 가진 대상을 위한 스포츠 프로그램 구성 시 고려사항으로 적절하지 <u>않은</u> 것은?

   ──────── 〈보 기〉 ────────
   • 신체적·정서적·사회적 발달이 뚜렷하다.
   • 개인의 요구와 흥미가 뚜렷하게 나타난다.
   • 2차 성징이 나타난다.
   ─────────────────────────

   ① 생활패턴 고려
   ② 개인의 요구와 흥미 고려
   ③ 정적운동 위주의 프로그램 구성
   ④ 스포츠 프로그램의 지속적 참여 고려

4. 〈보기〉에서 생활스포츠 프로그램의 교육목표 진술에 관한 설명으로 옳은 것만을 모두 고른 것은?

   ──────── 〈보 기〉 ────────
   ㉠ 프로그램의 목표는 추상적으로 진술한다.
   ㉡ 학습 내용과 기대되는 행동을 동시에 진술한다.
   ㉢ 스포츠 참여자에게 기대하는 행동의 변화에 따라 동사를 다르게 진술한다.
   ㉣ 해당 스포츠 활동이 끝났을 때 참여자에게 나타난 최종 행동 변화 용어로 진술한다.
   ─────────────────────────

   ① ㉠, ㉡
   ② ㉢, ㉣
   ③ ㉠, ㉡, ㉢
   ④ ㉡, ㉢, ㉣

5. 〈보기〉의 교수 전략을 포함하는 체육수업모형은?

---〈보 기〉---
• 모든 팀원은 자신의 팀에 할당된 과제를 익힌 후, 교사가 되어 다른 팀에게 자신이 학습한 내용을 지도한다.
• 각 팀원들이 서로 다른 내용을 배운 다음, 동일한 내용을 배운 사람끼리 모여 전문가 집단을 구성한다. 이들은 자신이 배운 내용을 공유하며, 원래 자신의 집단으로 돌아가 배운 것을 다른 팀원들에게 지도한다.

① 직접 교수 모형   ② 개별화 지도 모형
③ 협동학습 모형   ④ 전술게임 모형

6. 메츨러(M. Metzler)의 교수·학습 과정안(수업계획안) 작성 시 고려해야 할 구성요소 중 〈보기〉의 설명과 관련 있는 것은?

---〈보 기〉---
• 학생의 흥미를 유발시킬 수 있는 수업 도입
• 과제 제시에 적합한 모형과 단서 사용
• 학생에게 방향을 제시할 과제 구조 설명
• 다양한 과제의 계열성과 진도(차시별)

① 학습 목표
② 수업 맥락의 간단한 기술
③ 시간과 공간의 배정
④ 과제 제시와 과제 구조

7. 〈보기〉에서 안전한 학습환경 유지에 관한 설명으로 옳은 것만을 모두 고른 것은?

---〈보 기〉---
㉠ 위험한 상황이 예측되더라도 시작한 과제는 끝까지 수행한다.
㉡ 안전한 수업운영에 필요한 절차를 분명히 전달하고 상기시켜야 한다.
㉢ 사전에 안전 문제를 예측하고 교구·공간·학생 등을 학습에 도움이 되는 방향으로 배열 또는 배치한다.
㉣ 새로운 연습과제나 게임을 시작할 때 지도자는 학생들의 활동을 주시하고 적극적으로 감독한다.

① ㉠, ㉡   ② ㉡, ㉢
③ ㉠, ㉢, ㉣   ④ ㉡, ㉢, ㉣

8. 헬리슨(D. Hellison)이 제시한 개인적·사회적 책임감 수준과 사례가 적절하지 않은 것은?

수준	사례
① 타인의 권리와 감정 존중	타인에 대해 상호 협력적이고 다른 학생들을 돕고자 한다.
② 참여와 노력	새로운 과제에 도전하며 노력하면 성공할 수 있다고 여긴다.
③ 자기 방향 설정	지도자가 없는 상황에서도 자신이 수립한 목표를 달성한다.
④ 일상생활로의 전이	체육 수업을 통해 학습한 배려를 일상생활에 실천한다.

9. 〈보기〉의 ㉠, ㉡에 해당하는 평가 방법을 바르게 연결한 것은?

――――――― 〈보 기〉―――――――
㉠ 수업 전 학습목표에 따른 참여자 수준을 결정하고, 학습과정에서 참여자가 계속적인 오류 상황을 발생시킬 때 적절한 의사결정을 하도록 한다.
㉡ 학생들에게 자신의 높이뛰기 목표와 운동계획을 수립하게 한 다음 육상 단원이 끝나는 시점에서 종합적 목표 달성여부 확인을 위해 평가를 실시한다.

	㉠	㉡
①	진단평가	형성평가
②	진단평가	총괄평가
③	형성평가	총괄평가
④	총괄평가	형성평가

10. 다음에 해당하는 평가기법에 대한 설명으로 옳지 않은 것은?

테니스 포핸드 스트로크 과정	운동수행
• 두 발이 멈춘 상태에서 스트로크를 시도하는가?	Y/N
• 몸통 회전을 충분히 활용하는가?	Y/N
• 임팩트까지 시선을 공에 고정하는가?	Y/N
• 팔로우스로우를 끝까지 유지하는가?	Y/N

① 쉽게 제작이 가능하며 사용이 편리하다.
② 운동수행과정의 질적 평가가 불가하다.
③ 어떤 사건이나 행동의 발생 여부를 신속히 확인할 때 주로 사용한다.
④ 관찰행동을 구체적으로 정의하고 그 행동의 발생 시점을 확인할 수 있다.

11. 학교체육진흥법(시행 2021.6.24.)의 제10조에서 규정하고 있는 학교장의 역할에 관한 내용으로 옳지 않은 것은?

① 학생들이 신체활동 프로그램에 참여할 수 있도록 학교스포츠클럽을 운영하여 학생들의 체육활동 참여기회를 확대하여야 한다.
② 학교스포츠클럽을 운영하는 경우 전문코치를 지정하여야 한다.
③ 학교스포츠클럽 활동 내용을 학교생활기록부에 기록하여 상급학교 진학자료로 활용할 수 있도록 하여야 한다.
④ 교육부령으로 정하는 바에 따라 일정 비율 이상의 학교스포츠클럽을 해당 학교의 여학생들이 선호하는 종목으로 운영하여야 한다.

12. 다음 ㉠~㉤에서 체육시설법 시행규칙(시행 2021.7.1.) 제22조 '체육 지도자 배치기준'에 부합되는 것을 모두 고른 것은?

체육시설업의 종류	규모	배치인원
㉠ 스키장업	- 슬로프 10면 이하 - 슬로프 10면 초과	1명 이상 2명 이상
㉡ 승마장업	- 말 20마리 이하 - 말 20마리 초과	1명 이상 2명 이상
㉢ 수영장업	- 수영조 바닥면적이 400㎡ 이하인 실내 수영장 - 수영조 바닥면적이 400㎡를 초과하는 실내 수영장	1명 이상 2명 이상
㉣ 골프연습장업	- 20타석 이상 50타석 이하 - 50타석 초과	1명 이상 2명 이상
㉤ 체력단련장업	- 운동전용면적 200㎡ 이하 - 운동전용면적 200㎡ 초과	1명 이상 2명 이상

① ㉠, ㉡, ㉢, ㉣
② ㉠, ㉡, ㉣, ㉤
③ ㉠, ㉢, ㉣, ㉤
④ ㉡, ㉢, ㉣, ㉤

13. 국민체육진흥법(시행 2021.6.9.)에서 규정하는 생활스포츠지도사의 자격으로 옳지 않은 것은?

① 체육지도자의 자격은 19세 이상인 사람에게 부여한다.

② 생활스포츠지도사는 1급, 2급으로 구분한다.

③ 2급 생활스포츠지도사는 2급 생활스포츠지도사 자격검정에 합격하고, 연수과정을 이수한 사람으로 한다.

④ 1급 생활스포츠지도사는 자격 종목의 2급 생활스포츠지도사 자격을 취득한 후 3년 이상 해당 자격 종목의 지도경력이 있는 사람으로 한다.

14. 〈보기〉의 ㉠, ㉡에 해당하는 단계가 바르게 연결된 것은?

─────────── 〈보 기〉 ───────────
마튼스(R. Martens)가 제시한 전문체육 프로그램 개발 6단계는
　㉠　, 선수 이해, 상황 분석, 우선순위 결정 및 목표 설정,
　㉡　, 연습계획 수립이다.
────────────────────────────

	㉠	㉡
①	스포츠에 대한 이해	공간적 맥락 고려
②	선수 발달 단계에 대한 이해	전술 선택
③	선수단(훈련) 규모 설정	체력상태의 이해
④	선수에게 필요한 기술 파악	지도 방법 선택

15. ㉠, ㉡에 해당하는 용어가 바르게 연결된 것은?

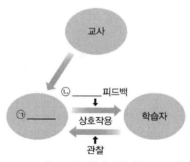

동료교수모형의 수업방식

	㉠	㉡		㉠	㉡
①	관찰자	교정적	②	개인교사	중립적
③	개인교사	교정적	④	교사	가치적

16. 그리핀(L. Griffin), 미첼(S. Mitchell), 오슬린(J. Oslin)의 이해중심게임 모형에서 변형게임 구성 시 반영해야 할 2가지 핵심 개념은?

① 전술과 난이도　　　② 연계성과 위계성
③ 공간의 특성과 학습자　④ 대표성과 과장성

17. 〈보기〉의 ㉠, ㉡에 해당하는 젠틸(A. Gentile)의 스포츠 기술이 바르게 연결된 것은?

─────────── 〈보 기〉 ───────────
㉠ 은 환경의 변화나 상태에 의해 변화되는 기술을 말한다. ㉡ 은 상대적으로 환경적 조건이 안정적이며 외부 조건이 대부분 변하지 않는 속성이 있다.
────────────────────────────

	㉠	㉡
①	개별기술	복합기술
②	개방기술	폐쇄기술
③	시작형 기술	세련형 기술
④	부분기술	전체기술

18. 〈보기〉와 같이 종목을 구분하는 근거로 적합한 것은?

> ───── 〈보 기〉 ─────
> - 영역형 : 농구, 축구, 하키, 풋볼
> - 네트형 : 배드민턴, 배구, 탁구
> - 필드형 : 야구, 소프트볼, 킥볼
> - 표적형 : 당구, 볼링, 골프

① 포지션의 수
② 게임전술의 전이 가능성
③ 기술(skill)의 특성
④ 선수의 수

19. 〈보기〉의 설명에 해당하는 피드백 유형은?

> ───── 〈보 기〉 ─────
> - 모스턴(M. Mosston)이 제시한 피드백 유형이며, 사실적으로 행동을 기술한다.
> - 판단이나 수정 지시를 하지 않으나, 피드백 진술의 의미를 변경할 수 있다.
> - 다른 피드백 형태로 옮겨가는 특징을 가지고 있다.

① 교정적 피드백(corrective statements)
② 가치적 피드백(value statements)
③ 중립적 피드백(neutral statements)
④ 불분명한 피드백(ambiguous statements)

20. 링크(J. Rink)의 내용발달 단계가 순서대로 연결된 것은?

① 시작과제 - 확대과제 - 세련과제 - 적용과제
② 적용과제 - 시작과제 - 확대과제 - 세련과제
③ 세련과제 - 적용과제 - 시작과제 - 확대과제
④ 확대과제 - 세련과제 - 적용과제 – 시작과제

───── 스포츠심리학 (33) ─────

1. 〈보기〉는 레빈(K. Lewin, 1935)이 주장한 내용이다. ㉠, ㉡에 들어갈 개념으로 바르게 묶인 것은?

> ───── 〈보 기〉 ─────
> - 인간의 행동은 (㉠)과 (㉡)에 의해 결정된다.
> - (㉠)과 (㉡)의 상호작용으로 행동은 변화한다.

	㉠	㉡
①	개인(person)	환경(environment)
②	인지(cognition)	감정(affect)
③	감정(affect)	환경(environment)
④	개인(person)	인지(cognition)

2. 아동의 운동 발달을 평가할 때 심리적 안정을 도모하기 위한 평가 방법으로 옳은 것은?

① 평가장소에 도착하면 환경에 대한 탐색 시간을 주지 말고 평가를 바로 진행한다.
② 아동의 평가 민감성을 높이기 위해 평가라는 단어를 강조한다.
③ 운동 도구를 사용하여 평가할 때 탐색할 기회를 제공한다.
④ 아동과 공감대를 형성하지 않는다.

3. 〈보기〉에 제시된 일반화된 운동프로그램 (Generalized Motor Program:GMP)에 관한 설명으로 바르게 묶인 것은?

─── 〈보 기〉 ───
㉠ 인간의 운동은 자기조직(self-organization)과 비선형성(nonlinear)의 원리에 의해 생성되고 변화한다.
㉡ 불변매개변수(invariant parameter)에는 요소의 순서(order of element), 시상(phasing), 상대적인 힘(relative force)이 포함된다.
㉢ 가변매개변수(variant parameter)에는 전체 동작 지속시간(overall duration), 힘의 총량(overall force), 선택된 근육군(selected muscles)이 포함된다.
㉣ 환경정보에 대한 지각 그리고 동작의 관계 (perception-action coupling)를 강조한다.

① ㉠, ㉡   ② ㉠, ㉢
③ ㉡, ㉢   ④ ㉢, ㉣

4. 〈보기〉에서 설명하는 개념은?

─── 〈보 기〉 ───
• 자극반응 대안 수가 증가할수록 선택반응시간도 증가한다.
• 투수가 직구와 슬라이더 구종에 커브 구종을 추가하여 무작위로 섞어 던졌을 때 타자의 반응시간이 길어졌다.

① 피츠의 법칙(Fitts' law)
② 파워 법칙(power law)
③ 임펄스 가변성 이론(impulse variability theory)
④ 힉스의 법칙(Hick's law)

5. 〈보기〉에 제시된 번스타인(N. Bernstein)의 운동학습 단계에 대한 설명으로 바르게 묶인 것은?

─── 〈보 기〉 ───
㉠ 스케이트를 탈 때 고관절, 슬관절, 발목관절을 활용하여 추진력을 갖게 한다.
㉡ 체중 이동을 통해 추진력을 확보하며 숙련된 동작을 실행하게 한다.
㉢ 스케이트를 신고 고관절, 슬관절, 발목관절을 하나의 단위체로 걷게 한다.

	㉠	㉡	㉢
①	자유도 풀림	반작용 활용	자유도 고정
②	반작용 활용	자유도 풀림	자유도 고정
③	자유도 풀림	자유도 고정	반작용 활용
④	반작용 활용	자유도 고정	자유도 풀림

6. 레이데크와 스미스(T. Raedeke & A. Smith, 2001)의 운동선수 탈진 질문지(Athlete Burnout Questionnaire: ABQ)의 세 가지 측정 요인이 아닌 것은?

① 성취감 저하(reduced sense of accomplishment)
② 스포츠 평가절하(sport devaluation)
③ 경쟁상태불안(competitive state anxiety)
④ 신체적/정서적 고갈(physical, emotional exhaustion)

7. 웨이스와 아모로스(M. Weiss & A. Amorose, 2008)가 제시한 스포츠 재미(sport enjoyment)의 영향 요인으로 옳지 않은 것은?

① 인지능력
② 사회적 소속
③ 동작 자체의 감각 체험
④ 숙달과 성취

8. 〈보기〉에 제시된 도식이론(schema theory)
   에 관하여 옳은 설명으로 묶인 것은?

   ── 〈보 기〉 ──
   ㉠ 빠른 움직임과 느린 움직임을 구분하여 설명
      한다.
   ㉡ 재인도식은 피드백 정보가 없는 빠른 운동을
      조절하는 역할을 한다.
   ㉢ 회상도식은 과거의 실제결과, 감각귀결, 초기
      조건의 관계를 바탕으로 형성된다.
   ㉣ 200ms 이상의 시간이 필요한 느린 운동 과제
      의 제어에는 회상도식과 재인도식이 모두 동
      원된다.

   ① ㉠, ㉡   ② ㉡, ㉢
   ③ ㉠, ㉣   ④ ㉢, ㉣

9. 〈보기〉에 제시된 심리적 불응기
   (Psychological Refractory Period: PRP)에
   관하여 옳은 설명으로 묶인 것은?

   ── 〈보 기〉 ──
   ㉠ 1차 자극에 대한 반응을 수행하고 있을 때 2차
      자극을 제시할 경우, 2차 자극에 대해 반응시
      간이 느려지는 현상이다.
   ㉡ 1차 자극과 2차 자극간의 시간차가 10ms 이하
      로 매우 짧을 때 나타난다.
   ㉢ 페이크(fake) 동작의 사용 빈도를 높일 때 효
      과적이다.
   ㉣ 1차와 2차 자극을 하나의 자극으로 간주하는
      현상을 집단화라고 한다.

   ① ㉠, ㉡   ② ㉡, ㉢
   ③ ㉢, ㉣   ④ ㉠, ㉣

10. 인간 발달의 특징에 관한 설명으로 옳지
    않은 것은?

    ① 개인적 측면은 발달에 영향을 미치는 요
       인이 개인마다 달라서 나타나는 현상이다.
    ② 다차원적 측면은 개인의 신체적·정서적
       특성과 같은 내적 요인 그리고 사회 환
       경과 같은 외적 요인으로 나눌 수 있다.
    ③ 계열적 측면은 기기와 서기의 단계를 거
       친 후에야 자신의 힘으로 스스로 걸을
       수 있게 되는 것이다.
    ④ 질적 측면은 현재 나타나고 있는 움직임
       양식이 과거 움직임의 경험이 축적되어
       나타나는 것이다.

11. 시각탐색에 사용되는 안구 움직임의 형태
    로 옳지 않은 것은?

    ① 지각의 협소화(perceptual narrowing)
    ② 부드러운 추적 움직임(smooth pursuit
       movement)
    ③ 전정안구반사(vestibulo-ocular reflex)
    ④ 빠른 움직임(saccadic movement)

12. 〈보기〉에 제시된 불안과 운동수행의 관계
    를 설명하는 이론은?

    ── 〈보 기〉 ──
    • 선수가 불안을 어떻게 '해석'하느냐에 따라 운동
      수행이 달라질 수 있다.
    • 선수는 각성이 높은 상태를 기분 좋은 흥분상태
      로 해석할 수도 있지만 불쾌한 불안으로 해석할
      수도 있다.

    ① 역U가설(inverted-U hypothesis)
    ② 전환이론(reversal theory)
    ③ 격변이론(catastrophe theory)
    ④ 적정기능지역이론(zone of optimal
       functioning theory)

13. 〈보기〉의 ㉠과 ㉡에 들어갈 알맞은 용어는?

---〈보 기〉---

• (㉠)은 불안을 감소시키기 위해 자기최면을 사용하여 무거움과 따뜻함을 실제처럼 느끼도록 유도하는 방법이다.

• (㉡)은/는 불안을 유발하는 자극의 목록을 작성한 후, 하나씩 차례로 적용하여 유발 감각 자극에 대한 민감도를 줄여 불안 수준을 감소시키는 방법이다.

	㉠	㉡
①	바이오피드백 (biofeedback)	체계적 둔감화 (systematic desensitization)
②	자생훈련 (autogenic training)	바이오피드백 (biofeedback)
③	점진적 이완 (progressive relexation)	바이오피드백 (biofeedback)
④	자생훈련 (autogenic training)	체계적 둔감화 (systematic desensitization)

14. 와이너(B. Weiner)의 경기 승패에 대한 귀인이론에 관한 설명으로 옳지 <u>않은</u> 것은?

① 노력은 내적이고 불안정하며 통제 가능한 요인이다.

② 능력은 내적이고 안정적이며 통제 불가능한 요인이다.

③ 운은 외적이고 불안정하며 통제 불가능한 요인이다.

④ 과제난이도는 외적이고 불안정하며 통제할 수 있는 요인이다.

15. 〈보기〉에 제시된 심상에 대한 이론과 설명이 바르게 묶인 것은?

---〈보 기〉---

㉠ 심리신경근 이론에 따르면 심상을 하는 동안에 실제 동작에서 발생하는 근육의 전기 반응과 유사한 전기 반응이 근육에서 발생한다.

㉡ 상징학습 이론에 따르면 심상은 인지 과제(바둑)보다 운동 과제(역도)에서 더 효과적이다.

㉢ 생물정보 이론에 따르면 심상은 상상해야 할 상황 조건인 자극 전제와 심상의 결과로 일어나는 반응 전제로 구성된다.

㉣ 상징학습 이론에 따르면 생리적 반응과 심리 반응을 함께하면 심상의 효과는 낮아진다.

① ㉠, ㉡ ② ㉠, ㉢

③ ㉡, ㉢ ④ ㉢, ㉣

16. 〈보기〉에 제시된 첼라드라이(P. Chelladerai)의 다차원리더십 모델에 관한 설명으로 옳게 묶인 것은?

---〈보 기〉---

㉠ 리더의 특성은 리더의 실제 행동에 영향을 준다.

㉡ 규정 행동은 선수에게 규정된 행동을 말한다.

㉢ 선호 행동은 리더가 선호하거나 바라는 선수의 행동을 말한다.

㉣ 리더의 실제 행동과 선수의 선호 행동이 다르면 선수의 만족도가 낮아진다.

① ㉠, ㉡ ② ㉠, ㉣

③ ㉡, ㉢ ④ ㉢, ㉣

17. 〈보기〉에서 설명하는 운동심리 이론(모형)은?

---〈보 기〉---

- 지역사회가 여성 전용 스포츠 센터를 확충한다.
- 정부가 운동 참여에 대한 인센티브 정책을 수립한다.
- 가정과 학교에서 운동 참여를 지지해주는 분위기를 만든다.

① 사회생태모형(social ecological model)
② 합리적행동이론(theory of reasoned action)
③ 자기효능감이론(self-efficacy theory)
④ 자결성이론(self-determination theory)

18. 프로차스카(J. O. Prochaska)의 운동변화단계 모형(Transtheoretical Model)에 관한 설명으로 옳은 것은?

① 변화 단계와 자기효능감과의 관계는 U자 형태다.
② 인지적·행동적 변화과정을 통해 운동 단계가 변화한다.
③ 변화 단계가 높아짐에 따라 운동에 대해 기대할 수 있는 혜택은 점진적으로 감소한다.
④ 무관심 단계는 현재 운동에 참여하지 않지만, 6개월 이내에 운동을 시작할 의도가 있다.

19. 한국스포츠심리학회가 제시한 스포츠 심리상담사 상담윤리에 대한 설명으로 옳지 않은 것은?

① 스포츠심리상담사는 자신의 전문영역과 한계영역을 명확하게 인식 해야 한다.
② 스포츠심리상담사는 상담 과정에서 얻은 정보를 이용할 때 고객과 미리 상의해야 한다.
③ 스포츠심리상담사는 상담 효과를 알리기 위해 상담에 참여한 사람으로부터 좋은 평가나 소감을 요구해야 한다.
④ 스포츠심리상담사는 타인에게 역할을 위임할 때는 전문성이 있는 사람에게만 위임하여야 하며 그 타인의 전문성을 확인해야 한다.

20. 〈보기〉에 제시된 폭스(K. Fox)의 위계적 신체적 자기개념 가설(hypothesized hierarchical organization of physical self-perception)에 관한 설명으로 바르게 묶인 것은?

---〈보 기〉---

㉠ 신체적 컨디션은 매력적 신체를 유지하는 능력이다.
㉡ 신체적 자기 가치는 전반적 자기존중감의 상위 영역에 속한다.
㉢ 신체 매력과 신체적 컨디션은 신체적 자기가치의 하위영역에 속한다.
㉣ 스포츠 유능감은 스포츠 능력과 스포츠 기술 학습 능력에 대한 자신감이다.

① ㉠, ㉡   ② ㉠, ㉢
③ ㉡, ㉣   ④ ㉢, ㉣

1. 체육사에 관한 설명으로 옳지 않은 것은?

   ① 연구대상은 시간, 인간, 공간 등이 고려된다.

   ② 체육과 스포츠를 역사적 방법으로 연구하는 학문이다.

   ③ 연구내용은 스포츠문화사, 전통스포츠사 등을 포함한다.

   ④ 체육과 스포츠의 도덕적 가치판단에 대한 근거를 탐구한다.

2. 〈보기〉에서 체육사 연구의 사료(史料)에 관한 설명으로 옳은 것만을 모두 고른 것은?

                〈보 기〉

   ㉠ 기록 사료는 문헌 사료와 구전 사료가 있다.

   ㉡ 물적 사료는 물질적 유산인 유물과 유적이 있다.

   ㉢ 기록 사료 중 민요, 전설, 시가, 회고담 등은 문헌 사료이다.

   ㉣ 전통적인 분류 방식에 따르면, 물적 사료와 기록 사료로 구분된다.

   ① ㉠, ㉡   ② ㉡, ㉢

   ③ ㉠, ㉡, ㉣   ④ ㉡, ㉢, ㉣

3. 부족국가와 삼국시대의 신체활동이 포함된 제천의식에 관한 설명으로 옳지 않은 것은?

   ① 신라 - 가배   ② 부여 - 동맹

   ③ 동예-무천   ④ 마한- 10월제

4. 〈보기〉에서 화랑도에 관한 설명으로 옳은 것만을 모두 고른 것은?

                〈보 기〉

   ㉠ 법흥왕 때에 종래 화랑도 제도를 개편하여 체계화되었다.

   ㉡ 한국의 전통사상과 세속오계(世俗五戒)를 근간으로 두었다.

   ㉢ 국선도(國仙徒), 풍류도(風流徒), 원화도(源花徒)라고도 불리었다.

   ㉣ 편력(遍歷), 입산수행(入山修行), 주행천하(周行天下) 등의 활동을 했다.

   ① ㉠, ㉡   ② ㉡, ㉢

   ③ ㉠, ㉡, ㉣   ④ ㉡, ㉢, ㉣

5. 〈보기〉의 ㉠에 해당하는 용어는?

                〈보 기〉

   『구당서(舊唐書)』에 따르면, "고구려의 풍속은 책 읽기를 좋아하며, 허름한 서민의 집에 이르기까지 거리에 큰 집을 지어 이를 (㉠)이라고 하고, 미혼의 자제들이 여기에서 밤낮으로 독서하고 활쏘기를 익힌다."라고 되어 있다.

   ① 태학   ② 경당

   ③ 향교   ④ 학당

6. 고려시대의 무학(武學) 전문 강좌인 강예재(講藝齋)가 개설된 교육기관은?

   ① 국자감(國子監)

   ② 성균관(成均館)

   ③ 응방도감(鷹坊都監)

   ④ 오부학당(五部學堂)

7. 〈보기〉에서 고려시대 무예의 특징으로 옳은 것만을 모두 고른 것은?

〈보 기〉

㉠ 격구(擊毬)는 군사훈련의 수단이었다.
㉡ 수박희(手搏戱)는 무인 인재 선발의 중요한 방법이었다.
㉢ 마술(馬術)은 육예(六藝) 중 어(御)에 속하며, 군자의 중요한 덕목 중 하나였다.
㉣ 궁술(弓術)은 문인과 무인의 심신 수양과 인격 도야의 방법으로 중시되었다.

① ㉠
② ㉡, ㉢
③ ㉡, ㉢, ㉣
④ ㉠, ㉡, ㉢, ㉣

8. 조선시대 무과제도에 관한 설명으로 옳지 않은 것은?

① 초시, 복시, 전시 3단계로 실시되었다.
② 무과는 강서와 무예 시험으로 구성되었다.
③ 증광시, 별시, 정시는 비정규적으로 실시되었다.
④ 선발 정원은 제한이 없었으며, 누구나 응시할 수 있었다.

9. 〈보기〉에 해당하는 신체활동은?

〈보 기〉

• 군사훈련의 성격을 지니고 실시된 무예 활동
• 조선시대 왕이나 양반 또는 대중에게 볼거리 제공
• 나라의 풍속으로 단오절이나 명절에 행해졌던 활동
• 승부를 결정 짓는 놀이로서 신체적 탁월성을 추구하는 경쟁적 활동

① 투호(投壺)
② 저포(樗蒲)
③ 석전(石戰)
④ 위기(圍碁)

10. 〈보기〉에서 조선시대 체육사상에 관한 설명으로 옳은 것만을 모두 고른 것은?

〈보 기〉

㉠ 유교의 영향으로 숭문천무(崇文賤武) 사상이 만연했다.
㉡ 심신 수련으로 활쏘기가 중시되었고, 학사사상(學射思想)이 강조되었다.
㉢ 활쏘기를 통해서 문무겸전(文武兼全) 혹은 문무겸일(文武兼一)에 도달하고자 했다.
㉣ 국토 순례를 통해 조선에 대한 애국심을 가지게 하는 불국토사상(佛國土思想)이 중시되었다.

① ㉠, ㉡
② ㉡, ㉢
③ ㉠, ㉡, ㉢
④ ㉡, ㉢, ㉣

11. 일제강점기에 설립된 체육 단체가 아닌 것은?

① 대한국민체육회(大韓國民體育會)
② 관서체육회(關西體育會)
③ 조선체육협회(朝鮮體育協會)
④ 조선체육회(朝鮮體育會)

12. 〈보기〉의 ㉠, ㉡에 해당하는 여성 스포츠인이 바르게 연결된 것은?

〈보 기〉

• 박봉식은 1948년 런던올림픽경기대회에 출전한 첫 여성 원반 던지기 선수
• (㉠)은/는 1967년 세계여자농구선수권대회에 출전해 최우수 선수로 선정
• (㉡)은/는 2010년 밴쿠버동계올림픽경기대회에 출전해 피겨스케이팅 금메달 획득

	㉠	㉡
①	박신자	김연아
②	김옥자	김연아
③	박신자	김옥자
④	김옥자	박신자

13. 〈보기〉의 ㉠, ㉡에 해당하는 개최지가 바르게 연결된 것은?

> ───── 〈보 기〉 ─────
>
> 우리나라는 1986년 서울아시아경기대회, 2002년 (㉠)아시아경기대회, 2014년 (㉡)아시아경기대회를 성공적으로 개최했다.

	㉠	㉡		㉠	㉡
①	인천	부산	②	부산	인천
③	평창	충북	④	충북	평창

14. 〈보기〉에 해당하는 인물은?

> ───── 〈보 기〉 ─────
>
> • 제6회, 제7회 아시아경기대회에서 수영 종목 400M, 1,500M 2관왕 2연패
> • 2008년 독도 33바퀴 회영(回泳)
> • 2020년 스포츠영웅으로 선정되어 2021년 국립묘지에 안장

① 조오련 ② 민관식
③ 김 일 ④ 김성집

15. 개화기에 도입된 근대스포츠 종목으로 옳지 <u>않은</u> 것은?

① 농구 ② 역도
③ 야구 ④ 육상

16. 광복 이전 조선체육회에 관한 설명으로 옳지 <u>않은</u> 것은?

① 조선체육협회보다 먼저 창립되었다.
② 조선의 체육을 지도, 장려하는 것이 목적이었다.
③ 첫 사업인 제1회 전조선야구대회는 전국체육대회의 효시이다.
④ 고려구락부를 모태로 하였고, 조선체육협회에 강제 통합되었다.

17. 〈보기〉에서 설명하는 올림픽경기대회는?

> ───── 〈보 기〉 ─────
>
> • 우리 민족이 일장기를 달고 출전한 대회
> • 마라톤의 손기정이 금메달, 남승룡이 동메달을 획득한 대회

① 1924년 제8회 파리올림픽경기대회
② 1928년 제9회 암스테르담올림픽경기대회
③ 1932년 제10회 로스앤젤레스올림픽경기대회
④ 1936년 제11회 베를린올림픽경기대회

18. 〈보기〉의 ㉠, ㉡에 들어갈 알맞은 용어로 바르게 연결된 것은?

> ───── 〈보 기〉 ─────
>
> • (㉠)경기대회는 우리나라 여성이 최초로 금메달을 획득한 대회로, 서향순이 양궁 개인전에서 금메달을 획득했다.
> • (㉡)경기대회는 우리나라가 광복 후 최초로 마라톤에서 금메달을 획득한 대회로, 황영조가 마라톤에서 금메달을 획득했다.

	㉠	㉡
①	1984년 로스앤젤레스올림픽	1988년 서울올림픽
②	1984년 로스앤젤레스올림픽	1992년 바르셀로나올림픽
③	1988년 서울올림픽	1988년 서울올림픽
④	1988년 서울올림픽	1992년 바르셀로나올림픽

19. 〈보기〉의 설명과 관련 있는 정권은?

> ───── 〈보 기〉 ─────
>
> • 호돌이 계획 시행
> • 국민생활체육회(구 국민생활체육협의회) 창설
> • 1988년 서울올림픽경기대회의 성공적인 개최
> • 제41회 지바 세계탁구선수권대회 남북단일팀 출전

① 박정희 정권 ② 전두환 정권
③ 노태우 정권 ④ 김영삼 정권

20. 2002년 제17회 월드컵축구대회에 관한 설명으로 옳지 <u>않은</u> 것은?

① 한국은 4강에 진출했다.
② 한국과 일본이 공동으로 개최했다.
③ 한국과 북한이 단일팀을 구성하여 출전했다.
④ 한국의 길거리 응원은 온 국민 문화축제의 장이었다.

운동생리학 (55)

1. 〈보기〉에서 설명하는 트레이닝의 원리는?

― 〈보 기〉 ―
• 트레이닝의 효과는 운동에 동원된 근육에서만 발생한다.
• 근력 향상을 위해서는 저항성 트레이닝이 적합하다.

① 특이성의 원리   ② 가역성의 원리
③ 과부하의 원리   ④ 다양성의 원리

2. 체온 저하 시 생리적 반응으로 적절한 것은?

① 심박수 증가
② 피부혈관 확장
③ 땀샘의 땀 분비 증가
④ 골격근 떨림(shivering) 증가

3. 지구성 트레이닝 후 최대 동-정맥 산소차 (maximal arterial-venous oxygen difference) 증가에 기여하는 요인으로 적절하지 <u>않은</u> 것은?

① 미토콘드리아 크기 증가
② 미토콘드리아 수 증가
③ 모세혈관 밀도 감소
④ 총 혈액량 증가

4. 〈보기〉에서 운동유발성 근육경직(exercise-associated muscle cramps)을 방지하기 위한 방법으로 적절한 것을 모두 고른 것은?

──── 〈보 기〉 ────
㉠ 발생하기 쉬운 근육을 규칙적으로 스트레칭 한다.
㉡ 필요 시 운동 강도와 지속 시간을 감소시킨다.
㉢ 수분과 전해질의 균형을 유지한다.
㉣ 탄수화물 저장량을 낮춘다.

① ㉠
② ㉠, ㉡
③ ㉠, ㉡, ㉢
④ ㉠, ㉡, ㉢, ㉣

5. 1회 박출량(stroke volume)에 관한 설명으로 적절하지 않은 것은?

① 심실 수축력이 증가하면 1회 박출량은 증가한다.
② 평균 동맥혈압이 감소하면 1회 박출량은 증가한다.
③ 심장으로 돌아오는 정맥혈 회귀(venous return)가 감소하면 1회 박출량은 감소한다.
④ 수축기말 용적(end-systolic volume)에서 확장기말 용적(end-diastolic volume)을 뺀 값이다.

6. 〈보기〉에서 설명하는 중추신경계 기관은?

──── 〈보 기〉 ────
• 시상과 시상하부로 구성된다.
• 시상은 감각을 통합·조절한다.
• 시상하부는 심박수와 심장 수축, 호흡, 소화, 체온, 식욕 및 음식 섭취를 조절한다.

① 간뇌(diencephalon) ② 대뇌(cerebrum)
③ 소뇌(cerebellum)   ④ 척수(spinal cord)

7. 직립 상태에서 폐-혈액 간 산소확산 능력은 안정 시와 비교하여 운동 시 증가한다. 이에 기여하는 요인으로 적절한 것은?

① 폐포와 모세혈관 사이의 호흡막(respiratory membrane) 두께 증가
② 증가한 혈압으로 인한 폐 윗부분(상층부)으로의 혈류량 증가
③ 폐정맥 혈액 내 높은 산소분압
④ 폐동맥 혈액 내 높은 산소분압

8. 건강체력 요소 측정으로만 나열되지 않은 것은?

① 오래달리기 측정, 생체전기저항분석(bioelectric impedance analysis)
② 앉아윗몸앞으로굽히기 측정, 윗몸일으키기 측정
③ 배근력 측정, 제자리높이뛰기 측정
④ 팔굽혀펴기 측정, 악력 측정

9. 운동하는 근육으로의 혈류량을 증가시키는 국소적 내인성(intrinsic) 자율조절 요소로 적절하지 않은 것은?

① 수소이온, 이산화탄소, 젖산 등 대사 부산물
② 부신수질로부터 분비된 카테콜아민(catecholamine)
③ 혈관 벽에 작용하는 압력에 따른 근원성(myogenic) 반응
④ 혈관내피세포(endothelial cell)에서 생성된 산화질소, 프로스타글랜딘(prostaglandin), 과분극인자(hyperpolarizing factor)

10. 〈보기〉의 ㉠~㉢에 들어갈 용어가 바르게 나열된 것은?

─────── 〈보 기〉 ───────

【근육수축 과정】
• 골격근막의 활동전위는 가로세관(T-tubule)을 타고 이동하여 근형질세망(sarcoplasmic reticulum)으로부터 (㉠) 유리를 자극한다.
• 유리된 (㉠)은 액틴(actin) 세사의 (㉡)에 결합하고, (㉡)은 (㉢)을 이동시켜 마이오신(myosin) 머리가 액틴과 결합할 수 있도록 한다.

	㉠	㉡	㉢
①	칼륨	트로포닌	트로포마이오신
②	칼슘	트로포마이오신	트로포닌
③	칼륨	트로포마이오신	트로포닌
④	칼슘	트로포닌	트로포마이오신

11. 〈그림〉은 폐활량계를 활용하여 측정한 폐용적(량)을 나타낸 것이다. ㉠~㉣에서 안정 시와 비교하여 운동 시 변화에 대한 설명으로 적절한 것은?

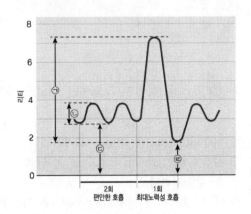

① ㉠ : 증가   ② ㉡ : 감소
③ ㉢ : 감소   ④ ㉣ : 증가

12. 〈보기〉 중 저항성 트레이닝 후 생리적 적응으로 적절한 것을 모두 고른 것은?

─────── 〈보 기〉 ───────

㉠ 골 무기질 함량 증가
㉡ 액틴(actin) 단백질 양 증가
㉢ 시냅스(synapse) 소포 수 감소
㉣ 신경근접합부(neuromuscular junction) 크기 감소

① ㉠   ② ㉠, ㉡
③ ㉠, ㉡, ㉢   ④ ㉠, ㉡, ㉢, ㉣

13. 〈보기〉 중 지구성 트레이닝 후 1회 박출량(stroke volume) 증가에 기여하는 요인으로 적절한 것만 나열된 것은?

─────── 〈보 기〉 ───────

㉠ 동일한 절대 강도 운동 시 확장기말 용적(end-diastolic volume) 감소
㉡ 동일한 절대 강도 운동 시 수축기말 용적(end-systolic volume) 증가
㉢ 동일한 절대 강도 운동 시 확장기(diastolic) 혈액 충만 시간 증가
㉣ 동일한 절대 강도 운동 시 심박수 감소

① ㉠, ㉡   ② ㉠, ㉢
③ ㉡, ㉢   ④ ㉢, ㉣

14. 〈보기〉의 ⊙, ⓒ에 들어갈 내용이 바르게 나열된 것은?

〈보 기〉
- 골격근의 신장성 수축은 수축 속도가 (⊙) 더 큰 힘이 생성된다.
- 동일 골격근에서 단축성 수축은 신장성 수축에 비해 같은 속도에서 더 (ⓒ) 힘이 생성된다.

⊙	ⓒ
① 빠를수록	작은
② 느릴수록	작은
③ 느릴수록	큰
④ 빠를수록	큰

15. 혈액순환 시 혈압의 감소가 가장 크게 발생하는 혈관은?

① 모세혈관(capillary) ② 세동맥(arteriole)
③ 세정맥(venule) ④ 대동맥(aorta)

16. 스프린트 트레이닝 후 나타나는 생리적 적응이 바르게 나열된 것은?

① 속근 섬유 비대-해당과정을 통한 ATP 생산능력 향상
② 지근 섬유 비대-해당과정을 통한 ATP 생산능력 향상
③ 속근 섬유 비대-해당과정을 통한 ATP 생산능력 저하
④ 지근 섬유 비대-해당과정을 통한 ATP 생산능력 저하

17. 〈보기〉의 ⊙, ⓒ에 들어갈 용어가 바르게 나열된 것은?

〈보 기〉
지방의 베타(β) 산화는 중성지방으로부터 분리된 (⊙)이 미토콘드리아 내에서 여러 단계를 거쳐 (ⓒ)(으)로 전환되는 과정을 뜻한다.

	⊙	ⓒ
①	유리지방산(free fatty acid)	아세틸 조효소-A(Acetyl CoA)
②	유리지방산(free fatty acid)	젖산(lactic acid)
③	글리세롤(glycerol)	아세틸 조효소-A(Acetyl CoA)
④	글리세롤(glycerol)	젖산(lactic acid)

18. 〈보기〉의 ⊙, ⓒ에 들어갈 용어가 바르게 나열된 것은?

〈보 기〉
- 운동 시 교감신경계가 활성화되면, 골격근으로의 혈류량은 (⊙)하고 내장기관으로의 혈류량은 (ⓒ)한다.

	⊙	ⓒ
①	감소	증가
②	감소	감소
③	증가	감소
④	증가	증가

19. 〈보기〉 중 적절한 것으로만 나열된 것은?

〈보 기〉
⊙ 인슐린(insulin)은 혈당을 증가시킨다.
ⓒ 성장호르몬(growth hormone)은 단백질 합성을 감소시킨다.
ⓒ 에리스로포이에틴(erythropoietin)은 적혈구 생산을 촉진시킨다.
ⓔ 항이뇨호르몬(antidiuretic hormone)은 수분손실을 감소시킨다.

① ⊙, ⓒ   ② ⊙, ⓒ
③ ⓒ, ⓔ   ④ ⓒ, ⓔ

20. 〈그림〉은 막 전위의 변화를 나타낸 것이다. ㉠~㉣ 중 탈분극(depolarization)에 해당하는 시점은?

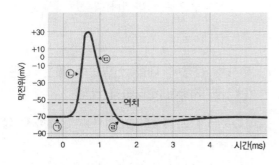

① ㉠

② ㉡

③ ㉢

④ ㉣

1. 운동역학(Sports Biomechanics) 연구의 목적과 내용이 <u>아닌</u> 것은?

① 동작분석

② 운동장비 개발

③ 부상 기전 규명

④ 운동 유전자 검사

2. 인체의 움직임을 표현하는 용어로 옳지 <u>않</u>은 것은?

① 굽힘(굴곡, flexion)은 관절을 형성하는 뼈들이 이루는 각이 작아지는 움직임이다.

② 폄(신전, extension)은 관절을 형성하는 뼈들이 이루는 각이 커지는 움직임이다.

③ 벌림(외전, abduction)은 뼈의 세로축이 신체의 중심선으로 가까워지는 움직임이다.

④ 발등굽힘(배측굴곡, dorsi flexion)은 발등이 정강이뼈(경골, tibia) 앞쪽으로 향하는 움직임이다.

3. 인체의 무게중심에 관한 설명으로 옳지 <u>않</u>은 것은?

① 무게중심의 높이는 안정성에 영향을 준다.

② 무게중심은 인체를 벗어나 위치할 수 없다.

③ 무게중심은 토크(torque)의 합이 '0'인 지점이다.

④ 무게중심의 위치는 자세의 변화에 따라 달라진다.

4. 〈그림〉에서 인체 지레의 구성으로 바르게 묶인 것은?

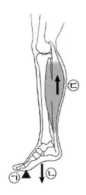

	㉠	㉡	㉢
①	받침점	힘점	저항점
②	저항점	받침점	힘점
③	받침점	저항점	힘점
④	힘점	저항점	받침점

5. 운동학적(kinematic) 및 운동역학적(kinetic) 변인에 대한 설명으로 옳지 않은 것은?

① 질량(mass)은 크기만을 갖는 물리량이다.
② 시간(time)은 크기만을 갖는 물리량이다.
③ 힘(force)은 크기만을 갖는 물리량이다.
④ 거리(distance)는 시작점에서 끝점까지 이동한 궤적의 총합으로 크기만을 갖는 물리량이다.

6. 각운동에 대한 설명으로 옳지 않은 것은?

① 각속도(angular velocity)는 각변위를 소요시간으로 나눈 값이다.
② 각가속도(angular acceleration)는 각속도의 변화를 소요시간으로 나눈 값이다.
③ 1라디안(radian)은 원(circle)에서 반지름과 호의 길이가 같을 때의 각으로 57.3°이다.

④ 시계 방향으로 회전된 각변위(angular displacement)는 양(+)의 값으로 나타내고, 반시계 방향으로 회전된 각변위는 음(-)의 값으로 나타낸다.

7. 투사체 운동에 대한 설명으로 옳은 것은? (단, 공기저항은 고려하지 않음)

① 투사체에 작용하는 외력은 존재하지 않는다.
② 투사체의 수평속도는 초기속도의 수평성분과 크기가 같다.
③ 투사체의 수직속도는 9.8m/s로 일정하다.
④ 투사높이와 착지높이가 같을 경우, 38.5°의 투사각도로 던질 때 최대의 수평거리를 얻을 수 있다.

8. 골프 스윙 동작에서 임팩트 시 클럽헤드의 선속도를 증가시키는 방법으로 옳지 않은 것은?

① 스윙 탑에서부터 어깨관절을 축으로 회전반지름을 최대한 크게 해서 빠른 몸통회전을 유도한다.
② 임팩트 전까지 손목 코킹(cocking)을 최대한 유지하여 빠른 몸통회전을 유도한다.
③ 임팩트 시점에는 팔꿈치를 펴서 회전반지름을 증가시킨다.
④ 임팩트 시점에는 언코킹(uncocking)을 통해 회전반지름을 증가시킨다.

9. 힘(force)의 개념에 대한 설명으로 옳지 <u>않은</u> 것은?

① 힘의 단위는 N(Newton)이다.
② 힘은 합성과 분해가 가능하다.
③ 힘이 작용한 반대 방향으로 가속도가 발생한다.
④ 힘의 크기가 증가하면 그 힘을 받는 물체의 가속도가 증가한다.

10. 압력과 충격량에 관한 설명 중 옳지 <u>않은</u> 것은?

① 유도에서 낙법은 신체가 지면에 닿는 면적을 넓혀 압력을 증가시키는 기술이다.
② 권투에서 상대방의 주먹을 비켜 맞도록 동작을 취하여 신체가 받는 압력을 감소시킨다.
③ 높은 곳에서 뛰어내릴 때 무릎관절 굽힘을 통해 충격 받는 시간을 늘리면 신체에 가해지는 충격력의 크기는 감소된다.
④ 골프 클럽헤드와 볼의 접촉구간에서 충격력을 유지하면서 접촉시간을 증가시키면 충격량은 증가하게 된다.

11. 마찰력(Ff)에 대한 설명으로 옳은 것은?

① 아스팔트 도로에서 마찰계수는 구름 운동보다 미끄럼 운동일 때 더 작다.
② 마찰력은 물체 표면에 수직으로 작용하는 힘과 관계가 있다.
③ 최대정지마찰력은 운동마찰력보다 작다.
④ 마찰력은 물체의 이동 방향과 같은 방향으로 작용한다.

12. 양력에 대한 설명으로 옳지 <u>않은</u> 것은?

① 양력은 물체가 이동하는 방향의 반대 방향으로 작용한다.
② 양력은 베르누이 원리(Bernoulli principle)로 설명된다.
③ 양력은 형태의 비대칭성, 회전(spin) 등에 의해 발생한다.
④ 양력은 물체의 중심선과 진행하는 방향이 이루는 공격각(angle of attack)에 의해 발생한다.

13. 충돌에 관한 설명으로 옳지 <u>않은</u> 것은?

① 탄성(elasticity)은 충돌하는 물체의 재질, 온도, 충돌 강도 등에 따라 그 정도가 달라진다.
② 탄성은 어떠한 물체에 힘이 가해졌을 때, 그 물체가 변형되었다가 원래 상태로 되돌아가려는 성질을 말한다.
③ 복원계수(반발계수, coefficient of restitution)는 단위가 없고 0에서 1 사이의 값을 갖는다.
④ 농구공을 1 m 높이에서 떨어뜨려 지면으로부터 64 cm 높이까지 튀어 올랐을 때의 복원계수는 0.64이다.

14. 다이빙 공중회전 동작을 수행할 때 신체 좌우축(mediolateral axis)을 기준으로 회전속도를 가장 크게 만드는 동작으로 적절한 것은? (단, 해부학적 자세를 기준으로)

① 두 팔을 머리 위로 올리고, 머리를 뒤로 최대한 젖힌다.
② 신체를 최대한 좌우축에 가깝게 모으는 자세를 취한다.
③ 상체와 두 다리를 최대한 폄 시킨다.
④ 두 팔을 머리 위로 올리고, 두 다리는 최대한 곧게 뻗는 자세를 취한다.

15. 일률(파워, power)에 대한 설명으로 옳은 것은?

① 단위는 J(Joule)이다.

② 힘과 속도의 곱으로 구한다.

③ 이동거리는 고려하지 않는다.

④ 소요시간을 길게 하면 증가한다.

16. 〈그림〉의 장대높이뛰기에서 역학적 에너지의 변화 과정을 순서대로 나열한 것은?

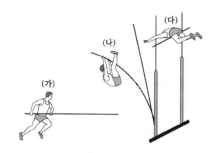

(가)	(나)	(다)
① 탄성에너지 → 운동에너지 → 위치에너지
② 탄성에너지 → 위치에너지 → 운동에너지
③ 위치에너지 → 운동에너지 → 탄성에너지
④ 운동에너지 → 탄성에너지 → 위치에너지

17. 〈보기〉의 ㉠, ㉡ 안에 들어갈 내용이 바르게 묶인 것은?

〈보 기〉

(㉠)은 다양한 장비를 활용하여 동작 및 힘 정보를 수치화하고 분석하는 방법이다. (㉡)을 통해 객관적이고 정확한 정보를 획득할 수 있으며, 주관적인 판단을 배제할 수 있다.

	㉠	㉡
①	정성적 분석	정량적 분석
②	정량적 분석	정성적 분석
③	정성적 분석	정성적 분석
④	정량적 분석	정량적 분석

18. 달리기 출발구간 분석에서 〈표〉의 ㉠, ㉡, ㉢에 들어갈 측정장비가 바르게 나열된 것은?

측정장비	분석 변인
㉠	넙다리곧은근(대퇴직근, rectus femoris)의 활성도
㉡	압력중심의 위치
㉢	무릎 관절 각속도

	㉠	㉡	㉢
①	동작분석기	GPS 시스템	지면반력기
②	동작분석기	지면반력기	지면반력기
③	근전도분석기	GPS 시스템	동작분석기
④	근전도분석기	지면반력기	동작분석기

19. 지면반력의 측정과 활용에 관한 설명으로 옳은 것은?

① 지면반력기는 수직 방향으로 작용하는 힘만 측정할 수 있다.

② 지면반력기에서 산출된 힘은 인체의 근력으로 지면에 가하는 작용력이다.

③ 높이뛰기 도약 동작분석 시 지면반력기에 작용한 힘의 소요시간을 측정할 수 있다.

④ 보행 분석에서 발이 지면에 착지하면서 앞으로 미는 힘은 추진력, 발 앞꿈치가 지면으로부터 떨어지기 전에 뒤로 미는 힘은 제동력을 의미한다.

20. 〈그림〉과 같이 팔꿈치 관절을 축으로 쇠공을 들고 정적(static) 동작을 유지하기 위해서 위팔두갈래근(상완이두근, biceps brachii)이 발생시켜야 할 힘(FB)의 크기는?

<조 건>
• 손, 아래팔(전완), 쇠공을 합한 무게는 50 N이다.
• 팔꿈치 관절점(EJ)에서 위팔두갈래근의 부착점까지의 거리는 2 cm이다.
• 팔꿈치 관절점에서 손, 아래팔, 쇠공을 합한 무게중심(CG)까지의 거리는 20 cm이다.
• 위팔두갈래근은 아래팔에 90°로 부착되었다고 가정한다.

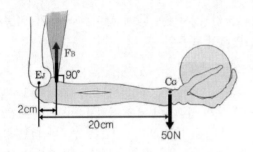

① 100 N 　　② 400 N
③ 500 N 　　④ 1,000 N

1. '도덕적 선(善)'의 의미를 내포한 것은?

① 축구 경기에서 득점과 연결되는 '좋은' 패스
② 피겨스케이팅 경기에서 고난도의 '좋은' 연기
③ 농구 경기에서 상대 속공을 차단하는 수비수의 '좋은' 반칙
④ 경기에 패배했음에도 불구하고 상대팀에게 박수를 보내는 '좋은' 매너

2. 〈보기〉에서 ㉠, ㉡에 들어갈 용어가 바르게 연결된 것은?

<보 기>
롤스(J. Rawls)는 (㉠)이 인간 발전의 조건이며, 모든 이의 관점에서 선이 된다고 하였다. 스포츠는 신체적 (㉡)을 훈련과 노력으로 극복하며, 기회의 균등이 정의로 작용하고 있음을 보여준다. 즉 인간이 갖는 신체적 능력의 (㉡)은 오히려 (㉠)을 개발할 기회를 마련해주며, 이를 통해 스포츠 전체의 선(善)이 강화된다.

	㉠	㉡
①	탁월성	평등
②	규범성	조건
③	탁월성	불평등
④	규범성	불평등

3. 〈보기〉에서 가치판단에 해당하는 것만을 모두 고른 것은?

〈보 기〉

㉠ 체조경기에서 선수들의 연기는 아름답다.
㉡ 건강을 위해서는 고지방 음식을 피해야 한다.
㉢ 시합이 끝난 후 상대방에게 인사를 하는 것은 옳은 행위이다.
㉣ 이상화는 2010년 밴쿠버동계올림픽경기대회에서 금메달을 획득하였다.

① ㉠, ㉢
② ㉡, ㉢
③ ㉠, ㉡, ㉢
④ ㉠, ㉡, ㉢, ㉣

4. 〈보기〉에서 설명하는 윤리 이론으로 적절한 것은?

〈보 기〉

• 모든 스포츠인의 권리는 동등하게 보장되어야 한다.
• 스포츠 규칙 제정은 공평성과 평등의 원칙에 근거해야 한다.
• 선수의 행동이 좋은 결과를 얻었다면 도덕적으로 옳은 것이다.

① 공리주의
② 의무주의
③ 덕윤리
④ 배려윤리

5. 아곤(agon)과 아레테(arete)에 관한 설명으로 옳지 <u>않은</u> 것은?

① 아곤은 경쟁과 승리를 추구한다.
② 아곤은 타인과의 비교를 전제하지 않는다.
③ 아레테는 아곤보다 더 포괄적인 개념이다.
④ 아레테는 신체적·도덕적 탁월성을 추구한다.

6. 스포츠 경기에 적용되는 과학기술에 관한 설명으로 옳지 <u>않은</u> 것은?

① 유전자 치료를 통한 스포츠 수행력의 향상은 일종의 도핑에 해당한다.
② 야구의 압축배트, 최첨단 전신수영복 등은 경기의 공정성 확보에 기여한다.
③ 도핑 시스템은 선수의 불공정한 행위를 감시하고 적발하는 데 도움이 된다.
④ 태권도의 전자호구, 축구의 비디오 보조 심판(VAR: Video Assistant Referees)은 기록의 객관성과 신뢰성을 높인다.

7. 〈보기〉에서 ㉠, ㉡에 들어갈 용어가 바르게 연결된 것은?

〈보 기〉

독일의 철학자 (㉠)는 인간의 행위에 대한 탐구를 통해 성공적인 삶을 실현하는 사회적 조건으로 (㉡)을 들고 있다. 인간은 누구나 타인에게 (㉡)을 받고 싶은 욕구가 있다. 스포츠에서 승리에 대한 욕구는 가장 원초적인 (㉡)투쟁이라고 할 수 있다.

	㉠	㉡
①	호네트(A. Honneth)	인정
②	호네트(A. Honneth)	보상
③	아렌트(H. Arendt)	인정
④	아렌트(H. Arendt)	보상

8. 〈보기〉에서 의무론적 도덕 추론에 해당하는 것만을 모두 고른 것은?

<보 기>

㉠ 의무론적 도덕 추론은 가언적 도덕 추론이라고
도 한다.
㉡ 스포츠지도자, 선수 등의 행위 주체에 초점을
맞추고 있다.
㉢ 행위의 결과에 상관없이 절대적인 도덕규칙에
따라 판단을 내린다.
㉣ 선의지는 도덕적인 선수가 갖추어야 할 내적인
태도이자 도덕적 행위의 필요충분조건이다.
㉤ 정정당당하게 경기에 임하려는 선수의 착한 의
지는 경기결과에 상관없이 그 자체로 선한 것
이다.

① ㉠, ㉡, ㉢
② ㉠, ㉢, ㉣
③ ㉡, ㉣, ㉤
④ ㉢, ㉣, ㉤

9. <보기>의 ㉠~㉢에 해당하는 정의의 유형이
바르게 연결된 것은?

<보 기>

㉠ 유소년 축구 생활체육지도자 A는 남녀학생 구
분없이 경기에 참여하도록 했다. 또한 장애 학
생에게도 비장애 학생과 동일한 참여 시간을
보장했다.
㉡ 테니스 경기에서는 공정한 경기를 위해 코트를
바꿔가며 게임을 하도록 규칙을 적용한다.
㉢ B지역 체육회는 당해 연도에 소속 선수의 경
기실적에 따라 연봉을 차등 지급하기로 결정
했다.

	㉠	㉡	㉢
①	평균적	절차적	분배적
②	평균적	분배적	절차적
③	절차적	평균적	분배적
④	분배적	절차적	평균적

10. 셸러(M. Scheler)의 가치 서열 기준과 이를
스포츠에 적용한 사례로 연결이 적절하지
않은 것은?

① 지속성 - 도핑으로 메달을 획득하는 것
보다 지속적으로 훈련을 하여 경기에 참
여하는 것이 가치가 더 높다.
② 만족의 깊이 - 자신의 실수를 인정하여
패배하는 것이 속임수를 쓰고 승리하여
메달을 획득하는 것보다 가치가 더 높다.
③ 근거성 - 올림픽 경기에서 메달 획득으
로 병역 혜택을 받는 것보다 올림픽 정
신을 토대로 세계적인 선수들과 정정당
당하게 겨루는 것이 가치가 더 높다.
④ 분할 향유 가능성-상위 팀이 상금(몫)을
독점하는 것보다는 적더라도 보다 많은
팀이 상금(몫)을 받도록 하는 것이 가치
가 더 높다.

11. <보기>의 ㉠에 해당하는 레스트(J. Rest)의
도덕성 구성요소는?

<보 기>

(㉠)은/는 스포츠 현장에서 발생하는 특정 상
황 속에 내포된 도덕적 이슈들을 감지하고 그 상
황에서 어떠한 행동을 할 수 있으며 그 행동들이
관련된 사람들에게 어떤 영향을 미칠 수 있는가를
상상하는 것을 말한다.

① 도덕적 감수성(moral sensitivity)
② 도덕적 판단력(moral judgement)
③ 도덕적 동기화(moral motivation)
④ 도덕적 품성화(moral character)

12. 〈보기〉의 설명과 관계있는 자연중심주의 사상가는?

─── 〈보 기〉 ───
• 생태윤리에 대한 규칙:불침해, 불간섭, 신뢰, 보상적 정의
• 스포츠에 의한 환경오염 발생 시 스포츠 폐지 권고
• 인간의 욕구를 위해 동물의 생존권을 유린하는 스포츠 금지

① 베르크(A. Berque)
② 테일러(P. Taylor)
③ 슈바이처(A. Schweitzer)
④ 하이젠베르크(W. Heisenberg)

13. 〈보기〉에서 설명하는 사건과 거리가 먼 것은?

─── 〈보 기〉 ───
• 1964년 리마에서 개최된 페루·아르헨티나의 축구 경기에서 경기장 내 폭력으로 300여 명 사망
• 1969년 온두라스와 엘살바도르의 축구 전쟁
• 1985년 벨기에 헤이젤 경기장에서 열린 리버풀과 유벤투스의 경기에서 응원단이 충돌하여 39명 사망

① 경기 중 관중의 폭력
② 아파르트헤이트(Apartheid)
③ 위협적 응원문화
④ 훌리거니즘(hooliganism)

14. 폭력을 설명한 학자의 개념과 그에 대한 설명이 바르게 연결된 것은?

① 푸코(M. Foucault)의 '분노'-스포츠 현장에서 인간 내면의 분노로 시작된 폭력은 전용되고 악순환을 반복하는 경향이 있다.
② 아리스토텔레스(Aristotle)의 '규율과 권력'-스포츠계에서 위계적 권력 관계는 폭력으로 변질되어 표출된다.

③ 홉스(T. Hobbes)의 '악의 평범성'-폭력이 관행화 된 스포츠계에서는 폭력에 대한 죄책감이 없어진다.
④ 지라르(R. Girard)의 '모방적 경쟁'-자신이 닮고자 하는 운동선수를 모방하게 되듯이 인간 폭력의 원인을 공격 본능이 아닌 모방적 경쟁 관계에서 찾는다.

15. 〈보기〉의 ㉠~㉢에 해당하는 용어로 바르게 연결된 것은?

─── 〈보 기〉 ───
스포츠 조직에서 (㉠)은/는 기업의 가치경영을 넘어 정성적 규범기준까지 확장된 스포츠 사회·윤리적 가치체계를 의미한다. 이러한 체계가 실효성 있게 작동되기 위해서는 경영자의 윤리적 (㉡)와 경영의 (㉢) 확보가 선행되어야 한다.

	㉠	㉡	㉢
①	기업윤리	공동체	투명성
②	윤리경영	실천의지	투명성
③	기업윤리	실천의지	공정성
④	윤리경영	공동체	공정성

16. 체육의 공정성 확보와 체육인의 인권보호를 위해 설립된 스포츠윤리 센터의 역할로 적절하지 않은 것은?

① 스포츠비리 및 체육계 인권침해에 대한 실태조사
② 스포츠비리 및 체육계 인권침해 방지를 위한 예방교육
③ 신고자 및 가해자에 대한 치료와 상담, 법률 지원, 임시보호 연계
④ 체육계 인권침해 및 스포츠비리 등에 대한 신고 접수와 조사

17. 〈보기〉의 내용과 관련 있는 용어는?

――――― 〈보 기〉―――――

- 상대 존중, 최선, 공정성 등을 포함
- 경쟁이 갖는 잠재적 부도덕성의 제어
- 스포츠 참가자가 마땅히 따라야 할 준칙과 태도
- 스포츠의 긍정적 가치를 유지하려는 도덕적 기제

① 테크네(techne)
② 젠틀맨십(gentlemanship)
③ 스포츠맨십(sportsmanship)
④ 리더십(leadership)

18. 〈보기〉의 대화에서 나타나는 스포츠 차별은?

――――― 〈보 기〉―――――

영은: 저 백인 선수는 성공하기 위해서 얼마나 많은 노력과 땀을 흘렸을까.
상현: 자기를 희생하면서도 끝없는 자기관리와 투지의 결과일 거야.
영은: 그에 비해 저 흑인 선수가 구사하는 기술은 누구도 가르칠 수 없는 묘기이지.
상현: 아마도 타고나지 않으면 할 수 없는 거지. 천부적인 재능이야.

① 성차별　　　　② 스포츠 종목 차별
③ 인종차별　　　　④ 장애차별

19. 〈보기〉의 설명과 관련 있는 제도는?

――――― 〈보 기〉―――――

학생선수가 일정 수준의 학력기준에 도달하지 못한 경우에는 별도의 기초학력보장 프로그램을 운영한다. 학교의 장은 필요한 경우 학생선수의 경기대회 출전을 제한할 수 있다.

① 최저학력제
② 체육특기자 제도
③ 운동부의 인권보장제
④ 학생선수의 생활권 보장제도

20. 〈보기〉에서 스포츠 인권에 대한 내용을 모두 고른 것은?

――――― 〈보 기〉―――――

㉠ 모든 사람은 평등하게 스포츠와 신체활동에 참여할 권리를 가진다.
㉡ 국가 차원에서 체계적인 스포츠 인권 정책을 마련해야 한다.
㉢ 스포츠의 종목이나 대상에 따라 권리가 상대적으로 보장되어야 한다.
㉣ 국가는 장애인이 스포츠 활동 참여의 권리를 동등하게 보장받도록 노력해야 한다.

① ㉠, ㉢　　　　② ㉠, ㉣
③ ㉠, ㉡, ㉢　　　　④ ㉠, ㉡, ㉣

스포츠사회학 (11)

1. 〈보기〉에서 스포츠의 교육적 순기능으로만 묶인 것은?

─────── 〈보 기〉 ───────
ⓐ 학교와 지역사회의 통합 ⓒ 평생체육의 연계
ⓑ 스포츠의 상업화   ⓔ 학업활동의 격려
ⓓ 참여기회의 제한   ⓕ 승리지상주의

① ⓐ, ⓒ, ⓔ   ② ⓐ, ⓑ, ⓓ
③ ⓒ, ⓑ, ⓔ   ④ ⓒ, ⓓ, ⓕ

2. 〈보기〉에서 코클리(J. Coakley)의 상업주의에 따른 스포츠의 변화에 관한 설명으로 옳은 것을 모두 고른 것은?

─────── 〈보 기〉 ───────
ⓐ 스포츠 조직의 변화: 스포츠 조직은 경품 추첨, 연예인의 시구와 같은 의전행사에 관심을 갖게 되었다.
ⓒ 스포츠 구조의 변화: 스포츠의 심미적 가치보다 영웅적 가치를 중시하게 되었다.
ⓓ 스포츠 목적의 변화: 아마추어리즘보다 흥행에 입각한 프로페셔널리즘을 추구하게 되었다.
ⓔ 스포츠 내용의 변화: 프로 농구의 경우, 전·후반제에서 쿼터제로 변경되었다.

① ⓐ, ⓒ   ② ⓐ, ⓓ
③ ⓒ, ⓓ, ⓔ   ④ ⓐ, ⓓ, ⓔ

3. 〈보기〉에서 설명하는 스포츠 세계화의 원인은?

─────── 〈보 기〉 ───────
'코먼웰스 게임(commonwealth games)'은 영연방국가들이 참가하는 스포츠 메가 이벤트로, 영연방국가의 통합에 기여하는 측면이 있다. 영국의 스포츠로 알려진 크리켓과 럭비는 대부분 영국의 식민지였던 영연방국가에서 인기가 있다.

① 제국주의   ② 민족주의
③ 다문화주의   ④ 문화적 상대주의

4. 〈보기〉에 해당하는 케년(G. Kenyon)의 스포츠 참가유형은?

─────── 〈보 기〉 ───────
• 특정 선수의 사인볼 수집
• 특정 스포츠 관련 SNS 활동
• 특정 스포츠 물품에 대한 애착

① 일탈적 참가   ② 행동적 참가
③ 정의적 참가   ④ 인지적 참가

5. 〈보기〉의 ⓐ, ⓒ에 해당하는 거트만(A. Guttmann)의 근대스포츠 특징은?

─────── 〈보 기〉 ───────
• (ⓐ): 국제스포츠조직은 규칙의 제정, 대회의 운영, 종목 진흥 등의 역할을 담당한다.
• (ⓒ): 투수라는 같은 포지션 내에서도 선발, 중간, 마무리 등으로 구분된다.

	ⓐ	ⓒ
①	관료화	평등성
②	합리화	평등성

③ 관료화　　　전문화

④ 합리화　　　전문화

6. 스나이더(E. Snyder)가 제시한 스포츠 사회화의 전이 조건이 <u>아닌</u> 것은?

① 참가의 가치

② 참가의 정도

③ 참가의 자발성 여부

④ 사회화 주관자의 위신과 위력

7. 〈보기〉는 버렐(S. Birrell)과 로이(J. Loy)의 스포츠 미디어를 통해 충족할 수 있는 욕구에 관한 설명이다. ㉠~㉢에 해당하는 용어가 바르게 연결된 것은?

―――――〈보 기〉―――――

• (㉠) 욕구: 스포츠 경기의 결과, 선수와 팀에 대한 통계적 지식을 제공해 준다.

• (㉡) 욕구: 스포츠에 대한 흥미와 흥분을 제공해 준다.

• (㉢) 욕구: 다른 사회집단과 경험을 공유하게 하며 공동체 의식을 갖게 한다.

	㉠	㉡	㉢
①	정의적	인지적	통합적
②	인지적	통합적	정의적
③	정의적	통합적	인지적
④	인지적	정의적	통합적

8. 〈보기〉의 ㉠, ㉡에 해당하는 용어가 바르게 연결된 것은?

―――――〈보 기〉―――――

• (㉠): 국민의 관심이 높은 스포츠 경기를 무료 혹은 저렴한 비용으로 시청할 수 있는 권리를 말한다.

• (㉡): 선수 개인의 사생활을 중심으로 대중을 자극하고 호기심에 호소하는 흥미 위주의 스포츠 관련 보도를 지칭한다.

	㉠	㉡
①	독점 중계권	뉴 저널리즘(new journalism)
②	보편적 접근권	옐로 저널리즘(yellow journalism)
③	독점 중계권	옐로 저널리즘(yellow journalism)
④	보편적 접근권	뉴 저널리즘(new journalism)

9. 〈보기〉에서 설명하는 프로스포츠의 제도는?

―――――〈보 기〉―――――

• 프로스포츠 구단이 소속 선수와의 계약을 해지하고 다른 구단에게 해당 선수를 양도받을 의향이 있는지 공개적으로 묻는 제도이다.

• 기량이 떨어지거나 심각한 부상을 당한 선수를 방출하는 수단으로 이용하고 있다.

① 보류 조항(reserve clause)

② 웨이버 조항(waiver rule)

③ 선수대리인(agent)

④ 자유계약(free agent)

10. 스포츠 일탈의 순기능에 관한 사례로 적절하지 <u>않은</u> 것은?

① 승부조작 사례를 보고 많은 선수들이 경각심을 갖는다.

② 아이스하키 경기에서 허용된 주먹다짐은 잠재된 공격성을 해소시켜 준다.

③ 스포츠에서 선수들의 약물복용이 지속되면 경기의 공정성이 훼손된다.

④ 높이뛰기에서 배면뛰기 기술의 창안은 기록경신에 기여하고 있다.

11. 〈보기〉는 스트렌크(A. Strenk)가 제시한 국제 정치에서 스포츠의 기능에 관한 설명이다. ㉠~ ㉢에 해당하는 내용이 바르게 연결된 것은?

───── 〈보 기〉 ─────
- (㉠): 2002년 한일월드컵 4강 진출로 대한민국이 축구 강국으로 인식
- (㉡): 1980년 모스크바올림픽에서 서방 국가들의 보이콧 선언
- (㉢): 1936년 베를린올림픽에서 나치즘의 정당성과 우월성 과시

	㉠	㉡	㉢
①	외교적 도구	정치이념 선전	국위선양
②	국위선양	외교적 항의	정치이념 선전
③	국위선양	외교적 도구	외교적 항의
④	외교적 도구	외교적 항의	정치이념 선전

12. 〈보기〉에서 설명하는 부르디외(P. Bourdieu)의 문화자본 유형은?

───── 〈보 기〉 ─────
- 테니스의 경기 기술뿐만 아니라 경기 매너도 습득하게 된다.
- 스포츠 활동처럼 몸으로 체득하게 되는 성향을 의미한다.
- 획득하는데 시간이 오래 걸리고, 타인에게 양도나 전이, 교환이 어렵다.

① 체화된(embodied) 문화자본
② 객체화된(objectified) 문화자본
③ 제도화된(institutionalized) 문화자본
④ 주체화된(subjectified) 문화자본

13. 〈보기〉에서 투민(M. Tumin)이 제시한 스포츠계층의 특성 중 보편성(편재성)에 해당하는 것으로만 묶인 것은?

───── 〈보 기〉 ─────
㉠ 스포츠는 인기종목과 비인기종목으로 구분된다.
㉡ 과거에 비해 운동선수들의 지위가 향상되고 있다.
㉢ 종합격투기는 체급에 따라 대전료와 중계권료 등에 차등이 있다.
㉣ 계층에 따라 스포츠 참여 빈도, 유형, 종목이 달라지며, 이러한 차이는 개인의 삶에 영향을 미친다.

① ㉠, ㉡   ② ㉠, ㉢
③ ㉡, ㉣   ④ ㉢, ㉣

14. 〈보기〉의 밑줄 친 ㉠, ㉡을 설명하는 집합행동 이론이 바르게 연결된 것은?

───── 〈보 기〉 ─────
이 코치: 어제 축구 봤어? 경기 도중 관중폭력이 발생했잖아.
김 코치: ㉠ 나는 그 경기를 경기장에서 직접 봤는데 관중들의 야유 소리가 점점 커지면서 관중폭력이 일어났어.
이 코치: ㉡ 맞아! 그 경기 이전에 이미 관중의 인종차별 사건이 있었잖아. 만약 인종차별이 먼저 발생하지 않았다면, 어제 경기에서 그런 관중폭력은 없었을 거야.

	㉠	㉡
①	전염이론	규범생성이론
②	수렴이론	부가가치이론
③	전염이론	부가가치이론
④	수렴이론	규범생성이론

15. 메기(J. Magee)와 서덴(J. Sugden)이 제시한 스포츠 노동이주의 유형에 관한 설명 중 적절하지 <u>않은</u> 것은?

① 개척자형: 스포츠 보급을 통해 금전적 보상을 추구하는 유형
② 정착민형: 영구적으로 정착할 수 있는 곳을 찾는 유형
③ 귀향민형: 해외에서의 스포츠 경험을 바탕으로 자국으로 복귀하는 유형
④ 유목민형: 개인의 취향대로 흥미로운 장소를 돌아다니면서 스포츠에 참여하는 유형

16. 〈보기〉는 코클리(J. Coakley)가 제시한 스포츠 일탈에 관한 설명이다. ㉠, ㉡에 해당하는 용어가 바르게 연결된 것은?

─── 〈보 기〉 ───
• (㉠)에 따르면 스포츠 일탈이 용인되는 범위는 사회적으로 타협하는 과정을 통해 구성된다.
• (㉡)는 과훈련(over-training), 부상 투혼 등을 거부감 없이 무비판적으로 수용하는 것이다.

	㉠	㉡
①	상대론적 접근	과소동조
②	절대론적 접근	과잉동조
③	절대론적 접근	과소동조
④	상대론적 접근	과잉동조

17. 스포츠사회화를 이해하기 위한 사회학습이론의 관점으로 적절하지 <u>않은</u> 것은?

① 상과 벌을 통해 행동이 변화한다.
② 다른 사람의 행동을 관찰하여 모방이 일어난다.
③ 사회화 주관자의 가르침을 통해 행동이 변화한다.
④ 개인은 자신이 처해있는 상황을 스스로 학습하고 변화한다.

18. 〈보기〉에서 설명하는 스포츠의 정치적 속성은?

─── 〈보 기〉 ───
에티즌(D. Eitzen)과 세이지(G. Sage)에 의하면 다양한 팀, 리그, 선수단체 및 행정기구는 각각의 특성에 따라 불평등하게 배분된 자원과 권한을 갖게 되고, 더 많은 권한을 갖기 위해 대립적 갈등을 겪게 된다.

① 보수성　　　　② 긴장관계
③ 권력투쟁　　　④ 상호의존성

19. 〈보기〉에서 설명하는 맥퍼슨(B. McPherson)의 스포츠 미디어 이론은?

─── 〈보 기〉 ───
• 대중매체를 통한 개인의 스포츠 소비 형태는 중요 타자의 가치와 소비행동에 의해 영향을 받는다.
• 스포츠 수용자 역할로의 사회화는 스포츠에 참여하는 가족 구성원으로부터 받은 스포츠 소비에 대한 승인 정도가 중요하게 작용한다.

① 개인차 이론　　② 사회범주 이론
③ 문화규범 이론　④ 사회관계 이론

20. 〈보기〉에서 설명하는 스포츠사회학 이론은?

─── 〈보 기〉 ───
• 일상에서 특정 물건을 소비하는 것은 자신의 계급 위치를 상징화하는 행위이다.
• 자원과 시간의 소비가 요구되는 스포츠에 참여하는 것은 계급 표식 행위이다.
• 고가의 스포츠용품, 골프 회원권 등의 과시적 소비 양상이 나타난다.

① 갈등이론　　　② 구조기능이론
③ 비판이론　　　④ 상징적 상호작용론

1. 〈보기〉에서 설명하는 스포츠 교육 평가의 신뢰도 검사 방법은?

〈보 기〉

- 동일한 검사에 대해 시간 차이를 두고 2회 측정해서 측정값을 비교해 차이가 작으면 신뢰도가 높고, 크면 신뢰도가 낮은 것으로 판단한다.
- 첫 번째와 두 번째 측정 사이의 시간 차이가 너무 길거나 짧으면 신뢰도가 낮게 나올 수 있다.
---

① 검사 – 재검사　　② 동형 검사
③ 반분 신뢰도 검사　④ 내적 일관성 검사

2. 〈보기〉의 수업 장면에서 활용한 모스턴(M. Mosston)의 교수 스타일에 관한 설명으로 적절하지 <u>않은</u> 것은?

〈보 기〉

신체활동	축구
학습목표	인프런트킥으로 상대방 수비수를 넘겨 동료에게 패스할 수 있다.

수업 장면

지도자: 네 앞에 상대방 수비수가 있을 때, 수비수를 넘겨 동료에게 패스하려면 어떻게 공을 차야 할까?
학습자: 상대방 수비수를 넘길 수 있을 정도의 높이로 공을 띄워야 해요.
지도자: 그럼, 발의 어느 부분으로 공의 밑 부분을 차면 수비수를 넘길 수 있을까?
학습자: 발등과 발 안쪽의 중간 지점이요. (손가락으로 엄지발가락을 가리킨다)
지도자: 좋은 대답이야. 그럼, 우리 한 번 상대방 수비수를 넘기는 킥을 연습해볼까?
---

① 지도자는 논리적이며 계열적인 질문을 설계해야 한다.

② 지도자는 질문에 대한 학습자의 해답을 검토하고 확인한다.
③ 지도자는 학습자에게 예정된 해답을 즉시 알려준다.
④ 지도자는 학습자와 지속적으로 상호작용하며 의사결정을 한다.

3. 로젠샤인(B. Rosenshine)과 퍼스트(N. Furst)가 제시한 학습성취와 관련된 지도자 변인에 해당하지 <u>않는</u> 것은?

① 지도자의 경력　　② 명확한 과제제시
③ 지도자의 열의　　④ 프로그램의 다양화

4. 링크(J. Rink)가 제시한 교수 전략(teaching strategy) 중 한 명의 지도자가 수업에서 공간을 나누어 두 가지 이상의 과제를 동시에 진행하는 것은?

① 자기 교수(self teaching)
② 팀 티칭(team teaching)
③ 상호 교수(interactive teaching)
④ 스테이션 교수(station teaching)

5. 〈보기〉는 국민체육진흥법(시행 2022.8.11.) 제18조의3 '스포츠윤리센터의 설립'에 관한 내용이다. ㉠, ㉡에 들어갈 용어가 바르게 연결된 것은?

〈보 기〉

- 체육의 (㉠) 확보와 체육인의 (㉡)를 위하여 스포츠윤리센터를 설립한다.

	㉠	㉡
①	정당성	권리 강화
②	정당성	인권 보호

③ 공정성   권리 강화

④ 공정성   인권 보호

6. 스포츠 교육 프로그램의 지도 원리에 관한 설명이 적절하지 <u>않은</u> 것은?

① 개별성의 원리: 개인차를 고려한 다양한 수준별 지도

② 효율성의 원리: 학습자 스스로 내용을 파악하고 문제해결

③ 적합성의 원리: 지도자의 창의적인 지도 활동의 선정과 활용

④ 통합성의 원리: 교수·학습 내용의 다양화와 신체활동의 총체적 체험

7. 직접교수모형에 관한 설명으로 적절하지 <u>않은</u> 것은?

① 학습 영역의 우선순위는 심동적 영역이다.

② 스키너(B. Skinner)의 조작적 조건화 이론에 근거한다.

③ 지도자 중심으로 의사결정이 이루어져 학습자의 과제참여 비율이 감소한다.

④ 수업의 단계는 전시과제 복습, 새 과제 제시, 초기과제 연습, 피드백과 교정, 독자적 연습, 본시 복습의 순으로 진행된다.

8. 스포츠기본법(시행 2022.6.16.) 제7조 '스포츠 정책 수립·시행의 기본원칙' 중 국가와 지방자치단체의 스포츠 정책에 관한 고려사항에 해당하지 <u>않는</u> 것은?

① 스포츠 활동을 존중하고 사회 전반에 확산되도록 할 것

② 스포츠 대회 참가 목적을 국위선양에 두어 지원할 것

③ 스포츠 활동 참여와 스포츠 교육의 기회가 확대되도록 할 것

④ 스포츠의 가치를 존중하고 스포츠의 역동성을 높일 수 있을 것

9. 모스턴(M. Mosston)의 포괄형(inclusion) 교수 스타일에 관한 설명으로 적절하지 <u>않은</u> 것은?

① 지도자는 발견 역치(discovery threshold)를 넘어 창조의 단계로 학습자를 유도한다.

② 지도자는 기술 수준이 다양한 학습자들의 개인차를 수용한다.

③ 학습자가 성취 가능한 과제를 선택하고 자신의 수행을 점검한다.

④ 과제 활동 전, 중, 후 의사결정의 주체는 각각 지도자, 학습자, 학습자 순서이다.

10. 〈보기〉에서 설명하는 링크(J. Rink)의 학습 과제 연습 방법은?

〈보 기〉

• 복잡한 운동 기술의 경우, 기술의 주요 동작이나 마지막 동작을 초기 동작보다 먼저 연습하게 한다.

• 테니스 서브 과제에서 공을 토스하는 동작을 연습하기 전에 공을 라켓에 맞추는 동작을 먼저 연습한다.

---

① 규칙 변형   ② 역순 연쇄

③ 반응 확대   ④ 운동수행의 목적 전환

11. 〈보기〉에 해당하는 쿠닌(J. Kounin)의 교수 기능은?

― 〈보 기〉 ―
• 지도자가 자신의 머리 뒤에도 눈이 있다는 듯이 학습자들의 행동을 파악하는 것
• 지도자가 학습자들 간에 발생하는 사건을 인지하는 것

① 접근통제(proximity control)
② 긴장 완화(tension release)
③ 상황이해(with-it-ness)
④ 타임아웃(time-out)

12. 〈보기〉에서 활용된 스포츠 지도 행동의 관찰기법은?

― 〈보 기〉 ―
• 지도자: 강 감독   • 수업내용: 농구 수비전략
• 관찰자: 김 코치   • 시간: 19:00 ~ 19:50

	피드백의 유형	표기(빈도)	비율
대상	전체	∨ ∨ ∨ ∨ ∨ (5회)	50%
	소집단	∨ ∨ ∨ (3회)	30%
	개인	∨ ∨ (2회)	20%
성격	긍정	∨ ∨ ∨ ∨ ∨ ∨ ∨ ∨ (8회)	80%
	부정	∨ ∨ (2회)	20%
구체성	일반적	∨ ∨ ∨ (3회)	30%
	구체적	∨ ∨ ∨ ∨ ∨ ∨ ∨ (7회)	70%

① 사건 기록법(event recording)
② 평정 척도법(rating scale)
③ 일화 기록법(anecdotal recording)
④ 지속시간 기록법(duration recording)

13. 배구 수업에서 운동기능이 낮은 학습자의 참여 증진을 위한 스포츠 지도 방법으로 적절하지 않은 것은?

① 네트 높이를 낮춘다.
② 소프트한 배구공을 사용한다.
③ 서비스 라인을 네트와 가깝게 위치시킨다.
④ 정식 게임(full-sided game)으로 운영한다.

14. 메이거(R. Mager)가 제시한 학습 목표 설정의 요소가 아닌 것은?

① 설정된 운동수행 기준
② 운동수행에 필요한 상황과 조건
③ 학습자에게 기대되는 성취행위
④ 목표 달성이 불가능할 경우의 대처방안

15. 〈보기〉에서 메츨러(M. Metzler)의 탐구수업 모형에 관한 설명으로 옳은 것을 모두 고른 것은?

― 〈보 기〉 ―
㉠ 모형의 주제는 '문제해결자로서의 학습자'이다.
㉡ 학습 영역의 우선순위는 심동적, 인지적, 정의적 순이다.
㉢ 지도자는 학습자가 '생각하고 움직이기'를 할 수 있도록 과제를 제시한다.
㉣ 지도자의 질문에 학습자가 바로 대답하지 못하는 경우 즉시 답을 알려준다.

① ㉠, ㉢   ② ㉡, ㉢
③ ㉠, ㉡, ㉢   ④ ㉠, ㉡, ㉣

16. 스포츠 참여자 평가에서 심동적(psychomotor) 영역에 해당하는 것은?

① 몰입   ② 심폐지구력
③ 협동심   ④ 경기 규칙 이해

17. 〈보기〉에 해당하는 운동기능의 학습 전이 (transfer) 유형은?

───〈보 기〉───
• 야구에서 배운 오버핸드 공 던지기가 핸드볼에서 오버핸드 공 던지기 기능으로 전이되는 경우이다.

① 대칭적 전이　　② 과제 내 전이
③ 과제 간 전이　　④ 일상으로의 전이

18. 스포츠 교육 프로그램의 구성요소에 관한 설명으로 적절하지 <u>않은</u> 것은?

① 평가: 프로그램을 개선하는 데 도움을 준다.
② 내용: 스포츠 지도의 철학, 이념 또는 비전이다.
③ 지도법: 프로그램을 체계적으로 전달하는 방법이다.
④ 목적 및 목표: 일반적인 목표와 구체적인 목표로 구분할 수 있다.

19. 메츨러(M. Metzler)의 개별화지도모형의 주제로 적절한 것은?

① 지도자가 수업 리더 역할을 한다.
② 나는 너를, 너는 나를 가르친다.
③ 유능하고, 박식하며, 열정적인 스포츠인으로 성장한다.
④ 학습자가 가능한 한 빨리, 필요한 만큼 천천히 학습 속도를 조절한다.

20. 학교체육진흥법 시행령(시행 2021.4.21.) 제3조 '학교운동부지도자의 자격기준 등'에서 제시한 학교운동부지도자 재임용의 평가 내용이 <u>아닌</u> 것은?

① 복무 태도

② 학교운동부 운영 성과
③ 인권교육 연 1회 이상 이수 여부
④ 학생선수의 학습권 및 인권 침해 여부

┌─────────────────────────┐
│　　　　스포츠심리학 (33)　　　　│
└─────────────────────────┘

1. 스포츠심리학의 주된 연구의 동향과 영역에 포함되지 <u>않는</u> 것은?

① 인지적 접근과 현장 연구
② 경험주의에 기초한 성격 연구
③ 생리학적 항상성에 관한 연구
④ 사회적 촉진 및 각성과 운동수행의 관계 연구

2. 데시(E. Deci)와 라이언(R. Ryan)이 제시한 자기결정이론(self-determination theory)에서 외적동기 유형으로 분류되지 <u>않는</u> 것은?

① 무동기(amotivation)
② 확인규제(identified regulation)
③ 통합규제(integrated regulation)
④ 의무감규제(introjected regulation)

3. 〈보기〉에서 설명하는 개념은?

───〈보 기〉───
체육관에서 관중의 함성과 응원 소리에도 불구하고, 작전타임에서 코치와 선수는 서로 의사소통이 가능하다.

① 스트룹 효과(Stroop effect)
② 지각협소화(perceptual narrowing)
③ 무주의 맹시(inattention blindness)
④ 칵테일파티 효과(cocktail party effect)

4. 〈표〉는 젠타일(A. Gentile)의 이차원적 운동 기술분류이다. 야구 유격수가 타구된 공을 잡아서 1루로 송구하는 움직임이 해당하는 곳은?

구분		동작의 요구(기능)			
		신체 이동 없음 (신체의 안정성)		신체 이동 있음 (신체의 불안정성)	
		물체 조작 없음	물체 조작 있음	물체 조작 없음	물체 조작 있음
환경적 맥락	안정적인 조절 조건 — 동작 시도 간 환경 변이성 없음				
	안정적인 조절 조건 — 동작 시도 간 환경 변이성				
	비안정적 조절 조건 — 동작 시도 간 환경 변이성 없음	①		③	
	비안정적 조절 조건 — 동작 시도 간 환경 변이성		②		④

5. 뉴웰(K. Newell)이 제시한 움직임 제한(constraints) 요소의 유형이 다른 것은?

① 운동능력이 움직임을 제한한다.
② 인지, 동기, 정서상태가 움직임을 제한한다.
③ 신장, 몸무게, 근육형태가 움직임을 제한한다.
④ 과제목표와 특성, 규칙, 장비가 움직임을 제한한다.

6. 〈보기〉에서 설명하는 게셀(A. Gesell)과 에임스(L. Ames)의 운동발달의 원리가 아닌 것은?

─── 〈보 기〉 ───
• 머리에서 발 방향으로 발달한다.
• 운동발달은 일련의 방향성을 갖는다.
• 운동협응의 발달순서가 있다.
　양측:상지 혹은 하지의 양측을 동시에 움직이는 형태를 보인다.
　동측:상하지를 동시에 움직이는 형태를 보인다.
　교차:상하지를 동시에 움직이는 형태를 보인다.
• 운동기술의 습득 과정에서 몸통이나 어깨 근육을 조절하는 능력을 먼저 갖추고, 이후에 팔, 손목, 손, 그리고 손가락 근육을 조절하는 능력을 갖춘다.

① 머리-꼬리 원리(cephalocaudal principle)
② 중앙-말초 원리(proximodistal principle)
③ 개체발생적 발달 원리(ontogenetic development principle)
④ 양측-동측-교차 운동협응의 원리 (bilateral-unilateral(ipsilateral)-crosslateral principle)

7. 스포츠를 통한 인성 발달 전략에 대한 설명으로 옳지 않은 것은?

① 상황에 맞는 바람직한 행동을 설명한다.
② 도덕적으로 적절한 행동에 대하여 설명한다.
③ 바람직한 행동을 강화하고, 적대적 공격행동은 처벌한다.
④ 격한 상황에서 자신의 감정을 공격적으로 표출하도록 격려한다.

8. 〈보기〉에서 설명하는 목표의 유형은?

─── 〈보 기〉 ───
• 운동기술을 잘 수행하기 위해서 필요한 핵심 행동에 중점을 둔다.
• 자기효능감과 자신감을 높이고 인지 불안을 낮추는 데 도움이 된다.
• 자신의 운동수행에 대한 목표를 달성하는데 중점을 두는 목표로 달성의 기준점이 자신의 과거 기록이 된다.

① 과정목표와 결과목표
② 수행목표와 과정목표

③ 수행목표와 객관적목표

④ 객관적목표와 주관적목표

9. 스미스(R. Smith)와 스몰(F. Smol)이 개발한 유소년 지도자 훈련 프로그램인 CET(Coach Effectiveness Training)의 핵심 원칙이 <u>아닌</u> 것은?

① 자기관찰　　　② 운동도식

③ 상호지원　　　④ 발달모델

10. 균형유지와 사지협응 및 자세제어에 주된 역할을 하는 뇌 구조(영역)는?

① 소뇌(cerebellum)

② 중심고랑(central sulcus)

③ 대뇌피질의 후두엽(occipital lobe of cerebrum)

④ 대뇌피질의 측두엽(temporal lobe of cerebrum)

11. 골프 퍼팅 과제를 100회 연습한 뒤, 24시간 후에 동일 과제에 대해 수행하는 검사는?

① 속도검사(speed test)

② 파지검사(retention test)

③ 전이검사(transfer test)

④ 지능검사(intelligence test)

12. 〈보기〉에서 설명하는 일반화된 운동프로그램(generalized motor program)의 불변 특성(invariant feature) 개념은?

A 움직임 시간(movement time)=500ms			
하위 움직임 1 =25%	하위 움직임 2 =25%	하위 움직임 3 =25%	하위 움직임 4 =25%

B 움직임 시간(movement time)=900ms			
하위 움직임 1 =25%	하위 움직임 2 =25%	하위 움직임 3 =25%	하위 움직임 4 =25%

- A 움직임 시간은 500ms, B 움직임 시간은 900ms로 서로 다르다
- 4개의 하위 움직임 구간의 시간적 구조 비율은 변하지 않는다.
- 단, A와 B 움직임은 모두 동일인이 수행한 동작이며, 하위움직임 구성도 4개로 동일함

① 어트랙터(attractor)

② 동작유도성(affordance)

③ 상대적 타이밍(relative timing)

④ 절대적 타이밍(absolute timing)

13. 〈보기〉에서 구스리(E. Guthrie)가 제시한 '운동기술 학습으로 인한 변화'에 관한 설명으로 옳은 것을 모두 고른 것은?

〈보 기〉

㉠ 최대의 확실성(maximum certainty)으로 운동과제를 수행할 수 있다.

㉡ 최소의 인지적 노력(minimum cognitive effect)으로 운동과제를 수행할 수 있다.

㉢ 최소의 움직임 시간(minimum movement time)으로 운동과제를 수행할 수 있다.

㉣ 최소의 에너지 소비(minimum energy expenditure)로 운동과제를 수행할 수 있다.

① ㉠, ㉡, ㉢　　　② ㉠, ㉢, ㉣

③ ㉡, ㉢, ㉣　　　④ ㉠, ㉡, ㉢, ㉣

14. 〈보기〉에 제시된 공격성에 관한 설명과 이론(가설)이 바르게 연결된 것은?

───────── 〈보 기〉 ─────────
- (㉠) 환경에서 관찰과 강화로 공격행위를 학습한다.
- (㉡) 인간의 내부에는 공격성을 유발하는 에너지가 존재한다.
- (㉢) 좌절(예, 목표를 추구하는 행위가 방해받는 경험)이 공격 행동을 유발한다.
- (㉣) 좌절이 무조건 공격행동을 유발하지 않고, 공격행동이 적절하다는 외부적 단서가 있을 때 나타난다.

	㉠	㉡	㉢	㉣
①	사회학습이론	본능이론	좌절-공격 가설	수정된 좌절-공격 가설
②	사회학습이론	본능이론	수정된 좌절-공격 가설	좌절-공격 가설
③	본능이론	사회학습이론	좌절-공격 가설	수정된 좌절-공격 가설
④	본능이론	사회학습이론	수정된 좌절-공격 가설	좌절-공격 가설

15. 〈보기〉에서 하터(S. Harter)의 유능성 동기 이론 모형에 관한 설명으로 옳은 것을 고른 것은?

───────── 〈보 기〉 ─────────
㉠ 심리적 요인과 관련된 단일차원의 구성개념이다.
㉡ 실패 경험은 부정적 정서를 갖게 하여 유능성 동기를 낮추고, 결국에는 운동을 중도 포기하게 한다.
㉢ 성공 경험은 자기효능감과 긍정적 정서를 갖게 하여 유능성 동기를 높이고, 숙달(mastery)을 경험하게 한다.
㉣ 스포츠 상황에서 성공하기 위한 능력이 있다는 확신의 정도나 신념으로 특성 스포츠 자신감과 상태 스포츠 자신감으로 구분한다.

① ㉠, ㉡   ② ㉠, ㉣
③ ㉡, ㉢   ④ ㉡, ㉣

16. 〈보기〉에서 설명하는 용어는?

───────── 〈보 기〉 ─────────
번스타인(N. Bernstein)은 움직임의 효율적 제어를 위해 중추신경계가 자유도를 개별적으로 제어하지 않고, 의미 있는 단위로 묶어서 조절한다고 설명하였다.

① 공동작용(synergy)
② 상변이(phase transition)
③ 임계요동(critical fluctuation)
④ 속도-정확성 상쇄 현상(speed-accuracy trade-off)

17. 〈보기〉에서 연구 결과를 통해 확인할 수 있는 목표설정에 관한 설명으로 옳은 것을 고른 것은?

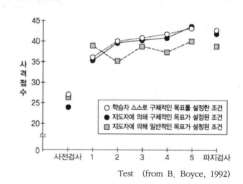

Test   (from B. Boyce, 1992)

───────── 〈보 기〉 ─────────
㉠ 목표설정이 운동의 수행과 학습에 효과적이다.
㉡ 학습자에게 어려운 목표를 설정하도록 조언해야 한다.
㉢ 구체적인 목표를 설정했던 집단에서 더 높은 학습 효과가 나타났다.
㉣ 구체적이고 도전적인 목표를 향해 전념하도록 격려하는 것은 운동의 수행과 학습의 효과를 감소시킨다.

① ㉠, ㉡   ② ㉠, ㉢
③ ㉡, ㉢   ④ ㉡, ㉣

18. 〈보기〉에서 설명하는 피드백 유형은?

〈보 기〉

높이뛰기 도약 스텝 기술을 연습하게 한 후에 지도자는 학습자의 정확한 도약 기술 습득을 위해 각 발의 스텝번호(지점)을 바닥에 표시해주었다.

① 내적 피드백(intrinsic feedback)
② 부적 피드백(negative feedback)
③ 보강 피드백(augmented feedback)
④ 부적합 피드백(incongruent feedback)

19. 〈보기〉는 칙센트미하이(M. Csikszentmihalyi)가 주장한 몰입의 개념이다. ㉠~㉣에 들어갈 개념이 바르게 연결된 것은?

〈보 기〉

• (㉠)과 (㉡)이 균형을 이루는 상황에서 운동 수행에 완벽히 집중하는 것을 몰입(flow)이라 한다.
• (㉡)이 높고, (㉠)이 낮으면 (㉢)을 느낀다.
• (㉡)이 낮고, (㉠)이 높으면 (㉣)을 느낀다.

	㉠	㉡	㉢	㉣
①	기술	도전	불안	이완
②	도전	기술	각성	무관심
③	기술	도전	각성	불안
④	도전	기술	이완	지루함

20. 학습된 무기력(learned helplessness) 상태에 있는 학습자에게 귀인 재훈련 (attribution retraining)을 위한 적절한 전략은?

① 실패의 원인을 외적 요인에서 찾게 한다.
② 능력의 부족을 긍정적으로 받아들이게 한다.
③ 운이 따라 준다면 다음에 성공할 수 있다고 지도한다.
④ 실패의 원인을 노력 부족이나 전략의 미흡으로 받아들이게 한다.

한국체육사 (44)

1. 체육사 연구에서 사관(史觀)에 관한 설명으로 적절하지 않은 것은?

① 유물사관, 관념사관, 진보사관, 순환사관 등이 있다.
② 체육 역사에 대한 견해, 해석, 관념, 사상 등을 의미한다.
③ 체육 역사가의 관점으로 다양한 과거의 역사적 사실을 해석한다.
④ 과거 체육과 관련된 사실을 담고 있는 역사 자료를 의미한다.

2. 〈보기〉의 ㉠~㉢에 들어갈 용어가 바르게 연결된 것은? (단, 시대구분은 나현성의 방식을 따름)

〈보 기〉

• (㉠) 이전은 무예를 중심으로 한 무사 체육 등의 (㉡) 체육을 강조하였다.
• (㉠) 이후는 「교육입국조서(教育立國詔書)」를 통한 학교 교육에 기반을 둔 (㉢) 체육을 강조하였다.

	㉠	㉡	㉢
①	갑오경장(1894)	전통	근대
②	갑오경장(1894)	근대	전통
③	을사늑약(1905)	전통	근대
④	을사늑약(1905)	근대	전통

3. 〈보기〉에서 설명하는 민속놀이는?

───── 〈보 기〉 ─────
- 사희(柶戲)라고도 불리었다.
- 부여의 사출도(四出道)라는 관직명에서 유래되었다.
- 남녀노소 누구나 즐길 수 있으며, 장소에 크게 구애받지 않은 놀이였다.

① 바둑　　　　　　② 장기
③ 윷놀이　　　　　④ 주사위

4. 화랑도에 관한 설명으로 옳지 <u>않은</u> 것은?

① 진흥왕 때에 조직이 체계화되었다.
② 세속오계는 도의교육(道義敎育)의 핵심이었다.
③ 신체미 숭배 사상, 국가주의 사상, 불국토 사상이 중시되었다.
④ 서민층만을 대상으로 한 청소년단체로서 문무겸전(文武兼全)을 추구하였다.

5. 〈보기〉에서 설명하는 신체활동은?

───── 〈보 기〉 ─────
- 가죽 주머니로 공을 만들어 발로 차는 놀이였다.
- 한 명, 두 명, 열 명 등 다양한 형식으로 실시되었다.
- 〈삼국사기(三國史記)〉와 〈삼국유사(三國遺事)〉에 따르면 김유신과 김춘추가 이 신체활동을 하였다.

① 석전(石戰)　　　　② 축국(蹴鞠)
③ 각저(角抵)　　　　④ 도판희(跳板戲)

6. 〈보기〉에서 민속놀이와 주요 활동 계층이 바르게 연결된 것으로만 묶인 것은?

───── 〈보 기〉 ─────
㉠풍연(風鳶) -귀족　　㉡격구(擊毬)-서민
㉢방응(放鷹) -귀족　　㉣추천(鞦韆)-서민

① ㉠, ㉡　　　　　② ㉢, ㉣
③ ㉠, ㉣　　　　　④ ㉡, ㉢

7. 고려시대 수박(手搏)에 관한 설명으로 옳지 <u>않은</u> 것은?

① 관람형 무예 경기로 성행되었다.
② 응방도감(鷹坊都監)에서 관장하였다.
③ 무인 선발의 기준과 수단이 되었다.
④ 무예 수련과 군사훈련 등의 목적으로 활용되었다.

8. 〈보기〉에서 조선시대의 훈련원에 관한 설명으로 옳은 것을 모두 고른 것은?

───── 〈보 기〉 ─────
㉠ 성리학 교육을 담당하였다.
㉡ 활쏘기, 마상무예 등의 훈련을 실시하였다.
㉢ 무인 양성과 관련된 공식적인 교육기관이었다.
㉣ 〈무경칠서(武經七書)〉, 〈병장설(兵將說)〉 등의 병서 습득을 장려하였다.

① ㉠, ㉡　　　　　② ㉢, ㉣
③ ㉡, ㉢, ㉣　　　④ ㉠, ㉡, ㉢, ㉣

9. 조선시대 궁술(弓術)에 관한 설명으로 옳지 <u>않은</u> 것은?

① 육예(六藝) 중 어(御)에 해당하였다.
② 무관 선발을 위한 무과 시험의 한 과목이었다.
③ 대사례(大射禮), 향사례(鄉射禮) 등으로 행해졌다.
④ 왕, 무관, 유학자 등 다양한 계층에서 실시하였다.

10. 〈보기〉에서 설명하는 조선시대의 무예서는?

───── 〈보 기〉 ─────
• 24종류의 무예가 기록되어 있다.
• 정조의 명령하에 국가사업으로 간행되었다.
• 한국, 중국, 일본의 관련 문헌 145권이 참조되었다.

① 무예제보(武藝諸譜)
② 무예신보(武藝新譜)
③ 무예도보통지(武藝圖譜通志)
④ 무예제보번역속집(武藝諸譜翻譯續集)

11. 〈보기〉에서 설명하는 개화기 민족사립학교는?

───── 〈보 기〉 ─────
• 1907년에 이승훈이 설립하였다.
• 대운동회를 매년 1회 실시하였다.
• 체육은 주로 군사훈련의 성격을 띠었다.

① 오산학교   ② 대성학교
③ 원산학사   ④ 숭실학교

12. 개화기의 체육사적 사실에 관한 설명으로 옳은 것은?

① 동래무예학교는 문예반 50명, 무예반 200명을 선발하였다.

② 개화기 최초의 운동회는 일본인 학교에서 주관한 화류회(花柳會)였다.
③ 양반들이 주도하여 배재학당, 이화학당, 경신학당 등 미션스쿨을 설립하였다.
④ 고종은 「교육입국조서(教育立國詔書)」를 반포하고, 덕양, 체양, 지양을 강조하였다.

13. 개화기의 체육단체에 관한 설명으로 옳은 것은?

① 청강체육부: 탁지부 관리들이 친목 도모를 위해 1902년에 조직하였고, 최초로 연식정구를 도입하였다.
② 회동구락부: 최성희, 신완식 등이 1910년에 조직하였고, 정례적으로 축구 시합을 하였다.
③ 무도기계체육부: 우리나라 최초 기계체조 단체로서 이희두와 윤치오가 1908년에 조직하였다.
④ 대동체육구락부: 체조 교사인 조원희, 김성집, 이기동 등이 주축이 되어 보성중학교에서 1909년에 조직하였고, 병식체조를 강조하였다.

14. 일제강점기 체육에 관한 사실로 옳지 <u>않은</u> 것은?

① 박승필은 1912년에 유각권구락부를 설립해 권투를 지도하였다.
② 조선체육협회는 1920년에 동아일보사 후원으로 설립되었다.
③ 서상천은 1926년에 일본체육회 체조학교를 졸업하고, 역도를 소개하였다.
④ 손기정은 1936년에 베를린올림픽경기대회 마라톤 종목에서 우승하였다.

15. 〈보기〉에서 설명하는 단체는?

〈보 기〉

- 외국인 선교사가 근대스포츠인 야구, 농구, 배구를 도입하였다.
- 1916년에 실내체육관을 준공하여, 다양한 실내스포츠를 활성화 하였다.

① 황성기독교청년회   ② 대한체육구락부

③ 조선체육회   ④ 조선체육협회

16. 〈보기〉에서 박정희 정부 때 실시한 체력장 제도에 관한 설명으로 옳은 것을 모두 고른 것은?

〈보 기〉

㉠ 1971년부터 실시되었다.
㉡ 1973년부터는 대학입시에 체력장 평가가 포함되었다.
㉢ 국제체력검사표준회위원회에서 정한 기준과 종목을 대상으로 하였다.
㉣ 시행 종목에는 100m 달리기, 제자리멀리뛰기, 팔굽혀 매달리기(여자), 턱걸이(남자), 윗몸일으키기, 던지기가 있었다.

① ㉠, ㉡   ② ㉢, ㉣

③ ㉠, ㉡, ㉢   ④ ㉠, ㉡, ㉢, ㉣

17. 〈보기〉에서 설명하는 스포츠 경기 종목은?

〈보 기〉

- 1988년 제24회 서울올림픽경기대회에서 시범 종목으로 채택되었다.
- 2000년 제27회 시드니올림픽경기대회에서 정식 종목으로 채택되었다.
- 2007년에 정부는 이 종목을 진흥하기 위한 법률을 제정하였다.

① 유도   ② 복싱

③ 태권도   ④ 레슬링

18. 1948년 제5회 동계올림픽경기대회에 관한 설명으로 옳지 않은 것은?

① 개최지는 스위스 생모리츠였다.
② 제2차세계대전을 일으킨 독일과 일본도 출전하였다.
③ 광복 이후 최초로 태극기를 단 선수단이 파견되었다.
④ 이효창, 문동성, 이종국 선수는 스피드스케이팅 종목에 출전하였다.

19. 대한민국에서 개최된 하계아시아경기대회가 아닌 것은?

① 1986년 제10회 서울아시아경기대회
② 2002년 제14회 부산아시아경기대회
③ 2014년 제17회 인천아시아경기대회
④ 2018년 제18회 평창아시아경기대회

20. 1991년에 남한과 북한이 단일팀으로 탁구 종목에 참가한 국제경기 대회는?

① 제41회 지바세계선수권대회
② 제27회 시드니올림픽경기대회
③ 제28회 아테네올림픽경기대회
④ 제6회 포르투갈세계청소년선수권대회

운동생리학 (55)

1. ATP를 합성하는데 사용되는 에너지원이 아닌 것은?

① 근중성지방   ② 비타민C

③ 글루코스   ④ 젖산

2. 근수축에 필수적인 Ca^{2+} 이온을 저장, 분비하는 근육 세포 내 소기관은?

① 근형질세망(sarcoplasmic reticulum)
② 위성세포(satellite cell)
③ 미토콘드리아(mitochondria)
④ 근핵(myonuclear)

3. 운동 후 초과산소섭취량(EPOC)에 영향을 미치는 요인으로 적절하지 <u>않은</u> 것은?

① 운동 중 증가한 체온
② 운동 중 증가한 젖산
③ 운동 중 증가한 호르몬(에피네프린, 노르에피네프린)
④ 운동 중 증가한 크레아틴인산 (phosphocreatine, PC)

4. 수중 운동 시 체온유지를 위한 요인으로 옳지 <u>않은</u> 것은?

① 폐활량 　　　　② 체지방량
③ 운동 강도 　　　④ 물의 온도

5. 운동강도 증가에 따라 동원되는 근섬유 순서로 옳은 것은?

① Type IIa섬유→Type IIx섬유→Type I 섬유
② Type IIx섬유→Type IIa섬유→Type I 섬유
③ Type I 섬유→Type IIa섬유→Type IIx섬유
④ Type I 섬유→Type IIx섬유→Type IIa섬유

6. 장기간 규칙적 유산소 훈련의 결과로 최대 운동 시 나타나는 심폐기능의 적응으로 옳은 것을 모두 고른 것은?

──── 〈보 기〉 ────
㉠ 최대산소섭취량 증가
㉡ 심장용적과 심근수축력 증가
㉢ 심박출량 증가

① ㉠, ㉡　　　　② ㉠, ㉢
③ ㉡, ㉢　　　　④ ㉠, ㉡, ㉢

7. 항상성 유지를 위한 신체 조절 중 부적피드백(negative feedback)이 <u>아닌</u> 것은?

① 세포외액의 CO_2 조절
② 체온 상승에 따른 땀 분비 증가
③ 혈당 유지를 위한 호르몬 조절
④ 출산 시 자궁 수축 활성화 증가

8. 운동 중 1회 박출량(stroke volume) 증가 원인으로 옳지 <u>않은</u> 것은?

① 대동맥압 증가에 따른 후부하(after load) 증가
② 호흡펌프작용에 의한 정맥회귀(venous return) 증가
③ 골격근 수축에 의한 근육펌프작용 증가
④ 교감신경 자극에 의한 심근 수축력 증가

9. 〈보기〉의 ㉠, ㉡에 들어갈 내용이 바르게
   연결된 것은?

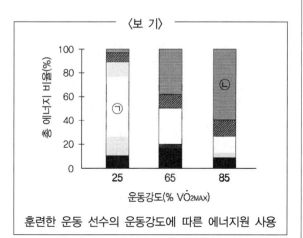

〈보 기〉

종에너지 비율(%)

운동강도(% V̇O₂MAX)

훈련한 운동 선수의 운동강도에 따른 에너지원 사용

	㉠	㉡
①	혈중 포도당	근중성지방
②	혈중 유리지방산	근글리코겐
③	근글리코겐	혈중 포도당
④	근중성지방	혈중유리지방산

10. 운동 중 소뇌의 기능에 대한 설명으로 옳
    은 것을 모두 고른 것은?

〈보 기〉
㉠ 골격근 운동 조절의 최종 단계 역할
㉡ 빠른 동작의 정확한 수행을 위한 통합 조절
㉢ 고유수용기로부터 유입되는 정보를 활용하여
  동작 수정

① ㉠, ㉡   ② ㉠, ㉢
③ ㉡, ㉢   ④ ㉠, ㉡, ㉢

11. 운동에 따른 환기량의 변화로 옳은 것을
    모두 고른 것은?

〈보 기〉
㉠ 운동 시작 직전에는 운동 수행에 대한 기대감
  으로 환기량이 증가할 수 있다.

㉡ 운동 초기 환기량 변화의 주된 요인은 경동맥
  에 위치한 화학수용기 반응이다.
㉢ 운동 강도가 증가하면 1회 호흡량은 감소하고
  호흡수는 현저히 증가한다.
㉣ 회복기 환기량은 운동 중 생성된 체내 수소이
  온 및 이산화탄소 농도와 관련 있다.

① ㉠, ㉡   ② ㉠, ㉢
③ ㉠, ㉣   ④ ㉡, ㉢, ㉣

12. 〈보기〉의 ㉠, ㉡에 들어갈 내용이 바르게
    연결된 것은?

〈보 기〉

1개의 포도당 분해에 따른 유산소성 ATP 생성		
대사적 과정	고에너지 생산	ATP 누계
해당작용	2 ATP	2
	2 NADH	7
피루브산에서 아세틸조효소A 까지	2 NADH	12
㉠	2 ATP	14
	6 NADH	29
	2 FADH₂	㉡
합계		㉡ ATP

	㉠	㉡
①	크랩스회로	32
②	β 산화	32
③	크랩스회로	35
④	β 산화	35

13. 체중이 80kg인 사람이 10METs로 10분간
    달리기 했을 때 소비칼로리는? (단, 1MET
    $=3.5ml \cdot kg^{-1} \cdot min^{-1}$, O_2 1L 당 5Kcal 생성)

① 130Kcal   ② 140Kcal
③ 150Kcal   ④ 160Kcal

14. 〈보기〉는 신경 세포의 안정 시 막전위에 영향을 주는 Na^+과 K^+에 대한 그림이다. ㉠~㉣에 들어갈 내용이 바르게 연결된 것은?

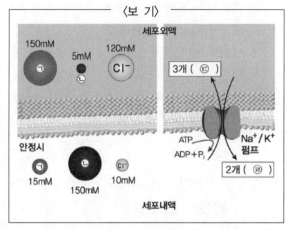

〈보 기〉

세포외액

150mM ㉠   5mM ㉡   120mM Cl^-

3개 (㉢)

ATP → ADP+P_i Na^+/K^+ 펌프

2개 (㉣)

안정시

15mM ㉠   150mM ㉡   10mM Cl^-

세포내액

	㉠	㉡	㉢	㉣
①	K^+	Na^+	Na^+	K^+
②	Na^+	K^+	Na^+	K^+
③	K^+	Na^+	K^+	Na^+
④	Na^+	K^+	K^+	Na^+

15. 〈보기〉의 최대산소섭취량 공식에서 장기간 지구성 훈련에 의해 증가되는 요소를 모두 고른 것은?

〈보 기〉

최대산소섭취량 = ㉠최대1회박출량 × ㉡최대심박수 × ㉢최대동정맥산소차

① ㉠   ② ㉠, ㉡

③ ㉠, ㉢   ④ ㉡, ㉢

16. 〈보기〉의 내용이 모두 증가되었을 때 향상되는 건강체력 요소는?

〈보 기〉

• 모세혈관의 밀도
• 미토콘드리아의 수와 크기
• 동정맥 산소차(arterial-venous oxygen difference)

① 유연성   ② 순발력
③ 심폐지구력   ④ 근력

17. 1시간 이내의 중강도 운동 시 시간 경과에 따라 혈중 농도가 점차 감소하는 호르몬은?

① 에피네프린(epinephrine)
② 인슐린(insulin)
③ 성장호르몬(growth hormone)
④ 코르티솔(cortisol)

18. 〈보기〉에서 설명하는 고유수용기는?

〈보 기〉

• 감각 및 운동신경의 말단이 연결되어 있다.
• 감마운동뉴런을 통해 조절된다.
• 근육의 길이 정보를 중추신경계로 보낸다.

① 근방추(muscle spindle)
② 골지건기관(Golgi tendon organ)
③ 자유신경종말(free nerve ending)
④ 파치니안 소체(Pacinian corpuscle)

19. 근력 결정요인으로 옳지 <u>않은</u> 것은?

① 근육 횡단면적   ② 근절의 적정 길이
③ 근섬유 구성비   ④ 근섬유막 두께

20. 상완이두근의 움직임에 대한 근육 수축 형태로 옳지 <u>않은</u> 것은?

① 자세를 유지할 때 - 등척성 수축
② 턱걸이 올라갈 때 - 단축성 수축
③ 턱걸이 내려갈 때 - 신장성 수축
④ 공을 던질 때 - 등속성 수축

1. 운동역학(sports biomechanics)의 내용으로 적절한 것은?

① 스포츠 현상을 사회학적 연구 이론과 방법으로 설명하는 학문이다.

② 운동에 의한 생리적·기능적 변화를 기술하고 설명하는 학문이다.

③ 스포츠 수행에 영향을 주는 심리적 요인을 설명하는 학문이다.

④ 스포츠 상황에서 인체에 발생하는 힘과 그 효과를 설명하는 학문이다.

2. 근육의 신장(원심)성 수축(eccentric contraction)이 아닌 것은?

① 스쿼트의 다리를 굽히는 동작에서 큰볼기근(대둔근, gluteus maximus)의 수축

② 팔굽혀펴기의 팔을 펴는 동작에서 위팔세갈래근(상완삼두근, triceps brachii)의 수축

③ 턱걸이의 팔을 펴는 동작에서 넓은등근(광배근, latissimus dorsi)의 수축

④ 윗몸일으키기의 뒤로 몸통을 펴는 동작에서 배곧은근(복직근, rectus abdominis)의 수축

3. 단위 시간당 이동한 변위(displacement)를 나타내는 벡터량은?

① 속도(velocity)

② 거리(distance)

③ 가속도(acceleration)

④ 각속도(angular velocity)

4. 지면반력기(force plate)를 통해 얻을 수 있는 변인이 아닌 것은?

① 걷기 동작에서 디딤발에 가해지는 힘의 방향

② 외발서기 동작에서 디딤발 압력중심(center of pressure)의 이동거리

③ 서전트 점프 동작에서 발로 지면에 힘을 가한 시간

④ 달리기 동작의 체공기(non-supporting phase)에서 발에 작용하는 힘의 크기

5. 인체의 시상(전후)면(sagittal plane)에서 수행되는 움직임이 아닌 것은?

① 인체의 수직축(종축)을 중심으로 회전하는 피겨스케이팅 선수의 몸통분절 움직임

② 페달링하는 사이클 선수의 무릎관절 굴곡/신전 움직임

③ 100m 달리기를 하는 육상 선수의 발목관절 저측/배측굴곡 움직임

④ 앞구르기를 하는 체조 선수의 몸통분절 움직임

6. 〈보기〉에서 복합운동(general motion)에 해당하는 것을 모두 고른 것은?

---- 〈보 기〉 ----
㉠ 커브볼로 던져진 야구공의 움직임
㉡ 페달링하면서 직선구간을 질주하는 사이클 선수의 대퇴(넙다리) 분절 움직임
㉢ 공중회전하면서 낙하하는 다이빙 선수의 몸통 움직임

① ㉠

② ㉠, ㉡

③ ㉡, ㉢

④ ㉠, ㉡, ㉢

7. 인체 무게중심에 대한 설명으로 옳은 것은?
(단, 공기저항은 무시함)

① 무게중심은 항상 신체 내부에 위치한다.
② 체조 선수는 공중회전하는 동안 무게중심을 지나는 축을 중심으로 회전하게 된다.
③ 지면에 선 상태로 팔을 위로 올리면 무게중심은 아래로 이동한다.
④ 서전트 점프 이지(take-off) 후, 공중에서 팔을 위로 올리면 무게중심은 위로 이동한다.

8. 농구 자유투에서 투사된 농구공의 운동에 대한 설명으로 옳은 것은? (단, 공기저항은 무시함)

① 농구공 질량중심의 수직속도는 일정하다.
② 최고점에서 농구공 질량중심의 수평속도는 0m/s가 된다.
③ 최고점에서 농구공 질량중심은 수평방향으로 등속도 운동을 한다.
④ 최고점에서 농구공 질량중심은 수직방향으로 등속도 운동을 한다.

9. 〈그림〉과 같이 공이 지면(수평 고정면)에 충돌하는 상황에 관한 설명으로 옳은 것은? (단, 공의 충돌 전 수평속도 및 수직속도는 같음)

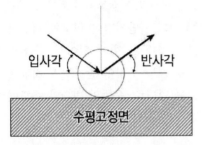

① 충돌 후, 무회전에 비해 백스핀된 공의 수평속도가 크다.

② 충돌 후, 무회전에 비해 톱스핀된 공의 수직속도가 크다.
③ 충돌 후, 무회전에 비해 톱스핀된 공의 반사각이 크다.
④ 충돌 후, 무회전된 공과 백스핀된 공의 리바운드 높이는 같다.

10. 〈그림〉에서 달리기 선수의 질량은 60kg이며 오른발 착지 시 무게중심의 수평속도는 2m/s이다. A와 B의 면적이 각각 80N·s와 20N·s일 때, 오른발 이지(take-off) 순간 무게중심의 수평속도는?

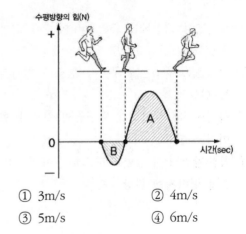

① 3m/s ② 4m/s
③ 5m/s ④ 6m/s

11. 〈보기〉의 ㉠, ㉡에 들어갈 용어가 바르게 연결한 것은?

─── 〈보 기〉 ───

농구선수는 양손 체스트패스 캐치 동작에서 공을 몸쪽으로 당겨 받는다. 그 과정에서 공을 받는 (㉠)은 늘리고 (㉡)은 줄일 수 있다.

	㉠	㉡
①	시간	충격력(impact force)
②	충격력	시간
③	충격량(impulse)	시간
④	충격력	충격량

12. 역학적 일(work)을 하지 <u>않은</u> 것은?

① 역도 선수가 바닥에 있던 100kg의 바벨을 1m 높이로 들어 올렸다.
② 레슬링 선수가 상대방을 굴려서 1m 옆으로 이동시켰다.
③ 체조 선수가 철봉에 매달려 10초 동안 정지해 있었다.
④ 육상 선수가 달려서 100m를 이동했다.

13. 마그누스 효과(Magnus effect)에 관한 내용이 <u>아닌</u> 것은?

① 레인에서 회전하는 볼링공의 경로가 휘어지는 현상
② 커브볼로 투구된 야구공의 경로가 휘어지는 현상
③ 사이드스핀이 가해진 탁구공의 경로가 휘어지는 현상
④ 회전(탑스핀)이 걸린 테니스공이 아래로 빠르게 떨어지는 현상

14. 스키점프 동작의 역학적 에너지에 대한 설명으로 옳지 <u>않은</u> 것은? (단, 공기저항은 무시함)

① 운동에너지는 지면 착지 직전에 가장 크다.
② 위치에너지는 수직 최고점에서 가장 크다.
③ 운동에너지는 스키점프대 이륙 직후부터 지면 착지 직전까지 동일하다.
④ 역학적 에너지는 스키점프대 이륙 직후부터 지면 착지 직전까지 보존된다.

15. 〈보기〉의 그림에 제시된 덤벨 컬(dumbbell curl) 운동에서 팔꿈치관절 각도(θ)와 팔꿈치관절에 발생되는 회전력(torque)의 관계를 옳게 나타낸 그래프는? (단, 덤벨 컬 운동은 등각속도 운동임)

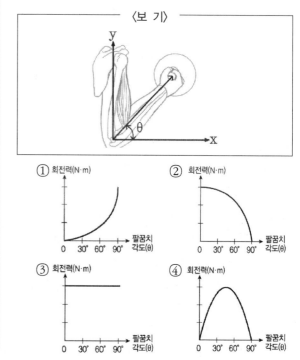

16. 인체 지레에 대한 설명 중 옳은 것은?

① 지레에서 저항팔이 힘팔보다 긴 경우에는 힘에 있어서 이득이 있다.
② 1종지레는 저항점이 받침점과 힘점 사이에 있는 형태로, 팔굽혀펴기 동작이 이에 속한다.
③ 2종지레는 받침점이 힘점과 저항점 사이에 있는 형태로, 힘에 있어서 이득이 있다.
④ 3종지레는 힘점이 받침점과 저항점 사이에 있는 형태로, 운동의 범위와 속도에 있어서 이득이 있다.

17. 〈보기〉의 ㄱ~ㄹ에 들어갈 내용을 바르게
    연결한 것은?

    ─────── 〈보 기〉 ───────
    다이빙 선수의 공중회전 동작에서는 다이빙 플
    랫폼 이지(take-off) 직후에 다리와 팔을 회전축
    가까이 위치시켜 관성모멘트를 (ㄱ)시킴으로써
    각속도를 (ㄴ)시켜야 한다. 입수 동작에서는
    팔과 다리를 최대한 펴서 관성모멘트를 (ㄷ)시
    킴으로써 각속도를 (ㄹ)시켜야 한다.

	ㄱ	ㄴ	ㄷ	ㄹ
①	증가	감소	증가	감소
②	감소	증가	증가	감소
③	감소	감소	증가	증가
④	증가	증가	감소	감소

18. 30m/s의 수평투사속도로 야구공을 던질
    때, 야구공의 체공시간이 2초라면 투사거
    리는? (단, 공기저항은 무시함)

    ① 15m   ② 30m
    ③ 60m   ④ 90m

19. 일률(power)의 단위가 <u>아닌</u> 것은?

    ① N·m/s   ② kg·m/s²
    ③ Joule/s   ④ Watt

20. 〈보기〉의 ㄱ~ㄷ에 들어갈 내용을 바르게
    연결한 것은?

    ─────── 〈보 기〉 ───────
    신체의 정적 안정성을 높이기 위해서는 기저면
    (base of support)을 (ㄱ), 무게중심을 (ㄴ), 수
    직 무게중심선을 기저면의 중앙과 (ㄷ) 위치시
    키는 것이 효과적이다.

	ㄱ	ㄴ	ㄷ
①	좁히고	높이고	가깝게
②	좁히고	높이고	멀게
③	넓히고	낮추고	가깝게
④	넓히고	낮추고	멀게

─────────── 스포츠윤리 (77) ───────────

1. 스포츠맨십(sportsmanship) 행위가 <u>아닌</u> 것은?

   ① 패자에게 승리의 우월성 과시
   ② 악의없는 순수한 경쟁
   ③ 패배에 대한 겸허한 수용
   ④ 승자에 대한 아낌없는 박수

2. 〈보기〉에서 스포츠에 관한 결과론적 윤리관
   에 해당하는 것으로만 고른 것은?

   ─────── 〈보 기〉 ───────
   ㄱ 경기에서 지더라도 경기규칙은 반드시 준수해
     야 한다.
   ㄴ 개인의 최우수선수상 수상보다 팀의 우승이 더
     중요하다.
   ㄷ 운동선수는 훈련과정보다 경기에서 승리하는
     것이 더 중요하다.
   ㄹ 스포츠 경기는 페어플레이를 중시하기 때문에
     승리를 위한 불공정한 행위를 해서는 안된다.

   ① ㄱ, ㄷ   ② ㄱ, ㄹ
   ③ ㄴ, ㄷ   ④ ㄷ, ㄹ

3. 스포츠에서 나타나는 인종차별에 관한 설명으로 적절하지 <u>않은</u> 것은?

① 경기실적 향상을 위해 우수한 외국 선수를 귀화시키기도 한다.
② 개인의 운동기량을 인종 전체로 일반화시켜 편견과 차별이 심화되기도 한다.
③ 스포츠미디어는 인종에 대한 편견과 차별을 재생산하기도 한다.
④ 일부 관중들은 노골적으로 특정 인종을 비하하는 모욕 행위를 표출하기도 한다.

4. 스포츠윤리 이론 중 덕윤리의 특징으로 적절하지 <u>않은</u> 것은?

① 스포츠 상황에서의 행위의 정당성보다 개인의 인성을 강조한다.
② 비윤리적 행위는 궁극적으로 스포츠인의 올바르지 못한 품성에서 비롯된다.
③ '어떠한 행위를 하는 선수가 되어야 하는가' 보다 '무엇이 올바른 행위인지'를 판단하는 데 더 주목한다.
④ 스포츠인의 미덕을 드러내는 행동은 옳은 것이며, 악덕을 드러내는 행동은 그릇된 것으로 간주한다.

5. 〈보기〉에서 스포츠윤리의 역할로 적절한 것으로만 고른 것은?

─── 〈보 기〉 ───
㉠ 스포츠 상황에서 행동의 옳고 그름을 판단할 수 있는 원리 탐구
㉡ 스포츠 현상을 사실적으로 기술하는 방법 탐구
㉢ 스포츠 현상의 미학적 탐구
㉣ 윤리적 원리와 도덕적 덕목에 기초하여 스포츠인에게 요구되는 행위 탐구

① ㉠, ㉡   ② ㉠, ㉣
③ ㉡, ㉢   ④ ㉡, ㉣

6. 〈보기〉의 괄호 안에 공통으로 들어갈 용어는?

─── 〈보 기〉 ───
• 칸트(I. Kant)에게 도덕성의 기준은 (   )이다.
• 칸트에 의하면, 페어플레이도 (   )이/가 없으면 도덕적이라 볼 수 없다.
• (   )은/는 도덕적인 선수가 갖추어야 할 내적인 태도이자 도덕적 행위의 필요충분조건이다.

① 행복   ② 선의지
③ 가언명령   ④ 실천

7. 〈보기〉에서 스포츠 선수의 유전자 도핑을 반대해야 하는 이유로 적절한 것을 모두 고른 것은?

─── 〈보 기〉 ───
㉠ 선수의 신체를 실험 대상화하여 기계나 물질로 이해하도록 만들기 때문
㉡ 유전자조작 인간과 자연적 인간 사이에 갈등을 초래하기 때문
㉢ 생명체로서 인간의 본질을 훼손하고 존엄성을 부정하기 때문
㉣ 선수를 우생학적 개량의 대상으로 만들기 때문

① ㉠, ㉢   ② ㉡, ㉢
③ ㉠, ㉡, ㉣   ④ ㉠, ㉡, ㉢, ㉣

8. 〈보기〉의 괄호 안에 들어갈 정의(justice)의 유형은?

〈보 기〉

　운동선수의 신체는 훈련으로 만들어지기도 하지만 유전적 요인으로 결정되는 경우가 많다. 농구와 배구선수의 키는 타고난 우연성에 해당한다. 일반적으로 스포츠 경기에서는 이러한 불평등 문제에 (　　　) 정의를 적용하지 않는다. 왜냐하면 스포츠는 전적으로 개인의 자발적인 선택의 문제이기 때문이다.

---

① 자연적　　　　② 절차적
③ 분배적　　　　④ 평균적

9. 〈보기〉에서 A선수의 판단 근거가 되는 윤리 이론의 난점에 관한 설명으로 적절한 것은?

〈보 기〉

　농구경기 4쿼터 종료 3분 전, 감독에게 의도적 파울을 지시받은 A선수는 의도적 파울이 팀 승리에 기여할 수 있지만, 상대 선수에게 위협을 가하거나 자칫 부상을 입힐 수 있기 때문에 도덕적으로 옳지 않다고 판단했다.

---

① 사회 전체의 이익을 고려하지 않는 경우가 발생한다.
② 상식적이고 보편적인 도덕직관과 충돌하는 판단을 내릴 수 있다.
③ 행위의 결과를 즉각 산출하기 어려울 경우에 명료한 지침을 제시하지 못할 수 있다.
④ 도덕을 수단적으로 인식한다는 점에서 근본적인 도덕개념들과 양립하기 어렵다.

10. 〈보기〉의 괄호 안에 공통으로 들어갈 용어는?

〈보 기〉

예진: 스포츠에는 규칙으로 통제된 (　　　)이 존재해. 대표적으로 복싱과 태권도와 같은 투기 종목은 최소한의 안전장치가 마련되고, 그 속에서 힘의 우열이 가려지는 것이지. 따라서 스포츠 내에서 폭력은 용인된 폭력과 그렇지 않은 폭력으로 구분할 수 있어!
승현: 아니, 내 생각은 달라! 스포츠 내에서의 폭력과 일상 생활에서의 폭력은 본질적으로 동일하지. 그래서 (　　　)은 존재할 수 없어.

---

① 합법적 폭력　　　② 부당한 폭력
③ 비목적적 폭력　　④ 반사회적 폭력

11. 〈보기〉에서 국제수영연맹(FINA)이 기술도핑을 금지한 이유는?

〈보 기〉

　2008년 베이징올림픽 수영종목에서는 25개의 세계신기록이 쏟아져 나왔다. 주목할만한 것이 23개의 세계신기록이 소위 최첨단 수영복이라 불리는 엘지알 레이서(LZR Racer)를 착용한 선수들에 의해 수립되었다는 것이다. 그러나 이 같은 수영복을 하나의 기술도핑으로 간주한 국제수영연맹은 2010년부터 최첨단 수영복의 착용을 금지하였다.

---

① 효율성 추구　　　② 유희성 추구
③ 공정성 추구　　　④ 도전성 추구

12. 〈보기〉에서 나타난 현준과 수연의 공정시합에 관한 관점이 바르게 연결된 것은?

<보 기>

현준: 승부조작은 경쟁적 스포츠의 본래적 가치를
훼손시키는 행위지만, 경기규칙을 위반하지
않았다면 윤리적으로 문제없는 것이 아닌가?

수연: 나는 경기규칙을 위반하지 않았다 하더라도,
스포츠의 역사적·사회적 보편성과 정당성 속
에서 형성되고 공유된 에토스(shared ethos)
에 충실해야 한다고 생각해! 그래서 스포츠의
가치를 근본적으로 훼손시키는 승부조작은 추
구해서도, 용인되어서도 절대 안돼!

	현준	수연
①	물질만능주의	인간중심주의
②	형식주의	비형식주의
③	비형식주의	형식주의
④	인간중심주의	물질만능주의

13. <보기>의 ㉠, ㉡과 관련된 맹자(孟子)의 사
상이 바르게 연결된 것은?

<보 기>

㉠ 농구 경기에서 자신과 부딪쳐서 부상을 당해
병원으로 이송되는 상대 선수를 걱정해 주는
마음

㉡ 배구 경기에서 자신의 손에 맞고 터치 아웃된
공을 심판이 보지 못해서 자기 팀이 득점을 했
을 때 스스로 부끄러워하는 마음

	㉠	㉡
①	수오지심(羞惡之心)	측은지심(惻隱之心)
②	측은지심(惻隱之心)	수오지심(羞惡之心)
③	사양지심(辭讓之心)	시비지심(是非之心)
④	측은지심(惻隱之心)	사양지심(辭讓之心)

14. 장애인의 스포츠 참여를 지원하는 방법으
로 적절하지 않은 것은?

① 장애인이 접근 가능한 장소의 확보
② 활동에 필요한 장비 및 기구의 안정적 지원
③ 비장애인과의 통합수업보다 분리수업 지향
④ 일회성 체험이 아닌 지속적인 클럽활동 보장

15. 스포츠의 지속 가능한 발전에 관한 설명으
로 적절하지 않은 것은?

① 새로운 스포츠 시설의 개발 금지
② 스포츠 시설의 개발과 자연환경의 공존
③ 건강한 인간과 건강한 자연환경의 공존
④ 스포츠만의 환경 운동이 아닌 국가적, 국제
적 협력과 공조

16. <그림>은 스포츠윤리규범의 구조이다. ㉠~㉢
에 해당하는 용어가 바르게 연결된 것은?

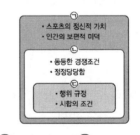

	㉠	㉡	㉢
①	규칙준수	스포츠맨십	페어플레이
②	스포츠맨십	페어플레이	규칙준수
③	페어플레이	규칙준수	스포츠맨십
④	스포츠맨십	규칙준수	페어플레이

17. 국민체육진흥법(시행 2022.8.11.) 제18조의3 '스포츠윤리센터의 설립'에 관한 사항으로 옳지 <u>않은</u> 것은?

① 스포츠윤리센터는 문화체육관광부 장관이 감독한다.
② 스포츠윤리센터의 정관에 기재할 사항은 국무총리령으로 정한다.
③ 스포츠윤리센터가 아닌 자는 스포츠윤리센터 또는 이와 비슷한 명칭을 사용하지 못한다.
④ 스포츠윤리센터의 장은 문화체육관광부 장관의 승인을 받아 관계 행정 기관 소속 임직원의 파견 또는 지원을 요청할 수 있다.

18. 〈보기〉에서 국제육상경기연맹(IFFA)이 출전 금지를 판단한 이유는?

─────── 〈보 기〉 ───────
2011년 대구세계육상선수권대회에서 남아프리카 공화국의 의족 스프린터 피스토리우스(O. Pistorius)는 비장애인육상경기에 참가 신청을 했으나, 국제육상경기연맹은 경기에 사용되는 의족의 탄성이 피스토리우스에게 유리하다는 이유로 출전을 허용하지 않았다고 한다.

① 인종적 불공정   ② 성(性)적 불공정
③ 기술적 불공정   ④ 계급적 불공정

19. 스포츠에서 나타나는 성차별의 원인이 <u>아닌</u> 것은?

① 사회적 성 역할의 고착화
② 차이를 차별로 정당화하는 논리
③ 신체구조와 운동능력에 대한 편견
④ 여성성을 해치는 스포츠에의 여성 참가 옹호

20. 스포츠에서 심판윤리에 관한 설명으로 옳지 <u>않은</u> 것은?

① 심판의 사회윤리는 협회나 종목단체의 도덕성과 밀접한 관련이 있다.
② 심판은 공정하고 엄격한 도덕적 원칙을 적용해야 한다.
③ 심판의 개인윤리는 청렴성, 투명성 등의 인격적 도덕성을 의미한다.
④ 심판은 '이익동등 고려의 원칙'에 따라 전력이 약한 팀에게 유리한 판정을 할 수 있다.

2024년 기출문제

스포츠사회학 (11)

1. 〈보기〉에서 홀리한(B. Houlian)이 제시한 '정부(정치)의 스포츠 개입 목적'에 관한 사례인 것을 모두 고른 것은?

〈보 기〉
ㄱ. 시민들의 건강 및 체력유지를 위해 체육단체에 재원을 지원한다.
ㄴ. 체육을 포함한 교육 현장의 양성 평등을 위해 Title IX을 제정 했다.
ㄷ. 공공질서를 보호하기 위해 공원에서 스케이트보드 금지, 헬멧 착용 등의 도시 조례가 제정되었다.

① ㄱ
② ㄱ, ㄷ
③ ㄴ, ㄷ
④ ㄱ, ㄴ, ㄷ

2. 스포츠클럽법(시행 2022.6.16.)의 내용으로 옳지 않은 것은?

① 지정스포츠클럽은 전문선수 육성 프로그램을 운영할 수 없다.
② 스포츠클럽의 지원과 진흥에 필요한 사항을 규정하고 있다.
③ 국민체육진흥과 스포츠 복지 향상 및 지역사회 체육발전에 기여함을 목적으로 한다.
④ 국가 및 지방자치 단체는 스포츠클럽의 지원 및 진흥에 필요한 시책을 수립·시행하여야 한다.

3. 〈보기〉에서 스티븐슨(C. Stevenson)과 닉슨(J. Nixon)이 구조기능주의 관점으로 설명한 스포츠의 사회적 기능 중 옳은 것만을 모두 고른 것은?

〈보 기〉
ㄱ. 사회·정서적 기능
ㄴ. 사회갈등 유발 기능
ㄷ. 사회 통합 기능
ㄹ. 사회계층 이동 기능

① ㄱ, ㄴ
② ㄱ, ㄷ
③ ㄴ, ㄹ
④ ㄱ, ㄷ, ㄹ

4. 〈보기〉의 ㉠~㉢에 해당하는 스포츠 육성 정책 모형이 바르게 제시된 것은?

〈보 기〉
㉠ 학생들의 스포츠 참여 저변이 확대되면, 이를 기반으로 기량이 좋은 학생선수가 배출된다.
㉡ 우수한 학생선수들을 육성하면 그들의 영향으로 학생들의 스포츠 참여가 확대된다.
㉢ 스포츠 선수들의 우수한 성과는 청소년의 스포츠 참여를 촉진 하고, 이를 통해 형성된 스포츠 참여 저변 위에서 우수한 스포츠 선수들이 성장한다.

	㉠	㉡	㉢
①	선순환 모형	낙수효과 모형	피라미드 모형
②	피라미드 모형	선순환 모형	낙수효과 모형
③	피라미드 모형	낙수효과 모형	선순환 모형
④	낙수효과 모형	피라미드 모형	선순환 모형

5. 〈보기〉에서 스포츠 세계화의 동인으로 옳은 것만을 모두 고른 것은?

─── 〈보 기〉 ───
ㄱ. 민족주의   ㄴ. 제국주의 확대
ㄷ. 종교 전파   ㄹ. 과학기술의 발전
ㅁ. 인종차별의 심화

① ㄱ, ㄴ, ㄷ   ② ㄴ, ㄷ, ㅁ
③ ㄱ, ㄴ, ㄷ, ㄹ   ④ ㄱ, ㄷ, ㄹ, ㅁ

6. 두민(M. Tumin)이 제시한 사회계층의 특성을 스포츠에 적용한 설명으로 옳은 것은?

① 보편성: 대부분의 스포츠 현상에는 계층 불평등이 나타난다.
② 역사성: 현대 스포츠에서 계층은 종목 내 종목 간에서 나타난다.
③ 영향성: 스포츠에서 계층 불평등은 역사발전 과정을 거치며 변천해 왔다.
④ 다양성: 스포츠 참여에서 나타나는 사회적 불평등은 일상 생활에도 유사하게 나타난다.

7. 스포츠에서 나타나는 사회계층 이동에 대한 설명으로 옳지 않은 것은?

① 스포츠는 계층 이동을 위한 수단으로 활용된다.
② 사회계층의 이동은 사회적 상황과 개인적 상황을 반영한다.
③ 사회 지위나 보상 체계에 차이가 뚜렷하게 발생하는 계층 이동은 '수직 이동'이다.
④ 사회계층의 이동 유형은 이동 방향에 따라 '세대 내 이동', '세대 간 이동'으로 구분한다.

8. 〈보기〉에서 설명하는 스포츠 일탈과 관련된 이론은?

─── 〈보 기〉 ───
• 스포츠 일탈을 상호작용론 관점으로 설명한다.
• 일탈 규범을 내면화하는 사회화 과정이 존재한다.
• 다른 사람과 상호작용을 통해 스포츠 일탈 행동을 학습한다.

① 문화규범 이론   ② 차별교제 이론
③ 개인차 이론   ④ 아노미 이론

9. 스미스(M. Smith)가 제시한 경기장 내 신체 폭력 유형 중 〈보기〉의 설명에 해당하는 것은?

─── 〈보 기〉 ───
• 경기의 규칙을 위반하는 행위지만, 대부분의 선수나 지도자들이 용인하는 폭력 행위 유형이다.
• 이 폭력 유형은 경기 전략의 하나로 활용되며, 상대방의 보복 행위를 유발할 수 있다.

① 경계 폭력   ② 범죄 폭력
③ 유사 범죄 폭력   ④ 격렬한 신체 접촉

10. 코클리(J. Coakley)가 제시한 상업주의와 관련된 스포츠 규칙 변화에 따른 결과로 옳지 않은 것은?

① 극적인 요소가 늘어났다.
② 득점이 감소하게 되었다.
③ 상업 광고 시간이 늘어났다.
④ 경기의 진행 속도가 빨라졌다.

11. 파슨즈(T. Parsons)의 AGIL이론에 관한 설명으로 옳지 <u>않은</u> 것은?

① 상징적 상호작용론 관점의 이론이다.
② 스포츠는 체제 유지 및 긴장 처리 기능을 한다.
③ 스포츠는 사회구성원을 통합시키는 기능을 한다.
④ 스포츠는 사회구성원이 사회체제에 적응하게 하는 기능을 한다.

12. 에티즌(D. Eitzen)과 세이지(G. Sage)가 제시한 스포츠의 정치적 속성 중 〈보기〉의 설명에 해당하는 것은?

―――― 〈보 기〉 ――――
• 국가대표 선수는 스포츠를 통해 국위를 선양하고 국가는 선수에게 혜택을 준다.
• 국가대표 선수가 올림픽에 출전하여 메달을 획득하면 군복무 면제의 혜택을 준다.

① 보수성   ② 대표성
③ 상호의존성   ④ 권력투쟁

13. 〈보기〉의 ㉠~㉢에 들어갈 스트랭크(A. Strenk)의 '국제정치 관계에서 스포츠 기능'을 바르게 제시한 것은?

―――― 〈보 기〉 ――――
• (㉠): 1936년 베를린 올림픽
• (㉡): 1971년 미국 탁구팀의 중화인민공화국 방문
• (㉢): 1972년 뮌헨올림픽에서의 검은구원단 사건
• (㉣): 남아프리카공화국의 아파르트헤이트에 대한 국제사회의 대응

	㉠	㉡	㉢	㉣
①	외교적 도구	외교적 항의	정치이념 선전	갈등 및 적대감의 표출
②	정치이념 선전	외교적 도구	갈등 및 적대감의 표출	외교적 항의
③	갈등 및 적대감의 표출	정치이념 선전	외교적 항의	외교적 도구
④	외교적 항의	갈등 및 적대감의 표출	외교적 도구	정치이념 선전

14. 베일(J.Bale)이 제시한 스포츠 세계화의 특징에 관한 설명으로 옳지 <u>않은</u> 것은?

① IOC, FIFA 등 국제스포츠 기구가 성장하였다.
② 다국적 기업의 국제적 스폰서십 및 마케팅이 증가하였다.
③ 글로벌 미디어 기업의 스포츠에 관한 개입이 증가하였다.
④ 외국인 선수 증가로 팀, 스폰서보다 국가의 정체성이 강화되었다.

15. 스포츠의 교육적 역기능에 해당하는 것은?

① 정서 순화   ② 사회 선도
③ 사회화 촉진   ④ 승리지상주의

16. 스포츠미디어가 생산하는 성차별 이데올로기에 관한 설명으로 옳지 <u>않은</u> 것은?

① 경기의 내용보다는 성(性)적인 측면을 강조한다.

② 여성 선수를 불안하고 취약한 존재로 묘사한다.

③ 여성들이 참여하는 경기를 '여성 경기'로 부른다.

④ 여성성보다 그들의 성과에 더 많은 관심을 보인다.

17. 〈보기〉의 사례에 관한 스포츠 일탈 유형과 휴즈(R, Hughes)와 코클리(J. Coakley)가 제시한 윤리 규범이 바르게 연결된 것은?

── 〈보 기〉 ──
• 2002년 한일월드컵 당시 황선홍 선수. 김태영 선수의 부상 투혼
• 2022년 카타르 월드컵에서 손흥민 선수의 마스크 투혼

	스포츠 일단 유형	스포츠 윤리 규범
①	과소동조	한계를 이겨내고 끊임없이 도전해야 한다.
②	과소동조	경기에 헌신해야 한다.
③	과잉동조	위험을 감수하고 고통을 인내해야 한다.
④	과잉동조	탁월성을 추구해야 한다.

18. 레오나르드(W. Leonard)의 사회학습이론에서 〈보기〉의 설명과 관련된 사회화 기제는?

── 〈보 기〉 ──
• 새로운 운동기능과 반응이 학습된다.
• 학습자에게 동기를 부여할 수 있게 된다.
• 지도자가 적합하다고 생각하는 새로운 지식을 알게 된다.

① 강화
② 코칭
③ 보상
④ 관찰학습

19. 스포츠로부터의 탈사회화에 관한 설명으로 옳은 것은?

① 부상, 방출 등의 자발적 은퇴로 탈사회화를 경험한다.

② 스포츠 참여를 통한 행동의 변화를 스포츠로부터의 탈사회화라고 한다.

③ 개인의 심리상태, 태도에 의해 참여가 제한되는 것은 내재적 제약이라고 한다.

④ 재정, 시간, 환경적 상황에 의해 참여가 제한되는 것을 대인적 제약이라고 한다.

20. 과학기술의 발전에 따른 스포츠의 변화에 관한 설명으로 옳지 않은 것은?

① IoT, 웨어러블 디바이스 발전으로 경기력 측정의 혁신을 가져왔다.

② 프로야구 경기에서 VAR 시스템 적용은 인간심판의 역할을 강화 시켰다.

③ 4차 산업혁명에 따른 초지능, 초연결은 스포츠 빅데이터의 활용을 확대시켰다.

④ VR, XR 디바이스의 발전으로 가상현실 공간을 활용한 트레이닝이 가능해졌다.

1. 슐만(L, Shulman)의 '교사 지식 유형' 중 가르칠 교과목 내용에 관한 지식에 해당하는 것은?

① 내용 지식(content knowledge)

② 내용교수법 지식(pedagogical content knowledge)

③ 교육환경 지식(knowledge of educational contexts)

④ 학습자와 학습자 특성 지식(knowledge of learners and their characteristics)

2. 동료 평가(peer assessment)에 관한 설명으로 적절하지 <u>않은</u> 것은?

① 학생들의 비평 능력이 향상될 수 있다.

② 교사는 학생에게 평가의 정확한 방법을 숙지시킨다.

③ 학생은 교사에게 받은 점검표를 통해 서로 평가한다.

④ 교사와 학생 간 대화를 통해 심층적인 정보를 수집한다.

3. 〈보기〉에서 설명하는 박 코치의 '스포츠 지도 활동'에 해당하는 용어는?

───── 〈보 기〉 ─────
박 코치는 관리시간을 줄이기 위해서 다음과 같이 지도 활동을 반복한다. 출석 점검은 수업 전에 회원들이 스스로 출석부에 표시하게 한다. 이후 건강에 이상이 있는 회원들을 파악한다. 수업 중에는 대기시간을 최소화하기 위해 모둠별로 학습 활동 구역을 미리 지정한다. 수업 후에는 일지를 회수한다.

① 성찰적 활동　　② 적극적 활동

③ 상규적 활동　　④ 잠재적 활동

4. 글로버(D. Glover)와 앤더슨(L, Anderson)이 인성을 강조한 수업 모형 중 〈보기〉의 ㉠, ㉡ 에 해당하는 것을 바르게 제시한 것은?

───── 〈보 기〉 ─────
㉠ '서로를 위해 서로 함께 배우기'를 통해 팀원 간 긍정적 상호의존 개인의 책임감 수준 증가, 인간관계 기술 및 팀 반성 등을 강조한 수업

㉡ '통합, 전이. 권한 위임, 교사와 학생의 관계'를 통해 타인의 권리와 감정 존중, 자기 목표 설정 가능, 훌륭한 역할 본보기 되기 등을 강조한 수업

	㉠	㉡
①	스포츠교육 모형	협동학습 모형
②	협동학습 모형	개인적·사회적 책임감 지도 모형
③	협동학습 모형	스포츠교육 모형
④	개인적·사회적 책임감 지도 모형	협동학습 모형

5. 〈보기〉의 ㉠ ~㉢에 들어갈 교사 행동에 관한 용어가 바르게 제시된 것은?

───── 〈보 기〉 ─────
• (㉠)은 안전한 학습 환경, 피드백 제공
• (㉡)은 학습 지도 중에 소방 연습과 전달 방송 실시
• (㉢)은 학생의 부상, 용변과 물 마시는 활동의 관리

	㉠	㉡	㉢
①	직접기여 행동	간접기여 행동	비기여 행동
②	직접기여 행동	비기여 행동	간접기여 행동

③ 비기여 행동　　직접기여 행동　간접기여 행동
④ 간접기여 행동　비기여 행동　　직접기여 행동

6. 〈보기〉의 ㉠~㉢에 들어갈 기본 움직임 기술을 바르게 제시한 것은?

─────── 〈보 기〉 ───────

기본 움직임	예시
(㉠)	걷기, 달리기, 뛰기, 피하기 등
(㉡)	서기, 앉기, 구부리기, 비틀기 등
(㉢)	치기, 잡기, 배팅하기 등

	㉠	㉡	㉢
①	이동 움직임	비이동 움직임	표현 움직임
②	전략적 움직임	이동 움직임	표현 움직임
③	전략적 움직임	이동 움직임	조작 움직임
④	이동 움직임	비이동 움직임	조작 움직임

7. 학교체육진흥법(시행 2024.3.24.) 제10조 '학교스포츠클럽 운영'의 내용에 해당하지 않는 것은?

① 학교스포츠클럽을 운영하는 경우 전담교사를 지정해야 한다.
② 전담교사에게 학교 예산의 범위에서 소정의 지도수당을 지급한다.
③ 활동 내용은 학교생활기록부에 기록하지만, 상급학교 진학자료로 활용할 수 없다.
④ 학교의 장은 학교스포츠클럽을 운영하여 학생들의 체육활동 참여 기회를 확대해야 한다.

8. 다음 중 모스턴(M. Moston) '상호학습형 교수 스타일'에 관한 설명으로 적절하지 않은 것은?

① 학습자는 교과내용을 선정한다.
② 학습자는 수행자나 관찰자의 역할을 수행한다.
③ 관찰자는 지도자가 제시한 수행 기준에 따라 피드백을 제공한다.
④ 지도자는 관찰자의 질문에 답하고, 관찰자에게 피드백을 제공한다.

9. 〈보기〉에서 '학교체육 전문인 자질'로 ㉠~㉢에 들어갈 용어를 바르게 제시한 것은?

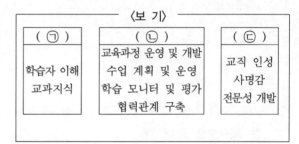

─────── 〈보 기〉 ───────

(㉠)	(㉡)	(㉢)
학습자 이해 교과지식	교육과정 운영 및 개발 수업 계획 및 운영 학습 모니터 및 평가 협력관계 구축	교직 인성 사명감 전문성 개발

	㉠	㉡	㉢
①	교수	기능	태도
②	지식	수행	태도
③	지식	기능	학습
④	교수	수행	학습

10. 〈보기〉에서 설명하는 모스턴(M. Moston)의 교수 스타일의 '인지(사고) 과정' 단계는?

─────── 〈보 기〉 ───────

• 학습자가 해답을 찾고자 하는 욕구가 있는 단계이다.
• 학습자에 대한 자극(질문)이 흥미, 욕구, 지식 수준과 적합할 때 이 단계가 발생한다.
• 학습자에게 알고자 하는 욕구를 실행에 옮기도록 동기화 시키는 단계이다.

① 자극(stimulus)

② 반응(response)

③ 사색(mediation)

④ 인지적 불일치(dissonance)

11. 〈보기〉에서 국민체육진흥법(시행 2024.3.15.) 제11조의 '스포츠윤리 교육 과정'에 관한 내용으로 옳은 것만을 모두 고른 것은?

───── 〈보 기〉 ─────
ㄱ. 도핑 방지 교육
ㄴ. 성폭력 등 폭력 예방 교육
ㄷ. 교육부장관령으로 정하는 교육
ㄹ. 스포츠 비리 및 체육계 인권침해 방지를 위한 예방 교육

① ㄱ, ㄴ

② ㄴ, ㄷ, ㄹ

③ ㄱ, ㄴ, ㄹ

④ ㄱ, ㄴ, ㄷ, ㄹ

12. 〈보기〉의 '수업 주도성 프로파일'에 해당하는 체육수업 모형은?

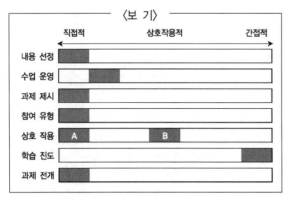

① 동료교수 모형

② 직접교수 모형

③ 개별화지도 모형

④ 협동학습 모형

13. 〈보기〉에서 설명하는 시덴탑(D. Siedentop)의 교수(teaching) 기능 연습법에 해당하는 용어는?

───── 〈보 기〉 ─────
김 교사는 교수 기능의 향상을 위해 다음과 같은 절차로 연습을 했다.
• 학생 6~8명의 소집단을 대상으로 학습 목표와 평가 방법을 설명한 후, 수업을 진행한다.
• 수업에 참여한 학생들의 질문지 자료를 토대로 김 교사와 학생, 다른 관찰자들이 모여 김 교사의 교수법에 대해 '토의'를 한다.
• 객관적인 자료를 근거로 교수 기능 효과를 살핀다.

① 동료 교수

② 축소 수업

③ 실제 교수

④ 반성적 교수

14. 스포츠강사의 자격조건에 관한 설명으로 옳은 것은?

① 「초·중등교육법」 제2조제2호에 따른 초등학교에 스포츠강사를 배치할 수 없다.

② 「국민체육진흥법」 제2조제6호에 따른 체육지도자 중에서 스포츠 강사를 임용할 수 있다.

③ 「학교체육진흥법」 제2조제6항 학교에 소속되어 학교운동부를 지도 감독하는 사람을 말한다.

④ 「학교체육진흥법」 제4조 재임용 여부는 강사로서의 자질, 복무 태도, 학생의 만족도, 경기 결과에 따라 결정하여야 한다.

15. 메츨러(M. Metzler)가 제시한 '체육학습 활동' 중 정식 게임을 단순화 하고 몇 가지 기능에 초점을 두며 진행하는 것은?

① 역할 수행(role-playing)

② 스크리미지(scrimmage)

③ 리드-업 게임(lead-up game)

④ 학습 센터 (learning centers)

16. 〈보기〉는 시덴탑(D. Siedentop)이 제시한 '스포츠 교육 모형'의 특징을 설명한 것이다. ㉠~㉢에 들어갈 용어가 바르게 제시된 것은?

―――――〈보 기〉―――――
• 이 모형의 주제 중에 (㉠)은 스포츠를 참여하는 태도와 관련된 정의적 영역이다.
• 시즌 중 심판으로서 역할을 할 때 학습영역 중 우선하는 것은 (㉡)영역이다.
• 학습자 수준에 적합하게 경기 방식을 (㉢)해서 참여를 유도한다.

	㉠	㉡	㉢
①	박식	정의적	고정
②	열정	인지적	변형
③	열정	정의적	변형
④	박식	인지적	고정

17. 〈보기〉에서 설명하는 체육수업 연구 방법으로 적절한 것은?

―――――〈보 기〉―――――
• 연구의 특징은 집단적(협동적), 역동적, 연속적으로 이루어짐
• 연구의 절차는 문제 파악-개선계획-실행-관찰-반성 등으로 순환하는 과정임
• 연구의 주체는 지도자가 동료나 연구자의 도움을 받아 자신의 수업을 탐구함

① 문헌(literature) 연구

② 실험(experiment) 연구

③ 현장 개선(action) 연구

④ 근거이론(grounded theory) 연구

18. 학습자 비과제 행동을 예방하고 과제 지향적인 수업을 유지하기 위한 교수 기능 중 쿠닌(J. Kounin)이 제시한 '동시처리(overlapping)'에 해당 하는 것은?

① 수업의 흐름을 유지하면서 수업 이탈 행동 학생을 제지하는 것이다.

② 학생들의 행동을 항상 인지하고 있다는 것을 알리는 것이다.

③ 학생의 학습 활동을 중단시키고 잠시 퇴장 시키는 것이다.

④ 모든 학생에게 과제에 몰입하도록 경각심을 주는 것이다.

19. 〈그림〉은 '국민체력100'의 운영 체계이다. 체력인증센터가 이용자에게 제공하는 서비스가 <u>아닌</u> 것은?

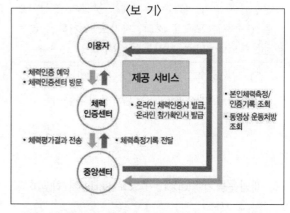

① 체력측정 서비스

② 맞춤형 운동처방

③ 국민 체력 인증서 발급

④ 스포츠클럽 등록 및 운영지원

20. 〈보기〉에서 해당하는 평가기법으로 적절한 것은?

> ───── 〈보 기〉 ─────
> • 운동 수행을 평가하는 데 자주 사용하는 평가 방법이다.
> • 운동 수행의 질적인 면을 파악하여 수준이나 숫자를 부여하는 평가 방법이다.

① 평정척도　　　　② 사건기록법
③ 학생저널　　　　④ 체크리스트

─────────────────────
스포츠심리학 (33)
─────────────────────

1. 〈보기〉가 설명하는 성격 이론은?

> ───── 〈보 기〉 ─────
> 자기가 좋아하는 국가대표선수가 무더위에서 진행된 올림픽 마라톤 경기에서 불굴의 정신력으로 완주하는 모습을 보고, 자기도 포기하지 않는 정신력으로 10km 마라톤을 완주하였다.

① 특성이론　　　　② 사회학습이론
③ 욕구위계이론　　④ 정신역동이론

2. 개방운동기술(open motor skills)에 해당하지 않는 것은?

① 농구 경기에서 자유투하기
② 야구 경기에서 투수가 던진 공을 타격하기
③ 자동차 경주에서 드라이버가 경쟁하면서 운전하기
④ 미식축구 경기에서 쿼터백이 같은 팀 선수에게 패스하기

3. 〈보기〉의 ㉠~㉢에 들어갈 개념을 바르게 나열한 것은?

> ───── 〈보 기〉 ─────
> • (㉠):노력의 방향과 강도로 설명된다.
> • (㉡):스포츠 자체가 좋아서 참여한다.
> • (㉢):보상을 받거나 처벌을 피하고자 스포츠에 참여한다.

	㉠	㉡	㉢
①	동기	외적 동기	내적 동기
②	동기	내적 동기	외적 동기
③	귀인	내적 동기	외적 동기
④	귀인	외적 동기	내적 동기

4. 〈보기〉의 ㉠, ㉡에 들어갈 정보처리 단계를 바르게 나열한 것은?

> ───── 〈보 기〉 ─────
> • (㉠): 테니스 선수가 상대 코트에서 넘어오는 공의 궤적 방향, 속도에 관한 환경정보를 탐지한다.
> • (㉡): 환경정보를 토대로 어떤 종류의 기술로 어떻게 받아쳐야 할지 결정한다.

	㉠	㉡
①	반응 선택	자극 확인
②	자극 확인	반응 선택
③	반응/운동 프로그래밍	반응 선택
④	반응/운동 프로그래밍	자극 확인

5. 〈보기〉에서 설명하는 심리기술훈련 기법은?

> ───── 〈보 기〉 ─────
> • 멀리뛰기의 도움닫기에서 파울을 할 것 같은 부정적인 생각이 든다.
> • 부정적인 생각은 그만하고 연습한 대로 구름판을 강하게 밟자고 생각한다.
> • 스스로 통제할 수 있는 것에 집중하자고 다짐한다.

① 명상　　　　　　② 자생 훈련
③ 인지 재구성　　　④ 인지적 왜곡

6. 운동발달의 단계가 순서대로 바르게 제시된 것은?

① 반사단계 → 기초단계 → 기본움직임단계 → 성장과 세련단계 → 스포츠기술단계 → 최고수행단계 → 퇴보단계
② 기초단계 → 기본움직임단계 → 반사단계 → 스포츠기술단계 → 성장과 세련단계 → 최고수행단계 → 퇴보단계
③ 반사단계 → 기초단계 → 기본움직임단계 → 스포츠기술단계 → 성장과 세련단계 → 최고수행단계 → 퇴보단계
④ 기초단계 → 기본움직임단계 → 반사단계 → 성장과 세련단계 → 스포츠기술단계 → 최고수행단계 → 퇴보단계

7. 반두라(A, Bandura)가 제시한 4가지 정보원에서 자기효능감에 가장 큰 영향력을 미치는 것은?

① 대리경험　　　　② 성취경험
③ 언어적 설득　　　④ 정서적/신체적 상태

8. 〈보기〉에서 연습방법에 관한 설명으로 옳은 것만을 모두 고른 것은?

──── 〈보 기〉 ────
ㄱ. 집중연습은 연습구간 사이의 휴식시간이 연습시간보다 짧게 이루어진 연습방법이다.
ㄴ. 무선연습은 선택된 연습과제들을 순서에 상관없이 무작위로 연습하는 방법이다.
ㄷ. 분산연습은 특정 운동기술과제를 여러 개의 하위 단위로 나누어 연습하는 방법이다.

ㄹ. 전습법은 한 가지 운동기술과제를 구분 동작 없이 전체적으로 연습하는 방법이다.

① ㄱ, ㄴ　　　　　② ㄷ, ㄹ
③ ㄱ, ㄴ, ㄹ　　　④ ㄱ, ㄷ, ㄹ

9. 미국 응용스포츠심리학회(AAASP)의 스포츠 심리상담 윤리 규정이 아닌 것은?

① 스포츠에 참여하는 모든 사람과 전문적인 상담을 진행한다.
② 직무수행상 자신의 한계를 인식하고 한계를 넘는 주장과 행동은 하지 않는다.
③ 회원 스스로 윤리적인 행동을 실천하고 남에게 윤리적 행동을 하도록 적극적으로 권장한다.
④ 다른 전문가에 의한 서비스 수행 촉진, 책무성 확보, 기관이나 법적 의무 완수 등의 목적을 위해 상담이나 연구 결과를 기록으로 남긴다.

10. 〈보기〉가 설명하는 기억의 유형은?

──── 〈보 기〉 ────
• 학창 시절 자전거를 타고 학교에 등하교 했던 A는 오랜 기간 자전거를 타지 않았음에도 불구하고 여전히 자전거를 탈 수 있다.
• 어린 시절 축구선수로 활동했던 B는 축구의 슛 기술을 어떻게 수행하는지 시범 보일 수 있다.

① 감각 기억 (sensory memory)
② 일화적 기억(episodic memory)
③ 의미적 기억(semantic memory)
④ 절차적 기억(procedural memory)

11. 〈보기〉는 피들러(F. Fiedler)의 상황부합 리더십 모형이다. 〈보기〉의 ㉠, ㉡에 들어갈 내용을 바르게 나열한 것은?

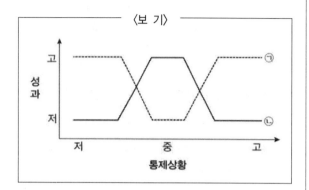

———— 〈보 기〉 ————

	㉠	㉡
①	관계지향리더	과제지향리더
②	과제지향리더	관계지향리더
③	관계지향리더	민주주의리더
④	과제지향리더	권위주의리더

12. 운동학습에 의한 인지역량의 변화에 관한 설명으로 옳지 않은 것은?

① 정보를 처리하는 속도가 빨라진다.
② 주의집중 역량을 활용하는 주의 체계의 역량이 좋아진다.
③ 운동과제 수행의 수준과 환경의 요구에 대한 근골격계의 기능이 효율적으로 좋아진다.
④ 새로운 정보와 기존의 정보를 연결하여 정보를 쉽게 보유할 수 있는 기억체계 역량이 좋아진다.

13. 〈보기〉는 아이젠(L. Aizen)의 계획행동이론이다. 〈보기〉의 ㉠~㉣에 들어갈 개념을 바르게 나열한 것은?

———— 〈보 기〉 ————

(㉠)는 행동을 수행하는 것에 대한 개인의 정서적이고 평가적인 요소를 반영한다. (㉡)은/는 어떤 행동을 할 것인지 또는 안 할 것인지에 대해 개인이 느끼는 사회적 압력을 말한다. 어떠한 행동은 개인의 (㉢)에 따라 그 행동 여부가 결정된다. (㉣)은/는 어떤 행동을 하기가 쉽거나 어려운 정도에 대한 인식 정도를 의미한다.

	㉠	㉡	㉢	㉣
①	태도	의도	주관적 규범	행동통제인식
②	의도	주관적 규범	행동통제인식	태도
③	태도	주관적 규범	의도	행동통제인식
④	의도	태도	행동통제인식	주관적 규범

14. 〈보기〉에서 정보처리이론에 관한 설명으로 옳은 것만을 모두 고른 것은?

———— 〈보 기〉 ————

ㄱ. 정보처리이론은 인간을 능동적인 정보처리자로 설명한다.
ㄴ. 도식이론은 기억흔적과 지각흔적의 작용으로 움직임을 생성하고 제어한다고 설명한다.
ㄷ. 개방회로이론은 대뇌피질에 저장된 운동프로그램을 통해 움직임을 생성하고 제어한다고 설명한다.
ㄹ. 폐쇄회로이론은 정확한 동작에 관한 기억을 수행 중인 움직임과 비교한 피드백 정보를 활용하여 움직임을 생성하고 제어한다고 설명한다.

① ㄱ, ㄴ
② ㄷ, ㄹ
③ ㄱ, ㄴ, ㄹ
④ ㄱ, ㄷ, ㄹ

15. 〈보기〉의 ㉠~㉢에 들어갈 개념을 바르게 나열한 것은?

> ─── 〈보 기〉 ───
> • (㉠): 타인의 존재가 과제수행에 미치는 영향을 말한다.
> • (㉡): 타인의 존재만으로도 각성과 욕구가 생긴다.
> • (㉢): 타인의 존재가 운동과제에 대한 집중을 방해하기도 하지만, 수행자의 욕구 수준을 증가시키기도 한다.

	㉠	㉡	㉢
①	사회적 촉진	단순존재가설	주의 분산/갈등 가설
②	사회적 촉진	단순존재가설	평가우려가설
③	단순존재가설	관중효과	주의 분산/갈등 가설
④	단순존재가설	관중효과	평가우려가설

16. 힉스(W. Hick)의 법칙에 관한 설명으로 옳은 것은?

① 자극-반응 대안의 수가 증가할수록 반응시간은 길어진다.
② 근수축을 통해 생성한 힘의 양에 따라 움직임의 정확성이 달라진다.
③ 두 개의 목표물 간의 거리와 목표물의 크기에 따라 움직임 시간이 달라진다.
④ 움직임의 속력이 증가하면 정확도가 떨어지는 속력-정확성 상쇄 (speed-accuracy trade-off) 현상이 나타난다.

17. 〈보기〉의 ㉠에 들어갈 용어는?

> ─── 〈보 기〉 ───
> • 복싱선수가 상대의 펀치를 맞고 실점하는 장면이 계속해서 떠오른다.
> • 이 선수는 (㉠)을/를 높이는 훈련이 필요하다.

① 내적 심상   ② 외적 심상
③ 심상 조절력   ④ 심상 선명도

18. 〈보기〉의 ㉠, ㉡에 들어갈 운동 수행에 관한 개념이 바르게 제시된 것은?

> ─── 〈보 기〉 ───
> • 운동 기술 과제가 너무 쉬울 때 (㉠)가 나타난다.
> • 운동 기술 과제가 너무 어려울 때 (㉡)가 나타난다.

	㉠	㉡
①	학습 고원 (learning plateau)	슬럼프 (slump)
②	천장 효과 (ceiling effect)	바닥 효과 (floor effect)
③	웜업 감소 (warm-up decrement)	수행 감소 (performance decrement)
④	맥락 간섭 효과 (contextual-interference effect)	부적 전이 (negative transfer)

19. 〈보기〉에서 운동 실천을 위한 환경적 영향 요인을 모두 고른 것은?

> ─── 〈보 기〉 ───
> ㄱ. 지도자   ㄴ. 교육수준
> ㄷ. 운동집단   ㄹ. 사회적 지지

① ㄱ, ㄴ   ② ㄷ, ㄹ
③ ㄱ, ㄴ, ㄹ   ④ ㄱ, ㄷ, ㄹ

20. 〈보기〉가 설명하는 개념은?

---〈보 기〉---

   농구 경기에서 수비수가 공격수의 첫 번째 페이크 슛 동작에 반응하면서, 바로 이어지는 두 번째 실제 슛 동작에 제대로 반응하지 못하는 현상이 발생한다.

① 스트룹 효과(Stroop effect)
② 무주의 맹시(inattention blindness)
③ 지각 협소화(perceptual narrowing)
④ 심리적 불응기(paychological-refractory period)

한국체육사 (44)

1. 〈보기〉에서 한국체육사에 관한 설명으로 옳은 것만을 모두 고른 것은?

---〈보 기〉---

ㄱ. 한국 체육과 스포츠의 시대별 양상을 연구한다.
ㄴ. 한국 체육과 스포츠를 역사학적 방법으로 연구한다.
ㄷ. 한국 체육과 스포츠에 관한 역사 기술은 사실 확인보다 가치 평가가 우선한다.
ㄹ. 한국 체육과 스포츠의 과거를 살펴보고, 이를 통해 현재를 직시하고 미래를 조망한다.

① ㄱ, ㄴ, ㄷ   ② ㄱ, ㄴ, ㄹ
③ ㄱ, ㄷ, ㄹ   ④ ㄴ, ㄷ, ㄹ

2. 〈보기〉에서 신체활동이 행해진 제천의식과 부족국가가 바르게 연결된 것만을 모두 고른 것은?

---〈보 기〉---

ㄱ. 무천-신라   ㄴ. 가배 - 동예
ㄷ. 영고- 부여   ㄹ. 동맹 - 고구려

① ㄱ, ㄴ   ② ㄷ, ㄹ
③ ㄱ, ㄴ, ㄹ   ④ ㄴ, ㄷ, ㄹ

3. 〈보기〉에 해당하는 부족국가시대 신체활동의 목적은?

---〈보 기〉---

   중국 역사 자료인 『위지 · 동이전(魏志 · 東夷傳)』에 따르면, "나이 어리고 씩씩한 청년들의 등 가죽을 뚫고 굵은 줄로 그곳을 꿰었다. 그리고 한 장(一丈) 남짓의 나무를 그곳에 메달고 온종일 소리를 지르며 일을 하는데도 아프다고 하지 않고, 착실하게 일을 한다. 이를 큰사람이라 부른다."

① 주술의식   ② 농경의식
③ 성년의식   ④ 제천의식

4. 〈보기〉에서 삼국시대의 무예에 관한 설명으로 옳은 것만을 모두 고른 것은?

---〈보 기〉---

ㄱ. 신라 궁전법(弓箭法)을 통해 인재를 등용하였다.
ㄴ. 고구려 정당(扃堂)에서 활쏘기 교육이 이루어졌다.
ㄷ. 백제: 훈련원(訓鍊院)에서 무예 시험과 훈련이 행해졌다.

① ㄱ, ㄴ   ② ㄱ, ㄷ
③ ㄴ, ㄷ   ④ ㄱ, ㄴ ㄷ,

5. 고려시대 최고 교육기관과 무학(武學) 교육이 바르게 연결된 것은?

① 성균관(成均館) - 대빙재(待聘齋)
② 성균관(成均館) - 강예재(講藝齋)
③ 국자감(國子監) - 대빙재(待聘齋)
④ 국자감(國子監) - 강예재(講藝齋)

6. 고려시대의 신체활동에 관한 설명으로 옳지 않은 것은?

① 기격구(騎擊毬) : 서민층이 유희로 즐겼다.
② 궁술(弓術) : 국난을 대비하여 장려되었다.
③ 마술(馬術) : 무인의 덕목 중 하나로 장려되었다.
④ 수박(手搏) : 무관이나 무예 인재의 선발에 활용되었다.

7. 석전(石戰)의 성격에 관한 설명으로 옳지 않은 것은?

① 관료 선발에 활용되었다.
② 명절에 종종 행해지던 민속놀이였다.
③ 전쟁에 대비한 군사훈련에 활용되었다.
④ 실전 부대인 석투군(石投軍)과 관련이 있었다.

8. 조선시대 서민층이 주로 행했던 민속놀이와 설명으로 옳지 않은 것은?

① 추천(鞦韆) : 단오절이나 한가위에 즐겼다.
② 각저(角觝), 각력(角力) : 마을 간의 겨룸이 있었는데, 풍년 기원의 의미도 있었다.
③ 종정도(從政圖), 승경도(陞卿圖) : 관직 체계의 이해와 출세 동기 부여의 뜻이 담겨 있었다.
④ 삭전(索戰), 갈전(葛戰) : 농경사회의 대표적인 민속놀이로서 농사의 풍흉(豊凶)을 점치는 의미도 있었다.

9. 조선시대의 무예서에 관한 설명으로 옳지 않은 것은?

①『무예도보통지(武藝圖譜通志)』: 정조의 명에 따라 24기의 무예가 수록 간행되었다.

②『무예신보(武藝新譜)』: 사도세자의 주도 하에 18기의 무예가 수록 간행되었다.
③『권보(拳譜)』: 광해군의 명에 따라 무예제보에 수록되지 않은 4기의 무예가 수록, 간행되었다.
④『무예제보(武藝諸譜)』: 선조의 명에 따라 전란 중에 긴급하게 필요했던 단병기 6기가 수록, 간행되었다.

10. 〈보기〉에서 조선시대의 궁술에 관한 설명으로 옳은 것만을 모두 고른 것은?

─── 〈보 기〉 ───
ㄱ. 군사 훈련의 수단이었다.
ㄴ. 무과(武科) 시험의 필수 과목이었다.
ㄷ. 심신수련을 위한 학사사상(學射思想)이 강조되었다.
ㄹ. 불국토사상(佛國土思想)을 토대로 훈련이 이루어졌다.

① ㄱ, ㄴ　　　　② ㄷ, ㄹ
③ ㄱ, ㄴ, ㄷ　　④ ㄴ, ㄷ, ㄹ

11. 고종의 교육입국조서(敎育立國詔書)에서 삼양(三養)이 표기된 순서는?

① 덕양(德養), 체양(體養), 지양(智養)
② 덕양(德養), 지양(智養), 체양(體養)
③ 체양(體養), 지양(智養), 덕양(德養)
④ 체양(體養), 덕양(德養), 지양(智養)

12. 〈보기〉에서 설명하는 개화기의 기독교계 학교는?

〈보 기〉
- 헐벗(H.B. Hulbert)이 도수체조를 지도하였다.
- 1885년 아펜젤러(H. G. Appenzeller)가 설립하였다.
- 과외활동으로 야구, 축구, 농구 등의 스포츠를 실시하였다.
---

① 경신학당　　　　② 이화학당
③ 숭실학교　　　　④ 배재학당

13. 개화기 학교 운동회에 관한 설명으로 옳지 않은 것은?

① 민족의식을 고취하는 역할을 하였다.
② 초기에는 구기 종목이 주로 이루어졌다.
③ 사회체육 발달의 촉진제 역할을 하였다.
④ 근대스포츠의 도입과 확산에 기여하였다.

14. 다음 중 개화기에 설립된 체육단체가 아닌 것은?

① 대한체육구락부
② 조선체육진흥회
③ 대동체육구락부
④ 황성기독교청년회운동부

15. 〈보기〉의 활동을 주도한 체육사상가는?

〈보 기〉
- 체조 강습회 개최
- 체육 활동의 저변 확대를 위해 대한국민체육회 창립
- 체육 활동을 통한 애국심 고취를 위해 광무학당 설립
---

① 서재필　　　　② 문일평
③ 김종상　　　　④ 노백린

16. 일제강점기의 체육사적 사실에 관한 설명으로 옳지 않은 것은?

① 원산학사가 설립되었다.
② 체조교수서가 편찬되었다.
③ 학교에서 체조가 필수 과목이 되었다.
④ 황국신민체조가 학교체육에 포함되었다.

17. 〈보기〉에서 일제강점기의 조선체육회에 관한 설명으로 옳은 것만을 모두 고른 것은?

〈보 기〉
ㄱ. '전조선축구대회'를 창설하였다.
ㄴ. 조선체육협회에 강제로 흡수되었다.
ㄷ. 국내 운동가, 일본 유학 출신자 등이 설립하였다.
ㄹ. 종합체육대회 성격의 전조선종합경기대회를 개최하였다.
---

① ㄱ, ㄴ　　　　② ㄷ, ㄹ
③ ㄴ, ㄷ, ㄹ　　　　④ ㄱ, ㄴ, ㄷ, ㄹ

18. 〈보기〉의 괄호 안에 들어갈 일제강점기의 체육사상가는?

〈보 기〉
(　　　)은/는 '체육 조선의 건설'이라는 글에서 사회를 강하게 하는 것은 구성원의 힘을 강하게 하는 것이며, 그 방법은 교육이며, 여러 교육의 기초는 체육이라고 강조하였다.
---

① 박은식　　　　② 조원희
③ 여운형　　　　④ 이기

19. 대한민국 정부의 체육정책 담당 부처의 변천 순서가 옳은 것은?

① 체육부 → 문화체육관광부 → 문화체육부

② 체육부 → 문화체육부 → 문화체육관광부

③ 문화체육부 → 체육부 → 문화체육관광부

④ 문화체육부 → 문화체육관광부 → 체육부

20. 〈보기〉는 국제대회에서 한국 여자 대표팀이 거둔 성과를 나타낸 것이다. 〈보기〉의 ⊙~ⓒ에 들어갈 종목이 바르게 제시된 것은?

---- 〈보 기〉 ----
- (⊙) : 1973년 사라예보 세계선수권대회에서 단체전 우승 달성
- (ⓒ) : 1976년 몬트리올 올림픽대회에서 구기 종목 사상 최초의 동메달 획득
- (ⓒ) : 1988년 서울 올림픽대회에서 당시 최강국을 이기고 금메달 획득

	⊙	ⓒ	ⓒ
①	배구	핸드볼	농구
②	배구	농구	핸드볼
③	탁구	핸드볼	배구
④	탁구	배구	핸드볼

운동생리학 (55)

1. 지구성 훈련에 의한 지근섬유(Type I)의 생리적 변화로 옳지 <u>않은</u> 것은?

① 모세혈관 밀도 증가

② 마이오글로빈 함유량 감소

③ 미토콘드리아의 수와 크기 증가

④ 절대 운동강도에서의 젖산 농도 감소

2. 유산소성 트레이닝을 통한 근육 내 미토콘드리아 변화와 관련된 설명으로 옳지 <u>않은</u> 것은?

① 근원섬유 사이의 미토콘드리아 밀도 증가

② 근육 내 젖산과 수소 이온(H) 생성 감소

③ 손상된 미토콘드리아 분해 및 제거율 감소

④ 근육 내 크레아틴인산(phosphocreatine) 소모량 감소

3. 운동 중 지방분해를 촉진하는 요인으로 옳지 <u>않은</u> 것은?

① 인슐린 증가

② 글루카곤 증가

③ 에피네프린 증가

④ 순환성(cyclic) AMP 증가

4. 운동에 대한 심혈관 반응에 관한 설명으로 옳은 것은?

① 점증 부하 운동 시 심근산소소비량 감소

② 고강도 운동 시 내장 기관으로의 혈류 분배 비율 증가

③ 일정한 부하의 장시간 운동 시 시간 경과에 따른 심박수 감소

④ 고강도 운동 시 활동근의 세동맥(arterioles) 확장을 통한 혈류량 증가

5. 〈보기〉의 ⊙, ⓒ에 들어갈 용어가 바르게 나열된 것은?

---- 〈보 기〉 ----
- 심장의 부담을 나타내는 심근산소소비량은 심박수와 (⊙)을 곱하여 산출한다.

- 산소섭취량이 동일한 운동 시 다리 운동이 팔 운동에 비해 심근 산소소비량이 더 (ⓒ) 나타난다.

	㉠	㉡
①	1회 박출량	높게
②	1회 박출량	낮게
③	수축기 혈압	높게
④	수축기 혈압	낮게

6. 골격근의 수축 특성을 결정하는 요인에 대한 설명 중 〈보기〉의 ㉠, ㉡에 들어갈 용어가 바르게 연결된 것은?

〈보 기〉
- 특이장력= 근력 / (㉠) • 근파워= 힘 × (㉡)

	㉠	㉡
①	근횡단면적	수축속도
②	근횡단면적	수축시간
③	근파워	수축속도
④	근파워	수축시간

7. 〈보기〉의 ㉠~ⓒ에 들어갈 용어가 바르게 나열된 것은?

〈보 기〉

수용기	역할
근방추	(㉠) 정보 전달
골지건기관	(㉡) 정보 전달
근육의 화학수용기	(ⓒ) 정보 전달

	㉠	㉡	ⓒ
①	근육의 길이	근육 대사량	힘 생성량
②	근육 대사량	힘 생성량	근육의 길이
③	근육 대사량	근육의 길이	힘 생성량
④	근육의 길이	힘 생성량	근육 대사량

8. 〈그림〉은 도피반사(withdrawal reflex)와 교차신전반사(crossed-extensor reflex)를 나타낸 것이다. 이에 관한 설명으로 옳지 <u>않은</u> 것은?

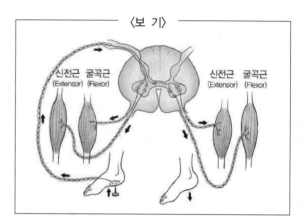

① 반사궁 경로를 통해 통증 자극에 대한 빠른 반사가 일어난다.
② 통증 수용기로부터 활동전위가 발생하여 척수로 전달된다.
③ 신체 균형을 유지하기 위해 반대편 대퇴의 굴곡근 수축이 억제된다.
④ 통증을 회피하기 위해 통증 부위 대퇴의 굴곡근과 신전근이 동시에 수축된다.

9. 〈보기〉에서 고온 환경의 장시간 최대하 운동 시 운동수행능력을 저하시키는 요인으로 옳은 것만을 모두 고른 것은? (단, 심각한 탈수 현상은 발생하지 않는 환경)

〈보 기〉
ㄱ. 글리코겐 고갈 가속   ㄴ. 근혈류량 감소
ㄷ. 1회 박출량 감소   ㄹ. 운동단위 활성 감소

① ㄱ, ㄷ　　　　　② ㄱ, ㄴ, ㄹ
③ ㄴ, ㄷ, ㄹ　　　④ ㄱ, ㄴ, ㄷ, ㄹ

10. 〈보기〉의 조건으로 트레드밀 운동 시 운동량은?

───── 〈보 기〉 ─────
- 체중 50kg
- 트레드밀 속도= 12km/h
- 운동시간=10분
- 트레드밀 경사도=5%
(단, 운동량(일) = 힘 × 거리)

① 300kpm　　　　② 500kpm
③ 5,000 kpm　　　④ 30,000kpm

11. 에너지 대사 과정과 속도조절효소의 연결이 옳지 않은 것은?

	에너지 대사 과정	속도조절효소
①	ATP-PC 시스템	크레아틴 키나아제 (creatine kinase)
②	해당작용	젖산 탈수소효소 (lactate dehydrogenase)
③	크렙스회로	이소시트르산탈수소효소 (isocitrate dehydrogenase)
④	전자전달체계	사이토크롬산화효소 (cytochrome oxidase)

12. 〈보기〉에서 근육의 힘, 파워, 속도의 관계에 대한 설명 중 옳은 것만을 모두 고른 것은?

───── 〈보 기〉 ─────
ㄱ. 단축성(concentric) 수축 시 수축 속도가 빨라짐에 따라 힘(장력) 생성은 감소한다.
ㄴ. 신장성(eccentric) 수축 시 신장 속도가 빨라짐에 따라 힘(장력) 생성은 증가한다.
ㄷ. 근육이 발현할 수 있는 최대 근파워는 등척성 (isometric) 수축 시에 나타난다.
ㄹ. 단축성 수축 속도가 동일할 때 속근섬유가 많을수록 큰 힘을 발휘한다.

① ㄱ, ㄴ, ㄷ　　　① ㄱ, ㄴ, ㄹ
③ ㄱ, ㄷ, ㄹ　　　④ ㄴ, ㄷ, ㄹ

13. 카테콜라민에 대한 설명으로 옳지 않은 것은?

① 부신피질에서 분비
② 교감신경의 말단에서 분비
③ $\alpha 1$ 수용체 결합 시 기관지 수축
④ $\beta 1$ 수용체 결합 시 심박수 증가

14. 〈보기〉의 에너지 대사 과정에 관한 설명 중 옳은 것만을 모두 고른 것은?

───── 〈보 기〉 ─────
ㄱ. 해당과정 중 NADH는 생성되지 않는다.
ㄴ. 크렙스 회로와 베타산화는 미토콘드리아에서 관찰되는 에너지 대사 과정이다.
ㄷ. 포도당 한 분자의 해당과정의 최종산물은 ATP 2분자와 피루브산염 2분자(또는 젖산염 2분자)이다.
ㄹ. 낮은 운동강도(예: $\dot{V}O_2max\,40\%$)로 30분 이상 운동 시 점진적으로 호흡교환율이 감소하고 지방 대사 비중은 높아진다.

① ㄱ, ㄴ　　　　② ㄱ, ㄹ
③ ㄴ, ㄷ　　　　④ ㄴ, ㄷ, ㄹ

15. 운동 중 혈중 포도당 농도를 유지하기 위한 호르몬에 대한 설명으로 옳지 <u>않은</u> 것은?

① 성장호르몬 – 간에서 포도당신생합성 증가
② 코티솔 – 중성지방으로부터 유리지방산으로 분해 촉진
③ 노르에피네프린 – 골격근 조직 내 유리지방산 산화 억제
④ 에피네프린 – 간에서 글리코겐 분해 촉진 및 조직의 혈중 포도당 사용 억제

16. 운동 중 수분과 전해질 균형에 관한 설명으로 옳은 것만을 모두 고른 것은?

―――――〈보 기〉―――――
ㄱ. 장시간의 중강도 운동 시 혈장량과 알도스테론 분비는 감소한다.
ㄴ. 땀 분비로 인한 혈장량 감소는 뇌하수체 후엽의 항이뇨호르몬 분비를 유도한다.
ㄷ. 충분한 수분 섭취 없이 장시간 운동 시 체내 수분 재흡수를 위해 레닌-안지오텐신 II 호르몬이 분비된다.
ㄹ. 운동에 의한 땀 분비는 수분 상실을 초래하며 혈중 삼투질 농도를 감소시킨다.

① ㄱ, ㄷ   ② ㄱ, ㄹ
③ ㄴ, ㄷ   ④ ㄴ, ㄹ

17. 〈표〉는 참가자의 폐환기 검사 결과이다. 〈보기〉에서 옳은 것만을 모두 고른 것은?

참가자	1회 호흡량 (mL)	호흡률 (회/min)	분당환기량 (mL/min)	사강량 (mL)	폐포 환기량 (mL/min)
주은	375	20	( )	150	( )
민재	500	15	( )	150	( )
다영	750	10	( )	150	( )

―――――〈보 기〉―――――
ㄱ. 세 참가자의 분당환기량은 동일하다.
ㄴ. 다영의 폐포 환기량은 분당 6 L/min이다.
ㄷ. 주은의 폐포 환기량이 가장 크다.

① ㄱ, ㄴ   ② ㄱ, ㄷ
③ ㄴ, ㄷ   ④ ㄱ, ㄴ, ㄷ

18. 1회 박출량(stroke volume) 증가 요인으로 옳지 <u>않은</u> 것은?

① 심박수 증가
② 심실 수축력 증가
③ 평균 동맥혈압(MAP) 감소
④ 심실 이완기말 혈액량(EDV) 증가

19. 골격근 섬유에 관한 설명으로 옳은 것은?

① 근수축에 필요한 칼슘(Ca^{2+})은 근형질세망에 저장되어 있다.
② 운동단위(motor unit)는 감각뉴런과 그것이 지배하는 근섬유의 결합이다.
③ 신경근 접합부(neuromuscular junction)에서 분비되는 근수축 신경전달물질은 에피네프린이다.
④ 지연성 근통증은 골격근의 신장성(eccentric) 수축보다 단축성(concentric) 수축 시 더 쉽게 발생한다.

20. 지근섬유(Type I)와 비교되는 속근섬유(Type II)의 특성으로 옳은 것은?

① 높은 피로 저항력
② 근형질세망의 발달
③ 마이오신 ATPase의 느린 활성
④ 운동신경세포(뉴런)의 작은 직경

1. 뉴턴(I. Newton)의 3가지 법칙과 관련이 없는 것은?

   ① 외력이 가해지지 않으면, 정지하고 있는 물체는 계속 정지하려 한다.
   ② 가속도는 물체에 가해진 힘에 비례한다.
   ③ 수직 점프를 할 때, 지면을 강하게 눌러야 높게 올라갈 수 있다.
   ④ 외력이 가해지지 않으면, 물체가 가진 각운동량은 변하지 않는다.

2. 〈보기〉에서 힘(force)에 관한 설명으로 옳은 것을 모두 고른 것은?

   ───── 〈보 기〉 ─────
   ㄱ. 움직임을 일으키는 원인으로 에너지이다.
   ㄴ. 질량과 가속도의 곱으로 결정된다.
   ㄷ. 단위는 N(Newton)이다.
   ㄹ. 크기를 갖는 스칼라(scalar)이다.

   ① ㄱ, ㄴ   ② ㄱ, ㄹ
   ③ ㄴ, ㄷ   ④ ㄷ, ㄹ

3. 쇼트트랙 경기에서 원운동을 할 때 원심력과 구심력에 관한 설명으로 옳은 것은?

   ① 원심력과 구심력은 크기가 같고, 방향이 반대이다.
   ② 원심력은 원운동을 하는 선수의 질량과 관계가 없다.
   ③ 원심력을 극복하는 방법으로 반지름을 작게 하여 원운동을 한다.
   ④ 신체를 원운동 중심의 방향으로 기울이는 것은 접선속도를 크게 만들기 위함이다.

4. 선운동량 또는 충격량에 관한 설명으로 옳은 것은?

   ① 선운동량은 질량과 속도를 더하여 결정되는 물리량이다.
   ② 충격량은 충격력과 충돌이 가해진 시간의 곱으로 결정되는 물리량이다.
   ③ 시간에 따른 힘 그래프에서 접선의 기울기는 충격량을 의미한다.
   ④ 충격량이 선운동량으로 전환되기 위해서는 먼저 충격량이 토크로 전환되어야 한다.

5. 운동학적(kinematic) 분석과 운동역학적(kinetic) 분석에 관한 설명으로 옳지 않은 것은?

   ① 일률, 속도, 힘은 운동역학적 분석요인이다.
   ② 운동학적 분석은 움직임을 공간적·시간적으로 분석한다.
   ③ 근전도 분석, 지면반력 분석은 운동역학적 분석방법이다.
   ④ 신체중심점의 위치변화, 관절각의 변화는 운동학적 분석요인이다.

6. 〈보기〉에서 물리량에 대한 설명으로 옳은 것만 고른 것은?

   ───── 〈보 기〉 ─────
   ㄱ. 압력은 단위면적당 가해지는 힘이며 벡터이다.
   ㄴ. 일은 단위시간당 에너지의 변화율이며 벡터이다.
   ㄷ. 마찰력은 두 물체의 마찰로 발생하는 힘이며 스칼라이다.
   ㄹ. 토크는 회전을 일으키는 효과이며 벡터이다.

   ① ㄱ, ㄴ   ② ㄱ, ㄹ
   ③ ㄴ, ㄷ   ④ ㄷ, ㄹ

7. 〈보기〉에서 항력과 관련된 설명으로 옳은 것만 고른 것은?

〈보 기〉

ㄱ. 육상의 원반 투사 시, 최적의 공격각(attack angle)은 $\frac{항력}{양력}$ 최대일 때의 각도이다.

ㄴ. 야구에서 투구 시 공에 회전을 넣어 커브 구질을 만든다.

ㄷ. 파도와 같이 물과 공기의 접촉면에서 형성된 난류에 의하여 발생하기도 한다.

ㄹ. 날아가는 골프공의 단면적(유체의 흐름방향에 수직인 물체의 면적)에 비례한다.

① ㄱ, ㄴ   ② ㄱ, ㄹ
③ ㄴ, ㄷ   ④ ㄷ, ㄹ

8. 2차원 영상분석에서 배율법(multiplier method)에 관한 설명으로 옳지 <u>않은</u> 것은?

① 동작이 수행되는 평면에 직교하게 카메라를 설치한다.

② 분석대상이 운동평면에서 벗어나면 투시오차(perspective error)가 발생할 수 있다.

③ 체조의 공중회전(somersault)과 트위스트(twist)와 같은 운동 동작을 분석하는 데 주로 활용된다.

④ 기준자(reference ruler)는 영상평면에서의 분석대상 크기를 실제 운동 평면에서의 크기로 조정하기 위해 사용된다.

9. 〈보기〉에서 각운동에 관한 설명으로 옳은 것만 고른 것은?

〈보 기〉

ㄱ. 각속력은 벡터이고, 각속도(angular velocity)는 스칼라이다.

ㄴ. 각속력(angular speed)은 시간당 각거리(angular distance)이다.

ㄷ. 각가속도(angular acceleration)는 시간당 각속도의 변화량이다.

ㄹ. 각거리는 물체의 처음과 마지막 각위치의 변화량이다.

① ㄱ, ㄴ   ② ㄱ, ㄹ
③ ㄴ, ㄷ   ④ ㄷ, ㄹ

10. 〈보기〉의 ㉠~㉣에 들어갈 내용이 바르게 제시된 것은?

〈보 기〉

• (㉠)가 커질수록 부력도 커진다.
• (㉡)가 올라갈수록 부력은 작아진다.
• (㉢)는 수중에서의 자세 변화에 따라 달라진다.
• (㉣)은 물에 잠긴 신체의 부피에 비례하여 수직으로 밀어 올리는 힘이다.

	㉠	㉡	㉢	㉣
①	신체의 밀도	신체의 온도	무게중심의 위치	부력
②	유체의 밀도	신체의 온도	무게중심의 위치	항력
③	신체의 밀도	물의 온도	부력중심의 위치	항력
④	유체의 밀도	물의 온도	부력중심의 위치	부력

11. 〈보기〉와 같이 조건을 (A)에서 (B)로 변경
하였을 때, ㉠~㉢에 들어갈 내용으로 바르
게 나열한 것은? (단, 각운동량 그리고 줄
과 공의 질량은 변화가 없는 것으로 가정)

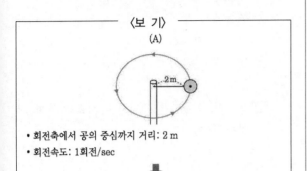

〈보 기〉
(A)

• 회전축에서 공의 중심까지 거리: 2 m
• 회전속도: 1회전/sec

(B)

회전축에서 공까지의 거리를 1 m로 줄이면, 회전반경이 (㉠)로
줄어들고 관성모멘트가 (㉡)로 감소하기 때문에 공의 회전속도는
(㉢)로 증가한다.

	㉠	㉡	㉢
①	$\frac{1}{2}$	$\frac{1}{2}$	2회전/sec
②	$\frac{1}{2}$	$\frac{1}{4}$	2회전/sec
③	$\frac{1}{4}$	$\frac{1}{2}$	2회전/sec
④	$\frac{1}{2}$	$\frac{1}{4}$	2회전/sec

12. 인체에 적용되는 지레(levera)의 원리에 관
한 설명으로 옳지 않은 것은?

① 1종 지레에서 축(받침점)은 힘점과 저항점
(작용점) 사이에 위치하고 역학적 이점이 1
보다 크거나 작을 수 있다.

② 2종 지레는 저항점이 힘점과 축 사이에 위
치하고 역학적 이점이 1보다 크다.

③ 3종 지레에서 힘점은 축과 저항점 사이에
위치하고 역학적 이점이 1보다 크다.

④ 지면에서 수직 방향으로 발뒤꿈치를 들고
서는 동작(calfraise)은 2종 지레이다.

13. 〈그림〉의 수직점프(vertical jump) 동작에
관한 운동역학적 특성을 바르게 설명한 것
은? (단, 외력과 공기 저항은 작용하지 않
는 것으로 가정)

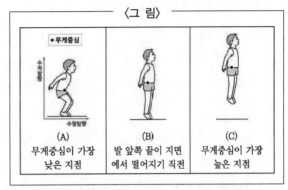

〈그 림〉

(A)	(B)	(C)
무게중심이 가장 낮은 지점	발 앞쪽 끝이 지면에서 떨어지기 직전	무게중심이 가장 높은 지점

① (A)부터 (B)까지 한 일(work)은 위치에너
지의 변화량과 같다.

② (A)부터 (B)까지 넙다리네갈레근(대퇴사두
근, quadriceps)은 신장성 수축(eccentric
contraction)을 한다.

③ (B)부터 (C)까지 무게중심의 수직가속도는
증가한다.

④ (C) 지점에서 인체 무게중심의 수직속도는
0m/sec이다.

14. 회전운동에 관한 설명으로 옳지 않은 것
은?

① 회전하는 물체의 집선속도는 각속도와 반
지름의 곱으로 구한다.

② 회전하는 물체의 각속도는 호의 길이를 소
요시간으로 나누어 구한다.

③ 인체의 관성모멘트(moment of inertia)는
회전축의 방향에 따라 변한다.

④ 토크는 힘의 연장선이 물체의 중심에서 벗
어난 지점에 작용할 때 발생한다.

15. 인체의 무게중심에 관한 설명으로 옳지 않은 것은?

　① 무게중심은 인체 외부에 위치할 수 있다.
　② 무게중심의 위치는 안정성에 영향을 준다.
　③ 무게중심은 토크의 합이 '0'인 지점이다.
　④ 무게중심의 위치는 동작의 변화와 관계없이 일정하다.

16. 중력가속도의 개념에 관한 설명으로 옳지 않은 것은?

　① 중력가속도의 크기는 9.8 m/sec²이다.
　② 중력가속도는 지구 중심방향으로 작용한다.
　③ 인체의 무게는 질량과 중력가속도의 곱으로 산출한다.
　④ 토스한 배구공이 상승하는 과정에서는 중력가속도의 영향을 받지 않는다.

17. 인체의 근골격계에 관한 설명으로 옳은 것은?

　① 골격근의 수축은 관절에서 회전운동을 일으키지 못한다.
　② 인대(ligament)는 골격근을 뼈에 부착시키는 역할을 한다.
　③ 작용근(주동근, agoniat)은 의도한 운동을 발생시키는 근육이다.
　④ 팔꿈치관절에서 굽힘근(굴근, flexor)의 수축은 관절의 각도를 커지게 한다.

18. 기저면의 변화를 통해 안정성을 증가시킨 동작으로 옳지 않은 것은?

　① 산에서 내려오며 산악용 스틱을 사용하여 지면을 지지하기
　② 씨름에서 상대방이 옆으로 당기자 다리를 좌우로 벌리기
　③ 평균대 외발서기 동작에서 양팔을 좌우로 벌리기
　④ 스키점프 착지 동작에서 다리를 앞뒤로 교차하여 벌리기

19. 역학적 일(work)과 일률(power)의 개념을 바르게 설명한 것은?

　① 일의 단위는 watt 또는 joule/sec이다.
　② 일률은 힘과 속도의 곱으로 산출한다.
　③ 일률은 이동한 거리를 고려하지 않는다.
　④ 일은 가해진 힘의 크기에 반비례한다.

20. 운동역학을 스포츠 현장에 적용한 사례로 적절하지 않은 것은?

　① 멀리뛰기에서 도약력 측정을 위한 지면반력 분석
　② 다이빙에서 각운동량 산출을 위한 3차원 영상분석
　③ 축구에서 운동량 측정을 위한 웨어러블 센서(wearable sensor)의 활용
　④ 경기장 적응을 위해 가상현실을 활용한 양궁 심상훈련 지원

스포츠윤리 (77)

1. 〈보기〉에서 설명하는 법령은?

〈보 기〉

    이 법은 국민 모두가 스포츠 및 신체활동에 자유롭고 평등하게 참여하여 건강하고 행복한 삶을 영위할 수 있도록 스포츠의 가치가 교육, 문화, 환경, 인권, 복지, 정치, 경제, 여가 등 우리 사회 영역 전반에 확산될 수 있게 국가와 지방자치단체가 그 역할을 다하며, 개인이 스포츠 활동에서 차별받지 아니하고, 스포츠의 다양성, 자율성과 민주성의 원리가 조화롭게 실현되도록 하는 것을 기본 이념으로 한다.

---

① 스포츠클럽법   ② 스포츠기본법
③ 국민체육진흥법   ④ 학교체육진흥법

2. 〈보기〉에서 스포츠에서 발생하는 폭력의 유형과 특징으로 옳은 것만을 모두 고른 것은?

〈보 기〉

ㄱ. 직접적 폭력은 가시적, 파괴적이다.
ㄴ. 직접적 폭력은 상해를 입히려는 의도가 있는 행위이다.
ㄷ. 구조적 폭력은 비가시적이며 장기간 이루어진다.
ㄹ. 구조적 폭력은 의도가 노골적이지 않지만 관습처럼 반복된다.
ㅁ. 문화적 폭력은 언어, 행동양식 등의 상징적 행위를 통해 가해진다.
ㅂ. 문화적 폭력은 위해 '옳은 것'이라 정당화하여 '문제가 되지 않게' 만들기도 한다.

---

① ㄱ, ㄷ, ㅁ
② ㄱ, ㄷ, ㄹ, ㅂ
③ ㄱ, ㄴ, ㄷ, ㄹ, ㅁ
④ ㄱ, ㄴ, ㄷ, ㄹ, ㅁ, ㅂ

3. 스포츠에서 여성에 대한 차별이 발생하거나 심화되는 원인으로 볼 수 없는 것은?

① 생물학적 환원주의
② 남녀의 운동 능력 차이
③ 남성 문화에 기반한 근대스포츠
④ 여성 참정권

4. 〈보기〉에서 (가)의 문제를 해결하기 위해 생명중심주의 입장에서 (나)를 제시한 학자는?

〈보 기〉

(가)
    스포츠에서 환경문제가 발생하는 근본 원인은 스포츠의 사회 문화적 가치와 환경 혹은 자연의 보전 가치 사이의 충돌이다.

(나)
• 불침해의 의무: 다른 생명체에 해를 끼쳐서는 안 된다.
• 불간섭의 의무: 생태계에 간섭해서는 안 된다.
• 신뢰의 의무: 낚시나 덫처럼 동물을 기만하는 행위를 해서는 안 된다.
• 보상적 정의의 의무: 부득이하게 해를 끼친 경우 피해를 보상해야 한다.

---

① 테일러(P. Taylor)
② 베르크(A. Berque)
③ 콜버그(L. Kohlberg)
④ 패스모어(J. Passmore)

5. 〈보기〉의 ㉠~㉢에 들어갈 용어로 바르게 묶인 것은?

〈보 기〉

• (㉠) : 생물학적, 형태학적 특징에 따라 분류된 인간 집단
• (㉡) : 특정 종목에 유리하거나 불리한 인종이 실제로 존재 한다는 사고 방식

- (㉢) : 선수의 능력 차이를 특정 인종의 우월이나 열등으로 과장하여 차등을 조장하는 것

	㉠	㉡	㉢
①	인종	인종주의	인종 차별
②	인종	인종 차별	젠더화 과정
③	젠더	인종주의	인종 차별
④	젠더	인종 차별	젠더화 과정

6. 〈보기〉의 축구 경기 비디오 판독(VAR)에서 심판 B의 판정 견해를 지지하는 윤리 이론에 가장 부합하는 것은?

—— 〈보 기〉 ——
심판 A : 상대 선수가 부상을 입었지만 퇴장은 가혹하다.
심판 B : 그 선수가 충돌을 피할 수 있는 시간은 충분했다. 그러나 그는 피하려 하지 않았다. 따라서 퇴장의 처벌은 당연하다.

① 최대다수의 최대행복
② 의무주의
③ 쾌락주의
④ 좋음은 옳음의 근거

7. 〈보기〉에 담긴 윤리적 규범과 관련이 없는 것은?

—— 〈보 기〉 ——
나는 운동선수로서 경기의 규칙을 숙지하고 준수하여 공정하게 시합을 한다.

① 페어플레이(fair play)
② 스포츠딜레마(sport dilemma)
③ 스포츠에토스(sport ethos)
④ 스포츠퍼슨십(sportpersonship)

8. 〈보기〉의 사례로 나타나는 품성으로 스포츠인에게 권장하지 않는 것은?

—— 〈보 기〉 ——
• 경기 규칙의 위반은 옳지 않음을 알면서도 불공정한 파울을 행하기도 한다.
• 도핑이 그릇된 일이라는 점을 알고 있지만, 기록갱신과 승리를 위해 도핑을 강행한다.

① 테크네(techne)
② 아크라시아(akrasia)
③ 에피스테메(episteme)
④ 프로네시스(phronesis)

9. 〈보기〉의 내용과 가장 밀접한 것은?

—— 〈보 기〉 ——
• 정정당당하게 경기에 임하라.
• 어떠한 경우에도 최선을 다해라.
• 운동선수는 페이플레이를 해야 한다.

① 모방욕구　　　　② 가언명령
③ 정언명령　　　　④ 배려윤리

10. 〈보기〉의 내용에 해당하는 윤리적 태도는?

—— 〈보 기〉 ——
나는 경기에 참여할 때마다. 나의 행동 하나하나가 가능한 많은 사람이 만족하는데 기여할 수 있도록 노력한다.

① 행위 공리주의
② 규칙 공리주의
③ 제도적 공리주의
④ 직관적 공리주의

11. 〈보기〉의 설명에 해당하는 스포츠에서의 정의(justice)는?

―――――― 〈보 기〉 ――――――
정의는 공정과 준법을 요구한다. 모든 선수에게 동등한 기회를 보장해야 한다는 공정의 원칙은 지켜지지 않을 때가 있다. 스포츠에서는 완전한 통제가 어려운 불평등을 줄이기 위해 공수교대, 전후반 진영 교체, 홈·원정 경기, 출발 위치 제비뽑기 등을 한다.

① 자연적 정의   ② 평균적 정의
③ 분배적 정의   ④ 절차적 정의

12. 〈보기〉의 ㉠~㉢에 해당하는 용어가 바르게 제시된 것은?

―――――― 〈보 기〉 ――――――
공자의 사상은 (㉠)(으)로 설명할 수 있다. (㉡)은/는 마음이 중심을 잡아 한쪽으로 치우치지 않는 상태를 의미하고, (㉢)은/는 나와 타인의 마음이 서로 다르지 않다는 뜻으로 배려와 관용을 나타낸다. 공자는 (㉢)에 대해 "내가 원하지 않는 일을 남에게 하지 말라(己所不欲 勿施於人)" 정언명령으로 규정한다. 이는 스포츠맨십과 상통한다.

	㉠	㉡	㉢
①	충효(忠孝)	충(忠)	효(孝)
②	정의(正義)	정(正)	의(義)
③	정명(正名)	정(正)	명(名)
④	충서(忠恕)	충(忠)	서(恕)

13. 〈보기〉의 주장과 가장 밀접한 관련이 있는 것은?

―――――― 〈보 기〉 ――――――
스포츠 경기에서 승자의 만족도는 '1'이고, 패자의 만족도는 '0'이라고 말하는 사람이 있다. 그러나 스포츠 경기에서 양자의 만족도 합은 '0'에 가까울 수 있고, '2'에 가까울 수도 있다. 승자와 패자의 만족도가 각각 '1'에 가까울 수 있기 때문이다.

① 칸트   ② 정언명령
③ 공정시합   ④ 공리주의

14. 〈보기〉의 설명에 해당하는 반칙의 유형은?

―――――― 〈보 기〉 ――――――
• 동기, 목표가 뚜렷하다.
• 스포츠의 본질적인 성격을 부정하는 의미로 해석할 수 있다.
• 실격, 몰수패, 출전 정지, 영구 제명 등의 처벌이 따른다.

① 의도적 구성 반칙
② 비의도적 구성 반칙
③ 의도적 규제 반칙
④ 비의도적 규제 반칙

15. 〈보기〉의 대화에서 '윤성'의 윤리적 관점은?

―――――― 〈보 기〉 ――――――
진서: 나 어젯밤에 투우 중계방송 봤는데, 스페인에서 엄청 인기 더라구! 그런데 동물을 인간 오락의 대상으로 삼는 것은 윤리적으로 허용될 수 없는 거 아니야?
윤성: 난 다르게 생각해! 스포츠 활동은 인간의 이상을 추구하기 위한 것이고, 그 이상의 실현을 위해 동물은 수단으로 활용될 수 있는 거 아닐까? 승마의 경우 인간과 말이 훈련을 통해 기량을 향상시키고 결국 사람 간의

경쟁에 동물을 도구로 활용한다고 볼 수 있잖아.

① 동물해방론　　② 동물권리론
③ 종차별주의　　④ 종평등주의

16. 〈보기〉의 사례에서 나타나는 윤리적 태도와 가장 밀접한 관련이 있는 것은?

――〈보 기〉――
선수는 윤리적 갈등을 겪을 때면, 우리 사회에서 오랫동안 본보기가 되어온 위인들을 떠올린다. 그리고 그 위인들처럼 행동 하려고 노력한다.

① 멕킨타이어(A. MacIntyre)
② 의무주의(deontology)
③ 쾌락주의(hedonism)
④ 메타윤리(metaethics)

17. 스포츠윤리의 특징으로 적절하지 <u>않은</u> 것은?

① 스포츠 경쟁의 윤리적 기준이다.
② 올바른 스포츠 경기의 방향이 된다.
③ 보편적 윤리로는 다룰 수 없는 독자성이 있다.
④ 스포츠인의 행위, 실천의 기준이다.

18. 〈보기〉에서 학생운동선수의 학습권 보호와 관련된 것으로 옳은 것만 모두 고른 것은?

――〈보 기〉――
ㄱ. 최저 학력 제도　　ㄴ. 리그 승강 제도
ㄷ. 주말리그 제도　　ㄹ. 학사관리 지원 제도

① ㄱ, ㄴ, ㄷ　　② ㄱ, ㄴ ㄹ
③ ㄱ, ㄷ, ㄹ　　④ ㄴ, ㄷ, ㄹ

19. 〈보기〉의 주장에 나타난 윤리적 관점은?

――〈보 기〉――
스포츠 행위의 도덕적 가치는 사회에 따라, 또는 사람에 따라 다를 수 있다. 물론 도덕적 준거가 없는 것은 아니다.

① 윤리적 절대주의
② 윤리적 회의주의
③ 윤리적 상대주의
④ 윤리적 객관주의

20. 〈보기〉의 대화에서 논란이 되고 있는 도핑의 종류는?

――〈보 기〉――
지원: 스포츠 뉴스 봤어? 케냐의 마라톤 선수 킵초게가 1시간 59분 40초의 기록을 세웠대!
사영: 우와! 2시간의 벽이 드디어 깨졌네요! 인간의 한계는 끝이 없나요?
성현: 그런데 이번 기록은 특수 제작된 신발을 신고 달렸으니 킵초게 선수의 능력만으로 달성했다고 볼 수 없는 거 아니야? 스포츠에 과학기술의 도입은 필요하지만, 이러다가 스포츠에서 탁월성의 근거가 인간에서 기술로 넘어가는 거 아니야?
혜름: 맞아! 수영의 전신 수영복, 야구의 압축 배트가 금지된 사례도 있잖아!

① 약물도핑(drug doping)
② 기술도핑(technology doping)
③ 브레인도핑(brain doping)
④ 유전자도핑(gene doping)

2022년도 기출문제

스포츠사회학

1	①	2	④	3	①	4	③	5	②	6	③	7	③	8	④	9	①	10	①
11	②	12	①	13	②	14	④	15	③	16	④	17	②	18	④	19	③	20	②

스포츠교육학

1	①	2	③	3	③	4	④	5	③	6	④	7	④	8	①	9	②	10	②
11	②	12	①	13	①,④	14	④	15	③	16	④	17	②	18	②	19	③	20	①

스포츠심리학

1	①	2	③	3	③	4	④	5	①	6	③	7	①	8	②	9	④	10	④
11	①	12	②	13	④	14	②	15	①	16	①	17	①	18	②	19	③	20	④

한국체육사

1	④	2	③	3	②	4	④	5	②	6	①	7	①	8	④	9	③	10	③
11	①	12	①	13	②	14	①	15	③	16	①	17	④	18	②	19	③	20	③

운동생리학

1	①	2	④	3	③	4	③	5	②	6	①	7	②	8	③	9	②	10	④
11	③	12	②	13	④	14	①	15	②	16	②	17	①	18	②	19	④	20	②

운동역학

1	①	2	③	3	②	4	③	5	③	6	④	7	③	8	①	9	③	10	①
11	②	12	④	13	④	14	②	15	②	16	④	17	④	18	④	19	③	20	③

스포츠윤리

1	④	2	③	3	①,②,③	4	①	5	②	6	②	7	①	8	③,④	9	①	10	④
11	①	12	②	13	②	14	④	15	②	16	③	17	③	18	③	19	①	20	④

스포츠 사회학(11)

1. 해설 ▶ 파슨스 (T. Parsons) AGIL 모형에 관한 문제.
   - 적응기능 (Adaptation)
   - 목표달성기능 (Goal Attainment)
   - 통합기능 (Integration)
   - 유형 유지기능 (Latent Pattern maintenance)

   적용 : 스포츠가 사회구성원에게 현실에 적합한 사고, 감정, 행동 양식을 학습시켜 사회 구성원으로써 차질없이 생활하도록 도움을 줌.
   * 목표달성 : 스포츠는 사회제도의 목적을 달성하는데 수단을 합법화하고 그것을 재확인 해주는 기능.
   * 통합 : 스포츠가 사회 구성원을 결집시키고 조직에 대한 일체감을 조성한다.
   * 유형 유지기능 : 스포츠는 전체 사회의 규범과 가치를 개인에게 학습하게 하고 내면화 시킴으로써 사람들을 순응시키는 다양한 기능을 수행.

   정답 ▶ ①

2. 해설 ▶ 에티즌 (D, Eitzen)과 세이지 (G. Sage)의 스포츠 정치척 속성에 관한 문제.
   - 대표성 : 스포츠를 행하는 의식은 충성심을 상징적으로 재확인하는 기능.
     국제 경기에서의 성적은 정치, 경제, 문화, 군사적 우월성을 나타낸다.
   - 권력투쟁 : 선수와 구단주가, 경쟁리그 간 , 행정기구 등의 스포츠 조직에는 불평등하게 배분되는 권력이 존재한다.

- 상호의존성 : 스포츠와 정치의 결합은 정부와 기관이 관계 할 수 있다. ex) 일반기업이 프로구단을 창설하면 조세 감면.
- 보수성 : 스포츠의 제도적 특성은 질서와 법의 표본으로 스포츠는 보수적인 성향을 지니고 있기 때문에 현 상황을 지속하려는 경향이 있다.

정답▶ ④

3. 해설 ▶ 사회학습이론 중 "강화" 관한 문제
   - 사회학습이론 : 사람의 행동을 다른 사람의 행동이나 주어진 상황에 관찰하고 모방하는 정신적 처리 과정을 통해 학습된다.
   * 강화: 상과 벌의 외적 보상에 의해 사회적 역할을 습득한다.
     벌 (부정적 강화)는 행동억제, 상 (긍정적 강화)는 행동을 자극.
   * 코칭 : 사회화 주관자에 의해 새로운 지식과 기능 학습.
   * 관찰학습 : 개인의 과제학습과 수행은 타인의 행동을 관찰한 결과와 유사.

정답▶ ①

4. 해설 ▶ 스포츠 사회화 과정에 대한 문제.
   - 스포츠 탈사회화 : 스포츠에 참여하여 활동을 지속하던 개인이 여러요인으로 스포츠를 중단, 탈락, 은퇴하게 되는 경우.
   - 스포츠를 통한 사회화 : 스포츠 활동의 경험을 통하여 특정 사회에서의 생존과 성공에 필요한 자질을 습득하는 과정에서 가치나 태도 및 행동을 습득하는 것을 의미.
   - 스포츠의 사회화 : 어린 시절부터 성인 시기 까지 스포츠에 참여한 경험에서 긍정적 또는 부정적 영향을 받아 스포츠에 대한 개입수준을 증가 또는 감소시키는 것.
   - 스포츠로의 재사회화 : 스포츠 활동으로부터 탈사회화 이후 스포츠 현장에 복귀하여 스포츠로의 사회화 과정을 다시 경험하는 것.

정답▶ ③

5. 해설 ▶ 학원 엘리트스포츠의 순기능에 대한 문제.
   - 순기능 : 학업 활동 촉진, 정서의 순화, 체육 활동에 대한 흥미 유발, 학교 내 통합, 지역 사회와 통합, 역량 개발의 기회 부여

정답▶ ②

6. 해설 ▶ "상징적 상호작용론"에 대한 문제.
   - 상징적 상호작용론 : 사회, 문화 현상에 대한 미시적 관점으로 개인의 능동적인 사고과정과 행위의 선택, 타자와 의사소통 과정에 주목. 사람들의 서로 의미를 교환하고 상황을 정의하는 과정을 통해 인간의 능동적인 사고와 행위의 측면을 설명한다.
   * 갈등이론 : 사회적 실체의 본질을 경쟁과 갈등의 관계로 이해함.
   * 교환이론 : 인간은 비용과 보상의 교환을 통해 이익을 추구하는 합리적인 존재.
   * 기능주의 : 사회란 본질적으로 상호의존이 제도로 구성되어 있고 이들 사회제도는 전체 사회의 안정에 기여한다.

정답▶ ③

7. 해설 ▶ 스포츠와 정치의 결합 방법
   - 상징 : 어떤 특정한 의미와 의의를 가지며 , 본질하는 다른 무엇을 대리하고 지칭하는 것. ex) 국가연주, 국기계양
   - 동일화 : 자아가 그 역할을 수행하기 원하는 타자에게 감정을 이입시키거나 타자와 일체가 되어 동화하는 것으로 타자와 자아가 혼동된 상태
     ex) 지역연계, 팬덤현상

정답▶ ③

8. 해설 ▶ 투민 (M. tumin)의 스포츠계층 형성과정에 대한 문제.
   1. 지위의 분화 : 업무의 범위와 역할에 대한 권한과 책임이 명확하게 구분되며 지위를 담당할 충분한 인재가 모집되고 훈련 받을 수 있는 효과적인 구조가 존재.
   2. 지위의 서열화 : 역할 담당을 위해 개인적인 특성에 따라 서열이 형성되고, 특정 역할 수행에 필요한 숙련된 기능이나 능력에 따라 서열이 결정됨.
   3. 평가 : 가치나 유용성의 정도에 따라 상이한 각 위치에 지위를 적절하게 배열하는 것.
   4. 보수부여 : 분화 및 서열화, 평가된 각 지위에 대하여 생활하는데 필요한 여러 가지 자원이 배분되는 과정.

정답▶ ④

9. 해설 ▶ "세방화"에 관한 문제.
   - 세계화를 의미하는 Globalization과 지방화를 의미하는 Localization의 합성어
   : 서로의 장점을 인정하고 발전시켜 새로운 질서 체계로 나아가는 길.
   정답▶ ①

10. 해설 ▶ 2. 1980년 모스크바 올림픽에 자유진영국가 불참
   3. 메달획득이 목적이 아님.
   4. 1972년 뮌헨 올림픽에 검은 구월단 사건이 일어남.
   * 아파르트헤이트 : 남아프리카 공화국의 극단적 인종차별정책으로 1994년 최초의 흑인 정권이 탄생하며 철폐
   정답▶ ①

11. 해설 ▶ 스포츠 이탈에 관한 문제.
   - 머튼(R.Merton)의 아노미 (Anomie)이론 : 사회 구성원이 일반적으로 받아드리는 "문화적 목표"와 그 사회가 인정하는 "제도적 수단" 사이 괴리로 인해 발생하는 갈등 현상.
   * 의례주의 : 목표에 도달하기 위한 규범은 수용하지만 목표의 수용은 부정하는 행위로, 승패에 집착하지 않고 참가에 의의를 두며 경기 결과보다 과정을 중시.
   * 혁신주의 : 문화적 행동 목표를 수용하나 이를 성취하기 위한 수단을 거부하는 행위로 수단과 방법을 가리지 않고 성공하려는 행위
   * 동조주의 : 사회적 문화적 목표를 받아드리고 그 목표를 성취하도록 제도화된 수단을 채택하여 따르며 그 목표를 성취하기 위한 수단을 모두 수용.
   * 도피주의 : 문화적으로 승인된 목표와 사회적으로 용인되는 수단을 모두 거부하는 행위.
   * 반역주의 : 새로운 목표와 수단을 주장하며 사회의 번혁에 노력하는 행위
   정답▶ ②

12. 해설 ▶ 사회이동
   1. 이동의 방향에 따른 구분
   - 수직이동 (상승/ 하강) : 계층 구조내에서 집단 또는 개인이 지녔던 종전의 지위에 대한 상하변화
   - 수평이동 : 계층적 지위의 변화가 없는 이동으로 일종의 단순한 자리 바꿈.

   2. 시간적 거리(기간)에 따른 구분
   - 세대간 이동
   - 세대내 이동

   3. 사회이동의 주체에 따른 구분
   - 개인이동 : 개인의 능력과 노력에 입각하여 사회적 상승의 기회
   - 집단이동 : 유사한 집단이 어떤 촉매적 계기를 통하여 집합적 이동
   정답▶ ①

13. 해설 ▶ 스포츠미디어 이론에 대한 문제.
   - 개인차이론 : 사람은 타고난 생리적 특성이나 자라온 환경의 차이로 인하여 각자 다른 성격이나 가치관 및 행동 양식 등을 형성하게 되며, 이러한 개인적 특성은 사물을 인식하고 판단하는 근거가 된다는 이론.
   * 사회범주이론 : 인간은 자신이 속한 사회구조적 위치나 배경에 영향을 받아 생각이나 행동 양식을 구성하게 되는데 비슷한 환경에서 생활하면 생각이나 행동도 비슷해진다는 사회학적 입장.
   * 사회관계이론 : 인간의 정보 선택 및 해석에는 주변의 영향이 크게 작용.
   * 문화규범이론 : 대중매체가 사회규범에 영향을 미치고 수용자는 그 규범에 따라서 자신의 생각이나 행동을 취함.
   정답▶ ②

14. 해설 ▶ 스포츠 상업화로 인한 변화에 대한 문제.
   - 스포츠 규칙의 변화
   - 스포츠 제도의 변화
   - 아마추어리즘의 퇴조
   - 물질만능주의 강화
   - 도박 및 경기조작
   정답▶ ④

15. 해설 ▶ "드래프트"에 대한 설명
   - 드래프트 : 신인 선수를 선발하는 것.
   - FA : 일정기간 자신이 속한 팀에서 활동한 후 다른 팀과 자유롭게 계약을 맺어 이적 할수 있는 자유계약 선수.
   - 샐러리캡 : 한 팀의 연봉 총액이 일정한 액수를 넘지 못하게 한 조항.
   정답▶ ③

16. 해설 ▶ 미디어가 스포츠에 미치는 영향에 관한 문제
    1. 경기규칙 개정
    2. 경기 일정 및 시간의 변경
    3. 경기 기술의 전문화와 표준화
    4. 스포츠에 대한 관심과 참여 증대
    5. 스포츠 용구의 변화
    6. 뉴스포츠 종목의 창출
    정답▶ ④

17. 해설 ▶ 스포츠의 교육적 순기능
    - 사회선도
    1) 여권신장
    2) 장애인의 적응력 배양
    3) 평생 체육의 장려
    정답▶ ②

18. 해설 ▶ 코클리 (J. Coakley)가 제시한 일탈적 과잉
         동조를 유발하는 윤리규범의 유형.
    * 과잉동조 : 훈련 또는 경기와 관련된 규칙이나
      규범을 무비판적으로 따름으로써 한계를 벗어난
      행위
    1. 몰입규범
    2. 인내규범
    3. 도전규범
    4. 구분짓기규범
    정답▶ ④

19. 해설 ▶ 맥루한의 매체이론
    - 매체 자체의 정의성과 수용자의 감각 참여성, 감
      각 몰입성을 기준으로 매체를 핫매체와 쿨매체로
      구분한다.
    3번 : 정적스포츠로 경기 속도가 느림.
    정답▶ ③

20. 해설 ▶ 국제 스포츠의 국가간 배분의 불평등 문제
         는 많이 개선되었으나 신자유주의 시대엔
         서구 스포츠가 전 세계적으로 스포츠 문화
         영역으로 확대될 가능성 존재.
    정답▶ ②

스포츠교육학(22)

1. 해설 ▶ 1번 : "생활스포츠"에 관한 내용
   "학교스포츠"는 학교에서 이루어지는 스포츠 활동을
   의미한다.
   정답▶ ①

2. 해설 ▶ ㄱ: 스포츠강좌이용권에 대한 내용
          ㄴ: 행복나눔스포츠교실에 관한 내용
   정답▶ ③

3. 해설 ▶ 청소년기 특징에 대한 내용
   - 신체활동과 학교체육을 기초로 수영, 등산, 야영
     등 야외 활동 병행.
   정답▶ ③

4. 해설 ▶ ㄱ : 구체적으로 진술해야 한다.
   〈생활체육 프로그램의 목표〉
   1. 프로그램을 통해 달성하고자 하는 상태 및 운동 능
      력을 명시
   2. 프로그램을 구성하는 스포츠활동 내용을 구체적,
      세부적으로 기술
   3. 프로그램 전개에 있어 일관된 지침 역할을 하도
      록 설정
   4. 프로그램 시행 후에는 항상 평가를 실시하여 목
      표 달성 여부를 검토하도록 기술할 것.
   정답▶ ④

5. 해설 ▶ "협동학습모형"에 대한 내용 : '서로를 위해
           서로 함께 배우기'
   - 책임감있는 팀원이 되고, 자신의 잠재능력을 최대
     한 개발하는 수업 모형

   * 직접교수모형 : 교수가 수업의 리더
   * 개별화 지도모형 : 수업 진도는 학습자가 결정
   * 전술게임모형 : 이해 중심의 게임 지도
   정답▶ ③

6. 해설 ▶ 메츨러 (M.Metzler)의 3가지 교사지식
   - 명제적 지식: 교사가 구두와 문서로 표현할 수 있
     는 지식으로 체육 수업에 필요한 여러 가지 내용
     에 대한 지식과 관련된 정보.
   - 절차적 지식 : 교사가 수업 전, 중, 후에 실제로
     적용할 수 있는 지식

- 상황적 지식 : 교사가 특수한 상황에서 적절한 의사결정을 언제, 왜 해야하는지에 관한 지식

정답▶ ④

7. 해설▶ ㄱ : 위험한 상황이 예측되면 시작한 과제는 도중에 멈춰야 한다.

정답▶ ④

8. 해설▶ 헬리슨의 "개인사회책임감 모형"에 관한 문제
   - 0단계 : 무책임관계
   - 1단계 : 통제(사회적 책임감), 타인의 권리와 감정 존중(낮은 수준의 책임감)
   - 2단계 : 참여 (개인적 책임감 + 교사개입)
   - 3단계 : 자기 책임감 (교사의 개입없이)
   - 4단계 : 배려 (사회적 책임감)
   - 5단계 : 전이

정답▶ ①

9. 해설▶ - 진단평가 : 교육 프로그램 실시 이전에 학습자(참여자)의 특성을 점검하는 평가활동
   - 총괄평가 : 일정기간 마무리 시점에서 학습자들의 성취도를 포함한 프로그램의 효과 및 효율성을 종합적으로 판단하는 기능
   - 형성평가 : 교육 프로그램이나 지도방법의 개발단계에서 이루어지는 과정 중심의 평가활동

정답▶ ②

10. 해설▶ 체크리스트에 관련한 내용.
    : 특정 행동, 특성 등을 나열한 목록으로 어떤 사건이나 행동 발생 여부의 신속한 확인을 위해 사용.

정답▶ ②

11. 해설▶ 2번 : 학교의 장은 제1항에 따라 학교 스포츠 클럽을 운영하는 경우 학교 스포츠 클럽 전담교사를 지정하여야 한다.

정답▶ ②

12. 해설▶ 체력단련장업 : 운동전용면적 300 제곱미터 이하 : 1명 이상
    운동전용면적 300 제곱미터 초과 : 2명 이상
    정답▶ ①

13. 해설▶ 1번 : 18세 이상인 사람에게 부여
    4번 : 1급 자격시험을 합격하고 연수를 이수한 사람
    정답▶ ①, ④

14. 해설▶ 〈마튼스의 전문체육 프로그램 6단계〉
    1. 선수에게 필요한 기술 파악 : 기술 뿐만 아니라 자신감, 집중력 등
    2. 선수이해
    3. 상황분석
    4. 우선순위 결정 및 목표설정
    5. 지도방법선택 - 직접, 과제, 유도 발견 등 여러 방법
    6. 연습계획수입

정답▶ ④

15. 해설▶ "동료 교수 모형" 에 관한 문제
    - 과제제시 : 교사가 개인교사에게 수행단서, 과제구조, 숙달 기준을 안내할 때 발생하며, 개인교사가 학습자에게 주어진 과제연습을 시작하도록 정보를 제공함.
    - 교정적 피드백: 오답의 원인을 설명하고 정답 반응에 이르는 과정을 송환해 주는 것.

정답▶ ③

16. 해설▶
    - 이해중심게임모형 : 기술 위주로 지도해 온 정통적인 게임지도방식에서 탈피하여 전술의 이해를 강조한 게임지도.

    대표성 : 어떤 조직이나 대표단 따위를 대표하는 성질
    과장성 : 전술적 특징의 이해를 잘 이끌어 낼수 있는가
    정답▶ ④

17. 해설▶ - 개방기술 : 환경의 변화나 상태에 의해 변화되는 기술
    - 폐쇄기술 : 상대적으로 환경적 조건이 안정적이며 외부조건이 대부분 변하지 않는 속성
    정답▶ ②

18. 해설▶ 알몬드 (L. Almond)의 게임 유형에 관련
    : 게임 전술의 전이 가능성으로 게임을 분류
    정답▶ ②

19. 해설 ▶ 중립적 피드백 : 만족과 불만족 표시가 불분명.
    정답▶ ③

20. 해설 ▶ 〈링크의 내용발달 단계〉
    1. 시작 : 학습안내, 기초적움직임
    2. 확대 : 잘 배울수 있게 복잡성 및 난이도 조절
    3. 세련 : 질적요소 (자세, 느낌)
    4. 적용 : 실제기회제공
    정답▶ ①

스포츠심리학(33)

1. 해설 ▶ 레빈(Lewin)의 장이론 (Field Theory)에 관한 내용
    "장"이란 개인의 '심리적 환경'을 의미하는데 개인이 처해있는 물리적 환경 보다는 성장하면서 어떤 주변 인물을 만나서 영향을 받았는지 선택적으로 행동하게 된다.
    정답▶ ①

2. 해설 ▶ 1번 : 환경에 대한 충분한 시간을 줘야 한다.
    2번 : 평가하는 말보다는 대화, 놀이 등의 용어를 사용한다.
    4번 : 공감대 형성은 중요하다.
    정답▶ ③

3. 해설 ▶ 일반화된 프로그램 (Generalized Motor Program : GMP)
    : 무한대에 가까운 움직임은 매번 다르게 만들어 내지만 그 안에서 동일하게 유지되는 불변의 특성이 있다. 내부의 운동프로그램과 외부의 피드백 정보가 함께 운동 동작을 생성 및 수정한다는 주장.
    * 불변변수 : 순서, 시상, 상대적 힘
    * 가변변수 : 동작 지속 시간, 절대적 힘, 선택된 근육근
    정답▶ ③

4. 해설 ▶ "힉스의 법칙"에 대한 문제
    : 사용자에게 주어진 선택 가능한 선택지의 숫자에 따라 사용자가 결정하는데 소요되는 시간이 결정된다는 법칙.
    * 피츠의 법칙 : 목표물의 크기가 작고 움직이는 거리가 증가할수록 운동시간이 증가한다.
    * 파워법칙 : 학습 중 수행변화는 초기에 크게 일어나고 점점 감소한다.
    * 임펄스 가변성 이론 : 근육 수축을 통한 힘이 몸을 움직이는데 이 임펄스가 가변성을 결정한다는 이론.
    정답▶ ④

5. 해설 ▶ "번스타인" 운동학습단계에 대한 문제.
    - 자유도 풀림 단계 : 사용 가능한 자유도 수 늘림, 사용 가능한 자유도를 활용하여 하나의 기능적 단위 형성
    - 자유도 고정단계 : 동작 수행에 동원되는 신체의 자유도 고정. 다양한 환경적 변화에 대한 적절한 대체 행동
    - 반작용 활용단계 : 내, 외적인 힘을 활용하여 효율적 동작 형성을 위한 여분의 자유도 형성.
    정답▶ ①

6. 해설 ▶ ABQ에 관한 문제
    : 선수 번아웃 설문지로 3가지로 평가되었다.
    - 성취감 저하, 정서, 신체적 소진, 스포츠평가 절하
    * 경쟁상태불안은 다른 설문지의 내용
    정답▶ ③

7. 해설 ▶ 스포츠 재미의 영향요인 : 숙달성취, 사회적 소속, 동작감각
    정답▶ ①

8. 해설 ▶ 도식이론 : 일반화된 운동프로그램을 근거로, 빠른 움직임은 개방회로이론으로 느린움직임은 폐쇄회로이론으로 설명.
    * 회상도식 : 현재 수행하고자 하는 운동과 유사한 과거의 운동결과를 근거로 하여 새로운 운동을 계획하는 도식
    * 재인도식 : 피드백 정보를 통하여 잘못된 동작을 평가하고 수정하는 도식
    정답▶ ③

9. 해설 ▶ - 심리적 불응기 : 선 제시 자극처리 중엔
　　　　　후 제시 자극을 처리하지 못하는 것.
　　정답▶ ④

10. 해설 ▶ 4번 : 양적 측면에 관한 설명
　　정답▶ ④

11. 해설 ▶ 지각협소화 : 주의의 폭에 관한 개념
　　정답▶ ①

12. 해설 ▶ 전환(반전)이론 : 높은 각성 수준을 유쾌한
　　　　　흥분으로 지각 할수도 있고 불안으로 해석
　　　　　할수도 있다고 주장하는 이론.
　　정답▶ ②

13. 해설 ▶ 불안과 스트레스 관리 기법 중 생리적 관리
　　　　　기법에 대한 내용
　　* 자생훈련 : 스스로 최면 상태에 도달하여 신체의
　　　온도 변화를 느끼는 기술 변화
　　* 체계적 둔감화 : 불안 또는 스트레스를 유발하는
　　　자극에 대해 이완반응을 보이는 것으로 불안이나
　　　스트레스에 둔감해지도록 하는 훈련방법.
　　정답▶ ④

14. 해설 ▶ 귀인이론 : 자신이 어떤 행동을 했을 때 그
　　　　　행동의 원인을 찾기 위해 추론하는 과정
　　　4번 : 과제난이도는 외적이고 안정적이며 통제 불
　　　　　가능한 요인이다.
　　정답▶ ④

15. 해설 ▶ ㄴ: 심상은 인지과제에서 더 효과적이다.
　　　　　ㄹ: 함께 하면 효과가 강해진다.
　　정답▶ ②

16. 해설 ▶ 스포츠리더십 다차원 이론 : 규정된 행동,
　　　　　실제행동, 선호행동의 일치여부
　　　ㄴ : 규정행동은 지도자에게 규정된 행동
　　　ㄷ : 선호 행동은 선수가 지도자에게 바라는 행동
　　정답▶ ②

17. 해설 ▶ - 사회생태모형 : 개인이 운동을 실천하거나
　　　　　하지 않는 이유를 개인적인 관점에서 찾

을 것이 아니라 사회와 국가에 포함 시켜
야 한다는 이론.
　　정답▶ ①

18. 해설 ▶ 〈프로차스카의 운동변화단계 모형〉
　　　1. 무관심 (6개월 이내에 시작할 생각없음)
　　　2. 관심 (6개월 이내에 시작할 생각있음)
　　　3. 준비 (30일 이내 시작할 예정)
　　　4. 실천 (꾸준히 하는 중이며 6개월 넘지 않음)
　　　5. 유지 (꾸준히 하는 중이며 6개월 넘음)
　　정답▶ ②

19. 해설 ▶ 3번 : 요구하지 않아야 한다.
　　정답▶ ③

20. 해설 ▶ 〈폭스의 위계적 신체적 자기 개념 가설〉
　　　1. 스포츠유능감
　　　2. 신체적 컨디션
　　　3. 신체적 매력
　　　4. 신체의 힘
　　　ㄱ. 신체적 컨디션은 운동을 유지 할수 있는 능력
　　　　을 의미
　　　ㄴ. 신체적 자기 가치는 총체적 자기 개념의 하위
　　　　영역에 속함.
　　정답▶ ④

한국체육사(44)

1. 해설 ▶ ④ 체육과 스포츠의 도덕적 가치판단에 대한
　　　　　근거를 탐구하는 학문은 스포츠 윤리학이다.
　　정답▶ ④

2. 해설 ▶ ③ 체육사 연구의 사료는 기록 사료(문헌사
　　　　　료, 구전사료)와 물적 사료(유물, 유적)가 있
　　　　　으며, 그 중에서 ⓒ의 민요, 전설, 시가, 회
　　　　　고담 등은 기록 사료 중 구전 사료이다.
　　정답▶ ③

3. 해설 ▶ 부족국가와 고대국가의 대표적인 제천행사로
　　　　　부여의 영고(12월), 고구려의 동맹(10월), 동
　　　　　예의 무천(10월), 삼한의 수릿날(5월)과 계절

제(10월), 신라의 가배(8월)가 있다. 이러한 제천행사는 부족장의 권위와 부족의 단결을 강화하고 농사의 풍요를 기원하고 추수를 감사하는 기능도 있다.

정답▶ ②

4. 해설▶ ㉠ 화랑도는 6세기 신라 진흥왕 때 원화(源花)를 개편하여 화랑도라는 국가적인 조직으로 재편되었으며, ㉡의 세속오계는 법흥왕 때 원광이 화랑에게 내려준 계율로 사군이충, 사친이효, 교우이신, 임전무퇴, 살생유택이다. ㉣ 편력(遍歷)은 이곳저곳을 돌아다닌다는 뜻이다.

정답▶ ④

5. 해설▶ ① 태학은 고구려 국립대학, ③ 향교는 고려와 조선시대 지방의 중등교육기관, ④ 학당(學堂)은 일반적으로 학교를 의미하며, 참고로 조선시대 중앙의 중등교육기관인 4부학당이 있다.

정답▶ ②

6. 해설▶ ① 국자감에는 7재가 있었는데 1재~6재는 유학재, 7재는 무학재(강예재)로 구성되었다. ②의 성균관은 조선시대 국립대학, ③ 응방도감은 원 간섭기 매를 사육하는 관청, ④ 오부학당은 고려시대 중앙의 동, 서, 남, 북, 중부에 설립한 중등교육기관인데 조선 세종 때 이를 계승하여 중앙의 중등교육기관인 4부학당(동, 서, 남, 중부)으로 정비되었다.

정답▶ ①

7. 해설▶ ㉠ 격구(擊毬)는 말을 타고 공을 치는 것으로 서양의 폴로와 같은 것으로, 말을 타고 하는 기격구와 걸어다니며 하는 보격구가 있다.

㉡ 수박희는 발로 품자를 밟으면서 몸을 유연하게 움직이며 팔을 상하좌우로 흔들고 앉았다 일어섰다 하면서 상대방을 공격하는 고유의 전통 무예이다.

㉢의 육예(六藝)는 인물을 선발할 때 표준으로 삼은 것으로 예(禮)·악(樂)·사(射)·어(御)·서(書)·수(數) 등 6종류의 기술이다. 예는 예용(禮容), 악은 음악, 사는 궁술(弓術), 어(御)는 마술(馬

術), 서는 서도(書道), 수는 수학(數學)이다.

정답▶ ④

8. 해설▶ ① 초시(190명), 복시(28명), 전시(면접)의 3단계로 실시되었다.
② 무과는 강서(병법 이론)와 무예(실기) 시험으로 구성되었다.
③ 식년시는 정기적인 시험이며, 증광시, 별시, 정시는 비정기적인 시험이다.
④ 정원은 제한이 있었으며, 과거의 응시 자격은 양인 이상이었다.

정답▶ ④

9. 해설▶ ① 투호(投壺)는 화살을 던져 병 속에 많이 넣는 수효로 승부를 가리는 놀이,
② 저포(樗蒲)는 윷놀이,
③ 석전(石戰)은 돌팔매질로 승부를 겨루는 돌싸움놀이,
④ 위기(圍碁)는 바둑이다.

정답▶ ③

10. 해설▶ ㉣의 국토 순례를 통해 애국심을 가지게 하는 불국토사상(佛國土思想)이 중시된 시기는 신라시대이며 이때 유행한 화랑도의 사상이다.

정답▶ ③

11. 해설▶ ① 대한국민체육회(大韓國民體育會, 1907) : 우리나라 근대 체육계의 선구자인 노백린 주도로 조직된 최초의 체육단체이다.
② 관서체육회(關西體育會, 1924) : 평양에서 조만식을 회장으로 설립된 체육단체이다.
③ 조선체육협회(朝鮮體育協會, 1919) : 일제가 조선의 체육단체를 관리하기 위해 설립한 어용단체이다.
④ 조선체육회(朝鮮體育會, 1920) : 일제의 조선체육협회에 대응하기 위해 경성정구회와 경성야구협회를 통합하여 조직한 단체로 1948년 대한체육회로 개칭하여 지금에 이르고 있다.

정답▶ ①

12. 해설▶ 박봉식은 우리나라 최초의 여성 국가대표 선수이며, 주종목은 투포환과 원반던지기였다. 김옥자는 박봉식 선수와 동시기에 활동한 원반던지

기 선수이다.

정답▶ ①

13. 해설 ▶ 우리나라는 2002년 부산 아시아경기대회와 2014년 인천 아시아경기대회에서 종합 2위를 차지하였다.

정답▶ ②

14. 해설 ▶ ② 민관식은 대한체육회 회장을 역임한 정치인이며, ③ 김일은 1960~70년대 우리나라 1세대 프로레슬링 선수, ④ 김성집은 역도 선수로 1948년 제14회 런던 올림픽에서 우리나라 최초로 메달(동메달)을 딴 인물이다.

정답▶ ①

15. 해설 ▶ ② 역도는 1926년 서상천이 소개하였으며, ①③ 야구는 1905년, 농구는 1907년 미국 선교사 질레트가 소개하였다. ④ 육상은 1896년 우리나라 최초의 운동회인 영어학교의 '화류회'에서부터 경기 형태를 갖추어 발전하기 시작하였다.

정답▶ ②

16. 해설 ▶ ① 조선체육협회는 1919년 일제가 조선의 체육단체를 관리하기 위한 어용단체이다. 이에 대응하여 조선은 1920년 고려구락부를 모태로 경성정구회와 경성야구협회를 통합해 조선체육회를 조직하고 1921년 제1회 전조선야구대회와 1925년 한강에서 전조선빙상대회를 개최하였다. 1948년 대한체육회로 개칭하여 지금에 이르고 있다.

정답▶ ①

17. 해설 ▶ 손기정은 평북 신의주 출신의 한국이 낳은 마라톤 왕으로 "달리며 자라는 소년"이라는 별명이 있다. 그는 1936년 8월 제11회 베를린 올림픽에서 세계 신기록(2시간 29분 19초 2)을 세우며 우승하였으며, 이 때 동아일보(이길용 기자)는 일장기 삭제 사건으로 무기 정간당했다. 손기정은 2011년 초대 대한민국 스포츠 영웅으로 선정되었다.

정답▶ ④

18. 해설 ▶ ㉠ 서향순은 1986년 서울 아시안게임 단체전에서 금메달을 땄으며, 황영조는 1992년 8월 9일 바르셀로나올림픽에서 1936년 제11회 런던 올림픽 마라톤 금메달리스트 손기정이 지켜본 가운데 2시간 13분 23초로 우승하였다.

정답▶ ②

19. 해설 ▶ ① 박정희 정권(1963~1979) : 장충체육관 건립(1963), 태릉선수촌 건립(1963), 전국소년체육대회 실시(1975), 제21회 몬트리올 올림픽 레슬링 양정모 금메달 획득(1976)
② 전두환 정권(1980~1988) : 프로야구 개막(1982), 프로축구와 프로씨름 개막(1983), 제10회 서울 아시안게임(1986)
③ 노태우 정권(1988~1993) : 보기의 '호돌이 계획'이란 서울 올림픽을 유치한 이후 경기장, 교통, 의료시설 등의 준비 계획을 말한다. 국민생활체육회는 생활체육 진흥을 통한 국민 건강과 체력 증진을 위한 체육단체로 1991년 설립되었으며, 1991년 제41회 일본의 지바 세계탁구선수권대회에 남북단일팀(코리아)으로 출전하여 우승하였다.
④ 김영삼 정권(1993~1998) : 프로농구 개막(1996)
※ 김대중 정권(1998~2003) : 제17회 한일월드컵 개최(2002)

정답▶ ③

20. 해설 ▶ 아시아권에서 열린 최초의 월드컵 경기로 브라질이 우승하였으며, 대한민국은 히딩크 감독을 중심으로 선전하여 4위를 차지하였는데 이때 응원단을 '붉은 악마'라고 불렀다.

정답▶ ③

1. 해설 ▶ 트레이닝 원리에 대해 물어보는 문제
   - 특이성의 원리 : 운동의 효과는 운동중에 사용된 부분에 대해 영향을 미치는 원리
   정답▶ ①

2. 해설 ▶ 저온 시 생리학 반응
   - 피부 혈관 수축
   - 골격근의 떨림
   - 열 생산 증가
   - 많은 혈액이 인체 심부로 흐름
   - 심박수 감소
   정답▶ ④

3. 해설 ▶ 지구성 트레이닝 후 나타나는 신체적 변화에 관한 문제
   3번 : 모세혈관 밀도 증가

   * 최대산소섭취량 증가, 1회 박출량 증가, 미토콘드리아 크기와 수, 혈관 밀도 증가, 지근 섬유 비율 증가
   정답▶ ③

4. 해설 ▶ 운동 유발성 근육 경직 (EAMCs)
   : 운동 직후, 혹은 운동하는 도중에 일어나는 골격근의 경련성, 불수의적 수축으로 규정

   * ㄹ: 탄수화물의 저장성을 높이고 전해질의 균형이 중요
   정답▶ ③

5. 해설 ▶ 1회 박출량 : 심장이 1회 수축 했을때에 대동맥으로 내보내지는 혈액량.

   * 1회 박출량 (SV) = 확장기말 용적 (EDV) - 수축기말 혈액량 (ESV)
   정답▶ ④

6. 해설 ▶ 간뇌에 대한 설명이다.
   - 간뇌 : 뇌의 한 부분으로서 대뇌와 소뇌 사이에 존재하는 작은 뇌, 주로 내장, 혈관과 같은 자율신경을 관리한다.
   정답▶ ①

7. 해설 ▶ 직립상태의 폐 상부부 분은 중력으로 인해 하부보다 적다. 하지만 운동을 통해 혈압이 증가하면 상층부의 혈류량이 증가한다.
   정답▶ ②

8. 해설 ▶ 건강체력요소 : 근력, 근지구력, 유연성, 신체조성, 심폐지구력
   정답▶ ③

9. 해설 ▶ 카테콜아민은 부신 수질에서 분비되는 신경전달물질이자 호르몬이다. 카테콜아민은 교감신경지배 장기에 작용하며 혈압을 상승시키고 간에서 혈당을 상승시키는 역할을 한다.
   정답▶ ②

10. 해설 ▶ 칼슘은 액틴의 트로포닌 (Troponin)과 결합하여 트로포마이오신(Tropomyosin)의 위치를 변화시킨다.
    정답▶ ④

11. 해설 ▶ ㄱ : Vital Capacity (VC) 폐활량
    ㄴ : Tidal Volume (TV) 1회 호흡량
    ㄷ : Functional Residual Capacity (FRC) 기능적잔기량
    ㄹ : Risidual Volume (RV) 잔기량

    1번 : 변화없음
    2번 : 증가
    4번 : 변화없음
    정답▶ ③

12. 해설 ▶ 저항성 트레이닝의 대사적 적응
    : 속근 섬유 비율 증가. 근비대로 인한 근육량과 근력 증가, 근력의 증가 요인으로 동원되는 운동단위 수의 증가, 십자형 가교수의 증가, 글리코겐 저장 능력 증가, 건 & 인대 조직의 양 증가
    정답▶ ②

13. 해설 ▶ 1회 박출량 = 확장기말 용적 - 수축기말 용적
    - 확장기말은 심박수, 좌심실에 혈이이 충만되는 압력, 좌심실의 수축력에 의해 결정
    - 수축기말 혈액량은 좌심실의 수축력과 후부하에 의해 결정된다.
    정답▶ ④

14. 해설 ▶ 신장성 수축은 수축 속도가 빠를수록 큰 힘
    이 생성된다.
    단축성 수축은 신장성 활성에 비해 같은 속도에서
    더 작은 힘 생성된다.
    정답 ▶ ①

15. 해설 ▶ 혈압은 심장 박동에 따라 분출되는 피가 동
    맥혈관에 가하는 압력으로 세동맥에서 가장
    크게 혈압의 감소가 나타난다.
    정답 ▶ ②

16. 해설 ▶ 스프린트 트레이닝 → 속근 섬유비대, 해당
    과정을 통한 ATP능력 향상
    정답 ▶ ①

17. 해설 ▶ - 중성지방은 유리지방산 3개와 글리세롤 1
    개로 이루어져 있으며 베타산화를 통해
    에너지원으로 사용되는 것은 유리 지방산
    으로 아세틸 조효소 - A로 변환되어 에너
    지 대사에 사용된다.
    정답 ▶ ①

18. 해설 ▶ 운동 시 골격근 혈류량은 증가하고 내장기
    관으로는 감소한다.
    정답 ▶ ③

19. 해설 ▶ ㄱ: 인슐린은 혈당을 감소시킨다.
    ㄴ: 성장호르몬은 단백질 합성을 증가시킨다.
    정답 ▶ ④

20. 해설 ▶ ㄴ : 탈분극 - 세포막의 이온투과도 변화로
            인해 상대적으로 음전하를 띠고 있던
            세포막 전위가 상승하는 현상
        ㄷ : 재분극 - 신경세포나 근육세포에서 활동전위
            가 발생하였을 때 탈분극이 일어난 직후에
            막전위가 다시 음(-)의 값으로 변하는 현상
        ㄹ : 과분극 - 세포의 막전압에 변화가 일어나 더
            욱 큰 음의 값을 가지게 되는 것을 말한다.
    정답 ▶ ②

운동역학(66)

1. 해설 ▶ 운동역학 연구목적에 대한 문제.
    - 운동역학 : 동작분석, 경기력 향상, 스포츠 동작의
      효율성, 상해 원인 분석, 운동 장비 개발
    정답 ▶ ④

2. 해설 ▶ 3번 : '벌림' 은 세로축이 신체의 중심선에서
            멀어지는 움직임이다.
    정답 ▶ ③

3. 해설 ▶ 인체의 무게 중심은 동일한 위치에 머무르지
    않고, 인체의 움직임에 따라 인체의 질량이
    재분배되어 위치가 항상 변화한다.
    정답 ▶ ②

4. 해설 ▶ 2종지레에 대한 설명
    : 저항점이 가운데 있으며 힘점이 저항점보다 항상
    크다.
    정답 ▶ ③

5. 해설 ▶ 운동학 : 공간과 시간을 고려하여 움직임을
            기술하는 학문,
    운동역학 : 움직임 시 힘의 작용을 연구하는 학문
    정답 ▶ ③

6. 해설 ▶ 각변위, 각속도에 관한 문제
    - 각변위 : 물체가 이동한 궤적의 처음에서 마지막
            위치까지의 직선거리
            : 방향을 가지고 있어서 일반적으로 시계
            방향(-) 또는 반시계 방향(+)으로 표시.

    * 각속도는 스포츠현장에서 알아야할 내용
    - 회전반경을 줄여서 각속도를 높이고 임팩트 순간
      에 회전반경을 늘려 선속도를 최대한 높임 ex) 배
      구, 테니스
    - 회전반경을 짧게하여 각속도를 높이고 회전을 많
      이해 기술을 높이는 스포츠 ex) 체조, 다이빙
    정답 ▶ ④

7. 해설 ▶ 투사체 운동: 투사체는 공기저항과 중력의
            영향을 받는 자유낙하체.

수직 성분은 중력의 중력의 영향을 받고, 수평적 성분은 어떤 힘의 영향도 안받는다.

수직방향으로는 중력 때문에 등가속 운동
수평방향으로는 공기의 저항이 없다고 가정하면 등속도 운동.

1번 : 수직방향 : 중력
3번 : 수직속도는 중력이 작용하며 지구 중심으로 물체를 가속한다
4번 : 최대 거리 투사 각도는 45도 이다.
정답▶ ②

8. 해설▶ 회전반지름이 커지면 각속도 (회전속도)가 줄어들어 선속도를 증가시키지 못한다.
정답▶ ①

9. 해설▶ 3번 : 힘이 작용하면 같은 방향으로 가속한다.
정답▶ ③

10. 해설▶ 낙법은 면적을 넓혀 충격량을 감소시킨다.
정답▶ ①

11. 해설▶ 1번 : 구름 운동이 더 작다.
3번 : 최대정지마찰력은 운동 마찰력보다 크다.
4번 : 마찰력은 물체의 이동방향과 반대방향으로 작용한다.
정답▶ ②

12. 해설▶ 1번 : 양력은 수직 방향으로 작용한다.
정답▶ ①

13. 해설▶ 4번 : 탄성계수에 대한 설명
정답▶ ④

14. 해설▶ 축에 가깝게 모으는 행동 (앞뒤돌기: 몸을 굽히는 모양)
정답▶ ②

15. 해설▶ 일률 : 일하고 있는 시간 비율 또는 단위 시간당 일을 말하며 단위는 W(와트) 또는 J/s로 나타낸다.

1번 : J는 일의 단위
3번 : 힘과 속도의 곱으로 나타내며 속도는 거리를 시간으로 나눈 값이다.
정답▶ ②

16. 해설▶ 도움닫기 → 에너지 생성 → 운동에너지
도약 → 장대에서 탄성에너지로 전이
공중 → 탄성에너지가 신체의 위치 에너지로 전위
정답▶ ④

17. 해설▶ 정량적 분석 : 수치제시
정성적 분석 : 수치제시x, 주관적
정답▶ ④

18. 해설▶ 근전도 분석기 : 근육활성도
지면발력기 : 압력중심
동작분석기 : 무릎의 각속도
정답▶ ④

19. 해설▶ 1번 : 지면반력기는 힘의 방향, 회전력 모두 측정 가능하다.
2번 : 지면반력기에서 산출된 힘은 인체의 중력으로 지면에 가하는 작용력이다
4번 : 발이 지면에 착지하면서 앞으로 미는 힘은 제동력, 발 앞꿈치가 지면으로부터 떨어지기 전에 뒤로 미는 힘은 추진력
정답▶ ③

20. 해설▶ 토크 = 힘 × 모멘트암
공의 토크 = 50N × 20cm = 1000N*cm

이때 힘점이 상완이두근 지점과 떨어져 있기 때문에 사이의 모멘트 암을 구해야 한다.
50N*20cm = Fb × 2cm
1000N*cm = Fb × 2cm
500N*cm = Fb
정답▶ ③

스포츠윤리(77)

1. 해설 ▶ 스포츠에서 '도덕적선'이란 어떤 경우에도 절대적 기준, 즉 착함이라는 것을 의미함으로 승리할때나 패배할때나를 불구하고 무조건 본래의 기준대로 살아야하는 절대기준이다.

   정답 ▶ ④

2. 해설 ▶ 롤스가 말한 정의란 '기회의 균등'에 입각한 것이다. 즉 누구에게나 똑같은 기회를 부여하여 거기서 자기의 능력을 최대한 발휘해 신체적인 불리함을 뛰어넘어서 '탁월성'을 보여주는 것을 의미한다.

   정답 ▶ ③

3. 해설 ▶ '가치판단'의 속에는 철저하게 판단자 측의 주관이 작용한다. 즉 객관적인 것은 배제되고 판단한 사람의 생각이 절대적인 것이다.

   정답 ▶ ①, ②, ③

4. 해설 ▶ '공리주의'는 결과론적 윤리설에 근거한 것으로 모든 사람에게 똑같이 공평해야하고 평등해야 하며 '최대다수의 최대행복'이 보장되는 이론인 것이다.

   정답 ▶ ①

5. 해설 ▶ '아곤'은 승리지상주의, 결과중시, 자기중심적 경쟁을 의미하고, '아레테'는 노력을 중시하며 과정을 중시하고 본질적인 탁월성을 강조한다.

   정답 ▶ ②

6. 해설 ▶ 스포츠에서 과학기술의 적용은 모두에게 공정한 경쟁을 통해서만 가능하다. 특수한 기구나 장비, 의류 등은 공정성이란 측면에서 옳지 못하다.

   정답 ▶ ②

7. 해설 ▶ 인정을 받는 삶의 실현은 스포츠에서 승리로 나타난다. 누구나 승리하고 싶은 욕구는 존재한다. 그러나 그 승리가 타인의 인정에서만 가능하다는 것이다.

   정답 ▶ ①

8. 해설 ▶ 의무론적 도덕추론, 즉 '칸트'가 말한 의무론적 윤리설에 입각한 것이다. ㉠에서 말한 '가언적 도덕추론'이란 조건적 명령에서 나온 것으로 잘못됐다. '정언적 도덕추론' 즉 무조건적 명령에서 나와야 하는 것이 옳다.

   정답 ▶ ③, ④

9. 해설 ▶ Aristoteles가 말한 정의의 원칙에 입각한 3가지 차원의 정의를 의미한다.

   정답 ▶ ①

10. 해설 ▶ 진보주의 교육사상가 '셸러'는 분할 향유가능성이란 보다 많은 사람이 가질수록, 그리고 아무리 나누어 누리더라도 그 몫이 감소하지 않는 것일수록 서열이 높다라고 정의했다.

    정답 ▶ ④

11. 해설 ▶ '레스트'의 이론 중 도덕적 감수성에 해당하는 것으로 어떤 행동이 그와 관련된 사람들에게 어떤 영향을 미치는가를 말하는 것이다.

    정답 ▶ ①

12. 해설 ▶ 생태학과 환경오염에 대하여 경고한 '테일러'의 견해다.

    정답 ▶ ②

13. 해설 ▶ '아파르트 헤이트'는 과거에 남아프리카 공화국에서 행해졌던 흑인과 백인의 인종차별 정책이다. 고인이된 넬슨 만델라 대통령이 당선되고 나서는 폐기했던 정책이다.

    정답 ▶ ②

14. 해설 ▶ ① 푸코의 '분노': 타인과의 관계에서 자격지심에 근거한 분노의 표출을 말했다.
    ② 아리스토 텔레스의 '규율과 권력'; 타율적이고 강제적인 규율이 아닌 자발적인 선한 권력의지에 입각한 것이 옳은 규율과 권력인 것이다.
    ③ 홉스의 '악의 평범성'이 아닌 '한나 아렌트'가 말한 악의 평범성을 말한다.

    정답 ▶ ④

15. 해설 ▶ 스포츠에서 '윤리경영'과 경영자의 '윤리적 실천 의지' 그리고 경영에서 '공정성' 확보가 무엇보다 중요하다는 것이다.

    정답▶ ②

16. 해설 ▶ 스포츠 윤리센터는 체육계 비리 및 인권 침해를 조사하고 가해자 처벌의 현실화, 피해자의 회복을 돕기 위한 심리적, 정서적, 법률적 지원을 하는 곳이다.

    정답▶ ③

17. 해설 ▶ 보기의 내용은 '스포츠 맨십'의 전반적인 내용을 보여주고 있다.

    정답▶ ③

18. 해설 ▶ 스포츠에 있어서 동서양인과 흑인과 백인 등 인종차별은 반드시 척결돼야하는 과제인 것이다.

    정답▶ ③

19. 해설 ▶ 보기의 내용은 엘리트 스포츠에서 야기된 학력저하 문제와 관련한 '최저 학력제' 내용이다.

    정답▶ ①

20. 해설 ▶ ⓒ 스포츠에서 인권은 상대적 보장이 아닌 절대적 보장이어야 한다.

    정답▶ ④

2023년도 기출문제

스포츠사회학

| 1 | ① | 2 | ② | 3 | ① | 4 | ②, ③, | 5 | ③ | 6 | ① | 7 | ④ | 8 | ② | 9 | ② | 10 | ③ |
| 11 | ② | 12 | ① | 13 | ② | 14 | ③ | 15 | ① | 16 | ④ | 17 | ④ | 18 | ③ | 19 | ④ | 20 | ①,②,③,④ |

스포츠교육학

| 1 | ① | 2 | ③ | 3 | ① | 4 | ④ | 5 | ④ | 6 | ② | 7 | ④ | 8 | ② | 9 | ① | 10 | ② |
| 11 | ③ | 12 | ① | 13 | ④ | 14 | ④ | 15 | ④ | 16 | ④ | 17 | ③ | 18 | ② | 19 | ④ | 20 | ③ |

스포츠심리학

| 1 | ③ | 2 | ① | 3 | ④ | 4 | ④ | 5 | ④ | 6 | ① | 7 | ④ | 8 | ② | 9 | ② | 10 | ① |
| 11 | ② | 12 | ③ | 13 | ② | 14 | ④ | 15 | ③ | 16 | ④ | 17 | ② | 18 | ③ | 19 | ① | 20 | ④ |

한국체육사

| 1 | ④ | 2 | ① | 3 | ③ | 4 | ④ | 5 | ② | 6 | ② | 7 | ② | 8 | ② | 9 | ① | 10 | ③ |
| 11 | ① | 12 | ④ | 13 | ③ | 14 | ②, | 15 | ① | 16 | ④ | 17 | ③ | 18 | ②, | 19 | ④ | 20 | ① |

운동생리학

| 1 | ② | 2 | ① | 3 | ④ | 4 | ① | 5 | ④ | 6 | ③ | 7 | ④ | 8 | ① | 9 | ② | 10 | ③ |
| 11 | ③ | 12 | ① | 13 | ② | 14 | ② | 15 | ③ | 16 | ④ | 17 | ③ | 18 | ① | 19 | ④ | 20 | ④ |

운동역학

| 1 | ④ | 2 | ② | 3 | ① | 4 | ④ | 5 | ① | 6 | ① | 7 | ④ | 8 | ① | 9 | ④ | 10 | ① |
| 11 | ① | 12 | ③ | 13 | ① | 14 | ③ | 15 | ② | 16 | ④ | 17 | ② | 18 | ① | 19 | ③ | 20 | ③ |

스포츠윤리

| 1 | ① | 2 | ③ | 3 | ① | 4 | ③ | 5 | ② | 6 | ① | 7 | ④ | 8 | ② | 9 | ① | 10 | ① |
| 11 | ③ | 12 | ② | 13 | ② | 14 | ③ | 15 | ① | 16 | ② | 17 | ④ | 18 | ③ | 19 | ④ | 20 | ④ |

스포츠사회학

1. 스포츠의 교육적 순기능
(1) 전인교육 – 학습 활동의 격려, 사회화 촉진, 정서순환
(2) 사회통합 – 학교 내 통합, 학교와 지역 사회 통합
(3) 사회선도 – 여권신장(여학생의 스포츠참여로 의식개선), 장애인의 적응력 배양, 평생 체육의 장려
정답▶ ①

2. 코클리의 상업주의에 따른 스포츠의 변화에 대한 문제
스포츠 구조의 변화(규칙과 제도, 프로그램 구성 변화), 스포츠 내용의 변화(경기자체 보다 세속적인 경기 외적 사실 중시, 전시효과에 대한 요구 증대), 스포츠 목적의 변화(아마추어리즘 보다 프로페셔널리즘 추구), 스포츠 경기를 흥미와 재정적 이익 창출을 위한 위락적 부산물로 여김), 스포츠 조직의 변화 (대부분의 대회는 대중 매체, 팀 구단주, 대회 후원자의 목적 영위를 위한 쇼, 대부분의 기업은 올림픽을 스포츠 경기보다는 기업 발전을 위한 시장확대의 선전 매장으로 간주
"ㄴ" 스포츠 내용의 변화에 대한 내용, "ㄹ" 스포츠 구조의 변화에 대한 내용.
정답▶ ②

3. 스포츠 세계화의 원인에 대한 문제
스포츠세계화의 원인 1. 제국주의, 2.민족주의, 3. 종교, 4. 기술의 진보, 제국주의는 스포츠를 피식민지 국민에 대한 동화 정책의 문화적 수단으로 활용함, 체제의 지배는 강압보다는 동의를 얻는 방식으로 이루어져서 예로 과거 영국의 식민지 국가에서 크리켓과 럭비가 인기있는 현상이다.
정답▶ ①

4. 케년의 스포츠참가 유형에 대한 문제
스포츠를 통한 사회화의 의미, 특정 사회에서 생존과 성공에 필요한 자질을 습득하는 과정에서 스포츠 활동의 경험을 통하여 가치나 태도 및 행동을 학습하는 것을 의미한다. 행동적 참가는 일차적으로 스포츠에 참가하는 것, 이차적으로는 참가가 아닌 그

외의 스포츠 생산과 소비과정에 참여하는 형태. 인지적 참가는 사회기관을 통해 스포츠에 관한 일정 정보를 수용함으로써 이루어지는 참가, 정의적 참가는 간접적으로 선수나 팀에 대하여 감정적 태도나 성향을 표출하는 참가
정답▶ ②, ③, ④

5. 거트만의 근대 스포츠의 특성
세속주의, 전문화, 관료화, 기록추구, 평등화, 합리화, 계량화를 주장함. 관료화는 규칙을 제정하고 경기를 조직적으로 운영하는 것, 전문화는 포지션의 분화와 리그의 세분화를 내는 것을 의미한다.
정답▶ ③

6. 스포츠 사회화의 전이 조건에 대한 문제
참여의 정도, 빈도, 강도, 지속성이 결정적 영향을 준다.
참여의 자발성, 자유의지
사회관계의 본질성, 사회적 상호작용의 인간관계
참가의 개인적, 사회적 특성, 참가자의 기능과 인지의 중요성
사회화 주관자의 위신 및 위력, 사회적 지위나 신망을 얻는 사람은 사회화 영향력이 그렇지 못한 사람보다 큼.
정답▶ ①

7. 버렐, 로이의 스포츠미디어의 욕구에 대한 설명에 대한 문제
미디어의 개념, 자신의 의사나 감정 또는 정보를 서로 주고받을 수 있도록 마련된 수단.
버렐과 로이의 스포츠 미디어로 충족할 수 있는 욕구유형
1. 인지적 욕구 : 스포츠에 대한 지식, 경기 결과 및 통계적 지식 제공
2. 정의적 욕구 : 스포츠에 대한 즐거움, 흥미, 관심 등을 불러 일으킴
3. 통합적 욕구 : 스포츠에 대한 사회 구성원들의 관심을 하나로 묶어서 사회를 통합함.
4. 도피적 욕구: 스포츠를 통해 불안, 좌절, 스트레스 등의 감정을 해소하는데 도움.
정답▶ ④

8. 용어에 대한 문제
• 옐로저널리즘(Yellow Journalism): 독자의 시선을 끌기 위해서 사건 등을 경쟁적으로 과도하게 취재 보도하는 저널리즘을 말한다.
• 뉴저널리즘(New Journalism): 기존 저널리즘이 취해 왔던 속보성, 객관성의 관념을 거부하고 소설 기법을 적용하여 사건과 상황에 대한 표현을 전달한다.
• 보편적 접근권(Universal access): 어느 누구나 스포츠 경기 등을 볼 수 있도록 하는 권리.
정답▶ ②

9. 프로스포츠 제도 용어에 대한 문제
• 보류조항 - 당해 연도 선수 중 다음연도 선수 계약 체결 권리를 보류하여 자유로운 계약과 이적을 막는 조항
• 웨이버 조항 - 구단과 선수 간 계약이 존재하는 단체나 스포츠 리그에서 일어나는 상황으로 해당 선수에 대한 권한을 포기하는 조항
• 선수대리인 (Agent) - 선수와 선수대리인계약을 체결하여 선수로부터 위임받은 권리를 행사하는 등 선수대리인의 업무를 수행하는자.
• 자유계약 (Free Agent, FA) - 일정 기간 자신이 속한 팀에서 활동한 뒤에 다른 팀과 자유롭게 계약을 맺어 이적 할수 있는 제도.
정답▶ ②

10. 스포츠일탈에 대한 문제
• 스포츠일탈이란 스포츠자체의 규범적 체계 기준에서 벗어나는 행동은 일탈로 규정한다.
스포츠 일탈은 원칙적으로 역기능으로 작용하지만 순기능도 있는데 규범의 존재를 재확인 시켜주어 규범에 대한 동조를 강화한다. 부분적인 스포츠일탈은 사회적 안전판 역할을 한다. 사회에 개혁과 창의성을 가져다주는 역할을 한다.
• 약물 복용은 부정적 일탈 (반규범적)으로 규범을 위반하는 행동이다.
정답▶ ③

11. 국제정치에서의 스포츠의 기능에 대한 문제
국제정치에서 스포츠의 기능은 외교적 도구, 이데올로기 및 체제 선전, 국위선양, 국제 이해 및 평화, 외교적 항의, 갈등 및 전쟁의 촉매, 국가 경제력 표출
정답▶ ②

12. 부르디외의 문화자본 유형에 대한 문제
- 객체화된 문화자본 : 문화적 생산물
- 체화된 문화자본 : 자신의 계층에 속해 살아가면서 행동하게 되는 방식
- 제도화된 문화자본 : 자신이 가지고 있는 문화자본이 사회적으로 인정받을 수 있는 상태로 증명되는 것

정답▶ ①

13. 투민의 스포츠계층에 대한 문제
- 스포츠계층이란 측정 사회체계 내에서 개인의 사회적, 문화적, 생물학적 특성에 따라 권력, 부, 사회적 평가, 심리적 만족 등이 특정 집단이나 개인 및 종목에 따라 차별적으로 배분되어 위계적 체계를 이루고 있는 현상을 말한다.
- 사회성 : 스포츠는 사회의 다른 측면과 관련을 맺고 있음.
- 역사성 : 특정 시대의 사회문화적 배경에 따라 다르게 나타나며 사회계층적 지위와 관련하여 스포츠 참여 및 관람의 특권이 다양하게 변천
- 보편성(편재성) : 스포츠 계층은 어느 곳에서나 존재하고 어디에서든지 발견 할 수 있는 보편적인 현상임
- 다양성 : 평등주의적 가치를 반영한 계층 간의 사회적 상호 작용을 증진시킴
- 영향성 : 권력, 재산, 평가 및 심리적 만족의 불평등에 의하여 나타나는 결과는 생활기회와 생활 양식에 변화를 가져오며 사회계층에 영향을 받음.

정답▶ ②

14. 집단행동의 발생을 설명하는 이론에 대한 문제
- 전염이론 - 전염되듯 군중 속의 한 사람 또는 몇 사람의 영향을 받아 관중 폭력이 발생한다는 이론.
- 수렴이론 - 개인들이 가지고 있던 반사회적 생각이 하나로 모여 군중 익명성을 방패 삼아 표출되는 것이 관중 폭력이라는 이론.
- 부가가치이론 - 집단행동은 어떤 요인들이 순차적으로 조합을 이루어야 한다는 이론.
- 규범생성이론 - 동질성이 없는 개인들이 집단으로 발전하는 과정에서 핵심 구성원이 행동을 암시하고 나머지가 동조하여 새로운 규범이 만들어져 집단행동이 발생한다는 이론.

정답▶ ③

15. 메기 & 서덴의 스포츠 노동이주의 유형에 대한 문제
유목민형, 정착민형, 개척자형, 귀향민형, 추방자형, 용병형,
1번 - 용병형에 대한 설명, 돈이 주목적으로 돈 버는 데만 관심이 있는 유형

정답▶ ①

16. 코클리의 스포츠일탈에 대한 설명
- 상대론적 접근 - 스포츠일탈에 대한 상대론적 접근, 특정 사회 구조나 제도와의 일치 여부로 일탈을 판단하는 관점으로 동일한 행위도 사회 제도와 문화에 따라 다르게 평가한다.
- 과소동조 - 훈련, 경기와 관련된 규범이 있다는 것을 몰랐거나 알면서도 무시하고 벌이는 일탈 행위
- 과잉동조 - 훈련, 경기와 관련된 규칙을 무비판적으로 따르면서 한계를 벗어나는 것.

정답▶ ④

17. 사회학습이론에 대한 문제
사회적 행동을 습득하고 수행하는 과정을 밝히는 이론으로 인간의 심리적 특성과 사회적 행동이 사회적 과정을 통해 학습된다고 보며, 강화, 코칭, 관찰 학습으로 구성된다.

정답▶ ④

18. 스포츠 정치적 속성에 대한 문제
에티즌과 세이지의 스포츠 정치적 속성.
- 대표성 : 올림픽이나 국제경기에서 성적은 각 나라의 정치적, 경제적, 문화적, 군사적 우월성을 나타내는 중요한 수단
- 권력투쟁 : 스포츠 조직에는 불평등하게 배분되는 권력이 존재.
- 상호의존성 : 스포츠와 정치의 결합은 정부 기관이 관계될 때 드러난다.
- 보수성 : 스포츠의 제도적 특성은 질서와 법의 표본으로 보수적인 성향을 지니고 있기 때문에 현 상황을 지속하려는 경향이 있다.
- 긴장관계 : 정치적 관계에 따라 스포츠 경기에 상대국과 긴장관계가 형성된다.

정답▶ ③

19. 스포츠미디어 이론에 대한 문제
- 개인차 이론 - 대중 매체가 관람자의 개인적 특성에 호소하는 메시지를 제공하고 개인은 자신의

특정한 욕구를 만족시키기 위해 미디어를 이용한다는 이론.

- 사회범주이론 - 인간은 자신이 속한 사회 구조적 위치나 배경에 영향을 받아 생각이나 행동 양식을 구성하게 되는데 비슷한 환경에서 생활하면 생각이나 행동도 비슷해진다는 사회학적 입장을 기본으로 하는 이론.
- 사회관계이론 - 인간의 정보 선택 및 해석에는 주변의 영향이 크게 작용하는데 스포츠 미디어와 접촉양식도 인간이 속해 있는 사회의 중요 타자와 맺은 사회관계에 영향을 받는다고 보는 이론.
- 문화규범이론 - 대중 매체가 사회 규범에 영향을 미치고 수용자는 그 규범에 따라서 자신의 생각이나 행동을 취한다는 이론.

정답▶ ④

20. **스포츠사회학이론에 대한 문제**
- 구조 기능 이론 : 사회를 하나의 유기체로 보며, 사회의 항상성 유지와 존속을 위한 사회적 구성 요소의 역할을 분석함.
- 갈등이론 : 자본주의 사회에서는 스포츠는 궁극적으로 지배 계급의 이익을 증대하는 수단으로 권력과 경제적 자원을 지닌 소수 이익 집단에 의하여 형성되고 왜곡된 형태의 신체 활동.
- 비판이론 : 기존의 사회를 평가하고 비판하여 사회의 본질을 보다 명확하게 규명하는 것을 목표로 함.
- 상징적 상호작용론 : 인간의 능동적인 사고와 행위의 측면을 사람들이 서로 의미를 교환하고 상황을 정의하는 과정을 통해 설명함.

정답▶ ①, ②, ③, ④

스포츠교육학

1. **스포츠교육 평가의 신뢰도 검사에 대한 문제**
- 신뢰도 : 측정 도구를 시간의 경과와 관계없이 반복하여 사용할 수 있으며, 일관성 있는 측정 결과를 도출 할 수 있는 정도
- 검사-재검사 : 시간차를 두고서 개념이나 변인 측정을 두 번 실시하여 나온 점수간의 상관관계로 신뢰도를 추정하는 방법

- 동형검사 : 동일한 구인을 측정하는 두 개의 검사지로 이로부터 나온 점수들 간의 상관관계를 구하여 신뢰도를 추정하는 방법.
- 내적 일관성 검사 : 하나의 측정 도구 내 문항들 간의 연관성 유무를 통해 내적으로 일관성을 파악함으로써 측정 문항의 신뢰도를 추정하는 방법.
- 반분 신뢰도 : 한 번 실시한 검사를 두 부분으로 나누어 두 부분 간 상관관계로 신뢰도를 추정하는 방법

정답▶ ①

2. **모스턴 교수 스타일에 대한 문제**
"수업 활동은 연속되는 의사 결정의 과정이다"라는 전제에서 시작되며 과제 활동 전의 의도를, 과제 활동 중의 행위를 , 과제활동 후의 평가를 규정. 교수와 학생 모두 교수 스타일의 구조 속에서 의사 결정을 할 수 있음.

정답▶ ③

3. **로젠샤인과 퍼스트의 과정-산출에 대한 문제**
교사의 행동과 학생의 성취와의 관계를 규명하는 연구를 과정-산출 연구라고 하는데 과정이란 교사의 행동이고 산출은 학생의 학업 성취이다. 다섯가지 변인 내용제시의 명확성, 수업활동의 다양성, 교사의 열성, 과제 지향성, 학생의 학습기회가 수업의 효과성과 상관관계가 있다고 지적하였다.

정답▶ ①

4. **스포츠 지도를 위한 교수 전략에 대한 문제**
- 상호 작용 교수 : 지도자는 모든 교과 내용 및 기준을 정하고, 세부 운영 절차 및 구체적인 피드백 제공을 통해 학습자의 반응을 이끌어내는 수업 방법
- 스테이션 교수 : 교육 목표나 내용에 따라 학생들을 나누고, 수업 공간을 여러 개 두어 여러 과제를 동시에 진행하는 수업 방법
- 동료교수 : 짝이나 작은 그룹으로 팀을 만들어 서로를 가르쳐주는 방법
- 유도 발견 학습 : 지도자의 발문을 통해 과제를 제공하여 학습자 스스로 문제를 해결하는 수업 방법
- 학습자 설계교수 : 학습자 중심의 학습 설계를 통한 능동적으로 과제를 수행하는 방법

정답▶ ④

5. **국민체육진흥법 제 18조 3, '스포츠윤리센터의 설립'에 대한 내용**

체육의 공정성 확보와 체육인의 인권보호를 위하여 스포츠윤리센터를 설립한다.

정답▶ ④

6. **스포츠 교육 프로그램 지도 원리에 대한 문제**
   - 개별성의 원리 - 참가자 욕구나 참가자 간의 개인차를 고려하여 다양한 수준별 지도
   - 적합성의 원리 - 지도자의 창의적인 지도 활동의 선정과 활용을 적합하게 선정하여 지도
   - 통합성의 원리 - 교수, 학습 내용의 다양화와 신체 활동의 총체적 체험을 위한 지도
   - 효율성의 원리 - 프로그램을 보다 과학적이고 스포츠 교육 지도법을 활용하여 참가자를 효율적으로 지도

정답▶ ②

7. **직접교수모형에 대한 문제**

"교사가 수업의 리더" 행동주의 심리학자인 스키너의 조작적 조건화 이론에서 파생된 것으로 교사는 수업 내용, 관리, 학생의 참여에 대한 모든 의사 결정의 주도자이다. 학생들에게 높은 비율의 학습 참여 기회와 피드백을 제공한다.

정답▶ ③

8. **국가와 지방자치단체의 스포츠 정책에 대한 문제.**

2번 : 국위선양은 국가와 지방자치단체의 스포츠 정책에 관한 고려사항이 아니다.

정답▶ ②

9. **모스턴의 포괄형 교수 스타일에 설명에 대한 문제.**
   - 학습자가 자신이 수행 할 수 있는 과제를 선택함. 교사는 다른 기술 수준을 보유한 학습자들의 개인차를 수용하며 , 과제의 난이도, 수업 운영 절차에 대한 모든 의사 결정을 함.
   - 학습자는 자신의 성취 가능 수준을 확인하고, 필요에 따라 과제 수준을 수정하며, 평가기준에 맞춰 자신의 수행을 점검함.

정답▶ ①

10. **링크의 학습 과제 연습 방법에 대한 문제**
    - 규칙변형 - 경기 규칙 변화를 통해 난이도 조절하는 방법
    - 역순 연쇄 - 과제를 발생 순서에 반대되는 순서에 따라 가르치는 지도 방법.
    - 반응 확대 - 학습한 것을 새로운 활동에 적용할 수 있는 경험으로 발전시키는 방법.
    - 운동 수행의 목적 전환 - 효율적인 운동 수행 경험을 위해 운동 수행의 난이도를 조절하는 방법

정답▶ ②

11. **쿠닌의 교수기능에 대한 문제**

상황 이해 - 학생들의 행동을 교사가 파악하고 있음을 학생들에게 알리는 것

정답▶ ③

12. **스포츠 지도 행동 관찰기법에 대한 문제**

사건기록법 - 운동 수행이나 특정 사건의 반복성을 중심으로 기록하는 것.

정답▶ ①

13. **참여증진을 위한 스포츠 지도 방법에 대한 문제**

4번 운동기능이 낮은 학습자를 위해 문제의 난이도를 낮추는 것이 중요하다.

정답▶ ④

14. **메이거의 학습 목표 설정 요소에 대한 문제**

조건, 상황에 수락기준을 제시하고 도착점 행위를 제공한다. 교사가 가르쳐야 할 내용을 분명하게 파악할 수 있으므로 수업을 체계적으로 전개 할수 있어 효과적인 학습활동이 가능하다. 하지만 창의성을 발휘해야 하는 내용은 불가능하다는 단점이 있다.

정답▶ ④

15. **"탐구수업모형"에 대한 문제**

"문제 해결자로서의 학습자"로 움직임 중심의 지도방법으로 교사의 질문이 지도 방식의 핵심이다. 질문 중심 수업의 성격과 그 속에 담겨있는 유용한 전략들을 교사가 체육 시간에 사고력, 문제 해결력, 탐구력을 증진시키는 데 활용한다. 학습 영역의 우선 순위는 인지적 학습, 심동적 학습, 정의적 학습이다.

정답▶ ①

16. **심동적 영역에 대한 문제**
    - 심동적 영역 - 기술, 신체능력, 움직임
    - 정의적 영역 - 감정이나 가치, 태도, 인성 등의 보이지 않는 것

- 인지적 영역 - 이론, 용어, 개념, 규칙, 원리
정답▶ ②

17. **학습 전이에 대한 문제**
- 전이 - 앞서 학습하거나 연습한 것이 다음에 수행하는 운동이나 학습에 영향을 미치는 것을 말한다.
- 과제 간 전이 - 한 가지 기능이나 과제의 학습이 다른 기능이나 과제로 전이되는 경우
- 대칭적 전이 - 한쪽 팔과 다리로 연습한 것이 반대쪽 팔과 다리의 연습에 영향을 주는 경우
- 과제 내 전이 - 한 가지 조건에서 학습한 기능이 다른 조건으로 전이되는 경우
정답▶ ③

18. **스포츠 교육 프로그램 구성 내용에 관한 문제**
내용 - 교육과정 지식, 프로그램에 대한 지식
정답▶ ②

19. **메츨러의 개별화지도모형에 대한 문제**
"수업 진도는 학습자가 결정" 각 학생에게 수업 운영 정보, 과제 제시, 과제 구조, 수행 기준과 오류분석이 포함된 학습 활동 및 평가를 하나의 묶음으로 구성한 수업 자료 제공, 학생은 자기 주도적인 학습자가 되고, 교사는 상호 작용이 필요한 학생과 더 많은 상호 작용을 할 수 있음.
- 지도자가 수업 리더 역할을 한다 - 직접 교수 모형
- 나는 너를, 너는 나를 가르친다 - 동료 교수 모형
- 유능하고, 박식하며, 열정적인 스포츠인으로 성장한다 - 스포츠 교육모형
정답▶ ④

20. **학교체육진흥법 시행령 제 3조에 관한 문제**
학교체육진흥법 시행령 제 3조, 1. 제 3항 각호의 직무수행 실적, 2. 복무 태도, 3. 학교운동부 운영성과, 4.학생선수의 학습권 및 인권 침해 여부
정답▶ ③

스포츠심리학

1. **스포츠심리학의 연구 동향과 영역에 대한 문제**
스포츠 심리학은 운동 상황에서 인간과 인간 행동을 과학적으로 연구하고, 그 지식을 실천적으로 적용하는 학문이다.
정답▶ ③

2. **자기 결정성 이론에 대한 문제**
자기 결정의 연속선상에서 외적 동기와 내적 동기를 설명하는 인지적 동기 이론으로, 개인의 행동이 스스로에게 동기부여가 되고 스스로 결정된다는 것에 초점을 둠.
라이언과 데시는 6가지 유형으로 나누었는데 무동기, 외재적동기(외적조절, 의무감규제, 확인규제, 통합규제,) 내재적동기(내적동기) 6개로 나누었다.
정답▶ ①

3. 칵테일 파티효과 : 시끄러운 파티장의 소음 속에서도 자신에게 의미 있는 정보에 집중하는 현상
- 1번 - 스트룹 효과 : 단어의 의미와 색상이 일치하지 않는 자극을 보고 그 자각의 색상을 명명할 때 일치하는 자극을 보고 명명할 때 보다 반응시간이 더 증가하는 현상.
- 2번 - 지각협소화 : 각성 수준이 높아져 주의를 기울일 수 있는 폭이 점차 좁아지는 현상.
- 3번 - 무주의 맹시 : 눈이 특정 위치를 향하고 있지만 주의가 다른 곳에 있어서 눈이 향하는 위치의 대상이 지각되지 못하는 현상
정답▶ ④

4. 젠타일은 환경적 맥락과 동작의 기능에 근거한 운동 기술 분류 방법을 제시하여 환경적 맥락에서 운동 상태가 안정적인지, 운동상태 비안정적인지 구분했고 동작의 기능이 신체의 안정성과 신체의 불안정성으로 분류했다.
정답▶ ④

5. **뉴웰의 운동 발달 모델에 대한 문제**
운동 행동은 움직임을 수행하는 개인, 움직임이 발생하는 환경, 수행 과제의 상호 작용에서 나타난다.
(개인 제한 요소)
신체 물리적 특성, 인지적 요인
- 환경 제한 요소 : 환경적, 사회 문화적 측면
- 과제 제한 요소 : 운동 행동 과제 자체의 요인
정답▶ ④

6. **게셀과 에임스의 운동발달의 원리에 대한 문제**
   운동발달은 시간적 흐름, 연령에 따라 계열적, 연속적으로 변화하는 과정이다.
   게셀과 에임스는 운동발달은 위계와 순서를 따른다. 머리에서 발 방향으로(머리-꼬리), 중앙에서 말초로(중앙-말초원리). 양측-동측-교차 운동 협응의 원리
   정답▶ ③

7. 4번 감정을 공격적으로 표출한다 X
   정답▶ ④

8. **목표의 유형에 대한 문제**
   • 주관적 목표: 최선을 다하겠다와 같은 목표
   • 객관적 목표: 구체적인 수치나 객관적인 기준을 설정한 목표
   • 결과 목표 : 시합의 결과에 중점을 둔 목표
   • 수행목표 : 자신의 수행에 대한 목표를 달성 하는데 중점을 두는 목표
   • 과정목표 : 동작을 잘 수행하기 위해서 핵심적으로 필요한 행동에 중점을 두는 목표
   정답▶ ②

9. **스미스와 스몰이 개발한 유소년 지도자 훈련 프로그램 (CET)의 핵심원칙**
   CET의 효과는 긍정적인 코치- 선수 관계를 만들고 상호 존경할 수 있도록 만들어주고, 관찰된 코칭 행동과 선수들이 지각하는 코칭 행동에서 긍정적인 변화를 증진시킨다.
   이로 인해 선수들이 경험하는 흥미도를 높이고 팀 응집력을 높여 지원적인 운동 상황을 창출하여 선수들의 자긍심을 높이고 경기력에 영향을 미치는 불안 요인과 실패에 대한 두려움을 줄여둔다. 이를 위해 배우는 영역은 선수실수 교정, 의사소통 기술 증진, 팀 지향 접근 개발, 팀규칙 위반, 문제해결능력, 행동변화절차 등이 있다.
   정답▶ ②

10. 소뇌 : 운동학습에 중요한 역할을 하며, 행동을 개시하기 전 학습된 미세 움직임을 조절하는 역할을 한다.
    정답▶ ①

11. 파지검사: 연습으로 향상된 운동 기술의 수행력이 얼마나 오랫동안 지속될 수 있는지 보는 검사.
    정답▶ ②

12. 일반화 운동프로그램에서 상대적 타이밍이란 전체 시간에 대한 각 하위 요소의 시간적 비율을 나타내는 것으로 요소의 순서, 시상, 상대적 힘 등과 같이 불변적 특성을 가진다.
    • 절대적 타이밍 : 목표가 되는 전체 시간과 실제 전체 시간에 대하여 산출된 값으로 나타나는데 전체 힘, 근육 선택 등과 같이 사변적 특성을 지니며, 매개 변수화 및 수량화 학습을 하는데 지표로 사용된다.
    불변 매개 변수는 프로그램에 변하지 않는 상태로 존재하며 가변 매개 변수의 조합에 의해 동작의 다른 유형을 생성하여 연습하게 되면 가변 매개 변수의 값이 최적화되어 보다 효율적인 운동 기술 동작으로 나타날 수 있음.
    정답▶ ③

13. **운동기술의 개념에 대한 문제**
    구스리는 운동 기술을 최소한의 시간과 에너지를 소비하여 최대의 확실성을 갖고 목표를 달성할 수 있는 능력이라 정의함. 운동기술을 특정한 목적을 가져야 하며 반드시 수의적인 운동이어야 하고 목적을 달성하기 위해 신체 또는 사지의 움직임이 있어야 한다. 동작은 신체 또는 사지의 움직임을 구성되는 목표 지향적인 반응을 말하는 것으로 동작은 융통성, 독특성, 항상성, 수정 가능성 등의 특성을 지닌다.
    정답▶ ②

14. **공격성원인에 대한 이론**
    1. 본능이론 - 공격성이 선천적인 본능 현상이라는 입장.
    2. 좌절, 공격 가설 - 공격행위는 언제나 좌절의 결과로 일어나고 좌절은 언제나 공격행위를 초래한다.
    3. 사회학습이론 - 공격성은 환경 속에서 학습된다는 것이 사회학습 이론이며, 모방이론 또는 관찰학습이론으로 불린다.
    4. 수정된 좌절, 공격 가설 - 좌절, 공격 가설과 사회학습이론의 장점을 결합하며 새로운 공격이론이며 좌절과 학습 모두 공격의 원인이 될 수 있고, 좌절은 공격의 직접적인 원인으로서가 아니라 공격의 선행 성향을 고조시킨다고 보았다.
    정답▶ ①

15. 유능성 동기이론 - 숙달 행동의 시도에서 성공하면 기쁨과 같은 긍정적 정서를 경험하고 자기효능감과

유능성이 증가하여 높은 유능성 동기로 인해 과제에 더 많은 노력을 기울인다. 실패하면 부정적 정서를 경험하고 낮은 유능성 동기로 인해 과제를 포기한다.

정답▶ ③

16. **번스타인 학습단계이론**

움직임의 선호방식이 있고 시스템은 수많은 구성요소를 따로 조절하지 않고 패턴화한다. 시너지는 동작을 의미있는 단위로 묶어 조절한다는 의미이다.

정답▶ ①

17. **목표설정에 대한 문제**

목표는 개인이 달성하고자 하는 것 도달하려는 대상을 의미하며 목표 성장을 통해 이루고자하는 최종적인 결과를 설정하는 것이다. 수행목표에 집중하면 선수가 목표를 통제, 용통성있게 조절 가능하다. 궁극적으로 수행 향상에 도움을 준다.

정답▶ ②

18. **피드백에 관한 문제**

• 피드백 : 목표 상태와 수행간의 차이에 대한 정보를 되돌림으로써 수행자에게 동작 그 자체 또는 운동 수행의 결과나 평가에 대한 정보를 제공하는 것.

• 보강피드백 (외재적 피드백) : 자신의 감각 정보가 아닌 교사나 코치 또는 동료들에 의해 제공되거나 영상 매체를 통해 외부로부터 제공되는 정보.

정답▶ ③

19. **스포츠 몰입** : 칙센트미하이에 따르면 최적의 몰입(Flow)은 기술(실력)이 도전(과제)과 균형을 이루는 상황에서 수행에 완전히 집중하는 것을 의미한다. 도전이 높고 기술이 낮으면 불안을, 도전이 낮고 기술이 높으면 이완을 느낀다.

정답▶ ①

20. **학습된 무기력** - 실패는 노력을 해도 통제할 수 없다고 믿는 경향, 부정적 결과는 능력 부족, 지능부족으로 귀인. 실패에 대한 학습된 무기력은 귀인재훈련 (Attribution retraining)을 통해 실패의 원인을 내적이며, 통제가능하고, 불안정한 요인에서 찾도록 훈련한다.

정답▶ ④

한국체육사

1. 역사는 역사가의 가치관에 따라서 과거의 사회와 문화의 변화를 다르게 인식하고 해석하는데 이를 사관(史觀)이라고 한다. ④는 사관(史觀)이 아니라 사료(史料)에 대한 설명이다.

정답▶ ④

2. 나현성은 한국 체육사의 시대를 갑오개혁을 기준으로 그 이전을 전통체육 시대(부족국가~갑오개혁), 그 이후를 근대체육 시대로 구분하였다. 또한, 광복을 전후로 근대체육 시대와 현대체육 시대로 구분하기도 한다.

정답▶ ①

3. 민속놀이에는 씨름(각저), 석전(편전, 편쌈), 연날리기(풍연), 줄다리기, 널뛰기(축판희, 도판희), 그네뛰기(추천), 윷놀이(척사, 저포), 차전놀이 등이 있으며, 오락에는 장치기, 바둑(위기), 장기, 주사위(쌍륙, 악삭) 등이 있다.

정답▶ ③

4. 화랑도의 구성은 풍월주(귀족 자제)-화랑(귀족 자제)-낭도(6두품 이하 관리의 자제 및 평민의 자제)로 구성되어 계층간의 대립과 갈등을 조절 완화하는 구실을 하였다.

정답▶ ④

5. 민속놀이의 다른 명칭을 정리해야 한다. 석전(돌팔매질, 편전, 편쌈), 축국(축구), 각저(씨름), 도판희(축판희, 널뛰기), 추천(그네뛰기), 풍연(연날리기), 저포(윷놀이) 등이 있다.

정답▶ ②

6. 귀족(격구, 방응, 투호)과 서민(축국, 추천, 씨름, 석전, 풍연)들의 놀이 문화를 구분한다.

정답▶ ②

7. 고려시대 무예 체육에는 수박, 궁술(활쏘기), 마술(무마, 마상재) 등이 있었는데 그 중 수박은 맨손과 발을 이용한 무술로 무인들에게 적극 권장되었던 무예활동이다. 특히, 수박(手搏)은 무신정권기인 명종 때 출세를 위한 중요 과목으로 활용되었다.

정답▶ ②

8. 조선시대 유학 교육기관으로 성균관, 4학, 향교, 서원, 서당이 있었으며, 무학 교육기관으로 훈련원, 사정(射亭) 등이 있었다. 무경칠서(武經七書)는 중국의 대표적인 7대 무학서를 일컫는 말로 '무학칠서'라고도 하는데, 조선 단종 때 수양대군이 주도하여 편찬한 '무경칠서주해'가 있다. '병장설(兵將說)'은 세조 때 편찬된 병서이다.
정답▶ ③

9. 궁술은 문신과 국왕도 갖추어야 할 덕목이자 무인의 필수 과목이다. 대사례를 실시한 곳을 육일각이라고 하는데 이곳은 평소 활과 화살을 보관하였다. 참고로, 편을 나누어 활을 쏘는 경기인 편사(便射)는 무과의 한 과목으로 사정(射亭)에서 실시하였다. 육예(六藝)는 인물 선발 기준으로서 예(禮)·악(樂)·사(射)·어(御)·서(書)·수(數) 6종류의 기술이다. 예는 예용(禮容), 악은 음악, 사는 궁술(弓術), 어(御)는 마술(馬術), 서는 서도(書道), 수는 수학(數學)이다.
정답▶ ①

10. ① 무예제보(武藝諸譜)는 선조 때 명나라 척계광의 '기효신서'를 토대로 편찬한 가장 오래된 무예서이다.
② 무예신보(武藝新譜)는 영조 때 편찬된 무예서로 아직 발견되지 않았다.
③ 무예도보통지(武藝圖譜通志)는 정조 때 이덕무, 박제가, 백동수 등이 '무예제보'와 '무예신보'를 발전시킨 24기의 종합 무예서이다.
④ 무예제보번역속집(武藝諸譜翻譯續集)는 광해군 때 '무예제보'를 보충한 무예서이다.
정답▶ ③

11. 개화기 관립학교로 동문학(1883, 영어 교육), 육영공원(1886, 근대학교)이 있으며, 민족주의자들이 설립한 학교로는 원산학사(1883, 최초 근대 사립학교, 문예반 50명, 무예반 200명), 오산학교(이승훈), 대성학교(안창호), 기독교 계통의 학교로는 숭실학교(1897, 베어드), 배재학당(1885, 아펜젤러), 이화학당(1886, 스크랜턴) 등이 있었다.
정답▶ ①

12. ① 원산학사에 대한 설명이다.
② 우리나라 최초 운동회는 1896년 영어학교 학생들이 '화류회(花柳會)'라는 이름으로 동소문 밖에서 육상경기와 오락 놀이를 함께한 것이 시초이다.
③ 미션스쿨은 선교사들이 설립하였다.
④ 교육입국조서(1895)는 '교육에 의해서 나라를 세우려는(立國) 의지를 천명한 것'이라는 뜻으로 지(智), 덕(德), 체(體)의 3대 지표를 제시하였다.
정답▶ ④

13. ①은 회동구락부, ②는 청강체육부, ④는 체조연구회에 대한 설명이다. 대동체육구락부는 1908년 권서연, 조상호가 조직한 체육계몽운동 단체이다. 기타 대표적인 체육단체로 황성기독청년회(1903)는 헐버트, 터너, 질레트 등이 조직하여 개화기 대부분의 스포츠를 도입하였으며, 대한체육구락부(1906)는 우리나라 최초의 근대적 체육 단체이다.
정답▶ ③

14. ②는 조선체육회(1920)에 대한 설명이다. 조선체육협회(1919)는 일본인에 의해 경성일보의 후원으로 설립되었다. ③ 서상천은 일본체육회 체조학교를 졸업한 연도는 1923년이다.
정답▶ ②, ③

15. 황성기독청년회(1903)는 헐버트, 터너, 질레트 등이 조직하여 개화기 대부분의 스포츠를 도입하였으며, 대한체육구락부(1906)는 우리나라 최초의 근대적 체육 단체이다. 대한국민체육회(1907)는 노백린이 조직하여 지(智), 덕(德), 체(體) 3위일체의 체육 이념을 보급하는데 이바지 하였다.
정답▶ ①

16. 박정희 정부의 체육 정책은 다음과 같다.
1961년 "체력은 국력"이라는 슬로건 아래 "국민재건체조" 제정
1962년 국민체육진흥법 공포
1966년 태릉 선수촌 건립
1968년 대한체육회관 건립
1970년 국민체육심의위원회 구성
1971년 체력장 도입
1973년 체력장 입시 반영
1974년 우수 선수 병역 면제, 연금제도 실시
정답▶ ④

17. 대한민국 국제대회 참가 주요 사항
    1. 1948년 런던 하계 올림픽 : 최초 참가, 최초 동메달(역도-김성집, 복싱-한수안)
    2. 1948년 제5회 스위스 생모리츠 동계올림픽 : 최초 참가
    3. 1970년 방콕 아시안 게임 : 신기록 수립(수영-조오련, 투포환-백옥자)
    4. 1976년 몬트리올 올림픽 : 최초 금메달(레슬링-양정모)
    5. 1984년 LA올림픽 : 최초 여성 금메달(양궁-서향순)
    6. 1988년 서울 올림픽 : 종합 4위(마스코트-호돌이), 태권도 시범 종목 채택
    7. 1992년 바르셀로나 올림픽 : 광복 이후 첫 금메달(마라톤-황영조)
    8. 2002년 한일 월드컵 개최 : 4강 진출(감독-히딩크)
    정답▶ ③

18. ② 독일과 일본은 출전하지 못하였으며, ④ 문동성 선수는 경기 도중 부상을 입어 감독이 대신 선수로 참가하였다.
    정답▶ ②, ④

19. ④ 2018년 제18회 평창 동계올림픽이 개최되었다.
    정답▶ ④

20. 남북한 주요 체육사는 아래와 같다.
    1. 1990년 남북 통일축구대회(서울, 평양에서 각각 1회 진행-1패 1승)
    2. 1991년 제41회 일본 지바 세계 탁구선수권 대회(여자 단체전 우승)
    3. 1999년 남북 통일 농구대회(서울, 평양)
    4. 2000년 남북 통일 탁구대회(평양)
    5. 2002년 부산 아시안 게임 북한 선수단 파견
    6. 2003년 대구 유니버시아드 대회 북한 선수단 파견
    7. 2013년 아시아 역도 대회(남한 선수단 최초로 북한 파견)
    8. 2018년 평창 동계올림픽 남북한 단일 여자 하키팀 결성
    정답▶ ①

운동생리학

1. ATP 에너지원에 대한 문제
   인체는 신체 활동 등 생명 유지를 위해 탄수화물, 지방, 단백질의 이화 작용을 통해 획득한 에너지로 아데노신삼인산을 만들어낸다. 단시간의 고강도 운동은 탄수화물이 대부분 저강도 운동은 시간이 지나면서 근글리코겐 감소로 에너지원은 지방으로 옮겨간다.
   정답▶ ②

2. 근육 세포 소기관에 대한 문제
   골격근 수축과정, 신경 전달은 가로 세관을 통과하여 근형질 세망에 도달하여 칼슘 방출, 칼슘은 트로포닌 단백질과 결합, 트로포닌은 트로포마이오신의 위치를 이동시켜 액틴 분자의 결합 부위로부터 트로포마이오신을 떨어지게 하며 액틴과 마이오신을 결합, 근수축은 칼슘이 트로포닌에 결합하고 에너지가 허용되는 한 지속된다.
   정답▶ ①

3. 운동후 초과산소섭취량 (EPOC)에 대한 문제
   Excess Post-exercise Oxygen Consumption. 운동이 중단되면 회복기 초기의 몇 분 동안 산소섭취량은 곧바로 휴식수준으로 감소하지 않고 높은 수준의 섭취량에서 서서히 줄어든다. 초과한 산소섭취량을 회복하며 운동 초기에 빌렸던 산소에 대한 빚을 갚는 구간. 근육에서 PC 재합성, 젖산제거, 근육과 혈액의 산소를 저장, 체온 상승, 운동 후 심박수 및 호흡수 상승, 호르몬의 상승이 EPOC에 영향을 미친다.
   정답▶ ④

4. 체온 유지에 대한 요인 문제
   수중운동에서는 체지방량, 운동강도, 물의 온도에 의해 체온이 유지된다.
   정답▶ ①

5. 근섬유에 대한 문제
   Type 1 (지근섬유), Type 2x (속근섬유 , 미토콘드리아 수가 적어 순발력과 스피드 운동에 사용된다,), Type 2a (속근섬유, 미토콘드리아수가 중간)
   정답▶ ③

6. 유산소 훈련의 결과에 대한 문제

최대 산소 섭취량 증가(1회 박출량 증가) , 미토콘드리아의 크기와 수의 변화와 모세 혈관 밀도 증가, 마이오글로빈 함량의 증가, 지근 섬유 비율 증가.

정답▶ ④

7. 부적 피드백(음성 피드백)에 대한 문제

효과기에 의한 반응이 감지기에 대한 자극과 반대로 억제하는 반응으로 인체의 대부분 조절 체계. 양성 피드백은 음성 피드백과 반대로 조절되는 체계로 원인을 촉진하는 조절체계이다.

정답▶ ④

8. 1회 박출량에 대한 문제

• 1회 박출량은 심장이 수축하면서 박출되는 혈액의 양을 의미한다. 1회 박출량을 결정하는 요인은 심실 이완기말 용량 – 교감 신경 작용으로 정맥을 수축시켜 정맥 환류량이 증가함.

• 심실수축력 – 에피네프린, 노르에피네프린과 심장 수축 촉진 신경을 통한 심장의 직접적인 교감 신경 자극에 영향을 줌, 정맥혈 회귀- 세정맥에서 우심장으로 혈액이 되돌아오는 경로, 대동맥압력 – 혈액을 방출하기 위해서는 좌심실이 유발하는 압력이 반드시 대동맥압을 초과해야 하며, 좌심실이 수축하면서 받는 저항을 후부하라고 한다. 즉 1회 박출량은 심장 후부하와 반비례함

정답▶ ①

9. 운동강도에 따른 에너지원 사용에 대한 문제

• 고강도 운동 : 인원질 〉젖산〉유산소과정 (에너지원으로 탄수화물이 지방보다 많이 쓰인다)

• 저강도운동 : 유산소과정 〉젖산〉인원질 (에너지원으로 지방이 많이 쓰인다)

정답▶ ②

10. 소뇌에 대한 문제

운동 근육의 조정과 제어, 신체의 자세와 균형 조절, 운동 명령을 공유하여 운동의 순서를 결정, 빠르게 근육 활동의 타이밍과 연속 동작을 조절, 고유수용기로부터 유입되는 정보를 활용하여 운동 명령을 수정하고 수정된 명령을 전달

정답▶ ③

11. 환기량에 대한 문제

환기란 폐에 공기가 드나드는 과정을 말한다. 운동을 시작하면 환기량에 급격한 증가가 일어나는데 그 이유는 활동 근의 운동 결과로 일어나는 관절에서 자극이 나타나기 때문이다. 분당 환기량이 증가하는데 초기에는 1회 호흡량이 늘어나지만 운동 강도가 증가하면 1회 호흡량보다 호흡수의 증가가 생긴다.

정답▶ ③

12. 1개의 포도당 분해에 따른 유산소성 ATP계산

해당과정에서 형성된 피루브산은 산소가 충분할 경우 젖산이 아닌 세포내 미토콘드리아 안에서 아세틸 조효소로 분해되어 크렙스 회로로 넘어가며 지방은 지방산과글리세롤로 분해된다. 이중 지방산은 아세틸 조효소A를 형성하기 위해 베타 산화라고 칭하는 일련의 반응과정을 거쳐 크렙스 회로로 들어가게 된다. 총 32ATP가 생성

정답▶ ①

13.

1METs = 3.5ml/kg/min

10METs = 3.5 x 80 x 10 = 2800

28L x 5kcal = 140 kcal

정답▶ ②

14. 안정 막전위에 대한 문제

자극을 받지 않는 상태 (안정시)에서 세포막 내외를 존재하는 전압차를 나타내는 것으로 이러한 상태를 분극 상태라고 한다. 세포 밖에는 나트륨이온(Na^+)이 많고 칼륨이온 (K^+)이 적으며 세포내에는 K^+이 많고 Na^+가 적다. 세포막에 위치한 통합단백질 분자 중 일부 Na^+/K^+펌프는 에너지로 1분자의 ATP를 사용하여 3분자의 Na^+를 세포 외부로 내보내고 동시에 2분자의 K^+을 세포의 내부로 들여오는 능동수송을 한다.

정답▶ ②

15.

지구성 훈련은 1회 박출량을 증가시키고 최대 동정맥 산소차를 증가 시킨다. 최대심박수는 낮아진다.

정답▶ ③

16. 유산소 운동에 의한 건강 체력 요소에 대한 문제

정답▶ ③

17.

인슐린은 포도당이나 아미노산과 같은 영양소들이

혈액에서 조직으로 들어가는 것을 촉진하며 혈당을 조절한다. 운동 중에는 혈당이 저하될 수 있으므로 인슐린의 분비가 감소한다.
정답▶ ②

18. **고유수용기에 대한 문제**
- 근방추 - 근육 내에서 근육이 늘어나는 것을 감지하여 적절한 근육 길이로 유지하는 것.
- 골지건 기관 - 한 근육의 양쪽 끝에 있는 건 속의 기관으로 근 수축시 발생하는 장력을 지속적으로 감지하여 근육 수축을 예방하는 안전장치
정답▶ ①

19. 근력 결정요인 - 근육 횡단면적, 근절의 적정 길이, 근섬유의 구성비
정답▶ ④

20. 등척성 수축 : 근섬유의 길이와 관절각의 변화 없이 장력 발생
등장성 수축 : 근육의 길이 , 관절각의 변화를 통한 수축, 단축성 수축, 원심성 수축
등속성 수축 : 관절각이 일정한 속도로 수축
정답▶ ④

운동역학

1. **운동역학에 대한 문제**
운동 역학은 역학, 생리학, 해부학적 기초 지식을 활용하려 인체 운동을 보다 쉽게 이해하기 위한 응용 과학이다.
1번 - 스포츠사회학, 2번- 운동생리학, 3번- 스포츠심리학
정답▶ ④

2. **신장성 수축에 대한 문제**
신장성(원심성)수축 - 근육의 길이가 길어지면서 힘이 발생되는 동작으로, 이에 대한 기계적 일은 음(-)을 나타낸다.
정답▶ ②

3. **속도에 대한 문제**
- 변위 - 이동거리라는 크기에 방향성을 더한 물리량으로 그 물체의 이동 시점과 종점 사이의 직선거리, 크기와 방향을 나타내는 벡터량이다.
- 속도 - 단위시간 (1초)동안 이동한 변위로 물체의 빠르기를 나타낸다. 속도=변위/시간
정답▶ ①

4. **지면반력기에 대한 문제**
지면반력기 - 인체가 지면에 가한 힘에 대한 반작용으로 지면 반력 발생.
양발이 떠있는 상황에서는 결과를 얻을 수 없다.
정답▶ ④

5. **인체 면에 대한 문제**
1번 수평면에 대한 내용
시상면 - 인체의 전후로 형성되어 인체를 좌우로 나누는 평면.
정답▶ ①

6. **복합운동**
복합운동 = 회전운동 + 병진운동
정답▶ ④

7. 무게중심은 동일한 위치에 머무르지 않으며, 인체의 움직임에 따라 인체의 질량이 재분배되어 위치가 항상 변화함.
정답▶ ②

8. 중력가속도 - 지구위에서는 물체의 질량이 크고 작음에 상관없이 항상 같은 가속도의 값을 가진다.
1번 - 중력가속도는 일정하다.
2번 - 수직속도가 0m/s가 된다.
3번 - 최고점에서 수평방향으로 등속도 운동을 한다.
정답▶ ③

9. 충돌하는 상황에서 에너지가 동일하게 보존되는 경우.
1.2, 3번 수평속도, 수직속도, 반사각은 동일하다.
정답▶ ④

10. 60kg · 2m/s = 120kg · m/s (처음 운동량)
A에서는 100kg+80kg · m/s 이므로 오른발 이지 순간 무게중심의 수평 속도는 질량x속도로 180 = 60kg · m/s ·x로 x는 3m/s이다.
정답▶ ①

11. 체스트 패스를 받는 동작에서 충격력을 줄이기 위해서는 시간을 늘려야 한다.
정답▶ ①

12. 일 – 역학적으로 일을 했다는 것은 일정한 거리에 걸쳐 지면에 대항하는 힘이 작용되었다는 것을 말하며 단위는 J(줄)로 나타낸다.
정답▶ ③

13. 마그누스 효과 – 회전하며 이동하는 공의 윗부분과 아랫부분의 압력차이에 의해 공의 경로 가 굽어지는 현상.
정답▶ ①

14. 운동에너지 – 운동으로 인해 물체가 갖는 에너지로 운동체 속도의 제곱에 비례하고, 운동량은 속도에 비례한다. 위치에너지 – 물체 또는 선수가 놓여있는 위치에 따라 저장된 에너지로 모든 물체는 일정한 중력의 작용을 받으며 질량의 변화가 없다면 위치에너지는 물체의 위치에 의해 결정된다. 역학적 에너지 보전의 법칙 – 운동하는 모든 물체는 외력이 작용하지 않는 한 형태만 바뀔 뿐, 에너지의 총합은 일정하다.
정답▶ ③

15. 90도 일 때 가장 큰 회전력을 가진다. 문제에서 나오는 각도를 기준으로 봤을 때 각도가 작아 질수록 회전력이 크고, 각도가 터질수록 회전력이 감소한다.
정답▶ ②

16. **지레에 대한 문제**
지레는 받침점, 저항점, 힘점이 존재하는데, 인체의 경우 분절이 지렛대 역할을 하고, 그 뼈를 움직이는 근육의 정지점에는 힘점이, 움직이는 분절의 무게 중심에는 저항점이, 운동하는 관절은 받침점이 위치가 된다. 2번은 2종지레에 대한 설명이다.
정답▶ ④

17. 각속도의 운동은 신체 분절의 선속도가 일정할 때의 각속도는 회전 반경을 짧게 함으로써 증가 시킬수 있다. 다이빙 선수의 공중회전은 관성모멘트를 감소시켜 각속도를 증가시키고 입수동작에서는 각속도를 감소시키기 위해 관성모멘트를 증가시켜

야 한다.
정답▶ ②

18. 수평속도 = 30m/s x 2s = 60m
정답▶ ③

19. 일률 – 일하고 있는 시간 비율 혹은 단위 시간당 일의 양을 말한다. 대부분의 스포츠에서는 강력한 파워를 요구하고 있으며 운동 기능을 성공적으로 수행하기 위해서는 힘을 빠르게 작용시켜야 한다. 단위는 W, J/s, N · m/s로 나타낸다.
정답▶ ②

20. 인체의 안정성을 결정짓는 요인은 무게 중심선의 위치, 무게 중심선과 기저면 중앙과의 근접, 기저면의 크기, 기저면 내에서의 중심의 이동이다.
정답▶ ③

스포츠윤리

1. 패자에게는 승자로서 위로와 격려를 하는 것이 원칙이지, 우월성을 과시하는 것은 스포츠맨십에 어긋난다.
정답▶ ①

2. ㉠ 과 ㉣ 은 목적론적 윤리관에 해당하는 내용이다.
정답▶ ③

3. ①은 인종차별에 대한 내용보다는 성적 우선주의 및 결과주의 윤리관에 해당한다.
정답▶ ①

4. ③은 스포츠윤리 중 덕윤리가 아니라 선윤리이다.
정답▶ ③

5. ㉡ 은 스포츠 윤리보다는 스포츠 과학에 해당되고 ㉢ 은 스포츠 미학에 해당한다.
정답▶ ②

6. 칸트가 말하는 선의지란 결과와 과정과 관계없이 처음부터 모든 스포츠에서는 도덕의 우위성을 말한다.
정답▶ ②

7. 보기의 지문은 전부다 스포츠 선수의 유전자 도핑을 반대해야 하는 이유로 적절하다.
   정답▶ ④

8. 아리스토텔레스가 말하는 정의에 해당되는 것으로 평균적 정의란 모든 사람에게 똑같이 적용되는 정의를 일컫는다.
   정답▶ ④

9. 감독의 지시를 받은 A선수는 의도적 파울을 함으로써 팀 승리에 기여할 수 있지만 자칫 파울을 당한 선수에게는 치명적인 부상이 될 수 있으므로 감독에 지시를 거부했다.
   정답▶ ①

10. 합법적 폭력이란 규칙과 원칙에 입각하고 스포츠에서 정한 법적 규정에 맞는 폭력에 해당된다.
    정답▶ ①

11. 스포츠에 있어서 기구나 복장을 기술도핑으로 간주하여 첨단 기구나 복장을 착용하지 못한 선수에게는 불리하게 작용하므로 그것 또한 기술도핑에 해당된다.
    정답▶ ③

12. 형식주의란 단지 경기규칙을 위반하지 않았다면 윤리적으로 문제가 없다는 이론이다.
    비형식주의는 그렇다고해도 역사적, 사회적, 보편성과 정당성에 의해 형성된 것으로 절대로 용인되어서는 안된다.
    정답▶ ②

13. 측은지심이란 상대선수를 걱정하는 마음이고 수오지심이란 모든 사람이 가지고 있는 원칙에 대한 부끄러움을 이야기한다.
    정답▶ ②

14. 비록 장애인일지라도 비장애인과 통합수업을 하는 것이 장애인에 차별을 하지 않는 방법이다.
    정답▶ ③

15. 스포츠의 지속 가능한 발전이란 지금까지의 스포츠 시설에 더해서 새로운 스포츠시설의 개발도 지속적으로 장려하는 것이다.

정답▶ ①

16. 스포츠 맨십이란 모든 스포츠맨과 인간이 가져야하는 보편적 가치이며, 페어플레이란 어떠한 상황에서도 정정당당하게 임해야 하는 것이다.
    규칙준수란 그 시합에서 정해놓은 바에 의하면 정확하게 지키는 것이다.
    정답▶ ②

17. 스포츠윤리센터의 정관에 기재할 사항은 국무총리령이 아닌 대통령령으로 정한다.
    정답▶ ②

18. 의족의 탄성이 참여자에게 유리하기 때문에 기술적 불공정이 야기되므로 출전금지를 시킨 것이다.
    정답▶ ③

19. 여성성을 해치는 스포에의 여성 참가 옹호는 성차별의 원인이 아니라 오히려 참여를 부추기는 것이다.
    정답▶ ④

20. 이익동등의 원칙이란 강팀이나 약팀이나 구분하지 않고 똑같은 차원에서 심판이 대하고 적용한다.
    정답▶ ④

2024년도 기출문제

스포츠사회학

1	④	2	①	3	④	4	③	5	③	6	①	7	④	8	②	9	①	10	②
11	①	12	③	13	②	14	④	15	④	16	④	17	③	18	②	19	①,③	20	②

스포츠교육학

1	①	2	④	3	③	4	②	5	②	6	④	7	③	8	③	9	②	10	④
11	③	12	①	13	④	14	②	15	③	16	②	17	③	18	①	19	④	20	①

스포츠심리학

1	②	2	①	3	②	4	②	5	②	6	③	7	③	8	②	9	③	10	③
11	③	12	③	13	③	14	④	15	①	16	①	17	③	18	②	19	③	20	④

한국체육사

1	②	2	②	3	④	4	①	5	④	6	②	7	①	8	③	9	③	10	③
11	③	12	②	13	②	14	②	15	④	16	①	17	④	18	③	19	②	20	④

운동생리학

1	②	2	③	3	①	4	④	5	④	6	④	7	③	8	④	9	④	10	④
11	②	12	②	13	①,③	14	④	15	③	16	③	17	①	18	①	19	①	20	①

운동역학

1	①,②,③,④	2	③	3	①	4	②	5	①	6	②	7	④	8	③	9	③	10	④
11	④	12	③	13	④	14	②,③	15	④	16	④	17	③	18	③	19	②	20	④

스포츠윤리

1	②	2	④	3	④	4	①	5	①	6	③	7	②	8	②	9	③	10	①
11	④	12	④	13	①,②,③,④	14	①	15	③	16	①	17	③	18	③	19	③	20	②

스포츠사회학

1. 스포츠에 대한 정부의 정치적 대입에 대한 문제. 스포츠는 사회통합, 국가적 정체성, 국가통합과 민족주의 증진을 위해 정치적 개입을 할 수 있으며 지배 이데올로기에 부합하는 성향을 강조하기 위해 개입한다.
   정답▶ ④

2. 지정스포츠클럽은 스포츠클럽과 학교체육진흥법에 따른 학교 스포츠 클럽 및 학교운동부와 연계하고, 종목별 전문선수를 육성 할 수 있다. 지정스포츠클럽의 재정 요건 및 절차 등에 관하여 필요한 사항은 대통령령에 정한다.
   정답▶ ①

3. 구조기능이론이란 사회를 하나의 유기체로 보며, 사회의 균형을 위한 사회적 구성요소의 역할을 분석함으로써 스포츠의 체제 유지 및 긴장 처리, 통합, 목표성취, 적응에 기여 하는 방법 등에 관심을 둔다.

"ㄴ"은 갈등이론에서의 관점이다.
정답▶ ④

4. 피라미드 모형은 생활체육 육성을 우선시하는 경우로 밑에서 쌓아 올려 가는 형태로 생활체육에서 좋은 선수가 나온다고 본다. 낙수효과는 엘리트 선수 육성을 우선시하는 경우로 위에서부터 내려오는 형태로 엘리트 체육에서 육성 후 아래로 전파된다. 선순환 모형은 통합적인 상호작용으로 서로 좋은 영향을 준다는 모형이다.
   정답▶ ③

5. **스포츠 세계화의 원인에 대한 문제.**
   제국주의 : 스포츠는 피식민지 국민을 동화하는 수단으로 활용함
   민족주의 : 스포츠를 통하여 민족의 정체성과 소속감을 확인함
   종교 : 종교와 결합하여 스포츠가 내포하는 협동 등의 가치를 강조
   기술의 진보 : 기술 발전으로 세계적 스포츠 경기를

실시간으로 확인

정답▶ ③

6. 스포츠계층이란 개인의 여러 사회문화적 특성에 따라 권력, 민족, 부가 집단이나 종목에 따라 차별적으로 배분되어 상호서열의 체계를 이루고 있는 현상으로 사회성, 역사성, 보편성, 다양성, 영향성을 가진다. 보편성은 스포츠계층은 어느 곳에서나 존재하고 어디서든지 발견할 수 있다는 것이다.

정답▶ ①

7. 사회이동이란 집단, 개인이 사회적 위치에서 다른 사회적 위치로 이동 또는 변화하는 현상으로 이동 방향에 따른 구분, 기간에 따른 구분, 사회이동의 주체에 따른 구분으로 나눌 수 있다. 이동 방향은 수직이동, 수평이동이며 기간에 따른 구분은 세대 간 이동, 세대 내 이동이고 사회 이동주체에 따른 구분은 개인이동, 집단이동이다.

정답▶ ④

8. 스포츠일탈은 스포츠 자체의 규범적 체계 기준에서 벗어나는 행위를 의미한다. 차별교제이론은 문화규범이론과 관련되어 일탈행위는 동조행위와 같이 문화적으로 유형화 되었으며 일탈적인 사회환경 속에서 이탈자들과 접촉하여 그들의 문화와 행동을 학습한 결과라고 본다.

정답▶ ②

9. 경계폭력이란 경기의 규칙에 위반되지만 유용한 경쟁 전략에는 부합되는 것으로 야구의 빈볼성 투구로 예를 들 수 있다.

정답▶ ①

10. 상업주의와 스포츠의 영향에 대한 문제. 상업주의로 인해 스포츠 구조의 변화, 스포츠 내용의 변화, 스포츠 목적의 변화, 스포츠 조직의 변화가 나타난다.

정답▶ ②

11. **AGIL이론**

Adaptation (적응) : 스포츠로 사회구성원들에게 적합한 사고를 학습시킨다.

Goal attainment (목표성취) : 스포츠로 동원 가능한 수단을 합법화하고 목적 달성을 할수 있도록 한다.

Integration(사회통합) : 사회구성원을 결집 시키고 조직에 대한 일체감을 조성한다.

Latent pattern maintenance (체제유지관리) : 스포츠로 전체의 가치를 개인에게 학습하게 하고 내면화 시킴으로써 사람들을 순응 하도록 한다.

정답▶ ①

12. **에티즌과 세이지의 정치적 속성**

대표성: 국제 경기에서의 성적은 각 나라의 우월성을 나타내는 중요한 수단

보수성: 스포츠는 보수적인 성향을 지니기 때문에 현 상황을 지속하려고 하며 스포츠 경기에서 수반되는 애국심을 정치는 더욱 강화한다.

권력투쟁: 경쟁리그 간, 선수와 구단주 간 조직에는 배분이 불평등해서 권력이 존재한다.

상호의존성: 기업이 프로구단을 창설하면 조세감면의 이득을 받는 것처럼 상호의존성이 있다.

정답▶ ③

13. 정치이념 선전: 승리는 특정 정치의 우월성을 입증

외교적도구: 공식 외교 관계가 성립되지 않아도 양국 정부를 승인함

갈등 및 적대감 표출: 각국의 이해와 관련된 갈등 및 적대감 표출 역할

외교적 항의: 국제 갈등 상황에서 선수단 입국거부, 경기 불참 등으로 항의 의사 전달.

정답▶ ②

14. 국제 스포츠조직의 확대를 통해 범세계적 교류가 증진되고 있다. 기술과 정보의 발전으로 첨단 기술의 발전은 스포츠의 공간적 한계를 없게 만들어주고 전세계에서 표준화된 스포츠 상품과 스포츠문화를 소비하게 되었다. 프로스포츠의 빈익빈 부익부 현상이 나타났고 다국적 기업의 개입 증가로 국제적 스폰서십 및 마케팅이 증가 되었다.

정답▶ ④

15. **스포츠의 승리적 역기능**

1) 승리제일주의 : 즐거움보다 노동으로 스포츠 가치 변질

2) 성차별 : 여성의 스포츠 참여에 대한 불평등

3) 참가기회의 제한: 신체 및 기능이 우수한 소수에게 집중시켜 엘리트 의식을 조장

정답▶ ④

16. 스포츠미디어는 자신의 의사나 강점 또는 정보를 주고 받을수 있도록 마련된 수단으로 정보제공, 판단과 해석, 즐거움 제공의 기능을 준다. 성차별 이데올로기란 여성의 신체 활동이 남성에 비해 소극적이라는 전통적 생각에 편향적 보도를 하는 것이다.

    정답▶ ④

17. 과소동조: 경기와 관련된 규칙이 있다는 것을 몰랐거나 알면서도 무시하고 벌이는 일탈행위

    과잉동조 : 규칙이나 규범을 무비판적으로 따름으로써 한계를 벗어난 행위

    정답▶ ③

18. 사회학습이론이란 사회적 행동을 습득하고 수행하는 과정을 밝히는 이론. 강화는 벌(부정적 강화)과 상(긍정적 강화)로 나누며 외적 보상에 의해 사회적 역할 습득을 한다. 관찰학습은 개인의 과제학습을 타인의 행동을 관찰한 결과와 유사하다. 코칭은 사회화 주관자에 의해 새로운 지식과 기능을 학습하는 것이다.

    정답▶ ②

19. 스포츠에 참가하여 활동을 지속하던 개인이 여러요인으로 스포츠를 중단, 탈락, 은퇴하는 것을 스포츠탈사회화라고 한다. 내재적 제약, 대인적 제약, 구조적 제약으로 탈사회화가 나타나게 된다.

    정답▶ ①, ③

20. 과학기술로 인해 스포츠의 변화는 스포츠의 첨단 장비의 개발, 효율적인 훈련 방법 개발, 기록향상을 위한 스포츠 장비의 향상으로 나타난다.

    정답▶ ②0

스포츠교육학

1. 슐만의 7가지 교과지식에 대한 내용. 1) 내용지식-교과지식, 2) 지도방식 지식 – 교과에 적용되는 지도법에 대한 지식, 3) 내용교수법지식 – 특정한 상황에서 지도 할수 있는 방법에 대한 지식, 4) 교육과정지식 : 각 학년의 발달단계에 적합한 지식, 5) 교육환경지식 : 수업환경에 영향을 미치는 지식, 6) 학습자와 학습자 특성 지식: 수업에 영향을 미치는 학습자에 대한 지식, 7) 교육목적지식: 목적, 내용 및 구조에 대한 지식

    정답▶ ①

2. 동료평가란 교사가 제공한 점검표를 바탕으로 학생들끼리 서로 평가하는 평가방법이다.

    정답▶ ④

3. 체육활동의 효과적인 관리 운영을 위해서는 상규적 활동이 필요하다. 상규적 활동이란 빈번하게 반복적으로 일어나는 활동을 루틴으로 확립하여 학습자에게 적용하여 학습과제 시간 등가에 도움을 주는 활동이다.

    정답▶ ③

4. 교육모형에 관한 문제. "서로를 위해 서로 함께 배우기"는 협동학습 모형으로 책임감있는 팀원이 되고, 잠재능력을 최대한 개발하는 수업모형으로 모든 학생이 상호작용하여 배우는 방법이다. "통합, 전이, 권한위임, 교사와 학생의 관계"는 개인적, 사회적 책임감 지도모형으로 가르쳐야 하는 대부분이 학생 스스로와 타인에 대한 책임을 어떻게 져야 하는지 배우는 것이다.

    정답▶ ②

5. 지도자의 행동유형과 개념에 대한 문제. 직접기여행동은 지도행동과 운동행동으로 구분되어 피드백 제공과 같은 행동이다. 비기여행동은 수업내용에 기여하지 않는 내용으로 학습지도에 부정적이다. 간접기여행동은 수업내용에서 학습과 관련있지만 직접 기여하지는 않고 있는 행동이다.

    정답▶ ②

6. 움직임 기능은 비이동 운동기능, 이동운동기능, 물체조작기능, 도구조작기능, 전략적 움직임과 기능, 움직임 주제, 표현 및 해석적 움직임이 있다.

    "ㄱ"은 공간을 이동하는 기능인 이동운동기능이다.

    "ㄴ"은 공간의 이동이 없는 비이동기능이다.

    "ㄷ"은 도구는 동시에 통제 할 수 있는 도구조작기능이다.

    정답▶ ④

7. 학교의 장은 학교 스포츠클럽 활동 내용을 학교생활기록부에 기록하여 상급학교 진학자료로 활용 할수 있도록 하여야 한다.

    정답▶ ③

8. 모스턴은 수업 활동을 "연속되는 의사결정의 과정이다"라는 전제에서 시작된다. 총 A~K까지 교수 스타일이 있는데 A~E까지는 모방하는 방식이고 F~K까지는 창조하는 방식이다.

    정답▶ ①

9. 학교체육 전문인의 자질은 인지적 자질, 수행적 자질, 태도적 자질이 있다. 인지적 자질은 체육교과에 대한 전문지식이고 수행적 자질은 구성원들과 협력관계 구축이며 태도적 자질은 전문성 개발을 위한 끊임없는 반성이다.

    정답▶ ②

10. 모스턴은 인지과정을 4가지 단계로 나누었다. 1)자극, 2)인지적불일치, 3)사색, 4)반응

    정답▶ ④

11. 국민체육진흥법 제 11조는 체육지도자의 양성에 대한 내용으로 연수과정에서 스포츠윤리교육과정이 포함되어야 한다. 1) 성폭력 등 폭력 예방교육, 2) 스포츠비리 및 체육계 인권침해 방지를 위한 예방교육, 3) 도핑방지교육, 4)그 밖에 체육의 공정성 확보와 체육인의 인권 보호를 위하여 문화체육관광부령으로 정하는 교육

    정답▶ ③

12. 동료교수모형은 "나는 너를 가르치고, 너는 나를 가르친다"로 교육하는 방식이다. 학생이 교사와 학습자의 역할을 번갈아가며 수행하는 방식으로 학습자는 개인 교사의 조언과 충고를 수용하며 과제에 대한 연습을 수행한다. 직접교수모형-"교사가 수업의 리더", 개별자지도모형- "수업진도는 학습자 결정", 협동학습모형 - "서로를 위해 서로함께 배우기"

    정답▶ ①

13. 교수기능의 연습방법에 대한 문제. 1인연습, 마이크로티칭, 동료교수, 반성적교수, 실제교수가 있다. 반성적교수는 학생들에게 수업의 목표와 평가방법

을 설명하는 수업 후 교수내용에 대한 평가와 교수방법을 평가하는 방법이다.

    정답▶ ④

14. 국민체육진흥법 제 2조의 6에 의하면 "체육지도자"란 학교, 직장, 지역사회 또는 체육단체 등에서 체육을 지도할수 있도록 1. 스포츠지도자, 2. 건강운동관리사, 3.장애인 스포츠지도사, 4. 유소년 스포츠지도사, 5. 노인스포츠지도자를 취득한 사람을 말하며 체육지도자 중에서 스포츠강사를 임용할수 있다.

    정답▶ ②

15. 체육학습 활동에 대한 문제이다. 리드업게임은 정식게임을 단순화하여 나중에 복합한 형태의 게임을 할수 있도록 하는 유형이다. 역할수행은 다양한 역할(ex 코치, 심판)은 수행하면서 스포츠에 관해 더욱 많이 학습하는 유형이다. 스크리미지는 전술연습게임이라고도 불리는데 티칭모멘트가 발생했을 때 게임을 멈추고 특정 방법을 반복하면서 학생이 게임 상황에 대한 다른 시각을 가질수 있게 하는 유형이다. 학습센터는 학생은 소집단으로 나눠 주변에 지정된 몇 개의 센터를 순회하는 유형이다.

    정답▶ ③

16. 스포츠 교육 모형이란 "유능하고 박식하며 열정적인 스포츠인"으로 성장하는 모형으로 다양한 역할 경험을 통해 스포츠속에 내재된 다양한 관점과 가치를 배움으로써 긍정적이고 교육적인 체험을 습득하는 것이다. 정의적 영역은 학습에 영향을 미치는 태도, 가치관 등을 의미한다. 인지적 영역은 지식의 기억과 사고와 같은 광범위한 지적 과정을 의미한다. 심동적 영역은 신체기능, 움직임 발달을 포함하는 신체능력, 움직임을 말한다.

    정답▶ ②

17. 체육수업 연구방법은 현장 개선 연구, 근거 이론 연구, 실험연구, 문헌 연구가 있다. 현장 개선 연구는 교사가 자신의 일을 이해하고 그것보다 나은 방향으로 개선하는 것이다. 근거 이론 연구는 새로운 이해를 얻기 위해서 실제적 분야를 탐색하여 수집된 자료를 근거로 체계적으로 분석하여 이론을 생성하는 연구이다. 실험연구는 실험을 통해 얻

은 결과로 이론을 정립하는 연구고 문헌 연구는 책, 논문을 통해 종합하고 분석하는 연구다.
정답▶ ③

18. 쿠닌은 교수기능으로 상황이해, 동시처리, 유연한 수업전개, 여세유지, 집단경각, 학생의 책무성을 말했다. 동시처리는 교사가 동시에 두가지 일을 처리하는 것으로 수업의 흐름을 유지하면서 이탈행동 학생을 제지하는 것과 같다.
정답▶ ①

19. 국민체력 100은 국민의 체력 및 건강증진에 목적을 두고 과학적 방법에 의해 측정, 평가하여 운동상담 및 처방을 해주는 대국민 대상 스포츠 복지사업으로 1) 체력측정서비스, 2)맞춤형 운동처방, 3)국민체력인증서 발급을 한다.
정답▶ ④

20. 평가기법에 대한 문제로 체크리스트, 평정척도, 루브릭, 관찰, 동료평가, 학습자일지, 학습자 면담이 있다. 평정척도는 행동의 질적차원을 양적으로 수집하기 위해 개발된 도구로 행동의 적절성, 운동기능의 향상 정도 등 자료를 수집하기 위한 도구로 사용한다.
정답▶ ①

스포츠심리학

1. 성격은 다른 사람과 구분되는 개인의 성질과 특성으로 개인의 독특한 심리적 특성이다. 사회학습이론이란 환경의 영향을 받아 다른 사람의 행동을 모방하고 관찰함으로써 인지과정을 학습하는 이론이다. 특성이론은 특정한 개인이 어떤 성격적 요소에 영향을 받는지에 따라 성격 유형을 분류한다. 욕구위계이론은 인간은 생리적욕구, 안전의 욕구, 애정의 욕구, 존경의 욕구, 자아실현의 욕구, 5가지 욕구에 의해 위계적으로 존재한다는 이론이다. 정신역동이론은 원초적인 자신, 현실의 자아, 자기통제가 갈등하고 타협하는 상호작용에 의해 지배된다는 이론이다.
정답▶ ②

2. 운동 기술의 분류에는 근육 크기에 의한 분류, 움직임의 연속성에 의한 분류, 환경의 안정성에 의한 분류가 있다. 환경의 안정성에 의한 분류는 폐쇄운동기술, 개방운동기술로 환경의 변화 유무에 따라 다르다. 폐쇄는 환경이 안정, 개방은 지속적인 환경변화이다.
정답▶ ①

3. 동기는 개인의 욕구를 만족시키기 위해 어떤 행동을 하겠다고 마음을 먹는 것으로 자신의 욕구를 강화 시키거나 행동의 방향을 설정한다. 외적동기는 외적인 요소(상금)에 의해 스포츠활동을 참여하고 내적동기는 본인의 내적인 즐거움을 위해 참여하는 것이다.
정답▶ ②

4. 운동제어체계는 자극에 대한 반응이 실질적인 행동으로 이어지는 지를 확인하고 수정하는 과정이다. 감각, 지각단계-〉반응, 선택단계-〉반응, 실행단계로 나누어진다.
정답▶ ②

5. 심리기술훈련 기법 중 하나인 인지재구성이란 부정적인 생각을 긍정적인 생각으로 대처하여 비합리적인 사고유형을 합리적인 사고유형으로 변화시켜 재구성하는 것을 의미한다.
정답▶ ③

6. 운동 발달의 의미는 시간적 흐름에 따라 연속적으로 변화하는 과정을 말한다.
갤러휴는 운동 발달 단계를 7단계로 구분하여 반사 단계 → 기초 단계 → 기본적 움직임 단계 → 스포츠기술 단계 → 성장과 세련 단계 → 최고수행 단계 → 퇴보단계로 나눈다.
반사 단계 - 본인의 의지가 아닌 반사적 움직임, 기초 단계 - 수의적 움직임 가능, 기본움직임- 지각 운동능력 발달, 스포츠기술 단계 - 본인의 흥미에 따른 스포츠 선택, 성장과 세련- 호르몬 분비로 2차 성징이 나타남, 최고수행단계 - 신체능력이 최고인 시기, 퇴보 단계 - 운동발달이 쇠퇴하는 시기
정답▶ ③

7. 자신감은 자신의 능력이나 가치를 믿는 신념 또는 의지를 말한다. 자기효능감은 특정한 상황에서 주어

진 과제를 성공적으로 달성할 수 있다는 믿음이다. 자기효능감의 원천은 4가지 원천이 있으며 수행성취, 간접경험, 언어적 설득, 생리 정서적 각성이 있고 그 중 성공 경험이 많을수록 자기효능감이 향상되는 수행성취(성공경험)이 제일 중요하다.
정답▶ ②

8. 연습이란 새로운 경험과 행동 획득을 목표로 정하고 그 목표에 도달하기 위해 끊임없이 운동하는 전체과정이다. 연습의 구분은 집중연습, 분산연습, 전습법, 분습법, 구획연습, 무선연습, 신체적 훈련, 정신적 훈련이 있다. "ㄷ"은 분습법에 대한 설명이다.
정답▶ ③

9. 스포츠 상황에서 참여자를 대상으로 경기력을 향상시키거나 인간적인 성장을 도와주기 위해 심리기술 훈련과 상담을 중재하려는 과정이며 스포츠 심리 상담 윤리에 맞게 일반원칙, 일반윤리를 어기지 않고 진행해야 한다. 1번은 스포츠에 참여하는 모든 사람과 전문적인 상담을 진행하지 않는다.
정답▶ ①

10. 기억은 학습경험의 내용을 저장했다가 재생하여 인출 하는 과정이다. 절차적 기억이란 반복을 통해 습득한 기억을 가리킨다. 운동피질이 관여하고 몸으로 익혀 기억한다.
정답▶ ④

11. 과제지향리더는 과제수행과 목표 달성에 중점을 두어 규칙 정립 및 실행에 중점을 둔다. 관계지향리더는 상호대인관계에 중점을 두어 개방적인 의사소통이 가능하게 한다. 과제지향리더는 고 통제, 저 통제 상황에 유리하고 관계지향리더는 중간상황일 때 효과적이다.
정답▶ ②

12. 운동학습이란 운동 할 수 있는 능력을 습득하는 것을 의미한다. 인지 단계에서는 운동과제를 안전하게 수행하기 위한 방법을 배우는 단계를 움직임으로 인지하고 움직임의 연속성에 대해 생각하는 단계다. 3번의 경우는 근골격계 기능이 좋아져 생리적 역량의 변화에 대한 설명이다.
정답▶ ③

13. 운동심리이론 중 계획운동 이론에 대한 문제이다. 운동심리이론이란 개인이 건강 또는 취미로 운동을 시작하게 된 원인을 설명하는 이론인데 합리적 행동이론에서 개인의 "의도"가 행동을 유발한다는 것 외에 "지각된 통제감"을 추가하여 확장한 이론으로 행동에 대한 태도, 주관적 규범, "지각된 행동 통제"가 행동의도를 만나면 행동으로 나온다는 이론이다.
정답▶ ③

14. 정보처리이론이란 인간은 하나의 컴퓨터로 가정해 유입된 자극정보에 대한 능동적인 정보처리자로 간주하며 운동행동이 생성되는 과정을 중시하는 이론이다. 폐쇄회로는 모든 운동이 정확한 동작과 실제로 이루어진 동작간에 오류를 수정하는 노력에 의해 나타난다. 개방회로는 이미 비슷한 경험을 한 적이 있기 때문에 운동 프로그램이 저장되어 있다고 본다. 도식이론은 폐쇄회로와 개방회로의 장점을 통합한 방법으로 새로운 운동을 계획하는 회상도식(개방회로), 피드백을 통해 잘못된 동작을 평가하고 수정하는 도식 (폐쇄회로)로 가정한다.
정답▶ ④

15. 사회적촉진은 타인의 존재가 운동수행에 영향을 미친다는 것이다. 수행은 향상 시키거나 방해 될 수도 있다. 단순존재가설은 타인의 존재만으로도 각성 반응을 일으킬 수 있다는 것이다. 주의분산/갈등 이론은 타인은 주의를 분산시킴으로써 집중하는 것을 방해 하거나 수준을 증가시켜 수행을 증가시킬 수 있다는 이론이다. 평가우려가설은 타인의 존재가 수행자를 평가 할수 있다는 것을 인지해야 한다는 이론이다.
정답▶ ①

16. 운동학습 법칙 중 하나이다. 힉의 법칙은 자극-반응 수가 증가함에 따라 선택반응시간이 증가하는 현상으로 반응시간과 자극-반응 관계를 나타내는 법칙이다. 2번은 임펄스가변성이론 이며 3번은 피츠의 법칙이다. 4번은 속도,정확성 상쇄현상이다.
정답▶ ①

17. 심상은 모든 감각을 동원하여 마음속으로 어떠한 경험을 떠올리는 것이다. 심상의 효과는 심상의 종류, 선명도, 조절 능력, 기술 수준에 따라 달라지

는데 〈보기〉의 예는 심상의 조절 능력으로 긍정적인 이미지를 떠올리면 긍정적인 효과를 발생시키는 것이다.

정답▶ ③

18. 천장 효과와 바닥 효과는 서로 반대의 개념이다. 천장 효과는 난이도가 너무 낮아서 검사에 응한 모든 사람이 높은 점수를 얻는 경우이다. 바닥 효과는 반대로 너무 어려워 대부분이 문제를 풀지 못하는 경우이다.

정답▶ ②

19. "ㄴ" 운동실천을 위한 개인적 요인이다.

정답▶ ④

20. 심리적 불응기는 첫 번째 자극에 의해 반응을 수행하고 있을 때 두 번째 자극에 대해 반응시간이 느려지는 현상이다.

스트룹효과 - 과제에 대한 반응 시간이 주의에 따라 달라지는 효과

무주의 맹시 - 주의가 다른 곳에 있어서 위치의 대상이 지각되지 않는 현상

지각의 협소화 - 각성수준이 높아서 주의를 기울일수 있는 폭이 점차 좁아지는 현상.

정답▶ ④

한국체육사

1. **한국체육사**

체육사는 말 그대로 체육의 역사이다. 역사란 과거의 역사적인 사실을 토대로 연구하는 학문이다. 따라서 역사란 ㄷ의 가치 평가보다는 역사적인 사실의 확인이 우선한다.

정답▶ ②

2. **부족국가의 제천행사**

ㄱ의 무천은 부족국가 동예의 제천행사이며, ㄴ의 가배는 추석(秋夕)의 이두식 표기로 수확을 앞두고 풍년을 기원하는 삼국시대 이래 우리 민족의 명절이다(음력 8월 15일).

정답▶ ②

3. **부족국가의 신체 활동**

「삼국지 위지 동이전」의 내용으로 보아 이 신체활동은 부족의 문화를 배우고 육체적인 고통을 극복하면서 어른이 되어 가는 과정을 배우는 삼한의 성인식 모습을 담고 있는 내용임을 알 수 있다. 현재 우리나라는 민법상 만 19세 이상이 성인이며, 매년 5월 셋째 주 월요일을 성년의 날로 지정하여 기념 행사를 하고 있다.

정답▶ ③

4. **삼국시대의 무예**

ㄷ의 훈련원은 조선시대에 무관 선발과 무예 및 병법 훈련을 관장하는 관청이다.

정답▶ ①

5. **고려시대의 교육기관**

고려의 국립대학은 국자감이며, 조선시대 국립대학은 성균관이다. 한편, 고려 예종 때 관학 진흥책의 일환으로 국학에 7개의 전문강좌를 설치하여 교육하였는데 그 중 대빙재는 유학, 강예재는 무술 교육을 실시하여 무학재라고도 하였다.

정답▶ ④

6. **고려시대의 신체 활동**

기격구(騎擊毬)는 넓은 마당에서 말을 타고 즐기는 상류층의 유희(遊戲)이다.

정답▶ ①

7. **석전(石戰)의 성격**

석전(石戰)은 말 그대로 피 튀기는 돌(石) 싸움(戰)으로 민간에서 돌멩이를 던지며 행하던 삼국시대 이래 우리 민족의 민속놀이이다. 조선시대에는 정월 대보름이나 단옷날에 했다. ④의 석투군(石投軍)은 고려 숙종 때 윤관이 여진 정벌을 위해 편성한 별무반(신기군, 신보군, 항마군, 석투군, 경공군)에 편성된 부대이다.

정답▶ ①

8. **조선시대 서민의 민속놀이**

① 추천(鞦韆)은 그네놀이, ② 각저(角觝), 각력(角力)은 서로 힘을 겨루는 씨름, ③ 종정도(從政圖), 승경도(陞卿圖)는 말판 위에서 누가 가장 먼저 높은 관직에 올라 퇴관(退官)하는가를 겨루는 놀이로 양반층의 놀이 문화이다. ④ 삭전(索戰), 갈전(葛戰)은

여러 사람이 편을 갈라서 굵은 밧줄을 마주 잡고 당겨서 승부를 겨루는 줄다리기이다.

정답▶ ③

9. 조선시대 무예서

③의 「권보(拳譜)」는 광해군 때가 아닌 선조 때 「무예제보」에 수록하지 못한 권법(拳法)에 관련된 내용을 추가하여 편찬한 무예서이다.

정답▶ ③

10. 조선시대 궁술

궁술은 자주 출제되는 내용이며, 학사(學射)사상은 활쏘기를 통해 무예 뿐만 아니라 자신의 인격도야와 정신수양을 이뤄내는 것을 중시하는 사상이다. ㄹ의 불국토 사상을 토대로 훈련이 이루어진 것은 신라의 화랑도이다.

정답▶ ③

11. 교육입국조서의 교육 지표 표기 순서

고종의 교육입국조서(1895)는 우리나라가 근대교육으로 들어가는 중요한 역할을 한 특별 조서로 해당 내용에는 국민이 길러야 할 3가지 덕목(三養)에 대해서 덕(德)-체(體)-지(智)순으로 설명하고 있다.

요약하면 "이제 짐이 교육의 강령(綱領)을 보이노니 헛이름을 물리치고 실용을 취할지어다. 곧, **덕(德)**을 기를지니, 오륜의 행실을 닦아 속강(俗綱)을 문란하게 하지 말고, 풍교를 세워 인세의 질서를 유지하며, 사회의 행복을 증진시킬지어다. 다음은 **몸(體)**을 기를지니, 근로와 역행(力行)을 주로 하며, 게으름과 평안함을 탐하지 말고, 괴롭고 어려운 일을 피하지 말며, 너희의 근육을 굳게 하고 뼈를 튼튼히 하여 강장하고 병 없는 낙을 누려받을지어다. 다음은, **지(知)**를 기를지니 사물의 이치를 끝까지 추궁함으로써 지를 닦고 성(性)을 이룩하고, 아름답고 미운 것과 옳고 그른 것과, 길고 짧은 데서 나와 남의 구역을 세우지 말고, 정밀히 연구하고 널리 통하기를 힘쓸지어다. 그리고 한 몸의 사(私)를 꾀하지 말고, 공중의 이익을 도모할지어다."이다.

정답▶ ①

12. 개화기 기독교계 학교

개화기 시기 설립된 각종 학교는 자주 출제되는 문제로 주요 특징도 알아야 하지만 설립자를 꼭 알고 있어야 한다. ④ 아펜젤러가 설립한 학교는 기독교계(미션스쿨) 학교인 배재학당이다.

① 경신학당(1886) : 언더우드 설립, 고아를 대상으로 설립, 정규수업에 체조 수업 포함시킴
② 이화학당(1886) : 스크랜턴 부인 설립, 최초의 여성 교육기관, 체조를 교과목에 편성
③ 숭실학교(1897) : 베어드 설립, 일제 신사참배 반대하다 1938년 폐교

정답▶ ④

13. 개화기 학교 운동회

개화기 학교 운동회는 1896년 화류회에서 육상 경기로부터 시작되었다.

① 일제의 식민지화에 대항하여 애국심을 고취하고 민족의식을 고취하였다.
③ 일반 학교에 체조 과목이 필수 교육과정으로 지정되면서 사회 체육 발달에 기여하였다.
④ 학교 운동회는 축구(1880년대 도입), 야구(1905년 도입. 질레트), 농구(1907년 도입. 질레트) 등 근대 스포츠의 도입과 확산에 기여하였다.

정답▶ ②

14. 개화기 체육단체

개화기와 일제 강점기의 체육단체를 구분하여 정리한다.

① 대한체육구락부(1906) : 우리나라에서 최초로 조직된 근대적인 체육 친목단체이다.
② 조선체육진흥회(1942) : 일제에 의해 설립되었다.
③ 대동체육구락부(1908) : 국민체육진흥을 목적으로 조직되었다.
④ 황성기독교청년회(1903) 운동부(1906) : 우리나라 청소년의 체질을 강건하게 할 목적으로 설립되었다.

정답▶ ②

15. 개화기 체육사상가

① 서재필 : 최초 미국 시민권자, 독립신문 창간(근대 스포츠 문화 꾸준히 소개)
② 문일평 : 체육은 국가의 운명이라고 주장, 태극학보에서 '체육론' 주장
③ 김종상 : YMCA 최초의 체육 간사, 한국 축구사의 선구자이자 개척자
④ 노백린 : 무관학교 교관 출신, 우리나라 최초의 체조강습회 개최, 대한국민체육회 발기인

정답▶ ④

16. **일제 강점기 체육사**
  ① 원산학사는 1883년 개화기 때 설립된 최초의 근대 사립학교이다.
  ② 「체조교수서」는 1910년 학교에서 체조를 가르치기 위해 일제강점기에 편찬되었으며, 휘문의숙 체육교사 이기동은 이를 보충한 「신체조교수서」를 발간하였다.
  ③ 1914년 '학교체조교수요목'이 제정되었다.
  ④ 교련을 통한 군사능력을 강화하기 위하여 '황국신민체조'가 학교 체육에 포함된 시기는 1937년 '학교체조교수요목'을 개정한 이후이다.
  정답▶ ①

17. **조선체육사의 활동**
  '고려구락부'가 모체인 '조선체육회(1920)'는 일제의 '조선체육협회(1919)'에 대응하기 위해 조직된 단체로 1938년 '조선체육협회'에 강제 통합되었다가 1948년 '대한체육회'로 명칭을 변경하였다. ㄹ의 전조선종합경기대회는 1934년에 개최되었다.
  정답▶ ④

18. **몽양 여운형의 할동**
  보기의 자료는 '조선 체육의 아버지'로 불리우는 몽양 여운형에 대한 내용이다.
  ① 박은식 : 문(文) 위주 교육 비판, 학교 체육의 중요성 강조
  ② 조원희 : 휘문의숙 체육교사, 병식체조의 문제점 제시. 「신편유희법」 발간하여 근대식 학교 체조 보급
  ③ 여운형 : 조선중앙일보 사장, '체육 조선의 건설' 강조, 대한올림픽위원회 초대 위원장
  ④ 이기 : 한성사범학교 교관, 대한자강회 조직, 덕(德)·체(體)·지(智) 중에서 체(體) 강조
  정답▶ ③

19. **대한민국 정부의 체육 담당 부처**
  1982년 '체육부' 신설(엘리트 중심의 스포츠를 대중 스포츠로 전환하기 위한 목적)
  1990년 '체육부' → '체육청소년부' 명칭 변경
  1993년 '문화부' + '체육청소년부' → '문화체육부' 통합
  1998년 '체육청소년부' → '문화관광부' 이관
  2008년 정부 조직 개편 → '문화체육관광부' 명칭 변경
  정답▶ ②

20. **대한민국 여자 대표팀의 국제대회 성적**
  여성 스포츠사, 남북한 스포츠사, 인물사는 1문제 정도 꾸준히 출제된다.
  ㉠ 1973년 이에리사, 정현숙, 박미라(탁구)
  ㉡ 1976년 최초로 구기 종목 동메달 획득(배구)
  ㉢ 1988년 최초로 구기 종목 금메달 획득(핸드볼)

  * 1989년 세계탁구선수권대회 혼합 복식 금메달(현정화)
  * 2008년 베이징 올림픽 역도 금메달(장미란)
  * 2010년 벤쿠버 동계올림픽 스피드스케이팅 금메달(이상화)
  * 2010년 벤쿠버 동계올림픽 피겨스케이팅 금메달(김연아)
  정답▶ ④

운동생리학

1. 유산소(지구성)트레이닝의 생리적 변화에 대한 문제.
  1) 1회 박출량 증가
  2) 최대산소섭취량 증가
  3) 미토콘드리아 크기와 수 변화
  4) 모세혈관 밀도 증가
  5) 마이오글로빈 함유량 증가
  정답▶ ②

2. 유산소 훈련을 통해 미토콘드리아의 적응 현상이 나타나면 지방대사의 증가와 산화적 효소 활성화가 증가 된다. 이로인해 손상된 미토콘드리아의 효율적인 제거가 가능해진다.
  정답▶ ③

3. 인슐린은 췌장의 베타세포에서 분비된다. 체내 혈당량이 높아지면 우리 몸은 인슐린의 분비를 촉진시킨다. 인슐린은 높아진 혈당을 두가지 방법으로 낮추는데 포도당을 글리코겐으로 합성시켜 근육과 지방에 저장시키고 포도당을 세포내로 이동시켜 세포호흡에 의한 산화를 촉진한다. 혈중 포도당을 글리코겐으로 합성하여 저장하는 동화작용을 하면서 동시에 지질이나 단백질을 합성하여 근육과 지방에 저장해주는 역할을 한다.
  정답▶ ①

4. 운동에 따른 순환계의 적응은 운동으로 산소소비량이 증가되면서 지구성 운동을 통한 호흡근의 지구력이 향상된다. 폐포 수와 폐의 모세혈관 증가로 확산 능력이 향상되고 혈액량, 헤모글로빈 수 증가로 산소운반능력이 향상된다.

정답▶ ④

5. 심근세포는 가로무늬근으로 활동전위를 자발적으로 생성한다. 심근이 수축할 때를 수축기, 이완할 때를 이완기라고 한다. 심근 산소소비량은 심근 산소소모량이라고도 불리며 심박수x 수축기혈압으로 예측할수 있다. 다리처럼 대근육인경우 더 많은 혈관이 사용되어 확장되어 말초저항이 낮아지면 혈압(심박출량 x 말초저항)이 낮아지고 심근소비량이 낮게 나타난다.

정답▶ ④

6. 근섬유의 최대근력발휘는 근횡단면적 당 발휘하는 힘의 양을 의미한다. 파워는 시간당 속도와 힘을 곱한 값으로 수축 속도가 빨라져야 근파워가 올라간다.

정답▶ ①

7. 근방추란 근육내에서 근육의 길이를 탐지하여 적절한 근육길이로 유지하는 역할을 한다. 골지건은 근육의 양쪽의 건에 위치 해있어 과도한 근육수축을 예방하는 안전장치이다. 화학수용기는 근육내의 신경에 정보를 전달하는 역할으로 근육내 pH, 세포의 칼슘농도, 산소와 이산화탄소의 변화에 반응하는 역할을 한다.

정답▶ ④

8. 도피반사란 위험을 피하여 생명을 보호하는데 필요한 반사로 두 팔과 두 다리의 피부가 강한 자극을 받았을 때 몸을 향하여 오므리는 것을 말한다. 교차신전반사란 사지로부터 구심성 자극에 반응하여 반대측의 사지가 신장되는 교차반사이다.

정답▶ ④

9. 고온에서 운동 시 나타나는 생리학적 반응은 혈액량이 줄어들면서 더 많은 근육 글리코겐을 사용하여 더 많은 젖산을 생성하여 피로와 탈진의 원인이 된다. 열순응을 통해 피부혈류증가와 발한 반응촉진으로 열을 효과적으로 제거하고 열순응의 결과로 심박수와 심부온도가 감소한다.

정답▶ ②

10. 트레드밀의 운동량 측정은 대상자의 체중 x 전체수직이동거리를 곱한 값으로 kpm의 단위를 사용하여 표현한다.

수직이동거리 = 트레드밀 속도(m/min) × 경사도
→ 운동시간
200m/min (12km/h) × 0.5 (경사도 5%) × 10min
= 100m 이다.
트레드밀 운동량 = 체중 × 전체수직이동거리 = 50
× 100 = 5000kpm

정답▶ ③

11. ATP-PC 시스템은 가장 빠르고 쉽게 ATP를 생성하고 근수축활동 중 ATP가 아데노신이인산(ADP)과 무기인산(pi)으로 분해, 동시에 pc가 효소인 크레아틴키나아제에 의해 pi + creatine으로 분해한다. 해당과정은 탄수화물에 의한 에너지 공급이 해당과정으로부터 시작된다. 해당과정의 조절은 인산과당분해효소(phosphofructokinase, PFK)이다. 산소가 충분히 공급되지 않는다면 피루브산을 거쳐 젖산으로 전환되고 젖산은 간에서 코리사이클 과정을 거쳐 포도당으로 전환되어 에너지원으로 다시 사용된다. 유산소시스템은 크렙스회로와 전자전달계 2개의 대사경로가 상호 협력하여 크렙스회로는 이소구연산탈수소효소(isocitrate dehydrogenase), 전자전달계는 시토크롬산화효소(cytochrome oxidase)를 자극하여 속도 조절을 한다.

정답▶ ②

12. 파워는 속도와 힘의 곱으로 운동 속도와 상관관계가 있다. 따라서 많은 근육이 수축하면 커진다. 단축성수축은 근육이 짧아지면서 장력이 발생하며 근수축 속도에 반비례하여 속도가 느릴수록 더 큰 근육 힘을 생산한다. 신장성수축은 근육의 길이가 길어지면서 장력이 발생하며 근수축 속도에 비례하여 수축속도가 증가됨에 따라 발휘하는 힘이 증가한다.

정답▶ ②

13. 카테콜아민은 부신수질에서 분비되는 호르몬으로 에피네프린과 노르에피네프린을 분비한다. 에피네프린과 노르에피네프린은 심박수와 심장근육의 수

축력을 증가시키고 지방산 동원 등 세포를 활성화한다. 알파1 수용체는 혈관수축의 역할을 한다.
정답▶ ①,③

14. 해당과정을 통해 NAD가 수소를 받아들여 환원되어 NAHD가 형성된다.
정답▶ ④

15. 성장호르몬은 뇌하수체 전엽에서 분비되며 조직의 성장 촉진, 단백질 합성 속도 증가, 지방과 탄수화물 사용을 증가해주는 역할을 한다. 코티졸은 부신피질에서 분비되며 각종 대사조직과 항염증작용을 한다. 노르에피네프린은 지방산을 동원하는 작용을 하며 혈관수축작용을 한다. 에피네프린은 글리코겐을 분해하고 골격근으로의 혈액 흐름을 증가한다.
정답▶ ③

16. 운동은 땀을 촉진하며 혈장량과 신장으로부터 혈액 흐름을 감소하고 감소된 혈액 흐름은 "레닌"이라는 효소를 형성한다. 레닌은 안지오텐신1의 형성을 가져오고 다시 안지오텐신2으로 바뀌어 알도스테론 분비를 촉진하여 나트륨와 물의 재흡수를 증가한다. 혈액 삼투질 농도의 증가는 시상하부를 자극하여 뇌하수체 후엽을 자극하고 이는 항이뇨 호르몬을 분비한다.
정답▶ ③

17. 분기환기량 = 1회호흡량 × 호흡률
폐포환기량(실제로 가스교환에 참여한 량) = (1회호흡량-사강량) × 호흡률
정답▶ ①

18. 1회박출량은 심장이 수축하면서 박출되는 혈액의 양을 의미한다. 1회박출량이 증가하면 펌프되는 혈액의 증가가 나타나기 때문에 심박수는 감소된다.
정답▶ ①

19. 2번 – 운동단위는 운동신경이 지배하는 근섬유의 결합이다.
3번 – 근수축 신경전달물질은 아세틸콜린이다
4번 – 지연성근육통은 신장성수축에서 더 쉽게 발생한다.
정답▶ ①

20. 속근섬유는 근수축을 가능하게 하는 칼슘분비를 하기 때문에 근형질세망의 발달이 되있다.
정답▶ ②

운동역학

1. 뉴턴의 제 1법칙(관성의 법칙)- 힘이 가해져 물체의 상태가 변하지 않는 한 모든 물체는 정지하거나 등속직선운동을 한다.
뉴턴의 제 2법칙(가속도의 법칙) - 운동의 변하는 가해진 힘에 비례하며 그 힘이 가해지는 직선을 따라간다.
뉴턴의 제 3법칙(작용 반작용의 법칙) - 모든 작용에 대해 크기는 같고 반향은 반대인 반작용이 존재한다. 뉴턴의 3가지 법칙은 선운동과 각운동 각각 적용하므로 전부 정답처리 되었다.
정답▶ ①,②,③,④

2. 힘은 운동체의 운동을 유발하는 근원으로 운동상태뿐 아니라 형태의 변화에서도 나타난다. 물체를 변형시키기 위해서는 그 물체가 지닌 관성을 이겨낼 힘이 필요하다. 힘은 N(뉴턴)과 kgh(킬로그램힘)의 단위를 사용한다. 힘은 크기와 방향이 같은 벡터이다.
정답▶ ③

3. 구심력 - 물체가 원운동을 할 때 원의 중심 방향으로 작용하는 힘.
원심력 - 원운동을 하는 물체가 궤도를 이탈하려는 힘 스포츠에서 원심력을 줄이기 위한 경사각을 결정할 때 운동체의 무게, 속도, 반경을 고려해야 한다. 원심력은 구심력과 크기가 같다.
정답▶ ①

4. 운동량은 물체의 질량과 속도를 곱한 값을 표현하는 벡터량이다. 충격량은 일정 시간 동안 어떤 물체에 작용한 힘의 총합을 의미한다. 운동량의 변화가 커질수록 충격량이 증가한다.
정답▶ ②

5. 운동학(kinematic)는 공간이나 시간을 고려하여 움직임을 기술하며 운동의 원인이 되는 힘과는 직접 관련 없는 위치, 속도, 각도, 각속도 등과 같은 상태를

다루는 분야이다.

운동역학(kinetic)은 운동을 유발하고 변화시키는 힘에 대해 연구하는 학문으로 스포츠와 관련된 움직임을 전문적으로 다루는 분야이다.

정답▶ ①

6. 스칼라량 - 숫자로 표시되는 크기에 단위당 붙이는 물리량 ex) m, kg

벡터량 - 스칼라량 크기와 단위 이외에 방향의 특성 ex) N, m/sec

정답▶ ②

7. 항력 - 이동하는 물체가 운동 방향의 정면으로 받는 힘으로 단면적의 크기에 비례 하지만 단면적이 같은 경우 유선형에 가까울수록 적게 적용된다.

양력 - 이동하는 물체 주변이 유체의 상태 속도 차이에 의해 물체의 이동방향에 수직으로 작용한다. 유체의 속도가 증가할수록 그 유체에 작용하는 압력이 강해진다.

정답▶ ④

8. 2차원 영상 분석은 한 개의 영상 기록을 통해 2차원 평면상의 운동을 분석한다.

3차원 영상 분석은 두 개 이상의 영상 기록을 통해 입체적인 3차원 공간상의 운동 분석을 한다. 2차원 영상 분석은 단일 평면상에서 이루어지는 운동을 분석한다.

정답▶ ③

9. 각운동은 회전운동과 각운동에서 사용된다. 속력= 거리/시간, 속도= 변위/시간 이다.

각속도는 시간에 대한 속도 변화의 비율, 단위 시간당 속도의 변화량이다. 각거리는 물체가 이동한 경로를 측정한 총각도의 크기이다.

정답▶ ③

10. 부력과 관련된 문제. 부력은 물체를 둘러싼 물이나 공기와 같은 유체가 물체를 위로 올리는 힘으로 방향은 수직방향이다. 유체의 밀도가 커질수록 부력은 커지며, 물의 온도가 올라갈수록 부력이 작아진다. 밀도는 일정한 부피 내 질량의 크기로, 물질이 포함하고 원자와 분자의 조밀한 정도를 의미하며 밀도가 유체보다 적은 물체는 부력을 받아 물

에 뜨게 된다.

정답▶ ④

11. 관성모멘트= 질량 × 회전반경의 제곱

각운동량의 공식, 각속도 = 각운동량/관성모멘트

각운동량은 물리학에서 어떤 원점에 대해 선운동량이 돌고 있는 정도를 나타내는 물리량이다. 관성모멘트는 자신의 회전운동을 유지하려는 정도를 나타내는 물리량으로 어떤 물체를 주어진 축을 중심으로 일어나는 회전운동을 변화시키기 어려운 정도를 나타낸다. 관성모멘트가 클수록, 빠른 각속도로 움직일수록 각운동량이 크다.

정답▶ ④

12. 모든 지레는 받침점, 저항점, 힘점이 존재한다. 인체의 경우에는 분절이 지렛대 역할, 그 뼈를 움직이는 근육의 정지점에는 힘점, 움직이는 분절의 무게중심에선 저항점, 운동하는 관절은 받침점 역할을 한다.

정답▶ ③

13. 무게중심이 가장 높은 지점인 공중에서 최고지점의 수직속도는 0m/sec이다.

정답▶ ④

14. 각속도는 각변위를 소요시간으로 나누어 구한다.

관성모멘트는 회전축의 방향에 따라 변하지 않고 질량과 회전반경에 영향을 받는다.

정답▶ ②,③

15. 무게중심은 동일한 위치에 머물 수 없고 움직임에 따라 질량이 재분배되어 항상 변화한다.

정답▶ ④

16. 중력가속도는 물체에 가해진 중력에 의한 가속도를 의미한다. 공이 상승하는 과정에서 중력 가속도 영향을 받는다.

정답▶ ④

17. 1번- 골격근의 수축은 각운동(회전운동)을 일으킨다.
2번 - 건은 골격근을 뼈에 부착하는 역할을 한다.
4번 - 굽힘근의 수축은 관절의 각도를 작게 만든다.

정답▶ ③

18. 기저면은 지면에 접촉하는 점들에 의해 연결되므로 외발서기가 아닌 양발을 벌려야 한다.
    정답▶ ③

19. 일은 일정한 거리에 의해 지면에 힘이 작용 되었다는 것을 의미하고 단위는 J(줄)이다.
    W= F x d, 일률은 일하고 있는 시간 비율 혹은 단위 시간당 일의 양 P=w/t
    정답▶ ②

20. 스포츠심리학 적용의 사례
    정답▶ ④

스포츠윤리

1. 스포츠기본법 제1조는 〈목적〉을 적시하고 제2조는 〈기본이념〉을 적시하고 있는데 〈보기〉는 제2조 "기본이념"에 해당된다.
   정답▶ ②

2. 〈보기〉는 스포츠에서 발생하는 폭력의 유형과 특징들을 모두 열거하고 있다.
   정답▶ ④

3. 남성이 여성보다 우월하다는 것 등 생물학적 환원주의는 여성에 대한 차별이 발생하고 심화되는 바 여성참정권은 정치에서 남녀평등을 의미한다. 스포츠에서 오히려 성차별을 없애주는 역할을 한다.
   정답▶ ④

4. 보기의 〈나〉는 테일러의 생명중심주의 환경윤리에서 환경문제의 해결을 위한 4가지 의무를 말하는 것이다.
   정답▶ ①

5. 특히 "인종주의"나 "인종차별"은 유럽축구에서 빈번히 나타나는 현상이다. 서양인의 동양인 〈손흥민〉 비하가 대표적이다. 스포츠에서는 근절돼야할 악습이다.
   정답▶ ①

6. 의무주의 윤리설은 결과보다는 동기를 중요시한다. 심판 B의 견해는 선수가 충돌을 피하지 않고 고의

로 충돌을 야기했다는 것이다. 그래서 동기가 문제 됨으로 퇴장을 시킨 것이다.
   정답▶ ②

7. 스포츠딜레마는 모든 수단과 방법을 동원하여 이기자는 것이다. 스포츠에토스는 스포츠맨은 자신의 역할을 충실히 수행하며 상대팀에 대한 존중과 스포츠맨십을 지키는 것이다.
   정답▶ ②

8. 테크네는 예술과 기술의 어원이다. 아크라시아는 자제력이 부족한 잘못된 판단에 의한 행동을 말한다. 에피스테메는 지식 또는 과학의 그리스어, 이성에 의한 지식을 말한다. 프로네시스는 실천적인 지식을 말한다.(아리스토텔레스)
   정답▶ ②

9. 칸트의 '의무론적윤리설'에 근거한 것으로 반드시 옳게 행동하는 것을 말한다.
   정답▶ ③

10. 만인의 만인에 대한 행복으로서 행동하라는 것 즉, 최대다수의 최대행복을 실천하라는 것이다.
    정답▶ ①

11. 사람들이 공정한 절차에 대해 합의하면 그 절차를 통해서 발생하는 결과는 정당하다고 인정하는 정의관이다.
    정답▶ ④

12. 공자의 '충서'에 대한 것으로 忠과 恕를 설명하는 것이다.
    정답▶ ④

13. 4가지 다 설명되어 진다.
    정답▶ ①,②,③,④

14. 의도적 구성반칙 = 파괴적 반칙 (예: 승부조작, 약물복용),
    비의도적 구성반칙 = 무지적 반칙 (예: 감기약 성분, 도핑걸림)
    의도적 규제반칙 = 전략적 반칙 (예: 반칙작전)
    비의도적 규제반칙 = 일반적 반칙 (예: 경고, 패널티)
    정답▶ ①

15. '진서'는 ①②④에 해당되고, '윤성'은 동물을 수단 시하는 종차별주의 관점이다.
    정답▶ ③

16. 윤리학자 멕킨타이어의 견해로서 덕윤리가 스포츠 에 적용되어야 하며 위인들의 실천의 덕을 스포츠 에 접목시키는 것이다.
    정답▶ ①

17. 보편적윤리나 스포츠윤리는 동일선상에서 적용되어 야 한다.
    정답▶ ③

18. 보기의 리그 승강제도는 학생운동선수에게 적용되 지 않고 프로선수들에게 적용되는 제도이다.
    정답▶ ③

19. 윤리적 상대주의는 시공에 따라 각사회가 처한 상 황에 따라 다르게 적용되는 윤리설이다.
    정답▶ ③

20. 기술도핑이란 육상선수의 신발, 수영선수의 수영복, 야구선수의 배트등을 이용한 빼어난 기술을 사용한 것으로써 그것 또한 반칙으로 규정한다는 것이다.
    정답▶ ②

2급 생활스포츠지도사 한권으로 끝내기

편 저 자 메인에듀 스포츠지도사 연구소 편저
제작유통 메인에듀(주)
초판발행 2025년 01월 02일
초판인쇄 2025년 01월 02일
마 케 팅 메인에듀(주)
주   소 서울시 강동구 성안로 115, 3층
전   화 1544-8513
정   가 30,000원

I S B N 979-11-89357-81-8